D1731068

Wolfgang Huber
Hans-Richard Reuter

# Friedensethik

Verlag W. Kohlhammer
Stuttgart Berlin Köln

**CIP-Titelaufnahme der Deutschen Bibliothek**

**Huber, Wolfgang:**
Friedensethik / Wolfgang Huber ; Hans-Richard Reuter. –
Stuttgart ; Berlin ; Köln : Kohlhammer, 1990
ISBN 3-17-009604-4
NE: Reuter, Hans-Richard:; GT

Heinz Eduard Tödt
in dankbarer Freundschaft gewidmet


Stuttgart Berlin Köln
Verlagsort: Stuttgart
Gesamtherstellung:
W. Kohlhammer Druckerei GmbH + Co. Stuttgart
Printed in Germany

Inhalt

# Vorwort

Die Friedensfrage bildet das Schlüsselthema für eine politische Ethik im Atomzeitalter. Das ist die Überzeugung, von der dieses Buch geleitet ist. Von ihr ausgehend prüft es friedensethische Modelle der philosophischen und theologischen Tradition, untersucht es die friedensethische Urteilsbildung in den Kirchen angesichts der atomaren Bedrohung und entwirft es einen systematischen Orientierungsrahmen für heutige friedensethische Urteilsbildung.

Das Buch ist als Lehr- und Studienbuch angelegt. Von manchen anderen Veröffentlichungen zu diesem Thema unterscheidet es sich dadurch, daß es nicht einfach die Leser für die inhaltliche Position der Verfasser einnehmen, sondern Grundlagen für eine eigenständige Problemanalyse und Urteilsbildung bereitstellen will. Freilich durften gerade um dieser Absicht willen die friedensethischen Urteile nicht verschwiegen werden, zu denen wir selbst in der Wahrnehmung unserer Gegenwart wie in der Beschäftigung mit der Geschichte der politischen Ethik gelangt sind.

Konzeption und Inhalt unserer Darstellung haben sich in langer gemeinsamer Arbeit entwickelt. Wesentliche Teile haben wir gemeinsam in einer Vorlesung im Sommer 1986 an der Theologischen Fakultät der Universität Heidelberg vorgetragen. Einzelthemen des ersten Hauptteils war eine Vortragsreihe im Süddeutschen Rundfunk gegen Ende des Jahres 1987 gewidmet. Die Ausarbeitung der einzelnen Kapitel haben wir untereinander aufgeteilt. Wolfgang Huber hat die Einführung sowie die Kapitel I.2 bis I.5, II.1, II.4, III.1.3, III.3.2 und III.3.3 verfaßt; von Hans-Richard Reuter stammen die Kapitel I.1, II.2, II.3, III.1.1, III.1.2, III.2 und III.3.1.

Ute Wolfsdorf hat den gesamten Text in Maschinenschrift erfaßt; Susanne Stöber hat verschiedene handschriftliche Entwürfe für einen Teil der folgenden Kapitel in Reinschrift übertragen. Die Druckvorlage wurde von Gerda Eisen, Susanne Stöber und Eva von Tilinsky am Computer hergestellt; die dabei auftretenden technischen Probleme wären ohne die freundschaftliche Hilfe unseres Kollegen Ulrich Ratsch nicht zu bewältigen gewesen. An der Beschaffung von Literatur, der Überprüfung des Textes und den Korrekturarbeiten waren in unterschiedlichen Phasen Heinrich Bedford-Strohm, Markus Hentschel, Norbert Manterfeldt, Thorsten Schmitt, Dirk Schulz und Sibylle Uthardt beteiligt. Die Register hat im wesentlichen Dirk Schulz angefertigt. Ihnen allen gilt unser herzlicher Dank.

Entscheidende Anregungen für unsere Konzeption der Friedensethik verdanken wir der Teilnahme an den Arbeiten der Forschungsstätte der Evangelischen Studiengemeinschaft (FEST) in Heidelberg zur Friedensforschung. Bestimmende Bedeutung hat für beide Verfasser der Zugang, den Heinz Eduard Tödt zu einer theologischen Friedensethik gebahnt hat, die sich den geschichtlichen Erfahrungen unseres Jahrhunderts aussetzt. Ihm widmen wir dieses Buch.

Heidelberg, im März 1989
Wolfgang Huber

Hans-Richard Reuter

VERMERK ZUR ZITIERWEISE:
Jeder Abschnitt dieses Buches wird durch ein alphabetisch geordnetes Verzeichnis der (zitierten) Literatur abgeschlossen. Nachweise im Text werden durch Nennung des Verfassers oder der Verfasserin und der Seitenzahl gegeben. Werden innerhalb eines Abschnitts mehrere Werke desselben Autors zitiert, erfolgt die genauere Kennzeichnung durch Angabe eines Kurztitels oder Hinzufügung einer Jahreszahl beziehungsweise einer Band-Nummer. Bibelzitate folgen - wenn nicht anders vermerkt - der Luther-Übersetzung in der Revision von 1984 oder der ökumenischen Einheitsübersetzung.

# Einführung: Frieden als Thema politischer Ethik

Seit es politische Ethik gibt, gehört die Frage nach dem Frieden zu ihren wichtigsten Themen. Das Verhältnis von Krieg und Frieden einerseits, die Verknüpfung der Ziele von Gerechtigkeit und Frieden andererseits kehren in ihr immer wieder. Am Ende des 20. Jahrhunderts hat es jedoch eine spezifische, neue Bedeutung, wenn die Frage nach dem Frieden zum Schlüsselthema der politischen Ethik im ganzen erklärt wird.

Darin liegt die Ausgangsthese des folgenden Buches. Begründet ist diese These zunächst in der Erfahrung unserer Zeit; sie reflektiert das Ausmaß und den Charakter der Friedensgefährdung in der Gegenwart. Vor allem in drei Hinsichten wird diese Gefährdung als bedrohlich, ja als analogielos erfahren. Sie ist bestimmt durch das Ausmaß militärischer Gewaltmittel, die in der Menschheitsgeschichte ohne Beispiel ist; sie ist ferner dadurch geprägt, daß die dramatische Zunahme der Weltbevölkerung sich mit einem wachsenden ökonomischen Gegensatz zwischen den Industriestaaten und dem Armutsgürtel der Erde verknüpft; und sie ist schließlich dadurch gekennzeichnet, daß die Herrschaft der Menschen über die Natur zerstörerische und selbstzerstörerische Folgen nach sich zieht. Kriegerische Gewalt, der Hunger in der Welt und die Ausbeutung der Natur bilden die drei großen Herausforderungen zum Frieden in unserer Gegenwart.

In allen drei Hinsichten hängen Frieden und Überleben unmittelbar miteinander zusammen. Ein Überlebensthema ist der Frieden nicht nur für die Menschen, die unter aktuellen kriegerischen Auseinandersetzungen leiden; er ist es auch für diejenigen, die im Magnetfeld des Rüstungswettkampfs zwischen den beiden Supermächten und ihren Bündnissystemen leben. Das fortdauernde Wettrüsten zwischen ihnen gefährdet das Überleben nicht nur deshalb, weil dadurch die Wahrscheinlichkeit des Krieges wächst. Vielmehr bindet die Rüstungsdynamik finanzielle Mittel und menschliche Energien, die dadurch dem Kampf gegen Hunger und Armut entzogen werden. Die Diskrepanz zwischen den Mitteln, die für die Rüstung eingesetzt werden, und denen, die zur Eindämmung des Hungers zur Verfügung stehen, nötigt dazu, den Abbau der Gewaltmittel und die Überwindung der Ungerechtigkeit als zwei zusammengehörige Seiten der heutigen Friedensthematik anzusehen. Darin liegt die Aktualität derjenigen Tradition, die den Zusammenhang von *Frieden* und *Gerechtigkeit* - von *pax* und *iustitia* - in das Zentrum der politischen Ethik rückte. Jeder Entwurf einer politischen Ethik muß sich mit dieser Tradition auseinandersetzen; die Erfahrungen unserer Epoche fordern das jedoch in besonderem Maß. An die These, die Frage nach dem Frieden sei heute zum Schlüsselthema der politischen Ethik im ganzen geworden, schließt sich also die Aufgabe an, die Verknüpfung von Frieden und Gerechtigkeit in ihren unterschiedlichen Formen durchsichtig zu machen und in ihrer aktuellen Bedeutung zu entfalten.

Zu den besonderen Erfahrungen unserer Epoche gehört aber mit vergleichbarer Intensität die Einsicht, daß der Frieden unter den Menschen nicht ohne die Versöhnung mit der Natur zu gewinnen ist. Die menschliche Naturbeherrschung führt nicht nur zu einer Erweiterung menschlicher Handlungsmöglichkeiten und Freiheitschancen; sie trägt zugleich den Charakter lebenszerstörender Gewalt. Zum Nutzen des wissenschaftlich-technischen Fortschritts gehört als dessen Schattenseite eine tiefgreifende Schädigung der Biosphäre. Das Maß irreversibler Eingriffe in die Natur steigt von Tag zu Tag; damit wächst die Verantwortung der jetzt Lebenden für die Lebens- und Entscheidungsmöglichkeiten künftiger Generationen. Am Naturverhältnis zeigt sich besonders deutlich: nach dem Frieden zu fragen, heißt heute, nach seiner *Zukunft* zu fragen. Deshalb aber kommt in einer heutigen Friedensethik ein besonderes Gewicht denjenigen Traditionen zu, die unter dem

Begriff des Friedens nicht nur die Organisation einer politischen Herrschaftsordnung, sondern das gelingende Zusammenleben unter den Menschen wie die Versöhnung zwischen Mensch und Natur erfassen wollen.

Eine erste thematische Orientierung zeigt bereits, wie sich in der Aufgabe der Friedensethik Gegenwartsanalyse, Zukunftsorientierung und die Aufnahme von Traditionen miteinander verschränken. Diese Verschränkung bestimmt auch den Charakter unserer Darstellung. Von einer vorgreifenden Verständigung über den Charakter der heutigen Friedensgefährdung ausgehend, wendet sie sich geschichtlichen Modellen der Friedensethik zu, um dann nach Orientierungen zu fragen, die sich angesichts der Verantwortung für die Zukunft des Friedens als tragfähig erweisen können. Einführend wollen wir den Ort dieser Bemühung in drei Hinsichten näher beschreiben. Wir fragen zunächst nach dem Ort der Friedensethik im Spannungsfeld der praktischen wie theoretischen Bemühungen um den Frieden (a). Wir erläutern dann, wie sich die uns heute aufgenötigte Frage nach der Zukunft des Friedens zur Tradition politischer Ethik verhält (b). Und wir klären schließlich den Begriff des Friedens, den wir den folgenden Untersuchungen zu Grunde legen wollen (c).

### a) Spannungsfelder der Friedensethik

Friedensethik steht heute in der Spannung zwischen Friedenspolitik, Friedensforschung, Friedensbewegung, Friedensdienst und Friedenserziehung. Sie steht an der Nahtstelle zwischen den Bemühungen um die praktische Förderung und das theoretische Verständnis des Friedens; denn sie sucht diejenigen Kriterien theoretisch zu klären, an denen sich praktische Verantwortung für den Frieden orientieren kann.

*Friedenspolitik* hieß in der Tradition des politischen Denkens die Kunst des Friedensschlusses und der Friedensbewahrung. Orientiert war die so verstandene Friedenspolitik an der *Gegenwart* des Friedens. Vorausgesetzt war in ihr ausdrücklich oder unausdrücklich die Überzeugung, daß der Krieg ein unvermeidliches Element im geschichtlichen Leben der Völker darstellt. Die Kriege zu begrenzen und so schnell wie möglich zu beenden, den Frieden zu sichern und die Perioden des Friedens nach Möglichkeit zu verlängern: darin waren vorrangige Aufgaben einer Politik zu sehen, die sich programmatisch als Friedenspolitik verstand. Derartige Aufgaben stellen sich auch heute. Doch sie verbinden sich mit der Notwendigkeit, nach Strukturen zu suchen, die den Frieden auf Dauer gewährleisten. In diesem Sinn kann Friedenspolitik sich nicht mehr nur an der Gegenwart des Friedens orientieren, sondern muß auf dessen *Zukunft* gerichtet sein. Denn in einer geschichtlich neuen Weise sind heute Frieden und Überleben miteinander verknüpft; um des Überlebens der Menschen willen muß politische Verantwortung sich auf die Zukunft des Friedens richten. Deshalb können wir als Friedenspolitik am ehesten dasjenige politische Handeln bezeichnen, das sich an der Verantwortung für die Lebens- und Entscheidungsmöglichkeiten künftiger Generationen orientiert. Zu den Aufgaben der Friedensethik gehört es, sich an der Ausarbeitung eines begründeten Konzepts für eine derartige Friedenspolitik zu beteiligen.

Das Leben künftiger Generationen, an dem ein solches Konzept sich zu orientieren hat, wird von einem komplizierten Geflecht von Faktoren mitbestimmt, auf das gegenwärtige Entscheidungen in unterschiedlicher Intensität einwirken. Solche Entscheidungen und ihre kurz- wie langfristigen Folgen sind jedoch Themen höchst unterschiedlicher wissenschaftlicher Bemühungen. Mit der Einsicht in die Bedrohung des Friedens ist in den letzten Jahrzehnten auch die Erkenntnis gewachsen, daß die Fragestellungen und Arbeitsvollzüge verschiedener Wissenschaften nicht isoliert nebeneinander stehen bleiben dürfen, sondern in einer interdisziplinären Anstrengung miteinander verknüpft werden müssen. Die wissenschaftliche Arbeit verschiedener Disziplinen auf die gemeinsame, verpflichtende Aufgabe des Friedens zu beziehen, ist das anspruchsvolle Ziel der *Friedensforschung*. Die Entwicklung der Atomwaffen hat diese Bemühungen angestoßen; Physiker, die über die Qualität der neuen Waffen Bescheid wußten, gehörten zu ihren Begründern. Ein systematisches Interesse am Begriff des Friedens und an einer zusammenhängenden Theoriebildung in der Friedensforschung entwickelte sich seit dem Übergang von den fünfziger zu den sechziger Jahren unseres Jahrhunderts. Frieden wurde als um des Überlebens willen notwendige Aufgabe, als "Lebensbedingung" des wissenschaftlich-technischen Zeitalters verstanden. Die Analyse von Kriegsursachen, die Erforschung der Auswirkungen der Abschreckung wie der Folgen ihres möglichen Scheiterns, die Suche nach neuen Modellen der internationalen Politik und die Frage nach den Chancen gewaltfreien Handelns gehörten zu ihren wichtigsten Themen. Seit der Mitte der siebziger Jahre - in einer Zeit schärfer werdender politischer Konflikte, härterer Verteilungskämpfe innergesellschaftlicher wie internationaler Art und neokonservativer Rückbesinnungen im Feld der Ideologien - hatte die Friedensforschung mit erheblichen Widerständen zu kämpfen. Viele, die sich zuvor für sie eingesetzt hatten, kehrten wieder in den Bereich einzelwissenschaftlicher Forschung zurück. Doch die objektive Notwendigkeit einer langfristig angelegten und interdisziplinär durchgeführten Forschung über die Bedingungen des Friedens ist keineswegs geringer geworden. Die Friedensethik kann keineswegs beanspruchen, an ihre Stelle zu treten. Sie beteiligt sich vielmehr an der Reflexion über die Ziele wie die Mittel friedensfördernden Handelns.

Auf die Notwendigkeit von Friedensforschung wie Friedensethik hat in den letzten Jahren vor allem die *Friedensbewegung* aufmerksam gemacht. In ihren Anfängen geht die moderne Friedensbewegung auf das 19. Jahrhundert zurück. Doch auch für ihre Entwicklung bedeuteten die Herstellung und der erste Einsatz von Atomwaffen einen tiefen Einschnitt. Der Kampf gegen die atomare Bewaffnung seit den fünfziger Jahren, der Protest gegen den US-amerikanischen Krieg in Vietnam seit dem Ende der sechziger Jahre und die Gegnerschaft gegen die neue Phase atomaren Wettrüstens seit dem Ende der siebziger Jahre sind kennzeichnend für den Weg der neuen Friedensbewegung. Immer wieder hatte sie Anlaß, sich auf bestimmte Fragen der Rüstungsentwickung zu konzentrieren und Durchbrüche zu effektiver Abrüstung zu fordern. Dadurch traten Probleme der internationalen sozioökonomischen Entwicklung wie der ökologischen Krise häufig in den Hintergrund. Heute steht die Friedensbewegung vor der Aufgabe, die Fragen militärischer Gewalt mit der Forderung nach internationaler Gerechtigkeit wie mit dem Thema des menschlichen Naturverhältnisses zu verknüpfen. Zu den Aufgaben der Friedensethik gehört es, solche Fragestellungen aus der Friedensbewegung aufzunehmen und zu deren weiterführender Klärung beizutragen.

Der Einsatz für den Frieden vollzieht sich häufig in lokalen Initiativen oder in regionalen Kooperationen, die auf bestimmte politische Konstellationen reagieren und ihre Aktionen daran orientieren. Verändern sich die politischen Rahmenbedingungen, so treten diese Initiativen in den Hintergrund; Friedensgruppen lösen sich auf, wenn das angestrebte Ziel erreicht oder auch verfehlt ist. Von anderer Struktur sind diejenigen Aktivitäten, die unter dem Begriff der *Friedensdienste* zusammengefaßt werden.

Das Wort "Friedensdienst" wird freilich vielfältig verwendet. In den christlichen Kirchen wird der Dienst für den Frieden von vielen als eine umfassende Aufgabe aufgefaßt, die das ganze Leben der christlichen Gemeinde bestimmt. Insbesondere die ökumenische Gemeinschaft der Christen und Kirchen wird von hier aus verstanden; sie soll zur Verständigung zwischen Staaten, gesellschaftlichen Systemen und Religionen beitragen (Der Friedensdienst der Christen 12f). An diesem Friedensdienst sind also grundsätzlich alle Christen unabhängig von ihrem Alter oder ihrem Geschlecht beteiligt. Als Schwerpunkte dieses umfassenden Friedensdienstes sind vor allem folgende Bereiche in den Vordergrund getreten: Kriegsverhütung und internationale Verständigung, der Abbau von Ungerechtigkeit und die Mitwirkung an gerechten wirtschaftlichen und gesellschaftlichen Strukturen, die Erinnerung und Verarbeitung geschichtlicher Schuld sowie die Arbeit an Zeichen der Versöhnung, Erziehung zum Frieden und Bewußtseinsbildung.

Eine weitere Weise, vom Friedensdienst zu reden, hat sich dadurch eingebürgert, daß der Konflikt zwischen Wehrdienst und Kriegsdienstverweigerung unter diese Perspektive gerückt wurde. Die einander ausschließenden Entscheidungen wehrpflichtiger Männer wurden daran gemessen, inwiefern sowohl der Dienst mit der Waffe als auch der Zivildienst als Friedensdienst zu betrachten sind. Auf dem Deutschen Evangelischen Kirchentag in Hannover 1967 wurde dafür die Formel vom "Friedensdienst mit und ohne Waffen" geprägt (Deutscher Evangelischer Kirchentag Hannover 1967, 169ff; vgl. Scharffenorth 70ff). Die positive Bedeutung dieser Formel bestand darin, daß sie die Gewissensentscheidung im Wehrdienstkonflikt nicht mehr an Kategorien der Kriegsethik, sondern der Friedensethik orientierte. Konstruktiv war ihr Ansatz ferner darin, daß sich aus ihr die Forderung ergab, den Zivildienst der Kriegsdienstverweigerer inhaltlich so auszugestalten und die Zivildienstleistenden auf ihre Aufgaben so vorzubereiten, daß ihre Tätigkeiten mit einigem Grund als "Friedensdienst" (und nicht als "Ersatzdienst") zu bezeichnen waren. Von erheblichem Gewicht war schließlich auch die Forderung, den Einsatz im Entwicklungsdienst als Friedensdienst anzuerkennen.

Solche Forderungen blieben jedoch zum großen Teil in der weiteren bundesrepublikanischen Entwicklung unerfüllt. Die Weiterbildung des Kriegsdienstverweigerungsrechts drängte den Zivildienst in den siebziger und achtziger Jahren sogar in verstärktem Maß in die Funktion eines Ersatzdienstes und verlieh ihm die Züge einer "lästigen Alternative". Doch die problematische Bedeutung der Formel vom "Friedensdienst mit und ohne Waffen" lag nicht nur darin, daß sich die an sie geknüpften Hoffnungen nicht erfüllten. Die Formel war zugleich deshalb fragwürdig, weil sie eine Symmetrie zwischen Waffendienst und Gewaltverzicht nahelegte; sie unterschlug die Einsicht, daß die Beteiligung an militärischer Drohung unter Einschluß von nuklearen Massenvernichtungswaffen wenn überhaupt, dann allenfalls für eine Übergangszeit als Dienst am Frieden gerechtfertigt werden konnte (so noch die Heidelberger Thesen von 1959; Howe 225ff). Zwar wird die Formel vom "Friedensdienst mit und ohne Waffen" noch immer gelegentlich verwendet (vgl. Frieden wahren, fördern und erneuern 58ff); doch hat sie sich insgesamt als Beitrag zur Klärung des Wehrdienstdilemmas in seiner heutigen Gestalt nicht bewährt.

Schließlich findet der Begriff des Friedensdienstes Verwendung für den organisierten, zeitlich begrenzten, nicht-militärischen und freiwilligen Einsatz vorwiegend (aber nicht ausschließlich) junger Menschen, die durch praktisches Handeln zum Abbau von Konfliktursachen, zum Bewußtwerden geschichtlicher Schuld sowie zur Förderung von Versöhnung und Gerechtigkeit beitragen wollen. Getragen werden diese Friedensdienste von Einrichtungen, die langfristig arbeiten und ihre Aufgaben unabhängig von kurzfristigen politischen Konstellationen verfolgen. Die Motivation für die Mitarbeit in solchen Vorhaben entspringt nicht einer Dienstpflicht, sondern dem Gedanken der Freiwilligkeit; Zugang zu ihnen haben nicht nur Wehrdienstverweigerer, sondern alle, die ihrer Friedensverantwortung die Gestalt eines befristeten, aber innerhalb dieser Frist die volle Arbeitskraft beanspruchenden Dienstes geben wollen. Zeichenhaftes Handeln einzelner, die gemeinsame praktische Arbeit in der Gruppe und aktionsbezogene Bildungsarbeit im In- oder Ausland vermitteln die Erfahrung, daß Frieden durch vielfältige gesellschaftliche Prozesse gefördert werden kann, und daß über ihn nicht allein auf der Ebene der politischen Interaktion entschieden wird. Dabei wird Frieden nicht nur als die Abwesenheit des Krieges, sondern zugleich als ein Prozeß verstanden, in dem soziale Gerechtigkeit, Selbstbestimmung und politische Teilhabe gefördert werden. Unter den Freiwilligenorganisationen, die sich dieser Aufgabe widmen, kommt den christlichen Gruppen (wie der Aktion Sühnezeichen/Friedensdienste) ein besonderes Gewicht zu, die im Zutrauen zur Kraft der Versöhnung die Schuld des eigenen Volkes zum Ausgangspunkt ihrer Arbeit nehmen. Die Organisationsform solcher Freiwilligendienste erstreckt sich von kurzfristigen Workcamps, die nur wenige Wochen dauern, über längerfristige Dienste von zwölf bis vierundzwanzig Monaten bis zu langfristigen Entwicklungsdiensten. Friedensethische Überlegungen gehen in die Begründung wie in die Zielsetzungen derartiger Friedensdienste ein. Vielleicht können sie sogar einen indirekten Beitrag dazu leisten, daß die rechtliche Stellung der Freiwilligendienste gegenüber dem derzeit unbefriedigenden Status verbessert wird.

Parallel zur Entwicklung der Friedensforschung, der Friedensbewegung und der Friedensdienste hat sich in unserem Jahrhundert das Interesse an *Friedenserziehung* ausgebildet. Deren Notwendigkeit wurde zunächst nur von Einzelpersonen erkannt und in pädagogische Versuche umgesetzt. Erst in der Zeit des Vietnamkriegs wurden diese vereinzelten Experimente - zunächst in den Vereinigten Staaten, dann auch in Europa - aufeinander bezogen, in theoretischen Konzepten gebündelt oder in Lehrplänen niedergelegt. Zwei Konzeptionen haben besonderes Gewicht gewonnen. Die eine betrachtet Frieden als den Horizont aller Erziehung; die andere sieht in ihm ein Thema neben anderen. Diese versteht Friedenserziehung als einen fachspezifischen Unterricht; jene sieht in ihr einen Lernvorgang mit zugleich kognitiven, affektiven und handlungsorientierten Elementen, der in verschiedenen Unterrichtsfächern seinen Ort hat oder verschiedene Fächer in der Form des Projektunterrichts zusammenführt. Innerhalb dieser zweiten Konzeption gelten kritische Aufklärung und Information, Betroffenwerden von Friedensgefährdung und Friedensverantwortung sowie Befähigung zu friedensförderndem Handeln als die wichtigsten Erziehungsziele.

Seit Beginn der achtziger Jahre wird diese pädagogische Alternative freilich durch einen andersgearteten Konflikt um die Friedenserziehung überlagert. Der Versuch der Kultusministerkonferenz der Bundesrepublik Deutschland, eine einheitliche Empfehlung über Friedenserziehung und Bundeswehr zu formulieren, führte zu einer scharfen Kontroverse; in ihrem Rahmen wurden für die von der SPD beziehungsweise der CDU/CSU regierten Länder zwei in markanter Weise unterschiedene Texte formuliert. Der eine orientiert sich am Ziel einer "umfassenden Friedenskultur", welche die "vorhandenen Rivalitäts-, Macht- und Gewaltstrukturen ersetzen" soll; er knüpft dabei vor allem an die wichtigsten Dokumente der Vereinten Nationen an: die Charta von 1945, die zur Förderung freundschaftlicher Beziehungen und internationaler Zusammenarbeit bei der Lösung wirtschaftlicher, politischer, gesellschaftlicher und sozialer Probleme auffordert, die Allgemeine Erklärung der Menschenrechte von 1948 und die Empfehlungen der UNESCO "über die Erziehung zu internationaler Verständigung und Zusammenarbeit und zum Weltfrieden sowie die Erziehung im Hinblick auf die Menschenrechte und Grundfreiheiten" von 1974. Der andere Text versteht Friedenserziehung im wesentlichen als Sicherheitserziehung und zielt darauf, daß die Schülerinnen und Schüler den Wehrdienst als Friedensdienst erkennen und anerkennen (vgl. Lutz). Der naheliegende Einwand gegen diese zweite Konzeption, daß eine solche einseitige Indoktrination weder mit der Gewissensfreiheit der Schülerinnen und Schüler noch mit dem Bildungsauftrag der Schule vereinbar ist, hat sich in verwaltungsgerichtlichen Verfahren nicht durchsetzen lassen. Immerhin wurde durch verwaltungsgerichtliche Entscheidung klargestellt, daß die Behandlung von Fragen des Wehrdiensts im Unterricht sich an den Geboten der Toleranz, der Offenheit und der Zurückhaltung orientieren muß (Duchrow/Eckertz 133).

Friedensethische Überlegungen sind daraufhin zu befragen, ob sie in diesem Streit friedenspädagogischer Konzeptionen zu einer Klärung beitragen können. Dadurch leisten sie zugleich einen Beitrag zur inhaltlichen Aufgabenstellung in verschiedenen Unterrichtsfächern wie in der außerschulischen Bildungsarbeit. Unser eigener Ansatz ist von der Überzeugung bestimmt, daß Friedenserziehung eine umfassende Aufgabe bezeichnet, die in verschiedenen Bildungs- und Lebenszusammenhängen wahrzunehmen ist. So wie Friedensethik den exemplarischen Fall von politischer Ethik darstellt, so meint Friedenserziehung Erziehung zur Politik (Hentig 9).

Mit diesen ersten Überlegungen ist der Ort friedensethischer Bemühungen angegeben, von dem wir ausgehen wollen. Friedensethik fragt nach dem Grund wie nach den Formen menschlicher Verantwortung für den Frieden; ihr Ort ist das Spannungsfeld von Friedenspolitik, Friedensforschung, Friedensbewegung, Friedensdienst und Friedenserziehung.

### b) Die Zukunft des Friedens und die Tradition politischer Ethik

Schon eine erste Annäherung an unser Thema macht auf drei Perspektiven aufmerksam, unter denen der Frieden in unserer Gegenwart als bedroht und gefährdet erscheint: die Zunahme militärischer Gewalt und die Gefahr des Krieges, die Zunahme der Armut und der massenhafte Hunger, die Zerstörung der Biosphäre und die daraus erwachsende ökologische Krise. Schon eine vorläufige Orientierung macht zugleich deutlich, daß die Frage nach der Zukunft des Friedens zur Schlüsselfrage der politischen Ethik im ganzen geworden ist.

Wenn wir die Frage des Friedens zur Leitfrage einer Ethik des Politischen erheben, so ist diese Entscheidung aus der Not des Atomzeitalters geboren. Sie hat freilich in der Tradition der politischen Ethik mehr Anhaltspunkte, als es auf den ersten Blick scheinen mag. Doch in welchem Sinn kann man im Blick auf die philosophische und theologische Tradition überhaupt von einer Ethik des Politischen sprechen?

Nach einem verbreiteten neuzeitlichen Verständnis sind Politik und Ethik durch einen breiten Graben voneinander getrennt. Politik folgt ihren eigenen, an Machtgewinn, Machtausübung und Machterhalt orientierten Gesetzen; Ethik hat es mit der Innerlichkeit der Person und dem unmittelbaren Verhältnis zwischen Personen zu tun. Eine Ethik des Politischen wendet sich nach einer derartigen Auffassung einem Thema zu, das außerhalb der Ethik seinen Ort hat. Nach dem gängigen neuzeitlichen Verständnis verbinden sich in einer Ethik des Politischen zwei Momente miteinander, die voneinander getrennt zu denken sind und je für sich Bestand haben.

In diesem Sinn hat sich der klassischen Tradition die Aufgabe der politischen Ethik nicht dargestellt. In den Anfängen einer Wissenschaft von der Politik bei den Griechen fallen vielmehr Ethik und Politik noch zusammen. Für *Aristoteles* (384-322 v. Chr.) ist Politik die Lehre von der freien Lebensform der freien Bürger in der polis. Sie bildet einen Teil der praktischen Philosophie; die Ethik als Lehre von den menschlichen Verhaltensformen und vom Maß menschlichen Handelns sowie die Ökonomik als die Lehre von der Hausgemeinschaft treten ihr als deren andere Teile zur Seite. Ethik, Politik und Ökonomik bilden ein unauflösbares Ganzes.

Ziel allen Handelns und so auch Ziel der Politik ist für Aristoteles die *eudaimonia*, das Glück. Damit ist nicht ein subjektives Glücksgefühl gemeint, sondern die Verwirklichung der Möglichkeiten, auf die der Mensch von Natur aus angelegt ist und die sich unter gegebenen geschichtlichen Bedingungen als realisierbar erweisen. Die entscheidenden Maßstäbe für das Handeln des einzelnen in der polis bilden die Gerechtigkeit sowie die Freundschaft und Eintracht der Bürger. Politik als eine unmittelbar ethische Wissenschaft zielt auf das gute und gerechte Leben der Bürger und sucht die bestmögliche Verfassung der polis zu ermitteln.

Dieses Konzept einer unmittelbaren Verknüpfung von Ethik und Politik bestimmte die europäische Problemwahrnehmung über Jahrhunderte hinweg - auch wenn die praktische Politik sich den ethischen Maßstäben, mit denen sie beschrieben wurde, häufig entzog. Dies gilt auch und gerade für denjenigen Abschnitt der europäischen Geschichte, in dem nicht philosophische, sondern theologische Entwürfe das Nachdenken über die Politik bestimmten - für diejenige Epoche also, die mit dem Übergang zur Reichskirche im 4. nachchristlichen Jahrhundert beginnt und im Zeitalter der Reformation und der Konfessionskriege endet. Zwar ist die christliche Theologie dieser Epoche gerade in Fragen der politischen Ethik nicht einfach dem aristotelischen Modell gefolgt. Doch den engen Zusammenhang zwischen Ethik und Politik hat sie auf ihre Weise festgehalten. Sie hat die ethische Evidenz politischer Handlungsregeln aus dem Naturrecht abgeleitet. Mit fragloser Selbstverständlichkeit hat deshalb die scholastische Theologie des Mittelalters die Lehre von der Politik als einen Teil der theologisch begründeten Ethik angesehen.

Im Übergang zur Neuzeit löst sich diese unmittelbare Verbindung zwischen Ethik und Politik auf. In der Anfangszeit des souveränen Territorialstaats erscheinen zwei Bücher, die der beginnenden Trennung von Ethik und Politik in höchst unterschiedlicher und zugleich höchst charakteristischer Weise Ausdruck verleihen: *Niccolo Machiavelli* (1469-1527) verfaßt 1513 seinen 'Principe', der 1532, fünf Jahre nach dem Tod der Autors, veröffentlicht wird; im Jahr 1517 publiziert *Thomas Morus* (1478-1535) seine 'Utopia'. Machiavelli schreibt ein Lehrbuch über die Technik des Machterwerbs und des Machterhalts. Morus, der Jurist, befaßt sich mit der rechtstechnischen Gestaltung der idealen Gesellschaft.

Die Einheit von Politik und Ethik ist damit aufgelöst. Betrachtet Machiavelli die Politik als ein Problem der Technik der Macht, so Morus als eine Aufgabe der Rechtstechnik. Beide Auffassungen treffen sich darin, daß man den Zugang zur Politik nur über die ihr eigentümlichen Regeln gewinnen kann; ob es sich um Regeln der Macht oder solche des Rechts handelt, ist die zwischen beiden Entwürfen strittige Frage. Damit wird das Verhältnis von Recht und Macht zum offenen oder heimlichen Zentralthema der politischen Theorie; diese Akzentverschiebung vollzieht sich auf Kosten der Verbindung von Ethik und Politik.

Zutreffend beschreibt Jürgen Habermas diesen Bruch mit der Tradition:

> "Die Blickrichtung hat sich spezifisch verändert: das politische Verhalten, für das sich Machiavelli, und die soziale Ordnung, für die sich Morus interessiert, werden nicht mehr im Hinblick auf jenes tugendhafte Leben der Bürger expliziert. Die modernen Denker fragen nicht mehr wie die alten nach den sittlichen Verhältnissen des guten und vortrefflichen Lebens, sondern nach den tatsächlichen Bedingungen des Überlebens. Es geht unmittelbar um die Behauptung des physischen Lebens, um elementare Lebenserhaltung. Diese praktische Notwendigkeit, die technische Lösungen verlangt, steht am Beginn der modernen Sozialphilosophie. Im Unterschied zur ethischen Notwendigkeit der klassischen Politik verlangt sie keine theoretische Begründung der Tugenden und Gesetze in einer Ontologie der menschlichen Natur. War der theoretisch begründete Ausgangspunkt der Alten: wie die Menschen praktisch einer natürlichen Ordnung entsprechen können; so ist der praktisch vorgegebene Ausgangspunkt der Modernen: wie die Menschen drohende Naturübel technisch bewältigen können. Gewiß ist Sozialphilosophie über die Sicherung des blanken Überlebens hinaus auch mit der Verbesserung, der Erleichterung, der Steigerung des Lebens befaßt. Diese ist jedoch grundsätzlich von einer sittlichen Perfektion des Lebens verschieden. Die pragmatischen Steigerungsformen des angenehmen und des starken Lebens bleiben je auf ihren Positiv, die Erhaltung des bloßen Lebens, bezogen. Sie bleiben Komparative zum Überstehen der elementaren Lebensgefahren: der physischen Bedrohung durch den Feind oder den Hunger" (Habermas 22).

Der erste Schritt ist oft der entscheidende. Die Emanzipation der Politik von der Ethik ist im Ansatz bereits unmittelbar nach dem Aufkommen des neuzeitlichen Territorialstaats, noch vor Beginn der Reformation, im zweiten Jahrzehnt des 16. Jahrhunderts, vollzogen.

Doch der zweite Schritt kann über den ersten weit hinausführen. Einen dramatischen neuen Schritt in der wissenschaftlichen Konstruktion der Politik vollzieht - ein Jahrhundert nach Machiavelli und Morus - *Thomas Hobbes* (1588-1679). Sein Entwurf einer wissenschaftlichen Sozialphilosophie entfernt die Politik noch weiter von der Ethik. Hobbes will die politische Organisation der Gesellschaft nach wissenschaftlichen Gesetzen erklären; er will eine Physik der Politik entwerfen und die Mechanik der Macht entschlüsseln. Er leitet sie aus dem unfriedlichen Verhältnis der Menschen im Naturzustand ab, wofür die These, der Mensch sei dem Menschen ein Wolf, die berühmt gewordene Kurzformel bildet. Wegen des anarchischen Naturverhältnisses der Menschen zueinander fällt der Gesellschaftsvertrag, in dem sie sich verbinden, mit dem Herrschaftsvertrag, in dem sie sich einer politischen Machtinstanz unterwerfen, notwendigerweise zusammen. Ein ethisches Problem stellt sich in diesem Zusammenhang nicht. Die Notwendigkeit einer obrigkeitlichen Autorität im Innern des Staats ergibt sich vielmehr mit derselben Zwangsläufigkeit wie die Aufgabe, die Souveränität des Staats nach außen gegen mögliche Angreifer zu behaupten und durchzusetzen. Beide Aufgaben folgen unmittelbar aus der Mechanik der natürlichen Begierden.

Damit ist eine Auffassung der Politik formuliert, die sich in Variationen bis ins 20. Jahrhundert durchhält: Politische Herrschaft dient der Aufgabe, Gewaltandrohung und Gewaltanwendung zum Schutz der Gesellschaft und ihrer Glieder zu organisieren; dieser Schutz zielt darauf, die Furcht vor Feinden, die Furcht vor Hunger und die Furcht vor Knechtschaft zu überwinden. Eben diese Aufgabenstellung begründet das staatliche Gewaltmonopol, in dessen Anerkennung praktische Sozialphilosophie und Theologie so scheinbar mühelos übereinstimmen.

Der Begriff des staatlichen Gewaltmonopols, so kann es nämlich auf den ersten Blick scheinen, hat den neuzeitlichen Begriff des Politischen wieder für Aussagen der theologischen Ethik anschlußfähig gemacht. Zwei Beispiele sollen diesen Eindruck verdeutlichen.

Zu Beginn unseres Jahrhunderts erklärt der Soziologe *Max Weber* (1864-1920) das "Monopol legitimen physischen Zwanges" zum entscheidenden Kennzeichen des Staats (Weber 29); in der Androhung, gegebenenfalls auch der Anwendung von Gewalt liegt nach seiner Auffassung zwar nicht das alleinige, wohl aber das *spezifische* Mittel staatlichen Handelns. Diese These Max Webers bildet ohne Zweifel einen der Schlüssel zur Staatstheorie des 20. Jahrhunderts.

Eine bemerkenswerte Parallele zu ihr findet sich in dem zentralen Bekenntnisdokument des deutschen Protestantismus aus der Zeit der nationalsozialistischen Herrschaft, in der Barmer Theologischen Erklärung von 1934:

"Die Schrift sagt uns, daß der Staat nach göttlicher Anordnung die Aufgabe hat, in der noch nicht erlösten Welt, in der auch die Kirche steht, nach dem Maß menschlicher Einsicht und menschlichen Vermögens unter Androhung und Ausübung von Gewalt für Recht und Frieden zu sorgen" (These V, Huber 20, vgl. 95ff).

Beide Formulierungen lassen sich zunächst aus einer Tradition erklären, die die Funktion des Staates aus der Mechanik menschlicher Begierden (der "noch nicht erlösten Welt") ableitet und damit die Unausweichlichkeit des staatlichen Gewaltmonopols begründet. Soweit ethische Reflexion an diesen neuzeitlichen Stand des Politikbegriffs Anschluß zu gewinnen versucht, entfaltet sie sich folgerichtig als *Staatsethik.* Sowohl im Bereich der praktischen Philosophie - dafür ist Hegels Rechts- und Staatsphilosophie das prominenteste Beispiel - als auch im Bereich der Theologie nimmt die politische Ethik deshalb die Gestalt einer Staatsethik an. Sie begründet den Gehorsam gegenüber der staatlichen Autorität und bestimmt dessen Grenzen.

Gegenüber dieser Tradition hat sich, beginnend mit dem Jahr 1945, die Ausgangslage verändert. Angesichts der quantitativen Zunahme und qualitativen Veränderung der staatlichen Gewaltmittel ist zweifelhaft geworden, ob das staatliche Gewaltmonopol weiterhin mit solcher Fraglosigkeit als ein Mittel angesehen werden kann, das dem Recht und dem Frieden dient. Zwei Weltkriege in unserem Jahrhundert nötigen zu der Einsicht, daß die Anhäufung staatlicher Gewaltmittel den Ausbruch kriegerischer Konflikte nicht etwa verhindert, sondern fördert. Deshalb drängt sich die Einsicht auf, daß die Institution des Staats nicht einfach dem Frieden dient, sondern daß Staat und Krieg gleichursprünglich sind. Der Krieg als Institution gehört nicht dem "Naturzustand" an, sondern ist mit der staatlichen Verfassung menschlicher Gesellschaften verknüpft. Er ist kein Naturereignis, sondern ein Produkt menschlicher Geschichte.

Die Atomwaffen geben dazu Anlaß, die überlieferte Auffassung von dieser geschichtlich gewordenen Institution zu überprüfen. Seit dem ersten Abwurf von Atombomben auf Hiroshima und Nagasaki am 6. und 9. August 1945 stellt sich die Frage, ob Gewaltandrohung und Gewaltanwendung überhaupt noch als sinnvolle und verantwortbare Mittel der Sorge für Recht und Frieden angesehen werden können. Die Theorie der Abschreckung enthielt deshalb in ihren Anfängen das Moment der Selbstabschreckung in sich; solange die Theorie der "Massiven Vergeltung" herrschte, waren sich die politisch Handelnden noch bewußt, daß sie über Gewaltmittel verfügten, deren Einsatz sie unter allen Umständen vermeiden mußten. Mit der Weiterentwicklung der Waffentechnologien trat jedoch dieses Motiv der Selbstabschreckung in den Hintergrund; aufs neue zeigte sich eine Tendenz, die neuen technischen Möglichkeiten in den Mustern traditionellen Denkens über Krieg und Frieden zu interpretieren.

Der neuzeitlichen Sozialphilosophie galten die Furcht vor dem Feind und die Furcht vor dem Hunger als vorethische Probleme des Überlebens, aus denen sich die Aufgaben und die Mittel der Politik bereits mit hinreichender Deutlichkeit ableiten lassen. Im gegebenen Fall waren durch diese Motive militärische Rüstung wie deren Einsatz legitimiert. Ein besonderes Problem politischer Ethik stellte sich damit für den mehrheitlichen Trend der Sozialphilosophie wie für das durchschnittliche Bewußtsein der Regierenden und der Regierten nicht mehr. Inzwischen kann man jedoch der Frage nicht mehr ausweichen, ob die Mittel des Umgangs mit Feindschaft - nämlich eine Rüstung, mit der menschliches Leben auf der Erde gleich mehrfach vernichtet werden kann - noch mit dem Ziel des Überlebens vereinbar sind. Die Angst um das Überleben macht Politik in einer neuen Weise zum Thema der Ethik.

Freilich kann sich diese Ethik des Politischen nicht mehr darin erschöpfen, den Gehorsam gegenüber der staatlichen Autorität zu begründen und dessen Grenzen zu bestimmen. Vielmehr wird politische Ethik nun unausweichlich zur Kritik der Politik. Den Maßstab dieser Kritik aber bildet das, was heute am notwendigsten und am gefährdetsten zugleich ist: der Frieden. Deshalb ist eine Ethik des Politischen als Friedensethik zu entwerfen. Die Frage nach der Zukunft des Friedens ist ihre Leitfrage.

### c) Der Begriff des Friedens und die Aufgabe politischer Ethik

Doch was meinen wir mit dem Wort *Frieden,* wenn wir vom gefährdeten Weltfrieden sprechen oder die Frage nach der Zukunft des Friedens zur Leitfrage der politischen Ethik erklären? Das Wort wird in tiefem religiösem Sinn ebenso verwendet wie in alltäglicher Leichtigkeit. "Frieden" ist ein Urwort der religiösen wie der politischen Sprache: Ausdruck einer das Leben umspannenden Vision ebenso wie Beschreibung eines politischen Zustands.

Für die jüdisch-christliche Überlieferung bildet "Frieden" ein Urwort von weitgespannter Bedeutung: die gelingende Gemeinschaft zwischen Gott und den Menschen ist damit ebenso gemeint wie die Gemeinschaft unter den Menschen; aber auch die Lebensgemeinschaft zwischen den Menschen und der außermenschlichen Natur klingt in ihm mit. So umfassend ist die Bedeutung, daß der häufig gewählte Ausweg, einen religiös oder innerlich verstandenen Frieden vom Frieden der Welt zu trennen, sich immer wieder als Irrweg erwiesen hat. Der jüdisch-christlichen Tradition gilt Frieden als eine Gabe und Verheißung Gottes, an der die Menschen mitgestaltend und deshalb auch mitverantwortlich teilhaben. Die Hoffnung auf den verheißenen Frieden, die in der prophetischen Tradition laut wird, schließt immer auch den Frieden zwischen den Völkern ein. Die Hoffnung auf ein Ende aller Kriege zwischen den Völkern, auf einen Zustand, in dem die Schwerter zu Pflugscharen und die Speere zu Winzermessern umgeschmiedet werden (wie es bei den alttestamentlichen Propheten heißt), ist deshalb zu einem "Urmodell" (E. Bloch) geworden, das den Friedensutopien der europäischen Tradition zugrunde liegt.

Doch dieses umfassende Friedensverständnis ist keineswegs auf die jüdisch-christliche Tradition beschränkt. Auch andere Überlieferungen sind durch den Versuch bestimmt, die alltäglichen Verwendungsweisen und die religiöse Tiefe des Worts miteinander zu verknüpfen. Anstatt geläufiger Beispiele zitieren wir einen Beleg aus der Welt der Sioux-Indianer:

"Der erste Friede, der wichtigste, ist jener, der in die Seelen der Menschen einzieht, wenn sie ihre Verwandtschaft, ihr Einssein mit dem Weltall und allen seinen Mächten gewahren und inne werden, daß im Mittelpunkt des Weltalls Wakan-Tanka (der große Gott) wohnt und diese Mitte tatsächlich überall ist, sie ist in jedem von uns. Dies ist der wirkliche Friede, und die anderen sind lediglich Spiegelungen von ihm" (Schwarzer Hirsch 161).

Frieden ist nicht nur eine umfassende Vision und Utopie. Sondern Frieden und Unfrieden werden zugleich im täglichen Leben der Menschen erfahren: im gelingenden Miteinander wie in den Konflikten von Familien und Freunden, von Arbeitspartnern und gesellschaftlichen Gruppen, von Staaten und Bündnissystemen. Frieden ist eine gelingende Form menschlichen Zusammenlebens; er ist insbesondere gelingende politische Ordnung.

Traditionelle Friedenskonzepte liefen zwar nicht durchgängig, aber doch häufig auf folgende Vorstellung hinaus: Frieden als politische Ordnung ist ein den Krieg beendender, aber zugleich seinerseits durch kriegerische Auseinandersetzungen begrenzter Zustand; der Krieg wiederum stellt eine von Zeit zu Zeit unausweichliche und funktional auf das Ziel des Friedens bezogene Form der politischen Auseinandersetzung dar.

Frieden wird also auf dem Weg der Negation bestimmt; gemeint ist damit die Abwesenheit von Krieg und Gewalt oder auch nur der Zwischenzustand zwischen zwei Kriegen. Eine vergleichbare "negative" Definition stand auch am Anfang der neueren Arbeiten zur Friedensforschung. Klassisch hat Johan Galtung sie formuliert:

"Friede ist ein Zustand innerhalb eines Systems größerer Gruppen von Menschen, besonders von Nationen, bei dem keine organisierte kollektive Anwendung oder Drohung von Gewalt stattfindet" (in: Krippendorff 1968, 531).

Nun ist es zweifellos eine Verkürzung, Frieden nur als Gegenbegriff zu Krieg oder organisierter Gewaltanwendung zu begreifen. Das ist auch bei solchen Definitionsversuchen schnell erkannt worden. Man hat deshalb dieser "negativen" eine "positive" Definition des Friedensbegriffs zur Seite gestellt. Sie versteht Frieden als Integration konfligierender Parteien in einem übergeordneten System oder auch, kürzer und direkter, als gerechte Ordnung. Dabei meint die Unterscheidung zwischen negativer und positiver Definition des Friedens zunächst nur eine logische Bewertung der Definitionen: negativ ist diejenige Definition, die auf dem Weg der Negation zustande kommt ("Abwesenheit von Gewalt"); positiv ist diejenige, die den Zustand des Friedens durch nähere Merkmale zu charakterisieren unternimmt ("Gerechtigkeit"). Doch dieser logische Charakter der Unterscheidung wurde bald zu einem inhaltlichen ausgeweitet; daraus entstand die Redeweise vom negativen und vom positiven Frieden. Frieden als Nicht-Krieg wird in ihr als negativ bezeichnet, weil er auf eine Ordnung des internationalen Systems hinauslaufe, die allein durch die

Abwesenheit direkter Gewalt bestimmt sei; auch bloßer Waffenstillstand, ja selbst Unterdrückung und Diktatur können unter diesen Begriff des Friedens fallen. Frieden als Integration in einer gerechten Ordnung wird dagegen als positiv bezeichnet, weil damit eine kooperative, assoziative Ordnung des internationalen Systems ins Auge gefaßt wird.

So einleuchtend sie zunächst klingt, so enthält diese qualitative Bewertung der unterschiedlichen Friedensdefinitionen doch beträchtliche Schwierigkeiten. Sie sind so erheblich, daß Zweifel daran angebracht sind, ob es überhaupt möglich ist, auf dem Weg derartiger Definitionen den Begriff des Friedens zureichend zu erfassen. Eine Reihe derartiger Schwierigkeiten sei genannt.

Das Maß der verfügbaren kriegerischen Gewaltmittel wie das Faktum, daß die Kriege, die seit dem Ende des Zweiten Weltkriegs auf dem Globus stattfanden, bereits mehr Menschenleben forderten als die Kriegsjahre von 1939 bis 1945, verbieten es, unter dem Titel des "negativen Friedens" die Verhütung von Kriegen geringzuschätzen. Freilich stellt sich im Atomzeitalter nicht nur die Aufgabe einer zeitlich begrenzten, sondern einer dauerhaften Verhütung des Kriegs. Wenn es gelingen würde, politische und rechtliche Instrumente zu entwickeln, die die Abwesenheit kollektiver Gewaltanwendung auf Dauer sichern, wäre darin ein positives Moment von kaum zu überschätzender Bedeutung zu sehen.

Doch ähnlichen Schwierigkeiten steht auch ein "positiver" Friedensbegriff gegenüber, der Frieden als die "Integration konfligierender Parteien in einem übergeordneten System" faßt. Denn er schließt an eine positive, häufig systemtheoretisch angeleitete Bewertung von Integration an und vernachlässigt die unausweichliche, bisweilen auch produktive Funktion von Konflikten. Insbesondere bleibt unberücksichtigt, daß Integration nicht immer ein geeignetes Mittel zum Frieden ist. Vielmehr kann in Situationen der Abhängigkeit und Unterdrückung oft nur durch Phasen der Dissoziation hindurch eine Form der Selbstbestimmung erreicht werden, die den Namen des Friedens verdient.

Schließlich aber leiden die genannten Definitionen darunter, daß sie Frieden als einen Zustand verstehen und damit seinen geschichtlichen, prozessualen Charakter vernachlässigen. Einer Definition im klassischen Sinn fügt sich nur, was keine Geschichte hat. Um die Geschichtlichkeit des Friedens zu berücksichtigen, schlagen wir deshalb einen anderen Weg ein; wir wollen die Qualität derjenigen geschichtlichen Prozesse genauer erfassen, die mit dem Wort "Frieden" belegt werden.

Dabei unterscheiden wir zwischen der *Grundbedingung*, ohne die Frieden nicht sein kann, und den *Indikatoren*, an denen sich dem Frieden entsprechende Lebensprozesse zeigen.

Die *Grundbedingung* des Friedens ist mit dem Überleben der Menschheit gegeben. Von Frieden zu reden, ist sinnlos, wenn das Leben auf diesem Planeten zerstört wird. Unfrieden zeigt sich dann aber vor allem in denjenigen Vorgängen, in denen das Leben auf der Erde bedroht, zerstört oder aufs Spiel gesetzt wird. Dies geschieht vor allem in drei Formen: in der Ausbeutung und Zerstörung der außermenschlichen Natur, im täglichen und massenhaften Hungertod von Millionen von Menschen und in der Gefährdung des Lebens durch militärische Mittel. Naturzerstörung, Hunger und Krieg sind diejenigen Vorgänge, von denen gelten muß, daß sie mit der Grundbedingung des Friedens: dem Überleben der Menschheit unvereinbar sind.

Schon aus dieser elementaren Bedingung des Friedens lassen sich die *Indikatoren* ableiten, an denen wir friedensfördernde von friedenshemmenden oder friedensgefährdenden Prozessen unterscheiden. Frieden ist mehr und anderes als die Sicherung menschlichen Überlebens; das Wort "Frieden" bezeichnet eine bestimmte Qualität menschlichen Lebens. Diese Qualität beschreiben wir durch die drei Indikatoren: Abbau von Not, Vermeidung von Gewalt, Verminderung von Unfreiheit.

In der Menschheitsgeschichte war *Not* immer wieder ein auslösender Faktor gewaltsamer Auseinandersetzungen. Der Streit um knappen Lebensraum und knappe Ressourcen ist eine der wichtigsten Wurzeln kriegerischer Konflikte. Sich am Frieden zu orientieren heißt, nach der Vermeidung solcher Konflikte und nach dem Abbau der Not zu fragen. Vielen Weltreligionen ist gemeinsam, daß sie die geschichtliche Wirklichkeit aus der Perspektive der Armen, der Hungernden, der Rechtlosen, also derer ansehen, die im massivsten Sinn von Not betroffen sind. Die *Aufhebung* ihrer Not ist der Inhalt messianischer Verheißungen; die *Minderung* von Not und Unterdrückung ist das deutlichste Zeichen für eine Veränderung, die den Namen des Friedens verdient.

Der Indikator "Abbau von Not" enthält heute notwendigerweise zwei Momente in sich. Zum einen setzt er voraus, daß es gelingt, die natürlichen Ressourcen zu bewahren, auf die Menschen um ihres Lebens willen angewiesen sind. Die *Bewahrung der Natur* ist damit eine Voraussetzung für den Abbau von Not. Zum andern kann dieser nur in dem Maß gelingen, in dem die Ungerechtigkeit in der Verteilung materieller Güter und des Zugangs zu ihnen verringert wird; *soziale Gerechtigkeit* ist damit ein notwendiger Maßstab des Friedens.

Kann die Drohung mit *Gewalt* oder gar ihr Einsatz heute noch dem Frieden dienen? Das ist einer der wichtigsten Streitpunkte, mit denen sich jede Friedensethik auseinanderzusetzen hat. Die Tradition der christlichen Friedensethik läßt sich so beschreiben, daß ihre repräsentativen Grundpositionen genau an dieser Frage auseinandertreten. Während die Position des prinzipiellen Gewaltverzichts behauptet, daß Gewalt nie als Mittel zum Frieden verantwortet werden kann, beruht die Lehre vom gerechten Krieg auf der Überzeugung, daß unter bestimmten Bedingungen die Gewaltanwendung um des Friedens willen unausweichlich und gerechtfertigt sein kann. Doch beide Positionen stimmen darin überein, daß die Vermeidung und die Verminderung von Gewalt einen entscheidenden Indikator des Friedens bilden.

Die Aufgabe der Vermeidung von Gewalt stellt sich heute insbesondere im Blick auf ein System militärischer Sicherheit, das für sich in Anspruch nimmt, den Ausbruch von Gewalt durch die Drohung mit der Gewalt von Massenvernichtungsmitteln zu vermeiden. Doch ein solcher Versuch, den Ausbruch der Gewalt durch technische Mittel zu verhüten, ist - auch wenn er für eine bestimmte Region der Erde auf Zeit funktioniert hat - auf Dauer nicht stabil. Je länger wir uns auf die Sicherung des Friedens mit den Mitteln der Abschreckung verlassen, desto unausweichlicher befinden wir uns in einer Vorkriegszeit, nämlich in der Zeit vor dem Versagen der Abschreckung. Nicht nur Friedenspolitik, sondern auch Friedensethik steht vor der Frage, ob sich Wege finden lassen, vor dem Ausbruch eines Atomkriegs zu einer dauerhaften politischen Sicherung des Friedens zu gelangen.

Die Bedingungen, unter denen sich sonst der überlebende Teil der Menschheit zu einer Überwindung der Institution des Krieges entscheiden würde, vermag sich niemand auszumalen. Norbert Elias hat eine seiner Reflexionen zum 8. Mai 1985 der Möglichkeit gewidmet, daß die Entscheidung zum Abbau der Gewalt erst nach einem nächsten, einem nuklearen Krieg fallen könnte:

"Es ist nicht unvernünftig anzunehmen, daß nach dem nächsten Kriege, wenn er kommt, die übrig bleibende Menschheit zu der Überzeugung gelangen wird, daß es nötig ist, mit der Tradition zu brechen, die es Staaten nicht nur freistellt, sondern geradezu nahelegt, im Falle eines Konflikts mit einem anderen Staat eine Entscheidung im eigenen Interesse durch die Anwendung körperlicher Gewalt, durch einen Kampf auf Leben und Tod, kurzum: durch den Einsatz einer eigens für solche Zwecke von jedem Staat unterhaltenen Militärorganisation herbeizuführen. ... Unter dem Eindruck eines solchen Krieges werden sie wahrscheinlich leichter in der Lage sein, das zu tun, was wir heute zu tun nicht in der Lage sind: nämlich Instanzen zur Konfliktschlichtung zwischen den Staaten zu schaffen, denen sich alle Staaten unterwerfen müssen." Und melancholisch fügt der neunzigjährige Norbert Elias hinzu: "Die Trauer der Menschheit über die entschwundene Pracht der Erde mag natürlich auch zu spät kommen" (Elias 79ff).

Friedensethik fragt nach den Bedingungen und Möglichkeiten der dauerhaften Vermeidung von Gewalt *vor* einem solchen apokalyptischen Ereignis. Sie ist an der Aufgabe orientiert, einen Weg zu finden, auf dem es nicht erst durch die Schrecken eines Atomkriegs zur Überwindung des Krieges als Institution kommt. Die Vermeidung von Gewalt als Indikator des Friedens enthält die Aufgabe in sich, die Institution des Kriegs zu überwinden und gewaltfreie Möglichkeiten für den politischen Austrag internationaler Konflikte zu entwickeln.

Die Verminderung von *Unfreiheit* bildet den dritten Indikator des Friedens. Er muß deshalb genannt werden, weil Frieden nicht nur das faktische Überleben, sondern eine bestimmte Qualität menschlich-mitmenschlichen Lebens meint. Das läßt sich schon sprachgeschichtlich zeigen. Im Indogermanischen gehen die Worte "Frieden" und "Freiheit" auf die gleiche Wurzel "pri" zurück; zu ihrem Bedeutungsumkreis gehört: lieben, schonen, freundsein. Beide Worte bezeichnen also die besondere Qualität gelingenden gemeinsamen Lebens. Freiheit hat in dieser engen sprachgeschichtlichen Verbindung mit Frieden nicht jenen abgrenzenden, auf das vereinzelte Individuum bezogenen Ton, der aus der neuzeitlichen Entwicklung vertraut ist. Freiheit meint ein gegen Gewalt und Unterdrückung geschütztes Leben, in dem Menschen von ihren Möglichkeiten und Fähigkeiten kraft eigener Entscheidung gemeinschaftlichen Gebrauch machen können.

Demgegenüber hat der neuzeitliche Freiheitsbegriff die Selbständigkeit der einzelnen wie der Staaten als nebeneinander, ja gegeneinander existierender Einheiten hervorgehoben. Der kommunikative Aspekt der Freiheit trat unter den Bedingungen des sich entwickelnden Kapitalismus und eines ihm entsprechenden Besitzindividualismus in den Hintergrund. Gerade der kommunikative Charakter der Freiheit aber wird in Erinnerung gerufen, wenn der enge Zusammenhang von Frieden und Freiheit in reflektierter Weise zum Thema wird. Die Verminderung von Unfreiheit als Indikator des Friedens meint nicht eine Relativierung der Friedensaufgabe, wie sie in vielen Verwendungsweisen der Formel "Frieden in Freiheit" mitschwingt und in der Aussage, es gebe Wichtigeres als den Frieden, entlarvend zum Ausdruck kam. Daß die Verminderung von Unfreiheit als Indikator des Friedens anzusehen ist, bedeutet vielmehr, daß an der Überwindung von Unterdrückung und Entrechtung der friedensfördernde Charakter politischer Prozesse abzulesen ist. Damit aber werden die politischen wie die sozialen Menschenrechte zu wichtigen Kriterien einer Friedensethik.

Statt einer Definition des Friedens haben wir die Grundbedingung sowie drei Indikatoren des Friedens genannt. Diese drei Indikatoren stehen zueinander freilich nicht immer in einem harmonischen Ergänzungsverhältnis. In bestimmten Situationen können sie vielmehr in *Spannung*, ja in *Widerspruch* zueinander geraten. Zwei Beispiele sollen das verdeutlichen.

Das System der nuklearen Abschreckung zwischen Ost und West hat wahrscheinlich in den letzten drei Jahrzehnten dazu beigetragen, den Ausbruch eines großen Kriegs auf der nördlichen Halbkugel der Erde zu verhindern. In dieser begrenzten Perspektive ist es als ein Mittel der Kriegsverhütung und damit der Gewaltvermeidung betrachtet worden; seine Fortführung und die weitere Steigerung der Rüstungen werden mit diesem Argument legitimiert. Doch dieses System verschlingt gewaltige finanzielle Mittel und bindet zugleich menschliche Phantasie, wissenschaftliche Kapazitäten und politische Energien in großem Umfang. Dem Abbau von Not steht es nicht nur hemmend im Weg, weil es finanzielle Mittel in Anspruch nimmt, die sonst im Kampf gegen den Hunger eingesetzt werden könnten; es hemmt ihn vor allem deshalb, weil es politische Initiativen und menschliche Erfindungskraft lähmt. Es trägt darüber hinaus dazu bei, daß die Staaten, die sich im Ost-West-Konflikt gegenüberstehen, sich auch im Innern als Sicherheits-Staaten begreifen und deshalb dazu neigen, die Sicherheit der staatlichen Institutionen der Sicherung staatsbürgerlicher Freiheiten vorzuordnen. Auch mit dem Abbau von Unfreiheit gerät dieses System der Kriegsverhütung also in Konflikt. Im System der Abschreckung wird einem bestimmten Konzept der Gewaltvermeidung der Vorrang vor dem Abbau von Not und der Verminderung von Unfreiheit zuerkannt. Dies ist einer der Gründe für die Kritik des Abschreckungssystems, auf die wir in späterem Zusammenhang (im II. Hauptteil) zurückkommen.

Ein anderes Beispiel bildet jene Art des Unfriedens, die durch die südafrikanische Apartheidpolitik nun schon über Jahrzehnte hinweg aufrechterhalten wird. Viele Opfer des Regimes hoffen, das Ende rassischer Diskriminierung und die Gewährleistung gleicher gesellschaftlicher und politischer Rechte ließen sich ohne Gewalt erreichen. Doch anderen drängt sich die Überzeugung auf, daß der Abbau von Unfreiheit mit der Vermeidung von Gewalt in Konflikt gerät. Viele sind bereit, eine Verschärfung der Not in Kauf zu nehmen, um dem Unrecht ein Ende zu machen. Deshalb plädieren schwarze Südafrikaner für wirtschaftliche Sanktionen gegen die Republik Südafrika selbst auf die Gefahr hin, daß sich dadurch die Not großer Bevölkerungsteile verschärft; und manche gehen davon aus, daß die herrschende Gewalt der Apartheid nur durch die Gewalt des Widerstands überwunden werden kann.

Die Aufgabe von Friedensethik beschränkt sich nicht darauf, Indikatoren des Friedens zu entwickeln. Sie steht vor der Frage, ob sie für den Konflikt zwischen diesen Indikatoren Kriterien der Beurteilung und der Entscheidung zu formulieren vermag. Die Bestimmung solcher Kriterien setzt drei Arbeitsschritte voraus: die *historische* Orientierung an Modellen friedensethischer Urteilsbildung, die *systematische* Erarbeitung eines Friedensverständnisses, das den Herausforderungen der Gegenwart gemäß ist, und die *exemplarische* Entfaltung von ethischen Perspektiven, die im Streit um die Friedensverantwortung in der Gegenwart klärend wirken können.

Aus diesen drei Aufgaben ergeben sich die drei Hauptteile dieses Buchs. Dabei macht der *erste Hauptteil* die ausgewählten Modelle des Friedens in der Geschichte bereits transparent für heutige systematische Urteilsbildung. Dieser Hauptteil faßt philosophische und theologische Friedenskonzeptionen in gleicher Weise in den Blick. Der *zweite Hauptteil* sucht auf die Herausforderung des Friedens im Atomzeitalter mit ethischer Klärung zu antworten. Diese Klärung ist theologisch angelegt, aber für den Dialog über die Grenzen der Theologie hinaus offen. Er geht von den Urteilsbildungsprozessen in den großen christlichen Kirchen aus und zeigt die friedensethischen Grundpositionen auf, die sich an ihnen ablesen lassen. Der *dritte Hauptteil* schließlich entwickelt ein systematisches Verständnis der Friedensethik und konkretisiert die gewonnenen Perspektiven für exemplarische Problemfelder; deren Auswahl und Behandlung orientiert sich an den drei Indikatoren des Abbaus von Not, der Vermeidung von Gewalt und der Verminderung von Unfreiheit.

LITERATUR: *J. Calließ/R. E. Lob*, Praxis der Umwelt- und Friedenserziehung, Bd. 1-3, Düsseldorf 1987, 1988 - *E.-O. Czempiel*, Schwerpunkte und Ziele der Friedensforschung, Mainz/München 1972 - Deutscher Evangelischer Kirchentag Hannover 1967. Dokumente, Stuttgart 1967 - *U. Duchrow/R. Eckertz* (Hg.), Die Bundeswehr im Schulunterricht. Ein Prozeß gegen Indoktrinierung, Baden-Baden 1988 - *N. Elias*, Humana conditio. Beobachtungen zur Entwicklung der Menschheit am 40. Jahrestag eines Kriegsendes (8. Mai 1985), Frankfurt 1985 - *J. Fisch*, Krieg und Frieden im Friedensvertrag, Stuttgart 1979 - Der Friedensdienst der Christen. Eine Thesenreihe zur christlichen Friedensethik in der gegenwärtigen Weltsituation, erarbeitet von der Kammer der Evangelischen Kirche in Deutschland für öffentliche Verantwortung, Gütersloh 1970 - Frieden wahren, fördern und erneuern. Eine Denkschrift der Evangelischen Kirche in Deutschland, Gütersloh 1981 - *H.-W. Gensichen*, Weltreligionen und Weltfriede, Göttingen 1985 - *F. Goedeking*, Kirche, Krieg und Frieden, Stuttgart 1986 - *J. Habermas*, Theorie und Praxis, 3. Aufl. Neuwied 1969 - *H. v. Hentig*, Arbeit am Frieden. Übungen im Überwinden der Resignation, München 1987 - *G. Howe* (Hg.), Atomzeitalter - Krieg und Frieden, Frankfurt-Berlin 1963 - *W. Huber*, Folgen christlicher Freiheit. Ethik und Theorie der Kirche im Horizont der Barmer Theologischen Erklärung, 2. Aufl. Neukirchen 1985 - *E. Krippendorff* (Hg.), Friedensforschung, Köln 1968 - *E. Krippendorff*, Staat und Krieg. Die historische Logik politischer Unvernunft, Frankfurt 1985 - *D. S. Lutz* (Hg.),

Weder Wehrkunde noch Friedenserziehung? Der Streit in der Kultusministerkonferenz 1980-1983 - Arbeitsmaterialien zum Thema Frieden in Unterricht und politischer Bildung, Baden-Baden 1984 - *B. Moltmann* (Hg.), Perspektiven der Friedensforschung, Baden-Baden 1988 - *G. Picht/W. Huber,* Was heißt Friedensforschung?, Stuttgart/München 1971- *B. Reich/N. H. Weber* (Hg.), Unterricht im Dienste des Friedens, Düsseldorf 1984 - *G. Scharffenorth,* Konflikte in der Evangelischen Kirche in Deutschland 1950 bis 1969 im Rahmen der historischen und ökumenischen Friedensdiskussion, in: U. Duchrow/G. Scharffenorth (Hg.), Konflikte zwischen Wehrdienst und Friedensdiensten. Ein Strukturproblem der Kirche, Stuttgart/München 1970, 17-113 - *G. Scharffenorth/W. Huber* (Hg.), Neue Bibliographie zur Friedensforschung, Stuttgart/München 1973 - *H.-H. Schrey,* 50 Jahre Besinnung über Krieg und Frieden, in: Theol. Rundschau 43, 1978, 201-229 und 266-284; 46, 1981, 58-96 und 149-180 - *Schwarzer Hirsch,* Die Heilige Pfeife. Das indianische Weisheitsbuch der sieben geheimen Riten, 3. Aufl. Olten 1980 - *D. Sternberger,* Über die verschiedenen Begriffe des Friedens, Stuttgart 1984 - *H. E. Tödt,* Frieden, in: Christlicher Glaube in moderner Gesellschaft 13, 2. Aufl. Freiburg 1981, 79-119 - *M. Weber,* Wirtschaft und Gesellschaft. Grundriß der verstehenden Soziologie, 5. Aufl. Tübingen 1976.

# I. Modelle des Friedens in der Geschichte

Die Bedeutung eines Wortes ist sein Gebrauch in der Sprache, und gerade das Wort "Frieden" kommt selten allein. Oft verrät es das, was es besagen will, erst durch die Oppositionsbegriffe, mit denen es zusammengestellt wird, wie Krieg, Unterdrückung, ja: Krankheit. Oft gewinnt der gemeinte Sinn auch an Deutlichkeit durch die partiellen Synonyme, mit denen es verbunden wird, wie Eintracht, Gerechtigkeit, ja: Gnade. Frieden ist ein Urwort, Ausdruck einer Wahrnehmung, kein scharf definierter Begriff. Es charakterisiert die Ziele des Strebens und Hoffens; es ruft die gegenteiligen Erfahrungen leidvoller Friedlosigkeit in und unter den Menschen wach. Dadurch gewinnt das Wort einen Klang, der in die Tiefendimension menschlicher Erfahrung reicht; daher auch seine weithin anzutreffende enge Verknüpfung mit der Sphäre des Kultes und der Religion.

Doch zugleich entfaltet das Wort orientierende Kraft für das gesellschaftliche Zusammenleben und das politische Handeln; es wird als Maßstab der Kritik von Verhältnissen in Anspruch genommen, in denen einzelne und ganze Bevölkerungen zu Opfern von Gewalt, Unfreiheit und Not werden. Frieden ist eines der Schlüsselworte für das Verständnis menschlicher Sozialität; deshalb hat auch die Theorie des Politischen sich ihm immer wieder zugewandt. Ihre Geschichte läßt sich insgesamt als eine Abfolge von Modellen des Friedens verstehen.

Nur in exemplarischer Auswahl können wir diese Modelle des Friedens vergegenwärtigen. Bei dieser Auswahl müssen wir uns, von wenigen Ausnahmen abgesehen, auf die europäische Tradition beschränken. Dies geschieht nicht in der Meinung, sie sei, gerade was den Frieden betrifft, anderen kulturellen Überlieferungen überlegen. Vielleicht zeichnet sie sich vor ihnen eher durch ihren kriegerischen als durch ihren friedensfördernden Charakter aus. Doch selbst dann ist eine Konzentration auf die Frage nötig, welche Angebote zum Verständnis des Friedens und der praktischen Verantwortung für ihn in diesem Traditionszusammenhang entwickelt worden sind.

Die Absicht unserer exemplarischen Erörterung liegt darin, geschichtliche Modelle für Fragestellungen der Gegenwart transparent zu machen. Deshalb fassen wir sie unter drei übergreifenden Perspektiven zusammen. Die Konzeptionen der griechisch-römischen und der jüdisch-christlichen Antike (1.) betrachten wir im Blick auf das alternative Verständnis des Friedens als Herrschaftsordnung und als Lebensform; in der Erörterung der mittelalterlichen (2.) und reformatorischen (3.) Ansätze konzentrieren wir uns auf die Frage nach dem Verhältnis von Frieden und Gerechtigkeit sowie auf die Konzeptionen zur Verwirklichung des Friedens; im Blick auf die neuzeitliche Entwicklung schließlich (4.) wollen wir genauer erfassen, wie das Verhältnis zwischen utopischen Friedensentwürfen und der Überzeugung von der notwendigen Rechtsgestalt des Friedens bestimmt wird.

## 1. Frieden zwischen Herrschaftsordnung und Lebensform

Zu vielfältig sind die assoziativen Gehalte, die kulturellen Hintergründe und die politischen Kontexte, die sich mit den antiken Wahrnehmungen des Friedens und den dafür verwendeten Grundworten verbinden, als daß sie in einem knappen Überblick auch nur annähernd erschöpft werden könnten. Auch soll der historische Abstand, der uns von den antiken Friedensvorstellungen trennt, keinesfalls eingeebnet werden; schon die Unvergleichbarkeit der gesellschaftlichen Strukturen und der Konstellationen politischer Macht verbieten dies. Doch bei aller Fremdheit spiegeln die Wahrnehmungen des Friedens in der antiken Welt einen grundlegenden Wandel auf exemplarische Weise wieder. Die griechischen, die römischen und die jüdisch-christlichen Friedensvorstellungen - sie alle reflektieren die Entstehung beziehungsweise die frühen Auswirkungen hochkultureller Gesellschaftsorganisation, wie sie im Übergang vom Dorf zur Stadt oder vom Sippenverband zur Etablierung einer politischen Zentralgewalt anschaulich wird. Sie alle verändern auch ihre Bedeutung mit dem Wandel geschichtlicher Erfahrungen, die sie ausdrücken. So verarbeiten die mit den Grundworten *eirene*, *pax* und *schalom* verbundenen Wahrnehmungen des Friedens erstmals die Herausforderungen, die mit den neuen Möglichkeiten der Hochkultur entstehen. Aber sie tun es auf unterschiedliche Weise. Deshalb fragen wir im folgenden nach den Bedeutungen und dem Erfahrungsgehalt des Grundwortes Frieden in der griechischen Antike (1.1), im Römischen Reich (1.2), in der hebräischen Bibel (1.3) und im Neuen Testament (1.4).

### *1.1. Frieden als Zwischenzeit*

*Eirene*, das griechische Wort für Frieden, ist ursprünglich kein Verhältnis- oder Verhaltensbegriff. Es bezeichnet keine Beziehung zwischen Menschen oder Gruppen und nicht die Qualität einer Handlungsweise oder eines Rechtsverhältnisses. Eirene bezeichnet den inneren Friedenszustand einer Gemeinschaft in den Zwischenzeiten eines als dauernd erfahrenen Kriegsgeschehens. So bedeutet eirene zunächst nichts anderes als den "sinnlich gefühlten, greifbaren Gegensatz des polemos [des Krieges]" (Fuchs 39), die Ruhe nach und vor dem Sturm, jenen Ausnahmezustand, der alle Segnungen des angenehmen Lebens für Volk und Land inmitten des blutigen Ringens der Kriege mit sich bringt.

Eirene ist auch kein Zentralbegriff der politischen Philosophie, sondern entstammt alter mythischer Überlieferung. Als im 12. Jahrhundert das mykenische Großreich unter dem Ansturm dorischer Truppen unterging, wurde Athen, das spätere Urbild der polis, zum Erben der zerfallenden mykenischen Reichskultur. Die Götter- und Heldensagen von Ilias und Odyssee spiegeln diese Entwicklungsgeschichte wider. In ihnen tritt noch nicht der Logos, die philosophische Vernunft, an die Stelle des Mythos, sondern das Epos. Doch im Medium des Epos rationalisiert die Dichtung Homers im 8. Jahrhundert die alten Mythen der Mykener, aus denen das etymologisch dunkle Wort eirene vermutlich übernommen ist. Dabei ist die Ilias nicht einfach das nationale Heldenepos der Griechen, als das sie vielfach rezipiert wurde. Eher muß man sie als epische Analyse des Zusammenbruchs der mykenischen Kultur in der Ägäis verstehen. So gesehen liest sich die Darstellung des trojanischen Krieges als Inszenierung der Schrecken eines "Bürgerkrieges", der zwischen Angehörigen des gleichen Kulturkreises tobt; nicht selten werden gerade dort, wo die Stilmittel des Heldenepos Verwendung finden, diese wieder aufgehoben durch Gegenbilder, die das Glück des friedlichen Lebens dem Unheil der Krieges entgegenhalten (vgl. Ilias 18, 478-608). Homers Deutung des politischen Unfriedens legt die Verantwortlichkeit der Menschen für das Geschick ihrer Zivilisation offen: Im 1. Gesang der Odyssee spricht Zeus die Götter von der Verantwortung für diejenigen Übel frei, die die Menschen durch ihre eigenen Taten herbeigeführt haben - Gewalt und Krieg gehören zu diesen Übeln. So wird eirene immer wieder als von den Göttern verfügtes befristetes Aussetzen von Unrecht und Gewalttat erfahren.

Auf die Sehnsucht nach Frieden inmitten andauernder kriegerischer Auseinandersetzungen antwortet in einem nächsten Schritt die religiöse Weltbildkonstruktion mit der Personifizierung des Friedens. In der um 700 verfaßten Theogonie Hesiods wird Eirene zur

Göttin, wenngleich von nachgeordnetem Rang. Die Theogonie, der Götterstammbaum, macht die Ordnung des Kosmos auf die Ordnung der menschlichen Gesellschaft hin transparent. Sie bewahrt das archaisch-mythische Bewußtsein, daß die Welt im Kampf aus dem Chaos zum Kosmos gestaltet worden ist. Aber die Herrschaft des Zeus führt nicht zur Vernichtung der alten Götter, sondern hebt sie in einer neuen Seinsordnung auf. So erhält Zeus seine Herrschaft mittels der drei Horen aufrecht, die er mit Themis, der gesetzten Ordnung, gezeugt hat: *Eunomia, Dike* und *Eirene* - die Wohlverfaßtheit, die Gerechtigkeit und der Frieden sind die Grundpfeiler, auf denen die Ordnung des Zusammenlebens beruht. Historischer Boden für die Verwirklichung dieser Ordnung war die polis, die überschaubare Stadtgemeinde als Verbindung freier und gleicher Bürger. Im 8. Jahrhundert als unbefestigtes Dorf entstanden, wurde sie als Stadtrepublik zur Grundlage der Hochkultur, die 300 Jahre später ihre Blüte im Athen des Perikles (ca. 500-429) erfuhr. Durch Dike, die objektive, ausgleichende, vergeltende Gerechtigkeit, sollte Eunomia, die gute Verfassung, aufrechterhalten und die mit ihr verbundene Friedenshoffnung verwirklicht werden. Doch die sozialen Spannungen, die sich gerade als Kampf um den nomos artikulierten, führten zur Krise der polis.

So wie Eunomia, nicht Eirene im 7. und 6. Jahrhundert vornehmlicher Gegenstand der politischen Religion der polis war, so bildet der Gedanke des *nomos* sowohl den grundlegenden Bezugspunkt für die politische Friedensaufgabe wie auch die Ursache des Unfriedens in der polis. Denn der Kampf um das normativ Geltende, den nomos (abgeleitet von nemein = nehmen, teilen, weiden) ist Kampf um distributive Gerechtigkeit, Kampf also um die Verteilung der grundlegenden Rechte und Güter in der Gemeinschaft. Doch was machte den Inhalt des nomos als göttlicher, kosmischer Größe aus? Gemeinschaftstreue oder das Recht des Stärkeren? Und wie war das Verhältnis der geschriebenen menschlichen Gesetze zu den ungeschriebenen göttlichen zu bestimmen? Der Streit um die Auslegung des nomos spitzte sich im 5. Jahrhundert zu zum erbitterten Kampf zwischen den Anhängern der hergebrachten Sitte *(nomos patrios)* und der demokratischen Partei, die das Staatsgesetz auf ihre Fahnen geschrieben hatte. Sophokles (ca. 496-406) beschreibt am Fall der Antigone den tragischen Konflikt, in dem das Individuum zwischen der Unerbittlichkeit beider nomoi zerbricht.

Je mehr Eunomie zur Propagandaformel der Aristokratie wurde, desto entschiedener rief sie die Forderung nach *Isonomie,* der gleichen Verteilung, als neues politisches Ideal der Verfechter radikaldemokratischer Rechtsgleichheit hervor. Mit der Isonomie verbunden ist die isegoria, das Recht der gleichen Partizipation der freien Bürger bei der politischen Willensbildung auf der agora. Isonomie als Wesenselement der griechischen politischen Kultur wird für die Geschichtsschreibung Herodots zum Schlüssel, um die Ätiologie der Perserkriege (500-449) aufzuklären. Den großen Krieg zwischen Okzident und Orient erklärt Herodot (ca. 490-430) aus dem Gegensatz zweier unvereinbarer politischer Kulturen: hier agora, der Marktplatz frei beratender Bürger, dort mastix, die Peitsche des Despotismus. So liegt für Herodot der wahre Grund der Feindschaft zwischen Hellenen und Barbaren nicht in der Sühne für die Verfehlungen einer mythischen Welt, sondern im Konflikt unterschiedlicher nomoi, die sich mit den verschiedenartigen Naturen der beiden Völker verbinden. Beide Thesen - die eine, die die kulturelle Differenz als Ursache des Krieges und die andere, die die Natürlichkeit des Krieges bei Vorhandensein jener Differenz behauptet - schließen einander nicht aus, sondern ein. So sagt Platon (428/7-348/7):

"Ich behaupte nämlich, das hellenische Geschlecht sei sich selbst befreundet und verwandt, zu dem barbarischen aber verhalte es sich wie Ausländisches und Fremdes.... Daß also Hellenen mit Barbaren und Barbaren mit Hellenen, wenn sie gegeneinander fechten, Krieg führen, wollen wir wohl sagen, und daß sie von Natur einander verfeindet sind und man diese Feindschaft Krieg (polemos) nennen müsse; wenn aber Hellenen gegen Hellenen etwas dergleichen tun, daß sie von Natur einander freund sind, und daß in diesem Zustande Hellas nur krank ist und unter sich zwieträchtig, und man diese Feindschaft einen Zwist (stasis) nennen müsse" (Politeia V, 470c-d; Übersetzung von F. Schleiermacher).

Doch Isonomie war nicht nur das Differenzprinzip zum Despotismus des Barbarentums; unter der Parole der Isonomie hatte der demokratische Reformer Kleisthenes im Jahre 507 v.Chr. die spartanischen Anhänger der Aristokratenpartei aus Athen hinausgeworfen. 431 brach der innerhellenische Hegemonialkonflikt zwischen Athen und Sparta aus. Thukydides (460-400) deutete ihn in seinem Geschichtswerk als Peloponnesischen Krieg. Mittlerweile hatte in der politischen Rhetorik ein neuer Begriff Konjunktur gewonnen: die *Autonomie,* die - etymologisch gesehen - ebenfalls den verblichenen Glanz des nomos zu beerben versuchte. Als Voraussetzung für die Verwirklichung von Eunomie und als erstrebenswertes politisches Ideal schien sich nun anzubieten, daß jede polis erst einmal ihre Autonomie errang. Das "Verlangen nach voller Autonomie, das die griechischen Städte eine nach der anderen stellten, war das destruktivste Prinzip, das sich je in der griechischen Geschichte erhoben hat, weil es die Polis weit über die in ihrem Wesen gesetzten Grenzen hinaushob" (Ehrhardt I, 91). Autonomie wurde zur Propagandaformel, mit der Athen und Sparta ihren Kampf um die Vorherrschaft unterstützten, indem sie die jeweiligen Bundesgenossen der Gegenseite in die Neutralität zu locken versuchten. Thukydides beschreibt die Krise der polis wie ein Krankheitsbild. Doch der Vergleich des Zustandes eines Sozialwesens mit der Befindlichkeit eines biologischen Organismus ermöglichte allenfalls diagnostische Metaphern. Therapeutische Instrumente lieferte er nicht.

Eunomia, nicht Eirene, war vornehmlicher Gegenstand der politischen Religion der polis gewesen. Aber die realpolitische Verschwisterung der guten Verfassung mit dem Frieden mißlang. Eirene war ein seinerseits auf das Gesetz gegründetes und nur durch dieses zu erhaltendes Ideal; doch der nomos der polis zerbrach in Gesetzlosigkeit, *anomia,* die gegebene Ordnung löste sich im Interessenkampf einer nicht mehr traditional geleiteten Gesellschaft auf. "Auf dem Weg von der Eunomia über die Isonomia zur Autonomie wurde das Ideal des Nomos entleert" (Ehrhardt I, 97). Die alles relativierende Skepsis der Sophisten konfrontierte die beliebig gewordene Pluralität der nomoi mit der Natur (physis). Dagegen half keine Erneuerung der politischen Religion, sondern nur die weitere Ablösung des Mythos durch den Logos: die Probleme des nomos mußten auf Vernunft bezogen werden. So wird die Frage nach der guten und gerechten Verfassung zum Zentrum der praktischen Philosophie. Platons 'Politeia' und seine 'Nomoi', Aristoteles' (384-322) 'Nikomachische Ethik' und seine 'Politik' sind die herausragenden Werke, welche paradigmatisch jene Einheit von Politik und Ethik ausgearbeitet haben, die in der Neuzeit zerbrochen ist. Bei Platon findet sich die in der griechischen Tradition immer wiederkehrende These, nur durch das Ziel des Friedens könne der Krieg gerechtfertigt werden (Nomoi 628 C/E; 803 D). Doch der Versuch der klassischen Philosophen, den Zerfall der polis theoretisch zu bewältigen, hat eirene nicht theoriefähig werden lassen und uns insofern keine Theorie des Friedens hinterlassen.

Was erörtert wird, ist die vernunftgemäße, gerechte Herrschaftsordnung innerhalb der polis. Platon stellte der unersättlichen Begehrlichkeit des Autonomiestrebens die Bildung (paideia) entgegen, durch die diejenige Ordnung der Seelenkräfte erzielt wird, die auch die gute polis hervorbringt. An die Stelle des Polytheismus der alten Götterwelt setzte er die Erkenntnis des einen Gottes jenseits des Seins. Ebenso erweist sich die gute polis als unsichtbares Maß, das die historischen Verwirklichungen des Politischen übersteigt. Aristoteles fundierte die politische Ethik in einer Analyse menschlichen Handelns, das auf Glück und gutes Leben gerichtet ist. Er bestimmte die empirisch beste polis als "diejenige, deren soziale Institutionen die beste Voraussetzung für die volle Aktualisierung der menschlichen Natur im Hinblick auf ihr Ziel im Leben der Vernunft bietet" (Weber-

Schäfer II, 587f). Während Platon die Annäherung an das jenseitige Ideal als Aufgabe der Erziehung betrachtete, verkörperte sich für Aristoteles die empirisch beste polis in verfaßten Strukturen, deren sittliche Grundlage die Freundschaft bildet (Nikomachische Ethik IX). Doch trotz dieser Unterschiede setzen beide die politische Gesellschaft als Spiegel der individuellen Seele und ihrer Triebkräfte an. *Harmonia* und *homonoia*, Übereinstimmung und Eintracht, sind deshalb die Grundworte, die in der klassischen Philosophie der Griechen den Frieden in der polis - das heißt auf der Basis politischer Freundschaft - symbolisieren (Politeia IV, 442f, Nikomachische Ethik IX, 1167a22-b16). Beide bleiben auf die polis-Ordnung als Lebensraum der Menschen bezogen, großräumigere "außen-politische" Lebensverhältnisse gehen nicht in die Grundlagen der politischen Theorie ein.

Wie homonoia war auch eirene zunächst eine rein polisbezogene Größe, erst im 4. Jahrhundert weitet sich der Gebrauch beider Wörter zur Vision eines panhellenischen Friedens. Der Rhetor und politische Publizist Isokrates (436-338), der Platon und Aristoteles an unmittelbarer politischer Wirkung weit übertraf, übertrug beide Begriffe auf die Beziehungen zwischen den Stadtgemeinden. Seine *eirene*, deren Segnungen er unter anderem in seiner Schrift 'Über den Frieden' beschreibt, ist jedoch nach innen Spiegel der "Wunschvorstellungen des apolitischen Bourgeois, der in Verfolgung seiner Geschäfte nicht gestört werden will" (Weber-Schäfer II, 70), nach außen Propagandaformel zur Konzentration der Kräfte gegen Perser und Barbaren. Der gemeinsame Krieg soll den Frieden zwischen den Städten fördern und zugleich ihre ökonomische Not beheben. Bereits Platon hatte die Freund-Feind-Konstellation von innen nach außen verlagert; darüber hinaus werden Frieden und Eintracht nunmehr aus Elementen des Guten und Gerechten zu Instrumenten der politischen Nützlichkeit. Öffentlich wirksam wurde die Bedeutung von *eirene* als "internationaler" Friede aber ironischerweise erst mit dem Friedensschluß von 387, der vom Perserkönig diktiert und militärisch garantiert wurde.

*Eirene* läßt sich erst jetzt als vertragsrechtlicher Begriff belegen, bleibt jedoch ihrem mythologischen Ursprung verhaftet: auf dem Markt von Athen errichtete man zu eben dieser Zeit der Göttin Eirene ein Standbild. Sie wurde dargestellt mit den Insignien des bürgerlichen Wohlstands, dem Füllhorn der Fruchtbarkeit und dem Ploudtosknaben, als Schutzgottheit des Reichtums und der Nachkommenschaft. Nur von ihren segensreichen Wirkungen her, nicht von ihren politischen Voraussetzungen aus wurde Eirene erfaßt. Zu genau hatte man gelernt: "Sie ist der Friede, aber sie bringt ihn nicht" (Fuchs 171). Als friedensbringend (eirenephoros) galt vielmehr Athena Nike, die siegende Athene. Im Rückbezug des Friedens auf den Sieg kündigt sich ein anderer Aspekt der Wahrnehmung des Friedens an. Ihr gilt der Frieden weniger als Zwischenzustand zwischen den Kriegen, sondern als Ergebnis militärischer Aktion. Zugleich macht die polis als Ort des auf das gute Leben gerichteten Handelns einem neuen politischen Paradigma Platz: dem Imperium.

LITERATUR: s. bei 1.2.

### *1.2. Frieden als Herrschaftsordnung*

Das griechische Verständnis von eirene resultierte aus der letztlich unverfügbaren Unterbrechung des Krieges. Der Frieden des römischen Weltreiches, die *pax Romana*, dagegen bleibt zwar ebenfalls Gegenbegriff zum Krieg. Sie wurde aber darüber hinaus zum ideologisch-politischen Programm einer Herrschaftsordnung, die Beständigkeit beansprucht. Nicht zufällig ist pax, das lateinische Wort für Frieden, unter Hinzufügung entsprechender Adjektive bis heute der Name für politische Strukturen geblieben, in denen die Abwesenheit von Krieg durch die Dominanz *eines* Machtzentrums garantiert wird. So pflegt man von *pax Americana* und *pax Sovjetica* bis hin zur *pax atomica* zu sprechen, wenn man über den Abstand der Zeiten hinweg eine Konzeption von Frieden als monozentrisch und gewaltförmig erzwungener Ordnung charakterisieren möchte.

Schon im Ausgang der römischen Republik hatte sich die Hoffnung angebahnt, daß die militärisch herbeigeführte und rechtlich geordnete pax Romana zu einem dauernden, die ganze zivilisierte Welt umfassenden Zustand werden könne. Mit dem Prinzipat des Augustus erreicht die friedensideologische Verklärung der gegenwärtigen Wirklichkeit ihren Höhepunkt. Um 40 v.Chr. kündigt Vergil (70-19) in der IV. Ekloge die Geburt eines Weltheilands an, der das gegenwärtige "Eiserne Zeitalter" ins "Goldene" wenden und dauerhaften Frieden bringen werde. Die Inschrift auf dem Altar in Priene preist Augustus (63 v. Chr. - 14. n. Chr.) als göttlichen Weltheiland, der den Krieg beenden wird und dessen Geburt die frohe Botschaft vom Beginn einer neuen Zeitrechnung bedeutet (vgl. Leipoldt/ Grundmann 107). Im Frühjahr 143 n.Chr. dann hält der griechische Rhetor Aelius Aristides (117/129 - ca. 189) vor dem Kaiser eine Rede auf Rom. In ihr tadelt er Hesiod, weil dieser seine Darstellung der Zeitalter als Verfallsgeschichte von der goldenen Urzeit an abwärts beschrieben habe, statt als Ende des Eisernen Zeitalters die römische Herrschaft anzukündigen.

Mit diesen rund zwei Jahrhunderten zwischen 40 v.Chr. und 143 n.Chr. ist der Zeitraum markiert, der von Zeitgenossen und Nachgeborenen immer wieder als der Weltfrieden des Goldenen Zeitalters verherrlicht und beschworen worden ist. Spätere christliche Autoren erblickten einen inneren Zusammenhang zwischen der Geburt Jesu und der pax Augusta. Und noch moderne Historiker folgten dem Urteil Edward Gibbons, diese Epoche sei "die beste und glücklichste der Weltgeschichte" (zit. n. Wengst 177). Solche Urteile klingen wie ein spätes Echo auf jene Romrede des Aelius Aristides, die das Erscheinungsbild der pax Romana wie folgt beschreibt: Vor der Herrschaft der Römer war "das Unterste zuoberst gekehrt und alles bewegte sich in blindem Zufall; seit eurem Auftreten aber fanden Verwirrung und Aufruhr ein Ende. Überall kehrte Ordnung ein und helles Licht im Leben und im Staat, Gesetze erschienen und der Götter Altäre fanden Glauben". In einem riesigen Gebiet "von der Mündung des Rheins bis zur Dobrudscha, der Bretagne bis zum Rand der Sahara, von der Straße von Gibraltar bis Konstantinopel und bis zum Euphrat" herrscht der pax-Frieden. Aristides schildert, wie kein Krieg mehr das Land verwüstet und die Städte zerstört. Kunst und Handwerk blühen, die Landwirtschaft gedeiht - selbst am Rhein wird Wein angebaut, Handel und Wandel florieren; überall gilt dasselbe Recht. "Städte strahlen nun in Glanz und Anmut, und die ganze Erde ist wie ein Lustgarten geschmückt" (zit. n. Wengst 20). Urheber dieses "Paradieses" ist Rom unter der Herrschaft des Augustus.

In der Tat waren mit Augustus die Greuel des jahrelangen Bürgerkriegs zu Ende gegangen. Er rief ein Jahrhundert des Friedens aus. In dem kurz vor seinem Tod verfaßten Tatenbericht hat Augustus selbst zwei symbolische Akte hervorgehoben, durch die er deutlich sein Selbstbild als Friedensbringer für das römische Reich ausdrückt. Zum einen erinnert er daran, daß er den Tempel des Janus Quirinus dreimal schließen ließ, was nur zulässig war, "wenn im gesamten Herrschaftsbereich des römischen Volkes, zu Wasser und zu Lande, ein durch Siege gefestigter Friede eingekehrt sei". Zum anderen hebt er hervor: "Als ich aus Spanien und Gallien nach erfolgreicher Tätigkeit in diesen Provinzen ... nach Rom zurückkehrte, beschloß der Senat, einen Altar des 'Augustusfriedens' aus Anlaß meiner Rückkehr errichten zu lassen" (Res gestae 12).

Doch dieses Selbstzeugnis spiegelt auch in knappen Worten die Ambivalenz von Anspruch und Wirklichkeit der pax Augusta wider. Der Hinweis auf die dreimalige Schließung des Tempels läßt erkennen, daß die pax natürlich keineswegs einen ununterbrochenen Frieden im Reich bedeutet hatte. Und die erwähnte Kultstätte zur Verehrung der pax Romana, der im Jahre 9 v.Chr. geweihte Altar des Augustusfriedens, war als Brandopferaltar auf dem Marsfeld errichtet worden - ein sichtbares Zeichen, daß der Friede auf dem Schlachtfeld errungen und "durch Siege gefestigt" wurde. Vielleicht trug die pax auf dem Friedensaltar die Züge der Mutter Erde, um den globalen Anspruch der römischen Friedensherrschaft zu unterstreichen - "Frieden auf Erden" war nicht nur die Botschaft des Evangeliums der Christen, sondern *auch* die des römischen Prinzipats.

Von der Grundbedeutung her ist pax von Anfang an das, wozu eirene erst spät und am Rande wurde, nämlich ein im zweiseitigen Verhältnis von Vertragspartnern gedachter Rechtsbegriff. Pax ist verwandt mit pangere (gutmachen/binden) und abgeleitet von pacisci (einen Vertrag schließen). Der Rechtscharakter der pax gibt dem Begriff in seinen verschiedenen Anwendungsbereichen sein besonderes Gepräge. Der militärische, der politische und der religiöse Aspekt der pax sind zugleich diejenigen Dimensionen des römischen Friedens, an denen sich das Verhältnis von Idealbild und historischer Realität aufzeigen läßt.

Unter *militärischem* Aspekt ist der Friede der geplante und willentlich beabsichtigte Endzweck des Krieges. Pax ist Funktionsbegriff einer militanten Befriedungsaktion. Deshalb kann es heißen: *si vis pacem, para bellum* - wenn du den Frieden willst, bereite den Krieg vor - auch dies eine Grundregel militärpolitischer Logik, die sich bis heute erhalten hat. Für den als Gegensatz zum Krieg gefaßten Frieden wird - paradoxerweise - der Krieg selber zum Mittel des Friedens. Der Krieg wird geführt, um dem Gegner die Friedensbedingungen zu diktieren: *Pacem dare* ist die euphemistische Bezeichnung für den Diktatfrieden, ein Schlüsselbegriff der römischen Staatslehre, dessen Gewaltförmigkeit in der Formel *leges pacis imponere* (die Gesetze des Friedens auferlegen) unverhüllt zum Ausdruck kommt. Pax setzt das Niederkämpfen (debellare) und völlige Bezähmen (perdomare) des Feindes voraus. Es ist der jeweils Mächtigere, der Frieden gibt oder ihn verweigert. Weltherrschaft und Friedensideologie gehen Hand in Hand: "Du, Römer, gedenke, die Völker durch Befehlsgewalt zu regieren - das werden deine Künste sein -, dem Frieden das Gesetz aufzuerlegen, die Unterworfenen zu schonen und die Rebellen niederzukämpfen" (Vergil, Aeneis VI, 851-853).

Eine deutliche Sprache sprechen die römischen Münzen: Mars erscheint mit Ölzweig und gesenkter Lanze. Und Pax wird nicht wie Eirene mit dem Füllhorn des Reichtums abgebildet, sondern mit dem Lorbeerkranz des Siegers, bewaffnet mit Lanze, Speer und Schild, den Fuß im Nacken eines besiegten Feindes. *Mars pacifer* und *Pax victoria*, der friedenbringende Krieg und der siegreiche Friede sind austauschbar geworden. Die militärisch erkämpfte pax Romana erwächst aus dem durch die historische Wirklichkeit gar nicht gedeckten Sendungsbewußtsein der Römer, "Herren der Welt" zu sein, wie es bei Vergil (Aeneis I, 282) heißt. Daß man dem Stärkeren weichen müsse, gilt als Gesetzmäßigkeit alles Lebendigen. So bedeutete die pax Romana natürlich alles andere als einen wirklichen "Weltfrieden", das als "Welt" anerkannte Gebiet war mit den Grenzen des Reiches identisch - an seinen Rändern herrschte der akute, mindestens latente Kriegszustand. Wo das Imperium Romanum endete, da begann dieser Friedens-Ideologie zufolge die Barbarei, die *terra pace inops*, das Land, das des Friedens erst bedürftig war. Kriege gegen äußere Feinde wurden demnach gar nicht unbedingt als Unterbrechung des Friedens empfunden - selbst wenn Augustus vorsichtshalber die Türen des Janustempels wieder öffnen ließ. Mit den Schrecken des Krieges bezahlte die Peripherie für die pax des Zentrums; der Prinzipatskritiker Tacitus sprach treffend von den Stämmen Britanniens, "die unseren Frieden fürchten" (Annales XII, 33).

Unter *politischem* Aspekt bezeichnet pax die durch das Friedensdiktat geschaffene neue Rechtslage nach innen. Zwar kann auch einseitige Unterwerfung in einen solchen Rechtszustand münden, doch ergeben sich daraus - jedenfalls der Theorie nach - auch für den Überlegenen rechtliche Verpflichtungen: Die pax Romana soll unter dem Aspekt des

Rechts Ruhe (otium) und Sicherheit (securitas) gewährleisten. Schutz der Bevölkerung und ihrer einmal erstrittenen Rechte, Wahrung des Besitzstandes und Ausbau der kulturellen Errungenschaften sind die Kennzeichen der *securitas pacis,* der Sicherheit, die solcher Friede gewährt. In der (innen-)politischen Dimension verbindet sich die pax Romana darum vornehmlich mit den Leitworten Eintracht und Sicherheit. Frieden und Eintracht, *pax et concordia,* gehören zusammen, denn der Herstellung des Friedens korrespondiert auf seiten der Befriedeten die Eintracht als Ergebnis, auf seiten der Römer ist sie Voraussetzung des Sieges. Nur innerhalb des pazifierten Raumes hat concordia eine Bedeutung, nicht über ihn hinaus; und innerhalb dieses Raumes sind dann auch Frieden und Sicherheit, *pax et securitas,* aufs engste verknüpft, bietet doch die Teilhabe am bewaffneten Frieden der pax Schutz vor Angriffen anderer Völker und den Gefahren des Bürgerkriegs. Das securitas-Versprechen schloß nicht nur den Schutz vor physischer Gewalt, sondern auch die allgemeine Rechtssicherheit ein. Unter dem gerade Kaiser gewordenen Nero (37-68) bekannte Seneca (4 v. Chr. - 65 n. Chr.) sein "tiefes Gefühl der Sicherheit, das sogar noch zunimmt, eine Rechtssicherheit, die hoch über allem Unrecht steht" - 10 Jahre später mußte er jedoch auf Befehl desselben Nero Selbstmord begehen (zit. n. Wengst 54).

Was schließlich den *religiösen* Aspekt der pax angeht, so wurde auch das Verhältnis zu den Göttern Roms als vertragsrechtliche Beziehung gedacht. Die Erfüllung der religiösen Pflichten versprach dem Staatswesen im ganzen wie dem einzelnen Bürger *pax deum,* die Gnade und Gunst der Götter. Die Römer versicherten sich des Friedens ihrer Götter also im gleichen Unterwerfungsmodell, das sie unter umgekehrtem Vorzeichen den Feinden gegenüber praktizierten. Die pax Augusta brachte über die in der Rechtsstruktur der pax angelegte Analogie hinaus eine unmittelbare Identifizierung von Religion und Politik: Pax wurde zur Gottheit und erfuhr die Stiftung eines eigenen Kultes. Sie sollte als himmlische, überirdische Errungenschaft der römischen Kaiserherrschaft erscheinen. Die neue Gottheit wurde in der Staats-Liturgie verankert.

Aber das Gebet zu ihr galt nicht der Erhaltung des Friedens, sondern seiner Voraussetzung: dem Gelingen des Sieges. Faktisch wurden die Pax-Gebete dem Imperium Romanum dargebracht, in dessen Dienst die Göttin Pax einbezogen war. Im Unterschied zum Eirene-Kult, in dem die Verehrung des Friedens von der des Sieges noch unterschieden war, sind nun Sieg und Frieden in einer Gestalt personifiziert. Der Pax-Kult ist die Spitze der politischen Religion Roms. Politische Religionen dienen damals wie heute der Homogenisierung der Bevölkerung eines Gemeinwesens und der Legitimation politischer Herrschaft. Obwohl kultische Handlungen zu Ehren eines lebenden Kaisers ausgeschlossen waren, ist Augustus doch in der Dichtung schon zu Lebzeiten religiös überhöht worden und in den Provinzen des römischen Reiches wurde der Kaiser auch im religiösen Ritual göttergleich verehrt. In der Provinz Palästina, an der östlichen Peripherie der vom Zentrum Rom ausgehenden Herrschaftsordnung, ist die pax Romana mit der Friedenspraxis der Juden, des Jesus von Nazareth und der frühen Christen zusammengestoßen; sie kamen von einem ganz anderen Verständnis des Friedens her.

LITERATUR: *E. Dinkler,* Art. Friede, in: Realenzyklopädie für Antike und Christentum VIII, Stuttgart 1972, 434-505 - *A. A. T. Ehrhardt,* Politische Metaphysik von Solon bis Augustin I und II, Tübingen 1959 - *H. Fuchs,* Augustin und der antike Friedensgedanke, 2. Aufl. Berlin/Zürich 1965 - *S. Keil,* Eirene. Eine philologisch-antiquarische Untersuchung, Leipzig 1916 - *J. Leipoldt/W. Grundmann,* Umwelt des Urchristentums II, Berlin 1970 - *Chr. Meier,* Die Entstehung des Politischen bei den Griechen, Frankfurt 1980 - *H. Schmidt,* Frieden, Stuttgart/Berlin 1969 - *P. Weber-Schäfer,* Einführung in die antike politische Theorie, Bd. I und II, Darmstadt 1976 - *K. Wengst,* Pax Romana. Anspruch und Wirklichkeit, München 1986.

"Schwerlich findet sich im A(lten) T(estament) noch ein Begriff, der derart im Alltag des Volkes als abgegriffenste Münze umging und der sich doch nicht selten mit konzentriertem religiösen Inhalt gefüllt hoch über die Ebene der vulgären Vorstellungen erheben konnte" (v. Rad 400). *Schalom,* das hebräische Wort für Frieden, ist Ausdruck für ein umfassendes, den ganzen Menschen, seinen Leib, seine Seele, die Gemeinschaft, die Gruppe, die natürliche Mitwelt, ja alle Beziehungen, in denen er lebt, umgreifendes Heilsein und Wohlergehen. Wahrscheinlich geht das Substantiv schalom auf eine Wurzel mit der Grundbedeutung "genug haben" zurück (Gerlemann). Schalom ist die Lebensform, in der alle Miteinanderlebenden "genug haben", zunächst im materiellen Sinn der Erfüllung ihrer Grundbedürfnisse, sodann aber auch in der weiten, unterschiedliche Kommunikationsebenen berührenden Bedeutung, die auch im Deutschen mit der "Genüge" verbunden ist: jemandem Genüge tun, aber auch Genugtuung leisten, ja sogar: vergnügt sein. Schon hier deutet sich an: Im hebräischen schalom greifen Gerechtigkeit und Frieden fast ununterscheidbar ineinander und nichts könnte den elementaren biblischen Zusammenhang von Frieden, Gerechtigkeit und Freude schöner illustrieren als die Erwartung von Psalm 85,11, daß "Gerechtigkeit und Frieden sich küssen".

Schalom ist darum auch kein abstrakter Begriff, der das "volle Genüge haben" des ganzen Lebens bloß bezeichnet. Schalom ist ein Wort, das selber das stiftet, wofür es steht. Es ist ursprünglich - und so noch bis heute - ein Gruß, eine *elementare Form der Begegnung* zwischen Menschen (vgl. Westermann). Es ist eine Form, aber mehr als eine Formel. Denn für jüdisches Verständnis teilt der Gruß die Wirklichkeit mit, von der er spricht - lebendige Teilnahme am Leben des anderen, Befreiung von Furcht, Hilfe in der Not, bleibende Gemeinschaftserfahrung.

Im Gruß erkundigt sich einer nach dem Wohlergehen des anderen, den er länger nicht gesehen hat, und nimmt damit den abgerissenen Faden einer gemeinsamen Geschichte wieder auf: "Geht es eurem alten Vater gut (Hat er schalom)?" - fragt Joseph seine Brüder, als sie nach Ägypten kommen (1. Mose 43,27). Im Gruß nimmt einer einen bis dahin Fremden in sein Haus auf, gewährt ihm Zutritt zur Atmosphäre des schalom, durchbricht den Bann der Furcht vor dem Fremden. "Seid guten Mutes (schalom euch), fürchtet euch nicht" (1. Mose 43,23). Schalom im Gruß ist mehr als ein Wort; mit ihm verbindet sich das Angebot von Obdach und Asyl, die Stillung von Hunger und Durst, Hilfe in der Not: "Friede (schalom) sei mit dir! Alles, was dir mangelt, findest du bei mir" so lädt einer einen Wanderer ein (Richter 19,20). Schließlich läßt im Abschiedsgruß einer den anderen ziehen, trennt sich einer vom anderen ohne Angst, weil er gewiß ist, daß schalom, der Reichtum erfahrener Gemeinschaft und Lebensfülle, mit ihm zieht, wohin immer er geht. "Ihr aber zieht hinauf mit Frieden (schalom) zu eurem Vater" so verabschiedet Joseph seine Brüder (1. Mose 44,17). Schalom wird erfahren als die gelingende, unversehrte Form eines Lebens inmitten von anderem Leben - kein Zustand, sondern ein Prozeß.

Schalom ist also keine objektive Ordnung: weder die Ordnung einer zwangsbewehrten politischen Herrschaft, die den Unterworfenen Frieden gewährt, noch die Ordnung eines immerwährenden Kosmos als Urbild jener Harmonie, in der die Seele und die Gemeinschaft korrespondieren sollen. Die Wahrnehmung des Friedens ist getragen von Israels Erfahrung der Wirklichkeit im ganzen: nicht ein unwandelbares Sein, sondern die Befreiung aus sozialer Abhängigkeit und politischer Rechtlosigkeit steht an ihrem Anfang. Der Gott Israels, der Gott des Exodus, ist initiierendes Gegenüber einer Kollektivgeschichte, in der Menschen in verantwortlicher Freiheit mit den durch Natur und Sitte gegebenen Beständen umgehen können.

Der biblische schalom bezeichnet schließlich kein Phänomen subjektiver religiöser Innerlichkeit. Nur eine Stelle im Alten Testament könnte so klingen, als sei in ihr vom Seelenfrieden des einzelnen die Rede. In den Klageliedern Jeremias (3,17) konstatiert der Beter: "Meine Seele ist aus dem Frieden (schalom) vertrieben." Aber eine Trennung des Inneren vom Äußeren ist der Anthropologie der alttestamentlichen Schriften gänzlich fremd. Die Überlieferung Israels kennt keinen Frieden des Menschen mit Gott, der von allen weltlichen Beziehungen isoliert wäre. Gerade in der Klage ist schalom Ziel eines elementar diesseitigen menschlichen Strebens, das sich in den vielfältigen Kontrasterfahrungen des Lebens meldet. Alle polaren Gegensätze der menschlichen Existenz - Liebe und Streit, Hunger und Erfüllung, Armut und Reichtum - lassen nach schalom rufen: nach ihrer Überwindung und Integration auf einer neuen, intakten Stufe des Lebens.

Schalom kann nicht pathetisch proklamiert werden und schon gar nicht auf strategischem Wege verwirklicht werden. Schalom besitzen wir nicht, sondern in ihm leben wir. Schalom ist ursprünglich weder Gegenbegriff zum Krieg, noch Frieden, der gleichbedeutend wäre mit der Ruhe des Friedhofs. Schalom schließt Streit und Konflikt ein - und doch ist er der Name für das Verbindende in allem Streit, weil er auf eine Macht verweist, derer die Streitenden nicht mächtig sind. Gewiß hat die Wahrnehmung des schalom ihren sozialen Ursprung in der Sphäre der kleinen, intakten Gemeinschaft, doch gehört es zum Eigentümlichen der Geschichte Israels, daß die Erinnerung an die gute Lebensform des schalom auch unter differenzierteren gesellschaftlichen Verhältnissen ihre kritische und orientierende Kraft behalten hat. Diese Reichweite des schalom tritt gerade dann hervor, wenn wir über die Grunderfahrung des Friedens hinaus nach dem *Wandel in der Deutung des Kriegs* fragen (vgl. zum folgenden vor allem Albertz).

In der *vorstaatlichen* Periode Israels (ca. 1250-1050 v.Chr.) treffen wir allerdings auf eine unmittelbare Identifizierung des Gottes Jahwe mit kriegerischen Auseinandersetzungen. "Jahwe-Krieg" ist der aus späterer Zeit stammende Terminus für die Waffengänge vor der Entstehung einer staatlichen Organisation in Israel, und die ältere Forschung sah darin eine Erinnerung an die historische Institution eines "heiligen Krieges". Es sind nicht zuletzt die aus vorstaatlicher Zeit stammenden zahlreichen Kriegstexte des Alten Testaments, die in der Geschichte der christlichen Kirche immer wieder dazu benutzt worden sind, um Kriege zu legitimieren und Waffengewalt zu verherrlichen. Daß das rettende und befreiende Handeln des Gottes sich im eigenen militärischen Erfolg manifestiert, gehörte zum elementaren Selbstverständnis der "Stämme Israels" vor der Staatenbildung. Die religiös aufgeladene Kampfeuphorie, die aus den Texten dieser Zeit spricht, ist unüberhörbar. So wird der Exodus aus Ägypten, das heißt die Befreiung von unterdrückender Fremdherrschaft unmittelbar mit Jahwes Geschichtshandeln verknüpft: "Jahwe ist der rechte Kriegsmann, Jahwe ist sein Name! Des Pharao Wagen und seine Macht warf er ins Meer, seine auserwählten Streiter versanken im Schilfmeer" (2. Mose 15,3f). "Hier Schwert Jahwes und Gideons!" (Richter 7,20) - so lautete ein alter Kampfruf aus der Zeit vor und nach der Landnahme der Stämme im Kulturland Palästina. Hier konnten offenbar auch offensive Kampfhandlungen als existenznotwendige Aktionen verstanden werden. In einem der ältesten Texte des Alten Testaments, dem Deborah-Lied (Richter 5), wird der Ruhm der Kriegsheroen Israels in den Lobpreis Jahwes eingebaut: "Lobet Jahwe, daß man sich in Israel zum Kampf rüstete und das Volk willig dazu gewesen ist" (Richter 5,2) - der freiwillige Kriegsdienst erscheint als vornehmste religiöse Pflicht. "Daß Jahwe auf seiten der eigenen Truppen kämpfte, die Feinde in Panik versetzte und in die Flucht schlug, war die zentrale religiöse Erfahrung, die das junge Israel mit seinem Gott gemacht hat" (Albertz 19).

Diese Identifizierung Gottes mit dem Krieg dürfte sich jedoch auf die Kämpfe der vorstaatlichen Zeit beschränkt haben. Zwar findet sich im Deuteronomium, dem 5. Buch

Mose, und der deuteronomistischen Literatur eine ausgebaute Theorie des "Jahwe-Kriegs". Doch hat die neuere Forschung wahrscheinlich gemacht, daß das Motiv des Jahwe-Kriegs erst Jahrhunderte später als heroisierende und martialisch ausgeschmückte Rückprojektion formuliert wurde, das zu dieser Zeit keine reale Entsprechung mehr hatte. Die Jahwe-Kriege der vorstaatlichen Zeit wurden nicht von einer staatlichen Zentralmacht geführt, es handelte sich um Kämpfe von Stammesgesellschaften, die ihre Basis in der als Notlage empfundenen politisch-ökonomischen Situation der Gruppe hatten und als Befreiungskämpfe in der Tradition des Exodus verstanden wurden: Das ganze Volk entschließt sich freiwillig zum bewaffneten Aufstand gegen einen nach Stärke und Bewaffnung überlegenen Gegner. Historisch wird der "Jahwe-Krieg" auf diese zeitlich, zahlenmäßig und regional begrenzten Aktionen vor der Staatenbildung beschränkt gewesen sein. Da sie keine expansiven Ziele verfolgten, sondern ihrem Selbstverständnis nach die alltägliche Subsistenz gewährleisten und das gute Leben der Gruppe ermöglichen sollten, konnte schalom in dieser Zeit sogar das Gelingen des Kampfes bezeichnen (vgl. noch 1. Samuel 11,7).

Das Königtum Davids (ca. 1000 v.Chr.) und die *Staatenbildung* bringen jedoch einen grundlegenden Wandel in der Kriegsführung. An die Stelle des auf freiwilligen Konsens der wehrfähigen Stammesmitglieder gestützten Volksheers tritt eine militärisch straff organisierte, gut bewaffnete Truppe, die auf einer Art Wehrpflicht beruht. David machte nach Abwehr der Philister-Gefahr vom Krieg als Institut der staatlichen Organisation extensiv Gebrauch. Der rasche ökonomische und kulturelle Aufschwung des jungen israelitischen Staates war Resultat einer ganzen Reihe weiträumiger Eroberungsfeldzüge gegen die palästinensischen Nachbarn. Doch dieses räumlich ausgeweitete und qualitativ brutalisierte (vgl. 2. Samuel 8,2) Kriegsgeschehen wurde nicht mehr im Modell des Jahwe-Krieges, des Befreiungskampfes, verstanden. Die uns überlieferten Texte begreifen diese Kriege kaum noch als Rettungshandeln Jahwes, sondern in erster Linie als machtpolitische Aktionen des Königs.

Dieser ersten Distanzierung Gottes vom Krieg, die sich im Zurücktreten der Tradition der Jahwe-Kriege zeigt, steht allerdings eine ideologische Gegenbewegung aus dem Machtzentrum des davidischen Reiches gegenüber. Auf Motive der vorderorientalischen Umwelt zurückgreifend propagierte die von Priestern getragene Jerusalemer Hof- und Tempeltheologie eine nahezu vollständige Identifizierung Jahwes mit der politischen Herrschaft des Königs. In den Königs- und Zionspsalmen hat diese Form der politischen Religion ihren bedeutendsten Niederschlag gefunden. So eröffnet Jahwe z.B. dem von ihm eingesetzten König die Aussicht auf die Weltherrschaft:

"Bitte mich, so will ich dir Völker zum Erbe geben
und der Welt Enden zum Eigentum.
Du sollst sie mit einem eisernen Zepter zerschlagen,
wie Töpfe sollst du sie zerschmeißen" (Psalm 2,8f).

Mit seiner eigenen Weltherrschaft setzt der Jerusalemer König dieser Konzeption zufolge auch die universale Herrschaft Jahwes durch. Die Königstheologie legitimiert den realitätsfernen Anspruch der judäischen Könige, mit Ägypten und Assyrien erfolgreich um die Weltherrschaft zu konkurrieren. Die Aufrichtung eines Weltreiches mit dem Zentrum Jerusalem wird als universale Befriedungsaktion Jahwes angesehen:

"Kommt her und schauet die Werke Jahwes,
der auf Erden solch ein Zerstören anrichtet,
der den Kriegen steuert in aller Welt,
der Bogen zerbricht, Spieße zerschlägt
und Wagen mit Feuer verbrennt.
Seid stille und erkennet, daß ich Gott bin!

Ich will der Höchste sein unter den Heiden,
der Höchste auf Erden" (Psalm 46,9-11).

Die programmatische Universalität, mit der hier zum ersten Mal das Jerusalemer Weltreich als Friedensreich konzipiert wird, scheint zur aktuellen Anknüpfung einzuladen (Steck). Doch hier ist Vorsicht geboten. Die Friedenskonzeption der Jerusalemer Tempeltheologen ist ein Zwangsfrieden unter israelitischer Vorherrschaft, eine pax Israelitica, die den Krieg durch Unterwerfung der Feinde aus der Welt geschafft hat. Die Königs- und Tempeltheologie hat eine machtpolitische Vereinnahmung Gottes betrieben, die jede Art von Expansionskrieg legitimieren konnte. Mit dem Untergang des Königtums (586 v.Chr.) ist sie endgültig gescheitert, aber schon vorher traf sie auf immer entschiedener werdenden Protest: Im 9. Jahrhundert treten einzelne *Propheten* auf, die nicht in den Chor derer einstimmen, die den Krieg religiös rechtfertigen. So verkündet Micha ben Jimla seinem König Ahab wider Erwarten kein positives, sondern ein negatives Kriegsorakel (1. Könige 22). Er wird dafür eingekerkert. Im 8. Jahrhundert durchzieht die Gerichtsprophetie Amos', Jesajas und Michas das Motiv, wonach der Gott Israels die feindlichen Heere gegen sein eigenes Volk herbeiführt (z.B. Jesaja 5,26). Der alte Glaube, daß der Eine Gott auf seiten der eigenen Streitmacht kämpfte, ließ sich radikaler nicht bestreiten. Ein weiteres Jahrhundert später wagt es Jeremia, Nebukadnezar, dem feindlichen König von Babylon, den Titel eines "Knechtes Jahwes" zu verleihen, der zuvor nur dem judäischen König zustand (Jeremia 27,6).

Dieser Rollentausch des Gottes Jahwe - vom obersten Heerführer Israels zum höchsten Kriegsherrn anderer Völker, die sich nun gegen Israel kehren - bedeutet allerdings keine Distanzierung Gottes vom Krieg überhaupt. Beim Propheten Jesaja jedoch erfährt die Kritik machtpolitischer Selbstbehauptung im 8. Jahrhundert eine Grundsätzlichkeit, die erstmals zu einer prinzipiellen Trennung zwischen Gott und Militärmacht führt. Der Rüstungs- und Bündnispolitik seines Königs Hiskia, der im Schutz Ägyptens seine politische Handlungsfreiheit gegen die Übermacht Assurs sichern wollte, sagt Jesaja ein totales Fiasko voraus (Jesaja 31,1ff). Für ihn schließen sich das Vertrauen auf die Militärmacht und das Vertrauen auf Gott gegenseitig aus. Um der Erhaltung des Gemeinwesens willen rät Jesaja zum vertrauensvoll-gelassenen Gewaltverzicht als Alternative zur militärischen Sicherheit:

"Wenn ihr umkehrtet und stille bliebet, so würde euch geholfen; durch Stillesein und Hoffen würdet ihr stark sein. Aber ihr wollt nicht und sprecht: 'Nein, sondern auf Rossen wollen wir dahinfliegen', - darum werdet ihr dahinfliehen, 'und auf Rennern wollen wir reiten', - darum werden euch eure Verfolger überrennen" (Jesaja 30,15f).

Jesaja vertraut darauf, daß Gott als Herr der Geschichte auch der Herrschaft der assyrischen Fremdmacht eines Tages ein Ende setzen wird. Er sieht im Überleben die Grundbedingung des Friedens und im Verzicht auf militärische Selbstverteidigung die einzige Überlebenschance des Staates Juda. Die historische Entwicklung gab ihm recht: Die Sicherheitspolitik Hiskias führte zu dem harten Vergeltungsschlag Sanheribs im Jahr 701; ganz Juda wurde dem Erdboden gleichgemacht, nur Jerusalem kam wie durch ein Wunder mit dem Schrekken davon.

Jesaja hat jedoch seine Kritik am Krieg nicht gegen den eigenen König gerichtet, um nun umgekehrt die Kriegführung des Gegners zu legitimieren. Er dringt zu einer grundsätzlichen theologischen Negation des Krieges durch. Gleichzeitig mit der Absage an die judäische Sicherheits- und Bündnispolitik sagt er der assyrischen Fremdmacht, die er zuvor noch als Strafwerkzeug Gottes über Israel bezeichnet hatte, wegen der Maßlosigkeit ihrer Expansionspolitik den Zorn Gottes an (Jesaja 10,5-16). "Schon unter den Bedingungen der

Kriegsführung seiner Zeit kommt Jesaja zu der Überzeugung, daß in keiner Art von Krieg mehr, weder im Krieg der Angreifer noch im Krieg der Verteidiger, ein positives Handeln Gottes gesehen werden kann. Im Krieg äußert sich für ihn generell der Hochmut der Menschen, der durch die Macht Gottes gebrochen wird. Die Macht Gottes tritt in grundsätzliche Distanz, ja, in Gegensatz zu jeder Art von menschlicher Militärmacht" (Albertz 24).

Vor diesem Hintergrund bringt Jesaja die Grundelemente der Lebensform des schalom in einer wirkungsmächtigen Formel auf den Begriff: "Der Gerechtigkeit Frucht wird Friede sein, und der Ertrag der Gerechtigkeit wird ewige Stille und Sicherheit sein" (Jesaja 32,17). Die Formel war wohl auch deshalb wirkungsmächtig, weil sie der Neigung des abendländischen Denkens entgegenzukommen scheint, die Wahrnehmung der mit schalom angesprochenen Lebenswirklichkeit in begrifflicher Abstraktion zu reflektieren. Abgelöst vom Verständnishorizont der hebräischen Bibel jedoch kann der Satz, der Frieden sei die Frucht der Gerechtigkeit *(opus iustitiae pax)*, zum Gegenteil dessen verkehrt werden, was er besagen will. Immer schon gehörte das soziale Wohlergehen, die lebensnotwendige "Genüge" für die Gemeinschaftsgenossen zur Fülle des schalom. Darum liegt es nahe, daß der Frieden umso ausdrücklicher auf Gerechtigkeit zurückbezogen wird, je mehr er durch die Konkurrenz der Gewaltpotentiale zum bloßen Schweigen der Waffen denaturiert wird. Aber die hebräische Bibel denkt die Gerechtigkeit ebensowenig wie den Frieden als ungeschichtliche Norm, als gesetzten Maßstab, dem es sich zu unterwerfen gilt. Sie denkt die Gerechtigkeit (sedaqa) ebenso wie den schalom als Verhältnismäßigkeit einer Lebensform. So wie im gemeinschaftlichen Wohlergehen der Frieden erfahren wird, so ist Gemeinschaftstreue, Solidarität das andere Wort für Gerechtigkeit. Deshalb tritt Vertrauen, das heißt Sicherheit *mit*einander an die Stelle von Sicherungsmaßnahmen, die Sicherheit *vor*einander herstellen sollen. Gerechtigkeit, Frieden und Sicherheit gewinnen für die hebräische Bibel ihren Sinn aus dem elementaren Lebenszusammenhang, der jeder Objektivierung der Lebensbeziehungen durch Macht und Herrschaft vorausliegt. Darum widersprechen sie allen Begriffen von "Gerechtigkeit", "Frieden" und "Sicherheit", die - wie etwa die entsprechenden römisch-rechtlichen Termini (iustitia distributiva oder commutativa, pax, securitas) - ihrerseits schon im Kontext objektivierter Machtbeziehungen entworfen sind. Daß Frieden die Frucht und Sicherheit der Ertrag der Gerechtigkeit sei, läßt sich deshalb im Sinn von Jesaja 32,17 unmißverständlicher auch so ausdrücken: Solidarität schafft gemeinschaftliches Wohlergehen und Gemeinschaftstreue gewinnt Vertrauen.

Hatten die Stämme im vorstaatlichen Israel Befreiungskämpfe im Namen ihres Gottes geführt, so wurde an der Geschichte der Könige und ihrer Kriege erfahren, daß die Macht des schalom nicht mit der Gewalt der politischen Machthaber identifiziert werden darf. Aus dem prophetischen Protest ging schließlich in der *Krise des Exils* die eschatologische Erwartung eines weltumspannenden messianischen Friedens hervor. Er verbindet sich mit der Figur eines Recht und Gerechtigkeit wiederherstellenden Friedefürsten (Jesaja 9,1ff), dem Bild eines Friedens mit und in der Natur (Jesaja 11,1ff) und jenem "Urmodell der pazifizierten Internationale" (Ernst Bloch), in der - kraft der konfliktschlichtenden Weisung Gottes - Schwerter zu Pflugscharen und Spieße zu Sicheln umgeschmiedet werden: Die aus der Exilszeit stammende Heilsschilderung, die in das Jesaja- (2,2-4) und das Micha-Buch (4,1-5) Eingang gefunden hat, stellt den krönenden Abschluß dieser Entwicklungslinie dar.

"Es wird zur letzten Zeit der Berg, da Jahwes Haus ist, fest stehen, höher als alle Berge und über alle Hügel erhaben, und alle Heiden werden herzulaufen, und viele Völker werden hingehen und sagen: Kommt, laßt uns auf den Berg Jahwes gehen, zum Hause des Gottes Jakobs, daß er uns lehre seine Wege und wir wandeln auf seinen Steigen! Denn von Zion wird Weisung ausgehen und Jahwes Wort von Jerusalem. Und er wird richten unter den Heiden und zurechtweisen viele Völker. Da werden sie ihre Schwerter zu Pflugscharen und ihre Spieße zu Sicheln machen. Denn es wird kein Volk wider das andere das Schwert erheben, und sie werden hinfort nicht mehr lernen, Krieg zu führen" (Jesaja 2,2-4).

Jahwe hat hier nicht nur mit dem Krieg nichts mehr zu tun, der Prophet sieht ihn darüber hinaus als aktiven Friedensstifter zwischen den Völkern. Die Vision des alten Jesaja oder eines seiner späteren Schüler knüpft an das mythische Motiv des Gottesberges als Weltmittelpunkt an. Schon von der Jerusalemer Tempeltheologie war es mit dem Zion identifiziert worden: In einer fernen, noch unbestimmbaren Zukunft - aber keineswegs erst am Ende der Tage - wird der Tempelberg alle anderen Berge überragen und Jerusalem zum weithin sichtbaren Weltzentrum machen. Doch in diesem Bild wird Jerusalem nicht mehr als Machtzentrum einer pax Israelitica verstanden, von dem aus Jahwe durch seinen König die Völker unterwerfen und befrieden läßt. In der Vision Jesajas werden die Motive der traditionellen Zions- und Königstheologie transformiert. Weder ist von einem kriegerischen Ansturm der Völker die Rede, noch von der Ablieferung des Tributs der Unterworfenen, noch von einer Wallfahrt zur Verherrlichung von Stadt und Tempel Jahwes. Das erwartete Zusammenkommen der Völker hat keine militärische und keine kultisch-religiöse Färbung: Sie kommen freiwillig, getragen von der Hoffnung, daß sich auf dem Zion durch die Rechtsweisung Jahwes neue Wege des Zusammenlebens der Völker eröffnen. Die Friedensvision Jesajas setzt keine ideologische Missionierung oder hegemoniale Unterwerfung der Welt voraus. Sie denkt die konfliktschlichtende, friedensstiftende Weisung Gottes im Modell einer internationalen Schiedsgerichtsbarkeit, die die Bereithaltung von Waffen überflüssig macht. Schwerter werden zu Pflugscharen und Spieße zu Sicheln umgeschmiedet. Die im Wortlaut gegenteilige Aufforderung von Joel 4,10 ("Macht aus euren Pflugscharen Schwerter und aus euren Sicheln Spieße!"), die ein unbekannter Prophet aus nachexilischer Zeit an die vor das Schiedsgericht Gottes tretenden Völker adressiert, ist eine ironisch-sarkastische Umkehrung von Jesaja 2,4, die die Hoffnung auf die Aufhebung des Krieges als Institution bekräftigt: Selbst wenn Acker- und Winzergeräte in Waffen verwandelt würden, müßten sie - so will der Prophet sagen - vor der Rechtsweisung Jahwes zunichte werden.

LITERATUR: *R. Albertz,* Schalom und Versöhnung. Alttestamentliche Kriegs- und Friedenstraditionen, in: Theologia Practica 18, 1983, 16-29 - *U. Duchrow/G. Liedke,* Schalom. Der Schöpfung Befreiung, den Menschen Gerechtigkeit, den Völkern Frieden, Stuttgart 1987 - *G. Gerlemann,* Art. slm genug haben, in: Theologisches Handwörterbuch zum Alten Testament II, München/Zürich 1976, 919-935 - *G. v. Rad,* Art. shalom im AT, in: Theologisches Wörterbuch zum Neuen Testament II, Stuttgart 1935, 400-405 - *H. H. Schmid,* Art. Frieden II. Altes Testament, in: Theologische Realenzyklopädie 11, Berlin/New York 1983, 605-610 - *H. Schmidt,* Frieden, Stuttgart/Berlin 1969 - *O. H. Steck,* Friedensvorstellungen im alten Jerusalem, Zürich 1972 - *F. Stolz,* Jahwes und Israels Kriege. Kriegstheorien und Kriegserfahrungen im Glauben des alten Israel, Zürich 1972 - *C. Westermann,* Der Frieden (Shalom) im Alten Testament, in: G. Picht/H. E. Tödt (Hg.), Studien zur Friedensforschung 1, Stuttgart 1969, 144-177 - *H. W. Wolff,* Schwerter zu Pflugscharen - Mißbrauch eines Prophetenwortes? Praktische Fragen und exegetische Klärungen zu Joel 4,9-12, Jes 2,2-5 und Mi 4,1-5, in: Evangelische Theologie 44, 1984, 280-292.

### *1.4. Frieden als Gabe*

Das Neue Testament tradiert das hebräische Friedensverständnis im griechischen Sprachraum weiter. *Eirene,* das griechische Grundwort für Frieden, erhält jedoch im christlichen Kontext neue Bedeutungen. Sie bewahren die Erfahrung des schalom, radikalisieren sie aber auch. Der *Friedensgruß* bleibt lebendig: Unter den hundert Belegstellen für eirene im Neuen Testament ist die größte Gruppe die der Grußtexte. Aber eine mittlerweile zur bloßen Konvention erstarrte Formel erhält neues Gewicht und wird mit neuem Leben erfüllt. Frieden ist mehr als ein Wort, er ist wirksamer Zuspruch des leibhaftigen Heils: "Geh hin in Frieden und sei gesund", so verabschiedet Jesus eine Frau, die er geheilt hat (Markus 5,34). Unaustilgbar blieb demnach die Erfahrung von schalom, wonach der Frieden das irdisch-sinnliche Heilsein umfaßt - und doch galt es, die Unverfügbarkeit der zukunftsoffenen Lebensform des schalom offenzuhalten und vor dem Abgleiten ins selbstgewisse Haben und bürgerliche Wohlleben zu bewahren. Frieden - so betont das Jesuswort - kehrt ein mit der *Gabe des elementar Lebensnotwendigen*, hier: der wiedergeschenkten Gesundheit. In der Prophetie des 6. Jahrhunderts war schalom zum universalen künftigen Heilsgut, im Alltagsverkehr des nachexilischen Judentums jedoch zunehmend zur billigen Münze geworden. Demgegenüber verknüpft die Verkündigung Jesu die alltägliche Gegenwart und die immer noch größere Zukunft Gottes in neuer Weise (s. auch unten III.1.1).

Das Entbieten des Friedensgrußes wird wieder hoch bedeutsam, verbalisiert es doch nicht weniger als die Ankunft der kommenden, in Jesu Wirken manifesten Gottesherrschaft. Jesus hat die Ansage der nahegekommenen Gottesherrschaft nicht als politisches Umsturzprogramm verstanden. Aber unter den strukturellen Bedingungen jenes Macht- und Gewaltfriedens, den wir unter dem Titel der pax Romana kennengelernt haben, mußte gerade die soziale Praxis der Gewaltlosigkeit politisch wirken, die er und seine Nachfolger demonstrierten. Als im Jahr 6 n.Chr. Judäa zur römischen Provinz wurde und der römische Fiskus Steuern eintrieb - in Galiläa herrschte ein von Rom abhängiger Vasall -, erhob sich im Judentum die militante Befreiungsbewegung der Zeloten. Die Befreiung von der Besatzungsmacht sollte die Gottesherrschaft mit Gewalt aufrichten; das Entrichten der Kaisersteuer wurde für diese Bewegung zur Bekenntnisfrage, weil die Münze mit dem Kaiserbild als Verstoß gegen das Bilderverbot galt. Dies ist der historische Kontext, dem die Worte der Gewaltkritik und der Feindesliebe entstammen, mit denen die Verkündigung Jesu zwischen alle Fronten geriet (s. dazu unten III.1.1).

Gegen die Unterdrückungsgewalt Roms und ihre Kollaborateure wie gegen die Befreiungsgewalt der Aufständischen setzen Jesus und seine Nachfolger eine anstößige Alternative: die *zeichenhafte Verweigerung*. So läßt Jesus sich auf die Frage, ob es erlaubt sei, dem Kaiser Steuern zu zahlen, einen Denar zeigen, läßt die Fragesteller die Prägung auf der Münze als das Bild des Kaisers identifizieren und fügt hinzu: "Gebt dem Kaiser, was des Kaisers ist, und Gott, was Gottes ist!" (vgl. Markus 12,13-17). Man könnte diese Auskunft im Sinn einer schiedlich-friedlichen Trennung zwischen religiöser und politischer Loyalität verstehen und hat dies oft getan. Aber die verdeckte Antwort Jesu reicht weiter: Wenn es sich bei dem, was des Kaisers ist, um die Münze handelt, die sein Bild trägt, dann muß jeder bei dem, was Gottes ist, an das Bild Gottes, also den Menschen als Träger von Gottes Ebenbild denken. Den Fragestellern wird zu verstehen gegeben, daß sie zuallererst Gott selbst gehören. Ja, darüber hinaus konnte die Aufforderung, dem Kaiser zurückzugeben, was des Kaisers ist, durchaus so verstanden werden, daß sie die Möglichkeit zur generellen Münz- und Währungsverweigerung offen läßt.

Dem Unterdrückungsfrieden der pax und den damit verbundenen autoritären gesellschaftlichen Strukturen, einem Verständnis des Friedens also, das sich auf die Bewahrung der gegebenen Ordnung reduziert, gilt das Jesuswort: "Ihr sollt nicht meinen, daß ich gekommen bin, Frieden zu bringen auf die Erde. Ich bin nicht gekommen, Frieden zu bringen, sondern das Schwert" (Matthäus 10,34). In einen Frieden, der nur Scheinfrieden ist, bringt Jesus Entzweiung. Das Stichwort "Schwert" appelliert dabei nicht an physische Gewalt. Es ist eine Metapher "für die von 'unten' erfolgende Auflösung der hierarchisch strukturierten Ordnung und der auf den Besitz gegründeten Herrschaft" (Wengst 81f). Gerade indem sie aus dem Pseudofrieden der herrschenden Strukturen ausbrachen, verstanden sich die Jesusboten als Friedensbringer. In der sogenannten Aussendungsrede

Lukas 10,3-11, einer Instruktionsregel aus der frühen Jesusbewegung, lesen wir:

"Geht hin; siehe, ich sende euch wie Lämmer mitten unter die Wölfe. Tragt keinen Geldbeutel bei euch, keine Tasche und keine Schuhe, und grüßt niemanden unterwegs. Wenn ihr in ein Haus kommt, sprecht zuerst: Friede sei diesem Hause! Und wenn dort ein Kind des Friedens ist, so wird euer Friede auf ihm ruhen; wenn aber nicht, so wird sich euer Friede wieder zu euch wenden. In demselben Haus aber bleibt, eßt und trinkt, was man euch gibt; denn ein Arbeiter ist seines Lohnes wert. Ihr sollt nicht von einem Haus zum andern gehen. Und wenn ihr in eine Stadt kommt, und sie euch aufnehmen, dann eßt, was euch vorgesetzt wird, und heilt die Kranken, die dort sind, und sagt ihnen: Das Reich Gottes ist nahe zu euch gekommen. Wenn ihr aber in eine Stadt kommt, und sie euch nicht aufnehmen, so geht hinaus auf ihre Straßen und sprecht: Auch den Staub aus eurer Stadt, der sich an unsre Füße gehängt hat, schütteln wir ab auf euch. Doch sollt ihr wissen: das Reich Gottes ist nahe herbeigekommen."

Eirene gilt als wirkungsmächtiges Wort, durch das die Gottesherrschaft selbst zur Sprache kommt. Darum ist die Verweigerung der alltagsüblichen, konventionellen Grußformel eine prophetische Provokation, die auf die besondere Sendung der Jünger Jesu aufmerksam machen soll. Nur in personaler Begegnung, nicht im Vorbeigehen können die Jünger ihren Auftrag erfüllen. Eirene ist die Gabe, die Jesus und durch ihn seine Jünger mitbringen - und die Friedensbringer kommen in aufsehenerregender Ärmlichkeit und Schutzlosigkeit daher. Der Stab, die primitivste Waffe, ist ihnen verboten. Das ihnen auferlegte Barfußgehen gilt als Zeichen der Schande. Die demonstrative Gewaltfreiheit und Bedürfnislosigkeit der Boten ist Hinweis auf die kommende *Aufhebung von Gewalt und Not,* zugleich aber selbst Mittel zu ihrer Überwindung, Zeichen für die Einheit von Weg und Ziel. Frieden ist der Name für die ausstrahlende Macht der Machtlosen, aber auch für die Gabe, die sich entzieht, wenn man den Geber nicht aufnimmt.

Schon die Erfahrung von eirene als Wirkung des nahen Gottesreiches bedeutete eine Krise und Kritik des konventionellen Friedensgrußes und des alltäglichen Friedensgeredes. Auf dieser Linie wird im neutestamentlichen Sprachgebrauch mit zunehmender Konsequenz der Charakter des Friedens als *Gnadengabe* entdeckt. Dichtesten Ausdruck findet dies in den liturgischen Wendungen, mit denen der Apostel Paulus seine Gemeindebriefe eröffnet: "Gnade sei mit euch und Friede von Gott, unserem Vater, und dem Herrn Jesus Christus" (Römer 1,7). Immer wieder stellt Paulus den Friedensgruß neben den Zuspruch der Gnade (vgl. 1. Korinther 1,3; 1. Thessalonicher 1,1; 2. Thessalonicher 1,2). Darüber hinaus aber erblickt er den Grund des Friedens theologisch im Kreuz Jesu, an dem Gott die Welt mit sich selber versöhnt und den Menschen ihre Schuld nicht zugerechnet hat (Römer 5,1f; 2. Korinther 5,19). Den Ursprung von eirene bilden bei Paulus und seiner Schule (vgl. Kolosser 1,20; Epheser 2,14-17) Rechtfertigung und Versöhnung, das heißt: *Befreiung von Schuldverstrickung* und *Aufhebung aller Feindschaftsverhältnisse* an ihrer Wurzel (s. dazu unten III.1.2). Die Christologie, die Interpretation des Christusereignisses in seiner universalen Bedeutung, expliziert nunmehr den Grund jener Friedenspraxis, die ihre Kraft in den Anfängen unmittelbar aus der Reich-Gottes-Erwartung bezogen hatte.

Es kann nicht verwundern, daß die praktische Friedensaufgabe bei aller Weite, in der sie theologisch begründet war, zunächst doch nur als Problem des Binnenbereichs der Ortsgemeinden auftauchte. Zu heterogen waren die ethnischen, sozialen und kulturellen Unterschiede, die von den christlichen Gruppen in der städtischen Welt des römischen Reiches integriert werden mußten. Die Frage, wie der genuin christliche Friedensauftrag gegenüber der Gesellschaft im ganzen zur Geltung kommen könnte, mußte zunächst als zweitrangig erscheinen. So zielen die *Friedensmahnungen,* die Paulus dem paränetischen, einladend-aufmunternden Grundton seiner Ethik entsprechend an die Gemeinden adressiert, fast ausschließlich auf ein Verhalten, zu dem die Glieder der Gemeinde untereinander angehalten werden sollen. "Haltet Frieden untereinander" (1. Thessalonicher 5,13). "Habt einerlei Sinn, haltet Frieden!" (2. Korinther 13,11).

Diese Ermahnungen zum Frieden *in* der Glaubensgemeinde können nach verschiedenen Seiten hin konkretisiert werden. Wenn Paulus die ekstatischen Charismatiker in Korinth zum disziplinierten Umgang mit der Sprache um der Kommunikation in der Gemeindeversammlung willen mahnt, dann tut er das mit den Worten: "Gott ist nicht ein Gott der Unordnung, sondern des Friedens" (1. Korinther 14,33). Wenn er einschärfen will, daß in der Ehe zwischen Christen und Nichtchristen der Glaube nicht zum Grund von Trennungen werden soll, dann kann es heißen: "Zum Frieden hat euch Gott berufen" (1. Korinther 7,15). Und daran, daß das Reich Gottes "nicht Essen und Trinken" ist, "sondern Gerechtigkeit und Friede und Freude in dem heiligen Geist", erinnert Paulus im Zusammenhang mit dem innergemeindlichen Konflikt zwischen Juden- und Heidenchristen, bei dem es um das Für und Wider des Genusses von rituell geschächtetem Fleisch geht (Römer 14,17). Von heute aus gesehen mag die bloß innerkirchliche Konkretisierung der Friedensmahnungen als Einschränkung der Friedensaufgabe erscheinen. Aber ihre unaufgebbare Bedeutung liegt doch in der Einsicht, daß die Friedensverantwortung, die eine soziale Gemeinschaft für andere übernimmt, immer ihre eigene Friedensfähigkeit im Innern zur Voraussetzung hat.

Darüber hinaus allerdings stand Paulus mit dem Zentralmotiv seiner Theologie, dem Kreuz Jesu, zugleich der Gewaltcharakter der römischen Herrschaftsordnung vor Augen. Er hat ihn selbst - bis zu seiner Hinrichtung in Rom - zu spüren bekommen (vgl. z.B. 2. Korinther 1,8ff; 11,20ff; Philipper 1,12ff). An die Stelle der zeichenhaften Verweigerung, die die frühen Jesusboten praktizierten, setzte Paulus ein anderes Verhaltensmodell: die *nonkonformistische Loyalität.* Grundsätzliche Loyalität, so zeigt das Beispiel des Paulus, mußte keineswegs unkritische Anpassung und Unterwerfung bedeuten. Er entlarvte das Vertrauen auf *pax et securitas,* die Leitideen des römischen Scheinfriedens, als törichte Illusion und erwartete ihr Ende bei der baldigen Wiederkunft Christi:

"Ihr selbst wißt genau, daß der Tag des Herrn kommt wie ein Dieb in der Nacht. Während die Menschen sagen: Friede und Sicherheit!, kommt plötzlich Verderben über sie wie die Wehen über eine schwangere Frau, und es gibt kein Entrinnen. Ihr aber, Brüder, lebt nicht im Finstern, so daß euch der Tag nicht wie ein Dieb überraschen kann" (1. Thessalonicher 5,2-4).

Die den "Tag des Herrn" erwartenden Christen stehen hier den Propagandisten von "Frieden und Sicherheit" wie Licht und Finsternis gegenüber. Dennoch konnten die Herrschenden nicht aus der Souveränität des Einen Gottes entlassen werden und eben deshalb mußten auch die Herrschaftsunterworfenen auf ihre grundsätzliche Loyalität gegenüber den Inhabern staatlicher Gewalt angesprochen werden. Das bekannteste Dokument für diese Haltung ist der berühmte Text Römer 13,1-7, in dem Paulus zum Gehorsam gegenüber den staatlichen Behörden des römischen Reiches rät, und den man mit der zitierten Thessalonicherstelle zusammenlesen sollte. Auch der Gemeinde in Rom legt der Apostel keine Legitimationstheorie, keine staatstheoretische Begründung politischer Herrschaft vor, sondern ruft kontextbezogen zu einem Verhalten auf, das der Botschaft der Gewaltlosigkeit entspricht *und* den faktischen Machtverhältnissen Rechnung trägt. Römer 13,1-7 steht im Zusammenhang anderer sittlicher Mahnungen, die ausdrücklich die Grenzen der Glaubensgemeinde zum Alltag der Welt hin überschreiten, ohne sich doch den Eigengesetzlichkeiten der Welt anzupassen (vgl. Römer 12,1f). Hier findet sich auch die einzige paulinische Friedensmahnung, die nicht auf den innergemeindlichen Bereich beschränkt ist: "Ist's möglich, soviel an euch liegt, so habt mit allen Menschen Frieden" (Römer 12,18). Auch gegenüber den staatlichen Amtsträgern sollte diese Friedensbereitschaft zum Zuge kommen, sofern sie ihre Macht dazu benutzten, private Selbstjustiz überflüssig zu machen und den sozialen Folgen der Sünde Schranken zu setzen. Der Nonkonformismus des eschatologischen Vorbehalts, des nahen "Tages des Herrn" galt freilich auch ihnen (vgl. Römer 13,12).

Nicht Paulus, sondern Lukas ist es gewesen, der in seinem Evangelium und in der Apostelgeschichte den historischen Konflikt mit dem römischen Imperium weitgehend zum Verschwinden gebracht hat: Das lukanische Geschichtswerk repräsentiert den ersten Versuch einer *apologetischen Anpassung*. Der berühmte weihnachtliche Lobpreis "Ehre sei Gott in der Höhe und Friede auf Erden bei den Menschen seines Wohlgefallens" (Lukas 2,14) ist ursprünglich wohl nicht in Konkurrenz, sondern in Konvergenz, nicht im Widerspruch, sondern in Ergänzung zur pax Augusta zu verstehen. Lukas möchte die Universalität des Christentums als Stütze der vermeintlichen Universalität der pax Romana anbieten. Die Angehörigen der Besatzungsmacht erscheinen in seinem Evangelium in liebenswürdigem Licht (Lukas 7,3-6) und die Vertreter des römischen Militärs gehören zu den ersten Bekehrten (Apostelgeschichte 10,1f). Die Rolle des Pilatus und der römischen Soldateska bei der Verurteilung und Hinrichtung Jesu tritt zuungunsten der Juden zurück (Lukas 23). Die Rechtsstaatlichkeit des Prozesses gegen den römischen Staatsbürger Paulus wird betont (Apostelgeschichte 24-26). Lukas überliefert uns die alte Gewissensregel "Man muß Gott mehr gehorchen als den Menschen" (Apostelgeschichte 5,29), aber Petrus und die Apostel machen sie vor dem jüdischen Synedrion geltend, nicht vor römischen Behörden.

Ja, Lukas ändert die Aussendungsrede der Friedensboten aus Kapitel 10 für die Zeit der Kirche ab. Jetzt, für die Zeit der Kirche soll gelten: "Aber nun, wer einen Geldbeutel hat, der nehme ihn, desgleichen auch die Tasche, und wer's nicht hat, verkaufe seinen Mantel und kaufe ein Schwert" (Lukas 22,36). Die Zäsur, die zwischen der Zeit der Heilsgegenwart Jesu und der Zeit der Kirche liegt, rechtfertigt andere Mittel: Die Jünger erhalten ein Recht zur Selbstverteidigung, sie treten in die Beteiligung am Rechtsschutz mit Waffengewalt ein. Lukas war damit seiner Zeit weit voraus. Er hat das Christentum früh gegen den Vorwurf verteidigt, den Ende des 2. Jahrhunderts der heidnische Philosoph Kelsos gegen die Christen erhob: Sie seien Schmarotzer, die an den Vorteilen der politischen Ordnung Anteil haben, ohne den Herrschenden die gebotene Ehre und die militärische Gefolgschaft zu gewähren.

Bereits die Friedenspraxis der frühen Glaubensgemeinde in heidnischer Umwelt reicht also von der zeichenhaften Verweigerung über die nonkonformistische Loyalität bis zur apologetischen Anpassung. Auch die *spirituelle Entweltlichung* des christlichen Friedensgedankens ist belegt: Rund 70 Jahre nach Jesu Tod bezieht das Johannes-Evangelium eirene in erster Linie auf existentielle Grenzerfahrungen der menschlichen Lebenswirklichkeit. Der Friedensgruß steht für die geistgewirkte Mitteilung des Heils durch den erhöhten Gottessohn: Jesus verabschiedet sich von seinen Jüngern mit den Worten: "Den Frieden lasse ich euch, meinen Frieden gebe ich euch. Nicht gebe ich euch, wie die Welt gibt. Euer Herz erschrecke nicht und fürchte sich nicht" (Johannes 14,27). Der johanneische Friedensgedanke ist ambivalent. Auf der einen Seite reduziert er die weltliche Fülle des Friedens auf die Innerlichkeit der Existenz, auf der anderen Seite transzendiert er alle Schranken der Verkörperungen des zeitlichen Friedens. Der Frieden stiftet hier ein Lebensverhältnis, das sogar den Tod als Grenze des natürlichen Lebens überwindet; darum gilt er als eine alle Quellen der *Angst besiegende Macht* (Johannes 16,33; 20,19.22.26).

So verbinden sich mit der neutestamentlichen Erfahrung des Friedens als Gnadengabe viele Nuancen: die Integrität des geschöpflichen Lebens ebenso wie der Vorschein des endgültigen Friedens in den Mitteln der Friedenspraxis (Jesus), die Befreiung von Schuld ebenso wie die Aufhebung von Feindschaft (Paulus), die Abbildung des himmlischen Friedens im Frieden auf Erden (Lukas) ebenso wie die existentielle Überwindung der Angst (Johannes). Sie alle lassen sich als Elemente von eirene im Erbe des schalom zusammensehen. Doch historisch betrachtet gilt auch, daß sie unterschiedliche, ja gegensätzliche Rezeptionsmöglichkeiten eröffnet haben.

LITERATUR: *J. Blank*, Im Dienst der Versöhnung. Friedenspraxis aus christlicher Sicht, München 1984 - *J. Bosold*, Pazifismus und prophetische Provokation. Das Grußwort Lk 10,4b und sein historischer Kontext, Stuttgart 1978 - *E. Brandenburger*, Frieden im Neuen Testament. Grundlinien urchristlichen Friedensverständnisses, Gütersloh 1973 - *H. Frankemölle*, Friede und Schwert. Frieden schaffen nach dem Neuen Testament, Mainz 1983 - *H. Hegermann*, Die Bedeutung des eschatologischen Friedens in Christus für den Weltfrieden heute nach dem Zeugnis des Neuen Testaments, in: W. Danielsmeyer (Hg.), Der Friedensdienst der Christen, Gütersloh 1970, 17-39 - *U. Luz u.a.*, Eschatologie und Friedenshandeln. Exegetische Beiträge zur Frage christlicher Friedensverantwortung, Stuttgart 1981 -*H. Schmidt*, Frieden, Stuttgart/Berlin 1969 - *P. Stuhlmacher*, Der Begriff des Friedens im Neuen Testament und seine Konsequenzen, in: W. Huber (Hg.), Historische Beiträge zur Friedensforschung, Stuttgart/München 1970, 21-69 - *A. Vögtle*, Was ist Frieden? Orientierungshilfen aus dem Neuen Testament, 3. Aufl. Freiburg 1984 - *K. Wengst*, Pax Romana. Anspruch und Wirklichkeit, München 1986 - *J. H. Yoder*, Die Politik Jesu - der Weg des Kreuzes, Maxdorf 1981.

## 2. Frieden mit Gerechtigkeit

Im Friedensverständnis christlicher Theologie und Ethik verbinden sich von Anfang an verschiedenartige Einflüsse. Der geschichtliche Ort der frühen Christenheit ist die *pax Romana,* also eine politische Welt, die am Leitbild befriedender Herrschaft orientiert ist. Anfänglich stehen die christlichen Gemeinden am Rand dieser politischen Welt, dann dringen sie immer mehr in ihr Zentrum vor. Die Verheißung, die sie in diese Wirklichkeit der *pax Romana* hineintragen, verbindet die Hoffnung auf das Reich Gottes mit der Erwartung eines umfassenden Friedens, der schon jetzt auf die Lebensform der christlichen Gemeinde ausstrahlt. Frieden als Herrschaftsordnung und Frieden als Lebensform stoßen aufeinander. Die Formen, in denen sie zueinander in Beziehung gesetzt werden, variieren je nach den unterschiedlichen politischen Konstellationen, theologischen Konzeptionen und gesellschaftlichen Funktionen der Kirche. Für die Epoche zwischen der alten Kirche und der Reformation, in der sich die politische Ethik unter dem Primat der Theologie entwickelt, wollen wir an einigen ausgewählten historischen Modellen untersuchen, zu welchen Vorstellungen die Friedensethik im Spannungsfeld zwischen Herrschaftsordnung und Lebensform gefunden hat. Dabei orientieren wir uns immer wieder an den drei Fragen nach dem jeweils leitenden Friedensverständnis, nach den politischen Mitteln des Friedens und nach der Friedensaufgabe der Kirche.

Von diesen drei Fragen aus soll geklärt werden, in welcher Weise unterschiedliche friedensethische Entwürfe das Verhältnis von Frieden und Gerechtigkeit bestimmen. Dabei kann man den Ausgangspunkt christlicher Urteilsbildung in formelhafter Zuspitzung so kennzeichnen: Während die biblische Überlieferung die Gerechtigkeit dem Frieden vorordnet, kommt in der römischen Tradition dem Frieden der Vorrang vor der Gerechtigkeit zu.

Die biblische Vorordnung der Gerechtigkeit vor den Frieden erhält bei dem Propheten Jesaja die einprägsame Kurzfassung, der Friede sei die Frucht der Gerechtigkeit (Jesaja 32,17). Der Psalmist faßt die Hoffnung auf die Nähe Gottes in das Bild, daß sich mit seiner Hilfe Gerechtigkeit und Frieden küssen werden (Psalm 85,11). Gerechtigkeit ist dem Alten Testament zuerst ein Kennzeichen Gottes selbst, dessen eine Seite seine richterliche Verläßlichkeit, dessen andere Seite seine Gnade und Verheißungstreue sind. Erst von hier aus wird als gerecht dann auch ein vom Menschen erwartetes Verhalten bezeichnet; es ist durch Treue gegenüber dem Gesetz (der *Tora)* und gerade so als angemessene Antwort auf die Verheißungstreue Jahwes charakterisiert. Ob damit das Handeln Gottes oder das Verhalten von Menschen bezeichnet wird: in jedem Fall erweist sich die Gerechtigkeit als der Grund, als die Wurzel gelingenden gemeinsamen Lebens, als Grund und Wurzel des Schalom.

Das neutestamentliche Verständnis von Versöhnung schließt sich daran an. Das Neue Testament identifiziert Christus eben darum mit dem Frieden, weil den Menschen durch ihn die Gerechtigkeit Gottes zugesagt wird und weil sie durch ihn in den Machtbereich der Gerechtigkeit Gottes hineingezogen werden. Als Person ist er das Unterpfand derjenigen göttlichen Verheißungstreue, die als Gerechtigkeit bezeichnet wird. Und erneut entspricht ihr ein menschliches Verhalten, das in der Bergpredigt die "bessere" bzw. "größere Gerechtigkeit" heißt (Matthäus 5,20). Die prophetische Aussage, der Friede sei die Frucht der Gerechtigkeit, findet also im Neuen Testament ihre Entsprechung.

Demgegenüber ist uns in der griechisch-römischen Tradition eine Konzeption begegnet, die den Frieden der Gerechtigkeit voranstellt. Die herrschaftliche Ordnung der *pax* ist durch die römische Zentralmacht herzustellen und zu gewährleisten. Gerechtigkeit aber ist diejenige Verhaltensform der Untertanen des römischen Reichs, durch die sie sich der vorgegebenen Herrschaftsordnung einfügen und unterordnen.

Das Begriffspaar *pax et iustitia* bildet eine entscheidende Grundformel für die christliche Ethik des Politischen. Ob sie dabei im römischen Sinn verstanden oder unter dem Einfluß der biblischen Überlieferung umgewandelt wurde, bedarf genauerer Prüfung.

LITERATUR: Zur Formel "pax et iustitia" vgl. insbesondere: *H. Hattenhauer,* Pax et iustitia. Berichte aus den Sitzungen der Joachim-Jungius-Gesellschaft der Wissenschaften 1, 1983/84, Heft 3, Hamburg 1983 - *Th. Strohm,* Justitia et Pax - Erwägungen zu einer Grundformel politischer Ethik, in: Zeitschrift für Evangelische Ethik 16, 1972, 193-207. - Als Überblicksdarstellungen zur Entwicklung des europäischen Friedensverständnisses - jeweils mit weiteren Literaturangaben: *F. Dickmann,* Friedensrecht und Friedenssicherung, Göttingen 1971 - *I. Fetscher,* Modelle der Friedenssicherung, München 1972 - *I. Fetscher/H. Münkler,* Pipers Handbuch der politischen Ideen, Bd. 1ff, München 1984ff - *H. Gollwitzer,* Geschichte des weltpolitischen Denkens, 2 Bde., Göttingen 1972/1982 - *W. G. Grewe,* Epochen der Völkerrechtsgeschichte, Baden-Baden 1984 - *W. Huber,* Frieden V. Kirchengeschichtlich und ethisch, in: Theologische Realenzyklopädie 11, Berlin/New York 1983, 618-646 - *W. Janssen,* Krieg und Frieden in der Geschichte des europäischen Denkens, in: W. Huber/J. Schwerdtfeger (Hg.), Kirche zwischen Krieg und Frieden, Stuttgart 1976, 67-129 - *W. Janssen,* Friede, in: Geschichtliche Grundbegriffe 2, Stuttgart 1975, 543-592 - *W. Janssen,* Krieg, ebd. 3, Stuttgart 1982, 567-616 - *H. E. Tödt,* Theologie und Völkerrecht. Eine Prüfung gemeinsamer historischer und gegenwärtiger Probleme angesichts der Mitverantwortung für den Weltfrieden, in: G. Picht/C. Eisenbart (Hg.), Frieden und Völkerrecht, Stuttgart 1973, 13-169.

### *2.1. Das höchste Gut des Friedens*

Die Staatsdistanz der frühen christlichen Gemeinden verband sich keineswegs mit Gleichgültigkeit gegenüber dem irdischen Frieden. Vielmehr finden sich schon in den ersten christlichen Jahrhunderten höchst charakteristische und folgenreiche Friedenskonzeptionen, denen wir uns im ersten Schritt der folgenden Überlegungen zuwenden wollen (a). Doch erst mit der Konstantinischen Wende steht die Christenheit unausweichlich vor der Frage, in welchem Verhältnis ihre Friedensverheißung zur Faktizität politischer Machtkonflikte steht. Augustin gilt zu Recht als derjenige Autor, der in dieser Konstellation die langfristig wirksamste friedensethische Konzeption entworfen hat (b).

#### a) Die Gabe des Friedens und der Verzicht auf Gewalt

Den frühen christlichen Gemeinden blieb die Spannung zwischen dem in ihrem Glauben enthaltenen Friedensverständnis und dem politischen Friedenskonzept ihrer Umwelt nicht verborgen. Die Schärfe dieses Widerspruchs wurde allein dadurch gemildert, daß die

Christen zur unmittelbaren politischen Mitwirkung weder Gelegenheit noch Anlaß hatten. Für die frühe Kirche steht deshalb die Frage nach dem Geschehen in der außerchristlichen Welt zunächst nicht im Vordergrund; sie fragt zunächst nicht nach der Umgestaltung politischer Ordnungen, die ihrem unmittelbaren Einfluß ohnehin entzogen sind. Frieden meint in den ersten christlichen Jahrhunderten vor allem anderen das endzeitliche und endgültige Heilsgut, auf welches das christliche Leben ausgerichtet ist. Alles Reden über den Frieden und alles Handeln im Namen des Friedens ist von hier aus bestimmt. Geprägt ist hierdurch insbesondere die Bedeutung von Friedensgruß und Friedenskuß in der christlichen Liturgie: in ihnen wird der in Christus zugleich empfangene und verheißene Frieden weitergegeben.

Dieser eschatologisch bestimmte Frieden wird als Maßstab für das Zusammenleben in der christlichen Gemeinde verstanden. Schon um die Wende vom ersten zum zweiten Jahrhundert gibt der erste Clemensbrief dem auf eindringliche Weise Ausdruck, wenn er die innergemeindlichen Verhältnisse in Korinth am Maßstab des Friedens mißt und die Pflicht zum innerkirchlichen Frieden in den Vordergrund all seiner Ermahnungen rückt. Doch darüber hinaus deutet sich schon in frühen Texten die Einsicht an, daß die Zusage des Friedens, der den Glaubenden in Christus begegnet, Folgen für ihre Stellung in und ihr Verhalten gegenüber der politischen Welt nach sich zieht. Dazu nötigt schon die Gewißheit, daß im Auftreten Jesu und in der Lebenspraxis seiner Jünger die Friedensverheißungen der alttestamentlichen Propheten zur Erfüllung kommen. Diese Gewißheit verhindert jede Einschränkung des christlich verstandenen Friedens auf den innergemeindlichen Bereich. Der Zusammenhang zwischen dem Frieden der Kirche und dem Frieden des Staates wird schon sehr früh betont.

Daß Frömmigkeit und Gewaltverzicht, Nächstenliebe und die Friedenshoffnung des Glaubens in der christlichen Gemeinde selbst herrschen, bildet deren entscheidenden Beitrag zum politischen Frieden: mit diesem Argument versuchen christliche Schriftsteller des zweiten und dritten Jahrhunderts den Vorwurf zu entkräften, das Christentum verhalte sich zum Frieden des römischen Reichs gleichgültig, ja sogar subversiv. Solchen Vorwürfen treten diese Schriftsteller mit dem Hinweis auf die Friedensbedeutung Christi entgegen. In ihm - so erklärt etwa *Tertullian* zu Beginn des dritten Jahrhunderts - ist die alte Gewohnheit des Krieges durch das neue Gesetz der Sanftmut abgelöst und überwunden. Denn Christus ist nicht ein Kriegsgewaltiger, sondern ein Friedensbringer; in ihm erfüllen sich die Friedensverheißungen der alttestamentlichen Propheten (Adv. Iud. 3; Adv. Marc. III, 21).

Schon vor der Konstantinischen Wende bahnt sich also eine Konzeption an, die das Verständnis des Friedens als Heilsgut, die innerkirchliche Friedensaufgabe und den politischen Frieden zueinander in ein konstruktives Verhältnis setzt. Dabei unterstreicht Tertullian den Unterschied, ja den Gegensatz zwischen der Ordnung Christi und der Ordnung des Staats, zwischen Christentum und Kriegsdienst, zwischen Taufgelübde und Fahneneid; andere Autoren dagegen betonen schon früh das positive Verhältnis der Christen zur politischen Ordnung des römischen Reichs, das insbesondere im Gebet für den Kaiser zum Ausdruck komme. Diese zweite Gruppe, zu der im zweiten Jahrhundert vor allem *Justin,* im dritten *Origenes* zählt, setzt den Frieden Christi und die Wirklichkeit des römischen Weltreichs nicht einfach antithetisch gegeneinander. Obwohl der Kaiserkult und die Verfolgung der Christen durch die römische Staatsgewalt auf der einen Seite, prinzipieller Gewaltverzicht und die Ablehnung des Kriegsdienstes durch die Christen auf der anderen Seite eine solche schroffe Antithese durchaus hätten nahelegen können, anerkennt schon ein Teil der vorkonstantinischen christlichen Autoren die Friedensaufgabe der politischen Gewalten. Und zugleich empfehlen sie dem Staat, die Christen als gute Verbündete bei der Erfüllung dieser Aufgabe anzusehen (Justin, Apol. I, 12).

Doch an dem Grundsatz, daß das Bekenntnis zum christlichen Glauben und der Kriegsdienst im Heer des römischen Kaisers unvereinbar sind, ändert die Anerkennung der politischen Gewalten in ihrer Friedensfunktion nichts. Der Hauptgrund für diese Ablehnung des Kriegsdienstes liegt nicht in der - im übrigen bereits verblassenden - Erwartung einer nahe bevorstehenden Wiederkunft Christi; er liegt auch nicht in einer generellen Ablehnung des die Christen verfolgenden römischen Reichs; er liegt ebenso wenig in der Befürchtung, die Christen könnten im Kriegsdienst zum Kaiserkult und zu anderen Formen des Götzendienstes verleitet oder gezwungen werden. Solche Motive spielen ohne Zweifel eine Rolle; doch die entscheidende Begründung für die Kriegsdienstverweigerung der frühen Christen liegt in der Überzeugung, daß das Töten eines anderen Menschen und deshalb auch die Beteiligung am Krieg mit dem Liebesgebot unvereinbar ist. Die Gebote der Nächsten- und der Feindesliebe, so erklärt die vorkonstantinische Christenheit, schließen jede Gewalttat gegenüber einem anderen Menschen aus. "Die Christen sind Friedensstifter und halten sich an die Gebote der Bergpredigt. Sie sind bereit, zum Zeugnis ihrer Wahrheit zu leiden und zu sterben; aber sie morden nicht mehr. Die militärischen Forderungen der Tapferkeit, der Mäßigkeit und des Gehorsams werden von ihnen nur im bildlichen Sinne in einem Kampfe geübt, bei dem Gott selber den Oberbefehl führt; sie sind zu 'geistlichen' Tugenden geworden" (v. Campenhausen 205).

b) Die Gabe des Friedens und das Ziel des Friedens

Die frühen Christen beschränken sich darauf, "ein Heer der Frömmigkeit" zu bilden, "das dem Kaiser dadurch bessere Dienste leistet als alle sichtbaren Soldaten" (Origenes, Contra Celsum VIII, 73). Doch diese Enthaltsamkeit gegenüber der militärischen Gewalt läßt sich nur solange aufrechterhalten, als die Christen eine Minderheit im römischen Imperium bilden. Sobald der christliche Glaube staatliche Anerkennung gefunden hat, legen die politischen Gewalten Wert darauf, daß die Mitglieder des "Heers der Frömmigkeit" auch im Heer des Kaisers Dienst tun. Und die Generäle jenes "Heers der Frömmigkeit", die Bischöfe, signalisieren auch mit staunenswerter Geschwindigkeit ihre Bereitschaft, sich auf die neue Lage einzustellen. Im Oktober 312 wird Konstantin durch den Sieg an der Milvischen Brücke zum Herrn über Italien und Afrika; im Februar 313 wird den Christen durch das Mailänder Edikt volle religiöse Freiheit zuerkannt. Bereits im Sommer 314 erlaubt die Synode von Arles nicht nur den Kriegsdienst von Christen, sondern erklärt ihn zur Pflicht. Sie stellt die Desertion in Friedenszeiten unter die Strafe des Ausschlusses von den Sakramenten. Dramatischer kann sich ein Einschnitt in der politischen Ethik kaum ankündigen. Was gerade noch als einzige politische Möglichkeit galt, wird nun mit der Strafe der Exkommunikation bedroht. Dieser weltgeschichtliche Umschwung findet in der Reichstheologie des Euseb von Caesarea (260/65-339) eine erste, in dem geschichtstheologischen Entwurf Augustins (354-430) eine zweite umfassende Interpretation.

Jeder große geschichtstheologische Entwurf ist eine Antwort auf die geschichtliche Stunde seiner Entstehung. Doch von keinem Entwurf gilt dies mehr als von *Augustins* Riesenwerk *De civitate Dei.* Es bildet eine in nahezu fünfzehnjähriger Arbeit niedergelegte Antwort auf die große Krise der Reichstheologie, die durch den Fall Roms im Jahr 410 ausgelöst wurde. Schon der Fall der Hauptstadt als solcher, aber vielleicht mehr noch die pietätlose Plünderung Roms durch Alarichs Truppen rief unter den traditionsbewußten römischen Familien, von denen manche schon bald in Afrika Zuflucht suchten, empörten Protest hervor: einen Protest, der sich bald schon auf jenen christlichen Glauben selbst bezog, der doch erst kurz zuvor an die Stelle der überlieferten römischen Staatsreligion getreten war. Die Folgerung aus der epochalen Katastrophe mußte heißen, daß Roms

Größe an die überlieferte Staatsreligion gebunden und daß sein Niedergang unausweichlich war, nachdem es von Konstantin und seinen Nachfolgern dem neuen Glauben der Christen ausgeliefert wurde.

In seiner nordafrikanischen Heimat sah Augustin sich plötzlich mit solchen Klagen römischer Exulanten konfrontiert. Er antwortete darauf nicht mit einer Gelegenheitsschrift, sondern mit einer großangelegten systematischen Rechenschaft. Seinen Entwurf hier im ganzen zu schildern, ist ebenso unmöglich wie die Kontroversen nachzuzeichnen, die sich an ihn knüpfen. Wir konzentrieren uns auf die drei Fragen, unter denen wir schon die vorkonstantinische Konstellation der christlichen Friedensethik betrachtet haben: die Frage nach dem Begriff des Friedens, nach den politischen Mitteln des Friedens und nach der Friedensaufgabe der Kirche. Zu deren Beantwortung greifen wir gelegentlich auch auf Äußerungen Augustins außerhalb von *De civitate Dei* zurück.

*1. Der Begriff des Friedens.* Augustins gesamte Argumentation zielt darauf, die Vorwürfe der durch Roms Fall empörten Gegner des Christentums dadurch zu entkräften, daß er Stücke des römischen Erbes in christliches Denken integriert. Als Leitfaden wählt er die Gegenüberstellung zweier Herrschaftsverbände: der Bürgerschaft Gottes und der irdischen Bürgerschaft, der *civitas Dei* und der *civitas terrena.* Das Gegeneinander dieser beiden Personenverbände verfolgt er durch vier geschichtliche Stufen des Menschengeschlechts: von der Schöpfung bis zum Gesetz des Mose, unter dem Gesetz, unter der Gnade und schließlich im vollkommenen und ewigen Frieden. *Pax,* Frieden meint also zunächst jene vollkommene künftige Ruhe, in der alle Kämpfe dieses Zeitalters an ihr Ende kommen werden. Von diesem Ziel her gewinnt der Gegensatz der beiden Personenverbände überhaupt erst seinen Sinn. "Die beiden Menschengruppen unterscheiden sich danach, ob sie ihre Liebe auf Gott richten und darum jetzt aus seiner Gnade und im zukünftigen ewigen Frieden aus seiner Erfüllung leben, oder ob sie ihre Liebe auf sich selbst und Irdisches, also auf Geschaffenes richten und entsprechend aus sich und in der Illusion leben, in dieser Weltzeit die letzte Vollendung finden zu können" (Duchrow 268).

Die klassische Frage nach dem höchsten Gut beantwortet Augustin also damit, daß er auf den vollkommenen Frieden der Gottesherrschaft verweist. Einleuchtend kann er diese Antwort deshalb machen, weil die Sehnsucht nach diesem Frieden in erkennbarer Weise auch schon das irdische Leben der Menschen bestimmt.

"Hienieden heißt man uns zwar auch glückselig, wenn wir Frieden in dem bescheidenen Maß besitzen, wie er hier bei guter Lebensführung besessen werden kann. Aber diese Glückseligkeit ist verglichen mit jener, die wir endgültig nennen, nichts als Elend" (De civ. Dei XIX, 10).

Zwei Auskünfte kann man diesen knappen Sätzen entnehmen, für die sich vielfältige Belege hinzufügen ließen. Die eine Auskunft heißt: In Analogie zum vollkommenen Frieden als Ziel der Geschichte im ganzen bildet der irdische Frieden in der menschlichen Geschichtszeit das Ziel der persönlichen Lebensführung wie des politischen Handelns; nicht nur für das ewige Leben, sondern schon in den irdischen Verhältnissen ist der Frieden das entscheidende Ziel. Und die andere Auskunft besagt: Dieses Ziel ist unter den Bedingungen geschichtlichen Lebens nur in begrenzter, armseliger, ja in "elender" Form erreichbar.

Beide Auskünfte ergeben sich zwingend aus dem augustinischen Grundgedanken. Die beiden Menschengruppen der *civitas Dei* und der *civitas terrena* (oder: *diaboli)* sind zwar nach ihrem entscheidenden Merkmal klar voneinander geschieden: die eine richtet ihre Liebe auf Gott und das ewige Leben, die andere auf die Erde und das zeitliche Leben. Doch solange diese Weltzeit dauert, durchdringen sich beide Gruppen. Das hat unmittelbare Auswirkungen nicht nur für das politische Gemeinwesen, sondern auch für die Kirche. Denn es bildet den Grund dafür, daß die Kirche in ihrer geschichtlichen Existenz immer ein *corpus permixtum,* ein durchmischter Sozialkörper sein und bleiben wird, dem neben den Gläubigen auch Ungläubige angehören. Für das politische Gemeinwesen ist eine durchaus vergleichbare Folgerung zu ziehen. Sie heißt, daß die Glieder der *civitas Dei* in dieser Weltzeit darauf angewiesen sind, in der Ordnung des irdischen Lebens mit den Gliedern der *civitas terrena seu diaboli* zusammenzuarbeiten. Der so erreichbare Frieden aber kann nur eine "elende" Gestalt haben.

Angesichts der unausweichlichen Zweideutigkeit geschichtlicher Existenz bleibt es jedoch bemerkenswert, mit welcher Entschlossenheit Augustin den Frieden zur obersten Aufgabe des politischen Gemeinwesens erklärt. Er begründet dies von einem Begriff des Friedens aus, der diesen konsequent als Heilsgut, nämlich als Inhalt der eschatologischen Hoffnung versteht. In der politischen Friedensaufgabe sieht er eine zeitlich-irdische Entsprechung zu der eschatologischen Verheißung. Nicht als "höchstes Gut", wohl aber als "Gut" sollen die Christen deshalb den irdischen Frieden verstehen, schützen und fördern (De civ. Dei XIX, 12-17). Damit hat Augustin, um einen modernen Ausdruck zu gebrauchen, einen "Staatszweck" gefunden, mit dem er auch seine nicht-christlichen Leser und Widersacher überzeugen kann. Ihre Friedenssehnsucht, die sich durch den grausigen Sturz Roms erneuert oder verstärkt hat, ist besser begründet, als sie bisher wußten; sie hat im gottgewollten Ziel der Geschichte selbst ihren Grund. Doch gültig ist diese Aufgabe unabhängig davon, ob die Inhaber der staatlichen Gewalt sich ihrer wahren Begründung bewußt sind oder nicht. Darin liegt Augustins entscheidender Beitrag zur Entwicklung der politischen Theorie: Nicht nur für den "christlichen", sondern auch für den gottlosesten Staat behauptet er, daß sein Zweck nicht einfach in Machterwerb und Machterhalt, nicht in der gewaltsamen "Befriedung" anderer Völker, sondern in einer Form des Friedens liegt, die eine wirkliche Antwort auf die Friedenssehnsucht der Menschen darstellt. Von einer reinen Machttheorie der Politik nimmt Augustin damit Abschied; er führt den Frieden als kritischen Maßstab in die Politik ein. Die Gleichsetzung von Frieden und Herrschaft läßt er hinter sich. Des Abstands von der klassischen römischen Tradition ist er sich dabei durchaus bewußt.

Umso wichtiger ist es ihm, bei der inhaltlichen Füllung des politischen Friedensbegriffs nach Möglichkeit Anschluß an die Tradition zu gewinnen. Dies gelingt ihm, indem er den politischen Frieden in klassischer Begrifflichkeit als *ordinata concordia,* als geordnete Eintracht bestimmt. Die innere Seite dieses politischen Friedens aber ist die Gerechtigkeit, in der jeder bereit ist, dem andern das Seine zu geben. Der römisch-rechtliche Begriff der distributiven Gerechtigkeit wird also in einen Friedensbegriff eingezeichnet, der die Harmonievorstellung der Tradition in sich aufnimmt.

Eine weitere Verbindung mit der Tradition erreicht Augustin dadurch, daß er eine "Friedenstafel" verwendet, die er nach dem aristotelisch-stoischen Schema der Lebens- und Gesellschaftsstufen aufbaut. Vom einzelnen Körper bis zur vollendeten himmlischen Bürgerschaft und dem gemeinsamen Frieden aller Dinge reicht diese Tafel:

"So besteht denn der Friede eines Körpers in dem geordneten Verhältnis seiner Teile, der Friede einer vernunftlosen Seele in der geordneten Übereinstimmung von Denken und Handeln, der Friede zwischen Leib und Seele in dem geordneten Leben und Wohlbefinden des beseelten Wesens, der Friede zwischen dem sterblichen Menschen und Gott in dem geordneten gläubigen Gehorsam gegen das ewige Gesetz, der Friede unter Menschen in der geordneten Eintracht, der Friede des Hauses in der geordneten Eintracht der Hausbewohner im Befehlen und Gehorchen, der Friede des Staates in der geordneten Eintracht der Bürger im Befehlen und Gehorchen, der Friede des himmlischen Staates in der bestgeordneten, einträchtigsten Gemeinschaft des Gottesgenusses und des gegenseitigen Genusses in Gott, der Friede aller Dinge in der Ruhe der Ordnung. Ordnung aber ist die Verteilung gleicher und ungleicher Dinge, die jedem den gebührenden Platz anweist" (De civ. Dei XIX, 13).

Eindrucksvoll ist an dieser Tafel, wie sie alle Relationen menschlichen Lebens an den Begriff des Friedens bindet. Ermüdend ist an ihr die Eintönigkeit, mit der sie das Verständnis des Friedens als *tranquillitas ordinis* oder *ordinata concordia* einschärft. Aber in dieser Penetranz scheint Absicht zu stecken: Augustin integriert die römische Begrifflichkeit in eine Geschichtskonzeption christlicher Herkunft. Mit den begrifflichen Mitteln der *pax Romana* will er den Abschied von ihr vollziehen. Das Verhältnis von Frieden und Gerechtigkeit bestimmt er im Sinn der römischen Tradition. Doch zugleich vollzieht er den Abschied von einer Form der politischen Theorie, die Frieden und Herrschaft gleichsetzte und deshalb Machterweiterung um ihrer selbst willen rechtfertigen konnte. Augustin versucht zum ersten Mal, die Mittel der christlichen Theologie für ein kritisches Begreifen der politischen Macht, für eine kritische Theorie der Macht also, fruchtbar zu machen. Darin liegt die epochale Bedeutung seines Entwurfs nicht nur für die theologische, sondern auch für die philosophische Ethik des Politischen.

*2. Die Mittel des Friedens.* Die Frage nach dem Verhältnis von Frieden und Gerechtigkeit stellt sich im Rahmen dieses Entwurfs noch in einer besonderen Zuspitzung. Wer nach den Aufgaben staatlicher Macht fragt, kann sich dem Problem staatlicher Gewaltanwendung nicht entziehen. Es entspricht dem historischen Ort Augustins ein Jahrhundert nach der Konstantinischen Wende, daß er sich als erster christlicher Theologe genötigt sieht, dem Kompromiß zwischen dem an der Gewaltfreiheit orientierten politischen Ethos der frühen Christenheit und der Teilnahme der Christen an der Ausübung politischer Macht unter Einschluß militärischer Gewaltmittel systematische Gestalt zu geben.

Auch diesen Kompromiß formuliert er unter produktiver Aufnahme der vorchristlichen Tradition. Er übernimmt nämlich die schon von Platon vertretene These, daß allein das Ziel des Friedens die Beteiligung an kriegerischer Gewalt zu legitimieren vermag. Mit dem Vorrang der Friedensaufgabe also steht und fällt der von Augustin zuerst unternommene Versuch, im Rahmen einer christlichen Ethik des Politischen jene Bedingungen zu formulieren, unter denen die Beteiligung von Christen an der Ausübung militärischer Gewalt gerechtfertigt werden kann. "Der Krieg wird geführt", so erklärt Augustin in aller Schärfe, "damit der Friede errungen wird; sei deshalb auch, wenn du Krieg führst, ein Friedensstifter" ("*bellum geritur, ut pax adquiratur, esto ergo etiam bellando pacificus*", ep. 189, 6).

Die Unterwerfung des Kriegs unter das Ziel des Friedens erläutert Augustin mit Argumenten, die er, teilweise auch in Form des wörtlichen Zitats, von Cicero übernimmt. Cicero selbst baut auf der römischen Auffassung des Kriegs als Rechtsakt auf. Daß erlittenes Unrecht zu vergelten ist, daß andere Abhilfe nicht zur Verfügung steht und daß der Krieg in kultischer Form durch das Priesterkollegium der Fetialen erklärt wird: darin liegen entscheidende Voraussetzungen für die Auffassung des Kriegs als Rechtsakt. Diese Tradition eröffnet einen "diskriminierenden" Kriegsbegriff, nach dem sich die beiden Kriegsparteien nicht etwa als gleichberechtigte Gegner, sondern wie Richter und Straffälliger gegenüberstehen. Die gesamte, durch Augustin bestimmte Tradition setzt einen solchen diskriminierenden Kriegsbegriff voraus. Die augustinische und nachaugustinische Fassung der Lehre vom gerechten Krieg ist an diesen diskriminierenden Kriegsbegriff gebunden. Erst zu Beginn der Neuzeit tritt ein "nichtdiskriminierender" Kriegsbegriff an seine Stelle, innerhalb dessen der Begriff des "gerechten Feindes" gedacht werden kann. Die Kriegsgegner stehen nun auf der gleichen Stufe; entsprechend ändern sich Funktion und Inhalt der Lehre vom gerechten Krieg.

Im Anschluß an Cicero stellt Augustin fest, daß nur der Bestand des eigenen Staates und die Treue gegenüber Verbündeten einen Krieg zu rechtfertigen vermögen. Entscheidend für das Recht zur Kriegführung ist die Bedingung eines gerechten Grundes; nur die Störung des Friedens kann den Krieg rechtfertigen. Mit der Aufgabe, diesen gestörten Frieden wiederherzustellen, sind grausame Einstellungen und Verhaltensweisen - wie die Lust zu schaden, Rachgier, Unversöhnlichkeit, Vergeltungswut und Eroberungssucht - unvereinbar (Contra Faustum XXII, 74).Neben die *causa iusta* tritt damit als zweites Kriterium die *recta intentio*. Schließlich nennt Augustin noch eine weitere Bedingung, die in der späteren Geschichte der Lehre vom gerechten Krieg eine herausragende Bedeutung gewinnen sollte, die Bedingung nämlich, daß nur die staatliche Obrigkeit zur Kriegführung legitimiert ist.

"Die natürliche Ordnung, die den Frieden unter den Sterblichen will, verlangt, daß die Entscheidung und die Befugnis zur Kriegserklärung bei den Lenkern der Staaten liegt" (Contra Faustum XXII, 75).

Daß nur die *legitima potestas* einen gerechten Krieg zu führen vermag, ist in der späteren Entwicklung unter immer neuer Berufung auf Augustin zum Grundsatz der politischen Ethik wie des Völkerrechts geworden. Daß dieser Grundsatz alle anderen Kriterien des gerechten Kriegs an Durchschlagskraft in den Schatten stellen konnte, wird uns noch besonders beschäftigen. Dieser Wandel setzt den Übergang vom diskriminierenden zum nichtdiskriminierenden Kriegsbegriff voraus. Für Augustin aber steht unter den Kriterien des gerechten Kriegs noch nicht die *legitima potestas*, sondern die *causa iusta* im Vordergrund. Die einseitige Orientierung am Kriegführungsrecht der legitimen Obrigkeit mußte in der späteren Entwicklung umso zwiespältigere Wirkungen haben, je weniger der Vorbehalt in Erinnerung blieb, mit dem Augustin jede Kriegführung versah. Auch der gerechte Krieg ist für ihn "harte Notwendigkeit" ("*dira necessitas*"; De civ. Dei IV, 15). Daß das Recht in diesem Fall nur mit Gewalt durchgesetzt werden kann, empfand er als bedrückendes Geschick. Auf die Freiheit von dieser Notwendigkeit richtete sich seine Hoffnung.

*3. Die Kirche als Ort des Friedens.* Mit schwer überbietbarer Intensität hat Augustin die Kirche als den Ort und den Gottesdienst als das Geschehen des Friedens verstanden. Der gottesdienstliche Friedenskuß ist ihm nicht nur das Symbol, sondern das Sakrament des Friedens: "Friede sei mit euch. Ein großes Sakrament ist der Friedenskuß" ("*Pax vobiscum. Magnum sacramentum osculum pacis*"; Miscellanea Agostiniana. Testi e Studi I. Sermones post Maurinos reperti, Rom 1930, 31). Das Sakrament des Friedenskusses geht dem Sakrament der Eucharistie unmittelbar voraus. Durch den Kuß wird nach einer Auffassung, die sich gemäß der altkirchlichen Exegese bis in die neutestamentlichen Schriften (z.B. Johannes 20,22) zurückverfolgen läßt, der Geist weitergegeben: der Atem, der im Kuß vom einen zum anderen Menschen weitergeht, ist der Geist der Einheit und des Friedens. Der heilige Kuß, so sagt in der Epoche Augustins auch Johannes Chrysostomos, vereinigt die Menschen und schafft den Leib Christi (Homilia 44 in I. Cor., in: Patrol. Graeca 61, 376). In der späteren Entwicklung des christlichen Gottesdienstes ist der Friedenskuß nur noch ein schwacher und flüchtiger Abglanz dessen, was die alte Kirche mit ihm verband. Für sie ist der Friedenskuß das Sakrament, das Unterpfand der Einheit, die den Frieden mit Gott wie den Frieden unter den Menschen zugleich umfaßt. Nur deshalb kann Augustin auch seine eigene Gottesbeziehung in der Metaphorik des Kusses beschreiben: "Du rührtest mich an, und ich entbrannte in deinem Frieden(skuß)" ("*Tetigisti me et exarsi in pacem tuam*"; Confessiones X, 27).

Der Hinweis auf die Bedeutung des Friedenskusses kann deutlich machen: was wir in moderner Ausdrucksweise die Friedensaufgabe der Kirche nennen, hat bei Augustin seinen Ort im Gottesdienst. Nicht um die Erfüllung ethischer Friedenspflichten geht es zuerst, sondern um die Wahrnehmung des Geistes, in dem die Gemeinde den Frieden empfängt und weitergibt.

Vergleichen wir Augustins Entwurf abschließend mit der vorkonstantinischen Tradition, so läßt sich in der Zuspitzung, zu der solche Vergleiche zwingen, folgendes feststellen: Verbunden ist Augustin mit der Tradition der drei ersten christlichen Jahrhunderte darin, daß er Frieden vorrangig als Heilsgut versteht. Frieden ist ihm der Inbegriff der christlichen Hoffnung und zugleich die zusammenfassende Beschreibung des Verhältnisses zwischen Gott und den Menschen. Über diese Tradition hinaus geht Augustin in dem Entwurf einer Lehre vom zeitlichen Frieden, den er als Aufgabe aller Lebensstufen, insbesondere aber als Aufgabe der politischen Gewalt versteht.

Damit gewinnt die politische Ethik eine eigenständige Bedeutung in der christlichen Theologie. In den ersten christlichen Jahrhunderten begegnet uns politische Ethik in aller Regel als eine Funktion des Kirchenverständnisses: im Zusammenleben der christlichen Gemeinde selbst erfüllt sich ihre Bedeutung für das politische Gemeinwesen. Augustin hält an dem Verständnis des Gottesdienstes als Ereignis des Friedens fest; doch zugleich nimmt er die Konstantinische Wende in die theologische Reflexion auf. Er fragt nach denjenigen Kriterien politischen Handelns, über die zwischen Christen und Nichtchristen eine Verständigung möglich sein muß. Und er sieht sich zu einer Rechtfertigung für die Rolle der Kirche angesichts der großen politischen, ja weltgeschichtlichen Fragen herausgefordert, die durch den Fall Roms im Jahr 410 aufgeworfen wurden. Für ihn ist die Kirche in die Mitverantwortung für den politischen Frieden eingetreten; den Widersprüchen, die das Verhältnis von Frieden und Gewalt auszuhalten aufgibt, kann sie sich nicht entziehen. Eben deshalb ist für Augustin die politische Ethik weit mehr als ein Nebenthema des Kirchenverständnisses; sie ist ein unausweichliches, eigenständiges Thema theologischen Nachdenkens.

Seit Augustin hat die christliche Theologie sich in ihren reflektierten Gestalten immer wieder eingestanden, daß ihr eine Rückkehr in vorkonstantinische Bedingungen verschlossen ist. Keine Kritik am Kartell der Kirche mit der politischen Macht kann jene Entwicklung rückgängig machen, durch welche die politische Verantwortung und damit die politische Ethik für die Theologie zu eigenständigen Themen kritischer Reflexion wurden. Es waren übrigens zwei kriegerische Ereignisse, die zusammen den ersten Entwurf einer solchen politischen Ethik provoziert haben: Konstantins Sieg über Maxentius an der Milvischen Brücke im Jahr 312 und der Sturm von Alarichs Goten auf Rom im Jahr 410.

LITERATUR: *R. H. Bainton*, Christian Attitudes toward War and Peace, New York/Nashville 1960 - *H. v. Campenhausen*, Der Kriegsdienst der Christen in der Kirche des Altertums, in: Ders., Tradition und Leben, Tübingen 1960, 203-215 - *H. v. Campenhausen*, Augustin und der Fall von Rom, ebd., 253-271 - *U. Duchrow*, Christenheit und Weltverantwortung. Traditionsgeschichte und systematische Struktur der Zweireichelehre, Stuttgart 1970 - *H. Fuchs*, Augustin und der antike Friedensgedanke, 2. Aufl. Berlin/Zürich 1965 - *A. v. Harnack*, Militia Christi. Die christliche Religion und der Soldatenstand in den ersten drei Jahrhunderten, Tübingen 1905 - *J.-M. Hornus*, Politische Entscheidung in der Alten Kirche, München 1963 - J. *A. Jungmann*, Missarum Sollemnia, 4. Aufl. Freiburg 1958 - *J. Laufs*, Der Friedensgedanke bei Augustinus, Wiesbaden 1973 - F. *G. Maier*, Augustin und das antike Rom, Stuttgart 1955 - *E. Osborn*, Ethical Patterns in Early Christian Thought, Cambridge 1976 (franz.: La morale dans la pensée chrétienne primitive, Paris 1984) - *N. J. Perella*, The Kiss Sacred and Profane. An Interpretative History of Kiss Symbolism and Related Religio-Erotic Themes, Berkeley/Los Angeles 1969.

### *2.2. Der Sonderfrieden*

Unter dem Titel des "Sonderfriedens" wollen wir einen besonders charakteristischen Zug am Friedensverständnis des Mittelalters betrachten. Denn viele Anstrengungen dieser Epoche waren darauf gerichtet, das Überhandnehmen der Gewalt durch besondere Zeiten und Zonen der Waffenruhe einzudämmen. Dem dienten vor allem die Institutionen des Gottesfriedens (b) und des Landfriedens (c). Die entscheidende Voraussetzung für die Ausbildung derartiger Sonderfrieden ist darin zu suchen, daß für die mittelalterliche Welt die Fehde den wichtigsten Gegenbegriff zum Frieden bildet (a).

a) Frieden und Fehde

Eine wilde Welt, eine Welt in den Fängen des Hungers: so beschreiben Historiker das Abendland im Jahre 1000, an der Wende vom ersten zum zweiten Jahrtausend christlicher Zeitrechnung. Jahrhundertelang war das Gebiet des früheren weströmischen Reichs von der Ruhelosigkeit umherziehender Völker erschüttert worden. Jeden Ansatz einer dauerhaften Ordnung hatten diese Wanderungen schon bald wieder zerstört. Selbst Karl dem Großen war es zu Beginn des 9. Jahrhunderts nur vorübergehend gelungen, dem von ihm beherrschten Reich einen tragfähigen Frieden zu geben. Bald schon zerfiel die Zentralmacht des Reichs wieder. Und von den Grenzen drangen aufs neue plündernde Banden ein und raubten das Wenige, was die Menschen besaßen. Dünn war die Besiedlung, zwischen Brachland und Sümpfen mußte man die verstreuten Weiler suchen mit ihren Wohnstätten aus Stein, Lehm oder Zweigwerk. Was man Städte nennen möchte, waren großteils nur die verbliebenen Ruinen vergangener römischer Pracht.

Das Abendland war eine schwach besiedelte und doch vom Hunger gepeinigte Welt. Wenn die Ernte eines Jahres für Brot bis Ostern des nächsten reichte, hatten die Bauern schon allen Grund, zufrieden zu sein. Doch wenn Stürme die Ernten zu Boden gedrückt und Regenfälle die Äcker durchtränkt hatten, dann steigerte sich der Mangel oft zur Hungersnot. In der Verzweiflung, so behaupten die Chronisten, nahmen die Hungernden sogar zu Mord und Kannibalismus ihre Zuflucht. "Die Leute - so wird berichtet - verfolgten sich untereinander, um sich gegenseitig zu verschlingen, und viele schnitten ihresgleichen die Kehle durch, um sich von Menschenfleisch zu nähren, wie die Wölfe" (Duby 12).

Mit der Jahrtausendwende scheint die schrecklichste Not der Vergangenheit anzugehören. Die Zeit des Hungers und der Plünderungen ist, zumindest für den Adel, die Geistlichen und die Mönche vorbei. Wenigstens die schmale Oberschicht hat nun ihr Auskommen. Doch die Bauern, die Leibeigenen zumal, leben weiterhin abhängig, bis zum Äußersten ihrer Kräfte angespannt, oft weiterhin vom Hunger geplagt. Grund und Boden bleiben in den Händen weniger Familien, die zugleich über die Rechtsgewalt verfügen. Denn eine Zentralmacht, die Recht setzen und Recht sprechen könnte, fehlt. Wer sein Recht haben will, muß es sich holen. Klein ist die Schicht, die den Fortschritt von Landwirtschaft und Handel vorantreibt und zugleich von ihm profitiert. Doch sie ist groß genug, um diesem Fortschritt einen künstlerischen Ausdruck zu verleihen, der ein Jahrtausend überdauert hat. Daß die Massen der Arbeitenden rücksichtsloser Abhängigkeit und Ausbeutung unterworfen werden, bildet eine entscheidende Voraussetzung für die gewaltigsten Hervorbringungen des Mittelalters, für seine Kathedralen. Gerade in ihnen zeigt sich die tiefe Zweideutigkeit jener Epoche.

Sie übt heute eine neue Faszination aus; und doch erhält sie meist mäßige Zensuren. Vielen gilt das Mittelalter noch immer als finster und barbarisch, allen Denkmälern mittelalterlicher Kunstfertigkeit zum Trotz. Halb unbewußt mag viele noch immer jenes neuzeitliche Selbstbewußtsein bestimmen, das die Antike als Zeit des Lebens, das Mittelalter als Zeit des Todes, die Neuzeit aber als die Epoche der Wiedergeburt, der Renaissance ansah. Solche Urteile verschärfen sich eher noch, wenn man die mittelalterlichen Jahrhunderte am Maßstab des Friedens mißt. Denn das Mittelalter begegnet uns als besonders friedlose, ja grausame Zeit, als eine Zeit willkürlicher Gewalt. Die weit ausgebreitete Herrschaft der Kirche vermochte den Siegeszug der Gewalt offenbar nicht aufzuhalten; nein, sie verstärkte ihn noch.

Zwar sehen viele mittelalterliche Schriftsteller in dem Wechsel vom ersten zum zweiten christlichen Jahrtausend einen Übergang von der Finsternis ins Licht. "Kaum war das tausendste Jahr nach der Geburt des Erlösers Jesu Christi durch die sündenlose Jungfrau gekommen, erstrahlte die Welt in hellem Morgenglanz." Mit solch überschwänglichen Worten beschreibt der Bischof Thietmar von Merseburg diesen Übergang (Duby 15). Und doch bleibt auch die Zeit nach der Jahrtausendwende, bleibt auch die Zeit des hohen Mittelalters weithin eine Zeit ungebändigter Gewalt. Ist es doch die Zeit, in der sich das Kreuz und der Krieg zum Kreuzzug verschwistern konnten.

Der präzisen Bedeutung eines Begriffs nähert man sich am leichtesten, indem man nach dem treffenden Gegenbegriff fragt. Sucht man für die Zeit des hohen Mittelalters nach dem Gegenbegriff zu Frieden, so liegt die Antwort auf der Hand: Friede und Fehde stehen einander gegenüber. Eine Epoche aber, in der Rechtsstreitigkeiten nur mit den Mitteln der Selbsthilfe ausgetragen werden konnten, erscheint uns Heutigen als graue, archaische Vorzeit. Die Fehde betrachten wir als vorrechtliches Mittel der Konfliktlösung, das glücklicherweise durch das Gewaltmonopol des neuzeitlichen Staates überwunden wurde. Eine solche Betrachtungsweise übersieht indes, daß das Mittelalter selbst die Fehde als eine rechtmäßige, rechtsförmig geordnete Form des Konfliktaustrags betrachtet und ausgestaltet hat. Wo ein durchgängig organisiertes und mit wirksamen Sanktionsmitteln ausgestattetes Gerichtswesen fehlte, erschien die Selbsthilfe durch die Fehde als unausweichlich. Eigentumsauseinandersetzungen bildeten ihren häufigsten Anlaß. Vermutlich steht das Lehensrecht im Hintergrund der mittelalterlichen Fehde; jedenfalls stellt sie im hohen Mittelalter nicht ein allgemeines Selbsthilfeinstrument dar, sondern ist auf Lehensträger beschränkt. Bürger und Bauern haben in der Regel keine Möglichkeit, auf das Rechtsmittel der Fehde zurückzugreifen.

Das Fehderecht setzt der gewaltsamen Durchsetzung des eigenen Rechts auch in anderen Hinsichten Grenzen. Es gibt soziale Gemeinschaften, in denen die Fehde nicht stattfinden darf; es gibt Orte, an denen die Fehde ausgeschlossen ist; und es gibt Mittel der Auseinandersetzung, die in jedem Fall untersagt bleiben. Die Fehde ist ein durch den Frieden begrenzter Kampf um das Recht. Ausgeschlossen ist die Fehde für diejenigen sozialen Gemeinschaften, deren Bestand von dauerhaftem Frieden, nämlich von einem Verhältnis ungebrochenen Vertrauens abhängig ist. Das Haus - als zugleich familiäre und ökonomische Gemeinschaft - ist auf verläßlichen Frieden ebenso angewiesen wie die Sippe, also der weitere Familienverbund. Wo die Fehde in das Haus oder in die Sippe eindringt, zerbricht die Gemeinschaft nicht nur auf begrenzte, sondern auf unabsehbare Zeit. Zu den Orten, die vor der Fehde geschützt sind, gehören insbesondere die Kirchen. Sie sind deshalb Zufluchts- und Asylorte nicht nur für Mensch und Tier, sondern auch für Getreide und Hausrat, für Kostbarkeiten und Urkunden. Schließlich bestehen feste Grenzen für die in der Fehde erlaubten Grausamkeiten. So ist es zwar erlaubt, die Felder, Obstwiesen und Weingärten des Feindes abzuernten; doch seine Obstbäume und Weinstöcke selbst sind geschützt.

Im Gegenüber zur Fehde zeigt der doppelte Sinn des Wortes "Friede", auf den wir schon in früherem Zusammenhang stießen, seinen praktischen Sinn. Das Wort enthält, so sahen wir, die Bedeutungsvarianten der Liebe und der Schonung; es bezeichnet zum einen "ein Verhältnis gegenseitiger Verbundenheit in Tat und Gesinnung (wie es vor allem zwischen Blutsverwandten herrschte)", zum andern einen "Zustand bloßer Gewaltlosigkeit" (Janssen 543). Während die erste Bedeutung ein Vertrauensverhältnis meint, das den Bereich rechtlicher Regelungen übersteigt, sind in der zweiten Bedeutung Frieden und Recht - freilich keineswegs spannungslos - miteinander verknüpft. Frieden im Sinn der Schonung meint das Ende der gewaltsamen Sühne, also das zeitlich befristete Ausbleiben von Gewalttätigkeit. Dieser die Sühne unterbrechende oder beendende Friede hat im Mittelalter in aller Regel die Gestalt von Sonderfrieden, die neben den besonderen Frieden des Hauses oder der Sippe treten. Zwei derartige Sonderfrieden haben in der mittelalterlichen Entwicklung herausragende Bedeutung erlangt: der Gottesfrieden und der Landfrieden. Begegnet uns im einen die Friedensaufgabe der Kirche, so im andern ein bestimmtes Modell politischer Friedensgestaltung.

b) Gottesfrieden

Ein Sonderfrieden grenzt einen besonders geschützten Rechtsbereich aus dem Zustand von Unfrieden und Gewalt aus; der Einbruch in diesen ausgesonderten Bereich wird mit weltlichen und geistlichen Strafen geahndet. Im hohen Mittelalter begegnet uns das Institut des Sonderfriedens insbesondere dann, wenn die kaiserliche Zentralgewalt sich zur Aufrechterhaltung oder Durchsetzung des Friedens als zu schwach erweist.

Der wichtigste Beitrag des Mittelalters zu einer Kultur des Friedens liegt in dem Versuch, durch solche "Sonderfrieden" Zeiten und Räume zu schaffen, die von aller Gewaltsamkeit frei sind; nur begrenzte Zeiten und Räume sind das - aber doch: Zeiten und Räume vollständiger Gewaltfreiheit. Wenn nicht nur politische Konflikte im Großen, sondern auch Eigentumsauseinandersetzungen und andere Streitigkeiten im Kleinen den Griff nach der tötenden Waffe auslösen, drängt sich die Frage auf, ob es denn nicht wenigstens Zeiten und Orte der Waffenruhe gibt, die es den Menschen erlauben, sich ohne Angst vor willkürlicher Gewalt zu bewegen. Und diese Frage wird umso lauter, je schwächer die politischen Zentralgewalten sind. Die ersten Antworten auf sie kommen aus dem Raum der Kirche.

Denn schon im Mittelalter schlägt die politische Stunde der Kirche immer dann, wenn die politischen Gewalten Anzeichen der Schwäche erkennen lassen. Und so entsteht auch der wichtigste Beitrag der mittelalterlichen Christenheit zum Frieden in einer Zeit politischer Hilflosigkeit. Die Auflösung der politischen Zentralgewalt am Ende der Karolingerzeit wirft die Frage auf, was die Kirche zum Schutz der Menschen vor willkürlicher Gewalt beitragen kann. Die Antwort heißt: Sie kann einen "Gottesfrieden" ausrufen und durch die Androhung von Kirchenstrafen sichern. Dieser Gottesfrieden nimmt zwei verschiedene Formen an: die *pax Dei* im engeren Sinn, die bestimmte Personen, Orte und Sachen vor Gewalt schützt, und die *treuga Dei,* womit ein Waffenstillstand gemeint ist, der sich auf bestimmte Tage der Woche und bestimmte Zeiten des Jahres erstreckt. Während die *pax Dei* gewaltfreie Räume sichern soll, zielt die *treuga Dei* auf die Ermöglichung gewaltfreier Zeiten.

Die Verantwortung der Kirche für die *pax Dei* im engeren Sinn leitet sich aus ihrer Fürsorge für die Armen auf der einen Seite, ihrer Verpflichtung gegenüber den Geistlichen auf der anderen Seite ab. Im Schutz der Unbewaffneten und Wehrlosen liegt ein wichtiges Motiv des Gottesfriedens; daß die in ihrer Waffen- und Schutzlosigkeit Unterlegenen Gottes Geschöpfe sind, ist seine immer wiederkehrende Begründung. Der Angriff auf Wehrlose gilt als ein Angriff auf Christus selbst. In diesem Sinn sagt das Konzil von Narbonne im Jahr 1054: "Wer einen Christen tötet, vergießt ohne Zweifel das Blut Christi" ("*Qui christianum occidit sine dubio Christi sanguinem fundit*"; vgl. Hoffmann 39). Der Schutz der *pax Christi* gilt zuerst dem Wehrlosen selbst, sodann aber auch den Dingen, die ihm gehören. Geschützt ist nicht nur der unbewaffnete Bauer, der seiner Arbeit nachgeht, sondern auch sein Ackergerät. Neben die geschützten Personen und die geschützten Sachen treten schließlich die geschützten Orte; zu ihnen zählen insbesondere Kirchen und Friedhöfe.

Die *pax Dei* wird immer für bestimmte Regionen und mit Bezug auf bestimmte Rechtsgüter ausgerufen. Gegen die Mitte des 11. Jahrhunderts tritt ihr die *treuga Dei* zur Seite, also die gelobte Waffenruhe, der zeitlich begrenzte Stillstand der Gewalt. Das Wort "treuga" ist mit "Treue" verwandt; es geht um eine befristete Selbstverpflichtung zur Gewaltlosigkeit. Ziel jeder *treuga Dei* ist ein unbedingt geltendes, aber auf bestimmte Zeiten beschränktes Fehdeverbot.

Die früheste Formulierung einer solchen *treuga Dei* ist in einem Aufruf überliefert, den südfranzösische Bischöfe zusammen mit dem Abt Odilo von Cluny im Jahr 1041 im Namen des gesamten gallischen Klerus ergehen ließen:

"Wir bitten und beschwören euch alle, die ihr Gott fürchtet, an ihn glaubt und durch sein Blut erlöst seid, daß ihr wachsam sein mögt, für das Heil der Seele und des Leibes besorgt und getreu den Wegen des Herrn, auf daß ihr untereinander Frieden haltet und würdig werdet, mit Gott die Ruhe des ewigen Friedens zu genießen. Empfangt und bewahrt also den Frieden Gottes, welchen auch wir, weil er uns vom Himmel herabgesandt worden ist, auf Eingebung des barmherzigen Gottes schon angenommen haben und unverbrüchlich halten, der darin besteht, daß von der Abendstunde des vierten Wochentages an (d. h. Mittwoch abend) unter allen Christen, Freunden und Feinden, Nachbarn und Fremden, ein heiliger und unverletzlicher Friede herrscht bis zum zweiten Wochentage, d. h. bis zum Sonnenaufgang am Montag (in der Vorlage steht versehentlich: Dienstag), so daß jedermann zu jeder Stunde in diesen vier Tagen und (fünf) Nächten vollkommene Sicherheit genießt und frei von jeglicher Furcht vor seinen Feinden unter dem Schutz dieses Friedens tun kann, was ihm gelegen ist" (Conrad 12f).

In anderen Quellen tritt neben diesen wöchentlichen Viertagefrieden noch ein Friedensgebot für bestimmte Festzeiten des Kirchenjahrs. Die Advents- und Weihnachtszeit sowie die Passionszeit sind unter ihnen die wichtigsten. In all diesen Fällen trägt die *treuga* den Charakter eines Waffenstillstands; in diesem Sinn haben Sache und Begriff über das Mittelalter hinaus Bedeutung behalten. Doch nachhaltige Wirksamkeit hat der Gedanke des Gottesfriedens vor allem zwischen dem ausgehenden 10. und dem 13. Jahrhundert entfaltet. Dabei ist auch eine derart einleuchtende Institution von zwiespältigen Aspekten nicht frei. Denn durchsetzen ließ sich der Gottesfrieden am leichtesten dann, wenn er in den Dienst der Kreuzzugsidee gestellt wurde. Die Bereitschaft, sich an der Fahrt ins Heilige Land zu beteiligen, sollte durch die Ausrufung eines Gottesfriedens erhöht werden.

Schon der Aufruf zum ersten Kreuzzug durch Papst Urban II. auf dem Konzil von Clermont-Ferrand im Jahr 1095 ist sowohl mit einer *treuga Dei*, die sich auf die klassischen Zeiten der Woche und des Jahres bezieht, als auch mit einer *pax Dei* für die waffenlose Bevölkerung und den Besitz der Kreuzfahrer verknüpft. Der heilige Krieg der Christenheit gegen die Feinde des Glaubens, die bewaffnete Wallfahrt in das Heilige Land wird mit einem heiligen Frieden im Innern verbunden, dessen Funktion leicht zu durchschauen ist: den Kreuzfahrern soll der Abschied durch die Gewißheit erleichtert werden, daß ihr heimisches Besitztum in Sicherheit ist. Die Gewähr geordneter Zustände in der Heimat bildet für die Kreuzritter die Voraussetzung für ihre Fahrt in das Heilige Land. Auch daran zeigt sich noch einmal, daß der Gottesfrieden nicht auf eine Überwindung, sondern nur auf eine Einhegung der kriegerischen Gewalt gerichtet war und gerichtet sein konnte. Als jedoch die Bestimmungen des Konzils von Clermont-Ferrand im Jahr 1130 Eingang in das kanonische Recht fanden, gehörten ihre praktischen Auswirkungen bereits weitgehend der Vergangenheit an. Eine wirksame Friedensgarantie ging nicht mehr von der kirchlichen, sondern am ehesten von der politischen Autorität aus.

### c) Landfrieden

Die wichtigste langfristige Wirkung, die der Gedanke des Gottesfriedens ausgelöst hat, liegt in seinem Einfluß auf die Entwicklung des Landfriedens. Die im kirchlichen Rahmen entwickelten Instrumente zur Eingrenzung der Fehde werden in der Landfriedensbewegung von den politischen Gewalten übernommen und ausgebaut. Die Anfänge des Landfriedens gehen in das 11. Jahrhundert zurück; mit dem Erstarken der politischen Instanzen während des 12. Jahrhunderts gewinnt er an Gewicht. Vom Gottesfrieden unterscheidet er sich nicht nur dadurch, daß er durch weltliche Rechtssetzung bewirkt und durch weltliche Strafen geschützt wird. Beide sind vor allem dadurch unterschieden, daß der Landfrieden auf eine generelle Überwindung der Gewalt durch das Recht gerichtet ist, während der Gottesfrieden nur bestimmte Orte und Zeiten von der Gewaltsamkeit ausnehmen will. Noch nachhaltiger als der Gottesfrieden zielt deshalb der Landfrieden auf eine tiefgreifende Änderung der politischen Struktur; er richtet sich "auf eine Ablösung der fast schrankenlosen Einzelgewalt durch eine allumfassende Staatsgewalt" (Gernhuber 20). Mit dem sächsischen Provinziallandfrieden von 1084 beginnt in Deutschland die Reihe der Landfriedensgesetze; sie bilden den Auftakt zu der - schriftlich fixierten - Reichsgesetzgebung, die das alte Gewohnheitsrecht ablöst. Den ersten, freilich sehr konfliktträchtigen Reichslandfrieden verkündet Heinrich IV. im Jahre 1103. Gesichert wird er durch ziemlich derbe Strafen. Wer einen anderen bestiehlt, verwundet oder tötet, verliert selbst Hand oder Auge. Wer geringerwertige Güter stiehlt, wird ausgepeitscht und geschoren; es geht ihm an "Haut und Haar". In ihrer Wirksamkeit bleiben die Landfrieden des 12. bis 14. Jahrhunderts zeitlich begrenzt. Erst im 15. Jahrhundert ist die staatliche Gewalt so erstarkt, daß zunächst 1442, dann 1495 im Wormser Landfrieden ein "ewiger Landfrieden" proklamiert wird. Zu ihm gehört eine Neuorganisation des Gerichtswesens, an dessen Spitze nun das Reichskammergericht in Wetzlar steht. Die peinliche Halsgerichtsordnung Karls V. von 1532 bedroht diejenigen, die weiterhin verbotenerweise ihr Recht durch die Fehde durchsetzen wollen, mit der Todesstrafe. Diese harte Strafbestimmung unterstreicht auf ihre Art die Zielsetzung des allgemeinen Landfriedens. Die strafende Gewalt soll in der Hand staatlicher Instanzen monopolisiert werden; die Gewaltunterworfenen sollen gezwungen werden, ihre rechtlichen Streitigkeiten vor Gericht und ohne gewaltsame Selbsthilfe auszutragen. Der Augsburger Religionsfriede von 1555 bildet den Versuch, diese Grundsätze des Landfriedens auf die Auseinandersetzung in Religionsfragen auszudehnen. Der Erfolg bleibt diesem Versuch freilich zunächst versagt.

### d) Noch einmal: Frieden und Fehde

Für die Entwicklung des modernen Staats- und Völkerrechts wie für die politische Ethik sind die Gottes- und Landfriedensbewegungen von epochaler Bedeutung. Über ein halbes Jahrtausend hinweg - vom 11. bis ins 16. Jahrhundert - werden auf kirchlicher wie staatlicher Seite Instrumente entwickelt, mit deren Hilfe die Gewalt der Fehde gebändigt und schließlich überwunden werden soll. Der Übergang zum Staat im modernen Sinn vollzieht sich mit der Überwindung des Fehdewesens. Die Ausweitung der staatlichen Zentralgewalt wird mit ihrer Funktion begründet, im Innern für Frieden und für den gewaltfreien Austrag von Rechtskonflikten zu sorgen. Wo immer im 16. Jahrhundert - etwa bei Martin Luther - die Unterordnung unter die staatliche Gewalt gefordert wird, muß man diese neu errungene Friedensfunktion des modernen Staats im Blick haben.

Doch mit der Errungenschaft des staatlichen Gewaltmonopols nach innen verbindet sich eine besorgniserregende Rückständigkeit der zwischenstaatlichen Beziehungen. Die mittelalterlichen Versuche, zwischenstaatliche Konflikte durch Instrumente der Schiedsgerichtsbarkeit zu schlichten, sind weit weniger erfolgreich als die Bändigung innerstaatlicher Konflikte durch eine zentrale Rechtsgewalt. Deshalb korrespondiert der Durchsetzung des Fehdeverbots im Innern eine Fortsetzung des Fehderechts zwischen den Staaten. Die Bändigung der zwischenstaatlichen Gewalt ist seitdem eine Hauptaufgabe des Nachdenkens über die politischen Mittel zum Frieden - eine Aufgabe, die in der politischen Praxis bis zum heutigen Tag keine überzeugende Antwort gefunden hat. Vielmehr ist noch die Lage der Gegenwart durch den Widerspruch zwischen dem innerstaatlichen Fehdeverbot und dem zwischenstaatlichen Fehdezustand bestimmt. Nur oberflächlich wird dieser Widerspruch dadurch überdeckt, daß sowohl die staatliche Polizeigewalt nach innen als auch die staatliche Verfügung über militärische Gewaltmittel unter den gemeinsamen Oberbegriff des staatlichen Gewaltmonopols gebracht werden. Doch unter den Perspektiven der Friedensethik sind beide Arten der Gewalt ebenso wenig auf eine Stufe zu stellen wie unter denjenigen des Rechts.

LITERATUR: *H. Angermeier,* Königtum und Landfriede im deutschen Spätmittelalter, München 1966 - *O. Brunner,* Land und Herrschaft, 2. Aufl. Berlin u.a. 1943 - *H. Conrad,* Rechtsordnung und Friedensidee im Mittelalter und in der beginnenden Neuzeit, in: A. Hollerbach/H. Maier (Hg.), Christlicher Friede und Weltfriede, Paderborn 1971, 9-34 - *G. Duby,* Die Zeit der Kathedralen, 3. Aufl. Frankfurt 1984 - *J. Gernhuber,* Die Landfriedensbewegung in Deutschland bis zum Mainzer Reichs-Landfrieden von 1235, Bonn 1952 - *H. Hoffmann,* Gottesfriede und Treuga Dei, Stuttgart 1964 - *W. Janssen,* Friede, in: Geschichtliche Grundbegriffe 2, Stuttgart 1975, 543-592 - *B. Töpfer,* Volk und Kirche zur Zeit der beginnenden Gottesfriedensbewegung in Frankreich, Berlin 1957 - *E. Wohlhaupter,* Studien zur Rechtsgeschichte der Gottes- und Landfrieden in Spanien, Heidelberg 1933.

### *2.3. Die umstrittene Universalität des Friedens*

Daß Frieden mehr ist als die begrenzte Unterbrechung der Gewalt, blieb während des Mittelalters immer im Bewußtsein. Im hohen Mittelalter werden weitreichende Konzeptionen eines umfassenden Friedens entworfen, denen wir uns in exemplarischer Auswahl zuwenden wollen (a). Vor allem aber ist diese Epoche durch den Konflikt geprägt, der zwischen geistlicher und weltlicher Gewalt um die letzte Verantwortung für den Frieden der Welt entbrennt (b). Auf diesem Hintergrund gibt die hochmittelalterliche Theologie der Lehre von den Mitteln des Friedens, unter ihnen vor allem der Lehre vom gerechten Krieg, ihre ausgearbeitete Gestalt (c).

#### a) Umfassender Frieden

Am bewegendsten hat *Franz von Assisi* (1181/82-1226) den umfassenden Charakter des Friedens nicht nur zur Sprache gebracht, sondern auch gelebt. Die Seligpreisung der Friedensstifter aus der Bergpredigt Jesu versteht Franziskus als umfassende Lebensweisung: "Jene sind wahrhaft Friedensstifter, die in allem, was sie in der Welt erleiden, wegen jener Liebe, mit der unser Herr Jesus Christus liebt, sowohl im Denken und Fühlen (= Seele) als auch im sozialen Verhalten (=Leib) den Frieden bewahren" (Ermahnungen 15, in: Franziskus 98ff). Jede Begrenzung des Friedens durch die Gewalt wird hier gesprengt, indem Friedenstätigkeit und Leidensbereitschaft miteinander verbunden werden. Aus dieser Verbindung erwächst eine Kultur des Friedens, die den Poverello von Assisi zu einem höchst wirksamen Friedensstifter macht; aus einer Reihe italienischer Städte wird von seinen erfolgreichen Friedensaktionen berichtet.

Die Fähigkeit zum Mitleiden bildet den Grund für den umfassenden franziskanischen Friedensbegriff. Er ist keineswegs auf den Frieden unter den Menschen begrenzt. Das zeigt sich am deutlichsten in der Ausdehnung des Bruder- und Schwestertitels über den menschlichen, ja auch über den irdischen Bereich hinaus auf den Kosmos im ganzen. Der Sonnengesang (Franziskus 208ff) sprengt jede anthropozentrische Fassung des Friedens. Die Versöhnung zwischen dem Fremden und Gegensätzlichen ist sein Thema. Sie ermöglicht, daß Franziskus sich nicht nur selbst als Bruder aller Menschen fühlt, sondern in allen

Lebewesen und Dingen seine Schwestern und Brüder entdeckt. Allem und jedem will er mit letzter Ehrfurcht begegnen: das Feuer will er nicht löschen, Bäume nicht fällen, Buchstaben nicht durchstreichen, Tiere nicht schlachten, den Regenwurm nicht im Staub verkommen lassen. Nicht Selbstüberhebung, sondern solidarische Ehrfurcht ist es, in der er sich als Bruder der Sonne, der Sterne, des Wassers, des Windes, der Tiere, ja selbst des Todes wahrnimmt. Umfassender läßt sich der Frieden nicht denken als in einer derartigen kosmischen Weite.

Franziskus steht damit nicht allein. Alle Kreatur strebt von ihrer Natur her zum Frieden, erklärt wenig nach ihm *Berthold von Regensburg* (Anfang des 13. Jh. bis 1272) in seiner groß angelegten Friedenspredigt (um 1260). Er verdeutlicht diese Behauptung an der Triebstruktur des Menschen:

"Nach Frieden verlangt alle Kreatur und nach nichts anderem als nach Frieden. Wonach der Mensch auch verlangt und was er auch unternimmt: er tut es einzig deshalb, um Frieden zu finden. - So steckt bisweilen etwas in mir, das man Hunger nennt. Dann esse ich, um vor eben diesem Hunger Frieden zu finden. Oder es steckt etwas in mir, das man Durst nennt. Dann trinke ich, um vor eben diesem Durst Frieden zu finden. Oder ich trete in eine warme Stube an ein Feuer und ziehe mir noch mehr Kleider über, um vor dem, was man Frost nennt, Frieden zu finden. Bisweilen steckt auch etwas in mir, das man Müdigkeit nennt. Dann lege ich mich zur Ruhe, um vor eben dieser Müdigkeit Frieden zu finden. Oder es bedrängt mich etwas, das man Erschöpfung nennt. Dann kann ich es kaum erwarten, bis ich mich hinlegen kann, um vor der Erschöpfung Frieden zu finden. Manchmal bedrängt mich auch etwas, das man Hitze nennt. Dann gelange ich mit Freuden ins Kalte, um vor der Hitze Frieden zu finden. - So gibt es sehr vieles, wonach die Menschen verlangen, um vor anderem Frieden zu finden. So z. B. drückt viele die Armut. Die schaffen dann Tag und Nacht, um endlich vor der Armut Frieden zu finden" (Berthold 108f).

Das Wort "Frieden" hat einen weiteren und gefüllteren Inhalt, als dies in den Bemühungen um die Eingrenzung der Fehde zum Ausdruck kommt. Die Befriedigung der Grundbedürfnisse der Menschen hat es, wie Berthold von Regensburg zeigt, unmittelbar mit dem Frieden zu tun. Nahrung, Kleidung und Wohnung nennt er ausdrücklich; Gesundheit und Bildung ließen sich hinzufügen, um die moderne Fünfzahl der Grundbedürfnisse *(basic needs)* zu erreichen. Die Überwindung der Armut erwähnt er als Friedensziel und unterstreicht so auf seine Weise, wie unlösbar für das mittelalterliche Bewußtsein Frieden und Gerechtigkeit zusammengehören.

Alle Lebewesen sind von Natur aus auf Frieden angelegt. Dieser Anlage aber entspricht, so folgert Berthold, eine Pflicht zum Frieden. Sie hat eine dreifache Gestalt. Gefordert ist der Frieden mit Gott, der Frieden mit sich selbst und der Frieden mit dem Nächsten. Von diesem dreifach gegliederten wahrhaften Frieden unterscheidet sich ein falscher Frieden. Es ist der Friede mit dem Teufel, der vor allem die Gestalt der Ketzerei, der Habgier und der Sünde wider den Heiligen Geist annimmt.

In der Vorstellung eines harmonischen Zusammenklangs zwischen dem göttlichen Willen zum Frieden und der Friedensneigung aller Kreatur kommt ein Grundzug mittelalterlichen Denkens zu prägnantem Ausdruck. In ihr spiegelt sich nämlich der Gedanke eines Ergänzungsverhältnisses zwischen Natur und Gnade, den die scholastische Theologie im einzelnen ausgearbeitet hat. Der angemessene politische Ausdruck eines derart umfassenden Friedensverständnisses liegt in einer universalen Friedenskonzeption, die den Gedanken umfassender Befriedung durch politische Herrschaft aus der Tradition der *pax Romana* in sich aufnimmt. Eine solche umfassende Friedenskonzeption wird im hohen Mittelalter mehrfach entwickelt. Drei Beispiele seien wenigstens erwähnt.

*Dante Alighieri* (1265-1321) zeichnet zu Beginn des 14. Jahrhunderts in seiner Schrift *De monarchia* das Bild einer umfassenden politischen Friedensordnung, eines Friedensreiches unter einem Friedenskaiser, der Gerechtigkeit verwirklicht. Es handelt sich um eine Utopie, die mit einer geschichtlichen Institution, dem Imperium Romanum verknüpft wird.

Deshalb haben spätere Generationen das mittelalterliche Römische Reich Deutscher Nation immer wieder mit den Farben gemalt, die Dante zur Verfügung stellt. Bis in das 20. Jahrhundert hinein ist es die Verknüpfung zwischen politischer Realität und universaler politischer Utopie, die dem Begriff des "Reichs" eine große Anziehungs- und Verführungskraft zugleich verliehen hat.

*Marsilius von Padua* (ca. 1290-1342/43) entwirft in seinem *Defensor pacis* eine Friedenslehre, die den zu seiner Zeit heftig entbrannten Konflikt zwischen Papst und Kaiser, zwischen geistlicher und weltlicher Gewalt zu verarbeiten sucht. Er skizziert eine christliche Staatsordnung, die den Einsichten der Vernunft und den Weisungen der Bibel zugleich genügen soll. Sie ist an der staatlichen Aufgabe orientiert, zum Wohl aller für Recht und Frieden zu sorgen. Gerade so ergänzt die staatliche Ordnung das Wirken der Kirche, das durch Lehre, Darreichung der Sakramente und Seelsorge dem jenseitig-ewigen Heil dient. Die Unterscheidung der beiden Gewalten bildet die Antwort des Marsilius auf die Konflikterfahrungen seiner Zeit.

Den zeitgenössischen Ereignissen am nächsten aber liegen die Vorschläge, die *Pierre Dubois* (1250/55-ca. 1321) in seiner Schrift *De recuperatione terre sancte* (1305/1308) entwickelt hat. Manche sehen in dieser Schrift den ersten europäischen Friedensplan. Seinen politischen Hintergrund bildet der große Kampf zwischen Papst Bonifaz VIII. und König Philipp dem Schönen von Frankreich. In dieser Konfliktsituation knüpft Dubois an die Verbindung von Gottesfrieden und Kreuzzug an, die zwei Jahrhunderte zuvor entwickelt worden war. Die Einigung der Christenheit durch einen allgemeinen Frieden und die Wiedergewinnung des Heiligen Landes sind ihm zwei Seiten eines großen geschichtlichen Vorgangs. Die Verantwortung für diesen Frieden der Christenheit obliegt dem Papst. Das Instrument, dessen er sich um des Friedens willen bedienen soll, ist ein allgemeines Konzil, dem nicht nur die Bischöfe, sondern auch alle christlichen Fürsten angehören sollen. Die Planung des Kreuzzugs und die Ordnung des *status universalis totius reipublice christicolarum* zählt Dubois in gleicher Weise zu den Aufgaben des Konzils. Drei Maßnahmen soll das Konzil im Dienst des Friedens beschließen: eine Kirchenreform, dank deren die Geistlichen wieder in eine strenge Lebensordnung zurückgeführt werden; eine Rechtsreform, kraft deren eine unparteiische Rechtspflege die Zwistigkeiten zwischen den christlichen Fürsten unter Ausschaltung der Gewalt regelt; und schließlich eine Reform der internationalen Ordnung, in der eine umfassende Schiedsgerichtsbarkeit das Mittel des Kriegs überflüssig machen soll. Dubois arbeitet seinen Vorschlag einer internationalen Schiedsgerichsbarkeit sorgfältig aus: Das jeweilige Schiedsgericht soll aus neun Richtern bestehen; und zwar soll es mit je drei Richtern von jeder der streitenden Parteien sowie mit drei unabhängigen Richtern besetzt sein. Als höchste schiedsrichterliche Instanz soll der Papst tätig werden. Dubois - darin liegt bei aller Begrenztheit das Eindrückliche seines Werks - verbindet einen weitgespannten Friedensentwurf mit einem bemerkenswerten politischen Realismus. Indem er an den Kreuzzugsgedanken anknüpft, bedient er sich einer der bestimmenden politischen Antriebskräfte seiner Epoche; indem er sich am Gedanken der Schiedsgerichtsbarkeit orientiert, wählt er jenes Modell der internationalen Beziehungen, in dem bis zum heutigen Tag am ehesten eine Alternative zum kriegerischen Konfliktaustrag zu sehen ist. Und schließlich ist er der erste, der die Ausarbeitung und Durchsetzung eines solchen Plans für den politischen Frieden von einem Konzil erwartet - wir würden heute sagen: von einem Konzil des Friedens.

b) Imperium und sacerdotium

Schon der Hinweis auf die drei großen Friedensvisionen des frühen 14. Jahrhunderts - auf Dante Alighieri, Marsilius von Padua und Pierre Dubois - hat gezeigt, in welchem Maß das Friedensdenken des hohen Mittelalters durch die Spannung zwischen Kaiser und Papst, zwischen *imperium* und *sacerdotium* geprägt war.

Das mittelalterliche "Heilige Römische Reich Deutscher Nation" nahm auf der einen Seite für sich in Anspruch, die Fortsetzung des *Imperium Romanum* darzustellen. Die deutschen Kaiser verstanden sich als Nachfolger der römischen Imperatoren. Zugleich aber handelte es sich auch um ein *imperium christianum*, ein christlich-abendländisches Reich, dem in der Heilsgeschichte eine besondere Stellung zukam. Beide einander ergänzenden Auffassungen vom Charakter dieses Reichs enthielten einen derart umfassenden Anspruch, daß man es zugleich als *imperium mundi* verstand. Heilsgeschichtlicher und weltpolitischer Anspruch verbanden sich; am knappsten formuliert fand sich deren Einheit in der Siegelumschrift des Kaisers *Konrad II.* (1024-1039): "*Roma caput mundi regit orbis frena rotundi*" ("Rom, das Haupt der Welt, hält die Zügel des Erdenrunds"; Conrad 20). Auch für das Recht, das dieses Reich setzte, wurde universale Gültigkeit in Anspruch genommen: Naturrecht und positives Recht kamen in ihm überein. Und schließlich entsprach es diesem Reichsgedanken, daß der Frieden des Reichs und der Frieden der Kirche sich in vollständiger Harmonie befinden sollten. Ein liturgisches Gebet prägte dafür die Formel: "Reiche Deinem Diener, unserem Kaiser, die Waffen des Himmels, damit der Friede der Kirchen durch keine Kriegswirren gestört werde."

Doch der universale Friedensanspruch des Kaisers, der den Frieden der Kirche dem Wohlergehen des Reichs zuordnete, stand das gesamte Mittelalter über im Konflikt mit dem nicht weniger universalen Anspruch der Kirche. Das Schicksal des Friedens ist in dieser Epoche durch kaum einen Vorgang stärker bestimmt als durch den Konflikt zwischen den zwei Gewalten, durch den Streit um den Vorrang zwischen *imperium* und *sacerdotium*. Ihr Verhältnis wird seit dem Papst *Gelasius* (492-496) in dem Bild von den zwei Schwertern gefaßt, die von Gott eingesetzt seien - jene zwei Schwerter, von denen Jesus gesagt hatte, sie reichten aus (Lukas 22,38). Dabei hatte schon Gelasius einen Vorrang der geistlichen Gewalt mit folgenden, im Mittelalter immer wieder zitierten Worten behauptet:

> "Zwei sind es ja, erhabener Kaiser, von denen diese Welt vornehmlich regiert wird: die geheiligte Autorität der Bischöfe und die königliche Gewalt. Unter ihnen ist das Gewicht der Priester um so schwerer, als sie auch für eben diese Regenten der Menschen im göttlichen Gericht Rechenschaft ablegen müssen" (Mirbt-Aland 222, Nr. 462; vgl. Duchrow 328).

Einer solchen Überordnung der geistlichen gegenüber der politischen Gewalt widersetzten sich die mittelalterlichen Herrscher. Zu einem wichtigen Instrument wie Anlaß dieser Auseinandersetzung entwickelte sich die Investitur von Bischöfen und Äbten durch die Landesherren; in ihr kam deren Anspruch auf öffentlich-rechtliche Kirchenhoheit zum Ausdruck. Demgegenüber forderte die Kirche, daß die Übertragung weltlicher Befugnisse von der Investitur zu einem geistlichen Amt streng zu trennen sei. Aufs ganze gesehen setzte sich die kirchliche Forderung durch.

Zur Begründung des kirchlichen Anspruchs knüpft die mittelalterliche Theologie an die These Augustins an, daß das politische Gemeinwesen an der Herstellung und Erhaltung des irdischen Friedens als oberster Aufgabe orientiert sei, daß dieser aber erst im himmlischen Frieden seine volle Erfüllung finde. Diese hierarchische Zuordnung von irdischem und himmlischem Frieden begründet den Vorrang des *sacerdotium* und damit die Machtstellung des Papstes. Diese theologische Richtung - die "Kurialisten" - leitet also aus der Zwei-Schwerter-Theorie eine universale Gewalt des päpstlichen Amts ab, während die kaiserliche Partei dieselbe Theorie im Sinn der Unterscheidung und Gleichrangigkeit von geistlicher und politischer Macht aufnimmt.

Es entspricht der Grundstruktur der scholastischen Theologie, wie sie uns insbesondere im Werk des *Thomas von Aquin* (1225-1274) begegnet, daß sie auf ihre Weise den Anspruch der Kirche auf eine überlegene Gewalt stützt. Denn dem scholastischen Schema der Zuordnung von Natur und Übernatur entspricht eine eindeutige Überordnung des kirchlich verstandenen und verwalteten *ius divinum* über das von weltlichen Gewalten verantwortete *ius humanum.* Zwar bildet der irdische Frieden ein relativ selbständiges Ziel des politischen Lebens; doch dieser *ordo politicus* wird in den *ordo universalis* harmonisch eingeordnet. Die eschatologisch motivierte Spannung zwischen *civitas Dei* und *civitas terrena,* die bei Augustin die kritische Funktion des Glaubens im Verhältnis zur politischen Wirklichkeit begründete, ist in eine harmonische Einheit hinein aufgelöst. Und der dramatische Konflikt zwischen den beiden Schwertern, der das hohe Mittelalter beherrschte, wird einer Lösung zugeführt, die eine relative Eigenständigkeit der politischen Gewalt im Rahmen einer umfassenden, naturrechtlich begründeten und von der Kirche interpretierten Ordnung anerkennt. Es ist dieses, von der Scholastik gezeichnete Bild einer harmonisch geordneten und christlich begründeten Weltordnung, das man gewöhnlich im Auge hat, wenn man - mit einem späteren Begriff - das Mittelalter als die Zeit des *corpus christianum* bezeichnet.

### c) Mittel des Friedens

Doch noch so ausgreifende Theorien sei es der kaiserlichen, sei es der päpstlichen Gewalt konnten das Faktum nicht aus der Welt schaffen, daß politische Macht ihrem Wesen nach gefährdet und gefährlich zugleich ist. Aus diesem Grund war das Mittelalter wie von innergesellschaftlichen Konflikten so auch von zwischenstaatlichen Auseinandersetzungen - Kriegen im eigentlichen Sinn - geprägt. Auf diese Tatsache antwortet das mittelalterliche Denken vor allem mit zwei Konzeptionen: zum einen mit dem Vorschlag, zwischenstaatliche Auseinandersetzungen statt durch Krieg mit den Mitteln der Schiedsgerichtsbarkeit zu lösen, und zum andern mit der Weiterentwicklung der Lehre vom gerechten Krieg.

Im Gedanken der *Schiedsgerichtsbarkeit* begegnen wir, wie schon das Beispiel von Pierre Dubois zeigte, "einem ersten Übergreifen der Friedensbewegung in den zwischenstaatlichen Bereich" (Maier 38). Der in der Auseinandersetzung mit dem Fehderecht entwickelte Gedanke, daß der gewaltsame Austrag von Konflikten kraft der Durchsetzung rechtsförmiger Gerichtsverfahren überwunden werden kann, wird in den Friedensplänen des späten Mittelalters auf den zwischenstaatlichen Bereich übertragen. Man faßt die Aufgabe in den Blick, zwischen den Staaten eine Entsprechung zum - mühsam genug errungenen - innerstaatlichen Frieden zu schaffen.

Der Gedanke der Schiedsgerichtsbarkeit greift auf eine ältere Tradition zurück. Erste Ansätze wurden für die Beilegung von Konflikten zwischen den Stadtstaaten der griechischen Antike entwickelt. In Kategorien des Rechts betrachtet verbindet das Schiedsverfahren die Vorteile eines Vergleichs mit denen eines Urteils. Der Freiwilligkeit des Vergleichs entspricht, daß die Parteien zunächst aus freien Stücken einen Vertrag (den sogenannten Kompromiß) eingehen, durch den sie die Pflicht anerkennen, eine Entscheidung des gemeinsam bestellten Schiedsgerichts zu befolgen. Der Verbindlichkeit des Urteils aber entspricht, daß dem Spruch des Schiedsgerichts dieselbe Kraft und dieselben Rechtsfolgen zuerkannt werden wie dem Urteilsentscheid in einem ordentlichen Gerichtsverfahren. Die Verknüpfung von Freiwilligkeit und Verbindlichkeit macht Stärke und Schwäche des Schiedsverfahrens zugleich aus.

Auf dem Weg über das römische Recht hat das Schiedsverfahren seit dem 12. Jahrhundert Eingang in das mittelalterliche Rechtswesen gefunden. Seitdem verbreitet sich dieses Instrument in Deutschland ebenso wie in Oberitalien. Im Kurverein von Rense entziehen die deutschen Kurfürsten im Jahr 1338 dem Kaiser das Recht, über ihre Streitfragen zu entscheiden, und setzen das Kurkollegium selbst als Schiedsgericht ein; dieses Privileg der Kurfürsten wird im Jahr 1495 durch den Wormser Reichstag ausdrücklich bestätigt. Zu einer *internationalen* Schiedsgerichtsbarkeit werden solche Regelungen freilich nur in dem Maß, in dem sich die politischen Gemeinwesen Europas zu souveränen Territorialstaaten im neuzeitlichen Sinn entwickeln. Doch mit eben diesem Schritt rückt auch die Bedeutung der Schiedsverfahren in den Hintergrund. Für das Verhältnis europäischer Staaten zu nichtchristlichen Kontrahenten aber wird die Möglichkeit schiedsgerichtlicher Einigung nie erwogen; dafür fehlt die Basis gemeinsamer rechtlicher Traditionen und Instrumente. Eben deshalb kann sich der Gedanke des Kreuzzugs im mittelalterlichen Europa so unangefochten durchsetzen.

Doch seit den spätmittelalterlichen Entwürfen bleibt die Idee einer funktionierenden internationalen Schiedsgerichtsbarkeit eines der bestimmenden Ziele der Friedensbewegungen wie der Bemühungen um das Völkerrecht - eine Idee freilich, die bis zum heutigen Tage noch nicht wirksam durchgesetzt werden konnte. Aus solchen Gründen kommt schon im Mittelalter der *Lehre vom gerechten Krieg* eine weit höhere praktische Bedeutung zu als der Lehre von der Schiedsgerichtsbarkeit. Freilich dauert es Jahrhunderte, bis die Ansätze Augustins von der mittelalterlichen Kirche aufgegriffen und von der scholastischen Theologie im einzelnen ausgearbeitet werden. Das frühe Mittelalter ist durch eine bemerkenswerte Distanz der Kirche gegenüber dem Kriegshandwerk gekennzeichnet. Man hat dafür den Eintritt der Germanen in die christliche Geschichte verantwortlich gemacht, "deren heldisch-kämpferisches Ethos die Kirche erst zähmen und überwinden mußte" (Dickmann 87). Zum Durchbruch kommt die Lehre vom gerechten Krieg erst mit dem Investiturstreit.

Wie schon bei Augustin so behält auch im Mittelalter die Lehre vom gerechten Krieg ihren systematischen Ort innerhalb der Lehre vom Frieden. *Thomas von Aquin* (1225-1274) etwa behandelt das Problem des Friedens in seiner *Summa Theologiae* im Rahmen der Erörterungen über die dritte theologische Tugend, die Liebe (S. Th. 2 II q 29 und q 37-42). Er beginnt mit einer Entgegensetzung zwischen Frieden und Krieg, die an Schärfe kaum zu überbieten ist. Der Frieden gilt ihm als Frucht der Liebe; der Krieg dagegen zählt zu den Sünden, die dem Frieden zuwider sind. Der modernen Einsicht, daß "Krieg nach Gottes Willen nicht sein soll" (so der Ökumenische Rat der Kirchen 1948) steht diese Ausgangsthese sehr nahe. Krieg wird in ihr zunächst als Widerspruch zum Frieden gefaßt. Da aber der Frieden zu den sittlichen Pflichten der Christen gehört, erscheint die Beteiligung am Krieg als mit diesen Pflichten unvereinbar.

Man muß sich diesen Ausgangspunkt vergegenwärtigen, um sich vor einem allzu geringschätzigen Urteil über die Lehre vom gerechten Krieg zu bewahren. Die schroffe Antithese zwischen Krieg und Frieden bildet ihre Basis. Von hier aus wendet sie sich dem Argument zu, daß in bestimmten Situationen, in denen der Frieden durch äußeren Rechtsbruch und fremde Gewalt zerstört ist, dessen Wiederherstellung gar nicht anders möglich sei als durch die Mittel des Kriegs. Die Lehre vom gerechten Krieg münzt nun dieses bekannte Argument zur "Rechtfertigung" des Kriegs in einen kritischen Maßstab um. Sie fordert nämlich, daß die Unausweichlichkeit des Kriegs und die Pflicht zur Teilnahme an ihm wirklich am Maßstab des Friedens geprüft werden.

Die Lehre vom gerechten Krieg bildet einen Fall der Kompromißethik in herausragendem Sinn. Sie versucht, die Kriterien dafür zu formulieren, unter welchen Bedingungen das Unvereinbare - nämlich Frieden und Krieg - doch miteinander verbunden werden kann:

dann nämlich, wenn der Krieg konsequent der Aufgabe des Friedens untergeordnet wird. Damit nimmt sie die alte platonische These auf, daß nur der Frieden den Krieg zu rechtfertigen vermag. Nur als um des Friedens willen nötige *ultima ratio* kann ein Krieg als gerecht anerkannt werden.

Diese These wird in den drei uns schon von Augustin her bekannten Grundelementen entfaltet: der Kriegserklärung durch die autorisierte politische Gewalt *(auctoritas principis);* dem Vorliegen eines gerechten und schwerwiegenden Grundes, dem auf keine andere Weise Genüge getan werden kann *(causa iusta);* der Orientierung an der Wiederherstellung des Friedens und dem Streben nach einer Hilfe für die Guten durch die Züchtigung der Bösen *(recta intentio).* Als ein Element innerhalb der *recta intentio* tritt in der weiteren Entwicklung der *debitus modus* hinzu, das heißt die Beschränkung der Kriegführung auf legitime Kriegsmittel; unter ihnen wird auf lange Zeit die Unterscheidung zwischen Kriegsbeteiligten und Unbeteiligten, also zwischen Soldaten und Zivilisten, zwischen Kombattanten und Nichtkombattanten ein besonders wichtiges Kriterium sein.

Schon diese mittelalterliche Fassung der Lehre vom gerechten Krieg kann man so verstehen, daß man in ihr zwei Ebenen unterscheidet, die dann auch das spätere Völkerrecht deutlich voneinander trennt. Diese Lehre gibt nämlich einerseits eine Antwort auf die Frage nach der Kriegsberechtigung, nach dem *ius ad bellum;* und sie entwickelt andererseits Antworten auf die Frage nach der Rechtmäßigkeit von Kriegshandlungen, also nach dem *ius in bello.* Beide Gruppen von Antworten sollen durch die Unterordnung des Kriegs unter die Aufgabe des Friedens gefunden werden.

Dennoch muß die Lehre vom gerechten Krieg von Anfang an kritische Rückfragen auf sich ziehen. In der Fassung, die Thomas von Aquin ihr gibt, bietet sie insbesondere in der Definition des gerechten Grundes Anlaß zu solchen Rückfragen. Die Rache gegenüber Ungerechtigkeiten nennt Thomas als Hauptdefinitionsmerkmal des gerechten Kriegs. Zu diesen Ungerechtigkeiten kann es auch gehören, daß dem wahren Glauben etwas in den Weg gelegt wird. Damit erklärt Thomas die häufigen Kriege der "Christgläubigen" gegen die "Ungläubigen". Er öffnet also die Lehre vom gerechten Krieg für eine Rechtfertigung der Kreuzzüge. Und er unterscheidet nicht, ob die Rache gegenüber Unrecht in der Form eines Angriffs- oder eines Verteidigungskriegs vollzogen wird. Die Differenz zwischen *bellum offensivum* und *bellum defensivum* wird mit derjenigen zwischen *bellum iniustum* und *bellum iustum* gerade nicht parallelisiert. Sowohl die Rechtfertigung des Religionskriegs als auch diejenige des Angriffskriegs werden Luther veranlassen, die Lehre vom gerechten Krieg über ihre mittelalterliche Form hinaus weiterzuentwickeln.

### d) Spannungsmomente im mittelalterlichen Friedensbegriff

Doch bevor wir uns Luther und der Reformation zuwenden, fassen wir einige Resultate unseres Rückblicks auf die mittelalterliche Entwicklung zusammen. So knapp der Ausschnitt mittelalterlicher Friedensmodelle auch war, den wir uns vor Augen geführt haben, so hat doch auch er schon die Vielfalt von Tendenzen im Friedensverständnis wie in der Friedenspraxis gezeigt, die für das Mittelalter kennzeichnend ist. Auch zusammenfassend läßt sich das mittelalterliche Friedensverständnis am leichtesten so beschreiben, daß man die Spannungsmomente heraushebt, die es durchziehen:

1. Der Begriff des Friedens faßt eine Vielzahl von Aspekten zusammen; der Gegensatz zwischen Frieden und Krieg ist nur eines seiner Momente. Er umfaßt das Verhältnis des Menschen zu Gott, zum Nächsten und zu sich selbst ebenso wie die politisch-soziale Ordnung.

2. In der Vielfalt solcher Aspekte bildet sich die Universalität des Friedens ab. Von Frieden im vollen Sinn kann nur die Rede sein, wenn er den Kosmos im ganzen umspannt. Politischer Frieden muß deshalb die bewohnte Erde im ganzen einbeziehen. Doch genau dieser universale politische Frieden ist umstritten. Umstritten ist insbesondere, wer als sein Garant auftreten darf: der Kaiser oder der Papst.

3. Der universale Frieden kann nur der wahre Frieden sein. Zum Begriff des wahren Friedens gehört der Gegenbegriff des falschen Friedens. Das wichtigste Merkmal des wahren Friedens bildet die Gerechtigkeit. Doch der Vision eines Friedens, der sich mit der Gerechtigkeit versöhnt, tritt die Realität eines Friedens entgegen, der die Gestalt einer Herrschaftsordnung trägt.

4. Nicht nur zwischen den Staaten, sondern auch in deren Innerem ist der Frieden bedroht. Der Gegensatz zwischen Frieden und Fehde bestimmt das Mittelalter. Seine wichtigste Friedensleistung besteht in der Ausbildung des staatlichen Gewaltmonopols, dessen Aufgabe darin liegt, den gewaltfreien Austrag innerstaatlicher Konflikte zu ermöglichen.

5. Vorbereitet wird dieses staatliche Gewaltmonopol durch die Sonderfrieden. Der Universalität des Friedens tritt in ihnen die Erfahrung entgegen, daß Frieden immer nur als begrenzter erfahren und gestaltet werden kann. Der wichtigste Friedensbeitrag der Kirchen besteht während des Mittelalters in der Proklamation und Förderung derartiger Sonderfrieden.

6. Trotz des kriegerischen und gewaltsamen Charakters, der dem Mittelalter eignet, hat es für den Bereich der politischen Ethik dem augustinischen Grundsatz zur Durchsetzung verholfen, nach dem der zeitliche Frieden als Zweck aller politischen Ordnung angesehen werden muß.

LITERATUR: *Berthold von Regensburg,* Vier Predigten, Stuttgart 1983 - *H. Conrad,* Rechtsordnung und Friedensidee im Mittelalter und in der beginnenden Neuzeit, in: Hollerbach/Maier, 9-34 - *Dante Alighieri,* De Monarchia, Mailand 1965 - *F. Dickmann,* Friedensrecht und Friedenssicherung, Göttingen 1971 - *Pierre Dubois,* De recuperatione terre sancte, Paris 1891 - *U. Duchrow,* Christenheit und Weltverantwortung, Stuttgart 1970 - *P. Engelhardt,* Die Lehre vom "gerechten Krieg" in der vorreformatorischen und katholischen Tradition, in: R. Steinweg (Hg.), Der gerechte Krieg: Christentum, Islam, Marxismus, Frankfurt 1980, 72-124 - Die Schriften des heiligen *Franziskus von Assisi,* Werl 1980 - *A. Hollerbach/H. Maier* (Hg.), Christlicher Friede und Weltfriede, Paderborn 1971 - *H. Maier,* Der christliche Friedensgedanke und der Staatenfriede der Neuzeit, in: Hollerbach/ Maier, 35-51 - *Marsilius von Padua,* Der Verteidiger des Friedens (Defensor Pacis), Berlin 1958 - *H. E. Mayer,* Geschichte der Kreuzzüge, 6. Aufl. Stuttgart 1985 - *C. Mirbt/K. Aland,* Quellen zur Geschichte des Papsttums und des römischen Katholizismus, Bd. I, 6. Aufl. Tübingen 1967 - *A. Rotzetter,* Impulse für eine Friedensstrategie bei Franz von Assisi, Bonn 1983 - *S. Runciman,* Geschichte der Kreuzzüge, München 1975 - *F. H. Russell,* The Just War in the Middle Ages, Cambridge 1975 - *Thomas von Aquin,* Summa Theologiae, Deutsche Thomas-Ausgabe, Bd. 17 B, Heidelberg u.a. 1966 (zit. S. Th.) - *B. Töpfer,* Das kommende Reich des Friedens. Zur Entwicklung chiliastischer Zukunftshoffnungen im Hochmittelalter, Berlin 1964.

## *2.4. Die Ermahnung zum Frieden*

Der Zugang zur politischen Ethik der Reformation wie im besonderen zu Luthers politischer Ethik wird bis zum heutigen Tag dadurch erschwert, daß man über Jahrhunderte hinweg das reformatorische Erbe unter der Perspektive einer Gehorsamsethik rezipiert hat. Die zusammenfassende Formulierung der reformatorischen politischen Ethik im Augsburgischen Bekenntnis von 1530 scheint einer solchen Betrachtung in vollem Umfang Recht zu geben. Deren 16. Artikel heißt:

"Von Polizei und weltlichem Regiment wird gelehret, daß alle Obrigkeit in der Welt und geordente Regiment und Gesetze gute Ordnung, von Gott geschaffen und eingesetzt seind, und daß Christen mögen in Oberkeit,

Fürsten- und Richter-Amt ohne Sunde sein, nach kaiserlichen und anderen ublichen Rechten Urteil und Recht sprechen, Ubeltäter mit dem Schwert strafen, rechte Kriege fuhren, streiten, kaufen und verkaufen, aufgelegte Eide tun, Eigens haben, ehelich sein etc." (Bekenntnisschriften 70f).

Daß die politische Ordnung von Gott geschaffen, also doch wohl eine "Schöpfungsordnung" sei, wird hier ebenso deutlich behauptet, wie der Text nicht nur die Strafgewalt des Staates einschärft, sondern auch die Lehre vom gerechten Krieg knapp, aber klar rezipiert (*iure bellare,* zu deutsch: "rechte Kriege führen"). So scheint es kein Wunder zu sein, daß ein Autor wie der Erlanger Theologe Walter Künneth diesen Artikel immer wieder bemüht hat, um alle Formen eines christlichen "Neopazifismus" als Widerspruch gegen das reformatorische Bekenntnis zu kennzeichnen.

Ein Rückblick auf die politische Ethik des Reformationsjahrhunderts muß jedoch bei der politischen Situation einsetzen, von der es bestimmt war. Zum einen bildete die Errungenschaft eines dauerhaften Landfriedens, der 1495 in Worms proklamiert worden war, noch immer ein junges und gefährdetes Gut. Vor dem Hintergrund des mittelalterlichen Fehdewesens hatte die Aufforderung, sich der staatlichen Strafgewalt unterzuordnen, einen befriedenden Aspekt, der häufig unterschlagen wird, wenn allzu oberflächlich über den reformatorischen Obrigkeitsgehorsam geklagt oder gespottet wird. Zum andern nahm in einer Zeit, in der die kaiserliche Zentralgewalt des Reiches erkennbar geschwächt, der Kaiser im übrigen meistens mit den Problemen seiner spanischen Lande oder anderer Reichsteile beschäftigt war, die Gefahr kriegerischer Verwicklungen zwischen den deutschen Einzelstaaten beständig zu. Die Schwäche des Kaisers bildete geradezu eine der entscheidenden Voraussetzungen für den Erfolg der Reformation, die durch die auf dem Wormser Reichstag 1521 gegen Luther verhängte Reichsacht eben nicht aufzuhalten war. Doch die Kehrseite dieser für die Reformation so förderlichen Schwäche lag eben darin, daß auch der nun entbrennende Religionskonflikt alsbald in kriegerische Verwicklungen führte. Deshalb läßt sich dem reformatorischen Versuch, durch die Fortführung der Lehre vom gerechten Krieg die Anwendung militärischer Gewalt, wenn sie denn schon unvermeidlich erschien, wenigstens ans Recht zu binden, ein höchst ernster Hintergrund nicht absprechen. Eine kritische Auseinandersetzung mit dem politischen Ethos der Reformationszeit soll durch solche Hinweise nicht gehindert werden; doch solche Kritik ist hier wie sonst erst dann sachgemäß, wenn sie den historischen Hintergrund und die bestimmenden Motive der gemeinten Position zur Kenntnis nimmt und in ihrer Ernsthaftigkeit berücksichtigt. Deshalb war an diese Voraussetzungen zu erinnern, bevor wir uns nun in exemplarischer Absicht der politischen Ethik Luthers zuwenden.

### a) Die Bedeutung der Bergpredigt für die politische Ethik

Zu den treibenden Motiven in Luthers politischer Ethik gehört der Wille, die Bergpredigt ungeschmälert zur Geltung zu bringen. Deshalb steht am Beginn der Reformation der Widerspruch gegen die mittelalterliche Zwei-Stufen-Ethik. Sie unterscheidet zwischen den Vorschriften, den *praecepta,* wie sie insbesondere in den zehn Geboten begegnen und für alle Glaubenden in gleicher Weise verpflichtend sind, und den *consilia evangelica,* jenen "evangelischen Räten" also, die nur von denjenigen zu befolgen sind, die sich im Stand der "Vollkommenen" befinden und sich zu dessen besonderer, geistlicher Lebensform bekennen. In Luthers Einspruch gegen diese Zwei-Stufen-Ethik verbindet sich ein exegetisches mit einem systematischen Argument.

Exegetisch macht er darauf aufmerksam, daß die Bergpredigt nach ihrem Wortlaut im 5. bis 7. Kapitel des Matthäusevangeliums nicht Räte für wenige ausspricht, sondern allen, die auf sie hören, mit der gleichen Verbindlichkeit entgegentritt. Systematisch aber stellt er fest, daß derjenige, der Jesu Gebote zu "Räten" erklärt, die nur von wenigen befolgt werden können, aus dieser Erfüllung des von Jesus Gebotenen ein verdienstliches Werk macht. Die mittelalterliche Zwei-Stufen-Ethik ist deshalb nach Luthers Urteil mit der Lehre von der Rechtfertigung allein durch Gnade und allein aus Glauben nicht vereinbar.

Ihr setzt er deshalb den Versuch entgegen, die unverkürzte Geltung der Bergpredigt für jeden Christen einzuschärfen. Bei diesem Versuch muß er freilich nicht nur das Mißverständnis abweisen, die Weisungen der Bergpredigt begründeten ein Sonderethos für die "Vollkommenen"; sondern er muß sich auch dagegen abgrenzen, daß sie zum Verfassungstext eines theokratischen Gemeinwesens erklärt werden, wie dies in täuferischen Gruppen der Reformationszeit geschah. Im einen Fall wird geleugnet, daß die Bergpredigt allen Christen in gleicher Weise gilt. Im andern Fall aber wird geleugnet, daß in einer Welt, in der Christen und Nichtchristen zusammenleben und in der die Wirklichkeit der Sünde noch nicht überwunden ist, zwischen dem geistlichen und dem weltlichen Regiment Gottes zu unterscheiden ist. Beiden Positionen gegenüber will Luther deutlich machen, daß die Bergpredigt nicht davon handelt, wie man durch Werke vor Gott gerecht wird, sondern wie der Glaube im gerechtfertigten Menschen wirksam wird und entsprechende Handlungen zur Folge hat (vgl. WA 32, 541, 14). Gottes Alleinwirksamkeit bildet den Grund und die Voraussetzung für die nachfolgende Mitwirkung des Menschen am Werk Gottes (vgl. WA 18, 754, 1-16). Dieser Grundsatz bildet den Ausgangspunkt für Luthers Ethik im Allgemeinen wie für sein Verständnis der menschlichen Friedensverantwortung im Besonderen.

Doch kann derartige Friedensverantwortung sich an der Gewaltlosigkeit orientieren, für welche die Bergpredigt so eindrucksvoll plädiert? Die Antwort auf diese Frage hat nach Luther davon auszugehen, daß in dieser Welt zwei "Reiche", zwei Personenverbände einander gegenüberstehen. Neben denen, die in ihrem Leben vom Glauben an Christus bestimmt und durch die Liebe getrieben sind, stehen die anderen, die nicht Christen sind und deren Bosheit durch äußeren Zwang in Schranken gehalten werden muß. Wegen des Widerstreits zwischen diesen beiden "Reichen" übt Gott seine Herrschaft über die Welt in der Form eines doppelten "Regiments" aus. Im geistlichen Regiment führt Christus Menschen durch sein Wort zum Glauben; im weltlichen Regiment ermöglicht und sichert Gott durch die Institutionen des weltlichen Rechts ein friedliches Zusammenleben der Menschen. Das Verhältnis der Christen aber nicht nur zum geistlichen, sondern auch zum weltlichen Regiment ist durch die Liebe bestimmt; gerade darin soll die Verbindlichkeit der Bergpredigt zur Geltung kommen.

Doch die Liebe kann Verschiedenes gebieten, je nachdem in welchem Verantwortungszusammenhang der einzelne ihr nachzuleben versucht. Untereinander und jeweils für sich selbst bedürfen die Christen der staatlichen Zwangsgewalt nicht. Aber "weil ein rechter Christ auf Erden nicht sich selbst, sondern seinem Nächsten lebt und dient, so tut er nach Art seines Geistes auch das, dessen er nicht bedarf und das nur seinem Nächsten nötig und nützlich ist" (Von weltlicher Obrigkeit, StA 3, 42, 19ff). Soweit es um ihr eigenes Recht geht, verzichten die Christen auf dessen gewaltsame Durchsetzung. Freilich erleiden sie die Rechtsverletzung nicht schweigend, sondern bekennen das Recht vernehmbar; Erleiden des Unrechts und Bekennen des Rechts sind die beiden Formen, in denen der Christ für sich selbst vom Recht Zeugnis ablegt. Doch um des Nächsten willen ist die friedenswahrende Funktion des Staates - einschließlich seiner Strafgewalt und des Schutzes gegen äußeren Zwang - unentbehrlich. Deshalb ordnen sich Christen nicht nur der staatlichen Gewalt unter, sondern sind auch bereit, obrigkeitliche Aufgaben zu übernehmen. Denn die *politia* bildet neben der *ecclesia* und der *oeconomia* den dritten Stand innerhalb der Christenheit. Wie in den beiden anderen Ständen, so können Christen auch im *status politicus* das Werk der Liebe üben. Sie entziehen sich dem Anspruch der Bergpredigt nicht, wenn sie sich im politischen Amt an der Ausübung staatlicher Gewalt verantwortlich beteiligen.

b) Der zeitliche Frieden als das größte Gut auf Erden

Die praktischen Folgen dieses Ansatzes zeigen sich nun darin, wie Luther das Leben in den drei Ständen unter den Leitbegriff des Friedens stellt. Da das weltliche Handeln des Christen Frucht des Glaubens und Teilnahme am Wirken Gottes ist, gehört es zu den Aufgaben des *status ecclesiasticus* und des Predigtamts, die Menschen in ihre Friedensverantwortung einzuweisen und sie zum Frieden zu mahnen. Denn das Leben in der *oeconomia* (die Familie und Beruf umschließt) steht ebenso wie das Leben in der *politia* (also in der öffentlichen Ordnung im weitesten Sinn) unter dem Leitbegriff des Friedens; er ist die elementare Bedingung des gemeinsamen Lebens im Haus wie im politischen Gemeinwesen: "der zeitlich fried ... (ist) das grösseste gut auff erden ... darinn auch alle andere zeitliche Güter begriffen sind ..." (WA 30 II, 538, 18ff).

Menschliche Gerechtigkeit hat deshalb daran ihr Maß, ob sie dem Frieden dient, ihn möglich und auf die Dauer verläßlich macht. Die Unterscheidung zwischen dem Handeln des Christen für sich selbst und für andere, die schon für die Auslegung der Bergpredigt tragend ist, findet nun im Blick auf die Aufgabe des Friedens ihre Anwendung. Denn diese verlangt vom einzelnen Unterschiedliches - je nachdem, ob er von einer Störung des Friedens nur für sich selbst oder in seiner Verantwortung für andere betroffen ist. Was ihn selbst angeht, wird ein Christ sogar den Bruch des Friedens ohne Gegenwehr erleiden und darin Liebe zum Feind üben. Ist er aber in seiner Verantwortung für den Nächsten betroffen, so ist er auch um der Liebe willen verpflichtet, ihm beizustehen. Der Schutz des Nächsten vor gewaltsamen Übergriffen aber bildet insbesondere die Aufgabe der staatlichen Obrigkeit. Deshalb ist sie nicht nur berechtigt, sondern auch verpflichtet, zur Abwehr der Friedensstörung notfalls Gewalt einzusetzen. Ein solcher Einsatz von öffentlicher Gewalt zum Schutz von Recht und Frieden ist auch vom Christen anzuerkennen und zu unterstützen.

Von der Anerkennung des Friedens als des größten irdischen Guts ausgehend sieht Luther sich dazu veranlaßt, unter bestimmten Bedingungen die Beteiligung der Christen nicht nur an der staatlichen Strafgewalt, sondern auch an zwischenstaatlicher militärischer Gewaltanwendung für gerechtfertigt zu halten. Die Anfrage des kursächsischen Obersten Assa von Kram, "ob Kriegsleute auch in seligem Stande sein können", beantwortet er deshalb 1526 grundsätzlich positiv. Dabei macht er von den überlieferten Argumenten der Lehre vom gerechten Krieg Gebrauch. Doch sieht er sich zugleich zu einer bemerkenswerten Verschärfung dieser Lehre veranlaßt. Luther kann nämlich nur einen einzigen "gerechten Grund" erkennen, der die Beteiligung am Krieg erlaubt erscheinen läßt: nämlich die Abwehr eines akuten, tatsächlich erfolgten Angriffs. Mit aller Eindeutigkeit begrenzt Luther den "gerechten Krieg" also auf den Verteidigungskrieg; den "präventiven Verteidigungskrieg" schließt er dabei ausdrücklich aus. Für eine Einschränkung der Kriegsgründe macht er ferner seine Unterscheidung von geistlichem und weltlichem Regiment geltend. Aus Gründen des geistlichen Regiments kann man nicht einen Krieg führen wollen; denn zum Glauben kann niemand mit Waffengewalt gezwungen werden. Der Legitimation von Kreuzzügen, Kriegen gegen Häretiker oder anderen Formen des Religionskriegs macht Luther mit diesen Überlegungen ein Ende.

Den ursprünglichen Sinn der Lehre vom gerechten Krieg schärft Luther zusätzlich dadurch ein, daß er dem einzelnen ausdrücklich eine Pflicht zur Prüfung der von der Obrigkeit getroffenen Entscheidungen auferlegt. Kommt der Christ zu dem Ergebnis, daß die Obrigkeit ungerecht Krieg führt, so hat er den Gehorsam zu verweigern und die Konsequenzen zu tragen. Den Ausweg, sich auf einen "Befehlsnotstand" zu berufen, schneidet Luther ab. Mit bemerkenswerter Klarheit erweist er sich als Anhänger einer situationsbezogenen Kriegsdienstverweigerung.

### c) Das Verbot der Auflehnung und die Pflicht zum Ungehorsam

In ungewöhnlichem Maß ist Luthers politische Ethik durch innere Spannungen, dadurch aber auch durch eine innere Dynamik gekennzeichnet. Sie zeigt sich am deutlichsten darin, daß der Reformator auf der einen Seite - in manchmal ärgerlicher und im Fall der Bauernaufstände in offenkundig ungerechter Zuspitzung - den Gewaltunterworfenen die Pflicht zum Gehorsam einschärft und jede Auflehnung als mit Gottes Gebot unvereinbar verwirft, und daß er auf der anderen Seite dann doch eindeutig und klar diejenigen Ausnahmefälle bezeichnet, in denen der Christ zur Gehorsamsverweigerung nicht nur berechtigt, sondern sogar verpflichtet ist.

Ärgerlich an Luthers Gehorsamsforderung erscheint vielen bis zum heutigen Tag, daß er sie mit einem Verbot der gewaltsamen Auflehnung verbindet, dessen schärfste Fassung so heißt: "Darumb ist auch keyn auffruhr recht, wie rechte sach er ymer haben mag" (Eine treue Vermahnung, 1522, StA 3, 19, 17f). Daß die Gewaltanwendung um der guten Sache willen diese selbst in eine böse verkehrt, ist eine harte These. Luther begründet sie zum einen mit der nüchternen politischen Einsicht, daß jede Inanspruchnahme eines Rechts auf Selbsthilfe einen Rückfall in den Zustand des Fehderechts bedeuten würde. Zum andern aber beruft er sich darauf, daß die Selbsthilfe als solche einen Verstoß gegen die aus der Bergpredigt entwickelte politische Ethik darstellt. Wo andere zu solcher gewaltsamen Selbsthilfe aufrufen, empfiehlt Luther deshalb den gewaltfreien Widerstand. Durch Wort, Brief und Schrift sollen Christen die Obrigkeit dazu drängen, das gebrochene Recht wiederherzustellen. In moderner politischer Sprache und im Blick auf moderne politische Mittel kann man sagen, daß Luther hier das Recht und die Pflicht zu Protest und Demonstration begründet. Dabei führt er den Gedanken der Gewaltfreiheit als eines politischen Mittels in die politische Theorie ein. Gegenüber der Obrigkeit ist das Mittel des Widerstands nicht die Gewalt, sondern das Bekenntnis der Wahrheit (Von weltlicher Obrigkeit, StA 3, 67, 26ff).

Über solchen gewaltfreien Widerstand hinaus geht die Pflicht zum Ungehorsam, die Luther immer wieder an zwei Fällen erörtert. Für den Fall der ungerechten Kriegführung durch den Landesherrn scheut er vor dem Rat der Fahnenflucht nicht zurück, den er aus Anlaß der Wurzener Fehde 1542 so formuliert:

> "Und Rat auch trewlich, das, Wer unter solchem unfriedlichen fursten kriegt, das er lauffe, was er lauffen kan, aus dem felde, errette seine seele und lasse seinen Rachgyrigen, unsynnigen fursten allein und selbs mit denen, so mit yhm zum teuffel faren wollen, kriegen, Denn Niemand ist gezwungen, sondern viel mehr yhm verboten, fursten und Herrn gehorsam zu sein oder Eid zu halten zü seiner seelen verdamnis, das ist wider Gott und Recht" (WA Br. 10, 36).

Der Zwang zur ungerechtfertigten Gewaltanwendung auf der einen, der Zwang gegen Glauben und Gewissen auf der anderen Seite bilden die beiden Fälle, an denen Luther die Pflicht zum Ungehorsam erläutert. Beim Gewissenszwang, also beim Eingriff in die Freiheit des Glaubens, überschreitet die Obrigkeit die Grenzen, die dem weltlichen Regiment gesetzt sind. Wenn sie etwa die Auslieferung des von Luther ins Deutsche übersetzten Neuen Testaments fordert, greift sie in den Bereich des geistlichen Regiments über. Solchen Befehlen schuldet man keinen Gehorsam; man ist vielmehr, selbst um den Preis des Leidens und der Verfolgung, zum Ungehorsam verpflichtet.

Luther unterscheidet deutlich zwischen zwei Arten ungerechten staatlichen Handelns und demgemäß zwischen zwei Reaktionsweisen, die dem Christen geboten sind. Im einen Fall, in dem der Staat schlechtes Recht setzt oder das Recht bricht, sind die Christen auf den Weg des gewaltfreien Widerstands - wir würden heute sagen: der Demonstration oder des Protests - gewiesen. Im andern Fall - dann nämlich, wenn die Christen zur Beteiligung an der Anwendung ungerechter Gewalt genötigt werden oder wenn der Staat mit seinen Zwangsmitteln in die Glaubens- und Gewissensfreiheit eingreift - sind sie zur Gehorsamsverweigerung genötigt und geraten so in einen unmittelbaren Konflikt mit der staatlichen Ordnung. Als Grenzfall hat Luther schließlich noch den Fall des Herrscherwahnsinns ins Auge gefaßt (Ob Kriegsleute auch in seligem Stande sein können, StA 3, 373, 12ff); gelegentlich kann er sogar die Möglichkeit des Widerstands gegen den Kaiser in der Form des spontanen Volkskriegs erwägen (WA 39 II, 58) und Fälle diskutieren, in denen der Tyrannenmord den Charakter der Notwehr trägt (WA TR 1, 1126). Den Herrscher zu beseitigen, kann dann geboten sein, wenn er zwischen Recht und Unrecht nicht mehr zu unterscheiden vermag. In einem solchen Fall kann der äußerste Schritt gewaltsamer Beseitigung für Luther vertretbar sein; denn den Kutscher, der trunken ist, soll man vom Bock stoßen.

d) Vom Krieg zum Frieden raten

Luthers politische Ethik ist dynamischer und moderner, als dies denjenigen erscheint, die außer dem Schlagwort vom lutherischen Obrigkeitsgehorsam nichts von ihr wahrgenommen haben und denen die Geschichte des Luthertums an die Stelle Luthers getreten ist. Bestimmend für Luthers politische Ethik ist insbesondere das Gefälle vom Krieg zum Frieden. In dieses Gefälle zeichnet er auch die Rolle der Kirche ein. Sie hat, wie er sagt, unablässig "vom Kriege zum Frieden zu raten" (Warnung an meine lieben Deutschen, 1531; WA 30 III, 282). Aus dieser Aufgabenbestimmung für die Kirche hat Luther auch selbst Konsequenzen gezogen; seine umfangreiche politische Beratungstätigkeit ist durch das Gefälle vom Krieg zum Frieden geprägt. Auch in harten Konflikten fordert er eine friedliche Streitschlichtung; im Fall der Wurzener Fehde erklärt er 1542, er werde sich zu derjenigen Partei halten, die sich bereit erkläre, auf ein Schieds- oder Vermittlungsverfahren einzugehen.

Das Gewicht dieser Aussage geht über den Einzelfall weit hinaus. Aus ihr spricht der Grundsatz, daß der Friedenswahrung ein höherer Rang zukommt als der Durchsetzung des eigenen Rechtsstandpunkts. Der Vorrang des Friedens vor dem eigenen Recht und der Vorrang der Gewaltfreiheit vor allen Mitteln der Gewalt kennzeichnen Luthers politische Ethik. Vom linken Flügel der Reformation unterscheidet er sich insbesondere durch die Überzeugung, daß die Mittel der staatlichen Schwertgewalt angesichts der Realität des Bösen unausweichlich sind. Er unterscheidet sich von ihm ferner dadurch, daß er auch dem Kampf gegen die Ungerechtigkeit den Frieden zu opfern nicht bereit ist. Er ordnet also die Gerechtigkeit dem Frieden in dem Sinn unter, daß auch eine noch so gerechte Sache den Bruch des Friedens nicht zu rechtfertigen vermag.

Die Schwäche von Luthers Ethik liegt vor allem anderen darin, daß er kaum eingehendere Überlegungen darüber vorträgt, wie der Mißbrauch obrigkeitlicher Macht durch institutionelle Vorkehrungen vermieden werden kann. Überlegungen zur Gewaltenteilung oder zur Kontrolle der Machtausübung liegen ihm noch fern. Deshalb gewinnt das mit der Gehorsamsforderung verbundene Auflehnungsverbot oft, zumal in Luthers Stellungnahmen zu den Aufständen der Bauern, einen unerträglich autoritären Charakter. Doch zwingend mit Luthers systematischem Ansatz verbunden ist das nicht. Dies zeigt sich daran, wie Luther um des Friedens willen den gewaltfreien Widerstand, die Gehorsamsverweigerung, ja im Fall der Notwehr sogar den Tyrannenmord in seine Überlegungen einbezieht.

LITERATUR: Die *Bekenntnisschriften* der evangelisch-lutherischen Kirche, 9. Aufl. Göttingen 1982 - *K. D. Erdmann*, Luther über den gerechten und ungerechten Krieg. Berichte aus den Sitzungen der Joachim-Jungius-Gesellschaft der Wissenschaften 1, 1983/84, Heft 5, Hamburg 1984 - *N. Hasselmann* (Hg.), Gottes Wirken in seiner Welt. Zur Diskussion um die Zweireichelehre, 2 Bde., Hamburg 1980 - D. *Martin Luthers* Werke. Kritische Gesamtausgabe, Weimar 1883ff/Neudruck Graz 1964ff (zit. WA) - *Martin Luther*, Studienausgabe, Berlin 1979ff (zit. StA) - *H. A. Oberman*, Luther. Mensch zwischen Gott und Teufel, Berlin 1981 - *G. Sauter* (Hg.), Zur Zwei-Reiche-Lehre Luthers, München 1973 - *G. Scharffenorth*, Den Glauben ins Leben ziehen ... Studien zu Luthers Theologie, München 1982 - *G. Wolf* (Hg.), Luther und die Obrigkeit, Darmstadt 1972 - *E. Wolgast*, Die Wittenberger Theologie und die Politik der evangelischen Stände. Studien zu Luthers Gutachten in politischen Fragen, Gütersloh 1977.

## 3. Frieden zwischen Utopie und Rechtsordnung

Die gerade geschilderte friedensethische Position Martin Luthers bildet nur eine der Varianten der politischen Ethik, die im Umkreis der Reformation auftreten. Seinem *Wittenberger Modell* läßt sich eine Reihe weiterer Konzeptionen zur Seite stellen. Johannes Calvins (1509-1564) *Genfer Modell* beruht auf der theokratischen Voraussetzung, daß dem Staat die Aufgabe zukommt, über die Erfüllung beider Tafeln des Dekalogs zu wachen. Dieser umfassenden staatlichen Aufgabe entspricht ein kritisches Wächteramt der Kirche gegenüber den Maßstäben wie den Inhalten staatlicher Politik. Frieden wird möglich, wenn staatliche Herrschaft sich am Maßstab des göttlichen Gebots orientiert. In diesem Sinn identifiziert die Calvinsche Konzeption Frieden und Gerechtigkeit.

Ihm lassen sich die auf dem linken Flügel der Reformation entwickelten Konzeptionen gegenüberstellen. Das *Mühlhausener Modell* Thomas Müntzers (1468/70-1525) rechtfertigt die Gewaltanwendung zum Umsturz ungerechter Verhältnisse; es ordnet also den Frieden der Gerechtigkeit unter. Das *Schleitheimer Modell* Michael Sattlers (ca. 1490-1527) dagegen, das in den Schleitheimer Artikeln von 1527 zum Ausdruck kommt, plädiert für einen radikalen christlichen Gewaltverzicht und lehnt die Gewaltanwendung zur Abwehr von Feinden wie zur Durchsetzung einer guten Sache ab. Es kennt weder einen gerechten Krieg noch einen gerechten Aufstand, kann aber auch zur Strafgewalt des Staates kein positives Verhältnis entwickeln. Derjenige Flügel des Täufertums, der sich der prinzipiellen Gewaltlosigkeit verpflichtet weiß, nimmt lieber Ungerechtigkeit in Kauf, als daß er sich mit einem gewaltsamen Bruch des Friedens um der Gerechtigkeit willen abfindet. In diesem Sinn ordnet er - darin mit Luther übereinstimmend - die Gerechtigkeit dem Frieden unter. Doch den Grenzfall des Tyrannenmords erkennt er ebenso wenig an, wie er sich der Frage aussetzt, ob im Kampf gegen das Böse im äußersten Fall das Mittel der Gewalt unausweichlich sein kann.

Indes liegt die Bedeutung der Reformation für die Entwicklung des Friedensverständnisses wie der politischen Ethik nicht allein in den unterschiedlichen friedensethischen Modellen, die von den verschiedenen Richtungen und Flügeln der reformatorischen Bewegung entwickelt wurden. Von gleich großem Gewicht ist vielmehr die Tatsache, daß die Reformation die mittelalterliche Vorstellung ins Wanken brachte, nach welcher das gesamte *corpus christianum* und damit der ganze Erdkreis von einem universalen Frieden getragen und bestimmt sein soll. In derselben Epoche, in welcher teils durch den päpstlichen, teils durch den kaiserlichen Universalitätsanspruch die spanische Kolonialpolitik in Lateinamerika mit einem universalen Friedensauftrag gerechtfertigt wird, wird das Konzept eines umfassenden Friedens selbst aufs äußerste in Frage gestellt.

Die Reformation war keineswegs das erste geschichtliche Ereignis, das in eine Spaltung der Christenheit mündete; doch es war das erste von so tiefreichender politischer Auswirkung. Das Schisma, durch das im 11. Jahrhundert westliche und östliche Christenheit auseinandertraten, bildete einen vergleichbaren epochalen Einschnitt; doch es wurde nicht im selben Sinn wie die Reformation als das Ende einer politischen Ordnungsvorstellung erfahren. Erst die auf die Reformation folgende Glaubensspaltung läßt die traditionellen Vorstellungen vom Zusammenhang zwischen Christenheit und Frieden zweifelhaft werden. Der christliche Glaube erscheint im Reformationsjahrhundert nicht in einer friedensstiftenden, sondern in einer konfliktsteigernden Funktion. Die Kirche begegnet nicht als Friedensmacht, sondern als Kriegsgrund.

Zugleich werden die bisherigen politischen Kategorien durch die Entdeckung der "neuen Welt" sowie durch den Ausbau der Zentralgewalt in den Stadt- und Flächenstaaten überholt. Die Kolonialherrschaft Spaniens und Portugals über Südamerika ist mit dem hergebrachten Denken über Frieden und Krieg ebenso schwer zu vereinen wie die neue Kriegstechnik, die mit der Einführung der Pulverwaffe um 1500 Einzug hält. Die Grausamkeit des Krieges kann nun über große Distanz vorgetragen werden. Man kann den Gegner töten, ohne ihm nahezukommen. Die Mauern der mittelalterlichen Städte verlieren mit einem Schlag ihre schützende Funktion.

Im übrigen sind die Kriege dieser Epoche nicht denkbar ohne die Tätigkeit, den Einfluß und das Profitinteresse erfolgreicher Militärunternehmer. Sie rekrutieren die Landsknechte, zahlen sie aus und lassen sich dafür fürstlich entlohnen. Auf welcher Seite ein Söldnerheer zum Einsatz kommt, entscheidet sich nicht an nationaler Zugehörigkeit oder politischer Überzeugung, sondern am Geld. Und davon läßt sich einiges verdienen. Von Georg von Frundsberg, einem der berühmtesten Söldnerführer des frühen 16. Jahrhunderts, wird berichtet, gemessen an der heutigen Kaufkraft sei er gegen Ende seines Lebens ein mehrfacher Millionär gewesen.

Diese rationale, unternehmerische Kalkulation des Krieges setzt sich in einer Zeit durch, die auch sonst von ungewöhnlich raschem Wandel geprägt ist. Auf die tiefen Erschütterungen überkommener sozialer und politischer Strukturen antwortet eine ungewöhnlich dichte und vielfältige politische Literatur. In unterschiedlichen Richtungen sucht sie die Umstülpung der überlieferten Ordnungen und Kategorien zu verarbeiten. Der 'Principe' Niccolo Machiavellis (1469-1527) zählt ebenso zu ihr wie die 'Utopia' des Thomas Morus (1478-1535). Doch derjenige Autor, der mit seiner Friedenspublizistik eine völlig neue Literaturgattung begründet, ist Erasmus von Rotterdam (1466/69-1536).

### *3.1. Die Klage des Friedens*

*Erasmus,* der große Humanist und Philosoph, hat die Geneigtheit seiner Zeit zum Krieg mit scharfen Worten angegriffen und in einer Vielzahl von Schriften gegeißelt. *Antipolemos* heißt die erste seiner Friedensschriften, wörtlich: 'Gegen den Krieg'. 1506 wird sie verfaßt; sie gilt heute als verschollen. Dann benutzt Erasmus seinen ersten großen Bucherfolg, die unter dem Titel 'Adagien' veröffentlichte Sammlung antiker Sprichwörter, um einen brillanten Essay über Krieg und Frieden zu veröffentlichen. Lange vor den berühmten Essays von Montaigne entwickelt Erasmus damit diese neue literarische Form; und es gelingt ihm die erste Friedensschrift im neuzeitlichen Sinn. "Süß scheint der Krieg den Unerfahrenen": so lautet der antike Sinnspruch, an den Erasmus seine Überlegungen anschließt. Sie sind in der Ausgabe der Adagien von 1515 enthalten, werden jedoch schon bald separat veröffentlicht. Bereits im Jahr von Luthers Thesenanschlag, im Jahr 1517, erscheint die nächste Schrift zu diesem Thema. In ihr läßt Erasmus den Frieden in Person auftreten und Klage führen. Diese *Querela pacis* - die 'Klage des Friedens' - bleibt über Jahrhunderte hinweg ein Klassiker neuzeitlicher Friedenshoffnung. Doch Erasmus kann sich nicht verhehlen, daß diese Sehnsucht an den kriegerischen Verhältnissen seiner Zeit wirkungslos abprallt. Immer beißender wird die Ironie, mit der er auf diese Erfahrung antwortet. Bitter schildert er in seinen Dialogen von 1518 - 'Der Soldat und der Kartäuser' heißt der eine, 'Soldatenbeichte' der andere - das Schicksal der Landsknechte, die, von falschen Versprechungen verlockt, in den Krieg zogen und enttäuscht, verkrüppelt und verarmt nach Hause zurückkehren. Menschenleben werden persönlicher Ruhmsucht zum Opfer gebracht; sie bilden das Material des Kampfs um die Macht. Dieses - noch immer aktuelle - Résumé zieht Erasmus aus der Beobachtung der Politik seiner Zeit. In einem beinahe zeitlos zu nennenden Dialog über die Ruhmsucht der Staatsmänner faßt er das Ergebnis zusammen. Wir beschränken uns im folgenden auf zwei Aspekte in der Friedensklage des Erasmus: die Diagnose der Friedlosigkeit (a) und die Gründe für die Wiedergewinnung des Friedens (b). Anschließend wollen wir knapp skizzieren, wie Anstöße des Erasmus von den Historischen Friedenskirchen aufgenomen wurden (c).

### a) Der Frieden in Person

Rhetorische Brillanz und bittere Schärfe zugleich kennzeichnen die eindrückliche Folge der erasmischen Friedensschriften, von denen zu Unrecht nur die *Querela pacis,* die 'Klage des Friedens', allgemein im Bewußtsein geblieben ist. Seine ganze schriftstellerische Geschicklichkeit stellt der Rotterdamer in den Dienst des Kampfs für den Frieden. Die Bitterkeit seiner Urteile aber entspringt vor allem dem Umstand, daß er als Christ und Theologe der Unverfrorenheit entgegentreten muß, die das Führen von Kriegen wie ihre Grausamkeit auch noch mit Gründen des christlichen Glaubens verbrämt. Nicht nur gegen den Krieg als solchen richtet sich sein Protest, sondern mehr noch dagegen, daß die Kriegführenden Christus mit dieser teuflischen Sache vermengen, ja daß die gegnerischen Heere, wenn sie aufeinandertreffen, auf beiden Seiten das Kreuzzeichen vor sich hertragen. In der Tat werden die Kämpfe zwischen Kaiser Maximilian I. und dem französischen König Franz I. auf zeitgenössischen Darstellungen so abgebildet. Beide Schlachtreihen werden von der Kreuzesfahne überragt. Der christliche Glaube hat seine kritische Funktion eingebüßt. Die Lehre Jesu, der die Gewaltfreiheit alles ist und jede kriegerische Gewalt völlig fern liegt, wird nach der Überzeugung des Erasmus dadurch in ihr Gegenteil verkehrt. Die Eigensucht und der Besitztrieb verführen die Menschen dazu, gegen ihre Natur ebenso wie gegen ihren Glauben zu handeln, ohne es zu merken.

Im Krieg sieht Erasmus ein Unglück, das allein auf menschliche Schuld zurückzuführen ist. Die Begehrlichkeit und Unvernunft der Menschen führt zum Ausbruch der Gewalt, zu allgemeiner Ruchlosigkeit, zur vollständigen Verkehrung aller Maßstäbe. Schon so weit ist es gekommen, sagt Erasmus, "daß man den Krieg allgemein für eine annehmbare Sache hält und sich wundert, daß es Menschen gibt, denen er nicht gefällt. Er ist in dem Maße genehm, daß es als verrucht und ich möchte fast sagen, ketzerisch gilt, diese allerverbrecherischste und allerelendeste Sache zu mißbilligen" (Erasmus 1987, 38). Die Gewöhnung an die Selbstverständlichkeit des Krieges, die moralische Verteidigung seiner Brutalität, die Belohnung derer, die am grausamsten wüten, veranlassen Erasmus zu scharfer Opposition. Seine 'Klage des Friedens' trifft uns noch immer in einer keineswegs unvergleichlichen Situation. Wenn wir nicht mehr an den Krieg gewöhnt sind, so allenfalls deshalb, weil er im Zeitalter der Weltkriege eine Brutalität erreichte, die uns die Sprache verschlägt. Doch gewöhnt sind wir jedenfalls an die Abschreckung mit den Mitteln des Kriegs, und zwar mit Mitteln, von denen Erasmus nicht einmal hätte träumen mögen. Und noch immer ist die Meinung verbreitet, der Krieg sei ein Naturereignis; die kriegerische Gewalt gehöre zur Naturausstattung des Menschen wie Sexualität oder Hunger und Durst.

b) Gründe für den Frieden

Erasmus dagegen verankert gerade nicht die Geneigtheit zum Krieg, sondern die Fähigkeit zum Frieden in der menschlichen Natur. Der durch menschliche Schuld heraufgeführten Neigung zur Gewalt stellt er die in der Natur des Menschen liegende Neigung und Fähigkeit zum Frieden gegenüber. Er leitet sie nicht nur aus Gründen der Natur, sondern auch aus Gründen der Geschichte und des Glaubens ab. In Aufnahme stoischer wie augustinischer Gedanken geht er davon aus, daß der Natur ein Empfinden für Frieden und Eintracht eingestiftet ist, an dem die Menschen Anteil haben. Sie sind also von Natur aus auf eine Harmonie ausgerichtet, die sie in ihrem geschichtlichen Handeln entfalten und bewähren müssen. Damit steht Erasmus am Beginn einer langen Reihe von Autoren, die mit starken anthropologischen Argumenten der Behauptung entgegentreten, daß der Krieg und die menschliche Natur gleichursprünglich sind. Nicht auf den Kampf ist der Mensch von Natur aus angelegt, sondern auf Gemeinschaft. Bedürftig kommt er auf die Welt, unfähig, ohne fremde Hilfe zu überleben. Er kann am Beginn seines Lebens weder sprechen noch laufen; er vermag nicht für seine eigene Nahrung zu sorgen, woraus man schließen kann: Der Mensch ist das einzige Lebewesen, das ganz für die Freundschaft geboren ist. Für Güte und enge Verbundenheit ist er bestimmt. Deshalb verlieh ihm die Natur - so erläutert Erasmus - "kein garstiges und wildes Aussehen wie den anderen, sondern ein mildes und sanftes als Kennzeichen der Liebe und des Wohlwollens. Sie schenkte ihm freundliche Augen als Spiegel der Seele. Sie gab biegsame Arme zur Umarmung. Sie gab die Empfindung des Kusses, wodurch sich die Seelen berühren und ganz vereint werden. Nur ihm teilte sie das Lachen zu als Ausdruck von Fröhlichkeit. Nur ihm die Tränen als Symbol der Sanftmut und des Mitleids. Und gab sie ihm nicht sogar eine Stimme, nicht drohend und schreckerregend wie den Tieren, sondern lieblich und schmeichelnd?" (Erasmus 1987, 40).

Eindrücklich ist dieser Rückgang in die natürliche Ausstattung des Menschen, der nachweisen soll, daß wir Menschen ursprünglich nicht auf Kampf, sondern auf Gemeinschaft, nicht auf Auseinandersetzung, sondern auf Sozialität, nicht auf Konkurrenz, sondern auf Konvivenz ausgerichtet sind. Nicht gemäß unserer Natur, sondern wider die Natur haben wir Menschen uns an den Krieg gewöhnt. Manchem mag die Beweisführung des Erasmus vielleicht als naiv erscheinen. Doch sie findet in der heutigen Biologie und Anthropologie mindestens so viel Unterstützung wie Widerspruch. Weithin bestreitet die heutige Biologie, daß es menschliche Kriegsinstinkte gibt, aus denen eine gewaltsame Form des Austrags kollektiver Konflikte mit unausweichlicher Zwangsläufigkeit abgeleitet werden könnte. Daß die Menschen kulturelle Errungenschaften benutzen, um sich massenhaft umzubringen, ist nicht eine zwangsläufige Folge der Natur, sondern ein Ergebnis der Geschichte. Dieses Faktum belegt nur, daß zu den Kennzeichen menschlicher Geschichte auch die Möglichkeit gehört, das eigene Menschsein aufzuheben - und zwar individuell wie kollektiv. Zum Menschen gehört die Möglichkeit der Selbstnegation. Der Krieg ist eine solche kollektive Selbstnegation. Sie kann sich, wie wir heute wissen, bis zur vollständigen Selbstvernichtung der Menschengattung steigern.

Wer eine solche Selbstaufhebung des Menschen als unausweichliche Folge der menschlichen Natur betrachtet, kann auch in der äußersten Möglichkeit der Selbstvernichtung der Menschheit im ganzen nur noch ein Geschick sehen, dem wir uns fatalistisch ergeben müssen. Wer sich dagegen an die ursprüngliche Sozialität des Menschen hält, wird den Kampf um die Überwindung des Krieges als Institution auch dann nicht aufgeben, wenn die Chancen dafür schlecht stehen. In der Frage des Erasmus, wie sich der Krieg zur Natur des Menschen verhalte, steht also viel auf dem Spiel. Es geht um nichts weniger als darum, ob die Arbeit für den Frieden überhaupt einen Sinn hat.

Die Gründe der Natur verbindet Erasmus mit Argumenten der geschichtlichen Erfahrung. In zeitgemäßer Konkretisierung bezeichnet er Arbeitsteilung und internationalen Warenaustausch als Beispiele dafür, wie das menschliche Handeln gerade im gesellschaftlichen Zusammenleben auf Frieden genauso angelegt wie angewiesen ist.

Schließlich aber führt auch das Vorbild Christi mit aller Eindeutigkeit auf die Aufgabe des Friedens hin. Die Menschheit, die sich in Hader und Krieg zerfleischt, setzt nur die Passion Jesu fort. Seinem Vorbild entsprechend lebt sie erst dann, wenn sie ihn als Friedensfürsten anerkennt und der Gewalt ein Ende macht.

Dieser mit Gründen der Natur, der Geschichte und des Glaubens gleichermaßen als notwendig erwiesene Wandel kann nach Erasmus nur auf Grund einer Gesinnungsreform zustande kommen. Die Beherrschung der Leidenschaften und Affekte durch Vernunft und Sitte bildet die notwendige Voraussetzung des Friedens. Für dessen Verwirklichung aber tragen die Fürsten eine besondere Verantwortung. Sie sind beauftragt, als Diener ihres Volkes, dem Vorbild des Friedensfürsten folgend, Europa zu einem Friedensreich umzugestalten. Die Bemühungen seiner Zeit um eine Versöhnung zwischen der kaiserlichen Krone und Frankreich bindet Erasmus also an ein großes Ziel: Europa soll ein Reich des Friedens sein. An der Schwelle zur Neuzeit gewinnt so die Vorstellung von der einen christlichen Gesellschaft - der *una societas christiana* - in Europa noch einmal eine eindrückliche Gestalt. Im Augenblick des Zerbrechens schildert Erasmus die Friedensmöglichkeit, die in der christlichen Einheitskultur des hohen Mittelalters - dem sogenannten *corpus christianum* - der Idee nach enthalten war.

In radikaler Form ordnet Erasmus den Krieg dem Frieden unter. Er erkennt nämlich an, daß mit der hemmungslosen Neigung zur Kriegführung die kritische Funktion der Lehre vom gerechten Krieg weitgehend ausgehöhlt wurde. Angesichts dieser bitteren Einsicht ist er nahezu um jeden Preis bereit, den Vorrang des Friedens einzuschärfen. "Kaum ein Friede" - so sagt er - "ist so ungerecht, als daß er nicht dem scheinbar gerechtesten Kriege vorzuziehen wäre" (v. Raumer 234). Nur noch in einem ganz engen Bereich vermag er mit der Möglichkeit eines verantwortbaren Krieges zu rechnen. Durch die Türkenkriege vor allem sieht er sich zu einer Verdeutlichung seiner Gedanken herausgefordert. Fern liegt ihm jede Kreuzzugsidee, fern auch der Gedanke, man könne Gott ein wohlgefälliges Werk tun, wenn man gegen die Ungläubigen zu Felde zieht. Doch auf der anderen Seite sieht Erasmus den Vorrang des Friedens durch den unaufhaltsamen Vormarsch der Türken bis vor die Tore Wiens auf eine harte Probe gestellt. Grundsätzlich will er an der Überzeugung festhalten, die er im Jahr 1527 gegenüber dem König Sigismund von Polen so formuliert: Ein Krieg darf niemals unternommen werden, es sei denn, er läßt sich ohne ein Verbrechen gegen die Frömmigkeit - *citra crimen impietatis* - nicht vermeiden (Margolin 300). Die Anwendung dieses Grundsatzes angesichts der anwachsenden Türkengefahr aber heißt: die christlichen Länder den Türken einfach zu überlassen, wäre ein solches Verbrechen gegen die Frömmigkeit. Die Verteidigung gegen die von den Türken drohende Gefahr anerkennt auch Erasmus als einen gerechten Kriegsgrund. Doch wichtiger als die Gründe zum Krieg sind ihm die Gründe für den Frieden.

Die rhetorische Brillanz, mit der Erasmus den Frieden in Person über die Schlechtigkeit der Weltläufe klagen läßt, vermag die Mängel an politischer Tiefenschärfe wie an theologischer Reflexion in seinen Friedensschriften nicht vollständig zu überdecken. Manche modernen Kritiker freilich haben mit dem Vorwurf, Erasmus gebe sich einem politischen Illusionismus hin, lediglich einen verbreiteten Vorbehalt gegen pazifistische Positionen auf Erasmus projiziert. Viele dieser Kritiken gehen von der problematischen Voraussetzung einer "Eigengesetzlichkeit" der Politik aus, die bei Erasmus nicht ausreichend berücksichtigt sei. Solche Kritik verdankt sich häufig einer isolierten Betrachtung der *Querela pacis,* die die anderen Friedensschriften des Rotterdamers unberücksichtigt läßt. Aber auch der bemerkenswerten Wirkungsgeschichte der 'Klage des Friedens' werden solche Vorhaltungen nicht gerecht.

Deren große Resonanz läßt sich vor allem auf zwei Gründe zurückführen. Zum einen ist die Klarheit bemerkenswert, mit der Erasmus das Ausmaß und die Grausamkeit des Krieges beklagt. Weder an der Faktizität noch an der Negativität des Krieges läßt er irgendeinen Zweifel. Damit schlägt er einen Ton an, der aus guten Gründen in der neuzeitlichen Friedenspublizistik häufig wiederkehrt. Zum andern aber hält er trotz der Faktizität wie der Negativität des Krieges am Zutrauen zur menschlichen Vernunft fest. Er entwickelt eine Argumentation, der die Menschen, wenn sie nur von ihrer Vernunft Gebrauch machen, sich fügen müßten: in der Tendenz zum Frieden stimmen nämlich Natur, Geschichte und Heilige Schrift überein. Und er gibt die Hoffnung nicht auf, daß eine vernünftige Gestaltung der menschlichen Verhältnisse möglich ist. Er macht für den Frieden Gründe geltend. Aus der Konkordanz zwischen den Gründen der Natur, der Geschichte und des Glaubens ergibt sich eine Pflicht zum Frieden, die durch keine Kriegspflicht aufgehoben werden kann.

Nun hat Erasmus von sich selbst gesagt, der Sinn für Politik gehe ihm ab (Burckhardt 28f). Diese Selbsteinschätzung wird durch seine Friedensschriften bestätigt. Weil er von der Verbesserlichkeit der Menschen überzeugt ist, fragt er nicht nach den politischen Institutionen, die den Frieden schützen könnten. Weil er davon ausgeht, daß allein die Reform menschlicher Gesinnungen den Frieden bewirkt, fragt er nicht nach der Reform der Staaten, durch die der Mißbrauch von Macht und militärischer Gewalt verhütet werden könnte. Sein Entwurf ist in dem eingegrenzten Sinn eine U-topie, also ein geschichtlich ort-loses Konzept, als er von einer "passiven Erwartungshaltung des Wünschens" bestimmt ist (Nipperdey 79f). So überzeugend er die Gründe des Friedens darlegt, so harmlos sind seine Auskünfte über die Mittel des Friedens. So sehr er das Überhandnehmen der Kriege beklagt, so wenig hat doch Erasmus zur Eingrenzung dieser Kriege im Interesse des Friedens einen geschichtlich wirksamen Beitrag leisten können.

Darum hat sich eher, wenn auch mit einer weit zweifelhafteren Position, sein spanischer Zeitgenosse *Francisco de Vitoria* (1483/93-1546) verdient gemacht. Er unternahm den Versuch, der Grausamkeit, mit der die spanischen Konquistadoren die südamerikanischen Kolonialvölker unterwarfen und unterdrückten, mit einer modifizierten Lehre vom gerechten Krieg zu wehren (s. auch unten I.3.2.b). Vergleicht man Erasmus von Rotterdam und Francisco de Vitoria miteinander, so vertritt Erasmus ohne Zweifel den utopischen, Francisco dagegen den realistischen Typus der Friedensethik. Daß diese beiden Typen auseinandertreten, gehört zu den besonderen Auswirkungen der Machtkonzentration, mit der sich der Übergang zum neuzeitlichen Staat und zum staatlichen Gewaltmonopol verbindet. Die Spannung zwischen Utopie und Realismus bleibt deshalb kennzeichnend dafür, wie sich die Frage nach dem Frieden seit dem Beginn der Neuzeit stellt.

### c) Friedenskirchen

An die Stelle, an der bei Erasmus von Rotterdam das Zutrauen zur menschlichen Vernunft begegnet, tritt bei *Sebastian Franck* (ca. 1500-1542) zwei Jahrzehnte später der Appell an die Reinheit des Verhältnisses zu Gott. Der Protest gegen den Krieg, den Franck 1539 in seinem 'Kriegs-Büchlin des Friedens' vorträgt, hat seinen tiefsten Grund nicht darin, daß der Mensch sich durch kriegerische Gewaltanwendung gegen seine eigene Naturanlage vergeht, sondern daß er seine Beziehung zu Gott beschädigt. Vom Erbe der Mystik herkommend, vermag Sebstian Franck unter einer solchen Perspektive die humanistischen wie die reformatorischen Ansätze aufzunehmen. Doch sie in eine solche Perspektive zu rücken, bedeutet zugleich, sie zu radikalisieren. Francks Interesse gilt nicht dem Frieden der Welt, sondern dem Frieden Gottes. Dieser Frieden bildet das grundlegende Kennzeichen des Reiches Christi. Christi Herrschaft aber ist umfassend; deshalb beschränkt sich der Frieden Gottes nicht auf ein jenseitig oder innerlich gedachtes Reich. Francks Nachdenken gilt der Verheißung, daß Christus nach der Heiligen Schrift ewigen Frieden auf Erden verwirklichen wird. Nur als Teil der Frage nach dem Verhältnis des Menschen zu Gott kann die Frage nach dem irdischen Frieden richtig gestellt werden.

Davon ist auch Francks Stellungnahme zum Problem des Krieges geprägt. Er geißelt ihn deshalb ohne allen Vorbehalt, weil er nicht nur äußere Werte, sondern vor allem anderen die menschliche Seele zerstört. Ein Krieg aus Gründen des Glaubens muß deshalb als völlig undenkbar erscheinen. Doch auch der Kompromiß mit politischen Entscheidungen, die den Krieg in Kauf nehmen, erscheint als unvertretbar. Eher sollen die Christen sich von aller politischen Mitverantwortung und die Kirchen von aller staatlichen Unterstützung zurückhalten, als mit dem Krieg einen Kompromiß einzugehen. Franck läßt Luthers Argument nicht gelten, daß man zwischen Handlungen des Christen "für sich" und "für andere" und damit zwischen dem radikalen Gewaltverzicht der Privatperson und der Pflicht der Amtsperson, im Dienst des Nächsten notfalls auch Gewalt anzudrohen und einzusetzen, unterscheiden müsse. Und über die entstehenden lutherischen Landeskirchen lautet sein Urteil, sie hätten sich auf die mit der politischen Macht verknüpfte militärische Gewalt bereits viel zu tief eingelassen.

Sebastian Francks Gewaltkritik ist beispielhaft für die Ansätze, die in den *Historischen Friedenskirchen* wirksam geworden sind. Zu ihnen zählt man die Mennoniten, die Brüder *(Church of the Brethren)* und die Quäker *(Society of Friends).* Mit Luthers reformatorischem Ansatz sind sie darin verbunden, daß sie die uneingeschränkte Geltung des Bergpredigtethos anerkennen. Daraus ziehen sie mit Sebastian Franck die Folgerung, daß zwischen Amtsperson und Privatperson nicht unterschieden werden darf. Die Mittel, die der einzelne im Handeln für sich selbst ausschließt, müssen auch im Handeln für andere ausgeschlossen sein. Das Gebot der Gewaltlosigkeit beansprucht deshalb auch für das politische Verhalten der Christen unbedingte Gültigkeit. Das Faktum der staatlichen Strafgewalt nach innen wie der kriegerischen Gewalt zwischen den Staaten läßt sich durch eine derartige normative Aussage freilich nicht eliminieren. Angesichts dieses unaufhebbaren Widerspruchs zwischen dem Grundsatz der Gewaltlosigkeit und dem faktischen Zustand der politischen Welt ziehen sich die Mitglieder der Friedenskirchen von der unmittelbaren politischen Mitwirkung zurück; sie verzichten auf die Beteiligung an staatlicher Machtausübung wie auf die Privilegien, die sich aus ihr gewinnen lassen. Wie die Beteiligung am Krieg so schließen sie auch jede Beteiligung an einem gewaltsamen Umsturz aus. Die praktische Hilfe in Not, insbesondere die selbstlose Hilfe für die Opfer gewaltsamer Konflikte gehört zu den Konsequenzen, die sie aus der persönlichen Verpflichtung zur Gewaltlosigkeit ableiten. So wirkt die Praxis der Historischen Friedenskirchen als zeichenhafte Vorwegnahme einer alternativen politischen Lebensform. Sie geben Anstöße für die Friedensgesellschaften, die sich seit dem 19. Jahrhundert bilden. Ebenso bedeutsam aber ist ihr Vorbild für die Entwicklung der Kriegsdienstverweigerung und des sozialen Friedensdienstes im 20. Jahrhundert.

Es ist erstaunlich, wie weitgehend die friedensethischen Alternativen, die noch die heutige Diskussionslage prägen, bereits im Reformationsjahrhundert gegenwärtig sind. Freilich gewinnen sie im Jahrhundert der Atomwaffen ein völlig verändertes Gewicht.

LITERATUR: *Cl. Bauman,* Gewaltlosigkeit im Täufertum, Leiden 1968 - *J. Bohatec,* Calvins Lehre von Staat und Kirche mit besonderer Berücksichtigung des Organismusgedankens, Breslau 1937 (Nachdruck Aalen 1968) - *G. Brakelmann,* Die Querela Pacis des Erasmus von Rotterdam, in: H.-D. Wendland (Hg.), Sozialethik im

Umbruch der Gesellschaft, Göttingen 1969, 157-179 - *C. J. Burckhardt*, Gestalten und Mächte, Zürich 1961 - *Erasmus von Rotterdam*, Ausgewählte Schriften, hg. v. W. Welzig, 8 Bde., Darmstadt 1967-80 - *Erasmus von Rotterdam*, Die Klage des Friedens, hg. v. B. Hannemann, München/Zürich 1985 - *Erasmus von Rotterdam*, "Süß scheint der Krieg den Unerfahrenen", hg. v. B. Hannemann, München 1987 - *A. Flitner*, Erasmus von Rotterdam - Lehrer der Humanitas, Lehrer des Friedens, in: Zeitschrift für Pädagogik 32, 1986, 605-616 - *K. Goldammer*, Friedensidee und Toleranzgedanke bei Paracelsus und den Spiritualisten, in: Archiv für Reformationsgeschichte 46, 1955, 20-46; 47, 1956, 180-211 - *J. Höffner*, Kolonialismus und Evangelium. Spanische Kolonialethik im Goldenen Zeitalter, 3. Aufl. Trier 1972 - *J. C. Margolin*, Guerre et paix dans la pensée d'Erasme, Paris 1973 - *G. Müller*, Sebastian Francks "Kriegs-Büchlin des Friedens" und der Friedensgedanke im Reformationszeitalter, Diss.phil. Münster 1954 - *Th. Nipperdey*, Die Funktion der Utopie im politischen Denken der Neuzeit, in: Ders., Gesellschaft, Kultur, Theorie, Göttingen 1976, 75-88 - *H. A. Oberman*, Die Kirche im Zeitalter der Reformation (Kirchen- und Theologiegeschichte in Quellen III), Neukirchen-Vluyn 1981 - *K. v. Raumer*, Ewiger Friede. Friedensrufe und Friedenspläne seit der Renaissance, Freiburg/München 1953 - *J. M. Stayer*, Anabaptists and the Sword, 2. Aufl. Lawrence Ks., 1976 - *G. Wehr* (Hg.), Thomas Müntzer. Schriften und Briefe, Gütersloh 1978 - *S. Wolgast*, Zur Friedensidee in der Reformationszeit. Texte von Erasmus, Paracelsus, Franck, Berlin 1968.

### *3.2. Der zwischenstaatliche Frieden*

Durch die konfessionellen Bürgerkriege des 16. und 17. Jahrhunderts wird die friedensstiftende Bedeutung der christlichen Wahrheit aufs äußerste problematisch. Kirchen, deren Lehrstreitigkeiten Kriege verursachen, können den politischen Amtsträgern nicht glaubhaft den Frieden predigen. Eine Wahrheit, die zu kriegerischer Gewalt Anlaß bietet, gibt keine Grundlage für eine Friedensordnung ab. Deshalb muß eine Basis des Friedens gefunden werden, die vom Streit um die Wahrheit des Glaubens unabhängig ist. Ein Frieden muß entworfen werden, innerhalb dessen eine Pluralität von Glaubensorientierungen Platz findet. In diesem Sinn besteht die spezifische friedensethische Aufgabe der Neuzeit darin, den Frieden so zu begreifen und zu verwirklichen, daß er mit der Glaubens- und Gewissensfreiheit vereinbar ist.

Zur Lösung dieser Aufgabe greifen Philosophen wie Juristen der frühen Neuzeit auf den Gedanken des Naturrechts zurück. Unter ihnen kommt dem holländischen Juristen *Hugo Grotius* (1583-1645) eine Sonderstellung zu; denn zu Recht sieht man in ihm den Begründer des neuzeitlichen Völkerrechts. Wir wollen uns zunächst dessen naturrechtliche Verankerung vor Augen führen (a), um dann zu fragen, wie Grotius das neue völkerrechtliche Instrumentarium zur Verrechtlichung des Krieges einsetzt und wie er dabei auf die ihm vorausliegende Tradition zurückgreift (b).

#### a) Naturrecht und Völkerrecht

Im Pariser Exil entwirft Grotius ein rationales Naturrecht, das nicht nur für die Rechtsbeziehungen innerhalb der einzelnen Staaten, sondern auch zwischen ihnen Geltung beanspruchen können soll. Der Begriff des "rationalen Naturrechts" bezeichnet in diesem Zusammenhang die Vorstellung, daß die Regeln des Naturrechts kraft der menschlichen Vernunft erkannt werden können. Zwei Wege führen auf diese Erkenntnis hin: Auf dem einen lassen sich die Regeln des Rechts direkt aus der Natur des Menschen und der Gesellschaft ablesen. Auf dem anderen begegnet man naturrechtlichen Sätzen dann, wenn über sie bei allen Völkern oder bei den gebildeten unter ihnen Übereinstimmung herrscht.

Auf dieser Grundlage arbeitet Grotius an einem System des Völkerrechts, das nicht mehr von den Lehren der miteinander streitenden Konfessionen abhängig sein soll. Er faßt diesen Gedanken gleich in eigentümlicher Radikalität. Die Bestimmungen des Naturrechts, so sagt er, müssen Platz greifen, auch wenn man annähme, daß es keinen Gott gäbe: *etsi deus non daretur,* wie die berühmte, unter anderen von Dietrich Bonhoeffer aufgegriffene Formel heißt (Grotius Prol. 11, vgl. Bonhoeffer 393f). Von hier aus entwirft Hugo Grotius eine Lehre vom zwischenstaatlichen Frieden wie eine Lehre von den rechtlichen Bedingungen des Krieges. In seinem epochalen Werk *De iure belli ac pacis* von 1625 faßt er beides zusammen.

Wir wenden uns zunächst seiner Lehre vom Frieden zu. Der neue Ansatz von Grotius besteht darin, daß er die Menschheit als eine über den Staaten stehende Rechtsgemeinschaft versteht. Da das Naturrecht universal gilt, gibt es nicht nur ein Staatenrecht, sondern auch ein die Staaten verbindendes Völkerrecht. Allerdings denkt Grotius die Gemeinschaft zwischen den Völkern nicht im Modell des Weltstaats; diese bereits zu seiner Zeit durchaus geläufige Vorstellung lehnt er ausdrücklich ab. Vielmehr begreift er diese Gemeinschaft als eine Verbindung freier Staaten, die sich elementaren sittlichen Pflichten unterwerfen. In der klassischen Alternative zwischen Weltregierung und Völkerbund entscheidet sich bereits Grotius für das Modell des Völkerbunds.

Darin wirkt sich eine anthropologische Grundentscheidung aus, die Grotius aus der Tradition des Naturrechts übernimmt. Er geht nicht, wie sein Zeitgenosse *Thomas Hobbes,* vom prinzipiell kriegerischen Charakter, sondern von einer ursprünglichen Sozialität des Menschen aus. Diese findet in der staatlichen wie in der überstaatlichen Gemeinschaft ihre rechtliche Gestalt. So sehr Grotius sich in den anthropologischen Voraussetzungen von Hobbes unterscheidet, so sehr verbindet beide die Überzeugung, daß der Frieden als Rechtszustand konstruiert werden muß. Nur beschränkt Grotius diesen Rechtszustand nicht wie Hobbes auf den innerstaatlichen Bereich; vielmehr dehnt er ihn auf die Beziehungen zwischen den Völkern aus.

### b) Verrechtlichung des Krieges

Die Vision eines dauerhaften, gar eines ewigen Friedens weist Grotius freilich als wirklichkeitsfremde Utopie zurück. Daß zwischen Staaten immer wieder Kriege ausbrechen, hält er für eine geschichtliche Erfahrungstatsache, deren Änderung ihm für alle Zukunft als ausgeschlossen erscheint. Die schlechthinnige Verdammung des Kriegs, wie sie uns bei Erasmus von Rotterdam begegnet, weist er als eine Übertreibung ab, die sich mit der geschichtlichen Wirklichkeit nicht verträgt. Im Gegenzug gegen solche utopischen Konzepte ist er an der Einhegung, und das heißt vor allem: der Verrechtlichung des Krieges interessiert. Deshalb tritt in seinem großen Werk *De iure belli ac pacis* neben das Recht des Friedens das Kriegsrecht. Der klassischen Tradition folgend umfaßt es zwei Momente: das Recht zum Krieg und das Recht im Kriege. Auch darin schließt Grotius sich der Tradition an, daß er sich bei der Erörterung des Rechts zum Krieg wiederum auf zwei Fragen konzentriert: auf die Frage nach den Kriegsgründen und auf diejenige nach der Legitimation zur Kriegserklärung.

Dabei knüpft Grotius an die Weiterentwicklung an, welche die Lehre vom gerechten Krieg durch die spanischen Spätscholastiker erfahren hat. Deshalb ist an dieser Stelle ein Blick auf das Verständnis des Völkerrechts bei diesen spanischen Autoren angezeigt.

Schon *Francisco de Vitoria* (1483/93-1546), ein Zeitgenosse Luthers, der als Dominikaner und Theologieprofessor in Salamanca lebte, hatte den Gedanken eines die gesamte Menschheit umgreifenden Rechts, eines wirklichen *ius gentium* oder genauer: *ius inter gentes,* in den Blick genommen. Jeder Begriff eines die Menschheit umspannenden Völkerrechts, so hatte er erkannt, muß von der Gleichheit zwischen den Subjekten dieses Rechts ausgehen. Die gleiche Souveränität der Staaten bildet deshalb schon für Vitoria einen bestimmenden Gedanken des Völkerrechts. Aus ihm ergibt sich, daß keine einzelne Macht einen weltumspannenden Herrschaftsanspruch erheben kann; keine kann sich anmaßen, über alle anderen zu Gericht zu sitzen. Deshalb bestreitet Vitoria den Weltherrschaftsanspruch des Kaisers ebenso, wie er den universalen Anspruch des Papstes auf dessen geistliche Funktion beschränkt. Damit läßt er die mittelalterliche Konfiguration hinter sich, die darin bestand, daß der universale Anspruch der einen Seite gegen den der anderen ausgespielt wurde. Nicht mehr eine bestimmte Macht, sondern das Recht selbst tritt nun mit dem Anspruch auf Universalität auf; Geltung beansprucht es damit nicht nur im Bereich der christlichen, sondern ebenso der nichtchristlichen Mächte.

Das Gewicht dieser hier knapp skizzierten Überlegungen des spanischen Theologen zeigt sich an ihren Auswirkungen für die Lehre vom Krieg. Wenn auch die nichtchristlichen Staaten Subjekte des Völkerrechts sind, dann kann keine Rede mehr davon sein, daß ein Krieg christlicher Staaten gegen die "Ungläubigen" bereits in sich selbst als gerecht gelten könne. Der Übergang zum modernen Gedanken des Völkerrechts führt insofern zu einer Einschränkung der rechtfertigenden Kriegsgründe.

Doch wenn die Gleichheit zwischen den souveränen Gliedern der Staatengemeinschaft anerkannt wird, dann muß man auch von der Vorstellung Abschied nehmen, die Gegner in einem Krieg verhielten sich zueinander wie Angeklagter und Richter. Wenn man schon nach einer Analogie im Gerichtswesen sucht, dann hat man eher an einen Prozeß zu denken, in dem sich zwei gleichberechtigte Kontrahenten gegenüberstehen. Nicht der Strafprozeß, sondern der Zivilprozeß bildet das angemessene Modell für das Verständnis des Kriegs. Der Übergang zum modernen Begriff des Völkerrechts erfordert also den Wechsel von einem diskriminierenden zu einem nichtdiskriminierenden Kriegsbegriff (s. oben I.2.1.b). Dessen Voraussetzung kann nicht länger darin bestehen, daß der Feind in jedem Fall ungerecht und strafwürdig ist; vielmehr muß mit der Möglichkeit des "gerechten Feindes" gerechnet werden.

Ist dieser Schritt einmal vollzogen, so ist es nicht mehr weit zu der Einsicht, daß ein Krieg von beiden Seiten als ein subjektiv gerechter Krieg wahrgenommen werden kann. Vitoria rechnet vor allem mit der Möglichkeit, daß einer der beiden Kriegführenden zwar objektiv ein Unrecht begangen hat, daß ihm dies aber subjektiv nicht angelastet werden kann, da er Opfer eines unüberwindlichen Irrtums wurde. Zum Abschied von der Theorie des Strafkriegs nötigen ihn insbesondere die spanischen Eroberungskriege in Südamerika. Vitoria will das Recht der Spanier zur Kriegführung nicht leugnen, kann aber doch den Eingeborenen kein Unrecht vorwerfen, dessenthalben sie diese Strafe verdienten. Es sind die spanischen Kolonialkriege, die der Vorstellung eines *bellum iustum ex utraque parte:* eines beiderseits gerechten Krieges den Boden bereiten.

Damit aber wird die Frage nach der *iusta causa,* bisher ein grundlegendes Element der Lehre vom gerechten Krieg, in den Hintergrund gedrängt. Selbständige Bedeutung erlangt dagegen für Vitoria die Frage nach dem *debitus modus.* Er rechnet mit der Möglichkeit eines nach seinen Gründen gerechten Kriegs, der doch dadurch ungerecht wird, daß die Leiden und die Verwüstungen, die er hervorruft, durch das angestrebte Ziel nicht mehr gerechtfertigt werden können. Für ihn enthält die Frage nach der Verhältnismäßigkeit der Mittel, die für die scholastische Tradition im Kriterium der *recta intentio* enthalten war, eigenständiges Gewicht (s. oben I.2.3.c).

Welche Folgen sich aus dem Zurücktreten der Frage nach der Gerechtigkeit des Kriegsgrunds ergeben können, zeigt sich in der zweiten Hälfte des 16. Jahrhunderts besonders deutlich an dem Werk des in Antwerpen geborenen und in den Niederlanden wirkenden spanischen Juristen *Balthasar Ayala* (1548-1584). Er löst die Frage nach dem Recht zum Krieg von allen ethischen Rechtfertigungsgründen und fragt allein nach der Rechtmäßigkeit der Kriegserklärung. Den Begriff des Gerechten in der Lehre vom *bellum iustum* versteht er im Sinne bloßer Legalität. Ob ein gerechter Krieg vorliegt, entscheidet sich dann aber allein an der Frage, ob er von einer rechtmäßigen Staatsautorität erklärt worden ist. Unter den drei klassischen Kriterien der Lehre vom gerechten Krieg gewinnt also die *auctoritas principis* nun die Oberhand; die Frage nach der *iusta causa* spielt demgegenüber nur noch eine ganz untergeordnete Rolle. Wenn beide Kriegsparteien die Bedingung der *legitima potestas* erfüllen, so haben sie einander auch als *iusti hostes,* als gerechte Feinde zu behandeln. Insoweit entwickelt Ayala einen nichtdiskriminierenden Kriegsbegriff, der auch dazu geeignet ist, gerechtfertigte und unerlaubte Handlungen im Krieg voneinander zu unterscheiden. Soweit jedoch ein Krieg von Rebellen angezettelt wird - Ayala denkt an den Unabhängigkeitskampf der Niederländer gegen die spanische Herrschaft! -, so greift der diskriminierende Kriegsbegriff der Tradition wieder mit voller Schärfe Platz. Aufständische setzen sich selbst ins Unrecht; ihnen gegenüber ist deshalb jede Grausamkeit gerechtfertigt. So wie das Mittelalter Ketzer und Ungläubige als außerhalb der Rechtsordnung stehend ansah, so verweigert Ayala den Rebellen die Zugehörigkeit zur Gemeinschaft des Völkerrechts.

Der Rückblick auf Vitoria und Ayala war nötig, um den Übergang von einer ethischen zu einer rechtlichen Fassung der Lehre vom *bellum iustum* zu erläutern, von der *Hugo Grotius* bereits ausgehen kann. Wie seine Vorgänger versteht auch er den Krieg als Rechtskonflikt; die Gründe, die zu ihm führen, sind denen vergleichbar, die einen gerichtlichen Rechtsstreit auslösen. Zu ihnen zählt insbesondere die Verteidigung dessen, was einem Staat gehört; sodann der Erwerb dessen, was ihm geschuldet wird; schließlich die Bestrafung von Verbrechen. Solchen, nach ihrem Grund gerechten Kriegen stehen drei andere Arten von Kriegen gegenüber, die Grotius grundsätzlich für ungerecht erklärt: Religionskriege, die der Ausbreitung des eigenen Glaubens dienen; Raubkriege und Kriege, die auf die Eroberung der Weltherrschaft gerichtet sind; schließlich aufständische Kriege gegen die eigene Obrigkeit. Schon diese Form der Unterscheidung zwischen gerechten und ungerechten Kriegen zeigt, daß Grotius nicht, wie Luther, allenfalls im Verteidigungskrieg einen gerechten Krieg erblicken kann. Für ihn können dessen Bedingungen vielmehr auch von einem Angriffskrieg erfüllt werden. Hinzu kommt, daß ihm - wie schon Ayala - die Legitimation zur Kriegserklärung wichtiger wird als die Frage nach dem gerechten Kriegsgrund. Zur Kriegserklärung ist berechtigt, wer legitimerweise über die Souveränitätsrechte eines Staates verfügt: die *legitima potestas.* Im Wesen des Krieges als rechtlicher Auseinandersetzung liegt es, daß beide Seiten die Überzeugung vertreten, sie verteidigten das Ihre oder suchten an sich zu bringen, was ihnen zukommt; beide Seiten ziehen in der Überzeugung zu Felde, ein Verbrechen der Gegenseite sühnen zu müssen.

Deshalb sieht Grotius sich zu der Konsequenz genötigt, daß, wenn nur auf beiden Seiten eine legitime Obrigkeit als kriegführend auftritt, ein Krieg auch von beiden Seiten gerecht sein kann. Die Wendung, die sich schon bei seinen Vorläufern angebahnt hat, wird von Grotius endgültig bestätigt; die Lehre vom gerechten Krieg wird zur Lehre vom *bellum iustum ex utraque parte* weiterentwickelt. Damit aber verliert der Begriff des gerechten Krieges nicht nur seinen diskriminierenden Charakter, sondern zugleich seine kritisch-unterscheidende Funktion. Zwar soll die Obrigkeit, auch wenn sie von der Gerechtigkeit eines Kriegsgrunds überzeugt ist, sorgfältig prüfen, ob sie wirklich zur *ultima ratio* kriegerischer Gewalt greifen muß. Doch eine selbständige Prüfungspflicht des Bürgers, wie sie noch Luther den Christen auferlegt hatte, kennt Grotius nicht. Die Entscheidung über das *ius ad bellum* liegt ausschließlich in der Hand des Souveräns; eine Pflicht zum Ungehorsam im Fall eines ungerechten Krieges kann es nicht mehr geben.

Mit dem Namen des Hugo Grotius verbindet sich aber nicht nur die Lehre vom *bellum iustum ex utraque parte,* sondern auch der Versuch, die Handlungen im Krieg rechtlichen Normen zu unterwerfen. Auch im Krieg bleibt der Mensch ein dem Recht verpflichtetes Sozialwesen. Auch dem Feind gegenüber ist er an Treu und Glauben gebunden. Zu den kriegsrechtlichen Konsequenzen, die Grotius aus dieser Überzeugung ableitet, gehört die Unterscheidung von Kombattanten und Nichtkombattanten, das Verbot von Folter und grausamen Kriegshandlungen sowie der Ausschluß von Kriegshandlungen gegen entwaffnete Feinde.

Das Werk *De iure belli ac pacis,* in dem Grotius solche Regeln entfaltet, erscheint im Jahr 1625. Es gehört zu den tiefen Paradoxien der europäischen Entwicklung, daß der Durchbruch zu einem *ius publicum Europaeum,* zu einem Völkerrecht für Europa, das rechtliche Regeln der Kriegführung einschließt, ausgerechnet im Zeitalter des Dreißigjährigen Krieges erfolgt, eines Krieges, der an Länge und Grausamkeit alles Bisherige in den Schatten stellt. Diese Paradoxie wiederholt sich Jahrhunderte später bei dem Versuch, die seit Grotius entwickelten Regeln des Kriegsrechts durch völkerrechtliche Vereinbarungen verbindlich zu machen. Dieser Versuch vollzieht sich in dem halben Jahrhundert zwischen 1899, dem Jahr der ersten Haager Konferenz, und 1949, dem Jahr der Genfer Konvention. Er fällt also in das halbe Jahrhundert, das durch die beiden von Europa ausgehenden Weltkriege gekennzeichnet ist - zwei Kriege, die in größter denkbarer Grausamkeit alle Regeln eines Rechts im Krieg verletzt haben. Immer dann, wenn mit besonderer Entschiedenheit versucht wurde, den Krieg dem Recht zu unterwerfen, hat er selbst gezeigt, was er in Wahrheit ist: die Institution der Rechtsverletzung schlechthin. Zwar bleibt das Bemühen, den Krieg mit den Mitteln des Völkerrechts zu humanisieren, ein wichtiger Versuch, sich seiner Grausamkeit entgegenzustemmen. Doch die Lehre aus den Erfahrungen unseres Jahrhunderts reicht weiter. Es genügt nicht, den Krieg zu humanisieren; wir müssen die Institution des Kriegs überwinden.

LITERATUR: B. *Ayala,* De iure et Officiis Bellicis et Disciplina Militari Libri Tres (1582), Washington 1912 (Classics of International Law 2) - *D. Bonhoeffer,* Widerstand und Ergebung, Neuausgabe, hg. v. E. Bethge, München 1970 - *W.G. Grewe,* Grotius - Vater des Völkerrechts?, in: Der Staat 23, 1984, 161-178 - *H. Grotius,* De iure belli ac pacis libri tres, in quibus ius naturae ac gentium, item iuris publici praecipua explicantur (1625), Washington 1925 (Classics of International Law 3), deutsch Tübingen 1950 (Klassiker des Völkerrechts 1) - *H. Hofmann,* Hugo Grotius, in: Stolleis, 51-77 - *J. T. Johnson,* Just War and the Restraint of War. A moral and historical Inquiry, Princeton 1981 - *E. Reibstein,* Völkerrecht. Eine Geschichte seiner Ideen in Lehre und Praxis, 2 Bde., Freiburg/München, 1958-63 - *C. Schmitt,* Der Nomos der Erde im Völkerrecht des Ius Publicum Europaeum, Berlin 1950 - *M. Stolleis* (Hg.), Staatsdenker im 17. und 18. Jahrhundert. Reichspublizistik, Politik, Naturrecht, Frankfurt 1977 - *Franciscus de Vitoria,* Relectiones: De Indis et De iure Belli, Washington 1917 (Classics of International Law 7), deutsch Tübingen 1952 (Klassiker des Völkerrechts 3) - *M. Walzer,* Gibt es den gerechten Krieg?, Stuttgart 1982 - *E. Wolf,* Große Rechtsdenker, 4. durchgearb. u. erg. Aufl. Tübingen 1963.

### *3.3. Der innerstaatliche Frieden*

Im Ergebnis haben die Religionskonflikte der Reformationszeit den Ausbau einer staatlichen Zentralgewalt vorangetrieben. Sie haben außerdem zur Entwicklung eines Friedensbegriffs genötigt, der den äußeren Frieden des Rechts vom inneren Frieden des Glaubens scharf unterscheidet. Eine unmittelbare Verbindung zwischen diesen beiden Sphären, wie sie sich beispielsweise bei Sebastian Franck beobachten läßt, gilt nun als unangemessen. Frieden im politischen Sinn des Wortes wird zum Staatsfrieden; zum Gegenbegriff des Seelenfriedens ist es nicht mehr weit. Die systematische Ausarbeitung einer Lehre vom Staatsfrieden aber findet sich - am Ende der Epoche der konfessionellen Bürgerkriege - in exemplarischer Gestalt bei *Thomas Hobbes* (1588-1679), zusammengefaßt in seinem epochemachenden 'Leviathan' (1651). Wir konzentrieren uns auf den von Hobbes verwendeten Begriff des Friedens (a) und dessen Begründung in der Selbsterhaltung des Menschen (b); anschließend fragen wir nach den von Hobbes ins Auge gefaßten Mitteln des Friedens (c).

a) Frieden als Unterbrechung des Krieges

Befremdlich ist schon der Titel von Hobbes' Hauptwerk: 'Leviathan, oder Wesen, Form und Gewalt eines kirchlichen und bürgerlichen Commonwealth'. Noch befremdlicher ist das Titelbild. In dessen oberem Teil ist eine weiträumige bergige Landschaft zu sehen. Dörfer schmiegen sich an die Hügel, eine Burg erhebt sich am Abhang, eine wohlgeordnete Stadt ist im Vordergrund zu erkennen. Straßen verbinden die Siedlungen miteinander. Ein Bild des Friedens also erstreckt sich bis an die Grenzen des Meeres, das den Hintergrund bildet. Aus dem Wasser aber erhebt sich der Oberkörper einer riesenhaften, die gesamte Landschaft überragenden Menschengestalt. Die Arme sind ausgebreitet; der riesige Mensch hält das ganze Land in seiner Gewalt. Als Herrscher weist ihn seine Krone aus. Seine umfassende Gewalt wird dadurch unterstrichen, daß er in der Rechten das Schwert, in der Linken aber den Krummstab hält. Weltliche und geistliche Gewalt sind ihm unterworfen. Sein Schwert symbolisiert die Gerechtigkeit, seine Krone den Frieden, der Bischofsstab aber den Glauben. Gerechtigkeit, Frieden und Glauben zusammen verbürgen die Sicherheit des Landes, das von einem solchen Souverän regiert wird.

Bei genauerem Hinsehen zeigt sich, daß diese riesenhafte Menschengestalt aus vielen kleinen Menschen zusammengesetzt ist. In der Landschaft dagegen, die sich unter ihr ausbreitet, ist kein menschliches Wesen zu entdecken. Es handelt sich um einen künstlichen Menschen, der aus lebenden Menschen zusammengesetzt ist, um einen Souverän, der alle seine Untergebenen in sich aufgenommen hat, um einen Gewalthaber, der sich vor niemandem zu fürchten braucht, weil keiner ihm gegenübertreten kann.

Bestätigt wird das durch einen Schriftzug über dem Haupt der riesenhaften Gestalt. Auf Lateinisch kann man da lesen: "Es gibt keine Gewalt auf der Erde, die ihm vergleichbar wäre" *("non est potestas super terram quae comparatur ei").* Der Satz stammt aus dem alttestamentlichen Hiob-Buch (41,25), und zwar aus einer der beiden großen Gottesreden, in denen dem klagenden und aufbegehrenden Hiob seine Grenzen vorgehalten werden: seine Unterlegenheit nicht nur gegenüber Gott dem Schöpfer, sondern auch gegenüber den Chaos-Ungeheuern, die der Schöpfer bezwingen mußte, um die Welt ins Leben zu rufen - dem Landungeheuer Behemoth und dem Seeungeheuer Leviathan.

Die jüdische Überlieferung geht davon aus, daß der Leviathan von dem schöpferischen Gott endgültig überwunden wurde. Im Talmud heißt es, aus der Haut des unterworfenen Leviathan habe Gott ein Zelt für seine Frommen gefertigt, eine Wohnstatt für die, die seinem Willen folgen (Goldschmidt 210). Für Hobbes dagegen ist der Leviathan nicht getötet, sondern lebt als politischer Souverän; die Macht dieses Souveräns bildet das Zelt, in dem die Bürger Sicherheit finden. Deshalb formen sich auf dem Titelbild des Leviathan Schwert und Bischofsstab zu den Seiten eines Zeltes.

Als künstlicher Mensch erscheint der Staat des Thomas Hobbes. Aber auch als sterblichen Gott kann er ihn bezeichnen. Er ist ein Gott; denn seine Macht erhebt ihn über alles Menschliche. Doch er ist sterblich; denn er kann sich selbst zerstören, wenn er vor der Aufgabe versagt, die Selbsterhaltung seiner Bürger zu sichern. Durch Schwäche kann der Leviathan seinem Leben ebenso ein Ende machen wie durch übertriebene Stärke, durch eine Ohnmacht, in der er seine Schutzfunktion preisgibt, ebenso wie durch hybride Allmacht, in der er seine Gewalt gegen die kehrt, deren Leben er doch bewahren soll. Aber niemand anders kann das Leben des sterblichen Gottes vernichten als nur er selbst.

Der Leviathan: ein Tier, ein künstlicher Mensch, ein sterblicher Gott - die Bilder sind damit noch nicht erschöpft, mit denen Thomas Hobbes den Staat kennzeichnet. Auch als Maschine kann er ihn bezeichnen, als ein Resultat menschlicher Kunstfertigkeit. Der Staat gehört nicht zur menschlichen Natur, sondern ist ein Kunstprodukt. Doch warum, so läßt sich dann fragen, mußten die Menschen den Staat erfinden? Warum wollte ihnen das Leben ohne den Staat nicht gelingen? Warum ist menschliches Leben ohne Staat nicht möglich? Und wie muß der Staat konstruiert sein, damit er seine Aufgaben erfüllen kann? Auf derartige Fragen sucht die politische Philosophie des Thomas Hobbes zu antworten.

Im Gegensatz zu modernen Positionen, die im Krieg eine erst unter der Voraussetzung der staatlichen Organisation auftretende Größe sehen, behauptet Hobbes nicht etwa die Gleichursprünglichkeit von Staat und Krieg, sondern von Staat und Frieden. Der *status civilis*, der bürgerliche Zustand staatlicher Herrschaft also, und der *status pacis* sind für ihn identisch. Ein Frieden ohne Staat ist für ihn ebenso undenkbar wie ein Staat ohne Frieden.

Er verdeutlicht diese These durch ein Gedankenexperiment. Er setzt dem staatlichen Zustand hypothetisch den Naturzustand entgegen, die Konstruktion einer Lebenswelt ohne politische Gewalt, die Vorstellung eines Zustandes, bei dem die Menschen alle gleichzeitig wie Pilze aus dem Boden schossen. Wie muß man sich das Zusammenleben der Menschen in diesem gedachten Naturzustand vorstellen? Die Antwort ist eindeutig: Ist der Ort des Friedens der Staat, so ist der Naturzustand der Ort des Krieges. Naturzustand und Kriegszustand sind ein und dasselbe. *Status naturae* und *status belli* fallen zusammen. Nicht nur durch begrenzte Kriege ist der Naturzustand gekennzeichnet; er bildet vielmehr einen Zustand des Krieges aller gegen alle, des *bellum omnium contra omnes* (Leviathan T. I c. 13).

Mit dieser Ausgangsthese trennt sich Hobbes an zentraler Stelle von der Tradition der Naturrechtslehre. Diese versteht den Menschen als *animal sociale*. Sie versteht ihn als ein Wesen, das von Natur aus auf Sozialität angelegt ist; darum aber sieht sie auch im Naturzustand einen prinzipiell friedlichen Zustand. Hobbes dagegen versteht den Menschen als prinzipiell kriegerisches, auf Selbsterhaltung und Selbstdurchsetzung gerichtetes Wesen. Deshalb ist ihm auch der Naturzustand ein prinzipiell kriegerischer Zustand. Ziehen wir den Staat ab, dann bleibt der Mensch nur übrig als ein Wesen, das auf Selbsterhaltung aus ist und nach Glück strebt. Die Bewahrung des eigenen Lebens und seine glückhafte Gestaltung sind die einzigen Ziele, die wir dem Menschen von Natur aus zuschreiben können. Doch um der Selbsterhaltung und des Glücks willen macht der eine Mensch dem anderen die Güter streitig, mit denen sie beide ihr Leben fristen wollen. Der eine wird für den anderen bedrohlich; er gefährdet sein Leben, er wird ihm zum Wolf. Geflügelt wurde deshalb die Kennzeichnung des Menschen durch Hobbes, nach welcher der eine Mensch dem andern ein Wolf sei: *homo homini lupus.* Doch umgekehrt sieht er sich vom andern bedroht; der andere ängstigt ihn. Das Verhältnis zu ihm ist durch Furcht bestimmt. Daher stammt die andere, weniger berühmte Kennzeichnung, nach welcher der eine Mensch dem andern ein Hase sei, ein Angsthase nämlich: *homo homini lepus.*

Bedrohung und Furcht bestimmen das Verhältnis der Menschen zueinander. Sie sind einander Wolf und Hase zugleich. Der Naturzustand ist deshalb ein prinzipiell kriegerischer Zustand. Die Tradition, auf die Hobbes zurückblickt, begreift den Krieg vom Frieden her und faßt ihn als Friedensbruch auf. Hobbes dagegen deutet den Frieden vom Krieg her und sieht in ihm lediglich eine Unterbrechung des Kriegs. Der Frieden unterbricht oder beendet einen Zustand, in dem die Menschen sich in der Verfolgung ihrer jeweiligen Partikularinteressen zueinander wie Wölfe verhalten. Frieden ist "die Zeit, in der kein Krieg herrscht" (Leviathan T. I c. 13).

Es ist folgerichtig, daß Hobbes den Begriff des Friedens unmittelbar und nahezu ausschließlich mit demjenigen der Sicherheit, der *securitas* verknüpft. Jeder Gedanke daran, der Krieg könne ein auf den Frieden gerichteter Rechtsstreit sein, ist ihm durch die Erfahrung der konfessionellen Bürgerkriege seiner Zeit gründlich vergangen. Angesichts ihrer Schrecken kann der Frieden, den man ihnen entgegensetzen muß, nur als Sicherheit begriffen werden. Der Staat gilt als Garant eines Friedens, den er innerhalb seiner eigenen Grenzen schützen kann und soll. Der als Sicherheit verstandene Frieden trägt den Charakter innerstaatlichen Friedens. Zwischen den Staaten aber herrscht weiterhin der Naturzustand, des *bellum omnium contra omnes.* Zwischen ihnen kann von Frieden allenfalls in dem äußerst eingeschränkten Sinn die Rede sein, daß der Kriegszustand, der zwischen ihnen herrscht, für einige Zeit latent bleibt: "Suche den Frieden, wo du ihn haben kannst; wo du ihn [sc. in einer deinen Interessen angemessenen Form] nicht haben kannst, rüste zum Krieg" (De cive 2,2). Der aus der Tradition der *pax Romana* bekannte Grundsatz: *Si vis pacem, para bellum* erfährt hier seine neuzeitliche Zuspitzung: wenn du deine Selbsterhaltung nicht auf dem Weg des Friedens sichern kannst, rüste zum Krieg.

### b) Selbsterhaltung und Frieden

Mit den letzten Beobachtungen ist uns bereits ein zweites zentrales Merkmal des Hobbesschen Friedensbegriffs begegnet. Frieden, so hieß das erste Merkmal, ist eine Unterbrechung des Kriegs. Der Krieg hat seine Ursache in der menschlichen Natur, die auf Selbsterhaltung gerichtet ist. Soll der Frieden überhaupt in der Mechanik der menschlichen Natur verankert werden, so muß er - darin liegt das zweite Merkmal - ebenfalls aus dem Streben nach Selbsterhaltung hergeleitet werden können. Hobbes sieht sich also vor der Frage, ob den naturalen Antrieben zum Krieg vergleichbare naturale Antriebe zum Frieden gegenüberstehen.

Er ermittelt insbesondere drei Antriebe zum Krieg in der Natur des Menschen: Das Mißtrauen, das in den Streit um Sicherheit und Wohlfahrt mündet; den Wettbewerb, der in den Streit um Vorteil und Gewinn führt; schließlich die Ruhmsucht, die den Streit um Anerkennung und einen guten Namen nach sich zieht. Hobbes findet in vergleichbarer Weise auch drei Antriebe zum Frieden in der Natur des Menschen: nämlich die Furcht, insbesondere diejenige vor gewaltsamem Tod; sodann das Verlangen nach einem glücklichen Leben und der Sicherung des dafür nötigen Besitzes; schließlich die Hoffnung, daß dieses Verlangen bei entsprechender Anstrengung gestillt werden kann (Leviathan T. I c. 13).

Wenn aber Frieden und Krieg in gleicher Weise auf Antriebe in der Natur der Menschen zurückgeführt werden können, dann bedarf es einer Vereinbarung darüber, daß sie den Frieden dem Krieg vorziehen. Diese Verständigung ist das Thema des Gesellschaftsvertrags, der für Hobbes zugleich ein Herrschaftsvertrag ist. Auch der Gesellschaftsvertrag ist - wie der Naturzustand - eine gedankliche Konstruktion. Sie gibt Auskunft darüber, wie politische Herrschaft zustande kommt: Im Gesellschaftsvertrag unterwerfen sich alle Bürger derjenigen staatlichen Gewalt, deren einziger Zweck in der Sicherung des Friedens besteht.

Doch mit diesem Schritt einer rationalen Konstruktion gibt Hobbes seiner Theorie eine folgenreiche Wendung. Mit einer einzigen Überlegung beantwortet er nämlich zwei Fragen zugleich. Die eine Frage heißt: Warum ist der Staat für die Menschen notwendig? Hobbes antwortet: um des Friedens willen. Die zweite Frage heißt: Wie muß staatliche Herrschaft gestaltet sein? Hobbes antwortet: als vollständige Unterwerfung der Bürger unter den Willen eines beauftragten Bevollmächtigten, eines schlechthin überlegenen Souveräns. Der Gesellschaftsvertrag, den sie um des Friedens willen schließen, ist ein Unterwerfungsvertrag. Doch der Souverän, dem sie sich unterwerfen, damit er das Recht setzt, ist selbst dem Recht nicht unterworfen. Hobbes entwickelt seine politische Theorie als eine Theorie des Friedens. Doch er entwirft politische Herrschaft als unumschränkte Macht. Der Frieden soll durch schrankenlose Macht gesichert werden. Frieden ist Selbstdurchsetzung der Macht. Mit dieser Auffassung ist Hobbes zum Vater aller neuzeitlichen Lehren vom starken Staat geworden, zum Kronzeugen derer, die den Frieden mit der Durchsetzung von *law and order* verwechseln. Denn auch unter demokratischen Verhältnissen kann der Staatsabsolutismus Hobbesscher Prägung wiederkehren. Man kann ihm zum Beispiel dort begegnen, wo eine Verständigung des Staats mit seinen Bürgern zum Zeichen der Schwäche, die Durchsetzung staatlicher Macht dagegen zum Ausdruck der Stärke erklärt wird. Auch dem heutigen Hobbesianer ist der Schutz des Staates wichtiger als der Schutz der Bürger. Auch er begreift den Frieden als Staatsfrieden, nicht als Bürgerfrieden.

### c) Die Mittel des Friedens

Doch was kann der einzelne zu diesem Frieden beitragen? Sein Handeln bleibt auch unter den Bedingungen staatlicher Existenz an die Mechanik der Selbsterhaltung gebunden. Die Freiheit, alles zu tun, was der eigenen Selbsterhaltung dient, bildet deshalb nach Hobbes den entscheidenden Inhalt des Naturrechts. Wie sollen sich aus diesem Naturrecht Mittel zum Frieden entwickeln lassen? Sie ergeben sich daraus, daß das mit den Mitteln der Vernunft gefundene natürliche Gesetz das Naturrecht bändigt und in Schranken hält. Den Übergang vom Naturrecht zum natürlichen Recht bildet eine für Hobbes charakteristische Variante der "Goldenen Regel".

Die Goldene Regel hat eine lange, über das Christentum weit hinausreichende Tradition (s. unten III.1.1.b). In die christliche Überlieferung hat sie durch die Bergpredigt Jesu Eingang gefunden. Dort begegnet sie uns in ihrer positiven Form: "Was ihr wollt, daß euch die Leute tun sollen, das tut ihnen auch" (Matthäus 7,12). Hobbes aber nimmt sie in ihrer negativen Variante auf: "Was du nicht willst, daß man dir tu, das füg auch keinem andern zu". Diese Variante aber bringt er in folgende Fassung: "Keiner darf dasjenige unternehmen, was er als schädlich für sich selbst anerkennt" (Leviathan T. I c. 14). Die Geltung der Goldenen Regel wird also aus dem Interesse an der Selbsterhaltung abgeleitet und so mit dem Naturrecht verknüpft. Die natürlichen Gesetze aber, in denen Hobbes Bedingungen des Friedens formuliert, lassen sich durchgängig als Entfaltungen der Goldenen Regel in dieser Fassung verstehen. Vier derartige natürliche Gesetze seien genannt.

1. Suche Frieden und jage ihm nach. Ist er aber verschwunden, so ergibt sich aus dem Naturrecht die Berechtigung dazu, sich durch Mittel und Wege aller Art selbst zu erhalten. Den Gedanken des gerechten Kriegs faßt Hobbes also so auf, daß die Gefährdung der Selbsterhaltung einen gerechten Kriegsgrund darstellt, und daß sie auch die Frage nach den angemessenen Kriegsmitteln - dem *debitus modus* - von dem Interesse an der Selbsterhaltung her beantwortet.

2. Wenn der Frieden gesichert ist, muß jeder sich mit der Freiheit zufrieden geben, die er den anderen eingeräumt wissen will. In diesem Gesetz zeigt sich, daß Hobbes den Frieden konsequent als Rechtszustand versteht. Das Recht aber dient dem Ziel, daß sich die Freiheit des einen mit der Freiheit des anderen vereinbaren läßt. Die Aufrechterhaltung des Rechtszustands hängt dann davon ab, daß der eine für sich nur diejenige Art und denjenigen Umfang von Freiheit in Anspruch nimmt, in denen er, wenn ein anderer sie für sich selbst in Anspruch nimmt, nicht eine Gefährdung der eigenen Freiheit erblickt.

3. Frieden beruht auf Vereinbarungen; der Gesellschaftsvertrag ist dafür das entscheidende Beispiel. Vertragliche Abkommen müssen erfüllt werden (*pacta sunt servanda* bzw.: *That men performe their covenants made).* Verausgesetzt ist dabei die Gültigkeit des Abkommens. Ungültig sind alle vertraglichen Regelungen, die dem Recht auf Selbsterhaltung widersprechen. Aus diesem Grundsatz ergibt sich für Hobbes die Definition von Gerechtigkeit und Ungerechtigkeit: Gerechtigkeit definiert er als Vertragserfüllung, Ungerechtigkeit als die Nichterfüllung von vertraglichen Verpflichtungen. Damit bindet Hobbes auch die Begriffe von Gerechtigkeit und Ungerechtigkeit an den Staat. Denn ohne die

staatlich organisierte bürgerliche Gesellschaft gibt es kein Eigentum; ohne Eigentum aber ist der einzelne kein rechtsfähiges Subjekt, das Verträge abschließen könnte. Ohne vertragliche Abkommen haben indes die Begriffe von Gerechtigkeit und Ungerechtigkeit keinen Sinn. Die Konsequenz für die Verhältnisbestimmung von Frieden und Gerechtigkeit ist eindeutig: Hobbes ordnet den Frieden der Gerechtigkeit vor. Frieden ist ein Rechtszustand; Gerechtigkeit ist die Einhaltung dieses Rechtszustands, nämlich die Erfüllung rechtlicher Verpflichtungen.

4. Diese drei grundlegenden natürlichen Gesetze sind vom Vorrang des Friedens, aber zugleich von seiner Begrenztheit geprägt. Sie bestätigen auf ihre Weise jene Definition, die den Frieden als eine Zeit bestimmt, in der kein Krieg herrscht. Für diese Zeit des Friedens soll gelten, daß die Menschen sich an einem Ethos der Reziprozität, der Gegenseitigkeit orientieren. Den Grundsatz, man solle einem anderen nicht zufügen, was man für sich selbst als schädlich erkennt, führt Hobbes in einer Serie weiterer natürlicher Gesetze auch in der positiven Richtung weiter, daß einer dem anderen nützen und zugleich alles unterlassen soll, dessentwegen der andere die Wohltaten bedauern könnte, die er einem erwiesen hat (Leviathan T. I c. 15). Doch es ist deutlich, daß dieses Ethos der Reziprozität nur in der Zeit des Friedens Gültigkeit beanspruchen kann.

Welche Aufgabe, so soll abschließend gefragt werden, kommt in diesem Friedenskonzept der Kirche zu? Tritt nicht wenigstens in der Kirche dem Staat eine Macht entgegen, die ihm Grenzen setzt? Muß Hobbes sich nicht wenigstens der Einsicht beugen, daß die Religion einen Gott verehrt, dem man mehr gehorchen muß als den Menschen? Schon das Titelbild des 'Leviathan', von dem unsere Überlegungen ausgingen, warnt vor einer solchen Annahme. Auch der Bischofsstab, auch die geistliche Gewalt liegt in der Hand des Leviathan, des künstlichen Menschen, des sterblichen Gottes. Die Vorstellung, daß der christliche Glaube in unmittelbarem Sinn ein Mittel des Friedens abgeben könne, ist durch das Zeitalter der Glaubenskämpfe gründlich desavouiert worden. Hobbes zieht daraus die entschlossene Konsequenz einer vorbehaltlosen Trennung zwischen Frieden und Glauben. Frieden ist ein Zustand der Sicherheit, der in keiner Wahrheit zu begründen ist. Denn der staatliche Frieden muß unabhängig vom Glauben der Bürger begründet und gesichert werden. Mit diesem Grundsatz formuliert Hobbes auf der einen Seite eine politische Bedingung religiöser Pluralität und Toleranz, eine Bedingung dafür also, der Epoche der Glaubenskriege ein Ende zu machen. Auf der anderen Seite verschafft dieser Grundsatz Klarheit darüber, worin allein die Friedensaufgabe der Kirche bestehen kann.

Zum staatlichen Frieden vermag die Kirche nur dadurch beizutragen, daß sie sich ihm unterwirft. Gerade so, aber auch nur so erfüllt sie die ihr obliegende Pflicht. Ein Recht oder gar eine Pflicht zum Ungehorsam gegenüber staatlichen Forderungen kann nach Hobbes weder dem einzelnen Christen noch der Kirche zukommen. Dies wäre allein für den Fall eines Widerspruchs zwischen göttlichem Gebot und staatlichem Gesetz denkbar. Einen solchen Konflikt aber hält Hobbes *per definitionem* für ausgeschlossen. Denn da die staatliche Gesetzgebung sich zwingend dem natürlichen Gesetz unterordnet, folgt sie damit auch dem göttlichen Willen. Da die Kirche ebenso zwingend an das natürliche Gesetz gebunden ist, kann ein Konflikt zwischen Staat und Kirche überhaupt nicht auftauchen. Deshalb ist die Kirche ohne Einschränkung und ohne Vorbehalt dazu verpflichtet, den Staat in seiner Friedensfunktion dadurch zu unterstützen, daß sie selbst seine Gesetze befolgt und ihre Glieder zum Gehorsam gegenüber dem Staat erzieht und ermahnt. Sie tut dies, indem sie durch die Aussicht auf ewige Güter und ewige Übel die Sanktion der staatlichen Ordnung verstärkt. Schon für Hobbes gilt also, was später zu einem geflügelten Wort wurde: daß das Quantum des Gehorsams wichtiger sei als der Inhalt des Gebotenen (Jodl 220). Zu diesem Quantum des Gehorsams vermag die Kirche beizutragen; darin liegt ihre Friedensfunktion. Nur die dem Staat fügsame Kirche ist eine Friedenskirche.

Dreifach läßt sich die historische Wirkung wie die grundsätzliche Provokation des Thomas Hobbes bestimmen. Mit einprägsamer Klarheit hat er zunächst die Notwendigkeit des Staats aus seiner Friedensfunktion hergeleitet. Gegenüber allen Vorstellungen vom allmählichen Absterben des Staats hat sich dieser Gedanke als überzeugend erwiesen. Hobbes hat sodann das Funktionieren des Staats selbst von jeder Wahrheitsfrage losgekoppelt: die Autorität, nicht die Wahrheit macht das Gesetz. Damit hat er einem Rechts- und Staatspositivismus den Weg gebahnt, der sich nach den Erfahrungen unseres Jahrhunderts nicht mehr halten läßt. Wir können den Frieden nicht mehr einfach mit Sicherheit gleichsetzen, sondern müssen nach der Wahrheit des Friedens fragen. Deshalb hat - gegen Hobbes - auch die Kirche einen eigenständigen Friedensauftrag. Sie ist nicht schon dann Friedenskirche, wenn sie dem Staat fügsam ist. Schließlich hat Hobbes behauptet, daß der Staat seine Funktion nur erfüllen kann, wenn seine Macht unumschränkt ist. Doch er ahnte schon, daß gerade der Staat sich selbst zerstören wird, dessen Gewalt keine Grenzen kennt. Wir aber wissen, daß staatliche Herrschaft an grundlegende Menschenrechte gebunden sein muß, wenn sie dem Frieden dienen soll.

LITERATUR: *U. Bermbach/K.-M. Kodalle* (Hg.), Furcht und Freiheit. Leviathan-Diskussion 300 Jahre nach Thomas Hobbes, Opladen 1982 - *L. Goldschmidt*, Der babylonische Talmud, Berlin 1933 - *Th. Hobbes*, Leviathan, or The Matter, Forme and Power of a Commonwealth Ecclesiasticall and Civil, ed. M. Oakeshoff, Oxford 1960 - *Th. Hobbes*, Leviathan, hg. v. P. C. Mayer-Tasch, Reinbek 1965; hg. v. I. Fetscher, Neuwied 1966; hg. v. J. P. Mayer, Stuttgart 1974 - *Th. Hobbes*, Vom Menschen - Vom Bürger, hg. v. G. Gawlick, Hamburg 1977 - *O. Höffe* (Hg.), Thomas Hobbes. Anthropologie und Staatsphilosophie, Freiburg (Schweiz) 1981 - *F. Jodl*, Geschichte der Ethik, Bd. 1: Bis zum Schlusse der Aufklärung, 2. Aufl. 1929 (Nachdruck Stuttgart o.J.) - *C. B. Macpherson*, Die politische Theorie des Besitzindividualismus. Von Hobbes bis Locke, Frankfurt 1967 - *H. Schelsky*, Thomas Hobbes - Eine politische Lehre, Berlin 1981 - *B. Willms*, Thomas Hobbes. Das Reich des Leviathan, München/Zürich 1987.

### *3.4. Zum ewigen Frieden*

Im 17. und 18. Jahrhundert erlebt der Begriff des Friedens tiefgreifende Verschiebungen. Sie vollziehen sich in zwei Richtungen. Sie führen zum einen vom ethischen zum etatistischen Friedensverständnis, zum andern vom Frieden im Staat zum Frieden zwischen den Staaten.

Zum einen wird der Begriff des Friedens von ethischen wie von religiösen Voraussetzungen gelöst. Verstanden wird er stattdessen als ein Rechtszustand, der vom Staat zu garantieren ist. Als Rechtszustand muß er vom subjektiven Friedenswillen, von der moralischen Bereitschaft zum Frieden unabhängig gedacht werden. Daß unterschiedliche Auffassungen vom Frieden unter demselben Rechtszustand koexistieren können, ist dieser Konzeption ebenso wesentlich, wie daß der Frieden gegen Widerstreben mit Zwang durchgesetzt werden kann.

Zum andern aber wird im 18. Jahrhundert der bürgerliche Rechtszustand, auf den noch Hobbes seine Überlegungen konzentrierte, in aller Regel nicht mehr mit dem Begriff des Friedens belegt, sondern als öffentliche Ruhe und Sicherheit bezeichnet. Der innere Zustand der Staaten wird vom Begriff wie vom Anspruch des Friedens gelöst; zum absolutistischen Fürstenstaat fügen sich die Begriffe von Ruhe und Sicherheit leichter als derjenige des Friedens. Das Wort "Frieden" wird dadurch frei zur ausschließlichen oder doch überwiegenden Bezeichnung zwischenstaatlicher Verhältnisse. Zu Beginn des 19. Jahrhunderts jedenfalls meint es mit aller Eindeutigkeit "den Zustand der aufgehobenen oder ruhenden Gewalttätigkeiten oder die Wiederherstellung des ruhigen und rechtlichen Verhältnisses unter den Staaten" (Brockhaus 940).

Doch zugleich mit der Sehnsucht nach Frieden wächst das Maß kriegerischer Gewalt. So sehr man auch immer wieder darauf beharren mag, daß das Wort "Frieden" noch mehr und anderes meint als den Gegensatz zum Krieg, so sehr muß man sich zugleich deutlich machen, wie tief das Leben vieler Generationen durch den Widerspruch zwischen Frieden und Krieg bestimmt ist. Angesichts der Opfer, welche die Kriege der Neuzeit gefordert haben, klingen manche der Friedensrufe und Friedenspläne, der Friedensgedichte und Friedensprojekte dieser Epoche kraftlos, ja hohl.

In all ihrer Härte hat diese widersprüchliche Erfahrung immer wieder zu zwei Fluchtwegen verleitet: zur Idealisierung des Krieges auf der einen, zur Verharmlosung des Friedens auf der anderen Seite. Die Idealisierung des Krieges erklärt ihn zum Ernstfall des Lebens; sie macht ihn zu einem notwendigen, moralisch erhebenden, ja schönen Ereignis, in dem die Wahrheit des Lebens ans Licht kommt. Ihr steht eine Verharmlosung des Friedens von zweifacher Gestalt gegenüber. In der einen wird verniedlicht, worum es im Frieden geht. Schon die zeitweilige Waffenruhe gilt dann als Frieden; er wird zum bloßen Interim zwischen zwei Kriegen, zu einer Zeit, in der die Menschen sich von dem einen Krieg erholen, um sich auf den nächsten vorzubereiten. In der anderen Gestalt dieser Verharmlosung wird die Antwort auf das Friedensproblem allzu idyllisch gezeichnet. Friedenspläne werden entworfen, die scheinbar einleuchtend eine Welt ohne Krieg malen, eine Welt der Eintracht oder des Gleichgewichts, eine Welt ohne Waffen. Der entscheidende Einwand gegen diese Pläne heißt, daß sie Wunsch und Wirklichkeit nicht unterscheiden können.

Den philosophischen Entwurf, den *Immanuel Kant* (1724-1804) im Jahr 1795 unter dem Titel 'Zum ewigen Frieden' veröffentlichte, trifft dieser Einwand nicht. Im Gegenteil: Kants Entwurf ist von einer Verharmlosung des Friedens ebenso weit entfernt wie von einer Idealisierung des Krieges. Darin weist die Konzeption des Königsberger Philosophen über die Tradition der vor ihr liegenden Friedensentwürfe hinaus. Für diese liegen erste markante Beispiele in dem 'Neuen Kineas' von *Pierre Dubois Émeric de Crucé* von 1623 sowie in dem Plan zu einer europäischen Friedensordnung vor, den der Herzog *Maximilien von Sully* (1560-1641) im Jahr 1638 in seinen Memoiren aufgezeichnet und dem französischen König Heinrich IV. zugeschrieben hat. Gegen Ende des 17. Jahrhunderts schließt sich *William Penns* (1644-1718) 'Essay zum gegenwärtigen und zukünftigen Frieden in Europa' (1693) an; Penn entwickelt hier den Gedanken, daß der Frieden sich durch ein parlamentarisches Vertretungsorgan auf europäischer Ebene sichern ließe. Von weiterreichender Bedeutung sind die Friedensprojekte des 18. Jahrhunderts, die - der allgemeinen Entwicklung des Friedensverständnisses folgend - in der Form von Vertragsentwürfen vorgelegt werden. Sie folgen also dem Leitgedanken, daß der Frieden auf Vereinbarungen beruht. Am wichtigsten ist zunächst der Vorschlag zu einem Völkerbund, den *Charles Irénée Castel, Abbé de Saint-Pierre* (1658-1743) verfaßt hat *(Projet pour rendre la paix perpétuelle en Europe, 1712/13)*. Bekannt wird dieser Plan Saint-Pierres vor allem durch den 'Auszug', den *Jean-Jacques Rousseau* (1712-1778) in den Jahren 1756/81 veröffentlichte. Freilich bildet Rousseaus 'Auszug' in Wahrheit eine eigenständige Darlegung des Plans für einen Völkerbund.

Über all diese Pläne weist Kants Entwurf hinaus, den wir unter drei Gesichtspunkten erörtern wollen. Wir fragen, wie Kant die Aufgabe des ewigen Friedens bestimmt (a), worin er die Lösung dieser Aufgabe erblickt (b) und wie er in dieser Lösung Recht und Utopie miteinander verbindet (c).

### a) Die Aufgabe

In seiner kleinen Schrift 'Über den Gemeinspruch: Das mag in der Theorie richtig sein, taugt aber nicht für die Praxis' von 1793 erläutert Kant seine These, daß eine richtige Theorie auch für die Praxis gelten müsse, an drei Bereichen: an der Moral überhaupt, am Staatsrecht und am Völkerrecht. Für das Völkerrecht geht er von der folgenden ernüchternden Diagnose aus:

"Die menschliche Natur erscheint nirgend weniger liebenswürdig, als im Verhältnisse ganzer Völker gegeneinander. Kein Staat ist gegen den andern wegen seiner Selbständigkeit, oder seines Eigentums, einen Augenblick gesichert. Der Wille, einander zu unterjochen, oder an dem Seinen zu schmälern, ist jederzeit da; und die Rüstung zur Verteidigung, die den Frieden oft noch drückender und für die innere Wohlfahrt zerstörender macht, als selbst den Krieg, darf nie nachlassen. Nun ist hierwider kein anderes Mittel, als ein auf öffentliche mit Macht begleitete Gesetze, denen sich jeder Staat unterwerfen müßte, gegründetes Völkerrecht (nach der Analogie eines bürgerlichen oder Staatsrechts einzelner Menschen) möglich; - denn ein dauernder allgemeiner Friede, durch die so genannte *Balance der Mächte in Europa* ist, wie *Swifts* Haus, welches von einem Baumeister so vollkommen nach allen Gesetzen des Gleichgewichts erbauet war, daß, als sich ein Sperling darauf setzte, es sofort einfiel, ein bloßes Hirngespinst" (Kant 171f).

Die Frage nach geschichtlichem Fortschritt, so heißt Kants Diagnose, stellt sich in keinem Bereich mit so unerbittlicher Härte wie in den Beziehungen zwischen den Staaten. Schon er findet sich in einer Situation vor, in der die Steigerung der Rüstungen den Frieden sichern soll. Gegen dieses Modell des Friedens durch ein Abschreckungsgleichgewicht macht Kant an der zitierten Stelle drei Einwände geltend:

1. Es ist unsicher; denn der Wunsch nach Vorherrschaft und Überlegenheit kann sich jederzeit in Gewalt Ausdruck verschaffen.
2. Es hat unvertretbare Nebenfolgen; denn die Rüstungsausgaben können für die innere Wohlfahrt und den sozialen Frieden zerstörerischer sein als selbst der Krieg.
3. Der in diesem Friedensmodell vorausgesetzte Begriff des Gleichgewichts ist eine Fiktion, ein Hirngespinst; denn ein solches Gleichgewicht ist so unzuverlässig wie die Statik eines Hauses, das durch das Gewicht eines Sperlings zum Einsturz gebracht werden kann.

Wer den Frieden durch die Drohung mit militärischer Gewalt gewährleisten will, sichert also in Wahrheit gar nicht den Frieden, sondern lediglich einen Waffenstillstand. Die Mittel, die er einsetzt, können den gewaltsamen Ausbruch von Feindseligkeiten allenfalls auf Zeit, nicht aber auf Dauer verhindern. Frieden aber bedeutet nicht nur eine zeitlich begrenzte Waffenruhe, sondern "das Ende aller Hostilitäten" (Zum ewigen Frieden, Kant 196). Deshalb ist das Gleichgewicht der Gewaltdrohung, die "Balance der Mächte" kein zureichendes Mittel des Friedens.

Wenn Kant für seinen philosophischen Entwurf von 1795 den Namen jenes holländischen Gasthauses ausleiht, das 'Zum ewigen Frieden' hieß und auf dem Wirtshausschild den Sinn dieses Namens durch das Bild eines Friedhofes verdeutlichte, dann liegt in jenem Titel in Kants Sinn ein Pleonasmus. Von Frieden kann in ernsthafter Weise überhaupt nur dann die Rede sein, wenn er auf Dauer herrscht. Schon in der Aufgabenstellung wendet Kant sich damit von der Tradition ab, die mit dem Namen des Thomas Hobbes verbunden ist. Von diesem unterscheidet Kant sich nämlich insbesondere dadurch, daß er den Frieden nicht als Unterbrechung, sondern als Ende des Krieges versteht. Gegen Hobbes knüpft er an die utopische Tradition des Friedensverständnisses an. Mit Hobbes jedoch versteht er Frieden als einen Rechtszustand. Er will nachweisen, daß jener bisher utopisch entworfene dauerhafte Frieden geschichtlich möglich ist, daß er nämlich als Rechtszustand hergestellt werden kann. Damit ist die Aufgabe bestimmt, der Kant sich in seinem Entwurf 'Zum ewigen Frieden' zuwendet.

## b) Die Lösung

Kant will den ewigen Frieden als zugleich vernunftnotwendig und vernunftmöglich nachweisen. Er verbindet den utopischen Entwurf eines ewigen Friedens mit der Frage nach den Bedingungen seiner Verwirklichung. Sein Projekt trägt den Charakter einer aufgeklärten Utopie. Denn als solche läßt sich ein Zukunftsentwurf dann bezeichnen, wenn er von einer Reflexion auf die Voraussetzungen begleitet ist, unter denen er sich verwirklichen läßt.

Von der Tradition des rationalen Naturrechts wendet Kant sich insofern ab, als er nicht von der ursprünglichen Sozialität der Menschen ausgeht, sondern mit Hobbes den Naturzustand als einen Zustand des Krieges bestimmt. Der Frieden dagegen ist kein Naturzustand; er ergibt sich keineswegs von selbst. Vielmehr muß er "gestiftet", also in einer geschichtlichen Anstrengung hergestellt werden (Kant 203).

Unter welchen Bedingungen kann diese Anstrengung Erfolg haben? Verblüffend ist die unerschrockene Klarheit, mit der Kant auf diese Frage antwortet. Er nennt sechs negative und drei positive Bedingungen des ewigen Friedens, sechs Präliminarartikel und drei Definitivartikel.

Die Präliminarartikel sollen diejenigen Faktoren ausschalten, die einen dauerhaften Frieden in jedem Fall vereiteln müssen. Als erstes nennt Kant die Geheimpolitik, die mit ihren unausgesprochenen Vorbehalten schon immer den Stoff für den nächsten Krieg bereithält. Ausgeschlossen ist sodann jeder Gedanke an den Erwerb eines Staates durch einen anderen; denn ein Staat ist kein dinglicher Besitz - er muß vielmehr wie eine moralische Person betrachtet werden. Einer der Schlüssel zum Problem des Friedens liegt für Kant in der Analogie zwischen der Selbstbestimmung der einzelnen Person und dem Selbstbestimmungsrecht der Völker.

Vor allem müssen die Verführungen zum Krieg abgebaut werden. Zu ihnen zählen die stehenden Heere; denn sie bilden den Anlaß des Wettrüstens und damit die Ursache zum Krieg. Untersagt sein muß in aller Form, daß für außenpolitische Auseinandersetzungen Staatsschulden aufgenommen werden können; denn das führt unweigerlich zum Staatsbankrott, aus dem dann der nächste Krieg retten soll. Und untersagt sein muß schließlich jede gewaltsame Intervention in die Angelegenheiten eines anderen Staates. Ausgenommen ist davon allein der Fall des Bürgerkrieges.

In einem letzten Präliminarartikel schärft Kant die Regeln des Kriegsvölkerrechts ein. Denn das Verhalten im Krieg darf das wechselseitige Zutrauen in einem künftigen Frieden nicht zerstören. Die Beschäftigung von Meuchelmördern oder Giftmischern, die Anstiftung zum Verrat oder die Mißachtung der gegnerischen Kapitulation müssen deshalb in jedem Fall ausgeschlossen sein.

Weit wichtiger noch als diese negativen sind die positiven Bedingungen des ewigen Friedens. Kant entwickelt sie von der Analogie zwischen dem einzelnen Staat und der Staatengemeinschaft aus. Der Frieden *zwischen* den Staaten hat am Frieden *im* Staat sein Maß. Die Friedensstiftung im Staat bildet aber nicht nur das Modell, sondern zugleich die entscheidende Voraussetzung für den Frieden zwischen den Staaten. Frieden im Staat entsteht durch die Verwirklichung der republikanischen Staatsform. Sie beruht darauf, daß alle Glieder der Gesellschaft als *Menschen* in ihrer Freiheit anerkannt sind, daß sie sich als *Untertanen* nur einer einzigen Gesetzgebung unterstellen, daß sie schließlich als *Staatsbürger* gleichgeachtet sind und im Rahmen der Gewaltenteilung an der staatlichen Verfassung Anteil haben. Freiheit, Selbständigkeit im Sinn rechtlicher Gleichstellung und Gleichheit bestimmen zusammen die republikanische Verfassung. Sie kann deshalb einen dauerhaften Frieden im Staat sichern, weil alle auftretenden Konflikte als Rechtskonflikte aufgefaßt und mit Mitteln des Rechts gelöst werden können. Eine so verfaßte Republik wird aber auch das Selbstbestimmungsrecht anderer Republiken achten und deshalb mit ihnen Frieden halten.

Schließlich aber wird das materielle Interesse der Staatsbürger außenpolitische Abenteuer zu verhindern wissen. Denn in einer Republik ist die Kriegführung nach außen von der Zustimmung aller Bürger abhängig. Bevor diese aber "alle Drangsale des Krieges über sich selbst beschließen müßten (als da sind: selbst zu fechten; die Kosten des Krieges aus ihrer eigenen Habe herzugeben; die Verwüstung, die er hinter sich läßt, kümmerlich zu verbessern; zum Übermaß des Übels endlich noch eine, den Frieden selbst verbitternde, nie (wegen naher immer neuer Kriege) zu tilgende Schuldenlast selbst zu übernehmen)", werden "sie sich selbst sehr bedenken ..., ein so schlimmes Spiel anzufangen" (Kant 205f).

Kant orientiert sich also nicht allein am *Modell* der Friedensstiftung innerhalb des Staats; sondern er kommt zu dem Ergebnis, daß in der Durchführung des Rechtszustands innerhalb der einzelnen Staaten eine entscheidende *Voraussetzung* für die Verwirklichung eines dauernden Friedens zwischen den Staaten liegt. Deshalb beginnen seine Definitivartikel zum ewigen Frieden mit dem Postulat, die bürgerliche Verfassung in jedem Staat solle republikanisch sein. Daran schließt sich die Folgerung an, daß zwischen dem Rechtszustand, der innerhalb der einzelnen Staaten die notwendige Bedingung einer *pax civilis* bildet, und dem Rechtszustand unter den Staaten, der allein einen gemeinsamen Völkerfrieden auf Dauer sichern kann, ein unauflöslicher Zusammenhang besteht.

Dann aber muß zwischen den Staaten ein Analogon zum innerstaatlichen Rechtszustand, zur republikanischen Verfassungsform geschaffen werden. Kant findet dieses Analogon, wie der zweite Definitivartikel sagt, in einem Völkerrecht, das "auf einen Föderalism freier Staaten gegründet" ist (Kant 208). Wie der staatliche Frieden sich dadurch bildet, daß die *einzelnen* sich aus freier Selbstbestimmung durch einen Gesellschaftsvertrag zu einer Rechtsgemeinschaft zusammenfinden, so entsteht der internationale Frieden dadurch, daß die *Staaten* sich in freier Selbstbestimmung zu einem Völkerbund vereinigen. Es gibt nur *eine* andere Möglichkeit zur Lösung dieses Problems: Sie bestünde in einer die ganze Welt umspannenden Republik, einer Weltrepublik. Nicht wegen der offenkundigen praktischen Schwierigkeiten lehnt Kant dieses Modell des Weltstaats ab, sondern vor allem deshalb, weil er im Selbstbestimmungsrecht der Völker eine unaufgebbare Entsprechung zum Recht der einzelnen Menschen auf Selbstbestimmung sieht. Im Völkerbund muß sich deshalb ein Widerspiel zu den drei Voraussetzungen der republikanischen Staatsform finden, nach denen die *Bürger* als frei und gleich anerkannt sind und sich aus freien Stücken dem für alle geltenden Gesetz unterordnen. Diese Korrespondenz liegt darin, daß im Völkerbund die Staaten als freie und gleiche Subjekte anerkannt werden, die sich allein einem von ihnen gemeinsam anerkannten Gesetz unterordnen.

Kants Verständnis der Republik ist an der Denkform des Gesellschaftsvertrags gewonnen. Diesen Ansatz überträgt er in seiner Konzeption des Völkerrechts auf das Verhältnis der Staaten zueinander. Schon daraus ergibt sich, daß er den dauerhaften Frieden als Vertrag, als wechselseitige Vereinbarung denkt. Dabei unterscheidet er zwischen zwei Arten der Friedensvereinbarung: dem Friedensvertrag *(pactum pacis)*, der *einen* Krieg beendet, und dem Friedensbund *(foedus pacis)*, der *allen* Kriegen für immer ein Ende macht.

Staatsrecht und Völkerrecht finden schließlich - im dritten Definitivartikel - ihre Ergänzung durch ein allgemeines Weltbürgerrecht. Der innerstaatliche Verfassungszustand, die rechtlich geordnete Gleichstellung aller Staaten und die Anerkennung eines "öffentlichen Menschenrechts" bilden zusammen die drei vernunftnotwendigen Bedingungen eines ewigen Friedens. Dabei verwendet Kant nicht etwa einen diffusen, sondern einen höchst präzisen Begriff des Weltbürgerrechts oder "öffentlichen Menschenrechts". Er meint damit die allgemeine Hospitalität oder "Wirtbarkeit". In allen Staaten soll für jeden ein sicheres "Besuchsrecht" gewährleistet sein, also ein Recht des ungefährdeten Aufenthalts, das unabhängig von der Staatsbürgerschaft gewährt wird und auch unabhängig davon gilt, ob daraus ein volles Gastrecht, also das Recht zu unbegrenztem Aufenthalt mit allen Rechten und Pflichten der Mitwirkung im Staat entsteht. Offenkundig sieht Kant in diesem Besuchsrecht einen Schritt auf dem Weg zu einer allgemeinen weltbürgerlichen Verfassung, in der dann auch weit entfernte Weltteile in friedliche Beziehungen zueinander treten können. In dem Maß, in dem die verschiedenen Weltteile miteinander kommunizieren, wird sich das Weltbürgerrecht allgemein durchsetzen. Diese Erwartung formuliert Kant in einem klassisch gewordenen Satz:

"Da es nun mit der unter den Völkern der Erde einmal durchgängig überhand genommenen (engeren oder weiteren) Gemeinschaft so weit gekommen ist, daß die Rechtsverletzung an *einem* Platz der Erde an *allen* gefühlt wird: so ist die Idee eines Weltbürgerrechts keine phantastische und überspannte Vorstellungsart des Rechts, sondern eine notwendige Ergänzung des ungeschriebenen Kodex, sowohl des Staats- als Völkerrechts zum öffentlichen Menschenrechte überhaupt, und so zum ewigen Frieden, zu dem man sich in der kontinuierlichen Annäherung zu befinden nur unter dieser Bedingung schmeicheln darf" (Kant 216f).

### c) Recht und Utopie

Eine Schlüsselstellung kommt Kants Friedensentwurf unter anderem deshalb zu, weil er Elemente zusammenführt, die in der neuzeitlichen Entwicklung vor ihm auseinandergetreten waren. Zwar hält auch Kant an der Unterscheidung zwischen einem innerlich-moralischen und einem staatlich-äußerlichen Frieden fest. Die seine praktische Philosophie insgesamt prägende Unterscheidung von Moralität und Legalität, von Tugendpflicht und Rechtspflicht, von nichterzwingbarem und erzwingbarem Handeln bestimmt auch sein Friedensverständnis. Das Recht, auf das sich der Frieden stützen soll, kann nur äußerliche Lebensverhältnisse regeln. Dies aber muß es unabhängig von der Moralität der Beteiligten leisten. Doch zugleich verknüpft Kant im Begriff des Friedens die unterschiedenen Sphären von Ethik und Recht auf eine neue Weise. Denn in der Verwirklichung des Friedens wirkt die menschliche Freiheit mit dem zusammen, was die göttliche Vorsehung als Endzweck der Natur bestimmt hat. Im Fortschritt auf dem Weg zum ewigen Frieden trifft sich die menschliche Freiheit mit der Teleologie der Natur. Die Mittel des Rechts in den Dienst dieses Fortschritts zu stellen, ist ein Gebot der Vernunft und gerade deshalb sittliche Pflicht. So verbindet die Aufgabe des Friedens Legalität und Moralität.

Ebenso bemerkenswert wie diese Verbindung ist, daß Kant in seinem Entwurf die Trennung zwischen innerstaatlichem und zwischenstaatlichem Frieden überwindet. Die ihm vorausgehenden Fassungen des Begriffs waren, so hatten wir gesehen, dadurch gekennzeichnet, daß Frieden entweder - wie bei Grotius - als zwischenstaatliche Ordnung oder - wie bei Hobbes - als innerstaatlicher Zustand verstanden wurde. Dabei drängte die begriffsgeschichtliche Entwicklung im ganzen dazu, das Wort den Beziehungen zwischen den Staaten zuzuordnen. Daran knüpft Kant an; doch er zeigt, daß die Frage nach dem Frieden zwischen den Staaten systematisch auf die Frage nach der inneren Verfassung der Staaten zurückweist. Die friedliche, nämlich republikanische Verfassung im Innern ist die entscheidende Voraussetzung für die Friedensfähigkeit nach außen, nämlich für die Fähigkeit zu einer freien Föderation zwischen freien Staaten.

Mit dieser Einsicht in den Zusammenhang zwischen interner Struktur und externer Friedensfähigkeit hat Kant eine unaufgebbare Erkenntnis formuliert. Aber er hat sie zugleich mit dem Vorbehalt verbunden, daß niemand aus ihr das Recht ableiten dürfe, sich in die inneren Verfassungsverhältnisse eines anderen Staates gewalttätig einzumischen (Kant 199). Denn gerade eine solche Einmischung würde dem Ziel, eine Föderation freier Staaten zu erreichen, aufs schärfste widersprechen.

Vor allem aber bildet Kants Entwurf darin einen epochalen Einschnitt in der Geschichte der Friedensentwürfe, daß er die Alternative von Utopie und Rechtsordnung hinter sich läßt. Seit dem Beginn des 16. Jahrhunderts hatten diese zwei Weisen, über den Frieden nachzudenken, nahezu unverbunden nebeneinandergestanden. Auf der einen Seite finden sich Entwürfe eines dauerhaften, eines ewigen Friedens. Sie reichen von der *Querela pacis* des Erasmus und der *Utopia* des Thomas Morus bis zu den Plänen eines ewigen Friedens bei Saint-Pierre und Rousseau. Auf der anderen Seite begegnen wir der Konstruktion des Friedens als rechtlicher Ordnung; in ihr wird der Frieden immer als zeitlich begrenzter Zwischenzustand zwischen Phasen der Gewalt, als Unterbrechung des Krieges, gedacht. In der Überzeugung von der zeitlichen Begrenztheit wie vom rechtlichen Charakter des Friedens treffen sich - in anderen Hinsichten so unterschiedliche - Autoren wie Hugo Grotius und Thomas Hobbes. Kant nun schließt sich darin der utopischen Tradition an, daß er den Frieden nicht als Unterbrechung, sondern als Ende des Krieges versteht; nach seiner Überzeugung ergibt sich aus Gründen der Vernunft, daß die Dauerhaftigkeit schon immer vorausgesetzt wird, wenn vom Frieden die Rede ist. Doch zugleich beharrt er darauf, daß dieser Frieden nur die Gestalt einer rechtlichen Ordnung haben kann. Denn ihn einfach auf die freie und spontane Übereinstimmung der Subjekte gründen zu wollen, hieße zu übersehen, daß die politische Aufgabe darin besteht, eine Rechtsordnung so zu errichten, daß mit ihrer Hilfe ein "Volk von Teufeln (wenn sie nur Verstand haben)" regiert werden kann (Kant 224). In diesem Sinn entwickelt Kant ein dezidiert nicht-utopisches Konzept eines ewigen Friedens. Daß die Vision eines umfassenden Friedens und die beharrliche Suche nach Möglichkeiten zur institutionellen Verwirklichung des Friedens einander nicht ausschließen, sondern bedingen, ist die Lektion, die jede Friedensethik von Kant wie von kaum einem anderen lernen kann.

Die Hoffnung, daß die Vernunft der Menschen und die Teleologie der Natur zusammenwirken, ist auch heute nicht verstummt. Doch der Anschein des Zwangsläufigen, mit dem Kant diese Hoffnung umgab, hat sich als Täuschung erwiesen. Denn mit dem Fortschritt universaler Kommunikationsmöglichkeiten ist die Entwicklung universaler Vernichtungstechnologien einhergegangen. In einem ganz neuen Sinn gilt, daß der ewige Frieden auch der Frieden eines Kirchhofs sein kann - gemäß jenem holländischen Wirtshausschild, an das Kant mit dem Titel seiner Abhandlung 'Zum ewigen Frieden' anknüpfte. Der globale Charakter moderner Technologien wirkt sich keineswegs automatisch in weltweiter Kommunikation und umfassenden Frieden aus; er kann auch weltweiten Tod und umfassende Zerstörung zur Folge haben.

Es ist also ein Irrtum zu meinen, daß sich in der Weltgesellschaft, die durch die wissenschaftlich-technische Entwicklung zur Einheit zusammengewachsen ist, auch der "universelle Weltfriede" (Luhmann II, 333f) von selber einstellt. Im Gegenteil: Die Einsicht, daß der Friede zwischen den Menschen *hergestellt* werden muß, hat durch die Entwicklung moderner Vernichtungstechnologien eine Dringlichkeit gewonnen, die über Kants Vorstellungen weit hinausgeht. Doch wie zu Kants Zeit ist es einstweilen auch heute nur eine Minderheit, die sich dieser Einsicht wirklich stellt. Denn sich ihr zu stellen hieße doch: die Herrschaft des Rechts über die Macht anzuerkennen. Davon aber sind wir weit entfernt.

Zwei Jahrhunderte trennen uns von der Zeit der Französischen Revolution, in der Kants Friedensschrift entstand. Der Königsberger Philosoph, so zeigt ein Rückblick, hat dem Fortschritt mehr zugetraut, als er seitdem eingelöst hat. In die Gründungsgeschichte des Völkerbundes wie der Vereinten Nationen haben Kants Gedanken Eingang gefunden. Dennoch ist die Menschheit einem ewigen Frieden nicht nähergekommen. Zugleich jedoch häufen sich die Gründe dafür, warum nicht nur innerhalb der einzelnen Staaten, sondern auch zwischen ihnen das Recht zur Herrschaft kommen muß. Denn zu unerträglich ist inzwischen die Alternative: die Herrschaft der Gewalt. Der Frieden ist deshalb der Ernstfall geworden, weil die Weltgesellschaft sich den Ernstfall des Krieges nicht mehr leisten kann.

LITERATUR: Z. *Batscha/R. Saage* (Hg.), Friedensutopien. Kant, Fichte, Schlegel, Görres, Frankfurt 1979 - *Brockhaus*, Allgemeine deutsche Real-Encyclopädie für die gebildeten Stände, Bd. 3, 5. Aufl. Leipzig 1819 - *G. Freudenberg*, Kants Lehre vom ewigen Frieden und ihre Bedeutung für die Friedensforschung, in: Studien zur Friedensforschung 1, Stuttgart 1969, 178-208 - *E. C. Hirsch*, Der Frieden kommt nicht durch die Kirche - Thesen zu Kants Friedensschrift, in: W. Huber (Hg.), Historische Beiträge zur Friedensforschung, Stuttgart/München 1970, 70-94 - *I. Kant*, Studienausgabe, hg. v. W. Weischedel, Bd. VI, Wiesbaden 1964 (=Werke in zehn Bänden, Bd. 9 und 10, Darmstadt 1964) - *R. Laun*, Der dauernde Friede, Hamburg 1950 - *N. Luhmann*, Rechtssoziologie, Bd. I und II, 2. Aufl. Opladen 1983 - *G. Picht*, Philosophie und Völkerrecht, in: G. Picht/C. Eisenbart (Hg.), Frieden und Völkerrecht, Stuttgart 1973, 170-234 - *H. Saner*, Kants Weg vom Krieg zum Frieden, Bd. I, München 1967 - *H. J. Schlochauer*, Die Idee des ewigen Friedens, Bonn 1953 - *H. Timm*, Wer garantiert den Frieden? Über Kants Schrift "Zum ewigen Frieden", in: Studien zur Friedensforschung 1, Stuttgart 1969, 209-239.

## 4. Bellizismus und Pazifismus

Als "Bellizismus" bezeichnen wir eine Haltung, die dazu neigt, politische Konflikte mit militärischer Gewalt auszutragen, und die der kriegerischen Gewalt eine positive Deutung gibt. Sie verbindet sich nicht nur mit der These von der Unausweichlichkeit des Krieges, sondern auch mit der Behauptung, ihm komme eine positive ethische, gegebenenfalls eine unmittelbar religiöse Bedeutung zu. Im Bellizismus tritt die Kriegsethik an die Stelle der Friedensethik; militärische Tugenden stehen für ihn höher als die Tugenden des Friedens. Als "Pazifismus" bezeichnen wir demgegenüber alle Bestrebungen, die auf eine friedlich organisierte Gemeinschaft der Staaten gerichtet sind und die militärische Auseinandersetzung zwischen den Staaten durch gewaltfreie Formen des Konfliktaustrags ablösen wollen. Pazifismus wie Bellizismus sind Bezeichnungen, die erst im 20. Jahrhundert entstanden sind. Doch sie bezeichnen weit ältere Einstellungen. Von ihnen muß zuerst die Haltung des Bellizismus besprochen werden.

### *4.1. Der bellizistische Einspruch*

Die Geneigtheit zum Kriege starb mit dem Zeitalter der Friedensentwürfe, von dem im letzten Kapitel die Rede war, keineswegs aus. Vielmehr läßt sich die Zeit vom ausgehenden 18. Jahrhundert bis in die Mitte des 20. Jahrhunderts in einem hervorgehobenen Sinn als eine Zeit des Bellizismus bezeichnen. In dieser Epoche verändert der Krieg durchgreifend seinen Charakter; aber gerade in diesem veränderten Charakter gilt er weiterhin, ja in verstärktem Maß als ein legitimes oder sogar unausweichliches Mittel der Politik. Eingeleitet wird diese Neubestimmung des Krieges im Gefolge der Französischen Revolution. In kürzester Frist verwandeln die Jakobiner das Frankreich der Revolution in ein Volk unter Waffen, das in dem Gesetz über die *Levée en masse* vom 23. August 1793 seine ausdrucksvolle Beschreibung findet:

> " Von diesem Augenblick an bis zu jenem, da wir unsere Feinde vom Gebiet der Republik vertrieben haben, werden alle Franzosen ständig für den Dienst in der Armee herangezogen.
>
> Die jungen Männer sollen kämpfen; die Verheirateten sollen Waffen schmieden und die Versorgung übernehmen; die Frauen werden Zelte und Kleider anfertigen und in den Hospitälern helfen; die Kinder werden Scharpie [sc. für Verbandszeug] zupfen; die alten Männer sollen auf den öffentlichen Plätzen den Mut der Kämpfenden wecken, die Einheit der Republik und den Haß gegen die Könige predigen.
>
> Die öffentlichen Gebäude werden in Kasernen umgewandelt, die öffentlichen Plätze in Munitionsfabriken; die Lehmböden der Keller sind mit Lauge zu behandeln, um daraus Salpeter zu gewinnen.
>
> Alle Feuerwaffen mit brauchbarem Kaliber sollen an die Truppen übergeben werden; die Ordnung im Lande wird mit Jagdflinten und kaltem Stahl aufrechterhalten.
>
> Alle Reitpferde werden für die Kavallerie beschlagnahmt; alle Zugpferde, die nicht für die Feldarbeit benötigt werden, sollen Geschütze und Versorgungswagen ziehen" (Fuller 33).

Von Frankreich ausgehend, breitet sich die Veränderung des Krieges über Europa aus. Sie läßt sich als Politisierung, Demokratisierung und Technisierung des Krieges zugleich bezeichnen.

Seit dem ausgehenden 18. Jahrhundert vollzieht sich eine *Politisierung* des Krieges. Die Tradition der Lehre vom gerechten Krieg ging davon aus, daß der Krieg nur als *ultima ratio*, als äußerstes Mittel in einem Rechtskonflikt in Frage komme. So oft auch gegen dieses Kriterium verstoßen wurde, so sehr bildete es doch eine prinzipielle Barriere dagegen, daß der Krieg als selbstverständliches Mittel der Politik angesehen wurde. Für das 19. und 20. Jahrhundert dagegen gibt der preußische General *Carl von Clausewitz* (1780-1831) die entscheidende Parole durch sein geflügeltes Wort aus, der Krieg sei nichts anderes als "die fortgesetzte Staatspolitik mit anderen Mitteln", nichts anderes als "eine Fortsetzung des politischen Verkehrs mit Einmischung anderer Mittel" (Clausewitz 8, 674). Nach dieser Auffassung ist der Krieg also nicht mehr das letzte Mittel in einem Rechtskonflikt, sondern ein durchaus auch vorletztes Mittel in einem Machtkonflikt.

Diese Denkweise bestimmt die Auffassung vom Krieg bis in das Zeitalter der Weltkriege hinein. Der Einsatz der ersten Atombomben auf Hiroshima und Nagasaki am 6. und 9. August 1945 hat zwar einer solchen politischen Instrumentalisierung des Krieges den Boden entzogen. Doch es wäre naiv anzunehmen, daß die Erfindung und der erste Einsatz nuklearer Waffen dieser politischen Auffassung vom Krieg einfach ein Ende gemacht hätte. Dagegen spricht nicht nur die hohe Zahl von Kriegen, die nach 1945 insbesondere in Ländern der "Dritten Welt" geführt worden sind. Dagegen spricht vielmehr zugleich die Beobachtung, daß auch die heutigen Supermächte und ihre Verbündeten die Drohung mit militärischer Gewalt und deren Einsatz noch immer für ein mögliches Mittel der Politik halten. Es ist deshalb noch immer nicht nur von historischem, sondern zugleich auch von aktuellem Interesse, sich die Denkweise zu vergegenwärtigen, für die der Name des Generals von Clausewitz exemplarische Bedeutung gewonnen hat.

Von friedensethischem Gewicht ist an diesem Denken zunächst der Umstand, daß der Krieg nicht mehr im Modell der gerichtlichen Auseinandersetzung verstanden, sondern als Mittel des Machterhalts oder der Machterweiterung begriffen wird. Clausewitz macht dies unter anderem dadurch anschaulich, daß er zwischen zwei Arten des Krieges unterscheidet.

Die eine Art ist diejenige, "wo der Zweck das *Niederwerfen des Gegners* ist, sei es, daß man ihn politisch vernichten oder bloß wehrlos machen und also zu jedem beliebigen Frieden zwingen will". Die andere Art des Krieges ist diejenige, "*wo man bloß an den Grenzen seines Reiches einige Eroberungen machen will*, sei es, um sie zu behalten, oder um sie als nützliches Tauschmittel beim Frieden geltend zu machen" (Clausewitz 8).

Expansion und Unterwerfung bilden also die beiden entscheidenden Kriegsmotive. In ihnen zeigt sich die veränderte Funktion des kriegführenden Staates. Die europäischen Gesellschaften befinden sich seit dem ausgehenden 18. Jahrhundert auf dem Weg zu industriellen Wirtschaftsgesellschaften. Dem Staat kommt nicht nur die Aufgabe zu, durch die Garantie des Eigentums und eine begleitende Sozialpolitik im Innern die Produktionsformen und Produktionsbedingungen zu sichern, sondern auch nach außen den Zugang zu Rohstoffen und Absatzmärkten zu erschließen. Expansion und Streben nach Überlegenheit ordnen sich als politische Ziele in diese Entwicklung zur industriellen Wirtschaftsgesellschaft ein. Die Clausewitzsche Vorstellung von der Politik ist also keineswegs "völlig eingebunden in die monarchisch-obrigkeitliche Lebenswelt des 18. Jahrhunderts" (Senghaas 37). Sondern ebenso wie seine militärischen Vorstellungen den Umstand spiegeln, daß die Kriegsmittel des 19. Jahrhunderts die vollständige Niederwerfung des Gegners bis hin zur Vernichtung seines militärischen Potentials ermöglichen, so zeigt auch sein Begriff der Politik die neuen expansiven Ziele, die sich die Nationalstaaten im 19. Jahrhundert zu eigen machen. Der Krieg wird als Instrument in den Dienst dieser Ziele gestellt.

Damit verbindet sich die *Demokratisierung* des Krieges. Bis zum Ende des 18. Jahrhunderts waren die Kriege der absolutistischen Herrscher Söldnerkriege. Die oft unter List und Zwang rekrutierten Soldaten identifizierten sich keineswegs mit der politischen Zielsetzung, um deretwillen sie zu kämpfen hatten. Die Fahnenflucht war an der Tagesordnung. Schon wegen der Unzuverlässigkeit der Soldaten mußten die Kriege dieser Zeit "auf Linie" gekämpft werden. Jede Linie war von Offizieren flankiert, die ihre Waffen auf die eigenen Soldaten richteten, um sie an der Desertion zu hindern. Mit den französischen Revolutions- und den deutschen Befreiungskriegen entwickeln sich dagegen die militärischen Auseinandersetzungen zu Volkskriegen. Sie werden zu einem Mittel der politischen Integration des Staatsvolks. Seit dieser Zeit beruht das Militärsystem auf der allgemeinen Wehrpflicht. Die Identifikation mit den Kriegszielen wie mit der Kriegsgeschichte des eigenen Volkes wird zu einem wichtigen Moment der nationalen Identität. Der Krieg entwickelt sich zu einem entscheidenden Motor für die Ausbildung der europäischen Nationalstaaten und des europäischen Nationalismus.

Eindrücklich beschreibt der preußische Offizier Rühle von Lilienstern diesen Wandel der Kriegführung. Im 18. Jahrhundert, so sagt er, habe die Kriegskunst darin bestanden, die Heere "aus einer Masse kriegsunlustiger, mit Gewalt zusammengeraffter und daher großenteils aus der Klasse des untauglichen Pöbels aufgegriffener Menschen zusammenzusetzen und ... dahin zu bringen, daß sie sich gefühl- und gedankenlos dem Feinde entgegenschieben und geduldig totschießen ließen". "Jetzt aber", so fährt er fort, "wo die Jugend aller Stände und Volksklassen" sich am nationalen Krieg beteilige, müsse es darauf ankommen, jeden einzelnen "zu einem denkenden, körperlich und geistig entwickelten Verteidiger des Vaterlandes" zu machen (Dann 196f).

Dieser Tendenz zur Demokratisierung des Krieges tritt seine *Technisierung* zur Seite. Was man den technischen Fortschritt nennt, wirkt sich wie heutzutage so auch schon im 19. Jahrhundert kaum irgendwo dramatischer aus als in den Fortschritten der Kriegstechnik. Die Vervielfachung der Feuerkraft der verfügbaren Waffen, der Einsatz der neuen technischen Möglichkeiten in den Land- und See-, bald auch in den Luftstreitkräften verändern die Institution des Krieges tiefgreifend. Sie bilden die technischen Voraussetzungen dafür, daß das 20. Jahrhundert zum Jahrhundert der Weltkriege wird.

Auf diese drei Entwicklungstendenzen: die Politisierung, die Demokratisierung und die Technisierung des Krieges antworten die gegensätzlichen ethischen Grundeinstellungen des Bellizismus und des Pazifismus. Am Bellizismus, dem wir uns zunächst zuwenden, sollen im folgenden drei charakteristische Momente hervorgehoben werden. Der Bellizismus betrachtet den Krieg als Naturereignis (a), als nationales Ereignis (b) und als ethisches Ereignis (c).

### a) Der Krieg als Naturereignis

Den Entwürfen zu einem ewigen Frieden, insbesondere demjenigen Kants, tritt alsbald scharfe Kritik entgegen. Sie ist zunächst noch religiös-moralisch begründet. Ewiger Friede, so heißt die These des beginnenden Bellizismus, führt zu Gottvergessenheit, zu Abgötterei. *Johann Valentin Embser* (1749-1783) bringt diese religiöse Kritik der aufklärerischen Friedensprojekte 1779 zum ersten Mal breit zur Darstellung. "Die ganze Masse würde im ewigen Frieden in stinkender Ruhe entschlafen" (Die Abgötterey 192).

Bald jedoch wird eine derart undifferenziert-moralische Rechtfertigung des Krieges durch eine andere überholt, die den Krieg als unausweichliche Folge der menschlichen Natur und den ewigen Frieden deshalb zu einem Unding, zu einer "Chimäre" erklärt. Am eindruckvollsten geschieht dies im deutschen Sprachraum durch die Schrift von *Friedrich Gentz* (1764-1832) 'Über den ewigen Frieden' von 1800.

Gentz entwickelt folgendes Argument: Der ewige Frieden ist eine große Idee. Drei Modelle der Verwirklichung sind denkbar: der Weltstaat, die absolute Trennung zwischen den Völkern und schließlich eine die ganze Erde umspannende Föderation.

Den Gedanken eines globalen Hegemonialfriedens weist Gentz mit einem Hinweis auf die *pax Romana* ab: sie bildet dafür nicht nur ein wenig verlockendes Modell, sondern muß unter der Perspektive des *ewigen* Friedens als gescheitert angesehen werden.

Die zweite Konzeption, nämlich die vollständige Trennung zwischen den Staaten, findet sich exemplarisch in *Johann Gottlieb Fichtes* (1762-1814) Entwurf 'Der geschlossene Handelsstaat' von 1800. Für diese Konzeption scheint das Argument zu sprechen, daß jeder Grund für einen Krieg dahinfällt, wenn es zwischen den Staaten weder gemeinsame Interessen noch politische Verbindungen, weder gemeinsame Zahlungsmittel noch irgendwelchen Handel gibt. Gentz wendet jedoch ein, daß der Frieden mit einem solchen Preis zu teuer erkauft sei. Denn "die durchgängige Gemeinschaft unter den Bewohnern dieser Erde ist die oberste Bedingung aller wahrhaft menschlichen Kultur" (v. Raumer 475). Es wäre aber gegen die Natur des Menschen, ihm durch die Isolierung der Staaten voneinander jeden Zugang zur Kultur zu verstellen.

Der Gedanke einer freien Föderation zwischen den Staaten schließlich, der von Sully bis Kant als die Grundlage ewigen Friedens ausgegeben wurde, enthält einen Selbstwiderspruch. Denn kennzeichnend für einen solchen Völkerbund ist es gerade, daß er nicht über eine eigene Exekutive, eine eigene ausübende Gewalt verfügt. Wenn sich einer der beteiligten Staaten den gemeinsamen Interessen und den vereinbarten rechtlichen Regelungen widersetzt, gibt es keine Autorität, die ihn zur Unterordnung zwingen könnte. Auch innerhalb einer Föderation kann ein existentieller Konflikt nur mit den Mitteln des Krieges gelöst werden. Die Vorstellung einer völkerrechtlichen Föderation aber, die über eine eigene Exekutivgewalt verfügte, ist vollends eine Chimäre.

Die Prüfung der drei Wege zum ewigen Frieden führt zu folgendem Resultat: "So ist es denn vollständig erwiesen, daß es schlechterdings keinen Plan zum ewigen Frieden gibt, der auch nur in der Idee und ohne noch an die Schwierigkeiten der Ausführung zu denken, Stich hielte" (v. Raumer 483). Der Grund für dieses negative Ergebnis liegt in der Beschaffenheit der Natur. Denn in der Natur sind Erhaltung und Zerstörung immer miteinander verbunden. Dieser Wechsel drückt sich in der menschlichen Geschichte im Nebeneinander von Krieg und Frieden aus. Es ist also die Natur selbst, die eine umfassende, den Frieden dauerhaft sichernde Föderativ-Verfassung "durch die Schranken der menschlichen Kräfte" unmöglich macht; die Natur selbst erklärt den ewigen Frieden zu einem Unding. Ohne Gewalt ließen sich die Neigungen der Menschen überhaupt nicht bändigen; "ohne Krieg wäre kein Frieden auf Erden" (v. Raumer 488).

Gentz bringt diese Überzeugung noch in zurückhaltender Form vor. Andere haben denselben Gedanken weit rücksichtsloser vorgetragen, auch ohne die bei Gentz durchaus vorhandene Hoffnung, daß die Herrscher und ihre Regierungen sich wenn nicht um einen ewigen, so doch wenigstens um einen möglichst dauerhaften Frieden kümmern würden. Von manch anderem aber wird der Krieg in naturalistischer Analogiebildung als die um des Lebens willen nötige Zerstörung alternder Staaten betrachtet; er gilt dann als unentbehrliches Mittel zur "Verjüngung der Welt" (Tzschirner 114ff).

### b) Der Krieg als nationales Ereignis

Die Tendenz, den Krieg nicht als Ergebnis menschlichen Geschichtshandelns, sondern als unvermeidliche Wirkung naturaler Antriebe zu betrachten, verbindet sich im 19. Jahrhundert mit dem Gedanken nationaler Selbstdurchsetzung im Krieg. Die napoleonischen

Kriege geben diesem Gedanken mächtigen Auftrieb. Vor allem *Johann Gottlieb Fichte* (1762-1814) verleiht der nationalen Kriegsdeutung im Jahre 1806 unter dem Eindruck der preußischen Niederlage gegen Napoleon pointierten Ausdruck. Die Schlacht von Jena veranlaßt ihn, darüber nachzudenken, "inwiefern Macchiavellis Politik auch noch auf unsere Zeiten Anwendung habe" (Fichte, Über Macchiavelli, 401). In seiner kleinen Schrift erklärt Fichte den Willen einer Nation, sich selbst gegen andere durchzusetzen, als die Folge eines dem Menschen eingeschaffenen Naturtriebs:

"Überdies will jede Nation das ihr eigentümliche Gute so weit verbreiten als sie irgend kann und soviel an ihr liegt, das ganze Menschengeschlecht sich einverleiben, zufolge eines von Gott den Menschen eingepflanzten Triebes, auf welchem die Gemeinschaft der Völker, ihre gegenseitige Reibung aneinander und ihre Fortbildung beruht" (Fichte, Über Macchiavelli, 423).

"Wer nicht zunimmt, der nimmt, wenn andere zunehmen, ab" (ebd. 424). Mit dieser Vorwegnahme einer sozialdarwinistischen Denkfigur rechtfertigt Fichte eine Einstellung, für welche der Wille Gottes sich darin erfüllt, daß das Recht des Stärkeren sich durchsetzt. Sie verbindet sich mit der Überzeugung, daß Vaterlandsliebe und Gottesliebe unlöslich zusammengehören. Schon das späte 18. Jahrhundert wandelt den Satz des 1. Johannesbriefs "Wer seinen Bruder nicht liebt, den er sieht, wie kann er Gott lieben, den er nicht sieht?" (1. Johannes 4,20) um in die programmatische Aussage: "Wer sein Vaterland nicht liebt, das er sieht, wie kann er's himmlische Jerusalem lieben, das er nicht sieht?" (Schubart 419). In solchen Sätzen drückt sich eine Verbindung von Pietismus und Patriotismus aus, die sich im Zeitalter der Befreiungskriege zur Einheit von Protestantismus und Nationalismus weiterentwickelt. Ihr gibt *Ernst Moritz Arndt* (1769-1860) auf folgende Weise Ausdruck:

"Ein Volk zu sein, ein Gefühl zu haben für eine Sache, mit dem blutigen Schwert der Rache zusammenzulaufen, das ist die Religion unserer Zeit: durch diesen Glauben müßt ihr einträchtig und stark sein, durch diesen den Teufel und die Hölle überwinden ...; das ist die höchste Religion, das Vaterland lieber zu haben als Herrn und Fürsten, als Väter und Mütter, als Weiber und Kinder. ... Das ist die höchste Religion, mit dem teuersten Blute zu bewahren, was durch das teuerste, freieste Blut der Väter erworben ward. Dieses heilige Kreuz der Welterlösung, diese ewige Religion der Gemeinschaft und Herrlichkeit, die auch Christus gepredigt hat, macht zu eurem Banner, und nach der Rache und Befreiung bringt unter grünen Eichen auf dem Altar des Vaterlandes dem schützenden Gotte die fröhlichen Opfer" (Arndt, Vom Geist der Zeit, II, 197f).

Im Bellizismus der Befreiungskriege tritt, wie man an diesem Beispiel sieht, die Vaterlandsliebe genau an die Stelle, an der in der christlichen Tradition die Nächstenliebe steht. Daß die Nächstenliebe ursprünglich ihre präzise Auslegung im Gebot der Feindesliebe gefunden hat, gerät dabei vollständig in Vergessenheit. Im Krieg für das Vaterland das Leben einzusetzen, gilt nun als unbestreitbare religiöse wie moralische Verpflichtung. Als subjektive Pflicht entspricht sie einer objektiven, aus den Gesetzen der Natur abgeleiteten Notwendigkeit. Sie ergibt sich daraus, daß ein Staat die Aufgaben der Selbsterhaltung, Selbstdurchsetzung und Selbsterneuerung nur mit kriegerischen Mitteln zu erfüllen vermag. Wie die Beteiligung am Krieg als sittliche Aufgabe der einzelnen erscheint, so auch die Bereitschaft zum Krieg als sittliche Pflicht des Staats.

In diesem Sinn schreibt *Georg Wilhelm Friedrich Hegel* (1770-1831) bereits in seinem Aufsatz 'Über die wissenschaftlichen Behandlungsarten des Naturrechts' von 1803, daß die Kriege um der sittlichen Gesundheit der Völker willen notwendig seien; denn die unausweichliche Folge eines dauernden oder gar ewigen Friedens sei die Fäulnis der Völker (Hegel 2, 481f). In seiner Rechtsphilosophie von 1821 knüpft er ausdrücklich an den Naturrechtsaufsatz an, um den "glücklichen Krieg", der innere Unruhen verhindert und die innere Staatsmacht befestigt, jenem dauernden Frieden entgegenzusetzen, der "auf die Länge ein Versumpfen der Menschen" zur Folge hat (§ 324; Hegel 7, 492f).

Diese Bemerkung Hegels verdient nicht zuletzt deshalb Aufmerksamkeit, weil sich in ihr - vergleicht man sie mit Kant - die Verhältnisbestimmung zwischen dem äußeren und dem inneren Frieden eines Staates umkehrt. Für Kant, so sehen wir, bildet der innere Frieden eines Staates, nämlich der durchgeführte Rechtszustand einer republikanischen Verfassung, die Bedingung des äußeren Friedens, nämlich einer freien Föderation freier Staaten. Für Hegel dagegen bildet der glückliche Krieg, das heißt die Selbstbehauptung einer Nation nach außen, die Bedingung für einen Friedenszustand im Innern, nämlich die Befestigung der Staatsmacht und die Vermeidung von Unruhen. "Aus den Kriegen gehen die Völker nicht allein gestärkt hervor, sondern Nationen, die in sich unverträglich sind, gewinnen durch Kriege nach außen Ruhe im Innern". Der in den Krieg führende Gegensatz gehört zum Begriff des Staates. Denn "der Staat ist Individuum, und in der Individualität ist die Negation wesentlich enthalten". Mit dem Begriff des Staates ist der Begriff des Feindes notwendig mitgesetzt; er muß, da er Individuum ist, notwendig "einen Gegensatz kreieren und einen Feind erzeugen" (Hegel 7, 494).

Aufs ganze gesehen hat sich im politischen Bewußtsein der Deutschen in den eineinhalb Jahrhunderten nach diesen Sätzen nicht Kants Entwurf eines ewigen Friedens, sondern Hegels Vorstellung vom glücklichen Krieg durchgesetzt. Wie Fichte so kehrt auch Hegel darin zu Machiavelli zurück, daß er die Macht selbst und nicht den Frieden zum Endzweck staatlichen Handelns erklärt.

In dem Grundkonflikt, der die Geschichte der politischen Ethik begleitet, trifft er damit eine folgenreiche Entscheidung. Denn die Frage, ob der Erwerb und die Erhaltung der Macht selbst oder ob der Frieden der Endzweck des politischen Handelns darstelle, begleitet die politische Ethik seit ihren Anfängen. Im Werk Augustins begegnete uns zum ersten Mal eine christliche Ethik des Politischen, die in der politischen Macht keinen Zweck in sich selbst sieht, sondern den Frieden als denjenigen Zweck des politischen Handelns anerkennt, dem die politische Macht zu dienen hat (s. oben I.2.1.b). Der Übergang zum modernen nationalen Machtstaat aber ist dadurch gekennzeichnet, daß nicht mehr die Macht dem Frieden, sondern der Frieden der Macht untergeordnet wird. Die bekannte, in der jüngsten Vergangenheit von dem amerikanischen Außenminister Alexander Haig zur Selbstvorstellung benutzte Formel, es gebe Wichtigeres als den Frieden, beschreibt diese Wende der politischen Ethik genau: Für den modernen Staat gibt es Wichtigeres als den Frieden, nämlich die Macht. Macht wird dabei verstanden als die Selbstdurchsetzung der eigenen Nation gegen das Widerstreben anderer (vgl. Weber 28).

Dieser Typus politischen Denkens steht und fällt, wie sich schon bei Hegel zeigt, mit dem Begriff des Feindes. Es ist folgerichtig, wenn im Rahmen eines solchen Denkens die Unterscheidung zwischen Freund und Feind zum Kennzeichen für den Begriff des Politischen schlechthin erklärt wird (Schmitt 26). In dieser Entwicklung liegt für eine christliche Ethik, die das Gebot der Feindesliebe nicht verdrängt, eine Herausforderung, die uns noch beschäftigen muß (s. unten III.1.1.d).

Doch zunächst wollen wir uns den Wandel im Verständnis von Krieg und Frieden weiter verdeutlichen, der sich zwischen Kant und Hegel vollzieht. Am Ausgang des 18. Jahrhunderts halten die deutschen Gebildeten mit Kant den Krieg für den "Quell aller Übel und Verderbnis der Sitten" (Kant 200). Sie sehen in ihm allenfalls "das traurige Notmittel im Naturzustand" der menschlichen Gesellschaft, den zu überwinden gerade die Aufgabe einer aufgeklärten Politik darstellt (Kant 359). Im Jahr 1813 aber betrachten die deutschen Gebildeten den Krieg gegen das napoleonische Frankreich als einen "heiligen" Krieg; sich an ihm aktiv zu beteiligen, ist eine fraglose vaterländische, nationale Pflicht. Ein vergleichbar dramatischer Wandel in der Einstellung zu Krieg und Frieden vollzieht sich in Deutschland erst wieder nach dem Ende des Zweiten Weltkriegs. Die positive Einstellung zur nationalen Bedeutung des Krieges bildet sich in den Befreiungskriegen aus und hat bis über die "Ideen von 1914", in denen die Kriegsbegeisterung zu Beginn des Ersten Weltkriegs kulminiert, hinaus Bestand. Die entscheidende Voraussetzung für diese positive Wertung des Krieges liegt in der Neuentdeckung der Nation, deren politisches Gewicht in der französischen Nationalversammlung der revolutionären Ära und in der deutschen politischen Publizistik des beginnenden 19. Jahrhunderts mit Nachdruck formuliert wird. Neu ist daran vor allem der Ton, in dem von der Individualität der Völker und ihrem Recht auf nationale Selbstbestimmung die Rede ist. Damit bricht das alte System eines Friedens, der auf der Homogenität der adligen Führungsschichten Europas beruht, zusammen. Um noch einmal Ernst Moritz Arndt zu zitieren:

"Sprecht mir nicht mehr von Entwürfen für die Menschheit, von Plänen eines ewigen Friedens, von Sicherung des Gleichgewichts der Welt, von Befestigung ihres Glückes in einem höheren Sinn. Sprecht mir nicht mehr von einem allgemeinen Staate der Verbrüderung und der Menschlichkeit ...; sprecht mir nicht mehr von einem hohen Gesetz der Würde und Freiheit, der Verbindung aller ersten menschlichen Kräfte zu einer gewaltigen Zentralkraft: Hirngespinste sind es, Täuschungen sind es" (Arndt 7, 145).

Hirngespinste sind solche Vorstellungen deshalb, weil nun die Autonomie der Nation als ein in jedem Fall gerechter Kriegsgrund, als *causa iusta* eingeführt wird. Ihr gegenüber wird jede übergeordnete Rechts- und Friedensvorstellung gegenstandslos. Der "gerechte Krieg" wird nun neu bestimmt: er dient der nationalen Identität und Einheit; er sichert die Selbstbestimmung und Machtentfaltung der Nation.

Der Konflikt der Nationen aber ist mit der naturhaften Vielzahl der Völker gegeben; deshalb wird der Krieg als unausweichliches Naturereignis betrachtet und aus dem Willen Gottes begründet. Der Theologe *Heinrich Gottlieb Tzschirner* (1778-1828) faßt dieses Denken in seinem philosophischen Versuch 'Über den Krieg' von 1815 klassisch zusammen. "Nur die Religion", so meint er, "kann dem Menschen ... über den Krieg volle Beruhigung gewähren"; denn der Krieg ist "ein Vollzieher des göttlichen Willens" (Tzschirner 247f).

Hatte der Krieg von 1813 den Deutschen die nationale Eigenständigkeit wiedergegeben, so eröffneten ihnen die Kriege von 1864, 1866 und 1870/71 die nationale Einheit. Insbesondere der deutsch-französische Krieg zog noch einmal die gesteigerten religiös-nationalen Interpretationen auf sich, die sich schon in der Zeit der Befreiungskriege beobachten lassen. Der Wille Gottes selbst wird mit dem Sieg über die Franzosen vollzogen; zugleich zeigt sich in diesem Krieg die Überlegenheit des deutschen Geistes über den französischen Geist, der Sieg der deutschen Kultur über die Prinzipien von 1789, ja auch die Überlegenheit des Protestantismus über den Katholizismus. Dieser Sieg über die antichristlichen Mächte von Demokratie und Sozialismus wie über den antiprotestantischen Geist des Katholizismus muß festgehalten und gesichert werden. Deshalb findet der nationale Kampf gegen Frankreich im Kampf gegen die Sozialdemokratie und im Kulturkampf gegen die Machtansprüche der katholischen Kirche seine angemessene Fortsetzung.

Wie unmittelbar das triumphierende Deutschland Gott für den Sieg der gerechten, nämlich der nationalen Seite in Anspruch nimmt, zeigt der Erlaß, mit dem der preußische König und deutsche Kaiser Wilhelm I. nach errungenem Sieg über Frankreich zu einem Dankgottesdienst auffordert:

"Durch Gottes Gnade ist dem schweren vor einem Jahr über uns verhängten Kampfe jetzt ein ehrenvoller Friede gefolgt. Was wir bei dem Beginn des Krieges im gemeinsamen Gebet erflehten, ist uns über Bitten und Verstehen gegeben worden. Die Opfer der Treue, der todesmutigen Hingebung Unseres Volkes auf den Schlachtfeldern und daheim sind nicht vergeblich gewesen. Unser Land ist von den Verwüstungen des Krieges verschont geblieben, und die deutschen Fürsten und Völker sind in gemeinsamer Arbeit zu Einem Reich geeint. Für solche Barmherzigkeit dem Herrn zu danken und das neu geschenkte Gut des Friedens in aufrichtigem und demütigem Geiste zu Seines Namens Ehre zu pflegen, ist jetzt unsere gemeinsame Aufgabe ..." (Brakelmann 315).

Nationales und religiöses Selbstbewußtsein verbinden sich, wie schon dieser Text zeigt, zu einer untrennbaren Einheit. Auf die kürzeste Formel bringt der preußische Hofprediger *Adolf Stoecker* (1835-1909) diese Einheit, indem er das aus dem Krieg von 1870/71 hervorgegangene Bismarcksche Reich mit dem Ehrentitel versieht: "Heiliges protestantisches Reich deutscher Nation" (Frank 27f).

Die nationale Hochschätzung des Krieges, für die sich vielfältige Belege geben lassen, hat für das Verständnis des Friedens tiefgreifende Folgen. Wenn der Begriff des Friedens im Rahmen einer solchen Denkweise überhaupt noch emphatische Verwendung findet, so gilt er nicht einmal mehr als Gegenbegriff zum Krieg; vielmehr wird die Selbstdurchsetzung eines Volkes im Krieg als Verwirklichung des Friedens verstanden. Dies zeigt sich beispielhaft in den blasphemischen Abwandlungen, die die neutestamentliche Identifikation Christi mit dem Frieden (Epheser 2,14) während des 19. Jahrhunderts findet. So erklärt Napoleon III.: "L'empire c'est la Paix" (ter Meulen 2, 1, 326). Und aus Berlin erhält er die lakonische Antwort: "Das deutsche Kaiserreich ist wahrhaft der Friede" (du Bois-Reymond 6).

### c) Der Krieg als ethisches Ereignis

Der Krieg ist das notwendige Mittel, um nationale Identität und Einheit zu gewinnen. Schon darin zeigt sich sein hoher ethischer Wert. Dieser Wert wird das ganze 19. Jahrhundert hindurch immer wieder besungen und beschworen. In einem solchen Kriegsethos verbinden sich Freiheit und Kühnheit unmittelbar miteinander. Für Generationen drückt sich dieses Ethos exemplarisch in *Friedrich Schillers* (1759-1805) Reiterlied am Ende von "Wallensteins Lager" aus (11. Auftritt, Z. 1052ff):

"Wohlauf Kameraden, aufs Pferd, aufs Pferd!
Ins Feld, in die Freiheit gezogen!
Im Felde, da ist der Mann noch was wert,
Da wird das Herz noch gewogen.
Da tritt kein anderer für ihn ein,
Auf sich selber steht er da ganz allein.

Aus der Welt die Freiheit verschwunden ist,
Man sieht nur Herren und Knechte,
Die Falschheit herrschet, die Hinterlist
bei dem feigen Menschengeschlechte.
Der dem Tod ins Angesicht schauen kann,
Der Soldat allein ist der freie Mann."

Schon ein solcher Text läßt ahnen, warum für viele Deutsche die Demokratisierung des Krieges zu einem Ersatz für die ausgebliebene Demokratisierung des Staates werden kann. An der Überzeugung, daß die Befreiungskriege Freiheit vermitteln, kommen deshalb auch dann kaum Zweifel auf, als sich diese Freiheit in den inneren Verfassungsverhältnissen der einzelnen deutschen Staaten nur sehr partiell verwirklicht. Noch immer halten viele *Theodor Körners* (1791-1813) 'Aufruf' für die Lützowsche Freischar von 1813 für eine zutreffende Beschreibung des Volkskriegs gegen Napoleon (Körner 14):

"Es ist kein Krieg, von dem die Kronen wissen,
Es ist ein Kreuzzug, 's ist ein heiliger Krieg.
Recht, Sitte, Tugend, Glauben und Gewissen
Hat der Tyrann aus Deiner Brust gerissen,
Errette sie mit Deiner Freiheit Sieg!"

Bei solcher ethischen Hochschätzung des Krieges kann sogar die romantische Liebesmetaphorik auf die Instrumente kriegerischer Gewalt angewandt werden. Theodor Körners Schwertlied aus demselben Jahr 1813, unmittelbar vor Körners Tod gedichtet, ist solch ein Liebeslied, in dem der Krieger seinem Schwert unter anderem zusingt (Körner 31):

"Ja, gutes Schwert, frei bin ich
Und liebe dich herzinnig,
Als wärst du mir getraut
Als eine liebe Braut.
Hurra!"

Der große Theologe *Friedrich Daniel Ernst Schleiermacher* (1768-1834) kann diese Überzeugung vom ethischen Wert des Krieges so steigern, daß er sie sogar vom äußeren Kriegsglück ablöst. So predigt er am 28. März 1813:

"Und wie du auch das Glück des Krieges magst wechseln und sich wenden lassen, laß uns nur seine Segnungen nicht entgehen! daß jeder geläutert werde und gefördert am inwendigen Menschen!" "... wir fühlen, wie der Prophet uns vorhält, daß im Einzelnen, noch mehr aber im Großen, der Wechsel der Schicksale abhängt von dem Steigen und Sinken des inneren Werthes" (Schleiermacher 71. 83).

Der innere Wert, der mit dem Krieg verbunden wird, trägt männliche Charakterzüge. In der ethischen Hochschätzung des Krieges drückt sich ein an "männlichen" Idealen orientiertes Gesellschaftsethos aus. Freiheit wird in ihm als Wagemut und Ungebundenheit interpretiert. Dem starken, nur auf sich selbst gestellten Soldaten tritt schon in Schillers Reiterlied die "weinende Dirn" gegenüber, die sich schier zergrämt. Prämierung der Starken und Verhöhnung der Schwachen, Hochschätzung der Konkurrenz und Geringschätzung der Empathie, die Förderung der Selbständigkeit und die Verdrängung der Solidarität bestimmen dieses Ethos. Ebenso wie der Krieg selbst zum Naturereignis stilisiert wird, werden auch diese ethischen Werte als naturgegeben dargestellt. Wer sich an sie hält, orientiert sich an wirklichen Idealen; Illusionen dagegen hegt, wer sich an Leitbildern der Solidarität und Empathie orientiert, wer den Frieden für wichtiger hält als den Krieg.

Als illusionär und schwächlich zugleich, eben als "weibisch" erscheint deshalb dem männlichen deutschen Bürgertum der gegen Ende des 19. Jahrhunderts auch in Deutschland aufflackernde Pazifismus. In der Polemik gegen den Pazifismus zeigt sich, wie sich in diesem Kriegsethos die Neigung zur Gewalt und die Geringschätzung der Frauen unmittelbar verbinden, wie also das Gewaltverhältnis zwischen den Staaten und das Gewaltverhältnis zwischen den Geschlechtern zusammenhängen.

Zwei Belege aus dem Jahr 1892, dem Gründungsjahr der Deutschen Friedensgesellschaft, können dies illustrieren. Noch vor der Gründung dieser pazifistischen Vereinigung erhebt die 'Tägliche Rundschau' am 7. Juli 1892 warnend ihre Stimme. Sie tut es unter der Überschrift: "Ein Wort gegen den Friedensbund der Unterröcke beiderlei Geschlechts" (Riesenberger 90). Und zur selben Zeit polemisiert der Schriftsteller *Felix Dahn* (1834-1912; 'Ein Kampf um Rom') gegen *Bertha von Suttners* (1843-1914) Roman 'Die Waffen nieder!', der den entscheidenden Anstoß zur Gründung der Deutschen Friedensgesellschaft gegeben hatte (Riesenberger 66):

"An die männlichen und weiblichen Waffenscheuen
(Gegen das 'Die Waffen nieder!' von Bertha von Suttner)
Die Waffen hoch! Das Schwert ist Mannes eigen!
Wo Männer fechten, hat das Weib zu schweigen.
Doch freilich, Männer gibts in diesen Tagen -
Die sollten lieber Unterröcke tragen."

LITERATUR: *E. M. Arndt,* Vom Geist der Zeit, Bd. II, Greifswald 1808 - *E. M. Arndt,* Werke. Auswahl in 12 Teilen, Teil 7, Berlin 1912 - *E. du Bois-Reymond,* Das Kaiserreich und der Friede, Berlin 1871 - *G. Brakelmann,* Der Krieg 1870/71 und die Reichsgründung im Urteil des Protestantismus, in: Huber/Schwerdtfeger, 293-320 - *Chr. Burger,* Der Wandel in der Beurteilung von Frieden und Krieg bei Friedrich Schleiermacher, ebd., 225-242 - *C. v. Clausewitz,* Vom Kriege (1832-34), Frankfurt 1981 - *O. Dann,* Vernunftfrieden und nationaler Krieg. Der Umbruch im Friedensverhalten des deutschen Bürgertums zu Beginn des 19. Jahrhunderts, in: Huber/Schwerdtfeger, 169-224 - *J. V. Embser,* Die Abgötterey unseres philosophischen Jahrhunderts. Erster Abgott: Ewiger Friede, Mannheim 1779 - *J. V. Embser,* Widerlegung des ewigen Friedens-Projekts, Mannheim 1797 - *J. G. Fichte,* Ausgewählte Werke in 6 Bänden, hg. v. F. Medicus, Darmstadt 1962 - *J. G. Fichte,* Über Macchiavelli als Schriftsteller, und Stellen aus seinen Schriften, in: Fichtes nachgelassene Werke, Bd. III, Bonn 1835, 401-435 - *W. Frank,* Hofprediger Adolf Stoecker und die christlichsoziale Bewegung, 2. Aufl. Hamburg 1935 - *J. F. C. Fuller,* Die entartete Kunst, Krieg zu führen, 1789-1961, Köln 1964 - *K. Hammer,* Christen, Krieg und Frieden. Eine historische Analyse, Olten 1972 - *G. W. F. Hegel,* Werke in zwanzig Bänden (Theorie Werkausgabe), Frankfurt 1970ff - *W. Huber,* Kirche und Öffentlichkeit, Stuttgart 1973 - *W. Huber,* Kirche und Militarismus, in: Ders./G. Liedke (Hg.), Christentum und Militarismus, Stuttgart/München 1974, 158-184 - *W. Huber/J.Schwerdtfeger* (Hg.), Kirche zwischen Krieg und Frieden. Studien zur Geschichte des deutschen Protestantismus, Stuttgart 1976 - *G. Kaiser,* Pietismus und Patriotismus im literarischen Deutschland, Wiesbaden 1961 - *I. Kant,* Studienausgabe, hg. v. W. Weischedel, Bd. VI, Wiesbaden 1964 (= Werke in zehn Bänden, Bd. 9 und 10, Darmstadt 1964) - *Th. Körner,* Sämtliche Werke, Ausgabe in einem Band, Leipzig o.J. - *J. ter Meulen,* Der Gedanke der internationalen Organisation in seiner Entwicklung 1300-1800, 2 Bde., Den Haag 1917, 1940 - *K. v. Raumer,* Ewiger Friede. Friedensrufe und Friedenspläne seit der Renaissance, Freiburg/München 1953 - *D. Riesenberger,* Geschichte der Friedensbewegung in Deutschland. Von den Anfängen bis 1933, Göttingen 1985 - *F. D. E. Schleiermacher,* Predigten, Bd. 4 (Sämtliche Werke, 2. Abt., Bd. 4), Berlin 1844 - *M. Schmidt,* Die Apotheose des Krieges im 18. und frühen 19. Jahrhundert im deutschen Dichten und Denken, in: Huber/Schwerdtfeger, 130-166 - *C. Schmitt,* Der Begriff des Politischen, 2. Aufl. Berlin 1963 - *C. F. D. Schubart,* Deutsche Chronik, Augsburg 1774 - *D. Senghaas,* Abschreckung und Frieden. Studien zur Kritik organisierter Friedlosigkeit, Frankfurt 1969 - *H. G. Tzschirner,* Über den Krieg. Ein philosophischer Versuch, Leipzig 1815 - *M. Weber,* Wirtschaft und Gesellschaft, 5. Aufl. Tübingen 1972.

### *4.2. Der pazifistische Protest*

Im Jahr 1873 entwirft *Friedrich Nietzsche* (1844-1900) in den einleitenden Sätzen seiner ersten 'Unzeitgemäßen Betrachtung' ein Bild der öffentlichen Meinung in Deutschland:

"Die öffentliche Meinung in Deutschland scheint es fast zu verbieten, von den schlimmen und gefährlichen Folgen des Krieges, zumal eines siegreich beendeten Krieges zu reden: um so williger werden aber diejenigen Schriftsteller angehört, welche keine wichtigere Meinung als jene öffentliche Meinung kennen und deshalb wetteifernd beflissen sind, den Krieg zu preisen und den mächtigen Phänomenen seiner Einwirkung auf Sittlichkeit, Kultur und Kunst jubilierend nachzugehen. Trotzdem sei es gesagt: Ein großer Krieg ist eine große Gefahr. Die menschliche Natur verträgt ihn schwerer als eine Niederlage. ... Von allen schlimmen Folgen aber, die der letzte mit Frankreich geführte Krieg hinter sich drein zieht, ist vielleicht die schlimmste ein weitverbreiteter, ja allgemeiner Irrtum: der Irrtum der öffentlichen Meinung und aller öffentlich Meinenden, daß auch die deutsche Kultur in jenem Kampfe gesiegt habe. ... Dieser Wahn ist höchst verderblich: ... weil er imstande ist, unseren Sieg in eine völlige Niederlage zu verwandeln: in die Niederlage, ja Exstirpation des deutschen Geistes zugunsten des 'deutschen Reiches' " (Nietzsche III.1, 55f).

Das von Nietzsche gezeichnete Bild faßt in einer zeitgenössischen Diagnose zusammen, was uns gerade als nationale wie ethische Deutung des Krieges im 19. Jahrhundert entgegengetreten ist. Diese Diagnose vermag zugleich zu erklären, warum die bürgerliche Friedensbewegung in Deutschland später Fuß gefaßt hat als in anderen Ländern. Zu erklären vermag sie auch, warum die Friedensbewegung in Deutschland - man ist versucht zu sagen: bis zum heutigen Tag - stärker an den Rand der Gesellschaft gedrängt ist, als dies in vergleichbaren Staaten - in Großbritannien etwa oder in den USA - über lange Zeitabschnitte hinweg der Fall war. Auch was die Friedensbewegung betrifft, erweist sich Deutschland als eine "verspätete Nation" (H. Plessner). Es war noch damit beschäftigt, mit kriegerischen Mitteln seine nationale Einheit und Identität zu erringen, als diese Mittel in anderen Ländern bereits durch die Friedensbewegung nachdrücklich in Frage gestellt wurden. Auch ein lediglich knapper Blick auf die Friedensbewegung in Deutschland muß die Entwicklungen in anderen Ländern berücksichtigen. Gerade dann tritt ihr Charakter als bürgerliche Emanzipationsbewegung besonders deutlich hervor (a). Besonders charakteristisch ist für sie die Verbindung von Friedenshoffnung und Fortschrittsglauben (b). Klarer als in anderen Ländern treten in Deutschland unterschiedliche Richtungen der bürgerlichen Friedensbewegung auseinander; die wichtigsten unter ihnen lassen sich (im Anschluß an A. H. Fried) als Gesinnungspazifismus und organisatorischer Pazifismus bezeichnen (c).

a) Bürgerliche Emanzipation und Friedensbewegung

Im Gegenzug gegen den aufkommenden Bellizismus und Nationalismus des 19. Jahrhunderts entstand in einer Reihe von Ländern, zunächst in überschaubaren Gruppen, eine neue Friedensbewegung. 1815/16 wurden, vor allem in Aufnahme quäkerischer Traditionen, in New York und London die ersten Friedensgesellschaften gegründet. Auf dem europäischen Festland fanden um die Mitte des Jahrhunderts die ersten Friedenskongresse statt: in Brüssel 1848, in Paris unter dem Vorsitz Victor Hugos 1849, in Frankfurt - unter höchst dürftiger deutscher Beteiligung- 1850. Die Gründung des Roten Kreuzes im Jahr 1864 und der Interparlamentarischen Union im Jahr 1888 hängen mit Anstößen aus der Friedensbewegung zusammen. Die Haager Konferenzen von 1899 und 1907 versuchten, durch ein System der Schiedsgerichtsbarkeit eine friedliche Beilegung internationaler Konflikte zu ermöglichen und die Regeln eines humanitären Kriegsvölkerrechts durchzusetzen. Gegen Ende des 19. Jahrhunderts verstärkte sich die Friedensbewegung unter dem Eindruck der rapide zunehmenden Zerstörungskraft moderner Waffen. *Johann von Bloch* (1836 - 1902), Bankier in Warschau und Mitglied des russischen Staatsrats, führte in seinem sechsbändigen, 1892 erschienenen und 1899 ins Deutsche übersetzten Werk 'Der Zukunftskrieg, vom technischen und politischen Standpunkt aus betrachtet' den Nachweis, daß die Waffentechnik sich im 19. Jahrhundert weit schneller entwickelt hatte als in der gesamten vorausliegenden Menschheitsgeschichte. *Bertha von Suttner* (1843-1914) appellierte in ihrem Roman 'Die Waffen nieder!' von 1889 an die Europäer, Konfliktlösungsmöglichkeiten jenseits der kriegerischen Gewalt zu suchen. *Leo Tolstoi* (1828-1910) entdeckte den Geist der Bergpredigt neu und rüttelte damit viele Menschen auf.

Und doch blieb während des gesamten 19. Jahrhunderts die Friedensbewegung auf bürgerlich-aufstrebende Schichten begrenzt. Die frühen englischen und amerikanischen Friedensgesellschaften waren Teil einer bürgerlichen Reformbewegung aus christlicher Verantwortung. Viele ihrer Wortführer kämpften zur gleichen Zeit und im gleichen Maß wie für die Begrenzung der Rüstungen auch für den Ausbau des Volksschulwesens und den Abbau der Sklaverei. Oft verband sich die Friedensbewegung mit einer Freihandelsbewegung.

An solchen Verknüpfungen zeigt sich: Die Friedensbewegung ist ein Teil der bürgerlichen Emanzipationsbewegung. Die Überwindung des Krieges gilt ihr als eine notwendige Auswirkung bürgerlicher Freiheit. Vier Ziele formuliert der Brüsseler Friedenskongreß 1848, im Jahr der bürgerlichen Revolution:

"1. Da der Rückgriff auf die Waffen, um die internationalen Streitigkeiten zu entscheiden, eine Übung ist, welche die Religion, die Vernunft, die Gerechtigkeit, die Humanität und das Interesse der Völker in gleicher Weise verdammen, ist es für die zivilisierte Welt eine Pflicht und ein Heilmittel, die Maßregeln aufzusuchen und anzunehmen, die geeignet sind, die völlige Abschaffung des Krieges herbeizuführen.

2. Es ist von höchster Wichtigkeit, bei den Regierungen darauf zu drängen, daß man mittels eines

Schiedsgerichts ... auf freundlichem Wege und nach den Regeln der Gerechtigkeit die Streitigkeiten schlichte, welche sich zwischen den Nationen erheben könnten. Besondere Schiedsrichter oder ein höchster internationaler Gerichtshof würden in letzter Instanz das Urteil sprechen.

3. Es ist zu wünschen, daß in naher Zukunft ein Kongreß der Völker, zusammengesetzt aus Repräsentanten eines jeden von ihnen, zusammentrete, um ein die internationalen Beziehungen regelndes Gesetzbuch abzufassen. ...

4. Es ist angezeigt, die Aufmerksamkeit der Regierungen ehrfurchtsvoll auf die Notwendigkeit zu richten, durch eine allgemeine und gleichzeitige Maßregel in ein Entwaffnungssystem einzutreten, welches, indem es die Staatslasten verringert, zugleich eine dauernde Ursache zu Aufreizung oder Unruhe verschwinden ließe. Das wechselseitige Vertrauen und der Austausch der guten Dienste sind jedem Land ebenso günstig wie die Aufrechterhaltung des Friedens und die Entwicklung des Völkerrechts" (verbesserte Fassung der Übersetzung bei Riesenberger 26 nach Hetzel 41f).

Bürgerlich geprägt ist auch die kleine deutsche Friedensbewegung, die sich nach einzelnen Vorläufern in Königsberg und Frankfurt/Main 1892 in der Deutschen Friedensgesellschaft eine organisatorische Gestalt gibt. Den Anstoß gibt Bertha von Suttners Roman 'Die Waffen nieder!'. Nach einigen Vorüberlegungen ist es am 9. November 1892 soweit. Freilich muß man sich die Zusammenkunft der fünfzehn Herren - Damen werden nicht erwartet - zur Gründungsversammlung im Berliner "Kaiserhof" recht prosaisch vorstellen. Ein großes öffentliches Ereignis ist die Gründung nicht, obwohl der führende Kopf, *Alfred Hermann Fried* (1864-1921), von Beruf Journalist ist und mit der Öffentlichkeit umzugehen versteht.

Hat man freilich die Geneigtheit zum Krieg vor Augen, von der die Stimmung des deutschen Bürgertums zwischen der Reichsgründung und dem Ersten Weltkrieg erfüllt war, dann kann man erst ermessen, wie schwer nur Gehör fand, wer einer Friedensordnung vorarbeiten wollte, die den Krieg hinter sich ließ. Das erklärt auch den eigentümlich moderaten Ton der deutschen Friedensfreunde. Kaum einen wird man unter ihnen finden, der wie Leo Tolstoi erklärt hätte, daß nur die konsequente Verweigerung jedes Militärdienstes zur Abschaffung des Krieges führen könne. Vielmehr treten die Anhänger der deutschen Friedensbewegung mehrheitlich für genau die Mittel ein, die Tolstoi für gänzlich unzureichend hielt: für Friedensgesellschaften und internationale Schiedsgerichtsbarkeit. Solange ein verbindliches völkerrechtliches Instrument der Konfliktbeilegung nicht etabliert ist, erscheint ihnen eine angemessene Rüstung als unverzichtbar. Der Gedanke, daß nur Mitglied der Friedensbewegung sein könne, wer den Kriegsdienst verweigert, liegt ihnen gänzlich fern. Manche hoffen auch auf einen qualitativen Umschlag der Rüstung, durch den ein Krieg undenkbar würde. Sie zeigen sich beeindruckt von Alfred Nobels Überlegung, daß die ungeheure Explosivkraft des von ihm entdeckten Dynamits und vergleichbarer Stoffe den Frieden schließlich unausweichlich machen würde. So spricht auch Bertha von Suttner die Hoffnung aus, daß vielleicht Motive, die dem Interesse am Frieden scheinbar entgegengesetzt sind, ihn unter Umständen nachhaltiger fördern können als Gerechtigkeit oder Sanftmut. Ausdrücklich fügt sie hinzu: "So steht zu hoffen, daß einst die Erfindung von immer gewaltigeren Zerstörungsmaschinen, welche endlich imstande wären, mittels eines - was weiß ich - elektrodynamischen oder magnetischexplosiven Apparats ganze Armeen auf einmal zu vernichten, dadurch die ganze Strategik aufheben und das Kriegführen überhaupt zur Unmöglichkeit machen würde" (Hamann 81f).

Neben die Hoffnung auf die technologische Überwindung des Krieges tritt die Erwartung, daß in absehbarer Zeit die finanziellen und sozialen Kosten der Rüstung untragbar würden. So zieht Johann von Bloch aus seinen umfangreichen Untersuchungen das Résumé: "Der Krieg wird zu Ende gehen, weil die militärische Maschinerie aus ökonomischen und sozialen Gründen versagen wird" (Bloch 25). Politisches Gewicht gewinnen solche Überlegungen dadurch, daß sie *Zar Nikolaus II.* (1868-1918; Regierungszeit 1894-

1917) zu dem Friedensmanifest inspirieren, mit dem er am 28. August 1898 zur Haager Friedenskonferenz aufruft. Die Spuren der Lektüre der Untersuchungen von Blochs sind an diesem Dokument deutlich zu erkennen:

"Die finanziellen Lasten [sc. der Rüstungen] verfolgen eine steigende Tendenz und treffen die Volkswohlfahrt an ihrer Wurzel; die geistigen und physischen Kräfte der Völker, die Arbeit und das Kapital werden zum großen Teil von ihrer natürlichen Bestimmung abgelenkt und in unproduktiver Weise aufgezehrt. ... Die nationale Kultur, der wirtschaftliche Fortschritt, die Erzeugung der Werte sehen sich in ihrer Entwicklung gelähmt und irregeführt. ... Die wirtschaftlichen Krisen sind zum großen Teil hervorgerufen durch das System der Rüstungen bis aufs äußerste, und die ständige Gefahr, welche in dieser Kriegsmaterialsammlung ruht, macht die Heere unserer Tage zu einer erdrückenden Last, welche die Völker mehr und mehr nur mit Mühe ertragen können" (Riesenberger 59).

Ein regierender Fürst übernimmt die Argumente der Friedensbewegung. Auf Grund solcher Signale setzen die Pazifisten des ausgehenden 19. und beginnenden 20. Jahrhunderts ein Zutrauen in die Friedensfähigkeit der Regierungen, die sich schon allzu bald als trügerisch erweisen sollte. Und sie unterschätzen die Kraft des im Bürgertum selbst tief verankerten Bellizismus.

Von Deutschland jedenfalls gilt, daß der zugleich mit der Deutschen Friedensgesellschaft gegründete Alldeutsche Verband ein Vielfaches an Resonanz, Aufmerksamkeit und Zustimmung auf sich ziehen kann. In den neunziger Jahren erreicht die Deutsche Friedensgesellschaft die Zahl von etwa 6 000 Mitgliedern; bis 1914 steigert sich diese Zahl auf 10 000. Ihre Führung rekrutiert sich vorwiegend aus dem Linksliberalismus und entspricht dessen sozialer Struktur. Zwar umfaßt auch der Alldeutsche Verband vor 1914 nur etwa 20 000 Mitglieder. Doch er bildet einen Honoratiorenverband, dem Massenverbände ergänzend zur Seite treten. Unter ihnen ist vor allem der Kyffhäuserverband zu nennen, zu dem sich im Jahr 1900 die Kriegervereine zusammengeschlossen haben. Mit etwa drei Millionen Mitgliedern ist der Kyffhäuserbund im Jahr 1913 die größte gesellschaftliche Organisation im deutschen Kaiserreich. Ihm tritt im Frühjahr 1912 der 'Deutsche Wehrverein' zur Seite, der bis November 1914 auf nahezu 100 000 Einzelmitglieder und weitere 500 000 körperschaftliche Mitglieder anwächst. Diese Zahlen bestätigen, daß die Friedensbewegung für das deutsche Bürgertum, innerhalb dessen sie sich organisiert, auf lange Zeit eine marginale Erscheinung bleibt.

Zur sozialistischen Arbeiterbewegung aber findet sie, ihrem Ansatz entsprechend, zunächst keine Brücke. Dabei wäre eine Konvergenz denkbar gewesen, die sich an der entschiedenen Friedenshoffnung hätte orientieren können, die den Sozialismus und den bürgerlichen Liberalismus miteinander verbindet, auch wenn diese Hoffnung jeweils unterschiedlich begründet und konkretisiert wird.

Für *Karl Marx* (1818-1883) und *Friedrich Engels* (1820-1895) liegt die Ursache kriegerischer Gewalt im Ausbeutungsverhältnis zwischen Kapital und Lohnarbeit. An diese Diagnose knüpft sich eine Friedenshoffnung, die das Kommunistische Manifest von 1848 folgendermaßen formuliert:

"In dem Maße, wie die Exploitation des einen Individuums durch das andere aufgehoben wird, wird die Exploitation einer Nation durch die andere aufgehoben. Mit dem Gegensatz der Klassen im Innern der Nation fällt die feindliche Stellung der Nationen gegeneinander" (Marx-Engels 4, 479).

Am Anfang der sozialistischen Arbeiterbewegung steht also die Überzeugung, daß durch die Aufhebung des Klassengegensatzes der Krieg abgeschafft und der ewige Frieden hergestellt werden kann. Der Kampf um die Überwindung des Klassengegensatzes gilt deshalb als das entscheidende Mittel zur Verwirklichung eines dauerhaften Friedens. Freilich liegt die Konsequenz nicht weit, daß auch Kriege, wenn sie den revolutionären

Prozeß beschleunigen, als Fortschritte zum Frieden gedeutet werden können. Indes ist dieses Zutrauen zur positiven Funktion kriegerischer Auseinandersetzungen unter den marxistischen Theoretikern immer umstritten. Gegen Ende des 19. Jahrhunderts nimmt es insbesondere wegen der sprunghaften Weiterentwicklung der Waffentechnik erkennbar ab.

Nun kommt etwa Friedrich Engels zu der Diagnose, daß ein europäischer Krieg, der die Verwüstungen des Dreißigjährigen Krieges, auf drei bis vier Jahre zusammendrängt, hervorrufen würde, die erhoffte sozialistische Revolution nicht etwa fördern, sondern jede solche Hoffnung zunichte machen würde (Marx-Engels 21, 350f). Deshalb geht die II. Sozialistische Internationale zur Forderung nach einer europäischen Abrüstung über und tritt für eine Politik der Friedenswahrung ein. Doch sie verbindet dieses Interesse an der Verhütung des Krieges auch weiterhin mit der These, daß ein eventuell ausbrechender Krieg den revolutionären Prozeß fördern könne. Sollte - so erklärt der Stuttgarter Kongreß der II. Internationale im Jahr 1907 - ein Krieg in Europa ausbrechen, so müsse auf dessen rasche Beendigung gedrängt, die durch den Krieg entstandene Situation aber zugleich zur "Beseitigung der kapitalistischen Klassenherrschaft" genutzt werden (Internationaler Sozialistenkongreß 66).

Mit der bürgerlichen Friedensbewegung treffen sich die europäischen Sozialisten in der Forderung nach einer internationalen Schiedsgerichtsbarkeit. Ob spezifische Kampfmittel der Arbeiterbewegung gegen einen eventuellen Krieg eingesetzt werden sollen, bleibt in den Kontroversen vor dem Ausbruch des Ersten Weltkriegs heftig umstritten. In der Frage, ob die Arbeiterschaft auf einen Kriegsausbruch mit dem Generalstreik antworten solle, kann keine Einigkeit erzielt werden. So trifft der Ausbruch des Ersten Weltkriegs die sozialistischen Parteien in einer Situation, in der sie nicht über eine gemeinsame Strategie zur Erhaltung oder Wiederherstellung des Friedens verfügen. In ihrer Mehrheit sehen sie keine andere Möglichkeit, als die Politik ihrer Länder im Krieg - unter anderem durch die Bewilligung der Kriegskredite - aktiv zu unterstützen. Spätestens hier treffen sich die sozialdemokratischen Parteien mit der bürgerlichen Friedensbewegung: der Kriegsbegeisterung des Ersten Weltkriegs vermögen sie beide keinen Widerstand entgegenzusetzen.

### b) Frieden und Fortschritt

Was verlieh "Friedensfreunden" wie Bertha von Suttner und Alfred Hermann Fried, Ludwig Quidde und Hans Wehberg oder den in der Deutschen Friedensgesellschaft so spärlich vertretenen Theologen wie Otto Umfrid und Martin Rade das Zutrauen dazu, daß ihr Kampf trotz der marginalen Stellung der Friedensbewegung im kaiserlichen Deutschland nicht vergebens war? Dieses Zutrauen hatte seinen entscheidenden Anhalt an der Überzeugung, daß der Fortschritt am Ende unweigerlich dem Frieden, nicht dem Krieg zugute komme.

Nichts kennzeichnet die bürgerliche Friedensbewegung besser als diese Verbindung von Friedenshoffnung und Fortschrittsglauben. Wie das liberale Bürgertum im ganzen ist sie davon durchdrungen, daß der wissenschaftlich-technische und ökonomische Fortschritt schließlich auch politische Fortschritte mit unweigerlicher Kraft nach sich ziehen werde. In rhetorischer Brillanz hat *Victor Hugo* (1802-1885) dieser Überzeugung schon in seiner Eröffnungsrede für den Pariser Friedenskongreß im Jahr 1849 Ausdruck gegeben:

> "Ein Tag wird kommen, an dem es keine anderen Schlachtfelder mehr geben wird als die Märkte, die sich dem Handel öffnen, und die Geister, die für die Ideen geöffnet sind. - Ein Tag wird kommen, an dem die Kugeln und Granaten von dem Stimmrecht ersetzt werden, von der allgemeinen Abstimmung der Völker, von dem ehrwürdigen Schiedsgericht eines großen, souveränen Senats, der für Europa das sein wird, was das Parlament

für England, was die Nationalversammlung für Deutschland, was die gesetzgebende Versammlung für Frankreich ist. ... Ein Tag wird kommen, an dem man sehen wird, wie die beiden ungeheuren Ländergruppen, die Vereinigten Staaten von Amerika und die Vereinigten Staaten von Europa ... Angesicht in Angesicht sich gegenüberstehen, über die Meere sich die Hand reichen, ihre Produkte, ihren Handel, ihre Industrien, ihre Künste, ihre Genien austauschen, den Erdball urbar machen, die Einöden kolonisieren, die Schöpfung unter den Augen des Schöpfers verbessern, um aus dem Zusammenwirken der beiden unendlichen Kräfte, der Brüderlichkeit der Menschen und der Allmacht Gottes für alle das größte Wohlergehen zu ziehen! ... Von nun an wird das Ziel der hohen und wahren Politik folgendes sein: den Nationalitäten zur Anerkennung zu verhelfen, die historische Einheit der Völker wiederherzustellen und diese Einheit durch den Frieden mit der Zivilisation zu verbinden, die Gruppe der zivilisierten Völker unaufhörlich zu vergrößern, den noch barbarischen Völkern ein gutes Beispiel zu geben und die Kriege durch Schiedsgerichte zu ersetzen. Mit einem Wort, und darin ist alles enthalten: Das Recht muß das letzte Wort sprechen, das in der alten Welt von der Gewalt gesprochen wurde. ... Nicht erst seit heute hat die Menschheit diesen Weg der Vorsehung eingeschlagen. In unserem alten Europa hat England den ersten Schritt getan, es hat zu den Völkern gesagt: Ihr seid frei! Frankreich hat den zweiten Schritt getan, es hat zu den Völkern gesagt: Ihr seid souverän! Jetzt wollen wir den dritten Schritt machen, und alle zusammen, Frankreich, England, Deutschland, Belgien, Italien - Europa und Amerika, wollen wir den Völkern sagen: Ihr seid Brüder!" (Riesenberger 27f).

Der Zusammenhang zwischen Fortschrittsbewußtsein und Friedenshoffnung läßt sich kaum eindrucksvoller formulieren, als es in dieser Rede geschieht. Sie leidet jedoch, wie sich aus historischem Abstand leicht erkennen läßt, an dem typischen Mangel eines liberalen Fortschrittsglaubens: er schließt aus den Fortschritten in Teilbereichen auf den Fortschritt des Ganzen. Heute können wir wissen, daß es sich dabei um einen Fehlschluß handelt, den man (in Analogie zu dem aus der Ethik bekannten "naturalistischen Fehlschluß") den "progressistischen Fehlschluß" nennen könnte. Denn heute ist erkennbar, daß weder die fortschreitende Naturbeherrschung noch die Ausdehnung des Welthandels, weder die Entwicklung der Waffentechnik noch diejenige der Kommunikationsmedien automatisch den Frieden nach sich zieht. Vielmehr gefährden alle derartigen Entwicklungen den Frieden mindestens so sehr, wie sie ihn zu fördern vermögen.

Die bürgerliche Friedensbewegung des 19. Jahrhunderts ist weithin einem solchen progressistischen Fehlschluß erlegen. Insofern müssen Friedensethik wie Friedensbewegung heute über sie hinausgehen. Doch aus guten Gründen hat Carola Stern einer vergleichbaren Kritik hinzugefügt:

"Es ist leicht, Versäumnisse und Fehler der Gründer der Deutschen Friedensgesellschaft aufzuzählen, über ihre Beschränkungen zu lächeln. Aber es bleibt ihr großes historisches Verdienst, inmitten der Welt des preußisch-deutschen Militarismus, aufgeputscht durch Weltmachtsträume und Eroberungspläne, erstmals darauf bestanden zu haben: Krieg ist kein Naturgesetz und auch kein Völkerschicksal. Krieg muß nicht sein. Menschen können Krieg verhindern, indem sie Konzepte der Friedensicherung entwerfen und in die Politik einbringen, indem sie 'der Kriegsorganisation eine Friedensorganisation' (Stefan Zweig) entgegenstellen. Im wilhelminischen Deutschland ein wahrhaft weltumwerfendes, mutiges Programm einer kleinen Schar liberaler Demokraten, bürgerlicher Außenseiter: unsere Urgroßväter in der Politik" (Stern 18f).

### c) Organisatorischer Pazifismus und Gesinnungspazifismus

In der bisherigen Schilderung der Friedensbewegung haben wir das Wort "Pazifismus" weitgehend vermieden, jenes Wort, das seit Beginn der achtziger Jahre in der Bundesrepublik Deutschland wieder ins Gerede gekommen ist. 1981 registrierte der damalige Verteidigungsminister Hans Apel besorgt die "Zunahme pazifistischer Stimmungen"; 1983 verstieg sich Heinrich Geißler, zu jener Zeit Bundesminister für Jugend, Familie und Gesundheit, sogar zu der Auskunft, der Pazifismus habe "Auschwitz erst möglich gemacht".

Vergleichbare Urteile sind so alt wie das Wort Pazifismus selbst. Es handelt sich um ein junges Wort. Erst im Jahr 1901 wurde es geprägt. Damals schlug der französische Jurist Emile Arnaud, der Präsident der 'Internationalen Liga für Frieden und Freiheit' vor, die Bemühungen der damaligen Friedensbewegung zusammenfassend als "Pazifismus", ihre Anhänger als "Pazifisten" zu bezeichnen (Holl 1978, 767; Holl 1988, 69ff). Kaum war das Wort geprägt, wurde es schon in abwertendem Sinn verwendet: Mangel an Nationalbewußtsein, Verzicht auf Wehrwillen, verhängnisvolles Zutrauen zur demokratischen Staatsform, illusionäres Schwärmertum, Abschied vom politischen Realismus - all dies wurde mit dem Begriff des Pazifismus assoziiert. Noch in der Weimarer Republik konnte den Ruf oder die Professur verlieren, wer sich den Vorwurf zuzog, ein Pazifist zu sein. So erging es dem Pädagogen *Friedrich Wilhelm Foerster* (1869-1966) in München, dem Mathematiker *Emil Julius Gumbel* (1891-1966) und dem Theologen *Günther Dehn* (1882-1970) in Heidelberg und Günther Dehn dann noch einmal in Halle. Als Ausdruck "nationaler Würdelosigkeit" bezeichnete der Chef der Reichswehr, Hans von Seeckt, im Jahr 1924 den "internationalen Pazifismus".

Die Klärung dessen, was unter dem Begriff des Pazifismus ursprünglich verstanden wurde, ist schon angesichts dieser Verwendung als Kampf- und Diffamierungsbegriff wichtig. Wichtig ist sie auch im Blick auf heutige Kontroversen. Hans Apel charakterisierte den Pazifismus 1981 als eine Haltung, die den Frieden unsicherer macht. Trutz Rendtorff beschrieb im Jahr 1983 den in seinen Augen allein konsequenten Pazifismus mit folgenden Worten:

"Ein unbedingter und radikaler Pazifismus negiert die staatliche und politische Friedensaufgabe insgesamt. Er ist, etwa im Sinne frühchristlicher Weltaskese und Enderwartung, der bewußte Verzicht auf jede Verantwortung in dieser Welt und für die Welt, die ohnehin vergeht. ... Die Glaubwürdigkeit eines unbedingten Pazifismus steht und fällt mit seiner Konsequenz. Nicht nur kein Kriegsdienst, sondern überhaupt kein Amt im Staat; nicht nur keine direkte Unterstützung staatlicher Herrschaft, sondern keine Steuern" (Rendtorff 139).

Nun würde sich gewiß kaum ein Pazifist in dieser Beschreibung wiedererkennen; doch nach Rendtorff wäre dies lediglich die Folge einer Inkonsequenz. Freilich mutet die Behauptung über die frühen Christen, sie hätten bewußt auf *jede* Verantwortung in dieser Welt Verzicht geleistet, kühn an; der häufig wiederholte Hinweis der frühchristlichen Apologeten auf die Mitverantwortung der Christen für die Geschicke des römischen Reichs jedenfalls läßt sich mit ihr nicht zur Deckung bringen (s. oben I.2.1.a). Die fragwürdige historische Analogiebildung soll das Verständnis des Pazifismus als einer Haltung stützen, welche die konkreten Bedingungen praktischer Politik ignoriert und sich jeder praktisch-politischen Verantwortung verweigert.

Das negative Urteil über den Pazifismus überschreitet ideologische Grenzen. Die Einschätzung des etablierten DDR-Marxismus spricht sich beispielsweise in den folgenden Sätzen eines Jugendlexikons aus:

"Der Pazifismus geht von extrem unwissenschaftlichen Vorstellungen eines Friedens um jeden Preis aus. ... Der Imperialismus versucht mit Hilfe des Antikommunismus, den Pazifismus gegen die Politik der sozialistischen Staaten auszuspielen und besonders junge Menschen mit religiösen Auffassungen von der Wahrnehmung der Pflicht zur Verteidigung des sozialistischen Vaterlandes abzuhalten. Pazifistische Einstellungen in der sozialistischen Gesellschaft dienen lediglich den Interessen der reaktionären imperialistischen Kräfte" (Meyer 157; vgl. "Pazifismus" in der aktuellen Friedensdiskussion).

Hier gilt also der Pazifismus als ein Instrument des westlich-kapitalistischen Imperialismus; für manche westlichen Autoren dagegen ist er die verhängnisvollste Etappe in einem Prozeß ideologischer Verblendung, der über den Kommunismus zum Pazifismus führt; für solche

Beobachter muß jede Friedensbewegung schon deshalb als kommunistisch gesteuert gelten, weil sie pazifistisch geprägt ist.

Von dem ursprünglichen Sinn des Wortes "Pazifismus" sind solch gegensätzliche und doch übereinstimmende Verurteilungen gleich weit entfernt. Emile Arnaud, der das Wort in die politische Sprache einführte, war sich dessen bewußt, daß er damit ein Wort aus der Bergpredigt Jesu aufnahm. Mit dem Ausdruck "Pazifist" knüpfte er an die "Friedensstifter" *(eirenopoioi, pacifici)* an, die der Bergprediger seligpreist (Matthäus 5,9). Doch er hatte damit vorrangig nicht die Friedensgesinnung, sondern die Friedensaktivität im Blick. Der Pazifismus zu Beginn des 20. Jahrhunderts ist in seinem Selbstverständnis vorrangig "organisatorischer Pazifismus" (Alfred Hermann Fried), nicht Gesinnungspazifismus. Das Wort bezeichnet "die Gesamtheit individueller und kollektiver Bestrebungen ..., die eine Politik friedlicher, gewaltfreier zwischenstaatlicher Konfliktaustragung propagieren und den Endzustand einer friedlich organisierten, auf Recht gegründeten Staaten- und Völkergemeinschaft zum Ziel haben" (Holl 1978, 76). Alfred Hermann Fried nannte acht Felder, auf denen der organisatorische Pazifismus tätig werden sollte: 1. Umwandlung und Kontrolle der Diplomatie; 2. Bekämpfung des Chauvinismus und der Völkerverhetzung; 3. Förderung der internationalen Interessenverbände; 4. Erkennbarmachung der internationalen Interdependenz; 5. Erneuerung des Unterrichtssystems; 6. Klarlegung des Rüstungswahnsinns; 7. Ausbau des Völkerrechts; 8. Ausbau der internationalen Verwaltung.

Besonders auffällig an diesem Katalog ist, daß in ihm jenes Element fehlt, das für ein heutiges Verständnis den Pazifismus vor allen anderen kennzeichnet: die prinzipielle Ablehnung aller Gewalt und darum die Verweigerung des Wehrdienstes. Das war sicherlich in der fehlenden grundrechtlichen Gewährleistung der Kriegsdienstverweigerung, aber zugleich in der Differenz zwischen organisatorischem Pazifismus und Gesinnungspazifismus begründet.

Denn zum einen ist daran zu erinnern, daß ein genereller Schutz der Kriegsdienstverweigerer aus Gewissensgründen bis zum Ersten Weltkrieg unbekannt war. Im Deutschen Reich etwa waren nur die Mennoniten als "Nichtkombattanten" von der Wehrpflicht ausgenommen. Doch zum andern vertrat die Friedensbewegung des späten 19. und frühen 20. Jahrhunderts in der Mehrzahl ihrer Gruppierungen keineswegs den Grundsatz der Kriegsdienstverweigerung. Die Deutsche Friedensgesellschaft lehnte diesen Grundsatz sogar nachdrücklich ab. Hier trat der organisatorische Pazifismus einem Gesinnungspazifismus scharf gegenüber, der Prinzipien der persönlichen Lebensführung unmittelbar auf das politische Handeln übertragen wollte. Als Wortführer eines solchen Gesinnungspazifismus sah man insbesondere Leo Tolstoi an, dessen politische Ethik sich auf den Satz der Bergpredigt stützte, man solle dem Bösen nicht widerstehen (Matthäus 5,39); auch die moralisch-appellative Friedensgesinnung Bertha von Suttners bildete dafür ein Beispiel. Demgegenüber orientierte sich der organisatorische Pazifismus an dem Ziel einer politischen Friedensordnung, in der die Gewalt gebändigt ist, nicht an dem Gewaltverzicht um jeden Preis; er setzte vor allem auf die Mechanismen der Politik und die Mittel des Rechts.

Aus der historischen Spannung zwischen Gesinnungspazifismus und organisatorischem Pazifismus läßt sich Grundsätzliches lernen. Der Pazifismus ist nicht schon dann konsequent oder gar "radikal" begriffen, wenn er auf den verneinenden Grundsatz beschränkt wird, man solle dem Bösen nicht widerstehen; sondern konsequent begriffen ist er erst dann, wenn er auf die Gemeinschaft mit dem Feind, auf eine die Gegnerschaft überwindende gemeinsame Lebensgestaltung bezogen ist. Seinen entscheidenden Antrieb empfängt er nicht aus der negatorischen Ablehnung des Widerstands gegen das Böse, sondern aus der affirmativen Aufforderung zur Feindesliebe (Matthäus 5,44; s. unten III.1.1). Der organisatorische Pazifismus wollte und will Gewaltverzicht und die Bereitschaft zu politischer Verantwortung gerade nicht auseinanderreißen oder gegeneinander ausspielen, sondern konstruktiv aufeinander beziehen. Sein bestimmender Impuls liegt in der Frage, wie die Aufforderung zur Gewaltfreiheit nicht nur in entsprechende Aktionsformen, sondern vor allem in eine politische Organisationsform der Staatengemeinschaft umgesetzt werden kann, in der die Gewalt dem Recht unterworfen ist. Deshalb schließen wir uns in diesem Buch nicht dem verbreiteten Sprachgebrauch an, der unter Pazifismus ausschließlich die Position des prinzipiellen und generellen Gewaltverzichts versteht. Wir verwenden das Wort vielmehr in umfassenderem Sinn: Der Pazifismus bemüht sich um eine politische und rechtliche Form der zwischenstaatlichen Beziehungen, die nicht auf kollektive Gewaltsamkeit zurückgreift.

Das Motiv der neuzeitlichen Friedensbewegungen, soweit sie die Impulse des organisatorischen Pazifismus aufnehmen, liegt also im Bewußtsein der Verantwortung dafür, daß die immer bedrohlicher anwachsenden Gewaltpotentiale nicht eingesetzt werden; es liegt nicht in dem individuellen Interesse, sich die eigenen Hände von Gewalt rein zu halten. So betrachtet, ist schon der Pazifismus der im 19. Jahrhundert entstandenen Friedensinitiativen gerade nicht *prinzipiell-abstrakt,* sondern *geschichtlich-konkret,* nicht an der Untadeligkeit des eigenen Gewissens, sondern an der geschichtlich bestimmten politischen Verantwortung orientiert. Es handelt sich, wenn man einer häufig mißbrauchten Unterscheidung Max Webers in diesem Zusammenhang einen präzisen Sinn geben will, nicht um Gesinnungspazifismus, sondern um Verantwortungspazifismus.

### d) Das Mittel zum wirklichen Frieden

Das Ziel der Friedensbewegungen zu Beginn des 20. Jahrhunderts liegt in einer friedlich organisierten, auf das Recht gegründeten Staaten- und Völkergemeinschaft. Friedenserziehung und Rüstungskritik stehen im Dienst dieses Ziels. Nicht die prinzipielle Verurteilung der Gewalt, sondern der Ausbau des Völkerrechts bildet für den Pazifismus das Hauptthema. Durch Rückschläge lassen sich die frühen Pazifisten, von der Vernunft ihrer Ziele überzeugt, nicht entmutigen. Zwar gelingt es den Haager Konferenzen weder 1899 noch 1907, den Krieg als Mittel der Politik aus der Welt zu schaffen. Und die Friedensbewegung bleibt selbst unter den Gebildeten eine verschwindende Minorität, eine angefeindete und verspottete dazu. Doch die Sprecherinnen und Sprecher der Friedensbewegung bewahren auch in dieser Lage die Zuversicht. Trotzig erklärt Bertha von Suttner: "Das tut nichts - ich appelliere an die Zukunft. Das zwanzigste Jahrhundert wird nicht zu Ende gehen, ohne daß die menschliche Gesellschaft die größte Geißel - den Krieg - als legale Institution abgeschüttelt haben wird" (Hamann 149).

Auch am Ausgang des 20. Jahrhunderts ist freilich die Forderung, den Krieg als Institution zu überwinden, noch immer nicht eingelöst. Europa hat seit 1945 eine lange Periode ohne Krieg erlebt; doch die Kriege, die seitdem in anderen Teilen der Welt ausbrachen, haben schon mehr Todesopfer gefordert als der Zweite Weltkrieg, der bisher grausamste Ausbruch der Gewalt in der Geschichte der Menschheit. Wie Bertha von Suttner vor einem Jahrhundert so sprechen auch heute viele Menschen die Überzeugung aus, daß der Fortschritt der Kriegstechnik den Krieg als Mittel der Politik obsolet gemacht hat. Doch die Hoffnung, daß sich aus einer solchen Einsicht die Abschaffung des Krieges automatisch ergibt, ist - sollte sie je bestanden haben - gründlich enttäuscht worden. Die Überwindung des Krieges ist allenfalls möglich in einer beispiellosen historischen Anstrengung - mit Beharrlichkeit, Leidenschaft und Augenmaß zugleich.

Angesichts der verfügbaren militärischen Mittel steht die Menschheit vor der Wahl zwischen der Selbstzerstörung durch Krieg und der Selbstbefreiung vom Krieg. Diese Alternative steht heute deutlicher vor Augen als vor einem Jahrhundert. Freilich läßt sich gerade gegen den Pazifismus der Vorkriegsjahrzehnte vor 1914 einwenden, er habe die Mittel nicht gefunden, um einen dauerhaften Frieden zu organisieren; jedenfalls habe er sie nicht durchsetzen können. Doch die Frage, worin das Mittel zum wirklichen Frieden besteht, ist nach wie vor umstritten. Nachdem dieser Abschnitt über den Pazifismus mit einem Zitat von Friedrich Nietzsche begann, soll er - zur Illustration dieses Streits - auch mit einem Abschnitt von Nietzsche schließen.

"*Das Mittel zum wirklichen Frieden.* - Keine Regierung gibt jetzt zu, daß sie das Heer unterhalte, um gelegentliche Eroberungsgelüste zu befriedigen; sondern der Verteidigung soll es dienen. Jene Moral, welche die Notwehr billigt, wird als ihre Fürsprecherin angerufen. Das heißt aber: sich die Moralität und dem Nachbar die Immoralität vorbehalten, weil er angriffs- und eroberungslustig gedacht werden muß, wenn unser Staat notwendig an die Mittel der Notwehr denken soll; überdies erklärt man ihn, der genau ebenso wie unser Staat die Angriffslust leugnet und auch seinerseits das Heer vorgeblich nur aus Notwehrgründen unterhält, durch unsere Erklärung, weshalb wir ein Heer brauchen, für einen Heuchler und listigen Verbrecher, welcher gar zu gern ein harmloses und ungeschicktes Opfer ohne allen Kampf *überfallen* möchte. So stehen nun alle Staaten jetzt gegeneinander; sie setzen die schlechte Gesinnung des Nachbars und die gute Gesinnung bei sich voraus. Diese Voraussetzung ist eine *Inhumanität,* so schlimm und schlimmer als der Krieg; ja, im Grunde ist sie schon die Aufforderung und Ursache zu Kriegen, weil sie, wie gesagt, dem Nachbar die Immoralität unterschiebt und dadurch die feindselige Gesinnung und Tat zu provozieren scheint. Der Lehre von dem Heer als einem Mittel der Notwehr muß man ebenso gründlich abschwören als den Eroberungsgelüsten. Und es kommt vielleicht ein großer Tag, an welchem ein Volk, durch Kriege und Siege, durch die höchste Ausbildung der militärischen Ordnung und Intelligenz ausgezeichnet und gewöhnt, diesen Dingen die schwersten Opfer zu bringen, freiwillig ausruft: '*wir zerbrechen das Schwert*' - und sein gesamtes Heerwesen bis in seine letzten Fundamente zertrümmert. *Sich wehrlos machen, während man der Wehrhafteste war,* aus einer *Höhe* der Empfindung heraus, - das ist das Mittel zum *wirklichen* Frieden, welcher immer auf einem Frieden der Gesinnung ruhen muß: während der sogenannte bewaffnete Friede, wie er jetzt in allen Ländern einhergeht, der Unfriede der Gesinnung ist, der sich und dem Nachbar nicht traut und halb aus Haß, halb aus Furcht die Waffen nicht ablegt. Lieber zugrunde gehn als hassen und fürchten, und *zweimal lieber zugrunde gehn als sich hassen und fürchten machen,* - dies muß einmal auch die oberste Maxime jeder einzelnen staatlichen Gesellschaft werden! - Unsern liberalen Volksvertretern fehlt es, wie bekannt, an Zeit zum Nachdenken über die Natur des Menschen; sonst würden sie wissen, daß sie umsonst arbeiten, wenn sie für eine 'allmähliche Herabminderung der Militärlast' arbeiten. Vielmehr: erst wenn diese Art Not am größten ist, wird auch die Art Gott am nächsten sein, die hier allein helfen kann. Der Kriegsglorien-Baum kann nur mit einem Male, durch einen Blitzschlag zerstört werden: der Blitz aber kommt, ihr wißt es ja, aus der Wolke und aus der Höhe" (Nietzsche IV.3, 316f).

LITERATUR: *W. Benz* (Hg.), Pazifismus in Deutschland. Dokumente zur Friedensbewegung 1890-1939, Frankfurt 1988 - *J. v. Bloch,* Die wahrscheinlichen politischen und wirtschaftlichen Folgen eines Krieges, Berlin 1901 - *F. Boll,* Frieden ohne Revolution? Friedenstrategien der deutschen Sozialdemokratie vom Erfurter Programm 1891 bis zur Revolution 1918, Bonn 1980 - *P. Brock,* Pacifism in Europe to 1914, Princeton 1972 - *R. Chickering,* Imperial Germany and a World without War, Princeton 1975 - *H. Hetzel,* Die Humanisierung des Krieges in den letzten hundert Jahren 1789-1889, Frankfurt/Oder 1891 - *H. Donat/ K. Holl,* Die Friedensbewegung. Organisierter Pazifismus in Deutschland, Österreich und der Schweiz, Düsseldorf 1983 - *J. Dülffer,* Regeln gegen den Krieg? Die Haager Friedenskonferenzen von 1899 und 1907 in der internationalen Politik, Berlin/Frankfurt/Wien 1981 - *J. Dülffer/K. Holl* (Hg.), Bereit zum Krieg. Kriegsmentalität im wilhelminischen Deutschland 1890-1914, Göttingen 1986 - *A. H. Fried,* Handbuch der Friedensbewegung, 2 Bde., Wien/Leipzig 1911/13 - *B. Hamann,* Bertha von Suttner. Ein Leben für den Frieden, München und Zürich 1986 - *K. Holl,* Pazifismus, in: Geschichtliche Grundbegriffe 4, Stuttgart 1978, 767-787 - *K. Holl,* Pazifismus in Deutschland, Frankfurt 1988 - *W. Huber,* Pazifismus und christliche Friedensethik. Zusammenhänge und Unterscheidungen, in: Zeitschrift für evangelische Ethik 28, 1984, 124-142 - *W. Huber/J. Schwerdtfeger* (Hg.), Frieden - Gewalt - Sozialismus. Studien zur Geschichte der sozialistischen Arbeiterbewegung, Stuttgart 1976 - *Internationaler Sozialistenkongreß* Stuttgart 1907, Berlin 1907 - *H. Josephson* (Hg.), Biographical Dictionary of Modern Peace Leaders, Westport/London 1985 - *K. Marx - F. Engels,* Werke, Bd. 4, Berlin 1959; Bd. 21, Berlin 1962 - *Chr. Mauch/T. Brenner,* Für eine Welt ohne Krieg. Otto Umfrid und die Anfänge der Friedensbewegung, Schönaich 1987 - *Meyers* Jugendlexikon Philosophie, Leipzig 1979 - *F. Nietzsche,* Werke. Kritische Gesamtausgabe, hg. v. G. Colli/M. Montinari, Berlin 1967ff - "Pazifismus" in der aktuellen Friedensdiskussion. Arbeitsmaterialien des Bundes der evangelischen Kirche in der DDR (November 1981), in: Kirche und Frieden (EKD-Texte 3), Hannover o.J., 83-96 - *H. Plessner,* Die verspätete Nation. Über die Verführbarkeit bürgerlichen Geistes, 3. Aufl. Stuttgart 1959 - *Chr. Rajewski/D. Riesenberger,* Wider den Krieg. Große Pazifisten von Kant bis Böll, München 1987 - *T. Rendtorff,* Müssen Christen Pazifisten sein?, in: Zeitschrift für evangelische Ethik 27, 1983, 137-155 - *D. Riesenberger,* Geschichte der Friedensbewegung in Deutschland. Von den Anfängen bis

1933, Göttingen 1985 - *F.-K. Scheer,* Die Deutsche Friedensgesellschaft (1892-1933). Organisation, Ideologie, politische Ziele, Frankfurt 1981 - *H.-J. Steinberg,* Die Stellung der II. Internationale zu Krieg und Frieden, Trier 1972 - *C. Stern,* "Nie wieder Krieg!" - Die deutsche Friedensbewegung: Geschichte - Gegenwart - Perspektiven, in: T. Häussermann/H. Krautter (Hg.), Recht zum Widerstand (Gustav-Heinemann-Initiative 1983), Stuttgart 1983, 18-28.

### *4.3. Kriegsverherrlichung und Weltkrieg*

Nietzsches Text über das "Mittel zum wirklichen Frieden", mit dem das letzte Kapitel schloß, ist ein befremdlicher Text. Als politisches Programm klingt er kaum plausibel. Doch der gewollte Widerspruch gegen alle "Realpolitik", in den er mündet - die Forderung nach einseitiger Abschaffung der Bewaffnung auf einen Schlag - vermag gerade den Realismus aufzudecken, der hinter einer solchen Analyse steht. Nietzsches Übertreibung deckt den Teufelskreis in jedem System militärischer Abschreckung auf: Ein System wechselseitiger Gewaltdrohung führt, so zeigt sie, unweigerlich in die Verteufelung des Gegners. Er muß als eroberungslüsterner Aggressor, als potentieller Erpresser und im übrigen - weil er unausgesetzt das Gegenteil all dessen behauptet - als von Grund auf verlogen erscheinen. Jede Regung des Gegners, die in dieses Bild paßt, wird begierig wahrgenommen; gegenteilige Informationen werden verdrängt oder als Ablenkungsmanöver demaskiert. Im Rahmen wechselseitiger Vernichtungsdrohung sind Feindbilder zwar im einzelnen modifizierbar; in ihrem Kern korrigieren lassen sie sich unter solchen Bedingungen nicht. Denn in der von Nietzsche geschilderten Denkweise stabilisieren sich Rüstung und Feindbild wechselseitig. Erst wenn die Drohung mit gegenseitiger Vernichtung überwunden wird, verliert auch das Feindbild seine Funktion.

Das Denken in Feindbildern, so Nietzsche, ist eine Inhumanität, so schlimm und schlimmer als der Krieg. Sie bestätigt, daß der Krieg schon in den Köpfen und Herzen der Menschen begonnen hat, lange ehe er ausbricht. In diesem Sinn kann man im Ersten Weltkrieg eine bittere Bestätigung von Nietzsches Diagnose sehen.

#### a) Die Ideen von 1914

Klarsichtige Köpfe hatten seit Beginn des Jahrhunderts erkannt, daß ein Weltkrieg bevorstehe; sie hatten - auch wenn sie deshalb von vielen als Defaitisten beschimpft wurden - ausgesprochen, daß sie in einer Vorkriegszeit lebten. Doch der Kriegsausbruch selbst wurde dann nicht als das Eintreten von etwas lange Befürchtetem erfahren; gerade in Deutschland wurde er mit einem kollektiven Glücksgefühl begrüßt. Der seit den Befreiungskriegen im deutschen Bewußtsein aufgebaute Bellizismus kam in den "Ideen von 1914", im "Geist des 4. August" spontan und überwältigend zum Ausbruch. Freiheit und Wagemut, der Opfertod fürs Vaterland, der Kampf des deutschen Geistes gegen Westeuropa, die Überlegenheit der deutschen Kultur über die westliche Zivilisation: all das konnte jetzt ausgelebt werden. Endlich konnten die deutschen Ideale ihre Bewährungsprobe bestehen.

Von Anfang an wurde dieser Krieg als Offenbarung des Göttlichen erfahren und empfunden. So endet etwa der erste der 'Fünf Gesänge', mit denen Rainer Maria Rilke im August 1914 den Kriegsausbruch begleitete, mit folgenden Zeilen (Rilke II, 87):

" Endlich ein Gott. Da wir den friedlichen oft
nicht mehr ergriffen, ergreift uns plötzlich der Schlacht-Gott,
schleudert den Brand; und über den Herzen voll Heimat
schreit, den er donnernd bewohnt, sein rötlicher Himmel."

Zu der religiösen Interpretation, die der Krieg von Anfang an erhielt, gehörte es auch, daß er als Kampf für den Protestantismus gegen Katholizismus und Internationalismus verstanden wurde. Vom Krieg erhofften viele die Erneuerung der protestantischen Kultur. Thomas Mann machte sich zum Sprecher solcher Hoffnungen, wenn er in seinen 'Betrachtungen eines Unpolitischen' schrieb:

"Umfassendste Einhelligkeit, meine ich, bestand vom ersten Augenblick an darüber, daß die geistigen Wurzeln dieses Krieges, welcher mit allem möglichen Recht 'der deutsche Krieg' heißt, in dem eingeborenen und historischen 'Protestantentum' Deutschlands liegen; daß dieser Krieg im wesentlichen einen neuen Ausbruch, den großartigsten vielleicht, den letzten, wie einige glauben, des uralten deutschen Kampfes gegen den Geist des Westens sowie des Kampfes der römischen Welt gegen das eigensinnige Deutschland bedeutet. Ich lasse es mir nicht nehmen, daß aller deutsche 'Patriotismus' in diesem Kriege ... seinem Wesen nach instinktive, eingeborene, oft erst nachträglich reflektierte Parteinahme für eben jenes Protestantentum war und ist" (Mann 345).

Aus dem Protestantismus soll die Kraft einer Kulturerneuerung hervorgehen, in der die Kulturkrise der Vorkriegszeit überwunden wird. Das Erlebnis des Krieges gilt als Mittel kultureller Erneuerung. So haben viele Intellektuelle, Professoren und auch Pastoren den Kriegsbeginn 1914 interpretiert. Diese Deutung verband sich nahtlos mit den machtpolitischen Interessen, die im Ersten Weltkrieg verfolgt und ausgesprochen wurden. Die intellektuelle und ethische Haltung des Bellizismus und die machtpolitische Einstellung des Militarismus verbanden sich bruchlos miteinander. In vielen Kriegspredigten und anderen Theologenäußerungen gingen sie eine oft makabre Ehe ein.

Dafür sei ein Beispiel unter vielen zitiert, nämlich das im einzelnen den Formulierungen des Vaterunser nachgebildete Gedicht 'Hurra und Halleluja' des Pfarrers Dietrich Vorwerk (Vorwerk 1069):

"Ist auch kärglich des Krieges Brot,
Schaff uns täglich den Feinden Tod
Und zehnfältiges Wehe!
In barmherziger Langmut vergib
Jede Kugel und jeden Hieb,
Die wir vorbeigesendet!
In die Versuchung führe uns nicht,
Daß unser Zorn Dein Gottesgericht
Allzu milde vollendet!
Uns und unseren Bundesfreund
Gib Erlösung vom höllischen Feind
Und seinen Dienern auf Erden!
Dein ist das Reich, das deutsche Land,
Uns muß durch Deine gepanzerte Hand
Kraft und Herrlichkeit werden."

Einen Kommentar zu diesem blasphemischen Gedicht bildet ein Aufsatz desselben Autors zu der Frage: "Darf der Christ hassen?", in dem es heißt: "Wir deutschen Christen sind überzeugt, daß wir eine gerechte Sache verfechten ..." (Goedeking 24). Viele Christen in allen kriegführenden Nationen teilten die Überzeugung, daß die Gerechtigkeit der Kriegsgründe wie der Kriegsziele dazu berechtige, Gott für die eigene Sache in Anspruch zu nehmen. Der Vorbehalt, daß dieser Gott durch die Parole "Gott mit uns" zum Volksgott gemacht wurde, kam, wie es scheint, nicht vielen in den Sinn; der Einwand, es bedeute den Bankrott des Christentums, wenn die "christlichen Völker" gegeneinander in den Krieg zogen und sich dabei jeweils auf den einen Gott als *ihren* Gott beriefen, leuchtete nur den wenigsten ein. In weiten Kreisen rief die Kriegserfahrung ein neues, gegen kritische Einreden immunes religiöses Erleben wach. Man spüre in ihm, so hieß es, "wie Gott mit ehernem Schritt durch die Geschichte geht". "Ist Gott für uns, wer mag wider uns sein"

(Römer 8,31) hieß der Text für manche Predigten zu Kriegsbeginn. Nach den ersten deutschen Siegen predigten viele Pfarrer über ein anderes Pauluswort: "Gott aber sei Dank, der uns den Sieg gegeben hat durch unseren Herrn Jesus Christus" (1. Korinther 15,57). Gegenüber dieser Symbiose von nationalem Schicksal und religiösem Erleben blieben die Stimmen derjenigen Theologen selten, die - bisweilen auch nach anfänglichem Einstimmen in die allgemeine Kriegsbegeisterung - sich schon bald für eine Politik des Verständigungsfriedens und der Versöhnung einsetzten. Zwar schwand mit der Länge des Krieges die anfängliche Begeisterung. Nun war die Kraft zum Durchhalten unter schweren Bedingungen stärker gefordert als der anfängliche Schwung der "Ideen von 1914". Doch das Ende des Krieges führte nicht etwa zu einer allgemeinen Revision der Vorstellungen vom Krieg im deutschen Denken. Vielmehr erschwerten die Kriegsniederlage und insbesondere der als entwürdigend angeprangerte Versailler Friedensvertrag einen Neuanfang. Gerade auf dem Boden der Empörung über das Verhalten der Gegner Deutschlands und einer verklärenden Erinnerung an das Fronterlebnis konnte ein neuer Nationalismus gedeihen, der sich in Teilen der deutschen Bevölkerung bis zur völkischen Ideologie steigerte.

### b) Die Fortdauer des Bellizismus

Der Protestantismus war in den Weimarer Jahren an solchem Denken kräftig beteiligt. Man schätzt, daß in dieser Zeit etwa vier Fünftel der evangelischen Pfarrer konservativ-national und damit in der Regel auch monarchistisch eingestellt waren. Diese über die Gruppe der Pfarrer hinaus verbreitete Einstellung führte zu einer erheblichen und verhängnisvollen Distanz großer Teile des deutschen Protestantismus gegenüber der Weimarer Demokratie. Unter der Hitlerdiktatur schließlich war es für viele möglich, im Volkstum eine Offenbarung Gottes zu sehen. Die Verbindung von Nationalismus, Militarismus und Religion dauerte fort, begleitet von der Überzeugung, es gelte, einen Kreuzzug gegen Bolschewismus und Weltjudentum zu führen.

Elemente dieser Einstellung blieben auch nach 1945 erhalten. Die Verbrechen Hitlerdeutschlands und die Grauen des Zweiten Weltkriegs konnten dem Bellizismus im deutschen Denken kein Ende machen. Daß es eine Pflicht der Kirche sei, das Bewußtsein eines Kreuzzugs gegen den Bolschewismus aufrechtzuerhalten, unterstrich der Theologe Hans Asmussen im Jahr 1960 mit folgenden Worten:

> "Die Kirche muß daran interessiert sein, daß ihre in westlichen Staaten lebenden Glieder und daß diese Staaten selbst und daß die in ihnen arbeitenden Kirchen nicht der sowjetischen Macht anheimfallen. ... Die Kirche weiß, daß die sowjetische Herrschaft über ein Volk die Gefährdung der Seelen ist. ... Der Krieg hat schon begonnen. ... Man muß es als hinterhältige Propaganda bezeichnen, wenn in unserer Zeit vor Kreuzzügen gewarnt wird. Wir befinden uns längst in einem Antikreuzzug. Wer jetzt den Westen vor 'Kreuzzügen' warnt, kann damit nur meinen, daß der Westen dem Antikreuzzug freie Bahn lassen solle" (Asmussen 59f).

Auch die religiöse Auffassung, nach der sich Gott selbst im Erleben des Kriegs offenbart, ist im deutschen Denken durch die Schrecken zweier Weltkriege keineswegs ausgerottet worden. Das wird durch eine Äußerung des Generalmajors a. D. Friedrich von Boetticher aus dem Jahr 1964 illustriert. Für ihn, der seine Offiziersausbildung vor 1914 erfuhr, gilt im Jahr 1964 noch immer, daß ein "gut geführter Krieg ... eine große Symphonie" und "Feldherrntum ... Offenbarung höchsten Menschentums" ist; denn:

> "Im Kriege offenbaren sich die edelsten und viele niedrige Eigenschaften der Menschen: Im Kriege offenbart sich Gott den Menschen. ... Das Denken des 20. Jahrhunderts ist nicht geneigt, solche Gedanken zu verstehen. Es ist die Aufgabe der Generalstabserziehung, das heilige Feuer in der Brust der Offiziere zu entfachen, damit sie dem

Krieg, der höchsten Steigerung des menschlichen Lebens, gewachsen sind und die Schwäche der Zeit überwinden" (Friedeburg 34f).

Als Offenbarung Gottes werden den Krieg inzwischen nur noch wenige bezeichnen. Doch daß der Krieg die höchste Steigerung des menschlichen Lebens, der Ernstfall ethischer Bewährung sei, dieser Grundgedanke des ethischen Bellizismus findet noch immer Fürsprecher. In dem Maß, in dem in den achtziger Jahren wieder von der "Führbarkeit" von Kriegen, ja sogar von atomaren Kriegen die Rede ist, erfährt auch die ethische Hochschätzung des Krieges als Bewährungsprobe männlicher Tugenden eine Wiederbelebung. Die Rückkehr zu Clausewitz ist zugleich eine Rückkehr zum ethischen Bellizismus.

Besonders anschaulich wird das an einem Aufsatz, den Hans-Dieter Bastian zu einer Veröffentlichung des Evangelischen Kirchenamts für die Bundeswehr über die Ethik des Offiziersberufs beigesteuert hat. Hans-Dieter Bastian, von Ausbildung und beruflicher Stellung Theologe, muß als einer der führenden Sprecher der neueren "Militärethik" in der Bundesrepublik gelten. Die ethische Bedeutung des Soldatenberufs entwickelt er aus der Gegenüberstellung von Gesellschaftsbürger und Staatsbürger. Für den Staatsbürger gibt der "Staatsbürger in Uniform" das Modell ab, an dem auch der Staatsbürger ohne Uniform zu messen ist. Er bildet "das Gegenstück zum gesellschaftlichen Meinungsbürger". Diese Entgegensetzung wird folgendermaßen erläutert:

Die beiden stehen zueinander "wie Person und Anonymität, wie Entscheidung und Gleichgültigkeit, wie Engagement und Indifferenz, wie Verantwortung und Passivität, wie Loyalität und Illoyalität, wie Qualität und Quantität." Was mit dieser Entgegensetzung gemeint ist, zeigt sich dann in den folgenden beiden Schlüsselsätzen: "Die Bundeswehr mit dem Verfassungsauftrag der bewaffneten Friedenssicherung im Bündnis freiheitlicher Rechtsstaaten ist eine Institution unbedingten Ernstes." Und: "In wirklich gefährlichen Zeiten wird der Staat des Grundgesetzes sich nicht auf die Gesellschaft stützen können, sondern auf seine Staatsbürger vertrauen müssen" (Bastian 216).

Es ist im Grunde noch immer der Geist von 1813, der Bellizismus der Befreiungskriege, der aus solchen Äußerungen spricht. Der erneute Umbruch im Nachdenken über Krieg und Frieden, zu dem spätestens die Entwicklung und der erste Einsatz von Atomwaffen hätte nötigen müssen, ist in diese Form der Militärethik nicht eingedrungen. Das zeigt sich auch daran, daß die genannte Veröffentlichung des Evangelischen Kirchenamts für die Bundeswehr *De officio* von den friedensethischen Überlegungen der letzten Jahrzehnte nahezu unbeeinflußt geblieben ist. Eine Ethik des Friedens hat in Deutschland auch heute noch mit großen Widerständen zu kämpfen.

LITERATUR: *H. Asmussen,* Der Christ in der politischen Verantwortung, Freiburg 1960 - *H.-D. Bastian,* Bundeswehr und Gesellschaft, in: Evangelisches Kirchenamt für die Bundeswehr (Hg.), De officio. Zu den ethischen Herausforderungen des Offiziersberufs, Hannover 1985, 210-217 - *G. Brakelmann* (Hg.), Kirche im Krieg. Der deutsche Protestantismus am Beginn des Zweiten Weltkriegs, München 1979 - *L. v. Friedeburg,* Zum Verhältnis von Militär und Gesellschaft in der Bundesrepublik, in: G. Picht (Hg.), Studien zur politischen und gesellschaftlichen Situation der Bundeswehr, 2. Folge, Witten/Berlin 1966, 10-65 - *R. Gaede,* Kirche - Christen - Krieg und Frieden. Die Diskussion im deutschen Protestantismus während der Weimarer Zeit, Hamburg 1975 - *F. Goedeking,* Kirche, Krieg und Frieden, Stuttgart 1986 - *K. Hammer,* Deutsche Kriegstheologie 1870 - 1918, München 1971 - *Th. Mann,* Betrachtungen eines Unpolitischen, Berlin 1918 - *K. Nowak,* Evangelische Kirche und Weimarer Republik, Göttingen 1981 - *R. M. Rilke,* Werke in drei Bänden, Frankfurt 1966 - *D. Vorwerk,* Hurra und Halleluja, in: Die Christliche Welt 28, 1914, 1069 - *J. R. C. Wright,* "Über den Parteien". Die politische Haltung der evangelischen Kirchenführer 1918-1933, Göttingen 1977.

## *4.4. Völkerbund und Ökumene*

Im voranstehenden Abschnitt war die Kontinuität im deutschen Denken über den Krieg zwischen den Befreiungskriegen des frühen 19. Jahrhunderts und dem Zeitalter der Weltkriege hervorzuheben. Diese Beobachtung bedarf jedoch der Ergänzung. Sie drängt sich insbesondere dann auf, wenn die historische Betrachtung über den Rahmen Deutschlands hinaus ausgedehnt wird. Dann zeigt sich neben der Kontinuität auch der tiefe Einschnitt, den der Erste Weltkrieg für das Problem von Krieg und Frieden und für die Einstellungen zu ihm darstellt. Wir wollen das an den politischen Veränderungen der Nachkriegszeit (a) und an gleichzeitigen Neuorientierungen im Bereich der Kirchen (b) verdeutlichen. Exemplarisch heben wir schließlich das Friedensverständnis Dietrich Bonhoeffers und sein Verhältnis zu Mohandas Gandhi hervor (c).

### a) Politische Entwicklungen

Zu den epochalen Folgen des Ersten Weltkriegs gehört zunächst die bolschewistische Revolution und die durch sie ausgelöste Spaltung zwischen dem kommunistischen und dem sozialdemokratischen Flügel der Arbeiterbewegung. Die sozialdemokratischen Parteien Europas hielten auch nach 1918 im Grundsatz an der Ablehnung des Krieges fest, die von der II. Internationale formuliert worden war. Doch zugleich sahen sie sich, insbesondere in Deutschland, zum Bündnis mit den etablierten militärischen Eliten genötigt. Das Bündnis zwischen dem Volksbeauftragten Friedrich Ebert und dem Ersten Generalquartiermeister Wilhelm Groener vom 9. November 1918 wurde für Generationen zum Symbol des zwiespältigen Verhältnisses zwischen der Sozialdemokratie und den bewaffneten Streitkräften: Die Forderung nach Demilitarisierung stieß sich mit der Notwendigkeit, innen- wie außenpolitisch mit der Existenz militärischer Kräfte zu rechnen. Die Bolschewisten unter Lenin und Stalin knüpften nicht an die Ablehnung des Krieges durch die II. Sozialistische Internationale an, sondern entwickelten eine neue Form militärischer Machtpolitik. An der marxistischen These, daß die eigentliche Ursache des fortdauernden Militarismus und der anhaltenden Friedensbedrohung in der kapitalistischen Organisation der bürgerlichen Staaten zu suchen sei, hielten sie fest. Sie erneuerten damit unter den veränderten politischen Bedingungen der Weltkriegsepoche die These, daß die Abschaffung des Privateigentums an den Produktionsmitteln die unumgängliche Voraussetzung für die Errichtung eines dauerhaften Friedenszustands darstelle.

Die Beendigung des Ersten Weltkriegs durch den Friedensvertrag von Versailles (1919) und die anderen ihm zugeordneten Friedensverträge wurde von den unterlegenen Staaten nicht als die Verwirklichung eines gerechten und dauerhaften Friedens anerkannt. Für die Friedensbewegung der Nachkriegszeit gab es in Deutschland kaum ein stärkeres Hemmnis als die Kontroversen über die Zuweisung der Kriegsschuld an Deutschland und über die Reparationslasten, die sich aus dem Versailler Vertrag ergaben. "Nie wieder Krieg!" hieß die Parole, unter der in den zwanziger Jahren jeweils am 1. August, am Tag des Kriegsausbruchs, in vielen europäischen Ländern zahlreiche Menschen zu Friedenskundgebungen zusammenkamen. Durch die Kriegserfahrung waren sie zu Antimilitaristen geworden. Für viele von ihnen war nun die Kriegsdienstverweigerung ein wichtiges Element ihres Engagements für den Frieden. Es ist kein Zufall, daß die internationale Organisation der Kriegsdienstverweigerer in dieser Zeit gegründet wurde (seit 1923 *War Resisters International* mit Sitz in London).

Schnell bildeten sich unterschiedliche Flügel der Friedensbewegung. Dem organisatorischen Pazifismus, der sich weiterhin der Sicherung des Friedens durch die Entwicklung völkerrechtlicher Instrumente verschrieb, trat ein radikaler Pazifismus gegenüber, der den prinzipiellen Gewaltverzicht zur Grundlage erhob. Dem liberalen Pazifismus, der sich an der demokratischen Verfassung der Staaten als der Basis für den zwischenstaatlichen Frieden orientierte und deshalb die Zustimmung zum Weimarer Staat forderte, trat ein revolutionärer Pazifismus zur Seite, der der Parole folgte: "Republik, das ist nicht viel, Sozialismus ist das Ziel!" Sarkastisch kommentierte *Carl von Ossietzky* (1889-1938) die Spaltungen im deutschen Pazifismus schon 1924 mit den Worten:

"Der deutsche Pazifismus war immer gesinnungsbesessen. ... Weltanschauung, Religion, Dogmatik. Deshalb mochte es ihm zwar gelegentlich gelingen, ein paar Parolen populär zu machen, Versammlungserfolge zu erzielen, organisatorisch hat er niemals die Massen erfaßt. Das Volk blieb immer beiseite" (Stern 20).

So war der deutsche Pazifimus bereits durch Spaltungen gelähmt, bevor der Nationalsozialismus ihn zerschlug. Der Versuch, zwischen der bürgerlichen Friedensbewegung und der Arbeiterbewegung Brücken zu schlagen, gelang in der Weimarer Zeit nicht. Gerade in ihrer Zersplitterung zeigte die Friedensbewegung während der Jahre von Weimar exemplarisch, daß sie ohne ein Bündnis mit der Arbeiterbewegung die Mehrheit der Bevölkerung nicht zu erreichen vermochte.

Für die Vertreter des organisatorischen Pazifismus - insbesondere den langjährigen Vorsitzenden der Deutschen Friedensgesellschaft *Ludwig Quidde* (1858-1941), aber auch für die Völkerrechtlicher *Walther Schücking* (1875-1935) und *Hans Wehberg* (1885-1962) - lag das wichtigste Resultat des Ersten Weltkriegs in der Gründung des Völkerbunds. Ihn zustande zu bringen, war das erklärte Ziel des amerikanischen Präsidenten *Thomas Woodrow Wilson* (1856-1924; Amtszeit 1913-1921). Für ihn wie für viele andere bedeutete die Gründung des Völkerbunds im Jahr 1920 die Verwirklichung von Kants Entwurf zum ewigen Frieden: die Gründung einer freien Föderation freier Staaten, eines Bundes der Völker. Internationale Zusammenarbeit und friedliche Konfliktbeilegung sollten nun die politische Wirklichkeit bestimmen. Die Hoffnungen, die in der langen Tradition der Friedensprojekte zur Sprache gekommen waren, sollten nun in Erfüllung gehen. Die Sorge um den Weltfrieden bildete die wichtigste Aufgabe des Völkerbunds; der mit ihm verbundene Ständige Internationale Gerichtshof in Den Haag sollte sich nach dem Willen seiner Gründer zu einem wirksamen Instrument der internationalen Schiedsgerichtsbarkeit entwickeln. Mit dem Briand-Kellogg-Pakt von 1928 wurde zum ersten Mal in einem völkerrechtlichen Vertrag der (Angriffs-)Krieg ausdrücklich geächtet. Doch der folgerichtige nächste Schritt, nämlich eine allseitige wirksame Reduktion der Rüstungen, scheiterte. Die Genfer Abrüstungskonferenz von 1932 blieb ohne Erfolg. Viele Kritiker in Deutschland, das durch den Versailler Vertrag einschneidenden Rüstungsbeschränkungen unterworfen worden war, sahen in dem Scheitern der Abrüstungsverhandlungen eine Fortsetzung der seit Versailles verübten Ungerechtigkeiten. Hitler konnte deshalb mit seinem bereits im Herbst 1933 vollzogenen Austritt aus dem Völkerbund auf große Zustimmung in der Bevölkerung rechnen. Doch nicht nur für Deutschland verlor der Völkerbund damit seine Wirksamkeit. Angesichts der neuen Friedensbedrohung durch die faschistischen Staaten, insbesondere durch Hitlerdeutschland, kamen vielmehr alle Ansätze zur Kriegsverhütung und zur friedlichen Konfliktbeilegung in den dreißiger Jahren zum Erliegen.

### b) Ökumenische Initiativen

Die Erfahrung des Ersten Weltkriegs gab auch den Bemühungen, durch ökumenische Zusammenarbeit den Beitrag der Kirchen zum Frieden zu verstärken, neuen Auftrieb. In ihren Anfängen gehen diese Anstrengungen auf die Vorkriegszeit zurück. Eine knappe Erinnerung an die Entwicklung bis zum Jahr 1914 soll dies illustrieren.

Im Jahr 1907 fand in Exeter Hall, London, eine Konferenz mit Kirchenvertretern aus verschiedenen Ländern statt, die sich um eine Klärung der kirchlichen Friedensarbeit bemühten. Aus dieser Konferenz entstand das "Vereinigte Kirchliche Komitee zur Pflege freundschaftlicher Beziehungen zwischen Großbritannien und Deutschland", das 1908 gegründet wurde und bald 12 000 Mitglieder, darunter 4 000 in Deutschland, zählte. Die Ziele dieses Komitees wurden literarisch durch die Zeitschriften *The Peacemaker* und 'Die Eiche' (herausgegeben von *Friedrich Siegmund-Schultze;* 1885-1969) verbreitet. Im Jahr 1914 schloß sich in den Vereinigten Staaten von Amerika die Gründung der *Church Peace Union* an, die sich später von ihrer unmittelbaren kirchlichen Bindung löste und zu einem "Weltbund für Freundschaftsarbeit der Religionen" entwickelte. Am 1. August 1914, zugleich mit dem Ausbruch des Ersten Weltkriegs, kam es dann in Konstanz zur Gründung des "Weltbundes für (internationale) Freundschaftsarbeit der Kirchen", der in den folgenden Jahrzehnten eine der Säulen der beginnenden ökumenischen Bewegung darstellte.

Der Weltbund für Freundschaftsarbeit der Kirchen sah seine Aufgabe darin, durch die Verständigung zwischen den Kirchen und durch gemeinsame Arbeit einen Beitrag zur Versöhung zwischen den Völkern und zur Erhaltung des Friedens zu leisten. Die Begründung einer zweiten, für die Folgezeit noch wichtigeren ökumenischen Organisation, der Bewegung *Life and Work* (Bewegung für Praktisches Christentum) vollzog sich auf einer Tagung des Weltbunds für Freundschaftsarbeit der Kirchen in Oud Wassenaar (Holland) im Herbst 1919.

*Life and Work* zog aus dem Zusammenbruch der internationalen politischen Ordnung im Ersten Weltkrieg die Folgerung, daß im Bereich politischen Handelns, vor allem im Feld der internationalen Politik, die Eigendynamik der Machtinteressen die Orientierung an den Grundsätzen des christlichen Glaubens überlagert, ja verdrängt habe. Demgegenüber komme es darauf an, so formulierte die erste Weltkonferenz für Praktisches Christentum 1925 in Stockholm, daß an der "Betonung und Anwendung christlicher Grundsätze im internationalen, wirtschaftlichen, sozialen und öffentlichen Leben" gearbeitet werde (Deißmann 98). Im Hintergrund dieser Auffassung stand bei der Mehrheit insbesondere der angelsächsischen Konferenzteilnehmer eine Reich-Gottes-Theologie, in der die christliche Weltverantwortung, insbesondere das Eintreten für den Frieden, als "Arbeit am Reich Gottes" verstanden wurde.

Frieden wurde dabei als "brüderliche Organisation" der Völker aufgefaßt (Deißmann 77). Damit kam ein Verständnis des Friedens zum Zuge, das sich mit dem Gesinnungspazifismus unmittelbar berührte. Denn die von der Stockholmer Konferenz proklamierte Auffassung des Friedens stand zumindest in der Gefahr, Grundsätze der Individual- und Familienethik unmittelbar auf den Bereich der internationalen Beziehungen zu übertragen, ohne nach den Bedingungen und Grenzen einer solchen Übertragung zu fragen.

In den Äußerungen der Stockholmer Konferenz zeigt sich ein Dilemma, das für die weitere ethische Diskussion im Bereich der Kirche auf lange Zeit bestimmend bleiben sollte. Auf der einen Seite erklärte die Konferenz:

"Der Krieg als Mittel zur Lösung internationaler Streitigkeiten durch physische, mit Heimtücke und Lüge sich verbindende Gewalt ist unvereinbar mit der Gesinnung und dem Verhalten Christi und darum auch mit der Gesinnung und dem Verhalten der Kirche Christi" (Deißmann 77).

Auf der anderen Seite aber wurde das "jedem Volk angeborene Recht auf Selbstverteidigung gegen Angriffe oder Unterdrückung" ausdrücklich anerkannt (Deißmann 77). Damit waren Verteidigungs- und Befreiungskriege von der allgemeinen Verurteilung des Krieges ausgenommen. Doch die Frage, wie ein Verteidigungskrieg zu definieren sei und wer über sein Vorliegen entscheide, konnte die ökumenische Ethik so wenig klären wie die gleichzeitige Völkerrechtswissenschaft.

Stärker als die Stockholmer Konferenz betonte die zweite Konferenz für Praktisches Christentum 1937 in Oxford den Rechtscharakter eines dauerhaften internationalen Friedens. Der Optimismus der Stockholmer Konferenz wurde durch die Sorge verdrängt, daß der Totalitarismus der faschistischen und kommunistischen Staaten einen neuen Krieg heraufbeschwören werde. Angesichts dieser Gefahr versuchte die Oxforder Konferenz, Bedingungen einer internationalen Rechtsordnung zu formulieren, durch die der gefährdete Frieden bewahrt und gesichert werden sollte.

In der deutschsprachigen evangelischen Theologie fanden die ökumenischen Bemühungen um das Friedensproblem ein geteiltes Echo. Während *Adolf Deißmann* (1866-1937), *Dietrich Bonhoeffer* (1906-1945) und andere sich intensiv an den Arbeiten der ökumenischen Organe beteiligten, traten Theologen, die in der Tradition des Nationalprotestantismus und des Neuluthertums standen, allen ökumenischen Bestrebungen scharf entgegen. So forderten *Paul Althaus* (1888-1966) und *Emanuel Hirsch* (1888-1972) in einer Erklärung vom Sommer 1931 angesichts des andauernden "neuen furchtbaren Krieges mitten im Frieden", der unter der Herrschaft des Versailler Vertrags gegen Deutschland geführt werde, von allen deutschen Theologen und Kirchenvertretern den Abbruch der ökumenischen Beziehungen mit Kirchen in den Ländern, die im Ersten Weltkrieg Gegner Deutschlands waren (Huber/Huber IV, Nr. 370). Diese Stellungnahme ist über den konkreten Anlaß hinaus dadurch von exemplarischer Bedeutung, daß sie "das Verhältnis zum deutschen Volk" zum "Kriterium der christlichen Gemeinschaft" erklärt (Scholder I, 214).

Für eine solche theologische Position, die in einer weitaus größeren Massivität noch während des Dritten Reichs von den Deutschen Christen verfochten wurde, trat die Friedensaufgabe der Christen und der Kirchen hinter ihre nationale Bindung zurück. Die Kriegstheologie der nationalprotestantischen Tradition wurde antiökumenisch eingesetzt.

Demgegenüber traf eine Theologie des Friedens, wie sie zur gleichen Zeit im Ansatz von Dietrich Bonhoeffer entworfen wurde, zunächst auf wenig Gehör. In seiner Friedenstheologie setzte Bonhoeffer sich mit aller Klarheit von einem säkularen Pazifismus ab, der in der Tradition des *social gospel* am Gedanken einer innerweltlichen Realisierung des Reiches Gottes orientiert ist. Bonhoeffers Ausgangspunkt war stattdessen das Friedensgebot Gottes, das die Christen und die Kirchen zum entschlossenen und nüchternen Kampf gegen den Krieg verpflichtet (Bonhoeffer I, 212ff). Das ist nicht etwa, wie gelegentlich unter Aufnahme der berühmten Antithese Max Webers behauptet wurde, Ausdruck einer "Gesinnungsethik", die bei Bonhoeffer erst sehr viel später in seinen Ethik-Fragmenten durch eine "Verantwortungsethik" abgelöst worden sei. Sondern die Pflicht der Christen und der Kirchen zum Frieden wurde bei ihm von Anfang an aus der Verantwortung begründet, in die sie durch das Gebot des gnädigen Gottes gestellt sind. Aus ihr ergibt sich Bonhoeffers Überzeugung, daß die Kirche verbindlich, das heißt in einem Konzil, zur Frage des Friedens Stellung nehmen und dem Waffendienst der Christen ein Ende machen solle.

Die Bekennende Kirche wandte sich in der Zeit der Hitler-Diktatur nur selten direkt der Aufgabe zu, die Friedensverantwortung der Christen und die Friedenspflicht des Staates einzuschärfen. Sie sah sich vorrangig mit der Nötigung konfrontiert, die Kirche vor den Übergriffen der Deutschen Christen und des nationalsozialistischen Regimes zu schützen. Immerhin unterstreicht die 5. These der Barmer Theologischen Erklärung von 1934 ausdrücklich, daß das Monopol in der Androhung und Anwendung von Gewalt, über das der Staat verfügt, an die Aufgabe gebunden ist, für Recht und Frieden zu sorgen. Doch deutliche Konsequenzen aus dieser theologischen Überzeugung zogen die deutschen evangelischen Kirchen erst nach dem Zweiten Weltkrieg. Dies geschah in einer Situation, in der durch die Entwicklung der modernen Massenvernichtungsmittel, insbesondere der atomaren Waffen, eine neue Herausforderung für die christliche Friedensethik und die Friedensverantwortung der Kirchen entstanden war.

### c) Dietrich Bonhoeffer und Mohandas Gandhi

Stärker als viele andere Äußerungen aus dem deutschen Sprachbereich hat Dietrich Bonhoeffers Friedenstheologie nachgewirkt; ihr soll deshalb eine gesonderte Überlegung gelten. Entscheidend ist sie durch die neue und unmittelbare Begegnung mit der Bergpredigt im Jahr 1932 geprägt. Den in ihr vorgezeichneten Weg begreift Bonhoeffer als Weg in die Wirklichkeit. Den Einsatz für Frieden und Gerechtigkeit sieht er deshalb als die vorrangige Aufgabe der Christen an. Die Erschütterung durch diesen neutestamentlichen Text klingt noch unmittelbar nach, wenn er seinen vom naturwissenschaftlichen Weltbild geprägten Bruder beschwört: "Ich kann mir noch gar nicht recht denken, daß du wirklich diese Gedanken alle für so gänzlich irrsinnig hältst. Es gibt doch nun einmal Dinge, für die es sich lohnt, kompromißlos einzutreten. Und mir scheint, der Friede und die soziale Gerechtigkeit, oder eigentlich Christus, sei so etwas" (Bonhoeffer II, 25).

1932 - im Jahr der Begegnung mit der Bergpredigt - tritt der junge Berliner Privatdozent für Systematische Theologie zum ersten Mal auf einer ökumenischen Konferenz auf. Er ruft die ökumenische Bewegung auf, alle Kraft des Widerstandes, der Absage, der Ächtung zu mobilisieren gegen den nächsten Krieg. Als Gebot Gottes hat er es erkannt, daß Krieg nicht mehr sein soll, weil er den Blick auf die Wahrheit des Glaubens raubt. Zwar bleibt Bonhoeffer überzeugt, daß die Beziehungen zwischen den Völkern von Kampf und Konflikt geprägt sind. Doch der Krieg kann nicht mehr länger als ein Mittel des Konflikts anerkannt werden.

In diesem Sinn versteht Bonhoeffer sich als Pazifist: als einer, der sich an der Überwindung des Krieges und am Aufbau eines internationalen Friedens beteiligen will. Doch er wird zu einem Wortführer für die Überzeugung, daß der Pazifismus tiefer ansetzen muß, als es der organisatorische Pazifismus in der Epoche des Ersten Weltkriegs vermocht hatte. Eine dazu ganz parallele Überlegung findet sich zur selben Zeit auch bei Sigmund Freud. Freud plädiert in seinem Brief an Albert Einstein vom September 1932 für eine zweifache Begründung des Pazifismus: soll er wirksam sein, so darf er sich nicht allein aus der "berechtigten Angst vor den Wirkungen eines Zukunftskrieges" speisen, sondern muß zugleich in einer "kulturellen Einstellung" begründet sein (Krippendorff 123). Ganz ähnlich argumentiert Bonhoeffer. Beide verarbeiten - auf unterschiedlichen Wegen - die Defizite, die den organisatorischen Pazifismus der Zeit vor wie nach dem Ersten Weltkrieg gekennzeichnet haben. Er hatte sein Ziel vor allem darin gesehen, durch rechtliche Instrumente den Einsatz von Gewalt in den zwischenstaatlichen Beziehungen überflüssig zu machen. Doch der Erste Weltkrieg hatte die Schwächen eines solchen Denkens offenkundig gemacht. Er hatte gezeigt, wie tief die Neigung zur Gewalt in den Menschen verwurzelt ist. Dort: im Gewissen und in den Überzeugungen, in den Herzen der Menschen mußte die Auseinandersetzung mit der Gewaltbereitschaft geführt werden, nicht allein auf der Ebene der Strukturen und des Rechts.

Überlegungen dieser Art sind es, deretwegen Pazifisten in Europa während der zwanziger Jahre auf *Mohandas Karamchand Gandhi* (1869-1948) aufmerksam werden. Gandhis gewaltfreie Praxis ist an der Einheit von Moral und Handeln orientiert. Sie zielt auf die Herzen der Menschen ebenso wie auf die Strukturen der Gesellschaft. Die *Satyagraha* bezeichnet eine persönliche Haltung, die an den Gelübden der Wahrhaftigkeit, der Enthaltsamkeit, der Gewaltfreiheit, der Armut und der Besitzlosigkeit orientiert ist. Vom organisatorischen Pazifismus unterscheidet sich die Botschaft Gandhis, die seit den zwanziger

Jahren manche Europäer in ihren Bann zieht, dadurch, daß sie die Überwindung der Gewalt nicht nur als Ziel ansieht. Gandhi behauptet vielmehr, das Ziel der Gewaltfreiheit sei nur dann überzeugend, wenn schon bei der Wahl der Mittel auf alle Gewalt verzichtet würde. Deshalb fordert er dazu auf, auch dann an der Gewaltfreiheit festzuhalten, wenn der Gegner zu gewaltsamen Mitteln greift. Mit feiger Unterwerfung hat diese Aktionsform nichts zu tun; vielmehr verbindet sie gerade Widerstand und Gewaltfreiheit miteinander. Und sie verknüpft die Bereitschaft, persönliche Konsequenzen - beispielsweise demonstratives Fasten oder wiederholte Gefängnisaufenthalte - auf sich zu nehmen, mit dem entschlossenen Willen, gesellschaftliche und politische Strukturen zu verändern. In knappster Form zeigt sich die für Gandhi charakteristische Einheit von Ziel und Mitteln in seiner Antwort auf die Frage nach dem Weg zum Frieden: "Es gibt keinen Weg zum Frieden. Der Frieden ist der Weg."

Gandhis Position ist in ihrer Bedeutung für die Friedensethik nur zu verstehen, wenn man seine Unterscheidung zwischen der *non-violence of the weak* (Gewaltlosigkeit) und der *non-violence of the brave* (Gewaltfreiheit) berücksichtigt. Mit *Gewaltlosigkeit* läßt sich die Verhaltensweise derer bezeichnen, die wegen ihrer Unterlegenheit oder aus taktischen Erwägungen auf den Einsatz der Gewalt verzichten. Mit *Gewaltfreiheit* ist dagegen diejenige Haltung gemeint, die bewußt und freiwillig auf alle Gewalt in Gedanken, Worten und Taten verzichtet, auch wenn die äußeren Voraussetzungen für einen erfolgreichen Gebrauch der Gewalt gegeben wären. Diese Unterscheidung läßt sich an den vier Formen der Reaktion auf einen externen Aggressor oder einen internen Tyrannen verdeutlichen, die Gandhi einander gegenüberstellt. Diese vier Formen sind:

- der Verzicht auf Gegenwehr aus Angst oder Schwäche,
- die gewaltsame Gegenwehr,
- der gewaltlose Widerstand, der, wenn er versagt, vom gewaltsamen Kampf abgelöst werden kann,
- der Versuch, den Gegner durch verschiedene Formen des gewaltfreien Widerstands von der Wahrheit des Widerstands zu überzeugen.

Während sich die ersten drei Reaktionen mit Ärger und Haß gegenüber dem Aggressor oder dem Tyrannen verbinden, liegt die grundlegende Emotion des gewaltfreien Widerstands nicht in solchem Ärger und Haß, sondern in der Treue zu der erkannten Wahrheit. Sie befähigt gerade dazu, zwischen dem Täter und seinen Taten zu unterscheiden; die Ablehnung seiner Aggression oder seiner Tyrannei braucht deshalb nicht in Haß gegen ihn umzuschlagen. Doch gewaltfreier Widerstand ohne destruktive Gefühle gegenüber dem Gegner erscheint nur als möglich, wenn persönliche Lebensführung und politische Aktion eine Einheit bilden. Deshalb beginnen die Methoden der Satyagraha mit der Selbstläuterung und Vorbereitung auf die Aktion; Nichtzusammenarbeit, Boykott und ziviler Ungehorsam bilden die negative Seite, konstruktive Maßnahmen für die Gesellschaft die positive Seite des Programms. Am deutlichsten verbinden sich persönliche Läuterung und politische Manifestation im Fasten als Instrument der Satyagraha.

Dietrich Bonhoeffer gehört zu den Pazifisten in Europa, die von der Gestalt Gandhis schon sehr früh angezogen werden. Er sieht in dessen Lehre einen entscheidenden Schritt über den europäischen Individualismus hinaus. Der elementare Impuls, das eigene Leben zu bewahren, schließt die Verantwortung für das Leben des anderen ein. Gandhis große Tat besteht darin, diese Einsicht politisch auszulegen und deshalb auch die politische Gemeinschaft an das Gebot der Lebensbewahrung zu binden. Er findet dieses Gebot in der Bergpredigt Jesu; deshalb kann man seine gesamte Lebenspraxis als eine Praxis der Bergpredigt verstehen. Bonhoeffer, der Christ, begegnet diesem Gebot bei dem Hindu Gandhi. Sein Interesse für Gandhi verstärkt sich, als er auch selbst die verbindliche Kraft der Bergpredigt entdeckt. Seitdem steht für ihn fest, daß er nach Indien reisen und Gandhi besuchen will.

Vom ersten Tag der Hitlerherrschaft an tritt Bonhoeffer zu ihr in Opposition. Seinem Wunsch, Gandhi zu begegnen, wächst damit ein neuer Grund zu. Noch mehr als zuvor schon findet er sich in seinen pazifistischen Überzeugungen isoliert. Und doch glaubt er, nur von Gandhi könne er die Methoden lernen, von denen eine wirkliche Opposition gegen Hitler Gebrauch zu machen hätte. Unter deutschen Theologen gilt ein solcher Gedanke eher als weltfremd. Doch Bonhoeffer, der 1933 eine Auslandspfarrstelle in London übernommen hat, arbeitet beharrlich an dem Plan, für einige Monate Gandhi in Indien zu besuchen. Die Reisepläne nehmen eben zu jener Zeit konkrete Form an, zu der Bonhoeffer in Fanø die ökumenische Gemeinschaft der Kirchen auffordert, der Gewalt zwischen den Staaten in aller Form, nämlich in der Autorität eines ökumenischen Konzils, abzusagen. Vom 1. November 1934 ist Gandhis Antwort datiert, die den jungen europäischen Theologen einlädt, einige Zeit in der Nähe des Mahatma zu verbringen, soweit nicht Aufenthalte im Gefängnis oder Reisen dergleichen unmöglich machen würden (Bethge/ Gremmels 137).

Klarer als andere Theologen setzt Bonhoeffer vom ersten Tag an der Tyrannei der Hitler-Diktatur Widerstand entgegen. Nahezu als einziger evangelischer Theologe bezeichnet er bereits im Frühjahr 1933 die Verfolgung der Juden als eine Herausforderung für die Kirche, in der es nicht genügt, die Opfer unter dem Rad zu verbinden, in der sie vielmehr dem Rad selbst in die Speichen fallen muß. Und zugleich hofft er darauf, von Gandhi eine Form des Widerstands zu lernen, die der Gewalt nicht bedarf. Des Wagnisses, das in einem solchen pazifistischen Weg liegt, ist Bonhoeffer sich bewußt. Während der Konferenz in Fanø im August 1934 wird er bei einer Ruhepause am Meer gefragt: "Was würden Sie in einem Kriegsfall tun, Herr Pastor?" Bonhoeffer läßt den Sand durch die Finger rinnen und antwortet: "Ich bitte darum, daß Gott mir die Kraft geben wird, nicht zu den Waffen zu greifen" (Bethge 451). Wenige Jahre später schon muß Bonhoeffer erkennen, daß es auch Situationen geben kann, in denen Christen um die Kraft zur Schuldübernahme bitten müssen, um die Kraft, den Tyrannen mit Gewalt zu beseitigen, um so dem Blutvergießen ein Ende zu machen.

In der Spannung zwischen der Gewaltherrschaft in Deutschland und der Überzeugung, daß nur der Weg der Gewaltfreiheit zum Frieden führt, ruft Bonhoeffer auf der ökumenischen Konferenz in Fanø das ökumenische Konzil des Friedens aus. Über ein halbes Jahrhundert hinweg hat seine Proklamation ihre Kraft bewahrt, ja sogar an inspirierender Vollmacht gewonnen. Er begründet die Pflicht zum Frieden aus der Präsenz Christi in der Welt. Denn die Gefährdung des Friedens, so will er deutlich machen, ist nicht mit säkularen Friedensprogrammen allein zu beantworten. Sie führt die Christen mit neuer Wucht auf das Zentrum ihres Glaubens zurück. Nicht ihr Friedenswille allein, sondern die Wirklichkeit des Friedens in Christus ermöglicht die Arbeit für den Frieden. Bonhoeffers theologische Grundüberzeugung verknüpft den Frieden Christi und die Arbeit für den Frieden unmittelbar miteinander.

Diese Arbeit für den Frieden muß sich aber von der Vorstellung abwenden, die Frieden und Sicherheit gleichsetzt. Bonhoeffers politische Analyse geht von der Erfahrung aus, wie das Bedürfnis nach Sicherheit effektive Abrüstung vereitelt, und wie das Scheitern der Abrüstung das Verlangen nach Aufrüstung um der Sicherheit willen zu einer beifallsfähigen Forderung gemacht hat. Bonhoeffers Prognose heißt: Solche Aufrüstung führt nicht zum Frieden, sondern zum Krieg. Diese politische Analyse verknüpft er mit seiner theologischen Grundüberzeugung zu der Schlußfolgerung: "Es gibt keinen Weg zum Frieden auf dem Weg der Sicherheit" (Bonhoeffer I, 218).

Will man den systematischen Sinn dieser Aussage entschlüsseln, sieht man sich genötigt, zwischen zwei Wegen zum Frieden zu unterscheiden: zwischen dem Weg der Sicherheit und dem anderen Weg der Feindesliebe, zwischen der Überwindung des Gegners und der Überwindung des Hasses. Daß Aufrüstung immer damit begründet wird, nur so könnten die bösen Absichten des Gegners vereitelt werden, ist Bonhoeffer so vertraut wie uns Heutigen. Daß dieser Weg scheitert, weil er Frieden mit Sicherheit verwechselt, stellt Bonhoeffer mit größerer Schärfe heraus, als heute häufig anerkannt wird. Und doch drängen die heute verfügbaren Systeme kollektiver Selbstvernichtung mit weit größerer Massivität die Einsicht auf: Was Frieden und Überleben bedroht, ist nicht der Gegner allein, sondern ein System wechselseitiger Gegnerschaft, in dem die Bedrohung des andern als die Garantie der eigenen Sicherheit gilt. Daß Frieden nicht gegen den andern gesichert, sondern nur mit ihm gewagt werden kann, gilt heute noch mehr, als es vor einem halben Jahrhundert galt. In der Gefahr unserer Gegenwart zeigt sich die Wahrheit der Bergpredigt, auf die schon Bonhoeffer - Gandhi folgend - aufmerksam machen will.

Auf dessen Einfluß spielt Bonhoeffers Rede in Fanø ausdrücklich an. "Müssen wir - so fragt Bonhoeffer an einer Stelle - uns von den Heiden im Osten beschämen lassen?" (Bonhoeffer I, 219). Gemeint ist Gandhi. Hinter diesem Satz steht die Erschütterung durch die Bergpredigt. Bonhoeffers Satz zeigt die Scham darüber, daß eine Praxis der Bergpredigt am ehesten bei Nicht-Christen zu beobachten ist.

LITERATUR: *E. Bethge,* Dietrich Bonhoeffer. Theologe - Christ - Zeitgenosse, 6. Aufl. München 1986 - *E. Bethge/ R. Bethge/Chr. Gremmels,* Dietrich Bonhoeffer. Bilder aus seinem Leben, München 1986 - *M. Blume,* Satyagraha. Wahrheit und Gewaltfreiheit, Yoga und Widerstand bei M. K. Gandhi, Gladenbach 1987 - *D. Bonhoeffer,* Gesammelte Schriften, Bd. I und II, 2. Aufl. München 1965 - *J. Bopp,* Unterwegs zur Weltgesellschaft. Die Ökumene zwischen westlichem Führungsanspruch und universaler Verantwortung, Stuttgart 1971 - *A. Boyens,* Kirchenkampf und Ökumene 1933-1939, München 1969 - *A. Boyens,* Kirchenkampf und Ökumene 1939-1945, München 1973 - *A. Deißmann,* Die Stockholmer Weltkirchenkonferenz. Amtlicher Deutscher Bericht, Berlin 1926 - *E. H. Erikson,* Gandhis Wahrheit. Über die Ursprünge der militanten Gewaltlosigkeit, Frankfurt 1978 - *H. Falcke,* Vom Gebot Christi, daß die Kirche uns die Waffen aus der Hand nimmt und den Krieg verbietet ..., Stuttgart 1986 - *D. Harth/D. Schubert/R. M. Schmidt* (Hg.), Pazifismus zwischen den Weltkriegen, Heidelberg 1985 - *K. Holl/W. Wette,* (Hg.), Pazifismus in der Weimarer Republik, Paderborn 1981 - *E. R. Huber/W. Huber,* Staat und Kirche im 19. und 20. Jahrhundert. Dokumente zur Geschichte des deutschen Staatskirchenrechts, Bd. I-IV, Berlin 1973-1988 - *W. Huber,* Protestantismus und Protest. Zum Verhältnis von Ethik und Politik, Reinbek 1987 - *E. Krippendorff* (Hg.), Friedensforschung, Köln 1968 - *R. Lütgemeier-Davin,* Pazifismus zwischen Kooperation und Konfrontation. Das Deutsche Friedenskartell in der Weimarer Republik, Köln 1982 - *L. Quidde,* Der deutsche Pazifismus während des Weltkrieges 1914-1918, hg. v. K. Holl und H. Donat, Boppard 1979 - *D. Riesenberger,* Die katholische Friedensbewegung in der Weimarer Republik, Düsseldorf 1976 - *K. Scholder,* Die Kirchen und das Dritte Reich, Bd. I und II, Berlin 1977 und 1986 - *H. J. Schultz* (Hg.), Liebhaber des Friedens, Stuttgart 1982 - *C. Stern,* "Nie wieder Krieg!" Die deutsche Friedensbewegung: Geschichte - Gegenwart - Perspektiven, in: T. Häussermann/H. Krautter (Hg.), Recht zum Widerstand (Gustav-Heinemann-Initiative 1983), Stuttgart 1983, 18-28 - *G. Woodcock,* Mahatma Gandhi. Festhalten an der Wahrheit, München und Zürich 1986.

## 5. Aufgaben der Friedensethik

Die europäische Tradition der Friedensethik ist entscheidend durch Impulse der griechischen Philosophie, der jüdisch-christlichen Überlieferung und des römischen Rechts geprägt. Von der Vielfalt dieser Tradition konnten die vorangehenden Überlegungen nur Ausschnitte darstellen. Dennoch hat sich uns ein Reichtum an Einsichten und Fragestellungen gezeigt, der nicht in wenigen Sätzen gebündelt werden kann. Noch weit unübersichtlicher wäre das Bild, wenn wir das Friedensdenken in außereuropäischen Kulturen und nicht-christlichen Religionen in die Betrachtung einbezogen hätten. Den Rahmen dieser Darstellung hätte das bei weitem überstiegen. Auch wenn sich die Vielfalt der Positionen und Richtungen der europäischen Friedensethik nicht auf eine einzige Linie reduzieren läßt, ist es doch möglich, Schlüsselprobleme zu identifizieren, die in immer neuen Variationen wiederkehren. Solche Schlüsselprobleme lassen sich in unterschiedlicher Zahl und Benennung finden. Wir heben vier hervor, die in mannigfachen Spielarten immer wieder auftauchen; wir betrachten das Verhältnis des Friedens zur Gewalt, zur Gerechtigkeit, zum Recht und zur Zukunft. Im Rückblick auf die Modelle des Friedens in der Geschichte, die wir uns vor Augen geführt haben, soll zum Abschluß die These verdeutlicht werden, daß Friedenskonzeptionen auch heute anhand dieser vier Fragestellungen auf ihre Tragfähigkeit hin überprüft werden können.

### a) Frieden und Gewalt

Das ethische wie das politische Problem des Friedens entsteht aus der Faktizität der Gewalt. Bräche die Gewalt nicht in das Leben der Menschen ein, würde ihnen der Frieden nicht zum Problem. Nähme die Gewaltsamkeit zwischen den Menschen nicht staatlich organisierte Form an, dann entstünde auch die Frage nicht, wie der Frieden mit den Mitteln der Politik organisiert werden kann. Gewöhnten sich die Menschen nicht an den kriegerischen Austrag von Konflikten, müßte die Pflicht zum Frieden nicht ethisch begründet werden. Friedensethik entsteht also aus dem ethischen Konflikt, der durch den kriegerischen Charakter der Hochkulturen ausgelöst wird. Ihm gegenüber behauptet sie den Vorrang des Friedens vor dem Krieg, der Gewaltfreiheit vor der Gewalt, des politisch gestalteten gemeinsamen Lebens vor dessen gewaltsamer Zerstörung.

Friedensethik beginnt bereits bei Platon mit der These vom Vorrang des Friedens vor dem Krieg. Den Frieden in der polis zu gestalten, ist eine Aufgabe, die gerade aus dem Vorhandensein der Gewalt ihre Dringlichkeit empfängt. Mit den politischen Veränderungen der antiken Welt wandelt sich freilich auch der Begriff des Friedens. In der römischen Kaiserzeit wird er zum Synonym für die Befriedung der römischen Provinzen durch die kaiserliche Zentralmacht. Doch auch in diesem Verständnis bleibt die Bindung aller militärischen Gewalt an die Aufgabe des Friedens im Bewußtsein. Die Lehre vom gerechten Krieg, von Augustin zuerst mit den Mitteln des römischen Rechts ausgeformt, will genau auf die Frage eine Antwort finden, wie angesichts von Rechtsbruch und kriegerischer Gewalt der Vorrang des Friedens festgehalten werden kann. Die Theorie des gerechten Kriegs sucht die Antwort durch die Formulierung einschränkender Bedingungen zu geben. Die Bedingungen beziehen sich einerseits auf die Frage nach den Voraussetzungen eines legitimen Eintritts in den Krieg, andererseits auf die Frage nach den legitimen Formen der Kriegführung; im Völkerrecht setzt sich diese Unterscheidung in der Trennung zwischen dem *ius ad bellum* und dem *ius in bello* fort.

Der Überlieferungsstrang, der sich in der Lehre vom gerechten Krieg bündelt, sucht den Vorrang des Friedens angesichts der Faktizität der Gewalt mit den Mitteln einer Ethik des Kompromisses festzuhalten. Er hebt die These vom Vorrang des Friedens vor den Mitteln der Gewalt nicht auf. Doch er formuliert Bedingungen, unter denen Gewalt mit Gewalt beantwortet werden darf, in der Meinung, daß gerade so, aber auch nur so die Gewalt in den Dienst des Friedens gestellt und dem ungebändigten Überhandnehmen der Gewalt gewehrt werden kann. Die Schwäche dieser Kompromißethik liegt darin, daß sie den Gebrauch desjenigen Mittels gestattet, in dessen Überwindung ihr Ziel liegt.

Ihr tritt eine andere Tradition gegenüber, die dem Vorrang des Friedens vor der Gewalt im Bekenntnis zur Gewaltfreiheit Ausdruck gibt. Diese Tradition bezieht sich immer wieder ausdrücklich auf Anstöße aus der jüdisch-christlichen Überlieferung zurück: so auf die Herrschaftskritik der alttestamentlichen Propheten und vor allem auf die Gebote des Gewaltverzichts und der Feindesliebe in der Bergpredigt Jesu. Diese - in unserem Jahrhundert mit dem Namen des Pazifismus belegte - Tradition verdankt ihre Überzeugungskraft der Kohärenz zwischen dem Ziel des Friedens und den dafür eingesetzten Mitteln wie der Bereitschaft ihrer Anhänger, für diese Einheit von Ziel und Mitteln persönliche Risiken und Opfer auf sich zu nehmen. Ihre Schwäche liegt darin, daß sie keine Reaktion auf den Ausbruch kriegerischer Gewalt anbietet, die den Gesetzen der Machtpolitik genügt. Deshalb werfen die Kritiker ihr vor, sie gebe auf die Fragen politischer Verantwortung lediglich "gesinnungsethische" Antworten.

Keine Friedenstheorie von einigem Anspruch kann dem Konflikt zwischen diesen beiden Grundpositionen ausweichen. Unter den Bedingungen des Atomzeitalters gilt dies in besonderem Maß. Angesichts der offenkundigen Verhältnislosigkeit zwischen den heute aufgehäuften Vernichtungsmitteln und den denkbaren Gründen militärischer Konflikte werden wir der Frage nachzugehen haben, welche Orientierungskraft den überlieferten Modellen der ethischen Argumentation - der Lehre vom gerechten Krieg und dem Gewaltverzicht - innewohnt. Die beiden Modelle gehen von unvereinbaren Ausgangspunkten aus. Die Lehre vom gerechten Krieg anerkennt als Handlungsbedingung die Faktizität der Gewalt und spricht deshalb auch dem Staat das Recht zu, im Notfall mit Gewalt zu drohen und Gewalt anzuwenden. Der prinzipielle Pazifismus lehnt die Faktizität der Gewalt als eine Determinante der ethischen Entscheidung und deshalb auch die Beteiligung an staatlicher Gewaltdrohung oder Gewaltausübung ab. Doch eine heutige friedensethische Reflexion muß die Frage stellen, ob die inzwischen verfügbaren Gewaltmittel diese im Grundsatz nach wie vor unvereinbaren Positionen nicht zum Konsens nötigen, zu der Einsicht nämlich, daß der Krieg als Institution des Austrags internationaler Konflikte mit den Mitteln militärischer Gewalt überwunden werden muß. Sie muß nach derjenigen Vernunft der Gewaltlosigkeit fragen, die sich heute zumindest am Gegenbild erweist: an der offenkundigen Unvernunft der Gewalt. Freilich zeigt schon die historische Erfahrung, daß die Faktizität der Gewalt den Strategien der Gewaltlosigkeit oft den Weg verstellt. Gesucht werden muß deshalb nach Übergangsstrategien, die zum Abbau militärgestützter Sicherheitspolitik wie kriegerischen Konfliktaustrags beitragen können. Heutige Friedensethik steht vor der Aufgabe, Perspektiven auszuarbeiten, unter denen die Kohärenz zwischen den Zielen der Politik und ihren Mitteln wächst.

### b) Frieden und Gerechtigkeit

Die Friedensethik hat Frieden niemals schlicht und ausschließlich als die Abwesenheit von Gewalt verstanden. Diese Verengung entstammt eher den Zeiten des Bellizismus als den Traditionen der Friedensethik. Sie aber wurde zum Ausgangspunkt für die Diskussion des Friedensbegriffs in der neueren Friedensforschung. Weil nach einer verbreiteten Definition Frieden nichts anderes sei als die Abwesenheit von Gewalt, sah man sich zu einer Ausweitung des Gewaltbegriffs genötigt. Er sollte nicht nur den direkten physischen Zwang zwischen Personen bezeichnen, sondern auch die Differenz zwischen potentieller und aktueller Lebensverwirklichung, soweit sie durch strukturelle Zwänge entsteht (siehe oben Einleitung, c)). Mit Hilfe der Unterscheidung von personaler und struktureller Gewalt wurden so Fragen der sozialen Gerechtigkeit dem Thema des Friedens zugeordnet. Diese in der neueren Friedensforschung aufgetretene Nötigung, eine inhaltliche Qualifizierung des Friedensbegriffs auf dem Umweg über die Ausweitung des Gewaltbegriffs zu erreichen, hätte jedoch gar nicht entstehen müssen, wenn die Tradition lebendig gewesen wäre, in welcher die politische Ethik insgesamt um das Begriffspaar von Frieden und Gerechtigkeit (*pax et iustitia*) zentriert ist.

Wer an diese Tradition anknüpfen will, muß freilich das Verhältnis beider Größen zueinander bestimmen. In typisierender Zuspitzung lassen sich die unterschiedlichen Konzepte folgendermaßen beschreiben: In der römisch-rechtlichen Tradition ist der Frieden der Gerechtigkeit vorgeordnet. Die herrschaftliche Friedensordnung des römischen Reichs ist durch die Zentralmacht sicherzustellen. Innerhalb dieser Friedensordnung bezeichnet Gerechtigkeit zum einen die Regeln einer Ordnung, in welcher jedem das Seine zukommt, zum andern den Gehorsam, mit dem die Untertanen sich in die vorgegebene Ordnung einfügen. In der jüdisch-christlichen Tradition dagegen ist die Gerechtigkeit dem Frieden vorgeordnet. Der Frieden gilt als Frucht der Gerechtigkeit. Die Überwindung von Ungerechtigkeit und die Parteinahme für die Entrechteten bilden notwendige Beiträge zu einem gelingenden Leben. Was unter Frieden zu verstehen ist, zeigt sich im Kampf um die Überwindung von Ungerechtigkeit und Gewalt.

Mit dieser typisierend beschriebenen Differenz verbinden sich also unterschiedliche Akzentuierungen im Gerechtigkeitsbegriff. Gilt im Traditionszusammenhang des römischen Rechts Gerechtigkeit als Gehorsam gegenüber einer Ordnung, die jedem das Seine zuteilt, so im Horizont der jüdisch-christlichen Tradition als Haltung, die auf die Verwirklichung umfassenderen Friedens drängt. Muß im einen Fall die gegebene Ordnung bewahrt, so muß im andern Fall eine gerechte Ordnung überhaupt erst errungen werden.

Das Verhältnis von Frieden und Gerechtigkeit hat angesichts der gegenwärtigen Entwicklungstendenzen in einzelnen Gesellschaften wie in der Weltgesellschaft neue Aktualität erlangt. Einer Definition des Friedens, die diesen mit Sicherheit - oder gar mit "nationaler Sicherheit" - gleichsetzt, tritt die These entgegen, daß ein solcher Frieden nicht als letzter Wert gelten kann, sondern dem Vorrang der Gerechtigkeit unterstellt werden muß. Die Alternative zwischen Frieden und Gewalt soll am Maßstab der Gerechtigkeit entschieden werden. Das Dilemma der Lehre vom gerechten Krieg - das Dilemma nämlich, um der Überwindung der Gewalt willen mit der Gewalt einen Kompromiß schließen zu müssen - kehrt in veränderter Gestalt wieder. Heutige Friedensethik muß sich der Aufgabe zuwenden, die Frage nach dem Verhältnis von Frieden und Gerechtigkeit auf innergesellschaftliche Bedingungen ebenso anzuwenden wie auf die internationalen Beziehungen. Sie wird Lösungen suchen müssen, die weder eine Legitimation von Ungerechtigkeit im Namen des Friedens und von politischer Unterdrückung im Namen "nationaler Sicherheit" sanktionieren noch den Wert gewaltfreien Handelns im Namen des Kampfs gegen Ungerechtigkeit gering veranschlagen. Anknüpfen kann sie dabei an die alte Einsicht, daß ein Frieden ohne Gerechtigkeit nicht Frieden genannt zu werden verdient.

### c) Frieden und Recht

Die Geschichte der neuzeitlichen Friedensentwürfe ist durch eine eigentümliche Spannung gekennzeichnet. Auf der einen Seite tritt der utopische Charakter radikal gedachter Friedenshoffnungen hervor. Seit der 'Utopia' des Thomas Morus und dem 'Sonnenstaat' Campanellas werden Bilder von Sozietäten entworfen, in denen die Gewalt überwunden ist; Entwicklungen werden gedacht, dank welcher die Schwerter zu Pflugscharen und die Spieße zu Sicheln umgeschmiedet werden können. Doch angesichts der Diskrepanz zwischen solchen Entwürfen und dem gewaltsamen Charakter der politischen Verhältnisse setzt sich zugleich die Einsicht durch, daß das utopische Bewußtsein nur dann politisch wirksam werden kann, wenn es die Gestaltung von Institutionen des Rechts zu bestimmen vermag. Denn die Hoffnung auf die Überwindung der Gewalt gewinnt nur dann Anhalt an der Realität, wenn die Gewalt durch das Recht gebändigt wird. Deshalb verstärkt sich in der Epoche der Friedensutopien zugleich das Interesse für die rechtliche Gestaltung des Friedens.

Dabei treten zwei Intentionen in den Vordergrund. Die eine richtet sich auf einen Ausbau des Völkerrechts, das sowohl im Frieden als auch in Zeiten kriegerischen Konflikts die staatliche Gewaltsamkeit an rechtliche Regelungen binden soll. Die andere ist von der Überzeugung gesteuert, daß allein die Durchführung des Rechtszustandes im Innern der Staaten einen rechtlich gesicherten Frieden zwischen ihnen möglich macht.

An dieser neuzeitlichen Konstellation der Friedensethik ist beides gleichermaßen bemerkenswert: die Einsicht, daß ohne den Überschuß utopischen Bewußtseins neue Wege der Friedensgestaltung nicht gefunden werden, wie auch der Nachdruck, mit dem auf die Friedensfunktion des Rechts abgehoben wird. Unter einer solchen Perspektive betrachtet hält die Tradition der Friedensethik zwei Elemente zusammen, die in der gegenwärtigen Diskussion immer wieder auseinanderzubrechen drohen: die langfristig-gesellschaftskritische und die kurzfristig-pragmatische Orientierung, die Orientierung an utopischen Zielen, die über die Zustände der Gegenwart hinausweisen, und an den vorgefundenen institutionellen und machtpolitischen Handlungsbedingungen. So erinnert die Friedensethik an eine Aufgabe, die an Aktualität nichts eingebüßt hat: die kritische Kraft von Friedensutopien in pragmatische Handlungsentwürfe umzusetzen, ohne deren utopisches Potential aufzugeben. Denn Frieden meint beides zugleich: den umfassenden Entwurf gelingenden Lebens und die Verhinderung der Gewalt mit den praktischen Mitteln der Politik, insbesondere mit den Mitteln des Rechts.

### d) Frieden und Zukunft

Abschließend wenden wir uns der anderen Seite jener Spannung zwischen Friedensutopie und Rechtsordnung zu, die für das neuzeitliche Friedensdenken charakteristisch ist: seinem Bezug auf die Zukunft des erhofften Friedens. Die neuzeitlichen Friedensentwürfe enthalten einen utopischen Überschuß, dessen Wurzeln weit in die Geschichte zurückreichen. Indem sie die Bedingungen eines vollkommenen oder ewigen Friedens aufzuzeigen versuchen, treten sie in das Erbe derjenigen religiösen Auffassungen ein, die von der Verheißung des Friedens bestimmt waren.

Selbst wenn, wie in einem großen Teil der griechischen Tradition, im Frieden vor allem eine Unterbrechung des Kriegs gesehen wird, so verbindet sich damit gerade nicht die Vorstellung, der Frieden sei den Menschen vollständig verfügbar. In der Verehrung des Friedens als Gottheit findet vielmehr die Überzeugung symbolischen Ausdruck, daß auch die Beendigung des militärischen Konflikts menschlicher Macht entzogen ist. Nicht nur die Mythisierung des Krieges, sondern auch diejenige des Friedens erleichtert es freilich auf ihre Weise den Menschen, die Kriege als mehr oder minder unvermeidliche Begleiterscheinung des politischen Zusammenlebens in Kauf zu nehmen.

Doch das Wort "Frieden" bezeichnet in der Geschichte zumeist keineswegs ausschließlich die Gegenwart von Waffenruhe und Sicherheit. Es artikuliert keineswegs nur die Wahrnehmung des gegebenen, sondern zugleich die des noch ausstehenden Friedens. Es enthält einen Überschuß in sich: die Verheißung wie die Erwartung gelingenden Lebens. Verheißung wie Erwartung drücken sich etwa in dem Friedensgruß aus, mit dem die Glieder des Volkes Israel sich begegnen und den die Christen der frühen Jahrhunderte - wie auch, vor allem in Zeiten der Krise und der Gefahr, diejenigen späterer Zeiten - im Gottesdienst austauschen. In diesem Gruß geben Juden wie Christen einander die Wirklichkeit weiter, von der er spricht: sie vergewissern sich des Friedens Gottes, an dem sie alle in gleicher Weise Anteil haben, und versprechen sich deshalb bleibende Gemeinschaft, auch in der Not; sie verlassen sich auf die Befreiung von der Sorge um das eigene Leben und lassen sich deshalb auf die fürsorgende Teilnahme am Leben der anderen ein.

Im Zeichen der Hoffnung konnte freilich auch die gewaltsame Waffenruhe schon als die Erfüllung aller Wünsche gedeutet werden. War es doch gerade der mit dem Frieden verbundene Überschuß, dessentwegen die Zeit des römischen Gewaltfriedens seit Augustus als das "Goldene Zeitalter", als die Zeit erfüllter Hoffnungen gepriesen wurde. Spätere Deutungen konnten dieses Lob des Augustusfriedens sogar mit der Radikalität der jüdisch-christlichen Friedenshoffnung verknüpfen. Radikal ist diese Hoffnung darin, daß sie den Frieden nicht als Unterbrechung des Krieges, sondern als Ende aller Kriege versteht, nicht als Zähmung der Gewalt, sondern als deren Überwindung, nicht als Bändigung von Not und Unfreiheit, sondern als deren Aufhebung. Schon in der hebräischen Bibel tritt diese Tendenz mit wachsender Deutlichkeit hervor; bereits die alttestamentliche Prophetie prägt dafür wirkungsmächtige Formeln. Zu ihnen zählt nicht nur die Vision einer Zeit, in der alle Waffen in Werkzeuge des Friedens umgeschmiedet sind (Jesaja 2,2-4; Micha 4,1-5), sondern auch die Aussicht auf die vollständige Versöhnung von Frieden und Gerechtigkeit (Jesaja 32,17; Psalm 85,11). Solche Charakterisierungen des verheißenen Friedens kommen darin überein, daß der ersehnte Frieden nicht auf Zwang aufgebaut ist, sondern sich der freien Einstimmung aller verdankt und deshalb der Gewalt nicht mehr bedarf. Der messianische Charakter solcher Hoffnungen wird dort besonders unterstrichen, wo sie in der Gestalt des Friedensfürsten konvergieren.

Das Christentum vergeschichtlicht solche Hoffnungen. Das geschieht nicht in dem Sinn, daß die Radikalität des noch ausstehenden messianischen Reiches gemindert würde; doch das christliche Bekenntnis nimmt seinen Ausgang darin, daß in der Person und der Verkündigung Jesu das noch ausstehende Reich Gottes nahe gekommen ist. Daß sich darin eine Vergeschichtlichung der Hoffnung vollzieht, läßt sich vielleicht an keinem anderen Einzelzug leichter verdeutlichen als in der zeichenhaften Verweigerung gegenüber der Gewalt des vergehenden Äons. Die demonstrative Gewalt- und Bedürfnislosigkeit Jesu und seiner Nachfolger enthält eine Vorwegnahme jener Zukunft, in der Gewalt und Not aufgehoben sind. Demonstrativ ist diese Lebenspraxis darin, daß sie auf das Ziel wie auf den Weg zugleich hinweist. Nur Gewaltfreiheit und selbstlose Solidarität bringen jene Zukunft näher, in der die Beschädigung der Kreaturen durch Gewalt und Not ein Ende haben wird.

Die Bedeutung der neuzeitlichen Friedensentwürfe liegt nicht zuletzt darin, daß sie den Zukunftsbezug jeder Rede vom Frieden neu zur Sprache gebracht haben. Doch es könnte sein, daß sie von der geschichtlichen Realisierung des entgültigen Friedens zu harmlos dachten, weil sie die Differenz zwischen dem verheißenen und dem hergestellten Frieden einebneten. Die Hoffnung auf den ewigen Frieden wurde so zu einem Motiv des neuzeitlichen Fortschrittsglaubens; die Friedensethik aber wurde damit ein Opfer des "progressistischen Fehlschlusses".

Eine Friedensethik, welche die religiösen Wurzeln der Hoffnung auf den Frieden nicht vergißt, wird demgegenüber vor der Aufgabe stehen, radikaler und realistischer zugleich zu sein. Sie wird - radikal - die Zukunft des Friedens in der Aufhebung der Gewalt, in der Überwindung der Not und in der Verwirklichung umfassender Freiheit sehen. Und sie wird - realistisch - in allen geschichtlichen Friedensbemühungen Schritte zur Bändigung der Gewalt, zum Abbau von Not und zur Verminderung der Unfreiheit erkennen, die immer wieder der kritischen Korrektur und Überbietung bedürfen.

# II. Herausforderung zum Frieden im Atomzeitalter

"Eine Minute nach der letzten Explosion wird mehr als die Hälfte der Menschheit tot sein, und der Staub und der Rauch der in Flammen aufgehenden Kontinente werden das Sonnenlicht zerstört haben; absolute Finsternis wird wieder über der Welt herrschen; ein Winter von gelbroten Regenfällen und eisigen Wirbelwinden wird das Klima der Ozeane umkehren ebenso wie den Verlauf der Flüsse, deren Fische vor Durst in den brennenden Fluten verendeten und deren Vögel den Himmel nicht finden; die Sahara wird von ewigem Schnee bedeckt sein und das weite Amazonasbecken, durch Hagel zerstört, vom Antlitz des Planeten verschwunden; die Epoche des Rock und der Herzverpflanzungen wird zur Eiszeit ihres Anfangs zurückgekehrt sein; die wenigen Menschen, die den ersten Schrecken überleben mögen, und diejenigen, die am Nachmittag um drei an dem Schicksalsmontag der großen Katastrophe das Privileg einer sicheren Zukunft gehabt haben mochten, werden das Leben nur gerettet haben, um danach am Grauen ihrer Erinnerungen zu sterben; die einzigen Spuren von dem, was Leben war, werden in der Feuchtigkeit und den ewigen Nächten des endgültigen Chaos die Kakerlaken sein" (Márquez 3).

Gabriel García Márquez, der in Kolumbien geborene und in Mexico lebende Dichter, zeichnete dieses Bild einer zweiten Sintflut, über deren Mittel nicht Gott, sondern die Menschen verfügen. Zu den Hörern dieser Rede am 6. August 1986, dem einundvierzigsten Jahrestag des Atombombenabwurfs auf Hiroshima, zählten sechs Regierungschefs. Márquez eröffnete mit seiner Ansprache die Konferenz der Sechs (Argentinien, Griechenland, Indien, Mexico, Schweden und Tansania) über Frieden und Abrüstung. In einem einzigen Satz zeichnete er den Horizont, vor dem politische Verantwortung in unserer Gegenwart ihren Ort hat.

Nachdem der erste Teil unseres Buches sich mit Modellen des Friedens beschäftigt hat, die diesen Horizont noch nicht in sich aufnehmen konnten, sind die Analysen dieses zweiten Teils auf die Epoche bezogen, die mit dem 6. August 1945 beginnt: mit dem Tag, an dem die erste Atomwaffe Hunderttausende von Menschen tötete oder, soweit sie überlebten, für den Rest ihres Lebens schwer schädigte. Denn mit diesem Datum beginnt ein neues Zeitalter in der politischen Geschichte der Menschheit. Wir wollen uns in diesem Teil zunächst die militärstrategischen und politischen Auswirkungen verdeutlichen, die von der Entwicklung der Nuklearwaffen ausgingen (1.). Wir wollen dann am Beispiel der kirchlichen Lehrentwicklung analysieren, wie die Friedensethik auf diese Herausforderungen reagiert hat (2. und 3.). Aus dieser Analyse wollen wir Kriterien und Perspektiven der Friedensverantwortung im Atomzeitalter entwickeln (4.).

## 1. Abschreckungspolitik und Friedensethik

Von Anbeginn an überschneiden sich im Atomzeitalter zwei gegenläufige Tendenzen mit einer Dramatik, die in der Weltgeschichte wohl ohne Beispiel ist.

Auf der einen Seite konnten klarsichtige Beobachter sehr frühzeitig erkennen, daß die Entdeckung der Kernspaltung eine neue Epoche militärischer Gewaltmittel eröffnete. Zwar trafen auch die Flächenbombardements des Zweiten Weltkriegs Soldaten und Zivilisten in unterschiedsloser Grausamkeit; dennoch veränderte die Entwicklung von Nuklearwaffen den Krieg als Institution von Grund auf. Denn ihre dreifache Wirkung durch Druck, Hitze und Strahlung löst ein Maß des Schreckens aus, das zu keinem vertretbaren Ziel in irgendeine Proportion gesetzt werden kann. Eingeweihte Physiker kamen schon im Jahr 1939 zu dem Urteil, daß nun mit der Entwicklung von Waffen zu rechnen war, deren

Einsatz vor den Kriterien der ethischen und völkerrechtlichen Tradition auf keinen Fall gerechtfertigt werden konnte. Nach den Schrecken von Hiroshima und Nagasaki begann man zu ahnen, daß die Menschheit mit der Entwicklung atomarer Waffen die Mittel in die Hand bekam, ihrer eigenen Geschichte ein Ende zu machen. Seit 1947 bereits enthält das *Bulletin of Atomic Scientists* in jeder Ausgabe eine Weltuntergangsuhr *(doomsday clock)*, deren Zeiger umso näher an zwölf Uhr gerückt werden, je wahrscheinlicher den Herausgebern ein atomarer Holocaust erscheint.

Auf der anderen Seite blieben trotz der neuartigen Waffenarsenale die überlieferten Muster der politischen Organisation und des internationalen Konfliktaustrags auch nach 1945 erhalten. Der Krieg galt und gilt weiterhin als die Fortsetzung der Staatspolitik mit anderen Mitteln; nach dem Ende des Zweiten Weltkriegs sind bis zum Jahr 1984 nicht weniger als 159 Kriege gezählt worden (Gantzel/Meyer-Stamer 1986). Ende 1984 waren weltweit dreißig Kriege im Gang. Über die Hälfte der 159 Kriege seit 1945 sind durch innerstaatliche Konflikte ausgelöst worden; doch häufig war an ihnen ein fremder Staat als dritte Partei beteiligt. Fast alle Kriege fanden in Regionen der "Dritten Welt" statt; freilich war an jedem vierten Krieg eine hochentwickelte Industrienation direkt beteiligt. Doch die Regionen Europas und Nordamerikas selbst blieben von diesen Kriegen verschont. Deshalb allein kann es geschehen, daß in der europäischen und nordamerikanischen Diskussion die Zeitspanne seit 1945 immer wieder als Friedensepoche gekennzeichnet wird, obgleich den Kriegen dieser Jahrzehnte bereits mehr Menschenleben zum Opfer fielen als dem Zweiten Weltkrieg. Zwar hat die Präsenz von Nuklearwaffen dazu beigetragen, daß eine direkte militärische Konfrontation zwischen den Supermächten und damit ein Krieg auf europäischem Boden vermieden wurde; jedoch war dieser Faktor keineswegs so ausschlaggebend, wie häufig angenommen wird (Bundy). Jedenfalls bestätigt die düstere Kriegsbilanz des letzten halben Jahrhunderts, daß auch im Atomzeitalter der Krieg als Mittel zum Austrag innerstaatlicher wie internationaler Konflikte gilt.

Ebenso fand die politische Organisation des Globus in der Form von Nationalstaaten ihre selbstverständliche Fortsetzung, obwohl man fragen konnte, ob sie mit der Existenz von Nuklearwaffen vereinbar ist. Das Vormachtstreben von Großmächten ist ein unlöslicher Teil dieser Organisation des internationalen Systems; es verband sich mit dem ideologischen und gesellschaftlichen Antagonismus zwischen demokratisch-kapitalistischer und staatssozialistischer Gesellschaftsordnung. Der neue Hegemonialkonflikt bahnte sich bereits während des Zweiten Welkriegs an; schon bald wurde er in der Form eines Kalten Krieges ausgetragen: die beiden Supermächte, die sich in ihm gegenüberstehen, verfügen zwar nicht über ein vollständiges Atomwaffenmonopol, konnten aber doch eine erdrückende Atomwaffenüberlegenheit aufbauen. Angesichts der Machtstellung der Supermächte konnte das Instrumentarium zur friedlichen Konfliktbeilegung, das die Vereinten Nationen entwickelten, nur in engen Grenzen wirksam werden.

Schließlich hatte die Konzentration wirtschaftlicher, militärischer und politischer Macht auf der nördlichen Hemisphäre zur Folge, daß über vier Jahrzehnte hinweg die Weltpolitik durch die Probleme wie durch die Interessen des reichen Nordens dominiert wurde. Die ökonomische Disparität zwischen Nord und Süd wuchs, durch Entwicklungsprogramme eher beschleunigt als korrigiert, dramatisch an. Dem Frieden im Norden kam und kommt noch immer faktisch der Vorrang vor der Gerechtigkeit im Verhältnis zwischen den Industriestaaten und den Ländern Asiens, Afrikas und Lateinamerikas zu, die man unter einem irreführenden Namen gemeinsam als "Dritte Welt" zu bezeichnen pflegt.

Damit sind die beiden Entwicklungslinien, die sich im Atomzeitalter in so dramatischer Weise überkreuzen, hinreichend charakterisiert: Die Diskontinuität im Charakter der verfügbaren Gewaltmittel steht in Spannung zu der Kontinuität in den Zielvorstellungen und Organisationsformen, von denen die Weltpolitik nach 1945 ebenso wie vor diesem

Datum geprägt wurde. Diese Spannungen wollen wir in drei Schritten verdeutlichen. Wir setzen mit Überlegungen zu der These ein, daß der Weltfrieden im Zeitalter der Atomwaffen nicht ein beliebiges, sondern ein notwendiges Ziel darstellt (a); daran schließt sich die Darstellung der Etappen an, in denen die Atomwaffen gleichwohl in militärische Planungen integriert wurden (b); diese Planungen aber verwickeln, wie der letzte Schritt verdeutlichen soll, alle Beteiligten in Aporien, die unter der Voraussetzung atomarer Bewaffnung nicht aufgelöst werden können (c). Es soll also zunächst von der Notwendigkeit des Weltfriedens, dann von den Etappen der Abschreckung, schließlich von den Aporien der Abschrekkung die Rede sein.

### a) Die Notwendigkeit des Weltfriedens

Die These von der Notwendigkeit des Weltfriedens entstand als Antwort auf die Existenz nuklearer Waffen. Ihre Evidenz liegt in dem unermeßlichen Grauen, das durch jeden Einsatz von Atomwaffen ausgelöst würde. In ihren unterschiedlichen Fassungen reflektierte sie zumeist die Befürchtungen derer, die unter dem direkten Einfluß des atomaren Rüstungswettlaufs lebten; sie spiegelte die Lebenssituation in den Industriestaaten. Denn deren Existenz soll durch die atomare Rüstung geschützt werden und wird durch sie zugleich am unmittelbarsten bedroht.

Die Nuklearwaffen wurden zunächst in den USA entwickelt; die Sowjetunion folgte in kurzem zeitlichen Abstand nach. Auch bei den späteren Schritten in der Entwicklung neuer Rüstungstechnologien hatten die USA meist einen Vorsprung vor der Sowjetunion inne (McNamara 60; v. Beyme 68). Weder den USA allein noch den beiden Supermächten gemeinsam gelang jedoch der Aufbau eines Atomwaffenmonopols. Großbritannien, Frankreich und China traten, wenn auch mit weit begrenzteren Arsenalen, in den Kreis der Atommächte ein. Andere Länder besitzen wahrscheinlich Atomwaffen, ohne das öffentlich zuzugeben. Insgesamt verstärkten die Atomwaffen auf ihre Weise die Dominanz des Nordens gegenüber dem Süden, die auch im Prozeß der Dekolonisierung nicht etwa überwunden, sondern mit neuen Mitteln fortgeführt wurde. Es war ein Reflex dieses Zustands, daß über Jahrzehnte hinweg vorwiegend die durch den Rüstungswettlauf für den Norden geschaffenen Probleme in den Blick traten, wenn von der Notwendigkeit des Weltfriedens die Rede war.

Im deutschen Sprachbereich wurde die These von der Notwendigkeit des Weltfriedens zuerst in den Heidelberger Thesen von 1959 formuliert und seitdem von Carl Friedrich von Weizsäcker mehrfach erläutert. Auf die Rezeption dieses Gedankens in den Heidelberger Thesen kommen wir später zurück (s. unten II.2.3); wir beschränken uns im jetzigen Zusammenhang auf eine kritische Überlegung. Sie schließt sich an Weizsäckers Erläuterung von 1963 an; diese lautet folgendermaßen:

> "Der Weltfriede ist notwendig. Man darf fast sagen: der Weltfriede ist unvermeidlich. Er ist Lebensbedingung des technischen Zeitalters. Soweit unsere menschliche Voraussicht reicht, werden wir sagen müssen: Wir werden in einem Zustand leben, der den Namen Weltfriede verdient, oder wir werden nicht leben" (v. Weizsäcker 1981, 127).

Wer die Notwendigkeit des Weltfriedens behauptet, kann damit einen zweifachen Sinn verbinden. Die These kann deskriptiv oder präskriptiv gemeint sein; sie kann einen empirischen oder einen ethischen Sinn haben. Im einen Fall sagt die These, daß am Weltfrieden aus empirischen Gründen kein Weg vorbeiführt - es sei denn der einer kollektiven Selbstvernichtung der Menschengattung. Im andern Fall sagt die These, die

Existenz der Atomwaffen weise mit besonderer Klarheit auf die ethische Pflicht zum Weltfrieden hin - auf eine Pflicht, die unabhängig davon gilt, ob andernfalls die kollektive Selbstvernichtung der Menschengattung unausweichlich ist oder nicht.

Carl Friedrich von Weizsäcker vertritt die These in ihrer empirischen Fassung und knüpft daran eine ethische Konsequenz. Er geht von der Wahrscheinlichkeit aus, daß die im nuklearen Rüstungswettlauf angesammelten Waffen auch eingesetzt werden; dieser Einsatz aber kann die kollektive Selbstvernichtung der Menschengattung zur Folge haben. Um dieser Gefahr willen muß der Weltfrieden als "Lebensbedingung" der wissenschaftlich-technischen Welt bezeichnet werden. Aus dieser Diagnose leitet Weizsäcker die Folgerung ab, daß eine große moralische Anstrengung auf die Aufgabe des Weltfriedens gewandt werden soll.

Doch diese Verknüpfung zwischen einer empirischen und einer ethischen Fassung der These bleibt zweideutig. Wer im strengen Sinn von einer empirischen Notwendigkeit des Weltfriedens sprechen wollte, müßte den Nachweis führen, daß die atomare Bewaffnung unausweichlich entweder zur kollektiven Selbstvernichtung der Menschengattung oder zum ewigen Frieden führt. Nur in diesem Sinn hat die These vom Weltfrieden als "Lebensbedingung" einen eindeutigen Sinn. Der historischen Erfahrung hat sich jedoch die These nicht bestätigt, der Weltfrieden sei die unausweichliche Lebensbedingung der Menschheit und bilde in diesem Sinn eine unabweisbare empirische Notwendigkeit. Zwar reichen die angehäuften Vernichtungspotentiale mehrfach aus, um das Leben der Menschheit im ganzen auszulöschen. Die Menschheit bedroht sich selbst durch eine Form des Krieges, die ihrem Leben ein Ende setzen kann. Der Ausbruch eines solchen Krieges konnte in den letzten Jahrzehnten vermieden werden; doch die politischen Zustände, die in dieser Zeit auf dem Globus herrschten, verdienen den Namen des Weltfriedens nicht. Die Verantwortung für den Weltfrieden läßt sich dann aber nicht einfach aus seiner empirischen Unausweichlichkeit ableiten. Notwendig in diesem Sinn ist er nur, wenn man die Prognose voraussetzt, daß die bisherige Vermeidung des atomaren Konflikts sich ohne die Durchsetzung eines allgemeinen Weltfriedens nicht dauerhaft fortsetzen läßt. Diese Prognose aber ist umstritten. Es handelt sich um eine begründete Furcht, nicht um eine sichere Voraussage. Machte man sie zur Bedingung der Verantwortung für den Frieden, dann könnten sich diejenigen, die sich diese Prognose - aus welchen Gründen auch immer - nicht zu eigen machen, sogar von dieser Verantwortung entlastet fühlen.

Doch die Verantwortung für den Weltfrieden kann nicht für die Anhänger jener Prognose verpflichtend, für die anderen aber ethisch freigestellt sein. Daran zeigt sich, daß von einer anderen Art der Notwendigkeit gesprochen werden muß. Notwendig ist der Weltfrieden nicht wegen seiner empirischen Unausweichlichkeit, sondern als ethisches Ziel. Er ist nicht nur insoweit notwendig geworden, als ein Weltkrieg alles Leben auf der Erde auslöschen oder doch die Lebensfähigkeit der Industrienationen zerstören würde. Auch diesseits einer solchen Gefahr besteht eine unbedingte Pflicht zum Frieden. Auch im Nuklearzeitalter läßt sich also die Verantwortung für den Frieden nicht einfach daraus begründen, daß die Alternative zu ihm in unterschiedsloser kollektiver Vernichtung bestünde.

Aus dieser Überlegung ergibt sich eine erste These zur Friedensverantwortung im Atomzeitalter. Sie heißt: *Auch im Atomzeitalter ist die Verantwortung für den Frieden mehr als ein Reflex der Angst vor dem Krieg; sie entspringt nicht nur der Sorge um das eigene Überleben, sondern der Verpflichtung gegenüber dem gemeinsamen Leben.* Genau betrachtet bildet nicht der Frieden eine Bedingung des Überlebens, sondern das Überleben eine Grundbedingung des Friedens. Diese Grundbedingung wird jedoch nicht nur durch die Existenz und den Einsatz atomarer, biologischer, chemischer und konventioneller Waffen bedroht. Sie wird vielmehr ebenso durch Hunger und Ausbeutung in Frage gestellt.

In einer Weltsituation, in der täglich 40 000 Kinder an Hunger sterben, muß der Hunger ebenso als Gegensatz des Friedens angesehen werden wie der Krieg. Deshalb heißt eine zweite These zur Friedensverantwortung im Atomzeitalter: *Die Verantwortung für den Frieden läßt sich nicht auf die Vermeidung des Krieges beschränken; sie muß ebenso auf die Überwindung des Hungers gerichtet sein.* Das ist die elementare Form, in der sich in der heutigen Weltsituation der unabweisbare Zusammenhang von Frieden und Gerechtigkeit zeigt.

Die These, der Weltfrieden sei notwendig, bezieht ihre Kraft nicht daraus, daß er unvermeidlich ist, sondern daß eine unmittelbare sittliche Pflicht darin liegt, ihn anzustreben. Nicht die Notwendigkeit des Naturgesetzes, sondern die Notwendigkeit der sittlichen Pflicht charakterisiert den Weltfrieden. Die Analogie der Naturgesetze führt auch keineswegs zur Notwendigkeit des Weltfriedens, sondern zur Wahrscheinlichkeit des Weltkriegs. Die These von der Pflicht zum Weltfrieden ist die uns heute aufgenötigte Fassung der Kantischen Einsicht, daß sich der ewige Friede nicht von selbst einstellt. Deshalb heißt die dritte These zur Friedensverantwortung im Atomzeitalter: *Der Weltfriede muß gewollt werden.*

Der Weltfrieden ist in den vergangenen vier Jahrzehnten nicht mit der nötigen Eindeutigkeit gewollt worden. Weder in den Herzen und Köpfen von Bürgerinnen und Bürgern noch in den Herzen und Köpfen von Politikern der nördlichen Hemisphäre hat sich die Einsicht in die Pflicht zum Weltfrieden in zureichendem Maß durchgesetzt. Die wichtigste Ursache hierfür lag in der Meinung, daß der Frieden gerade nicht politisch gesichert und gestaltet werden müsse, sondern sich technisch stabilisiere. Das System der Abschreckung erschien als die Erfüllung der Friedenshoffnung und wurde gerade so zu deren Alternative. Die Geschichte des Abschreckungssystems beweist: Solange die Meinung vorherrscht, der Frieden lasse sich technisch sichern, wird die notwendige Anstrengung, ihn politisch zu gestalten, nicht unternommen. Dieser allgegenwärtigen Gewalt des Abschreckungssystems wegen wird Friedensethik immer noch und immer wieder vorrangig in Auseinandersetzung mit dem Abschreckungskonzept formuliert.

Damit verbindet sich die Gefahr einer verhängnisvollen Verengung. Die aus dem Bellizismus stammende These, Frieden sei der Gegenbegriff zum Krieg, setzt sich heute in der These fort, Frieden sei der Gegenbegriff zur Abschreckung. Aus diesem Bann der Abschreckung muß Friedensethik sich lösen. Gerade deshalb aber darf sie der ethischen Reflexion des Abschreckungssystems nicht ausweichen. Aus diesem Grund analysieren wir in den folgenden Kapiteln den Wandel friedensethischer Positionen im Zeitalter der Abschreckung. Eine knappe Darstellung der Geschichte des Abschreckungssystems und seiner Aporien soll in diese Analyse einführen.

### b) Etappen der Abschreckung

Wer militärische Streitkräfte aufstellt, hofft nicht nur auf den Sieg im kriegerischen Konflikt; er baut zugleich auf eine abschreckende Wirkung, die den Krieg zu vermeiden hilft. Wie auch sonst - in der Strafdrohung von Erziehern wie in derjenigen des Staates - die Drohung mit Gewalt den Bedrohten von bestimmten Handlungsweisen abhalten soll, so hat auch militärische Rüstung schon immer ihren Sinn nicht nur im Einsatz der Gewalt, sondern zugleich in der Abschreckung durch deren Androhung. Die abschreckende Wirkung soll darin bestehen, daß ein potentieller Angreifer damit rechnen muß, mit seinem Vorhaben zu scheitern, weil der Angegriffene ihn mit den Mitteln der militärischen Verteidigung an seinem Vorhaben hindert. An diese traditionelle Abschreckungsvorstellung knüpft die nukleare Abschreckung an; doch sie verändert sie zugleich von Grund auf.

Drei Etappen der nuklearen Abschreckung lassen sich unterscheiden, die im folgenden aus der Perspektive der NATO-Doktrin skizziert werden sollen.

Schon in der *ersten Etappe* (1945-1960) läßt sich der tiefe Wandel im Verständnis von Abschreckung beobachten, der für das Nuklearzeitalter kennzeichnend ist. Militärische Abschreckung zielt herkömmlicherweise auf das Scheitern eines militärischen Angriffs. Nukleare Abschreckung zielt in ihrer ursprünglichen Konzeption aber nicht auf das Scheitern des Versuchs, sondern auf die Bestrafung des Erfolgs. Seit beide Supermächte über Wasserstoffbomben verfügen (1953), entwickelte sich als Grundsatz der Abschreckung die *Mutual Assured Destruction* (MAD). Gerade der erfolgreiche Angriff sollte mit einer (wechselseitig gesicherten) Zerstörung bestraft werden. Die gesicherte Zweitschlagskapazität *(second strike capability)* bildet seitdem das Kernstück der Abschreckung. Dieses Konzept aber sollte nicht nur das unmittelbare Verhältnis zwischen den Atommächten selbst bestimmen. Vielmehr wurde im Rahmen einer *erweiterten Abschreckung* auch das Ziel verfolgt, daß nicht nur der Besitzer des Abschreckungspotentials, sondern auch seine Verbündeten oder seine im Ausland stationierten Streitkräfte vor einem militärischen Angriff geschützt sein sollten. Die NATO versuchte diese erweiterte Abschreckung in den Jahren vor 1960 durch die Doktrin der *massive retaliation* sicherzustellen. Die Sowjetunion und der Warschauer Pakt sollten damit rechnen, daß jeder Angriff auf ein Mitgliedsland der NATO - unabhängig von Ziel, Größenordnung und Art der militärischen Mittel - mit einem atomaren Gegenschlag der USA beantwortet würde. Besondere Bedeutung hatte diese Doktrin für Westeuropa: ein eventueller konventioneller Angriff der UdSSR auf Westeuropa sollte unmittelbar mit einem atomaren Gegenschlag der USA gegen die Sowjetunion beantwortet werden.

Wechselseitigkeit dieser Art von Abschreckung war erst erreicht, nachdem die amerikanische Unverwundbarkeit gegenüber sowjetischen Nuklearwaffen überwunden war. Das geschah 1957 mit dem Bau der ersten sowjetischen Bomber, die im Direktflug amerikanisches Territorium erreichen konnten, mit der Entwicklung sowjetischer Interkontinentalraketen und mit dem erfolgreichen Start des ersten Satelliten Sputnik I. Nun mußten USA und NATO auch die *massive retaliation* der anderen Seite hinnehmen. Die wechselseitig gesicherte Zerstörung wurde für den Fall des Scheiterns der Abschreckung akzeptiert. Hier hat die Formel ihren Ursprung: "*Better dead than red*". Sie besagt, daß der atomare Schlagabtausch einer Unterwerfung unter einen sowjetischen Hegemonialanspruch vorzuziehen sei; die sowjetische Zweitschlagsfähigkeit sei deshalb kein Grund, auf eine Strategie der massiven Vergeltung zu verzichten. Die Formel legitimiert die Abschreckung im Rahmen eines antikommunistischen Weltbilds. Erst von hier aus wurde sie dann in polemischer Umkehrung gegen die Kritiker atomarer Bewaffnung gewandt, von denen es nun hieß, sie folgten dem Leitsatz: "Lieber rot als tot".

Die Verwirklichung einer solchen Strategie hätte freilich Europa nicht verteidigt, sondern zerstört (vgl. Schmidt 122). Das zeigte sich schon in dem ersten NATO-Manöver *(Carte Blanche)*, das 1955 die massive Vergeltung simulierte. Die Schätzungen ergaben, daß allein an den ersten beiden Tagen des Konflikts auf deutschem Boden mit 1,5 bis 1,7 Millionen Toten und weiteren 3,5 Millionen Verwundeten zu rechnen sei. Zweifel wurden laut, ob atomare Vergeltungsschläge für die Mitgliedsstaaten der NATO überhaupt einen militärischen Vorteil erbringen könnten. Vor allem aber wurde von amerikanischer Seite gefragt, ob eine Strategie glaubhaft sei, die im Fall eines begrenzten konventionellen Angriffs auf Europa sofort mit dem vollen nuklearen Risiko für die Vereinigten Staaten von Amerika antworte.

In dieser Phase der Abschreckung scheiterten alle Vorschläge zur Rüstungskontrolle und Rüstungsbegrenzung. Der amerikanische Baruch-Plan von 1946, der eine Internationalisierung der Kernwaffenrüstung vorschlug, stieß auf sowjetischen Widerspruch. Der sowjetische Vorschlag (zuerst 1946 von dem jungen Andrej Gromyko vorgetragen), alle Kernwaffen - und das hieß beim damaligen Entwicklungsstand: die amerikanischen - zu vernichten und eine internationale Kontrolle einzurichten, wurde von den Vereinigten Staaten abgelehnt.

Die *zweite Etappe* der Abschreckung (1960-1974) begann, als die Drohung der *massive retaliation* an Glaubwürdigkeit verlor. In dem Maß, in dem ein nuklearer Schlag gegen die Sowjetunion durch einen sowjetischen zweiten Schlag beantwortet werden konnte, mußte die Ankündigung, ein konventioneller Angriff werde in jedem Fall nuklear erwidert, als unglaubwürdig gelten. Deshalb entwickelten Militärstrategen in den USA seit den späten fünfziger Jahren das Konzept der *graduated deterrence* (abgestuften Abschreckung); es fand in den sechziger Jahren Eingang in die offizielle NATO-Doktrin. Seit 1967 bildet die *flexible response* (flexible Reaktion; angemessene Erwiderung) das offizielle Abschrekkungskonzept der NATO. Dieses Konzept sollte den Zwang zum frühen Einsatz von Nuklearwaffen aufheben. Die NATO sollte stattdessen ein breites, für den Gegner unkalkulierbares Spektrum möglicher Reaktionen entwickeln. Es reichte von einer verstärkten konventionellen Verteidigung über den Einsatz taktischer Nuklearwaffen bis zum Einsatz des strategischen Potentials der USA.

Parallel zu dieser Veränderung des strategischen Denkens wurde das Konzept der Rüstungskontrolle *(arms control)* entwickelt. Von dem Gedanken der Abrüstung ist es streng zu unterscheiden. Denn es handelt sich dabei um eine kooperative Steuerung des Wettrüstens, nicht um Rüstungsreduktion (vgl. Baudissin/Lutz). Der Unterschied läßt sich an fünf Merkmalen von Rüstungskontrolle und Abrüstung verdeutlichen (Geyer 21):

| *Arms control* | *Abrüstung* |
|---|---|
| 1. Fortsetzung der Strategie der nuklearen Abschreckung | 1. Alternative Sicherheitspolitik statt nuklearer Abschreckung |
| 2. Parität strategischer Waffen, sei es auf höherem oder niedrigerem Niveau | 2. Reduktion und Beseitigung aller Massenvernichtungsmittel |
| 3. Behauptung der Rationalität von Waffenstationierung und Waffengebrauch | 3. Ablehnung des Rückgriffs auf militärische Gewalt |
| 4. Vorrangstellung der Supermächte | 4. Gleiche Rechte aller Nationen, Stärkung der UN |
| 5. Betonung der Stabilität | 5. Betonung des Wandels von Einstellungen und Institutionen |

Die Kuba-Krise von 1962 zeigte dramatisch, wie nah die Supermächte in einer Spannungslage einem militärischen Konflikt mit unabsehbaren Folgen waren; dieser Schock trug entscheidend zu der Bereitschaft bei, Schritte der Rüstungskontrolle zu unternehmen. Daß die Abschreckung versagen und die Dynamik des Wettrüstens jederzeit in einen Nuklearkrieg umschlagen konnte, mußte nun allen vor Augen stehen, die politische Verantwortung trugen. Auf diese Erfahrungen sollten die Maßnahmen von *arms control* antworten. Deren ausdrücklich erklärter Sinn bestand also darin, die gegenseitige Abschreckung zwischen den Großmächten zu stabilisieren und eine Kriseneskalation zu verhüten. Der Einwand, damit werde das System der Abschreckung gerade legitimiert und eine mehr oder minder geregelte Fortsetzung des Wettrüstens geradezu stimuliert, zog nur die logischen Folgerungen aus dem Ansatz der Rüstungskontrolle selbst.

Doch innerhalb des damit gegebenen Rahmens kamen Vereinbarungen zustande, die keineswegs unerheblich waren. Zu nennen sind der Verzicht auf überirdische Atomtests (1963) sowie die Vereinbarung, den Weltraum (1967) und den Meeresboden (1971) von der

Lagerung beziehungsweise Stationierung von Kernwaffen und anderen Massenvernichtungsmitteln freizuhalten. Zu nennen ist ferner der Versuch, die Verbreitung von Nuklearwaffen zu unterbinden (Nichtverbreitungsvertrag von 1968, der allerdings mit einer - nicht eingelösten - Selbstverpflichtung der Atommächte zur nuklearen Abrüstung verbunden war). Zu nennen ist schließlich die Steuerung des Wettrüstens zwischen den Supermächten selbst durch den ABM-Vertrag (Vertrag über *Anti-ballistic Missiles* von 1972), der die Begrenzung von Anti-Raketen-Systemen zum Gegenstand hat, und durch das erste Abkommen über die Begrenzung der strategischen Waffensysteme (SALT I = *Strategic Arms Limitation Treaty,* ebenfalls 1972).

Diese Rüstungskontrollvereinbarungen wurden in der Phase der Entspannungspolitik zwischen Ost und West abgeschlossen, in der auch die ostpolitischen Initiativen der Bundesrepublik zu einem veränderten weltpolitischen Klima beitrugen. Wichtig waren diese Vereinbarungen zum einen deshalb, weil die Vereinigten Staaten auf diese Weise in aller Form die strategische Patt-Situation zwischen den Blöcken anerkannten und der Sowjetunion das Recht auf nukleare Parität zubilligten. Bedeutsam waren sie zum andern darin, daß sie Ansätze des Übergangs von einer konfrontativen zu einer kooperativen Sicherheitspolitik erkennen ließen. Dauerhaft war nicht nur Abrüstung, sondern auch schon Rüstungskontrolle nur bei einem kooperativen Verständnis von Sicherheit möglich. Die Gewährleistung von Sicherheit mußte als eine Aufgabe anerkannt sein, die nur auf der Grundlage von Verständigung und Kooperation - auch bei einem fortdauernden Antagonismus von Gesellschaftssystemen und machtpolitischen Interessen - gelingen konnte. Deshalb kam die Rüstungskontrollpolitik zum Erliegen, als die Ansätze zur Kooperation wieder von einem Klima der Konfrontation überdeckt wurden.

Die *dritte Etappe* der Abschreckung begann um das Jahr 1974. Zu den Merkmalen dieser Zeit gehört neben anderen der Umstand, daß über die Zahl der Nuklearwaffenstaaten keine vollständige Klarheit mehr besteht. Neben den Supermächten USA und UdSSR und den weiteren Nuklearwaffenstaaten China, Frankreich und Großbritannien gelten inzwischen folgende Staaten als Atomwaffen-Schwellenländer: Argentinien, Brasilien, Indien, Iran, Irak, Israel, Libyen, Nordkorea, Pakistan, Südafrika. Von diesen Ländern gehören Argentinien, Brasilien, Indien, Israel, Pakistan und Südafrika nicht zu den Unterzeichnern des Atomwaffensperrvertrags. Als mindestens so besorgniserregend wie die drohende oder faktische Verbreitung von Nuklearwaffen ist die dramatische Militarisierung der "Dritten Welt" zu beurteilen. Die Waffenexporte in die Dritte Welt, insbesondere in die durch die Ölpreiskrise reich gewordenen Ölexportstaaten weiteten sich mit großer Geschwindigkeit aus.

Zugleich aber brach die Hoffnung auf eine stabile Parität zwischen den Supermächten und ihren Bündnissystemen zusammen. Das Konzept des Gleichgewichts - soweit man überhaupt ernsthaft daran geglaubt hatte - wurde durch das Streben nach Überlegenheit abgelöst. Der Rüstungswettlauf setzte sich auf Feldern fort, die von den bisherigen Rüstungskontrollverhandlungen nicht erfaßt wurden. Die regionalstrategischen Waffen drohten den erreichten Konsens in der Rüstungskontrolle auszuhöhlen. Der zweite Vertrag zur Begrenzung der strategischen Waffen (SALT II), 1979 unterzeichnet, wurde im amerikanischen Senat nicht mehr ratifiziert. Mit der Ankündigung der Weltraumrüstung begann eine neue Phase des Wettrüstens.

Die neue Rüstungsdynamik der ausgehenden siebziger und beginnenden achtziger Jahre mobilisierte eine neue Friedensbewegung, die im Protest gegen die eurostrategische Rüstung zur Massenbewegung anwuchs. Der "Glaube" an die Abschreckung brach in großen Teilen der Bevölkerung zusammen. Die Einsicht, daß Rüstung den Krieg nicht verhütet, sondern zu ihm führt, wurde durch die bellizistische Rhetorik der Reagan-Administration gefördert. Diese Rhetorik machte offenkundig, daß bereits seit 1974 - der Zeit des amerikanischen Präsidenten Nixon und seines Verteidigungsministers Schlesinger - der Übergang von der *Vergeltungsabschreckung* zur *Kriegführungsabschreckung* vollzogen worden war.

Optionen der Kriegführung sollten entwickelt werden, die auch einen atomaren Krieg gewinnbar machen. Am ungehemmtesten formulierte Colin S. Gray, ein Berater des US-Außenministeriums diese Denkweise, wenn er 1982 sagte:

"Es gibt nur Sicherheit, wenn man etwas stärker ist. Es gibt keine Handlungsmöglichkeiten, wenn die eigene Stärke vollständig austariert ist. Es gibt nur dann eine Chance für eine positive Außenpolitik, wenn man einen Vorsprung an militärischer Macht hat, den man frei nutzen kann" (Eppler 39).

Damit war das Gleichgewicht im Sinn des "Sicherheitsabstands" *(security margin)* interpretiert. Das lag in der Konsequenz eines Denkens, das sich an dem Ziel orientierte, einen Atomkrieg gewinnen zu können. Dieses Ziel wurde in den Richtlinien des amerikanischen Verteidigungsministeriums für die Jahre 1984 bis 1988 ausgesprochen:

"Sollte die Abschreckung versagen und ein strategischer Atomkrieg mit der UdSSR ausbrechen, dann müssen die USA die Oberhand behalten und in der Lage sein, die UdSSR dazu zu zwingen, die Feindseligkeiten zum frühestmöglichen Zeitpunkt zu für die USA vorteilhaften Bedingungen zu beenden" (McNamara 24).

Entsprechend hieß es im amerikanischen Militärbudget für 1983:

"Die US-Verteidigungspolitik stellt unsere Fähigkeit sicher, auf jede Herausforderung zu antworten und, wenn nötig, einen konventionellen oder nuklearen Krieg mit Erfolg zu führen" (Eppler 63).

Solche Planungen ebneten den Unterschied zwischen traditioneller und nuklearer Abschreckung ein. Nun zielte die militärische Strategie nicht mehr darauf, den Erfolg zu bestrafen *(Mutual Assured Destruction)*, sondern den Versuch zum Scheitern zu bringen. Der Krieg wurde und wird wieder in den Kategorien von Clausewitz gedacht: als Instrument zur Durchsetzung politischer Ziele.

Das Abschreckungssystem besaß allenfalls so lange eine relative Stabilität, solange das Risiko eines Angriffs für den Angreifer selbst unkalkulierbar war. Wer einen ersten atomaren Schlag riskierte, mußte damit rechnen, als zweiter umzukommen. In der wechselseitig gesicherten Vernichtung des Gegners durch einen zweiten Schlag lag das entscheidende Prinzip der Abschreckung. Deshalb versuchte der ABM-Vertrag, der wechselseitigen Aushöhlung der Zweitschlagskapazitäten einen Riegel vorzuschieben. Doch die Entwicklung von Mehrfachsprengköpfen (MIRV), die Erhöhung der Zielgenauigkeit und andere technische Entwicklungen nährten die Befürchtung, daß der Ersteinsatz von Atomwaffen den Gegner teilweise entwaffnen und seinem zweiten Schlag die Wirksamkeit nehmen könne. In jedem Fall würde ein amerikanisches Raketenabwehrsystem im Weltraum *(Strategic Defense Initiative*, SDI), bliebe es unerwidert, die Zweitschlagskapazität der UdSSR gefährden oder sogar ausschalten. Die perfektionierte Waffentechnologie, die erhöhte Zielgenauigkeit und Eindringfähigkeit, die Verkürzung der Vorwarnzeiten und die drohende Zerstörung von Zweitschlagskapazitäten durch Weltraumwaffen: all das setzt einen militärischen Zwang zum ersten Schlag aus sich heraus, der im Fall einer politischen Krise sehr leicht zum großen atomaren Krieg führen kann.

Die relative Stabilität der Abschreckung ging mit dem Übergang von der "Vernichtungsabschreckung" zur "Kriegführungsabschreckung" verloren. Das galt umso mehr, als sich die Entwicklung von Kriegführungsoptionen mit einer vielfältigen Destabilisierung der internationalen Lage verband. Vorstellungen vom begrenzten Nuklearkrieg oder von einer horizontalen Eskalation, beispielsweise aus Anlaß eines Konflikts um den Persischen Golf, signalisieren eine "Geneigtheit zum Kriege" (G. Gaus) von gefährlichem Ausmaß. Auch in Europa sind mit wachsendem Abstand von den Erfahrungen des Zweiten Weltkriegs die psychischen Barrieren dagegen, einen Krieg auch nur als Möglichkeit zu denken, abgebaut worden. Verwunderlich ist das nicht; denn sich an den Zustand atomarer Abschreckung zu gewöhnen heißt, sich an die Möglichkeit des Krieges zu gewöhnen. Für Europa aber hätte ein Krieg auch dann verheerende Folgen, wenn er "nur" mit konventionellen Mitteln ausgetragen würde. Die Wahrscheinlichkeit eines Krieges wächst aber nicht zuletzt wegen der unvermeidlichen Störanfälligkeit der technischen Systeme, die "Sicherheit produzieren" sollen. Mit sinkenden Vorwarnzeiten wird die menschliche Entscheidungskompetenz immer mehr ausgeschaltet und - wo sie noch gebraucht wird - immer stärker unter den Zwang der Fehlerfreiheit gestellt. Ein Defekt im elektronischen Überwachungssystem kann einen Atomalarm auslösen und innerhalb von Minuten einen atomaren Gegenschlag in Gang setzen. Für Europa wird ein Krieg aus Versehen zur wahrscheinlichsten Ursache des Untergangs. Der Übergang von der Drohung mit Massenvernichtungsmitteln zu ihrem Einsatz ist gleitend geworden.

Im Dezember 1987 stellte das Bulletin of the Atomic Scientists seine *doomsday clock* neu. Seit 1983, dem Beginn der Stationierung neuer amerikanischer Mittelstreckenraketen in Westeuropa, hatte sie auf 23.57 Uhr gestanden. Der Abschluß des Washingtoner Abkommens zwischen den USA und der UdSSR über den Abbau regionalstrategischer Waffen am 8. Dezember 1987 gab nach Meinung der Herausgeber Grund, die Zeiger auf 23.54 Uhr zu richten. Damit signalisierten sie ein Doppeltes. Auf der einen Seite sprengt der Vertrag über die Vernichtung der Mittelstreckenraketen längerer und kürzerer Reichweite den Rahmen herkömmlicher Rüstungskontrollpolitik; es handelt sich um eine wirksame Rüstungsreduktion, um einen echten Abrüstungsschritt. Doch auf der anderen Seite umfaßt diese Abrüstung nur einen verschwindend geringen Prozentsatz des auf dem Globus gelagerten nuklearen Waffenarsenals; und es ist ungewiß, ob mit diesem Schritt der Teufelskreis des Wettrüstens wirksam durchbrochen und ein Prozeß eingeleitet werden kann, der die politische Gestaltung des Friedens an die Stelle seiner vermeintlichen technischen Sicherung rückt. Unmittelbar nach Abschluß des Washingtoner Abkommens ist noch offen, ob mit ihm eine neue Etappe beginnt, gar eine Etappe, die über das System nuklearer Abschreckung hinausweist.

Zwar hatte auch die amerikanische Administration seit Beginn der achtziger Jahre - parallel zu ihrer bellizistischen Rhetorik - ihre Bereitschaft erklärt, nicht nur Rüstungskontrollvereinbarungen zu treffen, sondern zu wirksamen Reduktionen vor allem im Bereich der strategischen Nuklearwaffen vorzustoßen (vgl. die Dokumente in: Realism, Strength, Negotiation). Doch ein Durchbruch zur Abrüstung bahnt sich erst seit Michail Gorbatschows Dreistufenplan für eine atomwaffenfreie Welt vom 15. Januar 1986 an (Gorbatschow 1987 a, 3ff; vgl. Gorbatschow 1987 b, 303ff). Er schlägt eine vollständige Beseitigung der Kernwaffen auf dem Globus bis zum Jahr 2000 vor. Dieser Vorstoß ist zugleich von innen- und von außenpolitischen Einsichten bestimmt. Er folgt aus dem Versuch einer realistischen Einschätzung wirtschaftlicher, politischer und militärischer Notwendigkeiten. Der Wille, zu einer kooperativen Lösung sicherheitspolitischer Probleme überzugehen, entstammt ohne Zweifel nicht zuletzt der Einsicht, daß eine Fortsetzung des Wettrüstens nicht allein die Kriegswahrscheinlichkeit erhöht, sondern zugleich die wirtschaftliche Leistungsfähigkeit der Sowjetunion überfordert. Ob die Abrüstungsvorschläge Gorbatschows zu einer langfristig wirksamen Veränderung der weltpolitischen Situation beitragen werden, hängt deshalb insbesondere davon ab, ob sie vom westlichen Bündnis konstruktiv beantwortet werden, und ob den innenpolitischen Reformen in der Sowjetunion Erfolg beschieden ist. Denn nur dann ist mit einer tragfähigen Koalition zwischen verschiedenen Teilen der sowjetischen Machtelite zugunsten wirksamer Abrüstung zu rechnen. Andernfalls jedoch ist zu befürchten, daß die überlieferten Kennzeichen der sowjetischen Sicherheitspolitik sich wieder verstärkt Geltung verschaffen. Diese Kennzeichen sind aus der Geschichte des Zarenreichs wie der Sowjetunion leicht zu erklären. Zu ihnen zählen

"historische Dispositionen wie die mehrmalige Invasionserfahrung in den anderthalb Jahrhunderten seit Napoleon; der daraus folgende Grundsatz, daß ein erneuter Krieg auf keinen Fall auf sowjetischem Boden ausgetragen werden darf ('Sanktuariums'-Qualität der sowjetischen Heimat); sowie der anscheinend breite gesellschaftliche Konsens über die Unverzichtbarkeit der Weltmachtkontrolle" (Segbers/Senghaas 27).

Die historisch begründete Prägung des sowjetischen Sicherheitsinteresses und die machtpolitische Orientierung der sowjetischen Politik machen verständlich, warum auch in der UdSSR - ebenso wie in den Vereinigten Staaten von Amerika - parallel zu den Abrüstungsverhandlungen die Modernisierung des konventionellen und nuklearen Rüstungspotentials fortgesetzt wurde. Doch eben dieses Faktum hat bei den Großmächten das Mißtrauen bestärkt, daß den Abrüstungsvorschlägen der jeweiligen Gegenseite die notwendige Aufrichtigkeit fehle. Ein solches Mißtrauen aber trägt oft den Charakter einer *self-fulfilling prophecy.* Der entscheidende Test darauf, ob im Übergang zu den neunziger Jahren dieses wechselseitige Mißtrauen bestärkt oder abgebaut, ob der Wettlauf der Überrüstungen zwischen Ost und West fortgesetzt oder beendet wird, steht noch aus. Offen ist deshalb auch, ob die dritte Etappe der Abschreckung schon als beendet gelten kann.

### c) Aporien der Abschreckung

Bereits der Überblick über die Geschichte des Abschreckungssystems hat die Aporien erkennen lassen, die dieses System kennzeichnen. Sie sollen abschließend ausdrücklich benannt werden.

Als erstes heben wir die *ethische Aporie* der Abschreckung hervor. Das System der Abschreckung beruht auf der Drohung mit Mitteln, deren Einsatz ethisch und rechtlich aufs äußerste problematisch ist. Glaubhaft ist die Abschreckung nur, wenn die Drohung mit Massenvernichtungsmitteln auch die Bereitschaft einschließt, diese Mittel wirklich einzusetzen. Der ethischen Tradition gilt der Einsatz solcher Mittel als unvertretbar; in welchem Sinn die neuere ethische Diskussion an diese Tradition angeknüpft hat, ist in den folgenden Kapiteln zu untersuchen. Hier ist zunächst darauf hinzuweisen, daß das Völkerrecht sich die sittliche Verurteilung inhumaner Kriegsmittel ausdrücklich zu eigen gemacht hat. Bereits die Präambel der Haager Landkriegsordnung vom 18. Oktober 1907 beruft sich ausdrücklich auf die

"Grundsätze des Völkerrechts, wie sie sich ergeben aus den unter gesitteten Völkern feststehenden Gebräuchen, aus den Gesetzen der Menschlichkeit und aus den Forderungen des öffentlichen Gewissens" (Lutz 5.43).

Diese allgemeinen Grundsätze konkretisieren sich vor allem in dem Prinzip, daß Kriegshandlungen nur gegen Kombattanten zulässig und somit gegen die Zivilbevölkerung untersagt sind, sowie in der Beschränkung in der Wahl von Waffen und Einsatzmitteln. Insbesondere gelten Waffen und Einsatzmittel als verboten, die unnötige Leiden zufügen, den Genozid zur Folge haben und der Umwelt schwere Schäden zufügen. Völkerrechtlich ausgeschlossen ist auch die Tötung des sich ergebenden Feindes. Schließlich muß die Neutralität von Drittländern bei allen Kriegshandlungen geachtet werden.

Unter all diesen Gesichtspunkten ist die Anwendung von Nuklearwaffen völkerrechtlich ebenso verboten wie der Einsatz biologischer oder chemischer Waffen. Denn ihr Einsatz läßt sich nicht auf Kombattanten und militärische Ziele beschränken; sie fügen unnötige Leiden zu; die Langzeitwirkungen ihres radioaktiven *fall-out* können auch gegenüber einem sich ergebenden oder wehr- und hilflosen Gegner nicht mehr zurückgenommen werden; sie schädigen die natürliche Umwelt; ihre Wirkungsweise schließt die Rücksicht auf die Neutralität von Drittländern aus. Der Verstoß gegen das Völkerrecht, der in jedem Einsatz atomarer Massenvernichtungsmittel liegt, läßt sich weder durch Gesichtspunkte der militärischen Notwendigkeit noch durch die Berufung auf den Rechtfertigungsgrund der Selbstverteidigung und der Selbsterhaltung rechtfertigen. Denn auch militärgestützte Sicherheitspolitik muß sich in der Wahl ihrer Mittel an die elementaren Gebote des Völkerrechts halten. Deshalb verwickelt das Abschreckungssystem jeden Beteiligten in ein unauflösliches ethisches Dilemma; er soll eine Drohung glaubhaft machen, deren Verwirklichung er vor keiner Instanz zu verteidigen vermag. Damit spitzt sich die ethische Aporie der Abschreckung auf die Frage zu: Läßt sich Frieden auf Dauer dadurch schützen, daß man mit Mitteln droht, deren Einsatz ethisch und rechtlich unvertretbar ist?

Als zweites nennen wir die *psychologische Aporie* der Abschreckung. Die technische Welt stabilisiert sich nicht selbst. Theoretisch beruht der Gedanke der wechselseitigen Abschrekkung auf der Voraussetzung eines stabilen Gleichgewichts zwischen den Kontrahenten, das eine gesicherte Zweitschlagskapazität einschließt. Dieses Gleichgewicht aber wird durch die waffentechnische Entwicklung permanent in Frage gestellt. Zu jedem denkbaren Zeitpunkt kann jede der beiden Seiten - NATO und Warschauer Pakt, USA und UdSSR - erklären, sie sei in einem bestimmten Bereich der Rüstung unterlegen und müsse zunächst "nachrüsten", bevor an eine effektive Rüstungskontrolle oder gar Abrüstung zu denken sei. So liegt in der Vorstellung vom Gleichgewicht selbst eine Tendenz zum Wettrüsten. Sie verstärkt sich dadurch, daß jede der beiden Seiten vom "schlimmsten Fall" *(worst case)* ausgeht und deshalb ein annäherndes Gleichgewicht erst dann als erreicht ansieht, wenn die eigene Seite einen "Sicherheitsabstand" *(security margin)* erlangt hat, also militärisch überlegen ist. Diese Annahme des "schlimmsten Falles" schließt den psychologischen Mechanismus der Feindbild-Produktion ein: dem Gegner müssen schlechte Motive unterstellt, die guten Motive müssen für die eigene Seite reserviert werden. Der Versuch, Sicherheit auf ein System der Rüstungskonkurrenz zu stützen, führt ferner zu einem Denken, das in der Unsicherheit des Gegners eine Bedingung der eigenen Sicherheit sieht; er versperrt den Zugang zu den Sicherheitsbedürfnissen der anderen Seite. Solche Mechanismen tragen dazu bei, daß unter dem Tarnnamen des Gleichgewichts ein Wettlauf um Überlegenheit stattfindet. Die psychologische Aporie der Abschreckung spitzt sich auf die Frage zu: Läßt sich Frieden auf eine Vorstellung von Gleichgewicht stützen, die ihre eigenen Voraussetzungen immer wieder außer Kraft setzt? Oder liegt die entscheidende Voraussetzung des Friedens darin, daß die täuschende Gewalt des Gleichgewichtsdenkens und der hinter ihm stehenden Sicherheitsvorstellung gebrochen wird?

Schließlich verweisen wir auf die *anthropologische Aporie* der Abschreckung. Sie verführt zu der Phantasie unverwundbarer Sicherheit. In der Sicherheitsrhetorik der Reagan-Administration hieß es über lange Zeit, das "letzte Fenster der Verwundbarkeit" müsse geschlossen werden; an das Programm der Weltraumrüstung wurde die Verheißung geknüpft, dadurch werde ein Schutzschild aufgespannt, der die Vereinigten Staaten von Amerika unverwundbar mache. Diese Vorstellung einer Sicherheit, die die einzelnen Menschen wie eine ganze Nation mit Unverwundbarkeit ausstattet, ist jedoch nicht nur eine "schäbige", sondern eine "tödliche Utopie" (Eppler). Sie leugnet die Maße menschlichen Handelns. Sie unterstellt, daß Menschen und menschliche Gesellschaften sich absolute Sicherheit verschaffen können. Sie ignoriert die Endlichkeit und Begrenztheit menschlichen Lebens und menschlicher Handlungsmöglichkeiten. Sie leugnet die elementare anthropologische Einsicht, daß Menschen gerade deshalb miteinander kommunizieren, weil sie verletzlich und in ihrer Bedürftigkeit aufeinander angewiesen sind. Sie trennt sich von der grundlegenden anthropologischen Erkenntnis, daß Lebensverhältnisse nur dann als menschlich angesehen werden können, wenn sie Fehler nicht automatisch mit dem Tode bestrafen; denn sie setzt technische Mittel ein, die voraussetzen, daß die mit ihnen befaßten Menschen in ihren Entscheidungen und Handlungen jederzeit fehlerfrei funktionieren. Sie riskiert den Einsatz von Vernichtungswaffen mit unabsehbaren Folgen nicht nur für die Lebenden, sondern auch für die Ungeborenen; sie läßt der Reversibilität politischer Entscheidungen keinen Raum. Darin ist die Abschreckung mit nuklearen Waffen die Zwillingsschwester der nuklearen Energieerzeugung.

Noch aus anderen Gründen ist die Vorstellung absoluter Unverwundbarkeit eine tödliche Utopie. Die Furcht vor einem Atomkrieg ist die Furcht vor möglichen Toten. Das Erschrecken über die wachsenden Gegensätze zwischen den wohlhabenden Industriestaaten und dem Armutsgürtel der Erde ist das Erschrecken über wirkliche Tote. Etwa 15 Millionen Menschenleben fordert der Hunger jährlich auf der südlichen Halbkugel der Erde; über 800 Millionen Menschen leben jenseits der Armutsgrenze. Aber ungefähr 1000 Milliarden Dollar werden jährlich für Rüstung ausgegeben. So dringlich eine Beendigung des Wettrüstens um der Kriegsverhütung willen ist, so unabweisbar ist die Pflicht zur Abrüstung um der Bekämpfung des Hungers willen. Denn der Hungertod der einen ist der Preis, mit dem die unverwundbare Sicherheit der anderen erkauft wird. Aus Anlaß des ersten Gipfeltreffens zwischen Präsident Reagan und Generalsekretär Gorbatschow im November 1985 schrieb Carola Stern:

"Ich stelle mir vor: Sie wollen Ihr Gespräch beginnen und hören plötzlich das Wimmern der über vierzigtausend Kinder, die an diesem Tag, da Sie zusammensitzen, sterben müssen, weil sie nicht genug zu essen haben. Und Sie wissen: Morgen werden es wieder über vierzigtausend sein und übermorgen auch. Ich stelle mir vor, daß ein Christ und ein Kommunist, um vor sich selbst bestehen zu können, Tag und Nacht nur daran denken, wie sie diese Kinder retten können. Abrüstung ist die wichtigste Voraussetzung dafür" (DIE ZEIT Nr. 46 vom 15.11.1985).

Tödlich ist die Vorstellung absoluter Unverwundbarkeit der Menschen schließlich deshalb, weil sie sich mit ungehemmter Gewalt gegenüber der außermenschlichen Natur verbindet. Das Konzept der Abschreckung fügt sich nahtlos in die Reihe derjenigen großtechnologischen Projekte ein, die menschliches Leben genau deshalb gefährden, weil sie gegenüber dem Leben der außermenschlichen Natur gleichgültig sind. Ebenso wie nach humanen muß auch nach ökologischen Maßen des Friedens gefragt werden. Die anthropologische Aporie der Abschreckung spitzt sich in der Frage zu, wie die Gestalt des Weltfriedens zu denken und wie die Wege zu ihm zu finden sind, wenn Frieden nicht als absolute Unverwundbarkeit verstanden wird, sondern als die politische Lebensform des endlichen Menschen inmitten der außermenschlichen Natur.

Das Signum, unter dem sich das Problem des Friedens im Atomzeitalter stellt, ist die Pflicht zum Weltfrieden. Friedensethik, die diese Pflicht als ihren Ausgangspunkt anerkennt, muß diejenigen Traditionen des Friedensverständnisses miteinander verknüpfen, die in der europäischen Geschichte häufig voneinander getrennt und gegeneinander ausgespielt wurden. Sie muß Frieden zugleich als Zukunftsentwurf und als politische Ordnung begreifen. Denn die bedrängende Situation des Atomzeitalters nötigt dazu, dem Entwurf des Friedens politische Gestalt zu geben. In diesem Sinn bildet das Problem des Friedens heute das Kernproblem einer politischen Ethik, die sich als Verantwortungsethik begreift. Die folgenden Kapitel gehen der Frage nach, auf welchen Wegen die Friedensethik der christlichen Kirchen die Herausforderungen des Atomzeitalters aufgenommen hat und ob sie sich auf dem Weg zu einer derartigen Verantwortungsethik befindet.

LITERATUR: *H. Afheldt*, Atomkrieg - Das Verhängnis einer Politik mit militärischen Mitteln, München/Wien 1984 - *H. Afheldt*, Verteidigung und Frieden, München 1976 - *W. Graf Baudissin/D. S. Lutz* (Hg.), Kooperative Rüstungssteuerung, Baden-Baden 1981 - *K. v. Beyme*, Die Sowjetunion in der Weltpolitik, 2. Aufl. München 1985 - *McG. Bundy/G. F. Kennan/R. S. McNamara/G. Smith*, Kernwaffen und das Atlantische Bündnis, in: Europa-Archiv 37,1982, 183-198 - *McG. Bundy*, The unimpressive record of atomic diplomacy, in: G. Prins (Hg.), The Nuclear Crisis Reader, New York 1984, 42-54 - *E. Eppler*, Die tödliche Utopie der Sicherheit, Reinbek 1983 - *E. Forndran/G.Krell* (Hg.), Kernwaffen im Ost-West-Vergleich. Zur Beurteilung militärischer Potentiale und Fähigkeiten, Baden-Baden 1984 - *K.J.Gantzel/J. Meyer-Stamer* (Hg.), Die Kriege nach dem Zweiten Weltkrieg bis 1984, München 1986 - *A. Geyer*, The Idea of Disarmament, 2. Aufl. Elgin 1985 - *M. Gorbatschow*, Für eine kernwaffenfreie Welt, Moskau 1987 (1987 a) - *M. Gorbatschow*, Perestroika. Die zweite russische Revolution, München 1987 (1987 b) - *G. F. Kennan*, The Nuclear Delusion. Soviet-American Relations in the Atomic Age, New York 1982 - *G. Krell/E. Bahr/K. v. Schubert* (Hg.), Friedensgutachten 1987, Frankfurt 1987 - *W. Link*, Der Ost-West-Konflikt. Die Organisation der internationalen Beziehungen im 20. Jahrhundert, Stuttgart 1980 - *D. S. Lutz*, Zur Legalität und Illegalität kriegerischer Handlungen unter besonderer Berücksichtigung des Einsatzes atomarer Massenvernichtungsmittel. Rechtsfragen des zwischenstaatlichen Gewaltverbotes, IFSH-Forschungsberichte 28, Hamburg 1983 - *G. G. Márquez*, Die zweite Sintflut. Eröffnungsrede auf der Konferenz der Sechs über Frieden und Abrüstung in Ixtapa (Mexico) am 6. August 1986, übersetzt von E. Tugendhat, in: Frankfurter Allgemeine Zeitung, 11.9.1986; hier zit. n.: Arbeitskreis Atomwaffenfreies Europa (Hg.), Rundbrief 2/1986, 3-4 - *R. McNamara*, Blindlings ins Verderben. Der Bankrott der Atomstrategie, Reinbek 1987 - Realism, Strength, Negotiation. Key Foreign Policy Statements of the Reagan Administration, Washington 1984 - *H. Schmidt*, Verteidigung oder Vergeltung, 3. Aufl. Stuttgart 1965 - *K. v. Schubert* (Hg.), Heidelberger Friedensmemorandum, Reinbek 1983 - *K. Segbers/D. Senghaas*, Die Sowjetunion im Umbruch, in: Dialog, Beiträge zur Friedensforschung 5, Wien 1986 - *D. Senghaas*, Abschreckung und Frieden. Studien zur Kritik organisierter Friedlosigkeit, Frankfurt 1969 - *C. F. v. Weizsäcker*, Der bedrohte Friede, München 1981 - *C. F. v. Weizsäcker* (Hg.), Kriegsfolgen und Kriegsverhütung, München 1971.

## 2. Der Weg zur Ächtung des Krieges

In kaum einem anderen Bereich menschlichen Zusammenlebens ist die ethische Problematik der Friedensaufgabe im Atomzeitalter so nachhaltig und intensiv wahrgenommen worden wie in den Kirchen der Weltchristenheit. Das Entsetzen über das ganze Ausmaß der nationalsozialistischen Unrechtsherrschaft verband sich nach 1945 mit dem Erschrecken über die der Menschheit zugefallene Fähigkeit zur kollektiven Selbstvernichtung, die die Namen Hiroshima und Nagasaki symbolisieren. Weniger als jemals zuvor, noch weniger auch als andere Gemeinschaften, Gruppen oder gesellschaftliche Verbände haben sich seitdem die Kirchen der kontinuierlichen Diskussion über das ihnen gemäße Eintreten für den Weltfrieden entziehen können und dürfen. In diesem Kapitel wollen wir die friedensethische Urteilsbildung der Kirchen nach dem Zweiten Weltkrieg zunächst auf weltkirchlicher Ebene am Beispiel des römisch-katholischen Lehramtes (2.1) und des Ökumenischen Rates der Kirchen (2.2) behandeln, schließlich geben wir einen Überblick über den Verlauf der Friedensdiskussion der evangelischen Kirchen im geteilten Deutschland (2.3).

### *2.1. Die Friedenslehre der römisch-katholischen Kirche*

Seit sich römisch-katholische Theologen - vor allem in Gestalt von Vertretern der spanischen Spätscholastik - im 16. und 17. Jahrhundert an der Ausarbeitung und Verfeinerung der Kriterien des Kriegsvölkerrechts beteiligt hatten, war die Lehre vom gerechten Krieg in der katholischen Theologie keinen wesentlichen Modifikationen mehr unterzogen worden. Bedenkt man den raschen und fundamentalen Wandel des Kriegsbildes schon im 18. und 19. Jahrhundert, so muß dies verwundern. Die Entwicklung neuer Waffen und

Strategien, die Aufstellung von Massenheeren und die Einführung der allgemeinen Wehrpflicht hatten die ethische Urteilsbildung nicht verändert. Die Moraltheologie repetierte zeitlos die ausdifferenzierte Form der bellum-iustum-Lehre; bis ins zwanzigste Jahrhundert hinein bereitete ihr die Veränderung des Militärwesens vor allem in einer Hinsicht Kopfzerbrechen: sie sorgte sich um die Gefährdung der Söhne bürgerlicher Herkunft auf dem Gebiet der Sexualmoral. Die friedensethische Frage nach der Verantwortbarkeit des Einsatzes moderner Massenheere wurde nicht reflektiert. Die überlieferte Kriegsethik blieb auch im Ersten Weltkrieg ein sorgsam bewahrtes und überliefertes, aber stumpfes Instrument. Die moraltheologischen Lehrbücher wandten sich nicht an die Entscheidungsträger, sondern an die kleinen Leute, doch sprach sie ihnen im gleichen Zuge die Kompetenz ab, über erlaubte und unerlaubte Kriegsgründe zu urteilen. Die klassische Kriegsethik ging so jener kritisch begrenzenden Korrektivfunktion gegenüber der politischen und militärischen Praxis verlustig, um deretwillen sie ausgebildet worden war. Hinzu kam, daß nach römisch-katholischem Verständnis zwar der Papst das oberste ordentliche Lehramt für die ganze Kirche ausübt; aber es hatte sich zunehmend eine Arbeitsteilung entwickelt, wonach dem Papst die Formulierung von Prinzipien, den Bischöfen vor Ort jedoch die konkretisierende ethische Urteilsbildung im regionalen Kontext zufiel - mit der Folge, daß im Ersten Weltkrieg auch die Bischöfe der beteiligten Staaten im Sinne des *bellum iustum ex utraque parte* das Kriegführungsrecht für den jeweils eigenen Staat in Anspruch nahmen. Dies änderte sich nicht zufällig mit dem Pontifikat Pius XII., der von 1939 bis 1958 währte.

### a) Verteidigungspflicht und gerechte Abschreckung

Eugenio Pacelli, Sohn einer seit Generationen im Dienst der Kurie stehenden Juristenfamilie, hatte in den zwanziger Jahren unseres Jahrhunderts entscheidende Erfahrungen als Nuntius in München und in Berlin gesammelt, bevor er 1930 als Kardinalstaatssekretär "Außenminister" des Papstes wurde und dann ein halbes Jahr vor Ausbruch des Zweiten Weltkrieges an die Spitze der römischen Kirche trat. *Pius XII.*, der Diplomatenpapst, stellte seinen Pontifikat frei nach Jesaja 32,17 unter den Wahlspruch *opus iustitiae pax:* der Friede ist das Werk der Gerechtigkeit. Die Reaktivierung der Lehre vom gerechten Krieg, die Pius XII. für die katholische Lehre vorgenommen hat (vgl. Nagel/Oberhem 14ff), geht auf die historisch-biographische Schlüsselerfahrung der Entfesselung des Zweiten Weltkriegs zurück; um seine Friedenslehre in der Nachkriegszeit zu verstehen, muß man sich kurz ihrer historischen Voraussetzungen erinnern.

Der deutsche Angriff auf Polen im September 1939 war unter dem Gesichtspunkt der *causa iusta* wieder klar zu erfassen: Der Papst prangerte ihn in seiner Weihnachtsansprache 1939 als Verstoß gegen das Völkerrecht und die Grundsätze des Naturrechts sowie als Verletzung der elementarsten Gefühle der Menschlichkeit an. Er charakterisierte den Überfall Nazi-Deutschlands auf das katholische Polen als vorbedachten "Angriff auf ein kleines, arbeitsames und friedfertiges Volk unter dem Vorwand einer Bedrohung, die nicht bestand, nicht beabsichtigt und überhaupt nicht möglich war" (UG 3653; zitiert nach Utz-Groner und Randziffer). Auf diplomatischem Wege ließ er deutlich machen, daß die gleiche Qualifizierung auch für die sowjetrussische Aggression gegen Finnland gelte. Pius XII. hatte während seiner Amtszeit den Zweiten Weltkrieg und die Neuformation des weltpolitischen Kräftespiels nach 1945 zu verarbeiten. Seine Friedenslehre war von einer Deutung der Zeitgeschichte geprägt, derzufolge die totalitären Ideologien des 20. Jahrhunderts, der Nationalsozialismus und der Kommunismus, die Aktualisierung des humanen Gehalts der naturrechtlichen Kriegsethik geradezu erfordern. Bei beiden ideologischen Systemen lag die Inanspruchnahme ungerechter Kriegsgründe klar zutage; und das bedeutete positiv:

Der gerechte Grund war wieder zu einem handhabbaren Kriterium, die scharfe Unterscheidung des Friedlichen vom Unfriedlichen war wieder möglich geworden. Damit war eine entscheidende Voraussetzung für Ausbau und Anwendung der Lehre vom gerechten Krieg zum Zweck sittlicher Begrenzung von Kriegshandlungen gegeben.

Aus diesem Ursprungsszenario der Lehre Pius XII. ergibt sich die Grundkonzeption, die er in wechselnden historischen Etappen zu konkretisieren versucht hat. Sie lautet: Die politische Friedensaufgabe ist am Ziel eines "*christlichen Europa*" zu orientieren. In seiner schon zitierten Weihnachtsansprache, also im vierten Kriegsmonat, gibt der Papst der Befürchtung Ausdruck, daß "die Mächte und Schliche der Umstürzler, die auf der Lauer liegen, mächtig erstarken und dem christlichen Europa den Gnadenstoß versetzen" (UG 3657). Er nennt fünf Grundbedingungen eines dauerhaften Völkerfriedens: die Sicherung des Rechtes auf Leben und Unabhängigkeit für alle Nationen, die Befreiung vom Wettrüsten, die Gründung oder Wiederherstellung völkerrechtlicher Institutionen, den Schutz von Minderheiten sowie das Verantwortungsgefühl gegenüber dem göttlichen Recht. Getragen sind diese Forderungen von der Überzeugung, daß der Zusammenbruch des alten *ius publicum Europaeum*, der im Zeitalter der großen Ideologien besiegelt worden ist, nur in der neuen sozialen und politischen Ordnung eines christlichen Europa geheilt werden kann. Zu dieser Heilung braucht man einen "geistigen Kreuzzug", der Europa zurück "zur lebendigen Quelle des göttlichen Rechtes" führt (UG 3664). Rückkehr zu den geistigen Ursprüngen - das heißt zuerst Erneuerung der Einsicht, daß ohne Glauben an Gott Frieden unmöglich ist. Bereits hier zeigt sich: Diese Überzeugung des römischen Papstes ist ein einziger Widerspruch gegen die Einsicht, die am Anfang des rationalen Naturrechts der Neuzeit gestanden hat, und von Hugo Grotius in dem Satz ausgesprochen worden war, das Völkerrecht müsse gelten *etsi deus non daretur* (s. oben I.3.2). Wir wenden uns von dieser Grundkonzeption aus nun den Etappen der Friedenslehre Pius XII. zu, die für die Nachkriegszeit von Belang sind; sie lassen sich in vier Abschnitten zusammenfassen:

Die *erste Etappe* beginnt etwa mit der Weihnachtsbotschaft von 1944 (UG 3467ff). Hatte Pius noch zu Beginn des Krieges auf einen baldigen Friedensschluß gesetzt, gleichgültig welcher politischen Organisation (Demokratie, Führerherrschaft und Einparteienherrschaft) die beteiligten Staaten anhängen, so entwickelt er nun an der Schwelle zur Nachkriegszeit in seiner Weihnachtsansprache 'Grundlehren über die wahre Demokratie'. Der Papst knüpft an das Demokratieprinzip an, weil er nun auf die Völker, statt auf die Staatsführungen als Garanten des Friedens setzt. Die Völker haben "gegenüber den Staatsmännern eine neue fragende, kritische, mißtrauische Haltung angenommen". Es hat "die Überzeugung um sich gegriffen, ... daß die Welt nicht in den verhängnisvollen Wirbel des Krieges hineingezogen worden wäre, wenn die Möglichkeit bestanden hätte, die Tätigkeit der öffentlichen Gewalt zu überprüfen und zu berichtigen, und daß es, um für die Zukunft die Wiederholung einer ähnlichen Katastrophe zu vermeiden, notwendig ist, im Volke selbst wirksame Sicherungen zu schaffen" (UG 3469). Der Papst begründet sein Plädoyer für die Demokratie mit der Aussicht, die Existenz einer demokratischen Öffentlichkeit werde ein entscheidendes und wirksames Instrument der Kriegsverhinderung sein. Zugleich bildet Pius XII. die Lehre vom gerechten Krieg fort, indem er eine für die katholische Lehre neue apodiktische *Verurteilung des Krieges als Angriffskrieg* vorträgt: Es ist Pflicht, "alles zu tun, was möglich ist, um ein für allemal den Angriffskrieg als erlaubte Lösung internationaler Spannungen und als Werkzeug nationaler Bestrebungen in Acht und Bann zu erklären". "Krieg dem Kriege" (UG 3493) - mit dieser Parole macht der Papst eine Anleihe bei den katholischen Pazifisten der zwanziger und dreißiger Jahre. Ächtung des Krieges heißt in dieser Bilanz der Weltkriegserfahrung allerdings genauer: Ächtung des Angriffskrieges. Ein weiteres Zugeständnis macht der Papst noch in eine ganz andere Richtung: Sollte ein System kollektiver Sicherheit als organisatorische Vorstufe für die

Vision eines christlichen Europa für Stalin auch nur annähernd akzeptabel sein, so mußte der Papst vorübergehend seine Überzeugung zurückstellen, daß es keinen Frieden ohne Glauben an Gott gebe. Er mußte diese Überzeugung zu der Mindestforderung der Einhaltung des Naturrechts "als des festen Grundes, in dem die Menschenrechte verankert sind" (UG 3868) ermäßigen. Doch war natürlich die Erwartung, Stalin würde sich auf ein Naturrecht verpflichten, als dessen Interpret das Oberhaupt der römischen Kirche gilt, ebenso illusionär wie die Hoffnung, der Sowjetführer würde sich den Demokratievorstellungen des Papstes anschließen.

In dem Anspruch des römischen Lehramtes, für die Allgemeinheit eines Sittengesetzes zu sprechen, obwohl doch das Papstamt weder religiös noch politisch für das Ganze der Menschheitsfamilie sprechen kann, liegt ein Strukturproblem jeder päpstlichen Friedenslehre, das im 20. Jahrhundert verschärft zutage tritt. Im Fall Pius XII. wurde nach Kriegsende, als die Anti-Hitler-Allianz von Ost und West zerbrach, die Unvereinbarkeit von päpstlichen und kommunistischen Friedensvorstellungen schnell offenbar. Im beginnenden Ost-West-Konflikt, im Kalten Krieg und angesichts der Unterdrückung der Religionsfreiheit in den östlichen Volksdemokratien konnte der Papst nur schweigen, oder er mußte Partei ergreifen. Er schwieg nicht und stellte deshalb in der *zweiten Etappe* seiner Friedenslehre die *sittliche Pflicht zur Verteidigung* ins Zentrum seiner Überlegungen. Das Schlüsseldokument ist die Weihnachtsbotschaft von 1948; in ihr widmet der Papst einen Abschnitt dem wahren christlichen Friedenswillen (UG 4149ff). Er gipfelt in dem Grundsatz: "Auf Gott und die von ihm festgesetzte Ordnung sich stützend, ist der christliche Friedenswille ... hart wie Stahl" (UG 4153). Der christliche Friedenswille ist "ganz eins mit dem Friedenswillen des ewigen und allmächtigen Gottes. Jeder kriegerische Angriff auf jene Güter, welche die göttliche Friedensordnung unbedingt zu achten und zu gewährleisten, deshalb aber auch zu schützen und zu verteidigen verpflichtet, ist Sünde, ist Verbrechen, ist Anschlag auf die Majestät Gottes, des Schöpfers und Ordners der Welt" (UG 4152). Neben die unbedingte Ächtung des Angriffskrieges tritt damit die strikte Einschärfung nicht nur eines Verteidigungsrechts, sondern einer Verteidigungspflicht, die der Papst sogar gegenüber dem "Angriff in der Form des 'kalten Krieges'" einschärft (UG 3884). Ihre Verbindlichkeit erhält diese Verteidigungspflicht daraus, daß sie unmittelbar göttlichen Rechtes ist. Sie entspringt nicht einem subjektiven Gefühl der Menschlichkeit, sondern der objektiven göttlichen Ordnung, die bestimmte Güter zu schützen gebietet. Um die im Prinzip unbedingte Verteidigungspflicht an Bedingungen zu binden, wäre es nun allerdings erforderlich, diese Güter näher zu bestimmen. In der Weihnachtsbotschaft von 1948 werden sie lediglich als die "Menschheitsgüter, sofern sie Güter des Schöpfers sind", bezeichnet. Die einzige Bedingung, die sodann der Papst selbst zur Eingrenzung der Verteidigungspflicht angibt, besteht in der begründeten "Wahrscheinlichkeit des Erfolges" militärischer Verteidigung (UG 4153). Dagegen gelten ihm die "Erwägung der vom Krieg verursachten Leiden und Übel" und "die genaue Berechnung von Einsatz und Vorteil" (UG 4153) als utilitaristische Prinzipien, die für die christliche Kriegsethik keine entscheidende Rolle spielen dürfen.

Pius XII. hat diese ethische Begründung der Verteidigungspflicht im Zeichen der Furcht vor sowjetischer Expansion, aber doch auch im Schatten des Atombombenabwurfes auf Hiroshima und Nagasaki formuliert, der drei Jahre zuvor erfolgt war. Dennoch würde man Pius XII. unrecht tun, ließe man die *dritte Etappe* seiner Urteilsbildung unbeachtet. Unbeschadet des allgemeinen Zugeständnisses eines natürlichen Rechts der Staaten zur Verteidigung (UG 444) beginnt der Papst jetzt die besondere Lage zu thematisieren, die mit der Existenz von Atomwaffen gegeben ist. Seit 1953 die USA und die Sowjetunion im Besitz der Wasserstoffbombe sind, reflektiert er explizit auf den möglichen *militärischen Gebrauch von ABC-Waffen.* Im Oktober 1953 stellt der Papst darum in einer Rede vor

Militärmedizinern (UG 2350ff) das Verteidigungsrecht unter schärfere Bedingungen. Er bezieht nämlich jetzt die *Übelabwägung* doch in die moralische Argumentation ein: "Es genügt also nicht, daß man sich gegen eine Ungerechtigkeit irgendwelcher Art zu verteidigen hat, um die Gewaltmethode des Krieges anzuwenden. Wenn die Schäden, die er nach sich zieht, unvergleichlich größer sind als die der 'geduldeten Ungerechtigkeit', kann man verpflichtet sein, die 'Ungerechtigkeit auf sich zu nehmen'" (UG 2366). Diese Ergänzungen seiner bisherigen Kriegsethik durch das Kriterium der Angemessenheit der Mittel gelte - so fügt er hinzu - vor allem für den ABC-Krieg. Die Frage, ob es eine Pflicht zur Verteidigung mit Waffen überhaupt geben könne, wird von Pius "nur gestellt". Eine Antwort auf diese Frage will er nicht geben; er erklärt jedoch, sie lasse sich "aus denselben Prinzipien ableiten, die heute entscheiden, ob ein Krieg überhaupt zu rechtfertigen ist" (UG 2367). Ein Jahr später, am 30. 9. 1954, bringt Pius XII. wiederum vor Medizinern in die eben schon angedeutete Übelabwägung ein *Kontrollierbarkeitskriterium* ein, wenn er sagt: "Wenn ... die Anwendung dieses Mittels (sc. nuklearer Waffen zum Zweck der Verteidigung) eine solche Ausdehnung des Übels mit sich bringt, daß es sich der Kontrolle des Menschen völlig entzieht, muß sein Gebrauch als unsittlich verworfen werden. Es würde sich dann nicht mehr um 'Verteidigung' gegen Unrecht und notwendige 'Sicherung' rechtmäßigen Besitzes handeln, sondern einfachhin um Vernichtung allen Menschenlebens innerhalb des Aktionsbereiches. Dies ist aus keinem Grunde erlaubt" (UG 5364). Der Papst hat sich inzwischen mit den physikalischen Wirkungen der Atombombe vertraut gemacht. Im Zeichen der Strategie der wechselseitig zugesicherten Zerstörung (MAD) beschreibt er Weihnachten 1955 ein apokalyptisches Szenario: "Das ist also das Schauspiel, das sich dem entsetzten Blick als Folge dieser Anwendung bieten würde: ganze Städte, auch die an Geschichte und Kunst reichsten und größten, vernichtet; eine schwarze Todeswolke über der pulverisierten Materie, die unzählige Opfer mit verbrannten, verrenkten, zerstreuten Gliedern bedeckt, während andere im Todeskampf stöhnen. Inzwischen hindert das Gespenst der radioaktiven Wolke jede barmherzige Hilfe der Überlebenden und rückt unerbittlich vorwärts, um das übriggebliebene Leben zu vernichten. Es wird kein Siegesgeschrei geben, sondern nur die untröstliche Klage der Menschheit, die traurig die durch den eigenen Wahnsinn erzeugte Katastrophe betrachtet" (UG 6367). Pius XII. hat gleichwohl vom Prinzip der Verteidigungspflicht nicht ablassen wollen und hat in Reaktion auf die sowjetische Invasion in Ungarn 1956 die Kriegsdienstverweigerung katholischer Christen als irrige Gewissensentscheidung bezeichnet (UG 4413).

Den Ausgleich im Dilemma zwischen Verteidigungspflicht und Kriegsverhütung fand er - *vierte Etappe* - gegen Ende seines Pontifikats im Gedanken des *politischen Gebrauchs der Nuklearwaffen.* Indem Pius Verteidigungsbereitschaft auf das Ziel der Kriegsverhütung bezieht, gewinnt er in der Weihnachtsansprache von 1957 Anschluß an die Abschreckungsdoktrin (vgl. schon UG 4154). "Das göttliche Gesetz der Harmonie der Welt legt allen Staatsoberhäuptern die strenge Verpflichtung auf, den Krieg durch geeignete internationale Einrichtungen zu verhindern, unter wirksamer Überwachung die Rüstungen einzuschränken, durch zuverlässige Solidarität unter den Nationen, die aufrichtig den Frieden wollen, einen jeden abzuschrecken, der im Sinne hätte, den Frieden zu stören" (UG 4458). Mit diesen Worten schärft der Papst in seiner letzten Weihnachtsansprache 1957 die Friedenssicherung durch Abschreckung als politische Aufgabe ein. Aber was bedeutete das alles für die Gewissensberatung der Christen, für die Pius XII. eigens wieder die naturrechtliche Kriegslehre erneuert hatte?

Der Auslegungsspielraum der päpstlichen Lehrverkündigung führte in Deutschland, als die erste Atomdiskussion ihren Höhepunkt erreichte, zu einer heftigen moraltheologischen Kontroverse. Sie gewann besondere Brisanz durch ein Referat, das der Berater des Papstes in Fragen des Naturrechts, der Jesuitenpater *Gustav Gundlach* 1958 bei einer Tagung der

Katholischen Akademie in Bayern zum Thema 'Die Lehre Pius XII. vom modernen Krieg' vortrug. In diesem Referat schickte sich Gundlach an, die Unbestimmtheit, die das päpstliche Lehramt hinterlassen hatte, in Bestimmtheit zu überführen. Er setzt bei folgendem Widerspruch ein: Auf der einen Seite will Pius auch den Atomkrieg den sittlichen Kriterien des gerechten Krieges unterwerfen; auf der anderen Seite aber hat er drastisch die Unkontrollierbarkeit eines ABC-Krieges illustriert. Gundlach argumentiert in drei Schritten:

*Erstens* arbeitet er heraus, daß Pius XII. in der Tradition der klassischen Kriegsethik stehe, wonach auch der Krieg ein Mittel des Rechts bleiben müsse. Dabei will der Papstberater jedoch die Ächtung des Angriffskrieges rückgängig machen, indem er beiläufig erklärt, Angriff und Verteidigung machten, wenn es um die gestörte Rechtsordnung geht, keinen Unterschied (Gundlach 2).

*Zweitens* macht sich Gundlach die Beobachtung zunutze, daß der Papst die Atomwaffe und ihre Anwendung jedenfalls nicht in aller Form als absolut unsittlich verworfen hat. Aufgrund einer sinnentstellenden Übersetzung der Schlüsselstelle aus der Rede vom 30. 9. 1954 und irreführender Zitatkombinationen kommt er zu dem Ergebnis, das von Pius geltend gemachte Kontrollierbarkeitskriterium sei nicht auf die objektiven Wirkungen der Waffe selbst, sondern auf den subjektiven menschlichen Akt der Anwendung der Waffe zu beziehen (Gundlach 4f). Wenn also der Papst die Bedingung der Kontrollierbarkeit aufstellt, so habe er nur die Gefahr eines Atomkriegs aus Versehen, gegebenenfalls in Verbindung mit der "Hemmungslosigkeit des auslösenden Menschen" im Auge. Er denke also nur an die Auslösung eines Kriegs, bei der das sittliche Bewußtsein von der technischen Eigengesetzlichkeit überrollt oder von dem "perversen Herrscherwillen eines Menschen" ausgeschaltet wird; nicht jedoch an den im vollen sittlichen Bewußtsein vorgenommenen Einsatz militärischer Mittel. Gundlach lenkt damit zu der klassischen moraltheologischen Lehre zurück, wonach sich Sittlichkeit und Unsittlichkeit einer Handlung nur von dem ihr zugrundeliegenden Willensakt her beurteilen lassen.

Ist aber der willentliche Gebrauch der Atomwaffe zum Zweck der Abschreckung kein in sich unsittlicher Akt, dann hängt für die moralische Bewertung des ABC-Waffeneinsatzes *drittens* alles an der Frage der Güter- und Übelabwägung. Wie sind die durch einen nuklearen Krieg ausgelösten Schäden im Vergleich mit der durch Verteidigungsverzicht hingenommenen Ungerechtigkeit zu gewichten? Gundlach beantwortet diese Frage mit den folgenden berüchtigten Sätzen:

"Sogar für den möglichen Fall, wo nur noch eine Manifestation der Majestät Gottes und seiner Ordnung, die wir ihm als Menschen schulden, als Erfolg bliebe, ist Pflicht und Recht zur Verteidigung allerhöchster Güter denkbar. Ja, wenn die Welt untergehen sollte dabei, dann wäre das auch kein Argument gegen unsere Argumentation. Denn wir haben erstens sichere Gewißheit, daß die Welt nicht ewig dauert, und zweitens haben wir nicht die Verantwortung für das Ende der Welt. Wir können dann sagen, daß Gott der Herr, der uns durch seine Vorsehung in eine solche Situation hineingeführt hat oder hineinkommen ließ, wo wir dieses Treuebekenntnis zu seiner Ordnung ablegen müssen, dann auch die Verantwortung übernimmt" (Gundlach 13).

Wenn aber sogar der Untergang der ganzen Welt kein Übel ist, das die Verteidigungspflicht außer Kraft setzen kann, dann findet in Wahrheit über die als absolut verstandene Verteidigungspflicht hinaus gar keine Güterabwägung mehr statt. "Die Güterabwägung ist ... ersetzt durch eine Wert-Preis-Relation zwischen der Werthöhe der bedrohten Güter und der Intensität der erlaubten bzw. geforderten Verteidigung" (Böckenförde/Spaemann 173). Der Krieg verliert damit seine Beschränkung auf ein Mittel des Rechts zur Wiederherstellung der verletzten Friedensordnung und wird zur Demonstration einer abstrakten Wertordnung entgrenzt; die so definierte Gerechtigkeit soll durchgesetzt werden, auch wenn die Welt darüber untergeht: *fiat iustitia, pereat mundus.*

Gundlachs Argumentation zeigt exemplarisch, wohin eine ethische Urteilsbildung führt, die das Prinzip der Güterabwägung entschränkt und auf den Gedanken einer universellen "Wert"ordnung zurückbezieht. Darüber hinaus ist deutlich, wie nicht nur der schrittweise Lernprozeß zurückgenommen wird, der in den Aussagen Pius XII. zu konstatieren war; es werden auch - wie Ernst-Wolfgang Böckenförde und Robert Spaemann eingehend gezeigt haben - die Grundlagen der naturrechtlichen Kriegslehre überhaupt zerstört. Aber auch von verwandten moraltheologischen Positionen aus, die von der Erlaubtheit des Einsatzes nuklearer Kampfmittel unter bestimmten Bedingungen ausgingen, wurden die Thesen Gundlachs in ihrer provokanten Zuspitzung nicht geteilt. So hielt z. B. Johannes Hirschmann SJ an der Unterscheidung von Angriffs- und Verteidigungskrieg und am Kontrollierbarkeitspostulat als einem auf objektive Wirkungen bezogenen Kriterium fest. Doch fragen wir jetzt, wie sich die Aussagen des päpstlichen Lehramtes weiterentwickelt haben.

b) Friedensförderung und Friedenssicherung

Unter diese Stichworte wollen wir die Friedenslehre Johannes XXIII. und des Zweiten Vatikanischen Konzils stellen. *Johannes XXIII.* leitete die römische Kirche von 1958 bis 1963. Auch er hatte ein Schlüsselerlebnis. Im Oktober 1962 stand die Welt in der Kuba-Krise am Rand eines Atomkriegs. Zur gleichen Zeit wurde das Zweite Vatikanische Konzil eröffnet. Drei Tage bevor der sowjetische Generalsekretär Nikita Chruschtschow gegenüber dem amerikanischen Präsidenten John F. Kennedy einlenkte und ankündigte, die auf Kuba stationierten Mittelstreckenraketen abzuziehen, richtete Johannes XXIII. einen ergreifenden Appell an die Verantwortlichen, "der Welt die Schrecken eines Krieges" zu "ersparen, dessen mögliche furchtbare Folgen niemand absehen kann": "Mit der Hand auf dem Herzen" - so beschwört der Papst die Regierenden - "mögen sie den Angstschrei hören, der aus allen Teilen der Welt, von den unschuldigen Kindern bis zu den Alten, von den Einzelnen bis zu den Gemeinschaften, aufsteigt zum Himmel: Friede, Friede!" (Herder-Korrespondenz 17, 1962-63, 120). Die Sowjetführung attestierte dem Papst später, er sei ursächlich an der Konfliktbewältigung beteiligt gewesen. Chruschtschow meinte: "Diese Botschaft war der einzige Hoffnungsschimmer" (Stehle 339). Es mag diese Erfahrung gewesen sein, die Johannes XXIII. bei Abfassung seiner großen Enzyklika *Pacem in terris* beflügelt hat, die im April 1963, im Jahr seines Todes, erschien (zit. n. DaF mit Abschnittziffern).

Johannes XXIII. entfaltet den Frieden als das auf die Achtung der Menschenrechte gegründete Zusammenleben der politischen Gemeinschaft. Dabei entgeht er aber - anders als sein Vorgänger - von vornherein der Gefahr, den Menschenrechtsgedanken für eine konfrontative Deutung des Ost-West-Konflikts zu instrumentalisieren. Denn Johannes XXIII. stellt den bürgerlich-individualistischen Menschenrechten der westlichen Tradition die sozialen Menschenrechte (das Recht auf Arbeit, auf Kultur und Bildung) gleichwertig an die Seite. Der Papst baut seine Lehrverkündigung so auf einem radikalen Humanismus auf, für den der christliche Glaube nicht Konkurrenz, sondern letzte Vertiefung bedeutet. Die christliche Version der Interpretation der Gerechtigkeit und der Begründung der Menschenrechte tritt nicht mehr mit dem Anspruch auf absolute Wahrheit auf, sondern wird als Dialogangebot eingebracht. Was freilich die Kraft des humanitären Prinzips als solches angeht, so rechnet die Weltsicht des Papstes mit der unaufhaltsamen Durchsetzung der Humanität: "Da ... alle Völker für sich Freiheit beanspruchen oder beanspruchen werden, wird es bald keine Völker mehr geben, die über andere herrschen, noch solche, die unter fremder Herrschaft stehen. Denn die Menschen aller Länder und Völker sind entweder bereits Bürger eines freien Staatswesens oder werden es bald sein" (42f). Man erinnert sich geradezu an Kant, der für den Rechtszustand zwischen den Staaten den Föderalismus freier Staaten als Analogie zur innerstaatlichen republikanischen Verfassungsform gefordert hat, wenn der Papst erklärt: "Das gleiche natürliche Sittengesetz, das die Lebensordnung unter den einzelnen Bürgern regelt, soll auch die gegenseitigen Beziehungen zwischen den Staaten leiten" (80). Die "gesamte Menschheitsfamilie" (132) ist an die Stelle des "christlichen Europa" getreten. Vier Konsequenzen ergeben sich in *Pacem in terris* aus dieser Grundkonzeption.

*Erstens*: Die ungeheuren Kriegsrüstungen werden als doppelte Ungerechtigkeit bezeichnet: sie belasten die Bürger der rüstenden Staaten mit dem Aufwand der größten geistigen und materiellen Güter und enthalten damit den bedürftigen Nationen die notwendige wirtschaftliche und soziale Hilfe vor (109).

*Zweitens*: Der Papst läßt das Gleichgewichtsdenken nicht als rechtfertigenden Grund gelten, sondern erkennt es umgekehrt als Ursache immer weiterer Rüstung und der Weiterverbreitung von Atomwaffen (110). Die Enzyklika fordert deshalb: Stopp des Rüstungswettlaufs, Verbot von Atomwaffen, vereinbarte kontrollierte Abrüstung. Diese seitdem stets wiederholte Forderung des Vatikan nach gegenseitiger, vereinbarter, kontrollierter Abrüstung bleibt zwar gegenüber dem später zutage getretenen Dilemma ohnmächtig, daß Rüstungskontrolle nicht effektive Abrüstung bedeutet. Der Papst weist jedoch den Weg zu einem fundamentalen Wechsel der Verhaltensmuster, wenn er sagt: "Dies setzt (...) voraus, daß an die Stelle des obersten Gesetzes, worauf der Friede sich heute stützt, ein ganz anderes Gesetz trete, wonach der wahre Friede unter den Völkern nicht durch die Gleichheit der militärischen Rüstung, sondern nur durch gegenseitiges Vertrauen fest und sicher bestehen kann" (113).

*Drittens*: In Anbetracht der Zerstörungskraft der modernen Waffen deutet der Papst eine Ächtung nicht nur des Angriffskrieges, sondern jedes Krieges an. Er tut es mit folgenden berühmten Worten: "Darum widerstrebt es in unserem Zeitalter, das sich rühmt, Atomzeitalter zu sein, der Vernunft, den Krieg noch als das geeignete Mittel zur Wiederherstellung verletzter Rechte zu betrachten" (127). Die Konsequenz ist klar: Wenn die Vernunft den Krieg nicht mehr als Mittel zur Rechtswahrung betrachten kann, dann hat es auch keinen Sinn mehr, auf die Lehre vom gerechten Krieg als Kriteriologie der sittlichen Vernunft zurückzugreifen. Daher kommt es, daß Johannes XXIII. nicht nur keine Aussagen mehr über die Verteidigungspflicht macht, sondern sich überhaupt der Erörterung des Problems gerechter Gewaltanwendung enthält.

*Viertens*: Der Papst hält es für unzureichend, die Ächtung des Krieges nur auf die Furcht vor den modernen Waffen zu gründen. Diese Furcht ist zwar ein Zeichen der Zeit. Der Frieden muß aber mehr sein als ein Gesetz der Notwendigkeit. Er ist ein Gebot der "Vernunft", nach dem man "mit Leidenschaft streben" muß (114f). Da die Staaten untereinander ihre Beziehungen nach denselben Prinzipien regeln sollen, wie die Bürger innerhalb der Staaten, fordert Johannes XXIII. über Pius XII. hinaus, die Allgemeine Erklärung der Menschenrechte der UN "gleichsam als Stufe und als Zugang zu der zu schaffenden rechtlichen und politischen Ordnung aller Völker auf der Welt zu betrachten" (144) und einer durch Übereinkunft aller Völker zu begründenden universalen politischen Gewalt auch die Mittel zur Rechtsdurchsetzung zuzubilligen (138).

Johannes XXIII. hat damit einen großen Entwurf der *Friedensförderung* vorgelegt, der gerade auch in dem provozierend ist, wovon er nicht spricht. Über die Probleme militärischer Friedenssicherung schweigt er sich nämlich aus. Wie Johannes XXIII. selbst bei der Einberufung des II. Vatikanischen Konzils sagt, ist er von der programmatischen Absicht geleitet, "den Begriff des Friedens nicht nur unter seinem negativen Aspekt" zu entfalten, "sondern mehr in seinen positiven Erfordernissen" (Herder-Korrespondenz 17, 1962/63,

45). Gerade auch evangelische Theologen wie Paul Tillich haben die Unterbelichtung des Problems legitimer militärischer Gewalt in *Pacem in terris* kritisiert. Sollte also ein Recht, gegebenenfalls eine Pflicht zur Verteidigung nicht mehr gelten? Und wie steht es mit dem Problem der Vorzugswahl zwischen zwei unvermeidlichen Übeln, das Pius XII. hinterlassen hatte? Wenn man von der Lehre der Kirche Gewissensberatung im Konflikt erwartet, kann man diesen Fragen nicht ausweichen. Dies waren Probleme, denen sich das vom selben Papst einberufene Konzil stellen mußte.

Die *Friedensethik des Zweiten Vatikanischen Konzils* findet sich im fünften Kapitel der Pastoralkonstitution *Gaudium et spes*, die am 7. Dezember 1965 verabschiedet wurde (deutsch in: K. Rahner/H. Vorgrimler; lateinisch-deutsch in: Lexikon für Theologie und Kirche, Ergänzungsband III; auszugsweise deutsch in: DaF 15-38; im folgenden belegt mit Artikelziffern). Der Konzilstext ist das Ergebnis eines harten Ringens höchst unterschiedlicher Positionen. Dies betrifft nicht den zweiten Abschnitt unter dem Titel 'Der Aufbau der internationalen Gemeinschaft'. Hier werden die Impulse zur Friedensförderung, die Johannes XXIII., aber auch Pius XII. gegeben hatten, zusammengefaßt, wobei besonders die Forderung nach Ausgleich ökonomischer Ungerechtigkeiten unterstrichen wird. Größere Probleme bereiteten die Einführung und der erste Abschnitt, der die Überschrift trägt: 'Von der Vermeidung des Krieges'. Insgesamt handelt es sich hierbei um die Ziffern 77-82. Wir fassen die für uns wichtigen Themen, die zugleich die in der Diskussion umstrittenen waren, in fünf Punkten zusammen:

*Erstens*: In Ziffer 78 erörtert das Konzil das "Wesen des Friedens" in einer neuen Variante. Es wiederholt die alte These, als ein "Werk der Gerechtigkeit" sei der Frieden mehr als die Abwesenheit von Krieg. Frieden kann darum nie ein endgültiger Besitz, sondern nur eine immer neu zu erfüllende Aufgabe sein. Es wird aber hinzugefügt: "Dies alles genügt noch nicht." Der Frieden ist nämlich "auch die Frucht der Liebe, die über das hinausgeht, was die Gerechtigkeit zu leisten vermag." Diese zweite These, die hier neu eingeführt wird, ist mehr als eine rhetorische Verzierung. Denn sie stellt nicht weniger als die Grundlage dafür dar, daß der pazifistischen Position der Gewaltlosigkeit und der Kriegsdienstverweigerung erstmals ein Heimatrecht in der römisch-katholischen Kirche eingeräumt wird. Der Text sagt: Wir können "denen unsere Anerkennung nicht versagen, die bei der Wahrung ihrer Rechte darauf verzichten, Gewalt anzuwenden, sich vielmehr auf Verteidigungsmittel beschränken, so wie sie auch den Schwächeren zur Verfügung stehen, vorausgesetzt, daß dies ohne Verletzung der Rechte und Pflichten anderer oder der Gemeinschaft möglich ist". Gewaltverzicht also ohne Rechtsverzicht, Selbstverteidigung mit den Mitteln der Schwächeren - die Anklänge an die durch Gandhi inaugurierte Praxis (s. oben I.4.4.c) sind deutlich. Das Konzil spricht hier dem Pazifismus der gewaltfreien Aktion und der sozialen Verteidigung seine Anerkennung aus und gewährt ihm damit Heimatrecht in der Kirche, allerdings - wie René Coste (548) mit Recht sagt - nur in begrenzter Weise. Denn durch Verwendung der doppelt-negierenden Formel "wir können unsere Anerkennung nicht versagen" *(non possumus non laudare)* enthält sich der Text einer ausdrücklichen ethischen Bewertung der pazifistischen Position.

*Zweitens*: In Ziffer 79 greifen die Konzilsväter mit folgenden Worten auf die Lehre vom gerechten Krieg zurück: "Solange die Gefahr von Krieg besteht und solange es noch keine zuständige internationale Autorität gibt, die mit entsprechenden Mitteln ausgestattet ist, kann man, wenn alle Möglichkeiten einer friedlichen Regelung erschöpft sind, einer Regierung das Recht auf sittlich erlaubte Verteidigung nicht absprechen." Das Konzil bezieht damit eine Position der "Mitte" zwischen Pius XII. und Johannes XXIII. Es hat die unbedingte Verteidigungspflicht, die Pius XII. 1948 ausgesprochen zu haben schien, in das Zugeständnis eines Rechts auf sittlich erlaubte Verteidigung an die Staatsführungen abgemildert. Damit ist der unbedingten Vorordnung der Friedensaufgabe vor dem Krieg

Rechnung getragen. Der Vision von Jesaja 2,4, daß Schwerter zu Pflügen und Speere zu Winzermessern werden sollen, gilt die erste Aufmerksamkeit der Christen und der Kirche, nicht der historischen Faktizität von Kriegen. Und weiter: Auch die Wahrnehmung des Verteidigungsrechts ist einer legitimen Regierung allenfalls bedingt zuzugestehen, nämlich: anstelle eines noch nicht existierenden internationalen Gewaltmonopols, als letztes Mittel und unter Wahrung der Verhältnismäßigkeit. Das Konzil hält letztlich die von Pius ausführlich bemühte bellum-iustum-Lehre bloß noch als prinzipielle Hintergrundüberzeugung fest, ohne von ihr einen normativen Gebrauch zu machen.

*Drittens*: In Ziffer 80 thematisiert der Konzilstext dann die Anwendung von Nuklearwaffen und stellt fest: "Die Anwendung solcher Waffen im Krieg vermag ungeheure und unkontrollierbare Zerstörungen auszulösen, die die Grenzen einer gerechten Verteidigung weit überschreiten." Diese beschreibende Feststellung wird dann in die normative *Ächtung des totalen Krieges* übersetzt; sie erfolgt mit den Worten: "Jede Kriegshandlung, die auf die Vernichtung ganzer Städte oder weiter Gebiete und ihrer Bevölkerung unterschiedslos abstellt *(tendit)*, ist ein Verbrechen gegen Gott und gegen den Menschen, das fest und entschieden zu verwerfen ist." Mit diesem Satz hat das Konzil das von Pius XII. in die Urteilsbildung eingebrachte Kontrollierbarkeitskriterium durch das dem Kriegsvölkerrecht entstammende Prinzip des Nonkombattanten-Schutzes präzisiert und damit ein Element der objektiven Wirkung einer Kriegshandlung in die Urteilsbildung aufgenommen. Kriegshandlungen sind nur dann sittlich zu verantworten, wenn militärische von zivilen Zielen unterschieden werden können. Zugleich aber hält das Konzil daran fest, daß die Sittlichkeit einer Handlung nur an der rechten Absicht, der *recta intentio* des Handelnden, nicht an der objektiven Wirkung ihrer Handlungen festgemacht werden kann. Der Beleg dafür ist, daß es im endgültigen lateinischen Text heißt: "*tendit*" (abstellt) statt "*secumfert*" (mit sich bringt). Damit ist dieser Satz des Konzils jedoch offen für eine Auslegung durch das moraltheologische Prinzip der Doppelwirkung, das besagt: Eine in der rechten Absicht vollzogene Handlung kann auch dann moralisch erlaubt sein, wenn sie unbeabsichtigte Nebenwirkungen hat, die - als direkt intendierte - sittlich verwerflich wären. Weil das Konzil zu der empirischen Frage, ob die Wirkungen eines Atomkriegs kontrolliert werden können, keine Stellung nimmt, kann es sich auch nicht dazu durchringen, den Besitz von Atomwaffen zu ächten; dazu hätte es sonst Nuklearwaffen als in sich selbst schlechte Mittel qualifizieren müssen.

*Viertens*: In Ziffer 81 nimmt der Text zur nuklearen Abschreckung Stellung. Er tut dies mit äußerst distanzierten Worten: "Viele halten dies heute für das wirksamste Mittel, einen gewissen Frieden zwischen den Völkern zu sichern." Anschließend folgt die Mahnung: "Gewarnt vor Katastrophen, die das Menschengeschlecht heute möglich macht, wollen wir die Frist, die uns noch von oben gewährt wurde, nützen, um mit geschärftem Verantwortungsbewußtsein Methoden zu finden, unsere Meinungsverschiedenheiten auf eine Art und Weise zu lösen, die des Menschen würdiger ist." Damit hat das Konzil die Abschreckung nicht als gerechte Abschreckung legitimiert, wie es bei Pius XII. geschah, der die Abschrekkung als Funktion der Verteidigungspflicht konstruiert hatte. Das Konzil toleriert lediglich eine durch die historische Entwicklung entstandene Lage, die "kein sicherer und wirklicher Friede ist", die aber nicht von heute auf morgen verändert werden kann, sondern innerhalb einer Gnadenfrist überwunden werden muß.

*Fünftens*: In Ziffer 82 stellt der Text eine absolute Ächtung des Krieges durch Übereinkunft der Völker als ein Fernziel vor, das durch vertraglich vereinbarte Abrüstung auf der Basis gegenseitigen Vertrauens anzustreben ist.

Bis zur Erreichung dieses Ziels gelten Reduktion der bellum-iustum-Lehre auf sittlich nur noch erlaubte Verteidigung, Verwerfung des intendierten Vernichtungskrieges und befristete Tolerierung kriegsverhütender Abschreckung als Prinzipien, die das Konzil aufgestellt hat. Wir werden sehen, daß sie zu anderen Zeiten und an verschiedenen Orten unterschiedliche Konkretionen erlauben. Aber im Grundsatz gelten sie bis heute, denn den Beschlüssen eines Konzils kommt nach römisch-katholischem Verständnis höchste Verbindlichkeit zu. Deshalb sind, was das päpstliche Lehramt angeht, jetzt nur noch die Modifikationen und besonderen Akzentsetzungen zu nennen, die über die kontinuierliche Fortsetzung der Lehre hinaus bei Paul VI. und Johannes Paul II. anzutreffen sind (vgl. Nagel/Oberhem 46ff).

### c) Pflicht zur Abrüstung und Legitimitätsschwund des Militärs

*Paul VI.* hat noch vor dem Ende des Konzils, im Oktober 1965, als erster Papst die Vereinten Nationen (UN) besucht. Die große, zugleich demütige und vollmächtige Rede, die er dort gehalten hat, verstand er als "feierliche moralische Ratifizierung" einer Institution, von der er sagt, sie spiegele in der zeitlichen Ordnung die geistliche Idee der Kirche Christi wieder (vgl. DaF 52-59). Seit der Konferenz für Sicherheit und Zusammenarbeit in Europa 1975 ist der Heilige Stuhl im 20. Jahrhundert erstmals wieder als volles Mitglied bei Staatskonferenzen vertreten. Die päpstliche Enzyklika *Populorum progressio* von 1967 bezeichnete "Entwicklung als den neuen Namen für Frieden" (vgl. DaF 73-80). Das Lehrschreiben rückte das Schicksal der Zweidrittelwelt in den Blickpunkt und nahm in seinen Überlegungen zu einer neuen Weltwirtschaftsordnung spätere Erklärungen der UN vorweg. Der Papst erklärt 1968 den 1. Januar erstmals zum Tag des Friedens und verschafft damit seinem Amt eine zusätzliche Plattform zur Friedensmahnung "an alle Menschen guten Willens" (DaF 83). Gegen den "alten abergläubischen, aber immer noch wirksamen trügerischen Satz" vom Krieg als Naturereignis des *homo homini lupus* setzt er seine Überzeugung von der naturgegebenen Notwendigkeit und Möglichkeit des Friedens (DaF 137, vgl. 130f).

Der Pontifikat Pauls VI. umfaßt die Jahre 1963 bis 1978. Während dieser Zeit änderte sich die erklärte Militärstrategie des Westens von der massiven Vergeltung über die flexible response zur Kriegführungsabschreckung (s. oben II.1). Es zeigte sich, daß *arms control* mit effektiver Abrüstung nichts zu tun hat. 1967/68 eskalierten die Kriege in Nahost und in Vietnam, die Sowjetunion besetzte die CSSR. All dies hat zu Akzentverschiebungen in der päpstlichen Friedenslehre geführt. Schon seine UN-Rede von 1965 gipfelt in dem flammenden Appell an die Delegierten, in Ansehung der Charta der Vereinten Nationen die Verpflichtung eines Eides zu verspüren, der lautet: "Nie wieder Krieg, nie wieder Krieg! Der Friede, der Friede muß das Geschick der Völker und der ganzen Menschheit leiten!" "Wenn Sie Brüder sein wollen" - erklärt der Papst - "dann legen Sie die Waffen nieder!" Freilich setzt er sofort differenzierend hinzu: "Man kann nicht lieben mit *Angriffs*waffen in den Händen", und erläutert: "Solange der Mensch jenes schwache, unbeständige und sogar böse Wesen, als das er sich oft zeigt, sein wird, so lange werden *Defensiv*waffen leider nötig sein" (DaF 56f). Diese Form der Konzentration auf das Waffenproblem kann und muß man wohl auch so verstehen, daß sie die versteckte Aufforderung enthält, die je eigene Bewaffnung daraufhin zu prüfen, ob sie überhaupt als defensiv wahrgenommen werden kann. Doch die Perspektive des Papstes reicht weiter. Wie wohl keiner seiner Vorgänger hat Paul VI. die Einschärfung der *Pflicht zur Abrüstung* zu seiner Sache gemacht. Es seien nur zwei besondere Dokumente genannt, die während seiner Amtszeit entstanden sind.

Im September 1976 wurde eine Ausarbeitung der päpstlichen Kommission *Iustitia et pax* mit dem Titel 'Der Heilige Stuhl und die Abrüstung' vom ständigen Vertreter des Vatikans, Monsignore Cheli, an die UN-Sonderkommission für Abrüstung weitergeleitet. Das sogenannte Cheli-Dokument enthält eine Verurteilung des Rüstungswettlaufs in kaum zu überbietender Schärfe (in: Herder-Korrespondenz 31, 1977, 302-306). Der Rüstungswettlauf, so heißt es da (302), sei eine Gefahr, weil durch ihn die Erpressung zur Norm der zwischenstaatlichen Beziehungen werde. Er sei eine Ungerechtigkeit, weil er schon jetzt einen tötenden Angriff auf die Armen darstelle. Er sei ein Irrtum und ein Vergehen, weil die Umstellung von Rüstungsproduktion auf zivile Güter möglich sei, so daß die Menschen nicht gezwungen werden müßten, durch die Produktion von Mordwaffen Beschäftigung zu finden. Er sei ein Wahnsinn, weil er die internationalen Beziehungen in eine Art kollektiver Hysterie führe. Neben dieser rhetorisch starken Verurteilung ist das Cheli-Dokument vor allem deshalb bemerkenswert, weil es die Frage aufwirft, ob die gängige Formel für die Abrüstungsforderung des Vatikan, nämlich die nach einer gemeinsamen, gleichzeitigen, institutionell garantierten Abrüstung noch tragfähig ist. Denn die darin auftauchenden Adjektive, so stellt das Dokument fest, seien an eine bestimmte Auffassung von der Souveränität der Staaten gebunden und selbst von "der Atmosphäre gegenseitigen Mißtrauens durchdrungen". Die UN-Abrüstungskommission wird deshalb gefragt: "Soll man sich also wörtlich an die traditionellen Kriterien der Abrüstung halten, ob sie gut begründet sind oder nicht?" "Muß man nicht neue Lösungen finden, um ... dem Bann des Mißtrauens zu entrinnen?" (304).

Der Papst selbst bezeichnet das Abschreckungssystem mehrfach als "Gleichgewicht des Schreckens" (DaF 150.178f) und weist in seiner Botschaft an die Abrüstungskonferenz der UN vom 24. Mai 1978 darauf hin, daß die innere Logik des Gleichgewichts jeden der Gegner zu dem Versuch treibt, "sich ein gewisses Maß an Überlegenheit zu verschaffen, aus Angst, einmal in eine benachteiligte Lage zu geraten" (DaF 178). Er erklärt es deshalb für unerläßlich, "eine schrittweise, aber zugleich fast ungeduldige, ausgewogene, mutige Strategie des Friedens und der Abrüstung auszuarbeiten und voranzutreiben" (DaF 181). Darüber hinaus fällt auf, daß Paul VI. das Recht auf legitime Verteidigung nicht mehr mit einer sittlichen Bewertung versieht. Er registriert es lediglich als verständlichen Anspruch der Staatsführungen, der ihnen nicht abgesprochen werden könne (DaF 177). Die Legitimität des Verteidigungsrechts taucht nur noch als Anspruch des Staates auf, sie ist nicht mehr ausdrücklich Ergebnis der ethischen Urteilsbildung. Aus der sittlich erlaubten Verteidigung wird ein bloß noch den Staaten zugestandener Verteidigungsanspruch. Ja, Paul VI. stellt in anderem Zusammenhang die Bergpredigt als "das neue Gesetz einer Menschheit" vor, "die voranschreitet und den Frieden mit dem unerhörten Grundsatz" der Brüderlichkeit ausrüstet. Der Papst erinnert an Gandhi als ein Beispiel unserer Zeit dafür, "was ein schwacher Mensch kann, mit nichts als dem Prinzip der Gewaltlosigkeit ausgerüstet" (DaF 161). Damit bahnt sich eine Form der Distanzierung vom Militärischen an, die sich beim gegenwärtigen Papst mit einer überraschenden Konsequenz fortsetzt.

Die Friedenslehre Karol Woitylas, der 1978 als *Johannes Paul II.* den Stuhl Petri bestieg, ruht auf einer christologisch begründeten Anthropologie, wie er sie vor allem in seiner Enzyklika *Redemptor hominis* dargelegt hat (DaF 194-208): Die Sorge um den konkreten Menschen entspricht der Menschwerdung Gottes. Von hier aus stellte der Papst in seiner ersten Rede vor der Vollversammlung der UN die Achtung der unveräußerlichen Menschenrechte als Grundlage des Friedens heraus, und zwar nach den beiden Seiten der sozialen Menschenrechte und der Religions- und Gewissensfreiheit (DaF 217-232). Wie seine Vorgänger seit Johannes XXIII. versteht er seine Anrede an die Welt als Beitrag zum Dialog der weltpolitischen Gemeinschaft. Doch übersetzt er dabei seine Theologie weniger in juristische als in anthropologische Kategorien: "Vor dem Dilemma Krieg oder Frieden sieht sich der Mensch konfrontiert mit sich selbst" (DaF 282). In dieser Rede ist ein Abschnitt den wissenschaftlichen Bemühungen um den Frieden gewidmet; dabei würdigt der Papst die Arbeit der Juristen nur kurz, um bei der der Psychologen und Philosophen länger zu verweilen (DaF 285f). Entsprechend betrachtet er die Problematik von Krieg und

Frieden nicht zuerst unter normativen moraltheologischen oder völkerrechtlichen Aspekten, sondern eher unter dem Gesichtspunkt einer Phänomenologie der psychischen und sozialen Dispositionen zur Gewalt. Der Krieg gerät damit tendenziell auf eine Ebene mit Mord, Folter und Terrorismus; wie die bellum-iustum-Tradition den Krieg als Rechtsinstitut zu beurteilen, scheint Johannes Paul II. fernzuliegen. "Die moderne Kriegführung - mit oder ohne Nuklearwaffen - wird heute aufgrund ihres Ausmaßes und ihrer Schrecken durchaus unannehmbar als Mittel, Differenzen zwischen Nationen auszutragen" (Mader 316). Als erster Papst, der Hiroshima besuchte, leitete er ein Dokument der Päpstlichen Akademie der Wissenschaften über die gigantischen Vernichtungswirkungen eines Atomkriegs an die Nuklearmächte weiter. Gleichwohl: dem Abschreckungssystem vermochte auch Johannes Paul unter den gegenwärtigen Umständen nicht jede moralische Tolerierbarkeit absprechen. In seiner Botschaft an die zweite außerordentliche Abrüstungskonferenz der UN 1982 heißt es: "Unter den gegenwärtigen Bedingungen kann eine auf dem Gleichgewicht beruhende Abschreckung - natürlich nicht als ein Ziel an sich, sondern als ein Abschnitt auf dem Weg einer fortschreitenden Abrüstung - noch für moralisch annehmbar gehalten werden" (Mader 327). Wie nimmt dieser Papst zum Verteidigungsrecht Stellung?

In seiner Botschaft zum Weltfriedenstag 1982 erklärt er: Zur realistischen Sicht des Christen im Einsatz für den Frieden gehöre es, daß er nicht zögert, "während er sich voller Eifer darum bemüht, alle Formen kriegerischer Auseinandersetzung zu bekämpfen und ihnen zuvorzukommen, gleichzeitig im Namen einer elementaren Forderung der Gerechtigkeit daran zu erinnern, daß die Völker das Recht und sogar die Pflicht haben, durch angemessene Mittel ihre Existenz und ihre Freiheit gegen einen ungerechten Angreifer zu verteidigen" (DaF 291). Der Papst spricht hier von einem Recht der Völker, nicht der Staatsführungen. Er begreift das Verteidigungsrecht erstmals als Ausfluß der Volkssouveränität, nicht zuerst als Recht der souveränen Staaten. Und zur Frage der angemessenen Mittel fährt er fort: "In Anbetracht des fast wesenhaften Unterschiedes, der zwischen den klassischen Formen des Krieges und einem nuklearen oder bakteriologischen Krieg besteht ... unterstreicht ... dieses im Prinzip sehr reale Recht nur umso mehr für die gesamte Menschheit die Dringlichkeit, sich wirksame Verhandlungsmöglichkeiten zu schaffen." Der Papst legt das Verteidigungsrecht aus der Macht der Staaten in die Hände der Völker zurück. Aber dieses "im Prinzip sehr reale Recht" ist angesichts des qualitativen Sprungs der modernen Waffentechnik gleichbedeutend mit der Erkenntnis: Was im Prinzip "real" ist, ist in der geschichtlichen Wirklichkeit irreal geworden: "Der Krieg ist das barbarischste und unwirksamste Mittel, um Konflikte zu lösen." Es erscheint konsequent, daß sich in den Aussagen Johannes Pauls II. nur vergleichsweise schwache Hinweise auf die objektive Friedensrelevanz des Soldatenberufs finden (Nagel/Oberhem 60); insoweit spiegelt sich der *Legitimitätsschwund des Militärs* in der päpstlichen Friedenslehre wider. Der Kreis hat sich geschlossen. Der polnische Papst, Sohn des Volkes, das von Hitler überfallen worden war, weswegen Pius XII. die Lehre vom gerechten Krieg erneuert hatte, hat diese Lehre begraben. Die Ächtung des Krieges folgt aus einer Perspektive, in der das Volk, nicht der Staat, als substantieller Träger der politischen Willensbildung begriffen wird.

Wir haben uns damit im Überblick die Lehrentwicklung der Päpste seit Pius XII. auf dem Weg zur Ächtung des Krieges vergegenwärtigt. Zusammenfassend lassen sich *drei Ebenen der Urteilsbildung* unterscheiden: Die Ebene des Naturrechts auf Selbstverteidigung, die Ebene der individuellen Gewissensentscheidung und die Ebene der sittlichen Bewertung der Abschreckungsinteraktion. Auf der Ebene des Verteidigungsrechts haben wir eine Urteilsbildung nachvollzogen, die beginnend mit der Verteidigungspflicht (Pius XII.) über die sittlich erlaubte Verteidigung der Regierungen (Zweites Vatikanum) bei einem fiktiv werdenden Verteidigungsrecht des Volkes (Johannes Paul II.) angekommen ist. Auf der

Ebene der individuellen Gewissensentscheidung geht die Lehrentwicklung von der These aus, Kriegsdienstverweigerung sei ein objektiv irriges Gewissensurteil (Pius XII.) und bewegt sich über die Anerkennung des Pazifismus (Zweites Vatikanum) bis hin zu einem Legitimitätsdefizit des Militärs (Johannes Paul II.). Auf der Ebene der sittlichen Bewertung der Abschreckung von der gerechten Abschreckung (Pius XII.) zur sittlich tolerierten Minimalabschreckung, sofern sie von effektiver Abrüstung begleitet wird (Johannes Paul II.).

LITERATUR: *E.-W. Böckenförde,* Das neue politische Engagement der Kirche. Zur "politischen Theologie" Johannes Pauls II., in: Stimmen der Zeit 198, 1980, 219-234 - *E.- W. Böckenförde/R. Spaemann,* Die Zerstörung der naturrechtlichen Kriegslehre, in: Dies., Atomare Kampfmittel und christliche Ethik. Diskussionsbeiträge deutscher Katholiken, München 1960, 161-196 - *R. Coste,* Kommentar zu Art. 77-82 der Pastoralkonstitution über die Kirche in der Welt von heute, in: Das Zweite Vatikanische Konzil. Dokumente und Kommentare, Lexikon für Theologie und Kirche, Ergänzungsbd. III, Freiburg/Basel/Wien 1968, 562-592 - Dienst am Frieden. Stellungnahme der Päpste, des II. Vatikanischen Konzils und der Bischofssynode. Von 1963 bis 1982, Verlautbarungen des Apostolischen Stuhls 23, 2. Aufl. Bonn o.J. (zit.: *DaF*) - *N. Glatzel,* Neueste kirchliche Lehrverkündigung zur Sicherheits- und Rüstungsdebatte ab 1945, in: N. Glatzel/E.-J. Nagel (Hg.), Frieden in Sicherheit. Zur Weiterentwicklung der katholischen Friedensethik, Freiburg/Basel/Wien 1981, 125-148 - *N. Glatzel,* Friedensförderung in der neueren päpstlichen Lehre, in: E.-J. Nagel (Hg.), Dem Krieg zuvorkommen. Christliche Friedensethik und Politik, Freiburg/Basel/Wien 1984, 39-59 - *G. Gundlach,* Die Lehre Pius XII. vom modernen Krieg, in: Stimmen der Zeit 164, 1958/59, 1-14 - *J. B. Hirschmann,* Kann atomare Verteidigung sittlich gerechtfertigt sein?, in: Stimmen der Zeit 162, 1957/58, 284-296 - *H. Mader* (Hg.), Quellen zum Friedensverständnis der katholischen Kirche seit Pius IX., Wien/München 1985 - *E.-J. Nagel/H. Oberhem,* Dem Frieden verpflichtet. Konzeptionen und Entwicklungen der katholischen Friedensethik seit dem Zweiten Weltkrieg, München/Mainz 1982 - *K. Rahner/H. Vorgrimler,* Kleines Konzilskompendium, Freiburg 1966 - *D. Squicciarini,* Die Weltfriedensbotschaften Papst Pauls VI., Berlin 1979 - *H. J. Stehle,* Die Ostpolitik des Vatikans 1917-1975, München 1975 - *A. F. Utz/J.-F. Groner* (Hg.), Aufbau und Entfaltung des gesellschaftlichen Lebens. Soziale Summe Pius XII., 3 Bde., Freiburg 1954/61 (zit.: *UG*).

### *2.2. Die Friedensarbeit des Ökumenischen Rates der Kirchen*

Die offizielle Gründung des Ökumenischen Rates der Kirchen (ÖRK) mit seiner ersten Vollversammlung in Amsterdam 1948 ist mit einem für die Friedensverantwortung der Kirchen eindrücklichen und vielzitierten Satz verbunden: "Krieg soll nach Gottes Willen nicht sein" (KuF 156). Es handelt sich um die erste Zwischenüberschrift im Bericht der Sektion IV der Vollversammlung des ÖRK, die drei Jahre nach Kriegsende über das Thema 'Die Kirche und die internationale Unordnung' gehandelt hat. Man muß dabei bedenken, daß der Ökumenische Rat in den zwei Jahrzehnten seit seiner Gründung noch nicht jenes bunte Bild des spannungsreichen Miteinander von Nord und Süd und Ost und West geboten hat wie heute. Die Vertreter der jungen Kirchen der südlichen Hemisphäre und die orthodoxen Kirchen des Ostens kamen erst später hinzu und begannen in den sechziger Jahren an Einfluß zu gewinnen. "Krieg soll nach Gottes Willen nicht sein" - dies war das Bekenntnis der europäisch-nordamerikanischen Eliten, der politisch und wissenschaftlich einflußreichen Laien und Kirchenmänner, die die ökumenische Bewegung in den ersten zwei Jahrzehnten steuerten. Sie haben den ÖRK in Anknüpfung an die Vorgängerorganisationen, von denen zum Teil bereits die Rede war, gegründet: den Internationalen Missionsrat, die Bewegung für Glauben und Kirchenverfassung *(Faith and Order)* und die Bewegung für Praktisches Christentum *(Life and Work).* Der Weltbund für internationale Freundschaftsarbeit der Kirchen, der als Mitglieder nicht Kirchen, sondern nationale Räte aufgenommen hatte, wurde 1948 in die *Commission of Churches on International Affairs* (CCIA) umgebildet. Die CCIA ist seitdem mit ihren nationalen Unterorganisationen eines der wichtigsten Instrumente des ÖRK zur ständigen Wahrnehmung ökumenischer Verantwortung im Bereich der internationalen Beziehungen. Die Durchsetzung der Menschenrechte, die Förderung von Dekolonisation und wirtschaftlicher Entwicklung, die Regelung der Rüstungsfrage und die Weiterentwicklung internationaler Organisationen und Rechtsnormen steht von Anfang an im Aufgabenkatalog der CCIA. Während sich diese Arbeit meist im Verborgenen und auf diplomatischen Kanälen, aber keineswegs wirkungslos vollzog, galt und gilt die öffentliche Aufmerksamkeit naturgemäß mehr den großen, von Delegierten aller Mitgliedskirchen bestimmten Vollversammlungen, deren Botschaften, öffentliche Erklärungen und Sektionsberichte den Mitgliedskirchen zur Rezeption, zur Annahme und Umsetzung vor Ort empfohlen werden.

Vollversammlungen des ÖRK haben von daher natürlich einen ganz anderen Status als ein römisch-katholisches Konzil oder das Lehramt des Papstes. Denn der ÖRK versteht sich nicht selbst als (Über- oder Welt-)Kirche, sondern als eine Gemeinschaft von Kirchen, die sich in ihrer Verschiedenheit anerkennen (so die Formel von Toronto 1950), in diesem Rahmen aber nach Mitteln und Wegen suchen, um der Verwirklichung voller konziliarer Gemeinschaft näherzukommen (so die Formulierung von Nairobi 1975). Es ist deshalb klar, daß wir in der Urteilsbildung des Ökumenischen Rates auch und gerade in Fragen der Friedensverantwortung keine kontinuierliche Lehrentwicklung vor uns haben. Auch ist nicht zu übersehen, daß Verlautbarungen des ÖRK eher deklamatorischen und kaum - bzw. gar nicht - ethisch-argumentativen Charakter haben. Man kann sagen: Friedensethik im Kontext des Ökumenischen Rates versteht sich als Selbstverständigungsprozeß von Kirchen unterschiedlicher Traditionen über die ihnen mögliche Gemeinsamkeit im Eintreten für den Weltfrieden (vgl. zum ganzen vor allem Lienemann). Wir fassen den Überblick über diesen gegenüber dem päpstlichen Lehramt andersartigen Meinungsbildungsprozeß, zu dem die römisch-katholische Kirche im übrigen nur Beobachter entsendet, in drei Abschnitten zusammen.

### a) Die Grundhaltungen zum Krieg

"Krieg soll nach Gottes Willen nicht sein" - Kontrastiert man diesen Satz aus dem Bericht der ersten Vollversammlung des Ökumenischen Rates 1948 mit den Dokumenten ihrer letzten Vorläuferkonferenz, so ist der grundsätzliche Wandel in der theologisch-ethischen Beurteilung des Krieges offenkundig: Zwar hatte schon die *Weltkonferenz der ökumenischen Bewegung für praktisches Christentum in Oxford 1937* in ihrer Botschaft an die Kirchen der Welt erklärt, daß "die Kirche Christi, die ihre Glieder in allen Völkern hat, den Krieg ohne Vorbehalt und ohne Einschränkung verurteilen" muß: "Krieg ist immer Folge und Ausbruch der Sünde". Und im V. Sektionsbericht über die Kirche und die Welt der Nationen hieß es: "Der Mensch ist der Gefangene einer mit Sünde belasteten Lage, zu deren Verkehrtheit er mehr oder weniger beigetragen hat" (KuW 262.250). Auch hier findet sich also bereits die Gedankenverbindung von Krieg und Sünde; gleichwohl wurde damit ein Motiv angeschlagen, das keineswegs eine eindeutige Ächtung des Krieges enthält. Nimmt man die These vom Krieg als Ausdruck der Sünde mit dem Tatbestand zusammen, daß die in der ökumenischen Bewegung verbundenen Kirchen natürlich keine einheitliche Lehre von der Sünde besitzen, so tut sich in der Frage der ethischen Konsequenzen dieser theologische Aussage ein ganz erheblicher Auslegungsspielraum auf. Meint man mit Sünde die Qualifizierung der gefallenen Welt als ganzer, die den Menschen einem Zwang unterworfen hat, der erst mit der Wiederkunft Christi aufgelöst wird, so ist die These vom Krieg als Sünde gleichbedeutend mit der Behauptung, daß Kriege in dieser Welt gar nicht abgeschafft werden können. Versteht man dagegen unter Sünde eine menschliche Willensrichtung und ein daraus hervorgehendes Handeln, das sittlich zurechenbar und qualifizierbar ist, so kann die These vom Krieg als Sünde bedeuten, der Krieg sei eine Handlung, der es auf alle Fälle abzusagen gelte. Da sich jedoch kirchliche Dokumente im Protestantismus in der Regel nicht gerade durch die Klarheit dogmatisch-theologischer Unterscheidungen auszeichnen, erfüllen die daraus resultierenden Leerformeln nicht selten die Funktion, daß unter ihrer Überschrift lediglich die vorhandenen unterschiedlichen gewissensbestimmten Positionen registriert und nebeneinandergestellt werden.

Der Sektionsbericht der Oxforder Konferenz von 1937 nennt im Abschnitt 'Kirche und Krieg' drei, genau genommen sogar vier verschiedene Stellungnahmen (KuW 251f): *Erstens* die pazifistische Position derjenigen, die die Teilnahme am Krieg für sich selber verweigern. Sie sind der Überzeugung, "dass der Krieg, vor allem in seiner modernen Form, in jedem Fall Sünde ist" und ziehen die Konsequenz, daß die Kirche dem Führen von Kriegen als einer menschlichen Handlungsweise, die der Liebe als dem Wesen Gottes widerspricht, ganz und gar absagen muß. - *Zweitens* kommt die Stellungnahme derjenigen in Betracht, die nur an einem "gerechten" Krieg teilnehmen würden und insofern ihre Teilnahme am Krieg von der Prüfung der Umstände nach sittlichen Kriterien abhängig machen. Diese Position wird im Blick auf die zugrundegelegten Gerechtigkeitskriterien noch einmal in zwei Gruppen unterschieden. Da sind zunächst die, die sich am Legalitätsprinzip orientieren und der Auffassung sind, "dass Christen nur an solchen Kriegen teilnehmen dürfen, die vom Völkerrecht her zur rechtfertigen" und von daher mit Polizeimaßnahmen gegen internationale Vertrags- und Friedensbrecher zu vergleichen sind. Sodann gibt es diejenigen, die "einen Krieg dann als 'gerecht' betrachten, wenn er unternommen wird, um einen von ihnen als wesentlich angesehenen christlichen Grundsatz zu verteidigen". Gedacht ist zwar - man muß bedenken: 1937! - an die Hilfeleistung für Opfer eines unprovozierten Angriffs und an das letzte Mittel, um Unterdrückte zu befreien. Allerdings wird damit der Formulierung nach dem ganz und gar unreformatorischen Mißverständnis Tor und Tür geöffnet, es könne auch religiöse Motive als gerechte Kriegsgründe geben. - Als *dritte* Position wird diejenige aufgeführt, für die der Krieg zu der in Sünde gefallenen Welt gehört, so daß keine Friedens- und Verständigungsbemühung den Krieg in dieser Welt beseitigen kann; deshalb haben die Christen im Normalfall dem von Gott gegen die Sündenfolgen eingesetzten Staat zu gehorchen. Für den einfachen Bürger ist ein Recht zur Kriegsdienstverweigerung nur im Fall der unbedingten Gewißheit einer ungerechten Sache ("z.B. im Falle eines ungerechten Angriffskrieges") gegeben. Gegen diese Kombination von Fatalismus und Etatismus kommt auch die prüfende Vernunft der Christenmenschen nicht mehr auf, so daß - wiederum ganz unreformatorisch - die Staatslehre von der Kriegsethik geradezu abgetrennt erscheint.

So breit kann das Meinungsspektrum sein, wenn ein vager Begriff der Sündenverderbnis zum organisierenden Motiv der Aussagen zu Krieg und Frieden geworden ist. Demgegenüber markiert der Sektionsbericht IV der *Gründungsversammlung des ÖRK von 1948 in Amsterdam* einen Bruch, der sich auch in der ökumenischen Bewegung zwischen die eigene Gegenwart und die bisherige Tradition des deutenden Umgangs mit kriegerischer Gewalt gelegt hat. Wenn es nun heißt: "Krieg soll nach Gottes Willen nicht sein", so bedeutet das jedenfalls einen Widerruf jener Hintergrundüberzeugung, wonach Kriege unaufhebbar zur gefallenen Welt der Sünde gehören. Der Krieg, so heißt es, "kommt daher, daß die Menschen sich um Gott nicht gekümmert haben. Eben darum aber ist er nicht unvermeidlich, wenn die Menschen sich nur wieder zu Gott wenden, Buße tun und seinen Geboten gehorchen wollten" (KuF 155). Die Amsterdam-Erklärung von 1948 begründet diese neue Einsicht mit einem Qualitätssprung im objektiven Erscheinungsbild des Krieges: "Wir haben jetzt den totalen Krieg. Jeder Mann und jede Frau wird jetzt zum Kriegsdienst aufgeboten. Dazu kommt der ungeheure Einsatz der Luftwaffe und die Entdeckung der Atombombe und anderer neuer Waffen. Dies alles führt in einem modernen Krieg zu unterschiedslosen Zerstörungen in einem Umfang, wie ihn die Welt bei früheren Kriegen nicht gekannt hat" (KuF 156).

Zwar wird auch hier die Rolle des Krieges im internationalen Leben als "Sünde" bezeichnet; doch soll damit nicht ein Deutungsrahmen für das Faktum von Kriegen aufgebaut, sondern eine von Christen zu meidende Handlungsweise bezeichnet werden. In Amsterdam ist man also - dies ist der entscheidende Unterschied - nicht mehr an einer abstrakten geschichtstheologischen Deutung des Krieges interessiert; man thematisiert den Krieg stattdessen unter dem Gesichtspunkt seiner ethischen Rechtfertigungsfähigkeit. "Wir können uns ... nicht länger der Frage entziehen: Kann der Krieg heute noch ein Akt der Gerechtigkeit sein?" Die Antwort der Vollversammlung lautet: Die "herkömmliche Annahme, daß man für eine gerechte Sache einen gerechten Krieg mit rechten Waffen führen könne, ist unter solchen Umständen (sc. nämlich unter den Bedingungen des "modernen Krieges") nicht mehr aufrecht zu erhalten". Hinsichtlich der praktisch-ethischen Konsequenzen nennt die Vollversammlung drei verschiedene Grundhaltungen, die in ihrer Mitte vertreten werden: Die *erste* Grundhaltung - man mag sie abgekürzt die situations- oder nuklearpazifistische nennen - lautet, "daß, wenn der Christ auch unter bestimmten Umständen wird in den Krieg ziehen müssen, ein moderner Krieg mit seinen allumfassenden Zerstörungen niemals ein Akt der Gerechtigkeit sein kann". Als *zweite* findet sich die etatistische Überzeugung, wonach von der Notwendigkeit militärischer Durchsetzung des Rechts als einer ultima ratio auszugehen ist, die dem Staatsbürger als Pflicht eingeschärft werden müsse. Als *dritte* Überzeugung finden wir wiederum die gesinnungspazifistische der prinzipiellen Kriegsdienstverweigerung (KuF 156).

Auch die Veränderung der drei in der Ökumene vertretenen ethischen Grundhaltungen ist leicht zu erkennen. Der "geschichtstheologische" Fatalismus, der den Krieg für alle Zeiten der gefallenen Weltordnung zurechnete, hat keinen Platz mehr; stattdessen tritt dem prinzipiellen Pazifismus der situationsbezogene an die Seite. Ambivalent bleibt jedoch die rhetorische Pauschalverwerfung der bellum-iustum-Lehre: Auf der einen Seite soll insgesamt gelten, daß es einen gerechten Krieg für einen gerechte Sache mit rechten Mitteln nicht mehr geben kann. Auf der anderen Seite soll die Verteidigung des Rechts mit der Waffe als ultima ratio eine staatsbürgerliche Pflicht bleiben können; hinsichtlich der Kriterien jedoch, unter denen dies nicht nur rechtliche, sondern auch ethische Pflicht sein könnte, bleibt der Staatsbürger unberaten.

Erscheint dieser erste Ansatz zu einer ökumenischen Friedensethik insoweit unbefriedigend, so war doch die politische Leistung der Konferenz von Bedeutung: Man ließ sich nicht in den beginnenden Ost-West-Konflikt hineinziehen, sondern sprach sich *de facto* für einen Weg der Koexistenz gegensätzlicher politischer Systeme aus. Die Vollversammlung folgte damit eher der Linie, die der tschechische Theologe und Barth-Schüler Josef Hromádka in seinem Konferenz-Vortrag vorgegeben hatte; sie folgte nicht dem religiös motivierten Antikommunismus im Referat des späteren US-Außenministers John Foster Dulles, das auf eine Rechtfertigung des Atommonopols der USA und eine Verabsolutierung des amerikanischen Demokratieverständnisses hinauslief (vgl. dazu Lienemann 36ff).

In der Folgezeit machte sich die Vollversammlung des ÖRK in Evanston 1954 vor allem solche Aussagen zu eigen, die in Einklang mit der Charta der Vereinten Nationen standen. Dazu gehörten: vertraglich geregelter Verzicht auf Androhung und Gebrauch von Massenvernichtungswaffen, nationale Begrenzung von Kernwaffentests, aber auch Anerkennung von Verteidigungsmaßnahmen, die sich im Rahmen von Art. 51 der UN-Charta halten, der als Ausnahme vom allgemeinen Gewaltverbot des Art. 2 "ein naturgegebenes Recht zur individuellen und kollektiven Selbstverteidigung" gewährleistet, bis der Sicherheitsrat die erforderlichen Maßnahmen getroffen hat. Doch hatten diese eingrenzenden Bestimmungen der UN-Charta bereits 1950 im Korea-Krieg ihre Ohnmacht erwiesen. Die Bemühungen der CCIA ließen sich von da an stillschweigend auf Rüstungskontrolle statt Abrüstung ein, und die mittlerweile etablierte Abschreckungsstrategie wurde keiner ethischen Prüfung unterzogen.

### b) Die Disziplin der Kriegsverhütung

Diese Diskussionslage änderte sich erstmals mit der Studie einer Kommission des Weltkirchenrates, die 1958 unter dem Titel 'Christen und die Verhütung des Krieges im Atomzeitalter - eine theologische Diskussion' angefertigt wurde. Die Vorlage dieser Studie bei der Sitzung des Zentralausschusses des ÖRK in Nyborg 1958 fiel zeitlich mit dem Höhepunkt der Atomdebatte in Deutschland und der strategischen Neuorientierung im NATO-Bündnis zusammen (s. oben II.1). Das Charakteristische dieses Dokuments besteht darin, daß es zwei bislang immer miterörterte Probleme ausklammert: Zum einen greift es nicht auf die Lehre vom gerechten Krieg zurück. Der Physiker und Philosoph Carl Friedrich von Weizsäcker, neben dem Theologen Helmut Thielicke das einzige deutsche Mitglied der aus Amerikanern und Westeuropäern bestehenden Kommission, begründete dies damit, daß es im Atomzeitalter nicht mehr um "die Einsetzung eines zulässigen Bereichs der Kriegführung" gehen könne, sondern nur noch "ganz entschieden" um "die völlige Abschaffung des Krieges". Zum anderen wird "aus Zeitmangel" auf eine Erörterung der pazifistischen Positionen verzichtet - doch das Versprechen, dieses Desiderat detailliert nachzuholen, ist bis heute nicht eingelöst worden (Studiendokument 12f).

Nach Ausklammerung dieser beiden Problemkreise wählt die Studie - wie ihr Titel sagt - ihren Ansatz beim Problem der *Kriegsverhütung.* Der ethische Schlüsselbegriff im Blick auf das Erfordernis der Kriegsverhütung lautet: *Disziplin.* "Disziplin" fungiert als grundlegende politische Tugend einer Verantwortungsethik und meint die bewußte Selbstbeschränkung im Gebrauch der Macht, jene freiwillige Selbstbegrenzung des Menschen, die daher rührt, daß er die potentiellen Folgen des Machtgebrauchs einsehen kann. Die Studie unterscheidet drei Aspekte oder Felder, in denen eine solche Disziplin entwickelt werden muß; wir nennen sie mit eigenen Worten: Zunächst die Disziplin der Steuerung der wissenschaftlich-technischen Eigendynamik, sie erfordert eine Absage an die Wissenschaftsgläubigkeit; sodann die Disziplin des politischen Machtgebrauchs, sie erfordert die Herrschaft des Rechts in internationalen Angelegenheiten; und schließlich die Disziplin im Gebrauch militärischer Machtmittel, die Aussagen dazu sollen im folgenden genauer betrachtet werden, denn sie waren die umstrittensten. Die These, die Aufgabe der Kriegsverhütung erfordere eine Disziplin im Gebrauch militärischer Mittel, läßt sich nämlich in zwei Teilthesen zerlegen.

*Erste* Teilthese: Erforderlich ist eine *Disziplin des Besitzes von einsatzfähigen Nuklearwaffen,* die diese Waffen aber nie in einem totalen Krieg anwendet (vgl. Z.64). Mit dieser Teilthese soll dem Sachverhalt Rechnung getragen werden, daß die Menschheit auch insofern "mit der Bombe leben" muß, als sie das einmal errungene Herstellungswissen nicht mehr vergessen kann. Disziplin bedeutet in diesem Zusammenhang aber auch und vor allem, eine willentliche Selbstbegrenzung in der Mittelwahl. Diese besteht der Studie zufolge darin, daß "Christen dem Gebrauch von Atomwaffen im totalen Krieg niemals zustimmen" dürfen. Sie sollten, "wenn es zum totalen Krieg kommen sollte, einen Waffenstillstand fordern, wenn es nötig wäre unter den Bedingungen des Feindes, und ihre Zuflucht zum gewaltlosen Widerstand nehmen" (Z.66). Wenn die technischen Gegebenheiten diese Grenze nicht setzen, dann müssen sie durch eine "Entscheidung der Gesinnung und des Willens" gesetzt werden (Z. 69).

*Zweite* Teilthese: Erforderlich ist eine Disziplin, die Waffen, wenn überhaupt, nur "auf radikal begrenzte Weise" anwendet (Z. 70). Diese *Disziplin der begrenzten Kriegführung* soll sich auf konventionelle und nukleare Mittel beziehen. Mit dieser These und ihrer Erläuterung reflektiert das Studiendokument im Gegensatz zu der gleichzeitigen Diskussion in Deutschland sehr frühzeitig den Umbau der NATO-Strategie von der massiven Vergeltung zur flexiblen Antwort. Während es nach der Doktrin der massiven Vergeltung hieß: Wer zuerst schießt, stirbt durch die großen Bomben als zweiter, droht der Westen mit *flexible response* für den Fall einer östlichen Aggression ein Reaktionsspektrum auf unterschiedlichen Ebenen (konventionell, taktisch oder strategisch) an. Die Ausführungen des Studiendokuments laufen darauf hinaus, diesen militärpolitischen Planungen den Rücken freizuhalten. Daraus erklärt sich der Widerspruch, daß eine Studie mit dem Titel 'Die Christen und die *Verhütung* des Krieges' ein zentrales Kapitel mit den Worten überschreibt: 'Disziplin in Bezug auf die *Kriegführung*'. Disziplin der Kriegführung heißt hier vor allem: Einsatz militärischer Mittel nur, um den Gegner zum Verhandeln zu zwingen, und nur unter Erhaltung der Fähigkeit zur Eskalationskontrolle, denn der Übergang zum totalen Krieg ist Christen verboten.

Die damit anvisierte Grenze eindeutig zu definieren und dem Gegner anzukündigen, hätte freilich gegen das Grundprinzip von *flexible response* verstoßen, die andere Seite gerade über die Art der Reaktion im unklaren zu lassen. Auch darin hat die Kommission, vermutlich ohne daß dies allen Mitgliedern bewußt war, den damals fortgeschrittensten Stand der Strategieplanung reproduziert. Sie teilt damit allerdings auch deren Aporie, die lautet: um den Krieg verhüten zu können, muß man in der Lage sein, ihn führen zu können. Akzeptanz war der Studie angesichts dieser Diffizilitäten und Widersprüche nicht beschieden. Sie erfuhr innerhalb der Gremien des ÖRK Kritik von allen Seiten, wurde zu einem vorläufigen Studiendokument herabgestuft und nie im Druck veröffentlicht. Auch wer ihre Ergebnisse kritisiert, muß aber zugeben, daß es weit über 20 Jahre gedauert hat, bis sich eine Ausarbeitung des ÖRK wieder so differenziert auf militärpolitische Sachprobleme eingelassen hat.

### c) Antimilitarismus und Entlegitimierung der Abschreckung

Vor allem seit der Weltkonferenz für Kirche und Gesellschaft in Genf 1966 hat der Ökumenische Rat der Kirchen sein Erscheinungsbild gründlich verändert. Die Folgen des rapiden sozialen Wandels - die Entkolonialisierung, der wachsende Einfluß des Sozialismus, der technologische Fortschritt, die Kluft zwischen armen und reichen Nationen, die Bevölkerungsexplosion - gerieten frühzeitig auf die Tagesordnung der ökumenischen Gemeinschaft. Die Theologien der Revolution, die vor allem im lateinamerikanischen Raum formuliert wurden und die fortschreitende Entwicklung der atomaren, biologischen und chemischen Waffen, die eine Selbstverteidigung kleinerer Nationen zur Illusion werden ließen, stellten die Gewaltfrage neu. Aus der Tatsache, daß die großen Kirchen die Anwendung von Gewalt nicht prinzipiell verurteilt haben, folgert nun erstmals eine ökumenische Konferenz die Anerkennung eines "Rechts zur Revolution"; demgemäß wird die Notwendigkeit gesehen, die anerkannten Regeln des Gewaltgebrauchs zur Erhaltung und Herstellung einer gerechten Ordnung im Rahmen einer Ethik der Revolution zu konkretisieren. Was die Grundhaltungen zum Krieg angeht, so läßt der Konferenzbericht die Position der staatsethisch begründeten Verteidigungspflicht ausdrücklich nicht mehr gelten und bekennt sich - "Heute hat sich die Situation geändert" - zum Nuklearpazifismus: "Gegenseitiger nuklearer Selbstmord kann niemals Gerechtigkeit herstellen; denn er zerstört alles, was die Gerechtigkeit zu verteidigen oder zu erreichen wünscht. Wir sagen jetzt allen Regierungen und Völkern, daß der Atomkrieg gegen Gottes Willen und das Größte aller Übel ist. Wir stellen deshalb fest, daß es die oberste Pflicht der Regierungen und ihrer Amtsträger ist, den Atomkrieg zu verhindern" (KuF 163).

Zwar wurde die entsprechende Erklärung der anschließenden Vollversammlung von Uppsala 1968 als schwächer empfunden (Uppsala 1968, 64, vgl. 75); doch forderte dieses ökumenische Dokument erstmals die Einrichtung von - dem Wehrdienst mindestens gleichrangigen - Friedensdiensten und den Gewissensschutz der Kriegsdienstverweigerer unter Einschluß der situationsbedingten Verweigerung: "Der Schutz des Gewissens erfordert, daß die Kirchen nicht nur die in den Streitkräften Dienenden seelsorgerlich betreuen und unterstützen, sondern auch jene, die vor allem auf Grund und Art der modernen Kriegsführung die Teilnahme an bestimmten Kriegen verweigern, die sie aus Gewissensgründen meinen ablehnen zu müssen, oder die sich aus Gewissensgründen nicht in der Lage sehen, Waffen zu tragen oder überhaupt Wehrdienst in ihrem Lande zu leisten" (Uppsala 1968, 66f).

Die Vollversammlung in Uppsala beschloß außerdem ein Aktionsprogramm zur Solidarisierung mit unterdrückten Gruppen, und zwar konkret in Gestalt des Programms zur Bekämpfung des Rassismus. Dieses Aktionsprogramm wurde ein Jahr später ins Leben gerufen und hat für anhaltende Aufregung in konservativen Pressemedien gesorgt. Denn über den Sonderfonds dieses Antirassismusprogramms wird bis heute auch solchen Befreiungsbewegungen Rechts- und Sozialhilfe geleistet, die sich - wie etwa im südlichen Afrika - auf ein Widerstandsrecht berufen. Es konnte nicht ausbleiben, daß auch die Frage nach der Friedensverantwortung der ökumenischen Christenheit in diesem veränderten globalen Kontext neu gestellt wurde. Sinnfälliges Zeichen dafür war, daß 1972 zum ersten Mal ein Theologe der "Dritten Welt", Philipp Potter, Generalsekretär des ÖRK wurde. Der wirksamste Anstoß ist von der Vollversammlung in Nairobi 1975 ausgegangen. Sie griff nämlich das Stichwort des *Militarismus* auf und forderte analog zum Antirassismusprogramm ein Programm zur Bekämpfung des Militarismus (Nairobi 1975, 120.68.308.312; vgl. dazu Moltmann).

Der Begriff des Militarismus entfaltet seine Wirkung zunächst als Kampfbegriff. Des näheren kann man Militarismus verstehen als Ergebnis einer Entschränkung des militärischen Sektors, durch die militärische Werte, militärische Mittel und militärische Macht in zivile soziale Zusammenhänge hinein übertragen werden. Das Stichwort Militarismus signalisiert eine neuartige ökumenische Wahrnehmung der Rüstungs- und Friedensthematik. Rüstung wird nicht mehr nur als Konsequenz technisch-wissenschaftlicher und internationaler Vorgänge interpretiert, sondern umfassender als Funktion wirtschaftlicher, gesellschaftlicher, kultureller Faktoren und psychischer Einstellungen verstanden. Das Anschwellen der Rüstungsimporte als Folge der Aufrüstung, der Bedeutungszuwachs militärischer Eliten in Konzepten der nationalen Sicherheit, die Aufrechterhaltung von Abhängigkeitsverhältnissen mit militärischen Mitteln - dies alles zählt zur spezifischen Erfahrung von Christen der südlichen Hemisphäre gegenüber dem reichen und hochgerüsteten Norden, und vor diesem Hintergrund entstand die Forderung eines Programms zur Bekämpfung des Militarismus. Doch die Durchdringung dieser komplexen Materie hatte in der ökumenischen Bewegung noch nicht die gleiche Tradition wie die kritische Auseinandersetzung mit dem Rassismus. Das Programm wurde deshalb umdefiniert in ein 'Studienprogramm für Abrüstung und gegen Militarismus und Wettrüsten'.

Diese vorerst mißlungene Parallelisierung eines Antimilitarismusprogramms mit dem Programm zur Bekämpfung des Rassismus macht zusammen mit der neu aufgetauchten Frage der *just rebellion* immerhin auf eine interessante Paradoxie aufmerksam: Der ÖRK unterstützt durch den Sonderfonds seines Programms zur Bekämpfung des Rassismus Befreiungsbewegungen auch dann, wenn sie sich zu militärischer Gewaltanwendung genötigt sehen. Zugleich stellt er sich mit den ihm zu Gebote stehenden Mitteln in seinem Programm für Abrüstung und gegen Militarismus und Wettrüsten gegen den Ausbau und die Anwendung militärischer Potentiale in und zwischen den Staaten. Friedensethik muß - so zeigt sich - eine konsistente Ethik des Gewaltgebrauchs implizieren, wenn sie nicht kriterienlos Gewalt "von unten" gegen die gerade verworfene Gewalt "von oben" rechtfertigen will.

Eine unerwartete Fernwirkung entfaltete jedoch vor allem eine andere Aussage von Nairobi. In einer der neun öffentlichen Erklärungen der Vollversammlung wird in elf Punkten die Weltrüstungssituation behandelt. In dem anschließenden Appell an die Kirchen heißt es: "Die Kirche sollte ihre Bereitschaft betonen, ohne den Schutz von Waffen zu leben, und bedeutsame Initiativen ergreifen, um auf eine wirksame Abrüstung zu drängen. Die Kirchen, die einzelnen Christen und die Mitglieder der Öffentlichkeit aller Länder sollten bei ihren Regierungen darauf drängen, daß die nationale Sicherheit ohne den Einsatz massiver Zerstörungswaffen gewährleistet wird" (KuF 193). Dieser Gedanke der Selbstverpflichtung, ohne den Schutz von Waffen und ohne Rüstung leben zu wollen, ist seit der 1979 eingeläuteten Rüstungsrunde zu einem festen Motiv von christlichen Gruppen der Friedensbewegung besonders in Europa geworden, die sich dafür auf die Botschaft von Nairobi berufen.

Das neue Drehen der Rüstungsschraube führte im November 1982 zu einem internationalen öffentlichen Sachverständigenhearing des Weltkirchenrates über 'Atomwaffen und Abrüstung' in Amsterdam (KuF 198-230). Erst der im Anschluß daran veröffentlichte Bericht schließt wieder an das Niveau des Nyborg-Dokuments an, indem er detailliert Strukturprobleme der Strategieentwicklung und des Wettrüstens, der Rüstungskontrollpolitik und der Abrüstungsmethoden sowie der Weiterverbreitung von Kernwaffen behandelt. Die ethische Beurteilung der nuklearen Kriegsführung und Abschreckung erfolgt im Amsterdam-Bericht auf der Basis einer doppelten Prämisse: Die erste geht davon aus, daß die Größenordnung nuklearer Vernichtungsfähigkeit "alle Proportionen jedes vernünftigen Kriegsziels übersteigt"; die zweite Prämisse lautet, daß der Einsatz von Kernwaffen "nicht einmal theoretisch auf die Kämpfenden begrenzt werden" kann. Im Verstoß gegen die Kriterien der Verhältnismäßigkeit und der Unterscheidung von Kombattanten und Zivilbevölkerung sowie in der langfristigen Strahlenwirkung sieht der ÖRK-Bericht einen grundlegenden Unterschied zwischen dem Einsatz nuklearer und konventioneller Waffen gegeben. Von daher lauten die beiden ethischen Urteile: *Erstens,* "daß atomare Kriegsführung - unter welchen Umständen auch immer - moralisch verwerflich ist"; *zweitens,* daß die Abschreckungsstrategie als "Bereitschaft zu unrechtem Handeln an dem Verwerflichen des unrechten Aktes selbst teilhat". Wir glauben, so heißt es weiter, daß "sie (sc. die Atomwaffen) Sünde sind und daß der Besitz solcher Waffen und die Bereitschaft zu ihrem Einsatz in Gottes Sicht verwerflich sind und von der Kirche als verwerflich erklärt werden sollten" (KuF 224f). Der Weltchristenheit wird damit eine ethische Entlegitimierung nicht nur des Atomkriegs, sondern auch des Abschreckungssystems nahegelegt.

Die sechste Vollversammlung des Weltkirchenrates in Vancouver 1983 nahm dies auf: In der öffentlichen Erklärung über 'Frieden und Gerechtigkeit' bekundet sie die Überzeugung, daß Atomwaffen, weil sie "wahllos alles zerstören", derjenigen Waffenkategorie zuzuordnen sind, die nach Art. 51 des Genfer Abkommens von 1980 völkerrechtlich verboten sind (KuF 167). Die Vollversammlung schließt sich dem Amsterdam-Hearing an, das sie mit den Worten zitiert: "Wir glauben, daß für die Kirchen die Zeit gekommen ist, klar und eindeutig zu erklären, daß sowohl die Herstellung und Stationierung als auch der Einsatz von Kernwaffen ein Verbrechen gegen die Menschheit darstellen und daß ein solches Vorgehen aus ethischer und theologischer Sicht verurteilt werden muß" (KuF 228). Dementsprechend werden die Kirchen aufgerufen, ihre Regierungen zu drängen, "ein völkerrechtliches Instrument auszuarbeiten und zu ratifizieren, mit dem sowohl der Besitz als auch der Einsatz von Atomwaffen als Verbrechen gegen die Menschheit geächtet werden kann" (Vancouver 1983, 167). Der ÖRK hat damit zwar nicht das Selbstverteidigungsrecht unter Einmischung militärischer Mittel als solches, wohl aber den Einsatz und den Besitz von Nuklearwaffen geächtet.

Nun ist der ÖRK keine Kirche, und eine Vollversammlung kein Konzil. Erklärungen, die an die Kirchen nur appellieren, diese aber nicht verpflichten, können sich immer weiter vorwagen als diese selbst. Ihre Überzeugungskraft wird davon abhängen, daß die Christen anfangen, den Gedanken der Selbstverpflichtung ernstzunehmen, den die Vancouver-Erklärung von der Vollversammlung von Nairobi rezipiert hat: "Die Christen sollten Zeugnis dafür ablegen, daß sie es ablehnen, sich an einem Konflikt zu beteiligen, bei dem Massenvernichtungswaffen oder andere Waffen, die wahllos alles zerstören, eingesetzt werden" (Vancouver 1983, 167).

LITERATUR: Christen und die Verhütung des Krieges im Atomzeitalter - Eine theologische Diskussion. Ein vorläufiges Studiendokument, hg. von der Studienabteilung des Ökumenischen Rates der Kirchen, unveröffentlichtes Manuskript Genf 1958 (zit.: *Studiendokument*) - *N. Goodall/W. Müller-Römheld* (Hg.), Bericht aus Uppsala 1968. Offizieller Bericht über die Vierte Vollversammlung des Ökumenischen Rates der Kirchen, Genf/Frankfurt 1968 (zit.: *Uppsala* 1968) - Kirche und Frieden. Kundgebungen und Erklärungen aus den deutschen Kirchen und der Ökumene, EKD-Texte 3, 1982 (zit.: *KuF*) - Kirche und Welt in ökumenischer Sicht. Bericht der Weltkirchenkonferenz von Oxford über Kirche, Volk und Staat, hg. von der Forschungsabteilung des Ökumenischen Rates für Praktisches Christentum, Genf/Helsinki 1938 (zit.: *KuW*) - *H. Krüger/W. Müller-Römheld* (Hg.), Bericht aus Nairobi 1975. Offizieller Bericht der Fünften Vollversammlung des Ökumenischen Rates der Kirchen, Frankfurt 1975 (zit.: *Nairobi 1975*) - *H. Krüger* (Hg.), Appell an die Kirchen der Welt. Dokumente der Weltkonferenz für Kirche und Gesellschaft, Stuttgart 1967 - *W. Lienemann*, Kernwaffen und die Frage des gerechten Krieges als Problem ökumenischer Friedensethik seit 1945, besonders im Blick auf den Protestantismus in Deutschland, Habilitationsschrift Heidelberg 1983 - *F. Lüpsen* (Hg.), Evanston Dokumente. Berichte und Reden auf der Weltkirchenkonferenz in Evanston 1954, Witten 1954 (zit.: *Evanston 1954*) - *H.-M. Moderow/M. Sens*, Orientierung Ökumene. Ein Handbuch, Berlin 1979 - *B. Moltmann* (Hg.), Militarismus und Rüstung. Beiträge zur ökumenischen Diskussion, Texte und Materialien der FEST A 12, Heidelberg 1981 - *W. Müller-Römheld* (Hg.), Bericht aus Vancouver 1983. Offizieller Bericht der Sechsten Vollversammlung des ökumenischen Rates der Kirchen, Frankfurt 1983 (zit.: *Vancouver 1983*) - *T. Rendtorff/H. E. Tödt*, Theologie der Revolution. Analysen und Materialien, Frankfurt 1968 - Die Unordnung der Welt und Gottes Heilsplan, 4. Bd.: Die Kirche und die internationale Unordnung, hg. von der Studienkommission des Ökumenischen Rates, Tübingen/Stuttgart 1948.

### *2.3. Die Friedensdiskussion in den evangelischen Kirchen in Deutschland*

Mit dem folgenden Überblick über die Diskussion im deutschen Protestantismus seit 1945 lenken wir den Blick von der weltkirchlichen auf die regionalkirchliche Ebene. Entwickelte sich die Friedenslehre des päpstlichen Lehramtes im - wie auch immer modifizierten - Kontakt mit den Kriterien der naturrechtlichen Kriegslehre und waren die offiziellen Verlautbarungen der nicht-römisch-katholischen Ökumene eher als Appelle an die weltweite kirchliche und politische Öffentlichkeit zu charakterisieren, so tritt bei den evangelischen Kirchen im Ursprungsland der Reformation die Bezugnahme auf das Gewissen als persönliches Entscheidungs- und Urteilsvermögen der einzelnen Christen und Staatsbürger in den Vordergrund. Dieser Sachverhalt, der sich in der Durchsicht der einschlägigen Dokumente schnell auch terminologisch verifizieren läßt, mag es rechtfertigen, daß wir uns im folgenden an den Variationen dieses Grundmotivs orientieren.

"Auf der Gewalt ruht kein Segen, und Kriege führen nur tiefer in Bitterkeit, Haß, Elend und Verwahrlosung hinein. Die Welt braucht Liebe, nicht Gewalt. Sie braucht Frieden und nicht Krieg" (Rausch/Walther, 22f). Mit diesen Worten hatte 1948, wenige Wochen vor der Gründungsversammlung des ÖRK in Amsterdam, die nach Eisenach einberufene erste

Kirchenkonferenz der Evangelischen Kirche in Deutschland (EKD) ihre Absage an den Krieg als Mittel der Politik ausgesprochen. Doch bereits ein gutes Jahr später war jene kurze Frist abgelaufen, für die man allgemeinen Deklamationen noch eine gewissen Aussagekraft zubilligen mag. Seit Herbst 1949 nämlich war für die Evangelische Kirche in Deutschland die Existenz zweier Staaten auf deutschem Boden Grundlage, Herausforderung und Konfliktstoff ihrer politisch-ethischen Orientierung: Grundlage in dem Sinne, daß die EKD lange die einzige institutionelle Klammer zwischen den beiden Staaten blieb und die Urteilsbildung in friedensethisch relevanten Fragen bis 1969 in Gremien stattfand, die von den Kirchen der Bundesrepublik und der DDR gemeinsam beschickt wurden; Herausforderung insofern, als die Zweistaatlichkeit als solche schon den Imperativ zur Wiederherstellung der Einheit des geteilten Volkes zu enthalten schien; Konfliktstoff schließlich deshalb, weil der nunmehr statthabende kalte Krieg schnell seinem Höhepunkt entgegentrieb.

a) Anpassung und Aufstand des Gewissens

Infolgedessen wurde seit Dezember 1949 im Westen die Möglichkeit eines *deutschen Wehrbeitrages* öffentlich erörtert. Die Frage, was in dieser Lage die Kirche für den Frieden tun kann, hat das Wort der Synode in Weißensee vom April 1950 in einer für die folgenden Jahre immer wieder wegweisenden Form beantwortet. Diesem Dokument entstammt die klare Aussage, die durch einen Appell an die Regierungen eingeleitet wird: "Wir begrüßen es dankbar und voller Hoffnung, daß Regierungen durch ihre Verfassung denjenigen schützen, der um seines Gewissens willen den Kriegsdienst verweigert. Wir bitten alle Regierungen der Welt, diesen Schutz zu gewähren. Wer um des Gewissens willen den Kriegsdienst verweigert, soll der Fürsprache und der Fürbitte der Kirche gewiß sein" (Rausch/Walther 26). Dies ist eine von den evangelischen Kirchen in beiden deutschen Staaten in der Folgezeit immer wiederholte und bis heute gültige ernste Selbstverpflichtung. Aber was war der Begründungszusammenhang, innerhalb dessen der Wehrdienst zur Gewissensfrage wurde? Das Weißenseer Wort gibt darüber wie folgt Auskunft: "Wir legen es jedem aufs Gewissen, zu prüfen, ob er im Falle eines ... Krieges", "in dem Deutsche gegen Deutsche kämpfen", "eine Waffe in die Hand nehmen darf" (Rausch/Walther 25). Das Kriterium der Selbstprüfung, das hier geltend gemacht wird, entstammt der Vorstellung einer politischen Lage, in der Glieder eines geteilten Volkes aufeinander schießen könnten. Die Gewissenslast, die das Weißenseer Wort jedem auferlegt, erscheint in nationalprotestantischer Begründung; der Loyalitätskonflikt, den es ins Auge faßt, entspringt nicht zuerst dem Impuls des Evangeliums, sondern der Bindung an die Einheit der Nation. Womit wir es zu tun haben, ist ein "Pazifismus, nicht aus Prinzip, nicht aufgrund politischer Überlegungen, sondern aus Motiven, die tief im Irrationalen ihre Wurzeln haben" (Vogel 111). Die Gemeinschaft des deutschen Volkes war der umgreifende Horizont, innerhalb dessen sich hier der Waffendienst als Gewissensfrage stellte.

Man muß darin einen Grundschaden der frühen Friedensethik der EKD sehen; als ihren harten Kern hat Werner Krusche die Verdrängung der Schuld der Deutschen an den Verbrechen des Nationalsozialismus herausgearbeitet. So gewiß man stets an der Forderung nach rechtlichen Formen des Gewissensschutzes festhielt, so sehr begann sich doch die evangelische Substanz des von den Leitungsgremien der EKD berufenen Gewissens rapide zu verflüchtigen. Am 27. August 1950, zwei Monate nach Ausbruch des Korea-Kriegs, der in Westdeutschland die Furcht vor einer militärischen Aggression des Ostens steigerte, erklärt der Rat der EKD in Essen: "Jedes geordnete Staatswesen bedarf eines ausreichenden Polizeischutzes gegen die, die Ordnung und Frieden zu untergraben versuchen, und wer sich als Christ in seiner Verantwortung vor Gott gedrungen weiß, in den Dienst dieser Aufgabe zu treten, darf sich dabei eines guten Gewissens trösten" (Rausch/Walther 28). Dieses Essener Wort wird meist wegen des hier vom Rat der EKD letztmalig verkündeten Satzes gerühmt: "Einer Remilitarisierung Deutschlands können wir das Wort nicht reden". Doch zielte die Forderung des Bundeskanzlers Adenauer nach einer Verstärkung der Bundespolizei bereits darauf ab, die Funktion einer Schutzmacht nach innen mit der eines Gegengewichtes gegen die Volkspolizei im Osten zu verbinden, so daß in diesem Licht das Essener Wort durchaus zweideutig erscheint.

Bleibt der Sachverhalt, daß in ihm die Gewissenslast schon einem sich (!) tröstenden guten Gewissen gewichen ist, und daß ein viertel Jahr später in der Spandauer Erklärung von Rat und Kirchenkonferenz die Gewissensrhetorik zum Appell an einen "letzten Gewissensernst" verdampft ist, während eine "wie immer geartete Wiederaufrüstung" ausdrücklich als Ermessensfrage bezeichnet wird (Heidtmann 101f). Im Oktober 1952 endlich heißt es in der Kundgebung der Synode von Elbingerode: "Wir achten jede Gewissensentscheidung, die vor Gottes Angesicht im Blick auf den Gehorsam, den die Obrigkeit fordert, getroffen wird" (Rausch/Walther 136). Mit dieser Synode hatte die erste Welle der Wiederbewaffnungsdebatte denjenigen Kulminationspunkt politisch-ethischer Auseinandersetzungen in der Kirche erreicht, der sich immer dann einzustellen pflegt, wenn die politisch-administrativen Entscheidungen bereits gefallen sind, so daß sich nun die Debatte dem theologisch Grundsätzlichen zuwendet. Ihr Ertrag bestand darin, daß das Gewissen in der Evangelischen Kirche in Deutschland wieder auf den *Gehorsam gegen die Obrigkeit* verpflichtet wurde.

Das Eintreten für den formellen Schutz der Gewissensfreiheit der Kriegsdienstverweigerer war im Ergebnis das Ventil, durch das die in der Wiederbewaffnungs- und Wehrdienstfrage blockierten Energien freigesetzt werden konnten. Dem ist immerhin eine sorgfältige und wirkungsvolle Ausarbeitung des Rates der EKD zu verdanken, nämlich der Ratschlag 'Kirche und Kriegsdienstverweigerung' von 1955, dessen theologisch-ethischer Teil aus der Feder von Helmut Gollwitzer stammt (Gewissen 66-75, vgl. Gollwitzer 1964, 277). Die Gewissensberatung der Christen in diesen Fragen blieb gleichwohl ein Praxisfeld der Kirche, für das Martin Niemöller im selben Jahr den "seelsorgerlichen Notstand" proklamierte (Vogel 201).

Vom Verspüren einer Gewissenslast über das gute Gewissen und den leeren Gewissensernst bis zum bitteren Ende des gehorsamen Gewissens also ging die Entwicklung. Hört man die frühen Friedensworte der EKD gleichsam mit dem semantischen Stethoskop auf ihre Gewissensrhetorik hin ab, so frappiert, mit welcher Beschleunigung der Prozeß der *Anpassung* des Gewissens verlaufen ist. Eine evangelische *Anrede* der Gewissen in der Frage des Wehrdienstes hatte nicht stattgefunden und fand auf seiten der EKD auch auf dem Höhepunkt der *Atomdebatte* des Jahres 1958 nicht statt. Einen spektakulären Versuch unternahmen dagegen die in der Tradition der Bruderräte der Bekennenden Kirche und des Kirchenkampfes im Dritten Reich stehenden Kirchlichen Bruderschaften. Die im Frühjahr 1958 tagende EKD-Synode sah sich einer Anfrage konfrontiert, die Zustimmung zu "zehn Sätzen zur Unterweisung der Gewissen" begehrte. Diese gipfelten in den Worten:

"Wir verlangen ... im Namen des Evangeliums, daß der Vorbereitung dieses (sc. Atom-)Krieges im Bereich unseres Landes und Staates ohne Rücksicht auf alle anderen Erwägungen sofort ein Ende gemacht werde. ... Wir fordern alle, die mit Ernst Christen sein wollen, auf, sich der Mitwirkung an der Vorbereitung des Atomkrieges vorbehaltlos und unter allen Umständen zu versagen. ... Ein gegenteiliger Standpunkt oder Neutralität dieser Frage gegenüber ist christlich nicht vertretbar. Beides bedeutet die Verleugnung aller drei Artikel des christlichen Glaubens" (Wolf 103f).

Dieses Verlangen der Bruderschaften enthielt zwei Elemente. Das *eine* fußte vor allem auf der differenzierten, speziell auf die Gewissensberatung abgestellten Argumentation Helmut Gollwitzers, der zur ethischen Verwerfung nuklearer Massenvernichtungswaffen durch konsequente Anwendung der Urteilskriterien des *bellum iustum*, und zwar vor allem die des *ius in bello* gekommen war (vgl. Gollwitzer 1957). Atomwaffen sind insoweit in sich schlechte Mittel, die nicht als Mittel der Politik einkalkuliert werden dürfen. Das *andere* Element der bruderschaftlichen Intervention ist in dem Ziel zu sehen, die Kirche in einem Kraftakt zur Anerkennung des *status confessionis* in dieser Frage zu bewegen, damit sie einvernehmlich bekennt, daß in diesem ethischen Urteil die Gewissen der Christen schlechthin gebunden sind - und zwar vor aller Loyalität dem eigenen Staat gegenüber. Um dies deutlich zu machen, bezieht man sich auf alle drei Artikel des christlichen Glaubens.

Auch wer jene Prämisse und dieses Ziel teilt, wird schnell erkennen, warum dieser Versuch zur "Gewissensunterweisung" mißlang. Zunächst: Evangelische Anrede der Gewissen kann offenbar nicht in der Sprachform der Forderung an andere erfolgen. Der jüdische Religionsphilosoph Martin Buber nannte damals das Defizit aller Aufrufe gegen die Atomwaffen beim Namen: Ihnen "fehlte ein Satz, der mit 'ich' anfängt: Ich selbst werde im Ernstfall dies tun und nicht das!" (zit. n. Gollwitzer 1964, 291). Und schließlich: Die Qualifizierung von Mitteln als in sich schlecht bedarf der Konkretisierung hinsichtlich seiner Folgen für das Verhalten der Christen als Staatsbürger in der gegebenen politischen Lage. Seit der Aufstand des Gewissens gegen die Wiederbewaffnung in der Bevölkerung keine Mehrheit gefunden hatte, hieß diese Lage schon 1958: Die Westintegration der Bundesrepublik ist besiegelt, die Bundeswehr drei Jahre alt, die gesetzliche Grundlage für die allgemeine Wehrpflicht geschaffen und das nukleare Zweischlüsselsystem der NATO soeben beschlossen. Die Absicht der bruderschaftlichen Aktion war es, durch innerkirchliche Mobilisierung die politische Zustimmung zur Dislozierung von nuklearfähigen Waffensystemen in der Bundesrepublik in letzter Minute zu verhindern. Insofern konnte, wollte und mußte sie sich nicht auf die differenzierte Erörterung konkreter Handlungskonsequenzen einlassen. Sie war selbst Bewegung, nicht Beratung. Dem folgenden kirchenpolitischen Sturm konnte die Spandauer Synode der EKD nicht mehr entgegenhalten als die Aussage:

"Die unter uns bestehenden Gegensätze in der Beurteilung der atomaren Waffen sind tief. Sie reichen von der Überzeugung, daß schon die Herstellung und Bereithaltung von Massenvernichtungsmitteln aller Art Sünde vor Gott ist, bis zu der Überzeugung, daß Situationen denkbar sind, in denen in der Pflicht zur Verteidigung der Widerstand mit gleichwertigen Waffen vor Gott verantwortet werden kann. Wir bleiben unter dem Evangelium zusammen und mühen uns um die Überwindung dieser Gegensätze" (Walther 139).

### b) Zuordnung der Gewissensentscheidungen

Der Versuch, gleichsam ein "Kollektivgewissen" der EKD durch die ekklesiologisch starke Feststellung des *status confessionis* zu erzwingen, war gescheitert. Dennoch ist es damals bei diesem negativen Ergebnis nicht geblieben. Denn nun übersetzte sich die Debatte in den konstruktiven Versuch, das Verhältnis der gegensätzlichen Gewissensentscheidungen zueinander einer ethischen Klärung zuzuführen. In diesem Zusammenhang entstanden die sogenannten 'Heidelberger Thesen' von 1959. Sie waren das Arbeitsergebnis einer wissenschaftlichen Kommission der Evangelischen Studiengemeinschaft, der unter anderen die Naturwissenschaftler Günther Howe und Carl Friedrich von Weizsäcker, die Theologen Helmut Gollwitzer und Edmund Schlink sowie in einer späteren Phase der Philosoph Georg Picht angehörten. Die Gruppe legte eine Reihe von insgesamt elf Thesen mit Erläuterungen vor, die Carl Friedrich von Weizsäcker mit dem Ziel eines konsensfähigen

Textes verfaßt hatte, und publizierte einen Sammelband mit vorbereitenden und interpretierenden Aufsätzen der Kommissionsmitglieder (vgl. Howe; die Thesen mit Erläuterungen finden sich 225-235). Diese Thesenreihe gewann in der EKD handlungsorientierende Verbindlichkeit, obwohl sie selbst nicht von einem kirchenleitenden Organ verabschiedet worden war; sie dient bis heute als friedensethische Verständigungsgrundlage im volkskirchlichen Protestantismus der Bundesrepublik, obwohl weder die Prämissen noch die Geltungsbedingungen, weder die Deutung noch die Wirkung dieses Formelkompromisses jemals unumstritten waren. Was sind die inhaltlichen Aussagen gewesen, aufgrund deren gleichwohl ein Mehrheitskonsens zustande kam? Wir heben vier Punkte hervor:

*Erstens:* Die Heidelberger Thesen bemühen sich um eine konstruktive *Zuordnung unterschiedlicher Gewissensentscheidungen* und der aus ihnen hervorgehenden Handlungen; sie stellen sie nicht einfach nebeneinander. In der VI. These heißt es: "Wir müssen versuchen, die verschiedenen im Dilemma der Atomwaffen getroffenen Gewissensentscheidungen als komplementäres Handeln zu verstehen." Mit dem aus der Quantenphysik übernommenen Begriff der Komplementarität suchte man ein Phänomen zu beschreiben, das auch in der geschichtlichen Welt anzutreffen ist: "Es kann sein, daß der eine seinen Weg nur verfolgen kann, wenn jemand da ist, der den anderen Weg geht." Angewandt auf die Zuordnung der Gewissensentscheidungen in der Frage des Wehrdienstes heißt das mit den Worten der Heidelberger Thesen: "Die atomare Bewaffnung hält auf eine äußerst fragwürdige Weise immerhin den Raum offen, innerhalb dessen ... die Verweigerer der Rüstung die staatsbürgerliche Freiheit genießen, ungestraft ihrer Überzeugung nach zu leben. Diese aber halten, so glauben wir, in einer verborgenen Weise mit den geistlichen Raum offen, in dem neue Entscheidungen vielleicht möglich werden" (Erläuterung zu These XI). Beide Seiten müssen demnach ein nie gänzlich kalkulierbares Risiko auf sich nehmen: Der Waffenlose kann durch sein Handeln einstweilen nur ein äußerst verletzliches Zeichen setzen für eine politische Weltfriedensordnung, die noch nicht besteht; der Soldat aber muß sich an der Bereithaltung von Gewaltmitteln beteiligen, deren Einsatz nicht mehr gerechtfertigt werden kann, da im Atomzeitalter "die klassische Rechtfertigung des Krieges versagt" (These V). Obwohl beide Handlungsweisen für den einzelnen im Gegensatz zueinander stehen und einander ausschließen, fordern sie sich doch im Blick auf das gemeinsame Ziel des Weltfriedens gegenseitig und stellen sich wechselseitig in Frage. Fruchtbar kann dieser Ansatz beim "komplementären" Handeln werden, wenn er ekklesiologisch rezipiert wird: Er zielt dann auf das Leitbild der Kirche als dialogischer Verständigungsgemeinschaft Verschiedener, in der sich jeder durch die mögliche Wahrheit der Entscheidung des anderen nach dem möglichen Irrtum seiner eigenen Entscheidung fragen läßt.

Der aus der modernen naturwissenschaftlichen Grundlagendiskussion entlehnte und schon von seinem Erfinder Niels Bohr auf vielerlei soziokulturelle Bereiche übertragene Begriff der *Komplementarität* führt jedoch bei der Anwendung auf ethische Probleme allzu leicht in die Irre. In seinem naturwissenschaftlichen Verwendungszusammenhang impliziert er im Kern folgendes: Physikalische Objekte zeigen sich dem Beobachter je nach experimenteller Anordnung in einer verschiedenen Erscheinungsweise (als Teilchen oder Welle, als Zustand oder Impuls). Beide Erscheinungsweisen stehen für den Beobachter in *ausschließlichem Gegensatz* zueinander, obwohl sie zur vollständigen Beschreibung des Phänomens als gleich notwendig und damit *gleichrangig* gelten müssen. Die durch die Heidelberger Thesen angesonnene Subsumtion sozialer Phänomene unter einen naturwissenschaftlichen Begriff betrachtet menschliche Interaktionen wie Erscheinungsweisen eines Gebildes aus der Welt der Elementarteilchen; von da aus ist schwerlich ein originärer Zugang zur sittlichen Dimension von Handlungen zu gewinnen. Im übrigen spielt der Begriff der Komplementarität zwar auf die Zeitlichkeit von Phänomenen der Natur an, doch bezeichnet er dort eine *unaufhebbare* Gegensätzlichkeit; darum vermag er in seiner Übertragung auf gegensätzliche Handlungsweisen gerade nicht deren interimistische Vorläufigkeit auszudrücken.

*Zweitens:* Die Heidelberger Thesen wollen nämlich in ihrer Grundtendenz mit dem Gedanken der Gleichzeitigkeit gegensätzlicher Handlungsweisen durchaus eine *Interimsethik* vertreten. Waffenverzicht und Bereithaltung von Atomwaffen werden nicht einfach als zeitlos gleichrangig gefaßt, sondern als asymmetrische Momente eines geschichtlichen Prozesses gedacht. Deshalb wird der Waffenverzicht von Christen an erster Stelle und vorbehaltlos anerkannt: "Die Kirche muß den Waffenverzicht als eine christliche Handlungsweise anerkennen" (These VII). Dagegen gilt die Beteiligung "an dem Versuch, durch das Dasein von Atomwaffen einen Frieden in Freiheit zu sichern", nur "als eine heute noch mögliche Handlungsweise" (These VIII). Die Beteiligung an militärischer Friedenssicherung steht damit unter einem zeitlichen Vorbehalt: Das berühmte "*noch*" sollte bedeuten, daß - so Günter Howe - auch und gerade der mit den politischen Verantwortungsträgern solidarische Christ "dem Politiker" wird "sagen müssen, daß jeder Tag in einer gefährlichen Weise verloren ist, an welchem wir nicht nur mit der Bombe, sondern von der Bombe (oder der unserer Bundesgenossen) leben, ohne die uns gegebene Frist genützt zu haben" (Howe 189).

Allerdings ist es an dieser Stelle nur mühsam gelungen, unterschiedliche Intentionen zusammenzubringen: Ist das mittlerweile berühmt-berüchtigte "Noch" der Anerkennung der Beteiligung an der Abschreckung nur als vorübergehende Tolerierung gemeint, so daß nach evangelischem Verständnis nur derjenige noch Soldat sein kann, der mit seinem Militärdienst die Absicht verfolgt, ihn durch Formen der politischen Friedenssicherung eines Tages überflüssig zu machen (Helmut Gollwitzer und Günter Howe)? Und ist demnach der Waffenverzicht Zeichen eines künftig allgemeinwerdenden Verhaltens, wie es Carl Friedrich von Weizsäcker in der Friedenspreisrede 1963 formuliert hat: "Einige versuchen heute schon streng nach derjenigen Ethik zu leben, die eines Tages wird die herrschende sein müssen, und verweigern jede Beteiligung an der Vorbereitung auf den möglichen Krieg" (v. Weizsäcker 137)? Oder ist die mit dem "Noch" bezeichnete Frist letztlich identisch mit dem Äon der gefallenen Welt bis zum Jüngsten Tage (so beispielsweise Edmund Schlink)? Und ist die Waffenlosigkeit darum eher eine Handlungsweise, deren Sinn in den Augen einer vernünftigen Betrachtung dunkel und verborgen bleibt (so Karl Janssen), so daß es naheliegt, die Kriegsdienstverweigerer mit These XI als diejenigen zu bezeichnen, die "in einer *verborgenen* Weise" den Raum für neue Entscheidungen offenhalten?

*Drittens:* Eindeutigkeit wäre in diese Ambivalenzen nur zu bringen, wenn Klarheit über den *gemeinsamen Bezugspunkt* bestünde, von dem her und auf den hin die "komplementären" Handlungsweisen ihren Grund und ihre Richtung empfingen. Auf den ersten Blick scheint dieser einheitliche Referenzpunkt deutlich zu sein: Waffenverzicht und Beteiligung an atomarer Rüstung sind auf die "Herstellung eines haltbaren Weltfriedens" bezogen (Erläuterung zu These I). "Der gemeinsame Grund muß das Ziel der Vermeidung des Atomkrieges und die Herstellung des Weltfriedens sein" (Erläuterung zu These VI). Die Zuordnung der unterschiedlichen Handlungsweisen empfängt ihren Sinn durch den Rückbezug auf die Weizsäckersche Basisthese vom Weltfrieden als "Lebensbedingung des technischen Zeitalters" (These I); zu deren wichtigster und nach wie vor gültiger Konsequenz gehört die Forderung nach der Abschaffung des Krieges als Institution (These III).

Dennoch ist die Ausgangsthese von der *Notwendigkeit des Weltfriedens* keineswegs geeignet, den einheitlichen Grund und das gemeinsame Ziel zu bestimmen, das es erlauben würde, die doppelte Gestalt des Handelns von Christen zu ermöglichen und zu begrenzen. Die These von der Notwendigkeit des Weltfriedens kann dies schon deshalb nicht leisten, weil es sich bei ihr bloß um eine Behauptung von angeblich empirischer Evidenz handelt (s. oben II.1.a). Sie versteht sich dezidiert als eine "Aussage der profanen Vernunft" (Erläuterung zu These I); kraft ihres empirisch-deskriptiven Status entbehrt sie nicht nur jeder theologischen, sondern auch einer ethischen Begründung. Denn die These von der Notwendigkeit des Weltfriedens bindet die Pflicht zum Frieden nicht an eine sittliche Einsicht, sondern an die Triftigkeit der Prognose, ohne die Durchsetzung einer globalen Friedensordnung sei ein atomarer Konflikt unausweichlich. Der dabei verwendete Begriff des Weltfriedens beschränkt sich inhaltlich auf das reduktionistische Minimum der Abwesenheit des Krieges (genauer noch: des Nuklearkrieges zwischen den Großmächten); deshalb hat der "rational geplante Friede ... die Zweideutigkeit, die sich zum Beispiel darin zeigt, daß er mit der rational geplanten Sklaverei Hand in Hand gehen könnte" (Erläuterung zu These II). Wenn es in diesem Zusammenhang heißt: "Der Christ muß von sich einen besonderen Beitrag zur Herstellung des Friedens verlangen" (These II), so ist - folgt man den Heidelberger Thesen - diese Qualifikation nicht darin zu sehen, daß alles Handeln von Christen durch die Friedenszusage des Evangeliums bestimmt, ausgerichtet und begrenzt ist. Vielmehr soll der besondere Beitrag der Christen zum Weltfrieden allein darin bestehen, daß der christliche Glaube die Weltangst überwindet, in der "die Menschheit hin- und hergerissen (ist) zwischen der Angst vor dem Krieg, die sie in Versuchung führt, sich der Sklaverei zu ergeben, und der Angst vor der Sklaverei, die sie in Versuchung führt, den Krieg, zu dem sie gerüstet ist, ausbrechen zu lassen." Soweit sie überhaupt theologisch reden, stilisieren die Heidelberger Thesen die Gabe des Friedens, der höher ist als alle Vernunft, zum jenseitigen Kompensat innerweltlicher Aporien; sie sprechen nicht vom Frieden als Verheißung einer versöhnten Lebensform, die im diesseitigen Leben zeichenhaft angebrochen ist und zu der es auch im Feld des Politischen Entsprechungen geben kann. Stattdessen bleiben sie auf eine "moralische Anstrengung" und ein Ethos des "Herstellens" fixiert - mit der Folge, daß auch der Waffenverzicht weniger als zeichenhafte Darstellung der Versöhnung gewürdigt wird, sondern vorrangig in den Funktionszusammenhang der wirksamen "Herstellung des Weltfriedens" eingeschlossen bleibt.

*Viertens:* Die Heidelberger Thesen unterscheiden in der ethischen Bewertung zwischen der *Bereithaltung* und dem *Einsatz* atomarer Waffen. Die Beteiligung an dem Versuch, durch das "Dasein von Atomwaffen" einen Frieden in Freiheit zu sichern, bezeichnen sie als eine heute noch mögliche Handlungsweise. Dieser Satz *legitimiert* nicht etwa den Einsatz von Atomwaffen - dieser könnte von Christen "nicht anders denn als ein Gericht Gottes über uns alle" verstanden werden (Erläuterung zu These IX) - es *toleriert* lediglich die Drohung mit ihnen. So deutlich zunächst zwischen Drohung und Einsatz unterschieden wird, so offen wird freilich auch die Aporie dieser Unterscheidung eingestanden, wenn es in These IX heißt: "Für den Soldaten einer atomar bewaffneten Armee gilt: Wer A gesagt hat, muß damit rechnen, B sagen zu müssen; aber wehe den Leichtfertigen!" In dieser Formel kommen zwei Gesichtspunkte zusammen: Sie soll auf der einen Seite ausdrücken, daß für jeden, der vor der Gewissensfrage 'Wehrdienst ja oder nein' steht, die Situation eines möglichen Einsatzbefehls, also des B-Sagens, *vor* dem Eintritt in die Armee, also dem A-Sagen, mitbedacht werden muß. Die Formel drückt aber zum anderen auch aus, daß dem Soldaten, wenn er den Wehrdienst angetreten hat, eine *reservatio mentalis,* also ein innerer Vorbehalt verwehrt ist, der besagen würde: Wenn das A-Sagen - die Kriegsverhütung durch Abschreckung - mißlungen ist, dann ist eine neue Situation entstanden, in der ich sittlich nicht zum B-Sagen verpflichtet bin. Die These neigt einer Automatik des A- und B-Sagens zu, wenn sie mit dem Satz endet: Sollte "es zum Ausbruch eines atomaren Krieges kommen", so wird der Christ "dies nicht anders denn als ein Gericht Gottes über uns alle verstehen können".

Gegen diese Konsequenz hat schon damals das Kommissionsmitglied Helmut Gollwitzer protestiert:

"Er (sc. der Soldat) kann m. E. sehr wohl diese Beteiligung (sc. an der Abschreckung) vollziehen mit der *reservatio mentalis*, sich an der Anwendung der Atomwaffen dann, wenn alle Bemühungen und die Friedenserhaltung umsonst gewesen sein sollten, nicht zu beteiligen oder sie gar zu sabotieren. Ist es soweit und alles andere mißlungen, dann ist jedenfalls für den Christen dieser ohnehin halsbrecherisch kühne Weg endgültig zu Ende. Wer A sagte, um das B-Sagen zu verhindern, muß zwar zu diesem Zwecke in der Entschlossenheit auch des B-Sagens erscheinen; ist aber die Verhinderung des faktischen B-Sagens mißlungen, dann ist eine neue Situation entstanden. Wenn man also das Mißlingen der Bemühungen um den Frieden im Sinne von These 9 als Gericht Gottes versteht, dann kann diese Einsicht ihre Bestätigung nur im Nichtweitermachen finden. Denn es ist ja doch wohl auch ein Gericht darüber, daß schon der bisherige Weg nicht mit der Energie und Konzentration auf das eine Ziel der Friedenserhaltung gegangen worden war, das ihn allein christlich erwägbar sein ließ" (Howe 263f).

Gollwitzer bezeichnete dies als den entscheidenden Ansatz für das künftige Gespräch, doch Erörterungen darüber haben nicht mehr stattgefunden. Wie die voranstehenden Hinweise zeigen, sind es keineswegs die veränderten historisch-politischen und militär-strategischen Rahmenbedingungen allein, die heute Anlaß geben, die Tragfähigkeit der Heidelberger Thesen für die friedensethische Urteilsbildung in Frage zu stellen. Vielmehr sind es auch und nicht minder die in ihre systematische Grundkonzeption eingebauten Zweideutigkeiten und Ungereimtheiten, die zu dieser Kritik nötigen.

### c) Friedensdienst der Christen in West und Ost

Daß die Heidelberger Thesen unterschiedliche Rezeptionstendenzen auf sich gezogen haben, kann nach alledem nicht verwundern. Aufs ganze gesehen setzte sich in der Bundesrepublik eher die konservative Variante durch, die "komplementäres" Handeln als statische Aufgaben- und Arbeitsteilung verstand. Dagegen haben die Kirchen in der DDR den dynamischen Sinn der Komplementaritätsformel festgehalten und unmißverständlich herausgestellt.

In der kirchlichen Diskussion der *Bundesrepublik* geriet der asymmetrische Charakter der "Komplementarität" nicht zuletzt dadurch in Vergessenheit, daß sie mit der Formel vom 'Friedensdienst mit und ohne Waffen' gleichgesetzt wurde. Hatten die Heidelberger Thesen mindestens versucht, eine vorrangige Option für den Gewaltverzicht anzudeuten, so insinuierte die Formel vom 'Friedensdienst mit und ohne Waffen' die Gleichrangigkeit beider Dienste. Zwar hatte auch diese Formel am historischen Ursprungsort ihrer öffentlichen Verwendung einen guten Sinn. 'Friedensdienst mit und ohne Waffen' war ein Tagesthema der Arbeitsgruppe Politik auf dem Deutschen Evangelischen Kirchentag 1967 in Hannover. Durch die mit dieser Formel verbundenen Intentionen wurden die Heidelberger Thesen sogar an einem Punkt weitergeführt: Die Formel beansprucht nämlich für die bislang bloß negativ als Wehrdienst*verweigerer* bezeichnete Gruppe den positiven Status eines differenziert ausgestalteten *Friedens*dienstes. Der Ersatzdienst der Kriegsdienstverweigerer sollte als ziviler Friedensdienst verstanden werden; der Einsatz als Entwicklungshelfer sollte als Friedensdienst gelten, der die Befreiung vom Wehrdienst nach sich zog. An die Adresse der *Soldaten* gerichtet bedeutete die Formel die Nötigung, den Dienst in der Bundeswehr als Dienst für den Frieden zu explizieren und Andersdenkenden als solchen einsichtig zu machen. Sieht man genauer hin, so eröffnet die Formel 'Friedensdienst mit und ohne Waffen' sogar neue Diskussionsprozesse *innerhalb* der beiden Gruppen: Auf der Seite der Waffenlosen die Diskussion zwischen prinzipiellen Pazifisten und solchen, die den waffenlosen Dienst als innovative politische Praxis verstehen; auf der Seite der Waffenträger die Diskussion darüber, ob der, der den Krieg übt, Soldat für den Frieden sein kann. *Zum einen* trat man damit früh der politischen Tendenz entgegen, das Verhältnis von Wehrdienst und waffenlosem Dienst im Schema von Regel und Ausnahme zu deuten. Denn auch im Bereich der Kirchen hatte die Auffassung an Gewicht gewonnen, der Wehrdienst sei die Normalform des Friedensdienstes; Kriegsdienstverweigerung und ihr folgend der Ersatzdienst müßten ebenso die Ausnahme bleiben wie auch Entwicklungsdienst und andere Friedensdienste auf eine Minderheit beschränkt seien. *Zum anderen* sollte das Programm 'Friedensdienst mit und ohne Waffen' das in der Komplementaritätsformel implizierte ekklesiologische Programm aufnehmen; es hätte bedeutet, ein Element konziliaren Streites öffentlich zu organisieren.

Am erfolgreichsten war die Formel in der Bundesrepublik jedoch darin, daß sie den ethischen Vorrang der Gewaltfreiheit vor allen Formen der Gewaltdrohung und Gewaltanwendung einebnete. Zugleich wurde durch sie der Anschein erweckt, als seien der Dienst mit der Waffe oder der Dienst ohne Waffe schon je für sich Friedensdienst. Zwar wurde die Formel niemals offiziell als Ausdruck evangelischer Friedensethik rezipiert; doch sie setzte sich faktisch gegen allen Widerstand durch. Dies geschah, obwohl die Kammer der EKD für öffentliche Verantwortung schon 1969 in einer Thesenreihe mit dem Titel: 'Der Friedensdienst der Christen' (in: Danielsmeyer 112-129) an die dynamische, asymmetrische Fassung des Komplementaritätsgedankens zu erinnern versuchte. Obwohl diese Thesenreihe zu den offiziellen Ausarbeitungen der EKD gehört, ist sie weithin in Vergessenheit geraten. Das ist umso bedauerlicher, als sie geeignet gewesen wäre, Mißverständnisse zu beseitigen, die die Heidelberger Thesen hinterlassen hatten. Man forderte nun die Abschaffung eines besonderen Prüfungsverfahrens für Kriegsdienstverweigerer und den systematischen Ausbau der Friedensdienste. Ende 1969 jedoch, als dieses Dokument erschien, hatte die neue Ostpolitik der Bundesregierung eingesetzt, zu der die EKD selbst mit ihrer Vertriebenen-Denkschrift beigetragen hatte. Im Klima der Entspannungspolitik verloren die harten Probleme der Rüstungs- und Sicherheitspolitik in der Öffentlichkeit an bedrängendem Gewicht. Doch schon zehn Jahre später mußte man erkennen, daß sich in den siebziger Jahren unter der Decke der Entspannungspolitik Militärstrategien und Waffentechnologien weiterentwickelt hatten und der Prozeß des Rüstungswettlaufs zwischen den Industriestaaten und die Militarisierung der "Dritten Welt" massiv fortgesetzt worden war.

Unter ganz anderen gesellschaftlichen Bedingungen hat der *Bund der evangelischen Kirchen in der DDR* mehr eigenständiges Profil in der Stellungnahme zu politischen Entscheidungen der Staatsführung gezeigt als die Kirchen in der Bundesrepublik. Im Rahmen dieses Überblickes seien drei herausgehobene Bewährungsproben für das Friedenszeugnis der evangelischen Kirchen in der DDR genannt.

1. *Der Vorrang der Kriegsdienstverweigerung.* In der DDR war 1962, sechs Jahre später als in der Bundesrepublik Deutschland, die allgemeine Wehrpflicht beschlossen worden. Das Gesetz ließ zunächst keine Verweigerung zu, 1964 jedoch schuf die DDR die Möglichkeit eines waffenlosen Militärdienstes in Baueinheiten der Nationalen Volksarmee. Die Kirche hatte selbst diese Regelung möglich gemacht, indem sie erklärte, sie vertrete nicht generell und lehrmäßig die Kriegsdienstverweigerung. Gleichwohl konnte sie diese Lösung nur als Minimalkompromiß betrachten und setzte sich von Anfang an für einen gleichberechtigten sozialen Friedensdienst als dritte Alternative ein. Die Totalverweigerer, denen ihr Gewissen auch den Dienst als Bausoldaten verbot, waren ja im allgemeinen evangelische Christen. Die Konferenz der Kirchenleitungen widmete diesen Fragen 1965 eine Handreichung zur Seelsorge an Wehrpflichtigen mit dem Titel 'Zum Friedensdienst der Kirche' (in: Wilkens 249-262). Mit diesem Text bezogen die Kirchen der DDR zum ersten Mal eigenständig Position zur Problematik von Frieden und Sicherheit im Atomzeitalter. Sie taten dies in der Form einer seelsorgerlichen Handreichung, aber auf der Basis einer

gründlichen theologischen Reflexion und politischen Situationsanalyse. In diesem Text findet sich eine von Anfang an heiß umstrittene Formel. Es heißt dort im Zusammenhang:

"Eine Reihe junger Christen hält jeden, auch den waffenlosen Dienst in der Armee für unvereinbar mit dem christlichen Friedenszeugnis und verweigert ihn. Sie sind aber zu einem echten zivilen Ersatzdienst bereit. Einige von ihnen haben gegenwärtig im Militärstraflager ihr Friedenszeugnis leidend zu bewähren. Es wird nicht gesagt werden können, daß das Friedenszeugnis der Kirche in allen drei der heute in der DDR gefällten Entscheidungen junger Christen in gleicher Deutlichkeit Gestalt angenommen hat. Vielmehr geben die Verweigerer, die im Straflager für ihren Gehorsam mit persönlichem Freiheitsverlust leidend bezahlen und auch die Bausoldaten, welche die Last nicht abreißender Gewissensfragen und Situationsentscheidungen übernehmen, ein deutlicheres Zeugnis des gegenwärtigen Friedensgebots unseres Herrn" (Wilkens 256).

Hier wird das asymmetrische Verständnis der Komplementarität, wonach das Ethos der Waffenlosigkeit das künftig herrschende wird sein müssen, für die Gewissensberatung der Wehrpflichtigen aktuell geltend gemacht. Die Rede vom "Zeugnis" im Zusammenhang der (unter DDR-Bedingungen Total-) Verweigerer erinnert wohl nicht zufällig an das neutestamentliche *martyrein*, das das Bezeugen der Wahrheit vor allem unter Bedingungen des Leidens und der Bedrängnis meint. Die Kirchen in der DDR sahen sich daraufhin von Seiten des Staates der Denunziation ausgesetzt, diese Handreichung sei mit der "Tinte der Militärkirche" geschrieben. Nach der organisatorischen Trennung von der EKD 1969 war allerdings für billige Denunziationen dieser Art kein Nährboden mehr vorhanden. Die Synode des Bundes der evangelischen Kirchen in der DDR definierte 1973 ihren gesellschaftlich-politischen Standort als 'Kirche (nicht gegen und nicht für, sondern) *im* Sozialismus'. Das bedeutet: Christen akzeptieren das gegebene politische System zunächst einmal als gesellschaftliche Rahmenbedingung für ihre Existenz, und entscheiden von Fall zu Fall über die Grenzen ihrer Loyalität. Die Orientierung der Handreichung wirkte weiter, auch wenn sie kirchenamtlich nicht mehr zitiert wurde. Wie wenig durch die neue Selbstdefinition als 'Kirche im Sozialismus' die eigenständige Wahrnehmung der Friedensaufgabe behindert worden ist, zeigt der zweite Konflikt.

2. *Die umstrittene Friedenserziehung.* Im selben Jahr 1978, als sich infolge eines Spitzengesprächs zwischen dem Kirchenbundsvorsitzenden Albrecht Schönherr und dem Staatsratsvorsitzenden Erich Honecker die Lage zwischen Kirche und Staat weiter normalisierte, gab es neuen Konfliktstoff: Die DDR führte für die 9. und 10. Klassen aller Schulen das Pflichtfach "Sozialistische Wehrerziehung" ein. Der Schulunterricht wurde damit zum Bewährungsfeld der asymmetrisch verstandenen 'Komplementarität'. Die Kirchen nahmen nun verstärkt Impulse aus der ökumenischen Bewegung auf und erinnerten sich des Anstoßes der Militarismusdiskussion von Nairobi. Dem Staat gegenüber protestierten sie vernehmlich, wenn auch erfolglos. Für sich selbst initiierten die Kirchen ein Studien- und Aktionsprogramm 'Erziehung zum Frieden', um Militarisierungstendenzen schon im sozialen Nahbereich entgegenzuwirken. In einer *Orientierungshilfe* der Konferenz der Kirchenleitungen tritt die Kirche für diejenigen Eltern und Erziehungsberechtigten ein, die sich aus Gewissensgründen nicht in der Lage sehen, ihre Kinder am Unterricht des Schulfaches "Sozialistische Wehrerziehung" teilnehmen zu lassen (in: Lingner 359-361). Gleichzeitig werden positive politische Alternativen aufgezeigt; in dem genannten Dokument zeichnet sich bereits in ersten Umrissen der Gedanke der gemeinsamen Sicherheit ab: "Wir müssen damit beginnen, Wege der Sicherheit zu beschreiten, die nicht nur uns, sondern auch die anderen sicherer machen" (Lingner 360). Der intensive Diskussionsprozeß mündet zwei Jahre später in das *Rahmenkonzept* "Erziehung zum Frieden" (KuF 68ff). Friedenserziehung wird verstanden als Beitrag zur Verminderung von Gewalt, Not, Unfreiheit und Angst; und die These vom 'Friedensdienst mit der Waffe' wird offen infrage gestellt. Zugleich wird in diesem Text von 1980 bezweifelt, ob die politischen Vorausset-

zungen der Komplementaritätsthese noch gegeben sind. Damit stehen wir bei der dritten Bewährungsprobe, die hier erwähnt werden soll.

3. *Die Stationierungsdebatte Anfang der achtziger Jahre.* Zwei wichtige Entwicklungen sind in diesem Zusammenhang hervorzuheben: Im März 1982 wurde das Tragen der Aufnäher der DDR-Friedensbewegung "Schwerter zu Pflugscharen" verboten. Die Aufnäher zeigten ein sowjetisches Denkmal vor dem UN-Hauptquartier mit der bildhauerischen Darstellung des Symbols von Jesaja 2,4 und Micha 4,3. Die Kirchen sahen sich durch diese Diskussion veranlaßt, den Pazifismusbegriff zu differenzieren; sie unterschieden: ethischen Pazifismus, politischen Pazifismus, christlichen Pazifismus und Atompazifismus (KuF 83-96). Sie traten so der in Ost und West immer wieder anzutreffenden Verkürzung des pazifistischen Handlungsspektrums auf den prinzipiellen (oder Gesinnungs-)Pazifismus entgegen.

Hinsichtlich der ethischen Bewertung des Abschreckungssystems schließlich erklärte die Bundessynode in Halle 1982, daß "eine deutliche Absage an Geist und Logik der Abschreckung unumgänglich ist" (epd-Dokumentation 47/1982, 30). Ein Jahr später nahm die Synode von Potsdam 1983 den Vancouver-Appell auf und erweiterte diese Formel zur Absage an "Geist, Logik und Praxis der Abschreckung" (epd-Dokumentation 43/1983, 63ff). Die Absage an den Geist der Abschreckung trifft den Geist des Freund-Feind-Denkens, der genährt werden muß, damit die Abschreckung akzeptabel bleibt. Die Absage an die Logik der Abschreckung trifft den Rüstungswettlauf, der dadurch in Gang gehalten wird. Die Absage an die Praxis der Abschreckung trifft die Nachrüstung auch im eigenen Bereich des Warschauer Pakts.

Wer diesen Diskussionsprozeß überblickt und mit dem in der Bundesrepublik vergleicht, kann sich des Eindrucks nicht erwehren: Während in der Bundesrepublik der offizielle Protestantismus eher darauf bedacht war, sich den staatlichen Loyalitätserwartungen nicht zu entziehen, haben die im Kirchenbund der DDR zusammengeschlossenen Kirchen in engem Kontakt mit der ökumenischen Bewegung und im Wagnis des begrenzten Konflikts mit dem eigenen Staatswesen jene Regel aus Apostelgeschichte 5,29 durchgehalten: "Man muß Gott mehr gehorchen als den Menschen."

LITERATUR: *H. Bosse,* Zur Frage der Komplementarität in der Friedensethik, in: Danielsmeyer 94-111 - *W. Danielsmeyer* (Hg.), Der Friedensdienst der Christen. Beiträge zu einer Ethik des Friedens, Gütersloh 1970 - Deutscher Evangelischer Kirchentag Hannover 1967. Dokumente, Stuttgart/Berlin 1967 - *H. Gollwitzer,* Die Christen und die Atomwaffen, München 1957 (Nachdruck 1981) - *H. Gollwitzer,* Forderungen der Freiheit. Aufsätze und Reden zur politischen Ethik, München 1964 - *G. Heidtmann,* Hat die Kirche geschwiegen? Das öffentliche Wort der evangelischen Kirche aus den Jahren 1945-1964, 3. Aufl. Berlin 1964 - *R. Henkys,* Die Friedensfrage in der Diskussion der evangelischen Kirchen in der DDR, in: E. Wilkens (Hg.), Christliche Ethik und Sicherheitspolitik, Frankfurt 1982 - *G. Howe* (Hg.), Atomzeitalter - Krieg und Frieden, 2. Aufl. Frankfurt/ Berlin 1963 - Kirche und Frieden. Kundgebungen und Erklärungen aus den deutschen Kirchen und der Ökumene, hg. von der Kirchenkanzlei der EKD, Hannover 1982 (zit.: *KuF*) - *W. Krusche,* Schuld und Vergebung - der Grund des christlichen Friedenshandelns, in: E. Lohse/U. Wilckens (Hg.), Gottes Friede den Völkern, Hannover 1984, 76-101 - *W. Lienemann,* Kernwaffen und die Frage des gerechten Krieges als Problem ökumenischer Friedensethik seit 1945, besonders im Blick auf den Protestantismus in Deutschland, Habilitationsschrift Heidelberg 1983 - *O. Lingner,* Die Evangelischen Kirchen in der Deutschen Demokratischen Republik, in: Kirchliches Jahrbuch für die Evangelische Kirche in Deutschland 1978, Gütersloh 1982, 291-362 - *Th. Mechtenberg,* Die Friedensverantwortung der Evangelischen Kirchen in der DDR, in: R. Henkys (Hg.), Die Evangelischen Kirchen in der DDR, München 1982, 355-399 - *W. W. Rausch/Chr. Walther* (Hg.), Evangelische Kirche in Deutschland und die Wiederaufrüstungsdiskussion in der Bundesrepublik 1950-1955, Gütersloh 1978 - *J. Vogel,* Kirche und Wiederbewaffnung. Die Haltung der Evangelischen Kirche in Deutschland in den Auseinandersetzungen um die Wiederbewaffnung der Bundesrepublik 1949-1956, Göttingen 1978 - *Chr. Walther* (Hg.), Atomwaffen und Ethik. Der deutsche Protestantismus und die atomare Aufrüstung 1954-1961. Dokumente und Kommentare, München 1981 - *C. F. v. Weizsäcker,* Der bedrohte Friede, München/Wien 1981 - *E. Wilkens,* Die Kirchen in der Deutschen Demokratischen Republik, in: Kirchliches Jahrbuch für die Evangelische Kirche in Deutschland 1966, Gütersloh 1968, 199-322 - Wem das Gewissen schlägt. Zur

Rechtsprechung über das Gewissen der Kriegsdienstverweigerer, hg. von der Evangelischen Arbeitsgemeinschaft zur Betreuung der Kriegsdienstverweigerer, Bremen 1984 (zit.: *Gewissen*) - *E. Wolf* (Hg.), Christusbekenntnis im Atomzeitalter?, München 1959 - *E. Wolf*, Zur Frage der Komplementarität, in: Junge Kirche 21, 1960, 3-7.

## 3. Friedensethik zwischen Konfession und Kontext

Gegenstand dieses Kapitels sind methodische Aspekte friedensethischer Argumentationen im Spannungsverhältnis von Konfession und Kontext. Schon der Blick auf den Gang der Diskussion im deutschen Protestantismus ließ die kontextuellen Rahmenbedingungen für die Friedensverantwortung der Kirchen deutlich hervortreten; sie zeigte sich dort als Folge der Einbindung der regionalen Kirchen in unterschiedliche politische Ordnungen. Das Selbstverständnis der real existierenden Kirchen ist aber auch durch ihre unterschiedliche, historisch überkommene konfessionelle Herkunft geprägt. Gerade wer daran arbeiten möchte, daß solche traditionalen Bindungen ihren kirchentrennenden Charakter verlieren, muß fragen, ob - und wenn ja wie - sie sich im Zusammenspiel von Glaube und Weltverantwortung heute noch praktisch auswirken. Begründen die konfessionellen Unterschiede notwendige Differenzen im Ergebnis der ethischen Urteilsbildung? Oder sind diese, soweit vorhanden, durch andere Faktoren bedingt?

Wir wollen diesen Fragen nachgehen, indem wir in den folgenden Fallstudien vier Dokumente der jüngeren Zeit etwas ausführlicher betrachten, die im Zusammenhang der Diskussion um den Doppelbeschluß der NATO vom Dezember 1979 entstanden sind. Zwei Texte stehen in der reformatorischen Traditon und kommen aus der Bundesrepublik Deutschland, sie unterscheiden sich jedoch durch eine konfessionelle Differenz: Die Denkschrift der Evangelischen Kirche in Deutschland vom Oktober 1981 mit dem Titel 'Frieden wahren, fördern und erneuern' entstammt dem westdeutschen Mehrheitsprotestantismus, in dessen politisch-ethische Orientierung eine starke lutherische Komponente eingeflossen ist (3.1). Die Erklärung des Moderamens des Reformierten Bundes 'Das Bekenntnis zu Jesus Christus und die Friedensverantwortung der Kirche' vom Juni 1982 ist aus der reformierten Minderheit in der Bundesrepublik hervorgegangen (3.2). Den beiden anderen Dokumente ist gemeinsam, daß sie von römisch-katholischen Bischofskonferenzen stammen; aber sie sind unterschiedlicher geographischer Herkunft. Es handelt sich um das Wort der Deutschen Bischofskonferenz zum Frieden, das unter dem Titel 'Gerechtigkeit schafft Frieden' im April 1983 veröffentlicht wurde (3.3); und schließlich um den Pastoralbrief der Katholischen Bischofskonferenz der USA über Krieg und Frieden mit dem Titel 'Die Herausforderung des Friedens - Gottes Verheißung und unsere Antwort', verabschiedet Anfang Mai 1983 (3.4). Jedes dieser vier Dokumente soll in drei Schritten analysiert werden: hinsichtlich des theologischen Ausgangspunktes (a), der politisch-ethischen Aussagen (b) und des besonderen Stils politischer Ethik, den sie jeweils repräsentieren (c).

LITERATUR: *B. Fraling*, Methodisches zur Friedensethik im ökumenischen Vergleich, in: Catholica (M) 39, 1985, 27-51 - *W. Lienemann*, Neue ökumenische Friedensethik. Versuch einer vergleichenden Standortbestimmung, in: Ökumenische Rundschau 33, 1984, 240-256 - *H.-R. Reuter*, Konfession und Ethik in der Friedensverantwortung der Kirchen. Eine vergleichende Studie, in: O. Bayer u.a., Zwei Kirchen - eine Moral?, Regensburg 1986, 119-167 - *F. Solms/M. Reuver*, Welchen Frieden wollen die Kirchen? Beiträge zur ökumenischen Diskussion II, Texte und Materialien der FEST A 28, Heidelberg 1988.

### *3.1. Richtungsanzeigen zur Friedenspolitik - die Friedensdenkschrift der Evangelischen Kirche in Deutschland*

Richtungsanzeigen zur Friedenspolitik: auf diese Formel kann man die Absicht der zum Teil vielgeschmähten Friedensdenkschrift der Evangelischen Kirche in Deutschland vom Oktober 1981 bringen. Verfaßt wurde sie von der im wesentlichen aus Politikern, Juristen und Theologen zusammengesetzten Kammer für öffentliche Verantwortung der EKD. Die für die Verhältnisbestimmung von Theologie und politischer Ethik charakteristische Grundaussage dieses vom Rat der EKD approbierten und von der Synode rezipierten Dokumentes lautet: "Der Glaube weist der Verantwortung für den Frieden in der Welt eine bestimmte Richtung" (47).

#### a) Zum theologischen Ansatz

Die Aufgabe, Frieden zu wahren, zu fördern und zu erneuern gilt als die von Christen geforderte Antwort auf den Frieden Gottes, wie er in der Versöhnung durch Christus offenbar geworden ist. Die Friedensaufgabe der Kirche ist Teil des Zeugnisses für diesen Frieden Gottes, das es auszurichten gilt "in Solidarität mit der unerlösten Welt, die der Versöhnung Gottes bedürftig ist" (43f). Dominierend ist in den theologischen Basispassagen der Denkschrift (43-48) die Bemühung, die Friedensverantwortung der Kirche aus den Grundvollzügen des Gottesdienstes heraus zu entwickeln (Verkündigung des Evangeliums, Dank für Gottes Barmherzigkeit, Klage über Schuld und Leiden in der Welt, Fürbitte für alle Menschen und Feier der Gemeinschaft). Der liturgische Grundvollzug der Fürbitte für alle Menschen dient als Vermittlung zwischen dem Traditionselement der *Staatslehre* und den Weisungen der *Bergpredigt.*

Auf der *einen* Seite nämlich begreift die Fürbitte der Kirche mit 1. Timotheus 2,2 diejenigen ein, die stellvertretend für alle politische Verantwortung tragen (47). Anerkennung dieser besonderen Verantwortung bedeutet dabei keineswegs deren unkritische Bestätigung. Die Denkschrift führt die Legitimation des politischen Amtes auf eine "gnädige Anordnung Gottes" (48) zurück und bindet sie an die Funktion der "Stellvertretung für das gemeinsame Leben". Damit betont sie zunächst die partizipatorische Struktur der Urteils- und Willensbildung im demokratischen Staat ("freie Mitwirkung der Bürger"), an der auch die Kirche teilzunehmen beansprucht. Sodann ordnet sie die Funktion des "Schutzes des gemeinsamen Lebens" nach innen wie nach außen einem umfassenderen politischen Gestaltungsauftrag unter (50). In dieser Version hält sie den in Luthers Regimentenlehre ausgedrückten Gedanken einer eigenständigen, sachbezogenen Würde der weltlichen politischen Aufgabe fest.

Auf der *anderen* Seite jedoch führt die der Kirche aufgetragene Universalität der Fürbitte zu der Feststellung, daß diese nach der Weisung der Bergpredigt auch das Gebet für die Feinde umfaßt. Die Verfasser gewinnen von da aus Anschluß an die politische Dimension der Feindesliebe und weisen ein bloß gruppenspezifisches Verständnis der Bergpredigt zurück: Gebot und Verheißung der Bergpredigt "gelten allen, die die Botschaft Jesu hören". Das Gebot der Feindesliebe wird nicht als schwächliches Unterwerfungsethos verstanden, sondern als Befähigung zur Empathie. Gemeint sei, daß "wir auch den Gegner annehmen als einen - wie wir selbst - sündigen, von Hoffnungen, Ängsten und Aggressionen getriebenen Menschen". Die Bergpredigt ist demnach nicht als Gesinnungsethik ad acta zu legen, sondern hinsichtlich ihres Richtungssinnes auch politisch zum Zuge zu bringen: "Die Kirche lehrt mit den Worten Jesu aus der Bergpredigt gerade nicht den Verzicht auf verantwortliches Handeln, sondern sie lehrt die Christen, in welche Richtung die Verantwortung vom Willen Gottes gewiesen ist" (48). In dieser Version weist das Dokument der EKD die auf Max Weber zurückgehende Alternative von Gesinnungs- bzw. Gewissens- und Verantwortungsethik zurück. Beide fordern sich gegenseitig. Nur im Gewissen erhält Verantwortung ihren Grund und ihre Grenze, und nur in der Übernahme von Verantwortung wird das Gewissen konkret (vgl. 51).

b) Zur politisch-ethischen Aussage

Das Festhalten an der eigenständigen Würde der politischen Aufgabe übersetzt sich für die Denkschrift in das dringliche Gebot, "den Vorrang einer umfassenden politischen Sicherung des Friedens vor der militärischen Rüstung wiederzugewinnen" (52, vgl. 51). Gegen das Übergewicht der militärstrategischen und waffentechnischen Diskussion soll die politische Dimension wiedergewonnen werden. Die Denkschrift leistet dazu einen Beitrag, indem sie in ihrer politischen Situationsbeschreibung (13-31) ohne einseitige Schuldzuweisungen die unterschiedlichen Perzeptionen der Partner im Ost-West-Konflikt darlegt. Die beiderseitigen Bedrohungsgefühle werden als wesentlicher Grund für die anhaltende Rüstungsspirale analysiert. Die Denkschrift nährt keinen wie auch immer begründeten Antikommunismus; sie deutet die Ost-West-Konfrontation als politischen Machtkonflikt, nicht als ideologischen Systemkonflikt. Interessengegensätze innerhalb des westlichen Bündnisses werden offen ausgesprochen (15.69), worst-case-Planung, militärisches Gleichgewichtsdenken und waffentechnische Entwicklungen werden als destabilisierende Faktoren des Abschreckungssystems namhaft gemacht (17.23). Frieden als politische Gestaltungsaufgabe zu begreifen bedeutet für die Denkschrift, langfristig das Ziel einer internationalen Friedensordnung im Auge zu behalten. Kurz- und mittelfristig gehe es darum, den Sinn für "Näherungslösungen" zu stärken in Richtung auf ein Konzept blockübergreifender und umfassender Kooperation sowie die Entwicklung eines typisch defensiven Verteidigungskonzepts. Auch kalkulierte einseitige Schritte im Interesse effektiver Abrüstung werden zur Prüfung empfohlen (67ff).

Daß militärische Friedenssicherung ganz und gar einer aktiven Friedenspolitik unterzuordnen ist - dieses Anliegen bildet auch die Prämisse für die Erörterung der im Raum der Kirche vorhandenen unterschiedlichen *Gewissensentscheidungen*. Mit der VII. Heidelberger These von 1959 wird betont, die Kirche müsse gerade "in der heutigen Situation ... den Waffenverzicht als eine christliche Handlungsweise anerkennen". Bemerkenswerterweise wird diese Aussage von der gegen den NATO-Beschluß vom Dezember 1979 opponierenden "politischen Bewegung" her entwickelt. Nicht nur den Kriegsdienstverweigerern, sondern darüber hinaus der Friedensbewegung wird damit in aller Form "Achtung und Verständnis" der Kirche ausgesprochen (57). Man kann und muß dies als Folge einer wichtigen Einsicht lesen: ein dem evangelischen Verständnis des Gewissens entsprechendes Verhalten erschöpft sich nicht in bloßer Verweigerungshaltung, sondern drängt zu aktiver Teilnahme am politischen Prozeß. Leider hat die Denkschrift darauf verzichtet, die vorbehaltlose Anerkennung der Gewissensentscheidung zum Waffenverzicht im aktuellen politischen Kontext zu konkretisieren. Sie hätte dann zu den Rechtsfragen der Kriegsdienstverweigerung Stellung nehmen müssen; diesen Konflikt hat sie jedoch vermieden.

Die Geltung der VIII. Heidelberger These wird mit folgenden Worten erneuert: "Die Kirche muß auch heute, 22 Jahre nach den 'Heidelberger Thesen', die Beteiligung an dem Versuch, einen Frieden in Freiheit durch Atomwaffen zu sichern, weiterhin als eine für Christen noch mögliche Handlungsweise anerkennen" (57f). In den evangelischen Teilen der Friedensbewegung ist diese Aussage heftig kritisiert worden, weil sie den Eindruck erweckt, die Kirche wolle mit ihrem "weiterhin noch" jenes atomare Abschreckungssystem rechtfertigen, dessen zunehmende Destabilisierung sie selber diagnostiziert. Man darf jedoch nicht übersehen, daß es nach dem Satz, der die VIII. Heidelberger These aufnimmt, heißt - und zwar bezogen auf den Dienst der Soldaten: "Allein, diese Handlungsweise ist nur in einem Rahmen ethisch vertretbar, in welchem alle politischen Anstrengungen darauf gerichtet sind, Kriegsursachen zu verringern, Möglichkeiten gewaltfreier Konfliktbewältigung auszubauen und wirksame Schritte zur Senkung des Rüstungsniveaus zu unternehmen" (58). Die Kirche bekundet mit diesen Sätzen "Achtung und Verständnis für diejenigen, die in der Bundeswehr Dienst leisten" (58), bindet diese Entscheidung aber an politische Rahmenbedingungen.

Es ist bei Anhängern und Gegnern der Denkschrift zu wenig beachtet worden, daß mit dieser Rezeption der VIII. Heidelberger These keineswegs das Abschreckungssystem als solches gerechtfertigt wird, mehr noch, daß damit zur ethischen Qualität nuklearer Drohpolitik pro oder contra explizit überhaupt keine Stellung genommen wird. Genauer: Die Denkschrift versucht überhaupt nicht - und das unterscheidet sie vor allem von den katholischen Dokumenten - in eine detaillierte Erörterung der *ethischen* Aspekte atomarer Abschreckung und Strategie einzutreten. Sie konzentriert sich in der Rezeption der Komplementaritätsformel der Heidelberger Thesen noch deutlicher als diese selbst auf den Aspekt der individuellen Gewissensentscheidung. Nach der individualethischen Seite hin lautet die Frage, ob es für den einzelnen Christen eine mögliche Gewissensentscheidung sein kann, sich angesichts des faktisch existierenden nuklearen Abschreckungssystems an militärisch gestützter Sicherheitspolitik zu beteiligen. Ja, die Denkschrift schränkt den weiten Sinn, den "Beteiligung" in diesem Zusammenhang haben kann (auch der Steuerzahler ist "beteiligt") auf den Waffendienst und damit auf die Frage ein, ob für den Christen die Entscheidung für den Dienst in der Bundeswehr ein mögliches Ergebnis der Selbstprüfung des Gewissens sein kann. Und die Antwort auf diese Frage lautet: Sie kann es sein, aber nur, wenn und insoweit der Betroffene überzeugt sein kann, dies im Kontext einer Politik zu tun, die den genannten Kriterien genügt. Die Denkschrift selber hat es allerdings unterlassen, diese Kriterien auf den Stationierungsteil des NATO-Doppelbeschlusses hin zu konkretisieren. Die pluralistische Zusammensetzung der Kammer für öffentliche Verantwortung ließ darüber eben "keine Einmütigkeit" zu (11), auch wenn der "Zeitpunkt" ins Auge gefaßt wird, "wo Skandal und Risiko der Rüstungsspirale höher veranschlagt werden müssen als der Nutzen des Abschreckungssystems" (72).

c) Zum Typus kirchlichen Redens

Respektierung der eigenständigen Aufgabe des politischen Amtes, Anerkennung eines Spielraums unterschiedlicher Gewissensentscheidungen von Christen bei Wahrung des Glaubenskonsenses und des Richtungssinnes des Evangeliums - dies sind die Elemente, von denen die Friedensdenkschrift der EKD das für den volkskirchlich organisierten Protestantismus typische Profil und zugleich die ihm eigenen Aporien empfängt. In dem *einen* Element, der Behauptung des notwendigen Spielraums der individuellen Gewissensentscheidungen lebt zwar das protestantische Freiheitspathos gegenüber aller außengeleiteten Fremdbestimmung fort. Es verkehrt sich aber in dem Maße in individualistische Beliebigkeit, in dem die Freiheit der Einzelgewissen aus dem Zusammenhang verbindlichkeitsorientierter Verständigungsprozesse entlassen wird. Argumentationsleitend ist das *andere* Element, das vom Vorrang der politischen Verantwortung ausgeht. Gegenüber einer von der Eigengesetzlichkeit der Rüstungsdynamik und Strategieentwicklung immer abhängiger werdenden Politik hat dieser Ansatz beim Primat des Politischen gewiß sein eigenes normatives Gewicht. Ihm tritt das Verständnis der kirchlichen Friedensverantwortung als solidarischer Dienst in einer konfliktgeladenen Welt zur Seite. Die Denkschrift repräsentiert den *diakonischen Typus* politischer Ethik; das Gesamt ihrer Aussagen untersteht dem volkskirchlichen Handlungsimperativ der dialogorientierten Integration. Der 'Diakon' ist - um im idealtypischen Bild zu bleiben - ein helfender Beruf. Er legitimiert sich *funktional.* Er will verbinden, nicht verletzen. Er sinnt auf *Besserung.* Aber weil er seine Identität im Dienen sucht, hat er offenbar nie das Gefühl, sie auch verlieren zu können - mit anderen Worten: das 'Helfersyndrom' ist sein ständiger Begleiter.

Der offizielle Umgang mit den durch die EKD-Denkschrift eröffneten Perspektiven ist dafür ein beredtes Beispiel: Im 'Wort des Rates der EKD zur Friedensdiskussion im Herbst 83' wurde unter dem Druck der Basis die in der Denkschrift vermißte Konkretisierung nachgereicht; befürwortet wurden zu diesem Zeitpunkt ein einstweiliger Stationierungsverzicht, ein allseitiger *nuclear freeze* und die Abkehr von der Drohung des Ersteinsatzes von Atomwaffen. Doch dasselbe Gremium ließ gut ein Jahr später seine eigenen Vorschläge durch zwei von sechs Einzelexpertisen desavouieren, die ursprünglich zu einem der in der Denkschrift angekündigten regelmäßigen Friedensgutachten (72) hätten führen sollen ('Frieden politisch fördern: Richtungsimpulse'). Mitverantwortung der Kirche für die *pax publica* kippt offenbar nur dann nicht in Opportunismus oder pragmatische Politikberatung um, wenn politische Richtungsanzeigen in eine theologische und ethische Reflexion eingebunden bleiben, die nicht nur das Verbindende, sondern auch das Verbindliche sucht.

LITERATUR: s. bei 3.2.

### *3.2. Bekenntnis gegen Massenvernichtungsmittel - der Einspruch des Reformierten Bundes*

Bekenntnis gegen Massenvernichtungsmittel: "angesichts problematischer Ausgewogenheit, Zweideutigkeit und Unentschlossenheit in der Evangelischen Kirche in Deutschland" (4) war dies für das Moderamen des Reformierten Bundes im Juni 1982 das Gebot der Stunde. Ihm suchte es mit seiner Erklärung 'Das Bekenntnis zu Jesus Christus und die Friedensverantwortung der Kirche' zu entsprechen. Das Moderamen, Leitungsgremium des vereinsförmig organisierten Zusammenschlusses reformierter Gemeinden, Kirchen und Einzelpersonen hat in seinem "Sondervotum" den theologisch exponiertesten Einspruch gegen die EKD-Friedensdenkschrift vorgetragen. Gleich in der 1. These heißt es: "Die Friedensfrage ist eine Bekenntnisfrage" (4.6). Gegen den Versuch der Denkschrift, sich eingedenk des Risikos nuklearer Abschreckung sogleich an der Suche nach Wegen zur *politischen* Beherrschbarkeit des Rüstungswettlaufs zu beteiligen, macht das Moderamen die Überzeugung geltend, die Kirche sei nur dann bei ihrer eigenen Sache, wenn sie vorrangig die grundsätzliche, dem politischen Für und Wider vorgeordnete *theologische* Dimension des Problems zur Sprache bringt. Und die trete erst dann ans Licht, wenn man nach der Legitimität der Mittel militärischer Friedenssicherung fragt. Die Denkschrift der EKD wollte durch den Ansatz bei der *Ziel*bestimmung des Politischen die Fixierung aufs Militärische gerade auflösen. Der Einspruch des Moderamens dagegen beruht auf der Prämisse, nur über eine Reflexion der *Mittel* werde man der theologischen Herausforderung der Sache - vor allem atomare, aber auch biologische und chemische Massenvernichtungsmittel (19) - überhaupt gewahr.

"Wir wissen uns aufgerufen", heißt es deshalb, "der alles Leben zerstörenden Gotteslästerung atomarer Bewaffnung mit dem Bekenntnis des Glaubens entgegenzutreten" (4), und dies wird mit der Aussage unterstrichen: "Durch sie ist für uns der *status confessionis* gegeben" (6). Man geht wohl nicht fehl in der Vermutung, erst durch den Gebrauch dieser beiden lateinischen Wörter sei die Provokation komplett geworden, die seit 1945 zum zweiten Mal zu erheblicher Aufregung in der innerprotestantischen Friedensdiskussion geführt hat (s. oben II.2.3.a). Die Deklarierung eines Sachverhaltes oder Geschehens zum *status* oder *casus confessionis*, also zum Bekenntnisfall enthält mindestens drei Elemente, an denen wir uns im Blick auf die Aussagen des reformierten Votums orientieren wollen. Im Bekenntnisfall muß *erstens theologisch* die Substanz des Glaubens berührt sein, so daß der Anlaß durch Topoi christlicher Lehre qualifiziert werden kann. Der Bekenntnisfall bezeichnet *zweitens ethisch* eine Situation, in der der für Christen normalerweise gegebene Ermessensspielraum für das sittlich erlaubte Handeln außer Kraft gesetzt ist. Und er berührt *drittens ekklesiologisch* die Frage der Kirchengemeinschaft.

a) Zum theologischen Ansatz

Der Anlaß des *status confessionis* muß *Grundartikel des Glaubens* tangieren. Die Erklärung des Moderamens beruft sich auf alle Lehrstücke des christlichen Glaubens: In der 2. These wird herausgestellt, die in der Versöhnungstat Jesu begründete neue Wirklichkeit sei "unvereinbar mit aller lebensbedrohenden Feindschaft unter den Menschen" (7). In der 3. These heißt es, das Bekenntnis zu Gott als Schöpfer und Erhalter der Welt sei "unvereinbar mit der Entwicklung, Bereitstellung und Anwendung von Massenvernichtungsmitteln, die den von Gott geliebten und zum Bundespartner erwählten Menschen ausrotten und die Schöpfung verwüsten können" (7). Die 4. These folgert als Entsprechung zu der im Kreuz Christi offenbarten Gerechtigkeit Gottes ein gradualistisches Abrüstungskonzept, also ein Konzept kalkulierter erster Schritte des Westens (8). In der 5. These wird das Gebot Christi als "Maßstab und Grenze" auch aller derer herausgestellt, die im Staat politische Verantwortung tragen (8). In der 6. These wird entwickelt, daß die Gegenwart Christi in der Kraft des Geistes die Christen befähigt, auch mit Nichtchristen politisch zu kooperieren (9). Schließlich wird in der 7. These die Erwartung eines neuen Himmels und einer neuen Erde gegen das "blasphemische Spekulieren" abgegrenzt, eine atomare Katastrophe ließe sich im Licht der Endzeiterwartungen der Bibel deuten (10).

Diese schnelle Durchsicht zeigt schon, daß sich die Erklärung des Moderamens nicht eigentlich im Genus des ethischen Diskurses bewegt, sondern das Selbst- und Weltverständnis thematisiert, das jeder ethischen Reflexion vorausliegt. Das reformierte Votum entfaltet als tragende und bestimmende Mitte des christlichen Bekenntnisses das Wort von der Versöhnung der Welt mit Gott in Christus (2. Korinther 5,19, s. dazu unten III.2.2). Dahinter steht letztlich der große Entwurf von Karl Barths Lehre von der Versöhnung als Grund und Mitte aller Dogmatik und Ethik. Die theologische Spitze liegt in der Korrektur einer individualistisch enggeführten Rechtfertigungs'lehre'. Versöhnung wird als eine *alle Wirklichkeit* verwandelnde Tat Gottes verstanden: Durch die Versöhnung der Welt mit Gott im Kreuz Christi ist die ganze Menschheit schon ergriffen und aus dem totalen Richteramt entfernt, auch wenn ihr dies von ihr selbst her noch verborgen bleibt und darum - bis zur endgültigen Erlösung - durch die Gemeinde Jesu Christi vorläufig darzustellen und in allen Lebensbereichen zu bezeugen ist.

Von dieser grundsätzlichen theologischen Perspektive her kann es gar nicht anders sein, als daß schon die komplexe Handlungskette von "Entwicklung, Herstellung und Bereithaltung" von Massenvernichtungsmitteln "als die Ermöglichung zu ihrer Anwendung" theologisch als "Sünde" zu qualifizieren ist (21). Denn die theologische Kategorie der Sünde bezeichnet hier nicht zuerst die individuelle moralische Verfehlung, sondern die ontologische Verkehrung des menschlichen Gottes- und Weltverhältnisses in das Sein-Wollen und Sein-Können wie Gott, das im Zeitalter der Massenvernichtungsmittel die Möglichkeit zur Totalvernichtung usurpiert hat. Das Argument, die Glaubwürdigkeit der Abschreckungsdrohung hänge von der Bereitschaft ab, "im Ernstfall Ernst zu machen" (20), tritt in diesem Zusammenhang eher hilfsweise hinzu, um der üblichen Unterscheidung zwischen Bereithaltung und Anwendung von Massenvernichtungsmitteln jede Relevanz für die ethische Urteilsbildung zu entziehen. Das Ethos der bekennenden Antwort der Gemeinde auf die Wirklichkeit des Gekreuzigten und Auferstandenen nötigt zur Absage an den Bann eines total gewordenen Verblendungszusammenhangs.

Die reformierte Erklärung eröffnet damit einen Streit um die Wirklichkeit. Sie bezieht ihr Pathos aus der Deutlichkeit, mit der sie die unerträgliche Belastung beim Namen nennt, die die Existenz von Massenvernichtungsmitteln für die Gewissen bedeutet, die im Glauben an den dreieinigen Gott gebunden sind. Daß die Denkschrift der EKD diese Deutlichkeit zurücktreten läßt, kann man nur kirchenpolitisch erklären. Es wäre verfehlt, sie auf angeblich unüberwindbare theologische Unterscheidungslehren der beiden protestantischen Konfessionsfamilien zurückzuführen. Aber imponiert das reformierte Dokument auch durch die distinkte Erörterung der ethischen und politischen Konsequenzen seines theologischen Ansatzes?

### b) Zur politisch-ethischen Aussage

Der *status confessionis* bezeichnet eine Lage, in der ein für Christen normalerweise gegebener *ethischer Ermessensspielraum* nicht mehr vorhanden ist, so daß Bekenntnis und ethisches Urteil unmittelbar zusammenrücken. Dementsprechend arbeitet die Erklärung des Moderamens heraus, daß Massenvernichtungsmittel keine Adiaphora sind, sondern daß Kernwaffen ethisch als in sich selbst verwerfliche Mittel gelten müssen. Nicht nur die These, die Mittel selbst seien neutral und bloß hinsichtlich ihres Zweckes sittlich zu qualifizieren, sondern auch jede indifferente Haltung dem ganzen Problem gegenüber wird als mit dem Bekenntnis unvereinbar zurückgewiesen: "Auch die politische Bejahung dieser 'Waffen' (sc. zum Zweck der Abschreckung) oder die Gleichgültigkeit ihnen gegenüber fallen unter dieses Urteil des Glaubens und des Gehorsams" (19). Der in *statu confessionis* gegebene Wegfall des Ermessensspielraums für das verantwortliche Handeln von Christen führt für das Moderamen die Notwendigkeit mit sich, die "Komplementarität" möglicher Gewissensentscheidungen, die die EKD-Denkschrift noch einmal erneuert hat, durch ein "*Nein ohne jedes Ja*" zu verabschieden (27). Mit Blick auf die neuen Militärstrategien und Waffentechnologien heißt es: "Aus den 'Kriegsverhütungsmitteln' werden 'Kriegsführungsmittel'. Spätestens dies ist der Zeitpunkt, an dem wir als Kirche sagen müssen: Der Versuch durch das Dasein von Atomwaffen einen Frieden in Freiheit zu sichern, kann nicht länger als eine christlich vertretbare und zu rechtfertigende Handlungsweise anerkannt werden" (28).

Das reformierte Sondervotum streitet damit gegen die Geltung der VIII. Heidelberger These. Genauer muß man freilich sagen: Es handelt sich um eine Absage an den Mißbrauch der VIII. Heidelberger These als Legitimationsformel für eine - womöglich gar pseudotheologisch untermauerte - Doktrin der 'gerechten Abschreckung'. Das Moderamen gibt diese Bedeutungsverschiebung deutlich zu erkennen, wenn es formuliert, das in Frage stehende Verhalten könne "nicht länger als eine christlich vertretbare und zu *rechtfertigende* Handlungsweise anerkannt werden". Die Reformierten sprechen auf diese Weise zu Recht deutlich aus, daß Christen aus ihrem Glauben heraus das atomare Abschreckungssystem unmöglich länger legitimieren können, und diese Stoßrichtung entspricht auch voll und ganz der *theologisch* akzentuierten Substanz ihres Dokuments.

Die Ausrufung des *status confessionis* in der Frage der Massenvernichtungsmittel setzt ein unüberhörbares Ausrufezeichen hinter das Nein zu immer weiterer atomarer Aufrüstung; Erklärungen dieser Art zielen in der öffentlichen Diskussion auf Legitimationsentzug für bestimmte politische Optionen. Sie wollen nicht eine positive Handlungsanweisung geben, sondern betonen umgekehrt eine unbedingte Pflicht zur Unterlassung. Doch selbst wenn es zutrifft, daß die empirisch-bedingte Situationsanalyse die sittlich-unbedingte Forderung um so dringlicher macht, können unbedingte sittliche Grundsätze die ethische Urteilsbildung im Bedingten nicht ersetzen. Die Verfasser der Moderamen-Erklärung gestehen dies auch zu, wenn sie erläutern, ihr "Nein ohne jedes Ja" sei als "Urteil der Glaubens- und Gehorsamsgewißheit" "kein methodisches, den Weg betreffendes, sondern ein nun den Ausgangspunkt unseres Denkens in dieser Sache bestimmendes und unser Urteil stets begleitendes 'Nein'". Das unbedingte Nein hat ersichtlich einen anderen Status als das stets bedingte politisch-ethische Nein und Ja unter jeweils gegebenen Umständen, wobei gewiß gelten muß, daß das Unbedingte alles Bedingte muß begleiten können.

Steht es aber so, so fragt sich, ob die pauschale Polemik gegen die Komplementaritätsthese überhaupt durchzuhalten ist. Denn deren Rezeption ist ja mindestens in der EKD-Denkschrift nicht von der Absicht diktiert, das Abschreckungssystem politisch oder gar theologisch zu rechtfertigen. Wie wir gesehen haben, beantwortet sie vielmehr die durch den historisch-politischen Kontext aufgenötigte Frage, ob und unter welchen Bedingungen es für Christen in einem Staat, der selbst nicht über Atomwaffen verfügt, aber unter den gegebenen Umständen deren Existenz ins Kalkül ziehen muß, überhaupt eine anzuerkennende Gewissensentscheidung sein kann, an militärisch gestützter Friedenssicherung beteiligt zu sein. Das *ethische* Dilemma, vor dem der Christ steht, ist mit der einfachen Alternative: 'Nuklearpazifismus oder Nukleartheologie' nur vordergründig erfaßt, es spitzt sich vielmehr letztlich zu auf die komplexere Frage: 'Machtverzicht oder Machtverantwortung'; und ihr gegenüber - so zeigt sich - kommt auch das Moderamen nicht über eine Koexistenz gegensätzlicher Handlungsweisen hinaus. Es vertritt nämlich keinen prinzipiellen Pazifismus, sondern erklärt: "Es ist unter uns umstritten, ob der Weg des Christen nicht immer und unter allen Umständen der Weg der Gewaltlosigkeit sein muß oder ob gilt, daß die Forderung 'ohne Waffen und ohne Rüstung leben' zwar eine mögliche und die zukunftsweisende, aber derzeit noch nicht *die* einzig mögliche Form ist, als Christ dem Frieden Gottes gehorsam zu entsprechen" (27). Bei der zweiten Verhaltensalternative handelt es sich um nichts anderes als um eine unter eschatologischen Vorbehalt gestellte Version des 'Noch'. Daß dieses 'Noch' durch seine deutlichere theologische Interpretation gegen mißbräuchliche Verselbständigung besser geschützt ist, ist zuzugeben, aber ebenso, daß nur dieses 'Noch' die politischen Forderungen des reformierten Dokuments überhaupt zu tragen vermag - und die gehen in eine ähnlich gradualistische Richtung wie die der EKD-Denkschrift.

### c) Zum Typus kirchlichen Redens

Es hat sich gezeigt, daß der Gegensatz zwischen den beiden besprochenen evangelischen Dokumenten, wenn man versucht, ihn in der Sache konkret durchzudeklinieren, zum Teil auch ein rhetorischer ist. Die Provokation, die in der Ausrufung des *status confessionis* in der Friedensfrage liegt, resultiert deshalb zu einem guten Teil aus der *ekklesiologischen Dimension* dieses Vorgangs, auf die hier nur hingewiesen werden kann. Besondere Brisanz gewinnt sie zum einen deshalb, weil in der Tradition des lutherischen Kirchentums über lange Zeit hinweg die *confessio* mit der Konfession, der *status confessionis* mit dem 'Bekenntnisstand' als der in den Bekenntnisschriften des Reformationsjahrhunderts fixierten rechtlichen Grundlage einer verfaßten Kirche identifiziert worden ist. Zum anderen ist das Bekennen der Wahrheit des Evangeliums für den Protestantismus im 20. Jahrhundert unausweichlich mit der Erinnerung des Kirchenkampfes und der Barmer Theologischen Erklärung von 1934 verbunden, die dem politischen Ungeist in der Gestalt theologischer Irrlehre innerhalb der Kirche entgegengetreten ist. Von daher ist es schwer vermeidbar, daß in *statu confessionis* die Frage mit ins Spiel kommt, wer Glied des Leibes Christi ist und wer sich durch sein Tun selbst von der Gemeinde ausschließt.

Das reformierte Moderamen hat dazu jedoch ausdrücklich erklärt, die Feststellung des *status confessionis* bedeute nach seinem Verständnis "nicht Exkommunikation und Drohung mit Spaltung, sondern Einladung und Ruf in die verbindliche Entscheidung des Bekennens" (15). Wir stoßen hier auf den gerade auch in Fragen der Ethik nicht zu umgehenden Sachverhalt, daß die reformatorischen Kirchen kein hierarchisch verfaßtes Lehramt kennen, sondern von einer pluralen Struktur der Lehrverantwortung ausgehen. In deren Rahmen ist es die legitime und notwendige Funktion freier Gruppen und Zusammenschlüsse innerhalb der Kirche, in bedrängenden Fragen über den jeweiligen Durchschnittskonsens hinauszugehen, nicht um die Kirche zu spalten, sondern um in einer Frage, in der die Kirche in verschiedene Lager zu zerfallen droht, zum Streit um die Wahrheit und zur Wiedergewinnung neuer Gemeinschaft im Prozeß des Bekennens aufzurufen. Dennoch bleibt die Erklärung des Moderamens darin unbefriedigend, daß sie zwar die Abschreckung entlegitimiert, aber nicht die Konsequenzen erörtert, die das für die individuelle Gewissensentscheidung der Christen hat.

Es handelt sich im Typus kirchlichen Redens um eine *prophetische Intervention.* Der 'Prophet' legitimiert sich *charismatisch,* er will *mobilisieren.* Die prophetisch redende Gemeinde will nicht "selber zu einem Subjekt politischer und militärischer Planung" werden (Wischnath 99). Der 'Prophet' will dem 'König' gegenübertreten, nicht seine Rolle übernehmen. Aber was bedeutet das, wenn die 'Könige' mit den 'Propheten' in einer Kirche sind? Die Provokation, die die prophetische Intervention für die Kirche bedeutet, ist vor allem ekklesiologischer Natur: Sie liegt nicht zuerst in durchaus diskussionsbedürftigen politischen Anstößen, sondern in der unerläßlichen Frage, ob eine Kirche von den institutionellen Voraussetzungen ihrer äußeren Ordnung her fähig ist, mit dem Prozeß gemeinsamen Bekennens Schritt zu halten.

Das *Bekenntnis gegen Massenvernichtungsmittel,* das den Abschreckungswahnsinn unterbricht, gehorcht einer letzten Rechenschaft vor Gott. Die Ethik des 'Propheten' entsteht im Schatten des Götzen: Sie spiegelt den Sachverhalt, daß das, was sich unserer normativen Beherrschung absolut entzieht, uns absolut beherrscht. Die Kritik, sie betreibe eine unzulässige Rekonfessionalisierung der Politik kehrt sich gegen sich selbst: Nicht die prophetische Intervention der Bekennenden konfessionalisiert die Politik, sondern umgekehrt eine Politik, die den Umgang mit entschränkten Mitteln rechtfertigen muß, betreibt ihre eigene Konfessionalisierung. *Richtungsanzeigen für die Friedenspolitik,* um die sich die EKD bemüht, waren meist dann am überzeugendsten, wenn die evangelischen Kirchen in beiden deutschen Staaten über die Grenze der Machtkonfrontation hinweg voreinander Rechenschaft über ihre Friedensaufgabe abgelegt haben. In dem gemeinsamen Arbeitsbericht der Evangelischen Kirchen in der DDR und der Bundesrepublik von 1982 findet sich ein Satz, der zeigt, daß im Entdecken des konkreten Nächsten auch die diakonische Ethik etwas von ihrer Ungrundsätzlichkeit verliert: "Kein Ziel (!) oder Wert (!) kann heute die Auslösung eines Krieges rechtfertigen" (KuF 13).

LITERATUR: Das Bekenntnis zu Jesus Christus und die Friedensverantwortung der Kirche. Eine Erklärung des Moderamens des Reformierten Bundes, Gütersloh 1982 - *J. Fischer,* Nein ohne jedes Ja? Kritische Anfragen an die Erklärung des Moderamens des Reformierten Bundes zur Friedensverantwortung der Kirche, in: Zeitschrift für Theologie und Kirche 80, 1983, 352-372 - Frieden politisch fördern: Richtungsimpulse. Sechs Expertenbeiträge für die Evangelische Kirche in Deutschland, Gütersloh 1985 - Frieden wahren, fördern und erneuern. Eine Denkschrift der Evangelischen Kirche in Deutschland, Gütersloh 1981 - *W. Huber,* Frieden wahren, fördern und erneuern. Die Denkschrift der EKD und die Friedenspolitik der Bundesrepublik Deutschland, in: H. Pfeifer, (Hg.), Frieden - das unumgängliche Wagnis, München 1982, 39-58 - Kirche und Frieden. Kundgebungen und Erklärungen aus den deutschen Kirchen und der Ökumene, hg. von der Kirchenkanzlei der EKD, Hannover 1982 (zit.: *KuF*) - *E. Thaidigsmann*, Vermittlung oder Entscheidung. Bemerkungen zur Friedens-Denkschrift der EKD und zur Erklärung des Moderamens des Reformierten Bundes zur Friedensverantwortung der Kirche, in: Evangelische Theologie 47, 1987, 3-21 - *R. Wischnath* (Hg.), Frieden als Bekenntnisfrage. Zur Auseinandersetzung um die Erklärung des Moderamens des Reformierten Bundes, Gütersloh 1984.

### *3.3. Auslegung der kirchlichen Friedenslehre - das Wort der katholischen Bischöfe der Bundesrepublik*

Als Auslegung der kirchlichen Friedenslehre versteht sich das Wort der Deutschen Bischofskonferenz unter dem auf Jesaja 32,17 anspielenden Titel 'Gerechtigkeit schafft Frieden' vom April 1983. Während man bei der Lektüre der protestantischen Texte den Eindruck gewinnen kann, daß hier die ethische Argumentation eigentlich zwischen Politik und Bekenntnis verschwinde, so herrscht in den römisch-katholischen Dokumenten eine reflektierte Ethik der Werte und Normen. Die Bischofsschreiben der römischen Kirche haben einen anderen Status als die besprochenen protestantischen Äußerungen. Sie erfolgen in Ausübung des Lehramtes einer Weltkirche vor Ort und stehen im Zusammenhang einer kontinuierlichen Lehrbildung.

#### a) Zum theologischen Ansatz

Die bibeltheologischen Ausführungen zur *Bergpredigt* (16-20) unterstreichen, daß die Weisung Jesu nicht nur einzelnen Gläubigen gilt, sondern der Kirche insgesamt, und sie betonen: "Aus dem Geist der Bergpredigt, der der Geist der entgegenkommenden Brüderlichkeit ist, sind Folgerungen auch für die Politik zu ziehen". Die Kirche kann aber "die Weisungen der Bergpredigt nicht zu ethischen Normen des politischen Handelns erklären, die ohne die Abwägung der Umstände und Güter aus sich selbst heraus verbindlich wären" (18). Zwar ist die Kirche als ganze ebenso Adressat der Bergpredigt wie die einzelnen Glaubenden, aber der Unterschied zwischen beiden besteht darin, daß der Glaubende die Möglichkeit hat, den Anspruch der Bergpredigt im unmittelbaren Nachfolgegehorsam zu "verwirklichen" (27), während es der Kirche aufgetragen ist, ihn in ihrer Friedensverkündigung für alle "zur Geltung zu bringen" (17). Insofern vermittelt die *Güterabwägung* zwischen der Bergpredigt und ihren normativen Konsequenzen für die Politik - und dies ist der Ort, an dem die Instanz des sittlichen Lehramtes der Kirche zur Stelle ist und in Übereinstimmung mit "den Grundsätzen vernünftiger Sittlichkeit" (8) seine Stimme erhebt. In den protestantischen Dokumenten fehlt die methodische Reflexion auf diesen Ort, weil nach reformatorischem Verständnis durch ihn eine Aufgabe bezeichnet ist, die jedem Christen in seiner spezifischen weltlichen Verantwortung obliegt.

Das Bischofswort vertritt jedoch theologisches Allgemeingut der Großkirchen, wenn es in der Bergpredigt keine schematischen Gesetze formuliert findet, sondern "Grundeinstellungen" für die Gestaltung des Lebens. "Vernunft" und "Klugheit" der politischen Verantwortungsträger sollen durch die Weisungen Jesu nicht "ersetzt", sondern "inspiriert" werden. Von hier aus werden die einschlägigen biblischen Belege gewürdigt. *Zunächst* der im Widerstandsverbot von Matthäus 5,39a implizierte Gewaltverzicht: Er kann der Intention Jesu zuwiderlaufen, wenn er auf Kosten des Wohles Dritter geht. Die "Rechtsebene" wird durch die Bergpredigtforderungen nicht aufgelöst. "Aber sie soll vom Christen überschritten werden auf die 'weitaus größere Gerechtigkeit' (Matthäus 5,20) hin.

Gefordert ist schöpferische Liebe, die sich auch im Widerstand gegen das Unrecht von Haß und Vergeltungsdenken freihält, die vor allem das Böse in der Wurzel zu überwinden sucht" (19). *Sodann* das Wort von der Feindesliebe: es "will uns lehren, auch den ... Gegner als Menschen zu sehen, für den Christus sein Leben hingegeben hat", und weiter: "So gelingt es, ihn in seiner Situation zu verstehen und zugleich uns selbst von seinem Blickwinkel her zu sehen" (19).

Mit dem letzteren stellt das Bischofswort analog zur evangelischen Denkschrift Empathie und die hypothetische Übernahme der Rolle des anderen als Praxis der Feindesliebe heraus. Allein: Es ist nicht zu erkennen, daß sich dieses Postulat in die Realitätswahrnehmung der Verfasser umgesetzt hätte. Das gesamte Dokument bleibt nämlich durch ein politisches Vorverständnis grundiert, das den Ost-West-Konflikt nicht - wie die EKD-Denkschrift - als politischen Machtkonflikt, sondern in erster Linie als ideologischen Systemkonflikt deutet. Während die Machtkonflikt-Deutung auf eine historisch-politische Analyse zurückgreifen muß, die die Gegenwartssituation aus einer Geschichte von Interaktionen beider Seiten verständlich macht, kann sich die Systemkonflikt-Deutung damit begnügen, den ideologisch-doktrinären Antagonismus zwischen "revolutionärem Sozialismus und 'Kapitalismus'" zu konstatieren (32, vgl. 6). Es zeigt sich hier bis in die Plazierung der Anführungszeichen hinein (Sozialismus ohne, Kapitalismus mit), daß das Wort der Bischofskonferenz der Bundesrepublik sich in einer auffälligen Nähe zu wertorientierten Selbstdeutungen der westlichen Gesellschaft befindet, von der die ethische Erörterung des Abschreckungssystems nicht unberührt bleiben kann.

b) Zur politisch-ethischen Argumentation

Unter dem Gesichtspunkt der *Friedensförderung* rekapitulieren die deutschen Bischöfe die Forderungen nach Achtung der allgemeinen Menschenrechte, Schaffung einer gerechten Weltwirtschaftsordnung sowie Einhaltung und Weiterentwicklung des Völkerrechts als ständige Monita der päpstlichen Verkündigung und Diplomatie. 'Gerechtigkeit schafft Frieden' weckt jedoch besondere Aufmerksamkeit wegen seiner erklärten Absicht, in der öffentlichen Diskussion des Jahres 1983 Ziele und Mittel militärischer Friedenssicherung einer normativen Prüfung zu unterziehen. Das Bischofswort erzeugt Spannung durch seine Ankündigung, nicht nur "die dafür geltenden sittlichen Prinzipien in Erinnerung zu rufen, sondern auch Kriterien (zu) nennen, die deren Anwendung auf konkrete Fragen erlauben" (9).

Zur Erinnerung an die Prinzipien rezipiert das Dokument die zentralen Bestimmungen des Zweiten Vatikanum. Grundlage sind die einschlägigen Aussagen aus dem 5. Kapitel der Pastoralkonstitution *Gaudium et spes*, und zwar in den drei Punkten, die wir bereits besprochen haben (s. oben II.2.1): Reduktion der *bellum-iustum*-Lehre auf sittlich erlaubte Verteidigung, Verwerfung des unkontrollierbaren Vernichtungskrieges und befristete Tolerierung kriegsverhütender Abschreckung. An diese konziliaren Prinzipien knüpfen die deutschen Bischöfe an und es kennzeichnet ihr Friedenswort, daß sie sich in ihren Aussagen peinlich genau innerhalb des Spielraums bewegen, den der Konzilstext von 1965 offengehalten hat.

Für den deutschen Episkopat bedeutet die volle Rezeption der genannten Prinzipien zunächst einmal einen Fortschritt! Er kommt dadurch zustande, daß 'Gerechtigkeit schafft Frieden' die nukleare Abschreckung kosequent vom politischen Ziel der *Kriegsverhütung* - und zwar der Verhütung *jeden* Krieges - her versteht (50f). Innerhalb dieser Zweckbestimmung werden die Mittel der Abschreckung methodisch im Wege einer Güterabwägung beurteilt. Das Kriegsverhütungsziel wird dazu zunächst in den Kontext einer Theorie der "zwei Gefahren" gestellt. Die eine Gefahr sei die Bedrohung der Freiheit durch totalitäre Systeme. Sie erfordere neben geistig-moralischer Auseinandersetzung mit dem Marxismus-Leninismus auch einen militärischen Beitrag. Die andere Gefahr sei die Bedrohung - des Lebens - durch den Rüstungswettlauf selbst "mit einer ungeheuren Anhäufung nuklearer und konventioneller Waffen" (49). Beiden Gefahren müsse, so lautet das Ergebnis ihrer Abwägung, gleichzeitig begegnet werden. Kriegsverhütung kann somit nur durch die doppelte Aufgabe der Minderung von Fremdbedrohung und Selbstbedrohung erreicht werden. Dies macht es erforderlich, die "sittliche Tolerierung der Abschreckung, sofern auf sie nicht sofort und ersatzlos verzichtet werden kann", an "strengste Bedingungen" zu knüpfen (52).

Ein Fortschritt ist dieses Ergebnis deshalb, weil damit zum ersten Mal von einer Deutschen Bischofskonferenz die Position einer *bedingten* Tolerierung der Abschreckung rezipiert wird - dies geschieht knapp zwanzig Jahre nach dem Zweiten Vatikanum und knapp fünfundzwanzig Jahre nach den evangelischen Heidelberger Thesen, die bereits damals je auf ihre Weise von der "Frist" sprachen, die uns "noch" gewährt wird. Eine Schwäche liegt freilich darin, daß das Bischofswort nicht die *empirische* Triftigkeit der kriegsverhütenden Wirkung der Abschreckung diskutiert, sondern lediglich ihren deklarierten Zweck *normativ* beim Wort nimmt (vgl. 51). Dadurch wird jedoch die Wirkung der paradoxen Kommunikationsform "Abschreckung" in den wechselseitigen Perzeptionsprozessen beider Seiten der ethischen Diskussion entzogen. Der verbale Rekurs auf die Goldene Regel ändert nichts daran, daß Reziprozität auf ein einseitiges Handlungsschema verkürzt wird, dem mit einer handlichen Güterabwägung beizukommen ist. Man kann die Funktion der dazu eingeführten Zwei-Gefahren-Theorie nur schwer vom Ideologieverdacht freistellen. Die eine Gefahr - die Bedrohung durch ein totalitäres System - soll die Existenz der Mittel hinnehmbar machen. Die andere Gefahr jedoch - die Bedrohung durch den Rüstungswettlauf - soll die Beachtung des Kriegsverhütungszwecks dringlich machen. Während das Bischofswort mit dem Totalitarismustheorem einen seit Pius XII. traditionellen Topos des katholischen Milieus konserviert, kommt der Fortschritt in der Gesamtaussage dadurch zustande, daß die vom Rüstungswettlauf ausgehende Gefahr als gleichrangig betrachtet wird.

Die *Kriterien*, die die Bischöfe für die sittliche Tolerierung der Abschreckung nennen, ergeben sich aus der Notwendigkeit, alle Abschreckungsmittel (nukleare und konventionelle Bewaffnung sowie Einsatzplanung) so auf das Abschreckungsziel (Kriegsverhütung) zu beziehen, daß die Angemessenheit der Mittel für die eigene Bevölkerung ebenso wie für den Gegner durchsichtig bleibt (52f). Daraus ergeben sich für die Wahl der Rüstungsmittel drei Kriterien: erstens das Kriterium der *Kriegsverhütung* ("Bereits bestehende oder geplante militärische Mittel dürfen Krieg weder führbarer noch wahrscheinlicher machen"), zweitens das Kriterium der *Hinlänglichkeit* ("Nur solche und so viele militärische Mittel dürfen bereitgestellt werden, wie zum Zweck der an Kriegsverhütung orientierten Abschreckung gerade noch erforderlich sind"), drittens das Kriterium der *Rüstungskontrollverträglichkeit* ("Alle militärischen Mittel müssen mit wirksamer beiderseitiger Rüstungsminderung und Abrüstung vereinbar sein") (53f).

Daß die katholischen Bischöfe der Bundesrepublik ebenso wie die EKD-Denkschrift Abschreckung vorrangig vom Ziel der Kriegsverhütung her denken, ergibt sich ersichtlich auch aus ihrem gemeinsamen Kontext: In der geopolitischen Lage der Kirchen im dichtbesiedelten westdeutschen Teilstaat würde wohl nicht nur nukleare, sondern auch konventionelle Kriegsführung den Exitus bedeuten. Dabei berühren sich zwar die Kriterien des Bischofswortes mit den Bedingungen, an die auch die EKD-Denkschrift die Fortgeltung des 'Noch' geknüpft hat. Aber die Aussagen der EKD-Denkschrift verstehen sich eher als politische Imperative zu einer neuen Entspannungspolitik, während die Kriterien von

'Gerechtigkeit schafft Frieden' einer auf militärische Mittel angewandten Theorie normativer Urteile entstammen. Umso größer fiel aber auch die Enttäuschung darüber aus, daß das Bischofswort ebensowenig wie die Denkschrift bereit war, die formulierten Kriterien auf die Nachrüstung zu beziehen. Das protestantische Dokument begründete diese Enthaltsamkeit eher pragmatisch mit der fehlenden Einmütigkeit seiner Verfasser. Das römisch-katholische Dokument beruft sich grundsätzlich auf die moraltheologische Kompetenz des Lehramtes, die sich auf die Verkündung sittlicher Prinzipien und Kriterien beschränkt, deren Anwendung aber vor allem den Fachleuten zu überlassen ist. Diese prinzipienethische Argumentation hat aber noch eine andere Konsequenz, die im folgenden deutlich wird.

### c) Zum Typus kirchlichen Redens

Außer durch die Verwerfung des Vernichtungskrieges und die befristete Tolerierung der Abschreckung ist der Denkweg des Bischofswortes vorgezeichnet durch den "ethisch-normativen Kerngehalt der Lehre gerechter Verteidigung". Von ihr wird gesagt, sie habe "innerhalb einer umfassenden Friedensethik der Kirche eine beschränkte, im konkreten Fall schwierige, dennoch für die ethische Orientierung bis jetzt unersetzliche Funktion, nämlich im Hinblick auf den Grenzfall einer fundamentalen Verteidigung des Lebens und der Freiheit der Völker, wenn diese in ihrer elementaren physischen und geistigen Substanz bedroht oder gar verletzt werden" (41). Dieser im Anschluß an Ziffer 79 von *Gaudium et spes* festgehaltene Kerngehalt gerechter Verteidigung soll für das deutsche Bischofswort die in ihren einzelnen Regeln obsolet gewordene bellum-iustum-Lehre ersetzen (23-34). Damit tritt an die Stelle festumschriebener Normen der Ausnahmefall. Zum Kerngehalt gerechter Verteidigung gehört immerhin, daß als gerechter Grund für den Griff zur Waffe nur die Verteidigung gegen einen unmittelbar gewaltsamen Angriff zum Schutz von personalen Rechtsgütern gelten kann.

Von diesen Grundsätzen her bleibt die Frage, "was geschehen würde, wenn die Abschreckung versagen sollte". Die Bischöfe stellen diese Frage, und selbstverständlich "hoffen und beten" sie, daß "niemals eine Situation eintreten möge, in der irgend jemand vor solche Entscheidungen gestellt wird" (55). Tritt sie aber ein, so ist das moralische Urteil an das Verbot des Vernichtungskrieges verwiesen. Für den Begriff des Vernichtungskrieges waren laut Ziffer 80 der Pastoralkonstitution des Konzils zwei Merkmale ausschlaggebend: Unterschiedslosigkeit der Kriegshandlung und Unkontrollierbarkeit der Zerstörungswirkung. Die offene Flanke im Bischofswort ist wieder die Frage der Kontrollierbarkeit. Sie war schon beim Konzil offen geblieben. Auch die deutschen Bischöfe beantworten diese Frage nicht, denn damit würde die Prinzipienebene der Moral zur naturwissenschaftlichen Empirie hin verlassen. Die Bischöfe nehmen deshalb als Definitionselement eines Vernichtungskrieges, von dem sie sagen, er sei "niemals erlaubt", nur zur Unterschiedslosigkeit der Kriegshandlung Zuflucht. Sie erklären: "Es kann kein Zweifel bestehen: der Einsatz von Atomwaffen oder anderen Massenvernichtungsmitteln zur Zerstörung von Bevölkerungszentren oder anderen vorwiegend zivilen Zentren ist durch nichts zu rechtfertigen" (55). Der Leser muß sich fragen: ein Einsatz gegen militärische Ziele doch?

Die EKD-Denkschrift hat die Abschreckung überhaupt nicht im Rahmen einer anwendungsorientierten normativen Ethik diskutiert und muß deshalb auch den Fall des Versagens der Abschreckung nicht normativ reflektieren. Die protestantische Denkschrift treibt politische Diakonie diesseits des Grenzfalls. Der helfende Diakon hat einen symptomatischen Hang zum Ungrundsätzlichen. In "Gerechtigkeit schafft Frieden" finden wir dagegen - idealtypisch - *die Ethik des Priesters.* Der Priester steht auf der Grenze. Er repräsentiert unwiderruflich das Heilige im Profanen. Er vertritt eine heillose Welt vor Gott im Hoffen und Beten. Der Welt gegenüber ist er vollmächtiger Ausleger der ewigen Wahrheit über der Zeit und privilegierter Verwalter von Grundsätzen und -elementen, die dem geschichtlichen Wandel entzogen sind. Die Ethik des 'Priesters' legitimiert sich *traditional*. Sie sinnt auf *Bewahrung*. Aber der von den deutschen Bischöfen festgehaltene ethisch-normative Kerngehalt der traditionellen Lehre von der gerechten Verteidigung drängt, wenn er über eine bloße Hintergrundüberzeugung hinaus für die Gewissensberatung im Blick auf konkrete Lagen in Anspruch genommen werden soll, zum Rückgriff auf die Lehre vom gerechten Krieg. Und genau darin liegt ein Proprium des Hirtenbriefs der katholischen Bischöfe der USA.

LITERATUR: s. bei 3.4.

### *3.4. Anwendung der Lehre vom gerechten Krieg - der Hirtenbrief der katholischen Bischöfe der USA*

Anwendung der Lehre vom gerechten Krieg - damit soll eine, wenn auch nicht die einzige Besonderheit in der ethischen Argumentation des Pastoralbriefs der Katholischen Bischofskonferenz (NCCB) der USA bezeichnet sein. Wir haben es hier mit dem in jeder Beziehung durchdachtesten Dokument einer Friedensethik im Nuklearzeitalter zu tun. Das Hirtenschreiben der Amerikaner unter dem Originaltitel *The Challenge of Peace - Gods Promise and our Response* ist schon wegen seiner Entstehungsgeschichte ein bemerkenswertes Dokument. Seit Juli 1981 erarbeitete eine fünfköpfige Bischofskommission insgesamt drei Entwürfe, die vor Verabschiedung des endgültigen Textes einer intensiven öffentlichen Diskussion ausgesetzt wurden. Hearings mit Experten und führenden Vertretern der politischen Administration sind in die Urteilsbildung eingegangen. Eine Konsultation mit Vertretern europäischer Bischofskonferenzen im Vatikan, die zu den Modifikationen des dritten Entwurfs geführt hat, erklärt etliche Berührungspunkte mit 'Gerechtigkeit schafft Frieden'. Dem eigenständigen Profil der Endfassung, die in manchen Formulierungen wieder zum zweiten Entwurf zurückgekehrt ist, hat dies keinen Abbruch getan. Man hat das Dokument der US-Bischöfe als ein Zeichen der Mündigkeit des amerikanischen Katholizismus bezeichnet; und diese Mündigkeit bewährt sich nicht nur im gestärkten Selbstbewußtsein gegenüber dem Staat, sondern auch darin, daß der Brief des amerikanischen Episkopats in allen essentiellen Punkten über die Aufstellungen des Konzils hinausdrängt.

#### a) Zum theologischen Ansatz

Die theologische Grundlegung ist folgenreich. Das Bergpredigtethos wird nämlich nicht sofort mit der Staatsethik konfrontiert und zum Ausgleich gebracht. Stattdessen führt Jesu Verkündigung der Gottesherrschaft als der integrierende Sinnhorizont der Bergpredigtforderungen zunächst auf das umfassendere Spannungsverhältnis von Reich Gottes und Geschichte. Die Bischöfe thematisieren die Differenz zwischen der Erwartung des Reiches Gottes als der vollen Verwirklichung von Frieden und Gerechtigkeit und der geschichtlichen Erfahrung, daß beide in Konflikt miteinander geraten können. Die eschatologische Dimension der Verkündigung Jesu gibt damit den Bezugspunkt für jede Friedensethik der Kirche ab - und dies ist die Grundlage dafür, daß nicht nur das Ethos der Gewaltfreiheit, sondern auch das Ethos der Soldaten unter dem Gesichtspunkt betrachtet werden kann und muß, ob und inwieweit es sich bei beiden um "Sittliche Entscheidungen für das Reich Gottes" (37-54) handelt. Innerhalb dieses Bezugsrahmens würdigen die amerikanischen Bischöfe beide ethischen Optionen als "komplementäre" Entscheidungen, die dem Gemeinwohl dienen wollen, sich jedoch in der Beantwortung der Frage unterscheiden, wie das *bonum commune* am wirksamsten verteidigt werden kann (40).

Diese terminologische Übernahme des *Komplementaritätsgedankens* der evangelischen Heidelberger Thesen durch ein katholisches Dokument überrascht. Der Pastoralbrief bezieht allerdings die komplementären Entscheidungen nicht auf einen allgemein-politischen Begriff des "Weltfriedens", sondern - sachgemäßer - auf den sittlichen Begriff des Gemeinwohls und den theologisch-eschatologischen Begriff des Reiches Gottes. Dabei wird der abstrakte Gegensatz zwischen Pazifismus und Wehrbereitschaft insofern verflüssigt, als das Element der Selbstverteidigung im pazifistischen Verhaltensspektrum sehr wohl seinen Platz haben kann: "Gewaltfreier Widerstand bietet eine gemeinsame Basis an für diejenigen, die sich für den christlichen Pazifismus entschieden haben bis zu dem Punkt, daß sie lieber sterben als töten, und für jene, die für die in der Lehre vom gerechten Krieg erlaubte Möglichkeit der tödlichen Gewaltanwendung eintreten. Gewaltfreier Widerstand zeigt, daß beide dem gleichen Ziel verpflichtet sein können: Der Verteidigung ihres Landes. Es ist angebracht, darauf hinzuweisen, daß diese Prinzipien ganz und gar mit der christlichen Lehre vereinbar und in gewissem Maße aus ihr abgeleitet sind" (88). In Erinnerung an die anglo-amerikanische Tradition des gewaltfreien Widerstands *(non-violent resistance)*, des zivilen Ungehorsams *(civil disobedience*, s. dazu unten III. 4.1.2) und der liberalen Demokratietheorie formuliert damit der Hirtenbrief ein notwendiges Korrektiv gegenüber der kurzschlüssigen Schematisierung von Verhaltensalternativen. Die apodiktischen Worte, deren sich das Dokument hier bedient, machen deutlich, daß damit nichts geringeres ausgesprochen ist als das Postulat, die faktische Anerkennung der komplementären sittlichen Entscheidungen auch auf der Ebene der Lehre in aller Form zu ratifizieren. Die Bischöfe sagen es klar: "Während die Lehre vom gerechten Krieg das katholische Denken während der letzten 1500 Jahre eindeutig beherrscht hat, läßt uns die neue Lage, in der wir uns befinden, in der Lehre vom gerechten Krieg und in der Gewaltlosigkeit zwar unterschiedliche, aber aufeinander bezogene Methoden zur Beurteilung des Krieges sehen. Sie unterscheiden sich in bestimmten Folgerungen, gehen aber von dem gemeinsamen Vorbehalt gegen die Gewalt als Mittel der Konfliktlösung aus" (54). Entsprechend wiederholen die amerikanischen Bischöfe ihre alte Forderung nach einem Recht auf selektive Kriegsdienstverweigerung (90), während ihre deutschen Amtsbrüder bloß jene Reihenfolge von Wehrdienst (als Regel) und Kriegsdienstverweigerung (als Ausnahme) reproduziert haben, die der Staatsraison entspricht.

Man kann diese Aufwertung des "*Wertes der Gewaltlosigkeit*" als ein ökumenisches Ereignis betrachten (52). Durch sie verliert die Kriegsdienstverweigerung auch in der römisch-katholischen Lehre ihren inferioren Status als objektiv-irrige Gewissensentscheidung. Von der evangelischen Theologie her wäre allenfalls zu fragen, ob es angemessen ist, wenn die eschatologische Kategorie des Reiches Gottes und die sittliche Kategorie des *bonum commune* zu einer unterschiedslosen Identität zusammengezogen werden. Denn der Hirtenbrief versucht, die pazifistische Position insgesamt in das gemeinwohlorientierte Programm der sozialen Verteidigung *(popular defense*, vgl. 87f) zu integrieren. Geht aber der Gewaltverzicht nicht seiner Würde als eschatologischer Ausdruckshandlung verlustig, wenn er nur noch als modifizierte Methode des natürlichen Rechts auf Selbstverteidigung erscheint? Doch dies scheint der Preis zu sein, den die Bischöfe dafür gezahlt haben, daß sie die Tradition der Gewaltlosigkeit über das Konzil hinaus als gleichrangig-komplementär in der Soziallehre der Kirche verankern wollen, *ohne* jedoch den naturrechtlichen Begründungsrahmen des Zweiten Vatikanum zu sprengen.

b) Zur politisch-ethischen Argumentation

Für die sittliche Urteilsbildung im engeren Sinn rekurrieren die Bischöfe nach allen Regeln der Kunst auf die *Lehre vom gerechten Krieg* (43-52). Und zwar lenkt der amerikanische Hirtenbrief zum Ursprung dieser Lehre bei Augustin zurück, indem er das "Problem des Krieges" im "Spannungsfeld von Reich Gottes und Geschichte" lokalisiert (35). Für die Interpretation ist deshalb strikt zu beachten, daß die US-Bischöfe die bellum-iustum-Kriterien komplementär zur Tradition der Gewaltlosigkeit entwickeln. Sie unterstreichen damit ihren Charakter als Kriegsverhinderungslehre: Ihr originärer Impuls in der Überlieferung der Kirche ist es, Kriegsverhütung in den Köpfen zu betreiben. Es ist die Absicht des Pastoralbriefs, aus der moraltheologischen Tradition diejenigen Kriterien zur Zivilisierung militärischen Gewaltgebrauchs aufzubieten, für die die Bischöfe die Autorität des Lehramtes beanspruchen können.

Als Bürger der Bündnisvormacht, die bislang als einzige Atomwaffen eingesetzt hat, die den bestimmenden Einfluß auf die Militärstrategie der NATO ausübt, die aufgrund der geopolitischen Lage Amerikas meint, unbefangener in Kriegführungsoptionen denken zu können und in führenden Köpfen ihrer Administration Anfang der achtziger Jahre auch dachte - als Bürger der USA sehen sich die Bischöfe zu besonderer Wachsamkeit verpflichtet. Weniger als die Deutschen es sich meinen leisten zu können, dürfen sie sich mit dem deklarierten politischen Zweck der Abschreckung beruhigen. Sie riskieren es deshalb, nicht nur die Abschreckungsstrategien, sondern auch den Einsatz von Nuklearwaffen im Detail zu thematisieren und darauf die rekonstruierten Kriterien des gerechten Krieges anzuwenden.

Aufgrund der gewandelten Verhältnisse der modernen Staatenwelt und der qualitativen Veränderung der militärischen Vernichtungspotentiale spielen in dieser Rekonstruktion unvermeidlich Tradition und Innovation ineinander. So erfährt bei den Bedingungen für das traditionelle Recht, einen Krieg zu beginnen *(ius ad bellum)*, der Grundsatz der 'zuständigen Autorität' eine Verschärfung im Lichte demokratischer Legitimationsprinzipien, während die Anwendbarkeit anderer Kriterien (wie 'letztes Mittel' und 'Erfolgswahrscheinlichkeit') eher problematisiert werden. Es findet sich sogar die Einführung eines neuen Kriteriums, das den guten Sinn hat, unter den neuzeitlichen Bedingungen eines nichtdiskriminierenden Kriegsbegriffs auch den auf die sittlich erlaubte Verteidigung zurückgenommenen 'gerechten Grund' noch einmal zu relativieren: der Grundsatz der 'komparativen Gerechtigkeit' soll betonen, "daß kein Staat davon ausgehen darf, daß er die 'absolute Gerechtigkeit' auf seiner Seite hat" (46).

Abgesehen davon, daß sich die 'rechte Absicht' und der 'gerechte Grund' zirkulär definieren, wird der zentrale Stellenwert der *recta intentio* auch dadurch hervorgehoben, daß sie auf die Komponente des *ius in bello* übergreift, das die Regeln für die moralische Begrenzung der Kriegshandlungen enthält. Der Pastoralbrief nennt hier: das Kriterium der 'Verhältnismäßigkeit' des zu erwartenden Schadens zum angestrebten Gut bzw. Nutzen, sowie vor allem das 'Prinzip der Unterscheidung' von Kombattanten und Nicht-Kombattanten. Das Unterscheidungsprinzip gilt dabei als deontologische Norm, gegen die zu verstoßen "in sich böse" (51) wäre; das Unterscheidungsprinzip zu beachten ist unbedingte Pflicht. Das Verhältnismäßigkeitsprinzip hingegen beurteilt eine Handlung teleologisch von den zu erwartenden Folgen her: sein Rang bei der sittlichen Urteilsbildung hängt von der Frage ab, in welchem Grade die Folgen einer Handlung der Absicht ihres Urhebers zurechenbar sind (zur Unterscheidung von "deontologischer" und "teleologischer" Normierung in der katholischen Moraltheologie vgl. Böckle § 24). Insofern ist schon jetzt klar, daß die Kriterien der *rechten Absicht*, der *Unterscheidung* und der *Proportionalität* bestimmend für die folgende Urteilsbildung sein werden.

In einem *ersten* Schritt geht es um den *Kernwaffeneinsatz* (61-67). Erörtert werden nacheinander: Krieg gegen die Zivilbevölkerung, Ersteinsatz von Nuklearwaffen und der begrenzte nukleare Vergeltungsschlag. Dabei verabschieden sich die Verfasser von der bisherigen lehramtlichen Zurückhaltung gegenüber der Einbeziehung empirischer Realanalyse in die ethische Urteilsbildung. Dieses Schrittes über die Verkündung moralischer Prinzipien und anwendungsorientierter Kriterien hinaus bedarf es zwar noch nicht bei der Erörterung von Nukleareinsätzen gegen zivile Ziele *(counterpopulation)*. Der Hirtenbrief kann hier an das konziliare Verbot des Vernichtungskrieges und die unbedingte Geltung des Unterscheidungskriteriums erinnern, das einen gegen feindliche Städte gerichteten atomaren Vergeltungsschlag ausschließt. Anders ist es im Fall des Ersteinsatzes von taktischen Kernwaffen *(first use)* und bei der Beurteilung eines Zweitschlags gegen militärische Ziele *(counterforce)*. In beiden Fällen stellt sich die Frage der *Kontrollierbarkeit.* Und im Gegensatz zu 'Gerechtigkeit schafft Frieden' ziehen sich die Amerikaner nicht auf das Argument zurück, das Konzil habe diese Frage offen gelassen. Sie schließen sich vielmehr nach gründlicher Prüfung den Experten an, die das Eskalationsrisiko eines nuklearen Ersteinsatzes für unkalkulierbar und die Zerstörungswirkung eines nuklearen counterforce-Abtausches für nicht begrenzbar halten. Da sie sich hierzu auf Expertisen beziehen, die (wie auch die der Päpstlichen Akademie der Wissenschaften) im einzelnen der Fachdiskussion unterliegen, hat diese Stellungnahme den Status eines "Klugheitsurteils", das die Gewissen nicht binden, sondern schärfen will (20, vgl. 125 Anm. 69).

Das Gefälle der Argumentation im Abschnitt zum Kernwaffeneinsatz läuft infolgedessen darauf hinaus, die Optionen des Ersteinsatzes und des Vergeltungsschlages gegen militärische Ziele für die moralische Beurteilung in das unbedingte Verbot des Vernichtungskriegs einzubeziehen. Damit wird ein weiterer Auslegungsspielraum eingeschränkt, den die katholische Lehre bisher gelassen hatte. Das Konzil hatte formuliert, jede Kriegshandlung sei zu verwerfen, die auf unterschiedslose Vernichtung "abstellt" *(tendit)*. Diese Aussage war offen für eine Interpretation durch das moraltheologische Prinzip der *Doppelwirkung* (vgl. dazu Böckle 311ff), das in unserem Fall besagen würde: Zivile Opfer eines counterforce-Schlages sind als *indirekte*, unbeabsichtigte Nebenwirkungen einer an sich erlaubten (d.h. das Unterscheidungskriterium beachtenden) *direkten* Willensintention moralisch zugelassen. Bei den Formen nuklearer Kriegsführung ist der Pastoralbrief zwar noch bemüht, die ethische Bewertung primär auf die direkte Willensintention abzustellen (63, vgl. auch 50f) und das Proportionalitätskriterium lediglich implizit, unter dem Gesichtspunkt möglicher Schadensbegrenzung zur Geltung zu bringen. Doch daraus muß man entnehmen, daß der Abschnitt über den Einsatz von Kernwaffen in seinem Urteil primär an diejenigen adressiert ist, die als Militärs an einem Nuklearwaffengebrauch beteiligt sein könnten. Denn für den *Soldaten* lautet die Frage: Welche Handlungen darf ich *absichtlich ausführen, wenn* es zu einem Kernwaffeneinsatz kommt? Und er muß wissen: "Kein Christ hat das Recht, Befehle oder Maßnahmen auszuführen, die bewußt auf die Tötung von Nicht-Kombattanten abzielen" (63) - aber: der Schaden wird nicht zu begrenzen sein!

Die damit eingeleitete Abkehr vom Prinzip der Doppelwirkung wird jedoch ausdrücklich vollzogen, wenn sich die Bischöfe im *zweiten* Schritt Theorie und Praxis der *Abschreckung* zuwenden (67-80). Auch die sittliche Bewertung der Abschreckung wird zunächst an der Frage der rechten Absicht festgemacht. Der ganze Abschnitt über die Abschreckung handelt damit von der *recta intentio* derer, die - unter der Voraussetzung des Primats der Politik - für die Bereithaltung der Abschreckungsmittel politisch verantwortlich sind. Für den *Politiker* aber lautet unter den gegebenen Umständen die Frage: Welche Handlungen darf ich *absichtlich androhen, um* den mich bedrohenden Gegner abzuschrecken? Diese Frage ist komplex, denn sie zwingt dazu, den je unterstellten Sinn von 'Abschreckung',

'Absicht' und 'Drohung' zu klären. Die Argumentation der Amerikaner läßt sich wie folgt rekonstruieren:

Grundlegend ist die Unterscheidung zwischen Abschreckungspolitik, Abschreckungsdoktrin und nuklearer Einsatzplanung. *Abschreckungspolitik* beschreibt eine historisch gewordene Qualität der Interaktionen zwischen den Bündnissystemen. Der NCCB ist veranlaßt worden, an dieser Stelle die 'Zwei-Gefahren-Theorie' von den Deutschen zu übernehmen, aber er hat dies interessanterweise nicht getan, um mit ihr die sittliche Tolerierung der Abschreckung normativ zu begründen, sondern um daraus den empirischen Schluß zu ziehen: "Abschreckung ist ein Zeichen für das radikale Mißtrauen, das die internationale Politik kennzeichnet" (71). Die Bischöfe setzen Mißtrauen und damit Bedrohungsgefühle als die gegebenen, faktischen Rahmenbedingungen für jeden der beiden Haupt-Akteure im Ost-West-Konflikt voraus. *Abschreckungsdoktrin* meint dagegen die erklärte Strategie, die öffentliche Interpretation strategischer Absichten und Fähigkeiten (68). Sie enthält vorerst nur die deklarierte Intention, die sich mit rhetorischer Drohung verbinden kann. Darum ist sie noch einmal zu unterscheiden von der *tatsächlichen nuklearen Zielplanung;* in ihr manifestiert sich die wahre Intention und von ihr geht für den Gegner die wirkliche Bedrohung aus.

Genau hier jedoch erweitert der Pastoralbrief das normative Urteilssschema: Die regierungsamtliche Versicherung, es sei nicht Teil der amerikanischen Zielplanung, "bewußt Kernwaffen einzusetzen mit der Absicht, Bevölkerungszentren zu zerstören" (73), wird nicht nur wegen der fehlenden Aussicht auf Schadensbegrenzung problematisiert. Vielmehr erklären die Bischöfe, die Orientierung am Unterscheidungsprinzip allein sei "als Kriterium für die Politik" moralisch unzureichend (74)! Zur Verantwortlichkeit des *Politikers* gehört es, das teleologische Prinzip der *Verhältnismäßigkeit* nicht nur hilfsweise, sondern gleichrangig mit dem deontologischen Prinzip des Schutzes der Zivilbevölkerung zu berücksichtigen - und dies führt nach dem Klugheitsurteil des NCCB zu dem Ergebnis, daß auch der mit ausschließlich militärischer Zielplanung verbundene Wille nicht als *recta intentio* zugelassen werden kann, zumal er auf die Ebene der erklärten Absichten zurückwirkt und "oft mit einer deklaratorischen Politik einher(geht), die den Eindruck vermittelt, daß ein Atomkrieg eindeutigen rationalen und moralischen Grenzen unterworfen werden kann" (75).

Es versteht sich daher von selbst, daß der Pastoralbrief in seinen politischen Konkretionen die drei aus der Rüstungskontrollschule stammenden Kriterien einschärft, die 'Gerechtigkeit schafft Frieden' aus ihm übernommen hat (75f), daß er aktuelle Rüstungsvorhaben und strategische Planspiele der US-Regierung scharf kritisiert, und auch daß er seine politischen Empfehlungen sprachlich in die Nähe der freeze-Kampagne und den Vorschlag der Palme-Kommission zu einer atomwaffenfreien Zone in Mitteleuropa rückt (76f). All dies muß uns hier unter dem Gesichtspunkt der ethischen Argumentationsweise nicht interessieren; vielmehr steht die Frage im Raum, wozu es der vorgeführten scholastischen Subtilitäten zur Abschreckung überhaupt bedurfte, und: inwiefern damit etwas anderes ausgesprochen wird, als das "endgültig(e) und entschieden(e)" "Nein zum Atomkrieg" (59), das schon vorher feststand, und vor allem: warum nicht die einfache Auskunft genügt, die sich auch im Votum des reformierten Moderamens fand, daß man mit Mitteln, deren Einsatz nicht erlaubt ist, eben auch nicht drohen darf? Die Antwort auf diese Fragen verbindet sich mit einer letzten Beobachtung.

c) Zum Typus kirchlichen Redens

Die US-Bischöfe sind nach eigener Auskunft keine 'Propheten' (79), sondern 'Lehrer' der Moral (60). Der Pastoralbrief des NCCB ist ein beeindruckendes Beispiel für die *Ethik des 'Lehrers'*. Der 'Lehrer' muß allen Autoritäten gegenüber mündig sein, aber zugleich zeichnet ihn die Bereitschaft aus, immer neu dazuzulernen. Der 'Lehrer' legitimiert sich *im Diskurs:* der Pastoralbrief ist ein argumentativer, geradezu ein wissenschaftlicher Text. Er entstammt und er dient zur *Beratung.* Der 'Lehrer' ist der Aufklärung durch Differenzierung verpflichtet. Und die US-Bischöfe unterscheiden nicht nur zwischen Besitz von, Drohung mit und Einsatz von Atomwaffen, sondern sie differenzieren zwischen Besitz, deklarierter Drohung, wirklicher Intention und Einsatz. Aus diesen Unterscheidungen ergibt sich für den Politiker: er muß wissen, daß er erstens Atomwaffen niemals einsetzen darf, daß zweitens jede direkte Intention zum Einsatz unverhältnismäßig ist, und daß drittens auch auf der Ebene deklaratorischer Drohung keine Einsatzabsicht ausgedrückt werden darf. Man hat deshalb konsterniert, aber mit Recht festgestellt, der NCCB toleriere "zwar die Abschreckung im Anschluß an Papst Johannes Paul II., läßt aber bei der Beurteilung der Abschreckungs*mittel* kaum noch eine Nuklearwaffe zu" (Böckle/Krell 233). Endet damit die Ethik des 'Lehrers' in einem Selbstwiderspruch?

Widersprüchlich ist zunächst bekanntlich die Kommunikationsform 'Abschreckung' selber. Die amerikanischen Bischöfe sagen es präzise: "Unsere Moralbegriffe bekommen das politische Paradox der Abschreckung nicht mehr recht in den Griff" (59). Eine Drohung, die, um als Drohung empfunden zu werden, wahrmachen können muß, was sie nicht wahrmachen darf, ist paradox. Die ganze normative Erörterung von nuklearer Kriegführung und Abschreckung mit Hilfe der Lehre vom gerechten Krieg führt zu der Einsicht, daß das zu Normierende alle rationalen Normen sprengt. Aber es gibt auch eine alte Tradition, wonach als der wahre 'Lehrer' der gilt, der in einer paradoxen Wirklichkeit die Kunst der indirekten Mitteilung beherrscht. Der Pastoralbrief enthält eine verborgene Botschaft. Sie lautet: Unter der Voraussetzung faktischen Mißtrauens zwischen den Konfliktpartnern würde der bloße Besitz der vorhandenen Abschreckungsmittel dem Zweck der Abschreckung genügen, selbst wenn die Besitzer mit ihnen keinerlei Einsatzabsicht verfolgen. Die Prämisse lautet, daß man in der Kommunikation zwischen faktisch hochgerüsteten Supermächten gar nicht *nicht* drohen kann. Die Haltung, die der Hirtenbrief - mit den Worten des Papstes - toleriert, ist die Haltung des *Nur-Besitzers.* Der Spielraum, den der Hirtenbrief dem Politiker der USA läßt, besteht in der Alternative, ob er diese Haltung als persönliche *reservatio mentalis* einnimmt - oder ob er sie gar öffentlich deklariert. Selbst wenn er öffentlich erklärte, er werde Atomwaffen nie einsetzen, wäre die Abschreckung nicht aufgehoben. Wenn ein Kreter einem Fremden erklärt, alle Kreter seien Lügner, dann kann der andere nicht einmal sicher sein, daß er belogen wird. Die US-Bischöfe sind, so scheint es, auch in diesem klassischen Sinn 'Lehrer' und keine 'Propheten'. Aber man kann nicht behaupten, daß sie die Lehre des Rabbi aus Nazareth verleugnet hätten. Der hat seinen Jüngern den paradoxen Rat gegeben, klug zu sein wie die Schlangen und ohne Falsch wie die Tauben (Matthäus 10,16).

Das Lehramt der römischen Kirche und die katholische Moraltheologie stehen in der großen Tradition einer Vernunftethik, in der sich zur Erarbeitung sittlicher Normen deontologische mit teleologischen Begründungen verbinden. Aber diese verschiedenen Normierungsweisen wären pure Abstraktionen, wären sie nicht zurückbezogen auf den Kontext einer immer schon gegebenen Verantwortlichkeit. Die beiden katholischen Dokumente teilen dieselbe deontologische Verbotsnorm, machen aber vom teleologischen Argument an einer jeweils anderen Stelle Gebrauch, weil sie die konkrete Verantwortlichkeit anders bestimmen.

Das *deutsche* Bischofswort bezieht die friedenspolitische Verantwortlichkeit auf die Bewahrung einer gegebenen Ordnung und es reflektiert sie als Erhaltung einer sittlichen Wert-Ordnung. Die Priesterethik denkt in Hierarchien. Darum nimmt in ihr das teleologische Argument die Gestalt der Abwägung von Gütern und Werten innerhalb einer Rangordnung vom fundamentalen Gut des Lebens bis zum höchsten Wert der Freiheit an; und sie versteht die Freiheit als den höchsten Wert, von dem her alles Untergeordnete erst seinen Sinn bekommt. Weil vom Optimalprinzip der Freiheit aus die politische Friedenssicherung für das Ganze der sittlichen Wert-Ordnung verantwortlich gemacht wird, ist es kein Zufall, daß sich für das deutsche Bischofswort das Festhalten an der Lehre von der gerechten Verteidigung mit einer latenten Ideologisierung des Ost-West-Konflikts verbindet. Aber könnte ein priesterliches Ethos der Bewahrung nicht auch vom Fundamentalprinzip des Lebens her denken, das zwar nicht alles, aber ohne das alles nichts ist? Der *amerikanische* Hirtenbrief bezieht sein Urteil auf die Verantwortlichkeiten innerhalb einer gegebenen politischen Form und reflektiert sie als die unterschiedenen Zuständigkeiten in der rechtsstaatlichen Demokratie. Die Ethik des 'Lehrers' differenziert sozial: Wer ist wofür verantwortlich? Sie setzt das teleologische Argument zur Prüfung der Angemessenheit von Mitteln an zurechenbare Absichten ein. Damit macht sie die politische Friedenssicherung für die Selbstbeschränkung des Politischen verantwortlich. Deshalb sagen die US-Bischöfe "ganz einfach ausgedrückt ..., daß gute Zwecke (Verteidigung des Vaterlandes, Schutz der Freiheit usw.) nicht unmoralische Mittel ... rechtfertigen können" (14).

LITERATUR: *F. Böckle*, Fundamentalmoral, München 1977 - *F. Böckle/G. Krell* (Hg.), Politik und Ethik der Abschreckung. Beiträge zur Herausforderung der Nuklearwaffen, München/Mainz 1984 - J. *A. Dwyer* (Ed.), The Catholic Bishops and Nuclear War. A Critique and Analysis of the Pastoral 'The Challenge of Peace', Washington D.C. 1984 - *R. Feneberg*, 'Gerechtigkeit schafft Frieden'. Die katholische Friedensethik im Atomzeitalter, München 1985 - Die Herausforderung des Friedens - Gottes Verheißung und unsere Antwort, Pastoralbrief der Katholischen Bischofskonferenz der USA über Krieg und Frieden, in: Bischöfe zum Frieden, Stimmen der Weltkirche 19, Bonn 1983, 5-129 - Gerechtigkeit schafft Frieden. Wort der Deutschen Bischofskonferenz zum Frieden, Hirtenschreiben der deutschen Bischöfe 34, Bonn 1983 - *H. Langendörfer*, Atomare Abschreckung und kirchliche Friedensethik. Eine Untersuchung zu neuesten katholischen Friedensverlautbarungen und zur ethischen Problematik heutiger Sicherheitspolitik, München/Mainz 1987 - *D. Mieth*, Zum Stand der Friedensdiskussion in der katholischen Kirche, in: Evangelische Theologie 47, 1987, 22-33 - *M. Spieker*, Kernwaffen und Bergpredigt. Die Dilemmata der Friedenssicherung in den Pastoralbriefen katholischer Bischofskonferenzen, in: Zeitschrift für Politik 32, 1985, 27-43.

## 4. Friedensaufgaben der Kirchen

Welche Folgerungen ergeben sich aus den Analysen der letzten Kapitel für die Friedensverantwortung der Kirchen und der Christen? Wie können sie den Grundlinien einer Verantwortungsethik gerecht werden, wie sie sich aus dem Entwicklungsgang der kirchlichen Friedensethik nach 1945 ergeben haben? Noch immer sind die friedensethischen Aussagen der christlichen Kirchen durch beträchtliche Differenzen gekennzeichnet: Sie repräsentieren unterschiedliche Typen des theologischen Ansatzes, der politisch-ethischen Argumentation wie des kirchlichen Selbstverständnisses. Trotz dieser Unterschiede zeichnet sich ein bemerkenswertes Maß an Übereinstimmung ab, das wir in diesen abschließenden Überlegungen hervorheben und in seinen möglichen Konsequenzen interpretieren wollen. Gerade um dieser Übereinstimmung willen ist im Lauf der letzten Jahre der Wunsch ausgesprochen worden, die Kirchen sollten sich in ökumenischer Gemeinschaft auf einem *Konzil des Friedens* mit solcher Verbindlichkeit zur Aufgabe des Friedens äußern, daß die Menschheit es hört und die politischen Entscheidungsträger daraus Konsequenzen ziehen. Dieser

Vorschlag eines Friedenskonzils bildet den Leitfaden unserer auswertenden Überlegungen. Sie beginnen mit einer knappen Charakterisierung des erreichten Konsenses in der Entlegitimierung des Abschreckungssystems (a); daran schließt sich die These an, daß die gegenwärtige Krise des Abschreckungssystems einen Kairos des Friedens enthalte (b). Anschließend wollen wir untersuchen, inwiefern die geschichtlich bekannte Form des Konzils ein Modell für die heute gebotene verbindliche Äußerung der ökumenischen Christenheit zum Frieden abzugeben vermag (c). Abschließend skizzieren wir die Grundlinien einer Friedensethik jenseits der Abschreckung, für welche die Kirchen dadurch eintreten können, daß sie sich selbst darauf verpflichten (d).

### a) Entlegitimierung des Abschreckungssystems

In der Menschheitsgeschichte war über lange Zeit der Faktor, von dem die Menschen die größten Gefahren erwarteten, die Natur, in der sie lebten. Naturkatastrophen galten als das, was für den Menschen das Bedrohlichste war. Das berühmte Erdbeben von Lissabon von 1755 ließ im Übergang zur Aufklärung noch einmal das Bewußtsein aufflammen: Wir leben in einer Natur, die wir im letzten doch nicht berechnen können. Die Gefahr, die Menschen füreinander bedeuteten durch das Unrecht, das sie einander zufügten, durch die Gewalt, die sie verübten, durch die Kriege, die zwischen Völkern ausbrachen, war eingebettet in die ungleich mächtigere Naturbedrohung, der sie sich ausgesetzt sahen. Deshalb herrschte bis in das 20. Jahrhundert hinein die begründete Hoffnung, daß die Gefahr, die der Mensch für den Menschen bedeutet, durch die Institutionen des menschlichen Zusammenlebens gebändigt werden kann - unter ihnen insbesondere durch die Institution des Staates.

In einem dramatischen Bruch mit diesem über lange geschichtliche Perioden hinweg wirksamen Grundmuster ist die Menschheit in wenigen Schritten in eine neue Situation eingetreten. Sie ist dadurch bestimmt, daß die Menschen die negative Verfügungsgewalt über ihre eigene Geschichte gewonnen haben. Der Versuch der Unterwerfung der bedrohlichen Natur unter die Herrschaft der Menschen schlägt nun so um, daß der Menschheit selbst die Gewaltpotentiale in die Hände gefallen sind, die, wenn sie nicht rechtzeitig gebändigt werden, sogar der Geschichte der Menschheit im ganzen ein Ende setzen können. Das ist der unvergleichliche und analogielose Umschlagspunkt in der Geschichte der Neuzeit, für den die Atomenergie und die Atomwaffen zum Symbol geworden sind.

Die Reaktion der ethischen Urteilsbildung auf diese neue Situation haben wir in den voraufgehenden Kapiteln am Beispiel der kirchlichen Lehrentwicklung und aktueller Stellungnahmen im Rahmen der ökumenischen Christenheit dargestellt. Diese Akzentuierung ist gut begründet; denn in den Kirchen ist die ethische Debatte über die Atomwaffen mit exemplarischer Intensität geführt worden. Deshalb mußte unser Überblick über diese Debatte ein einigermaßen differenziertes Bild zeichnen. Doch innerhalb dieses vielschichtigen Bildes heben sich einige Grundlinien heraus; sie verdienen es, festgehalten und in die weiteren Überlegungen eingebracht zu werden.

Die Logik normativer Aussagen (deontische Logik) unterscheidet zwischen drei Klassen ethischer Verpflichtung: geboten, verboten und erlaubt (freigestellt). Die ethische Diskussion in den Kirchen über die Fragen, die mit der Existenz atomarer Vernichtungswaffen aufgeworfen wurden, lassen sich bei aller Verschiedenheit im einzelnen durch einen Rückgriff auf diese Kategorien der deontischen Logik durchsichtig machen. Dabei zeigt sich insgesamt die Tendenz, zunächst den Einsatz von nuklearen Massenvernichtungswaffen, dann aber auch die Drohung mit ihnen nicht länger als sittlich freigestellt oder gar geboten, sondern mit aller Eindeutigkeit als sittlich verboten zu qualifizieren. Daraus erklärt sich das Gefälle der kirchlichen Friedensethik von einer *Ethik des Ermessens* zu einer

*Ethik des Bekennens.* Sie zielt darauf, daß Abschreckung und Kriegführung mit nuklearen Mitteln dem Bereich der *Adiaphora* entnommen und dem Bereich des schlechterdings Verbotenen zugewiesen werden. Bisweilen werden in dieser durchaus gut begründeten Absicht theologische Argumente eher willkürlich eingesetzt; sie dienen dann nicht der Klärung des ethischen Urteils, sondern nur seiner rhetorischen Steigerung. Uns geht es darum, die ethischen Begründungen einsichtig und nachvollziehbar zu machen, die im Bereich der Kirchen zu einer Entlegitimierung des Abschreckungssystems geführt haben. Drei Fragen sollen nochmals aufgenommen werden, an denen sich dieser Prozeß zusammenfassend verdeutlichen läßt: die Pflicht oder das Recht zur militärischen Verteidigung, die Gewissensentscheidung des Einzelnen zur Beteiligung an militärischer Verteidigung, schließlich die Einschätzung des Abschreckungssystems.

Die Verschiebungen im kirchlichen Urteil zur Pflicht oder zum Recht zur *Verteidigung* lassen sich an der katholischen Lehrentwicklung besonders eindrücklich demonstrieren. Noch Papst Pius XII. hielt militärische Verteidigung für sittlich *geboten;* die neue Qualität der verfügbaren Waffen veranlaßte das II. Vatikanische Konzil, militärische Verteidigung nur noch als sittlich *erlaubt* zu bezeichnen; immer entschiedener wurden seitdem diejenigen Stimmen, die erklärten, daß der in sich legitime Zweck der Verteidigung jedoch in keinem Fall den Einsatz sittlich verwerflicher Mittel rechtfertigen könne, sondern daß ein solcher Einsatz in jedem Fall *verboten* sei.

Damit verändert sich auch die Stellung zum Problem persönlicher *Gewissensentscheidungen.* Vor dem II. Vatikanischen Konzil galt in der katholischen Lehrauffassung die Verweigerung des Kriegsdienstes noch als Ausdruck eines "irrenden Gewissens"; denn die Beteiligung an ihm war sittlich *geboten.* Mit dem Konzil gewann die katholische Lehrentwicklung in dieser Frage Anschluß an die auch in anderen Kirchen herrschende Urteilsbildung, nach welcher die Entscheidung zum Waffenverzicht und zur Verweigerung des Kriegsdienstes als sittlich *erlaubt* gelten muß. Seitdem kehrt sich in der katholischen Kirche ebenso wie in anderen Kirchen, denen bisher der Kriegsdienst der Christen als sittlich erlaubt, wenn nicht gar als geboten galt, die Frage um. In Aufnahme der pazifistischen Traditionen im Christentum wird nun gefragt, ob denn die Mitwirkung an kriegerischer Gewaltausübung und die Vorbereitung darauf durch den Wehrdienst noch als für Christen erlaubt anzusehen sei oder ob sie von den Kirchen nun als sittlich *verboten* erklärt werden müsse. Zurückhaltender wird gefragt, ob denn nicht in der Wehrdienstverweigerung das "deutlichere Zeugnis" oder das "deutlichere Zeichen" für diejenige Friedensbotschaft zu sehen sei, von welcher der christliche Glaube bestimmt ist. Unabhängig von der Frage, welche Instanz dazu befugt sein könnte, für die Kirchen eine solche Frage verbindlich zu entscheiden, läßt sich jedenfalls für die Entwicklung der Urteilsbildung in der katholischen wie in den evangelischen Kirchen beobachten, daß der Weg von einem unbefragten Vorrang des Waffendienstes über die Anerkennung des Pazifismus zu einem Legitimitätsdefizit des Militärdienstes geführt hat. Dieser erscheint nun allenfalls noch in einer *Interimsethik* als begründungsfähig; nur in einem begrenzten Zeitraum, der für wirksame Abrüstungschritte genutzt werden muß, kann es Christen noch erlaubt sein, sich an militärischer Rüstung und am Wehrdienst zu beteiligen.

Vergleichbar hat sich auch die Einschätzung der *Abschreckungsinteraktion* zwischen den politischen Systemen gewandelt. Den Ausgangspunkt bildet die Anerkennung einer sittlich *gebotenen,* weil gerechten Abschreckung, in der ein unumgängliches Mittel der Kriegsverhütung gesehen wird; diese Position wird abgelöst von der Inkaufnahme einer *erlaubten,* weil sittlich tolerierten Minimalabschreckung. Dabei ist über lange Zeit der Versuch bestimmend, im ethischen Urteil zwischen dem *Einsatz* von Massenvernichtungswaffen und der *Drohung* mit ihnen zu trennen. Während der Einsatz nuklearer Massenvernichtungsmittel als ethisch verwerflich und unerlaubt galt, sollte die Drohung mit ihnen als

Mittel der Friedenswahrung für Christen sittlich verantwortbar sein. Zwar wurde diese ethische Anerkennung des Abschreckungssystems in aller Regel unter einen zeitlichen Vorbehalt gestellt, also als Argument einer *Interimsethik* vorgebracht. Doch je länger die in Aussicht genommene Übergangszeit dauerte, desto mehr gewann eine derartige Formel den Charakter einer christlichen Legitimation des Abschreckungssystems. Vor allem jedoch unterlag diese Position der Kritik, sie nehme in Kauf, daß mit Mitteln gedroht werde, deren Einsatz sittlich in jedem Fall *verboten* sei. Mit dem Übergang von der "Vergeltungsabschreckung" zur "Kriegführungsabschreckung" in den späten siebziger Jahren sahen sich die Kirchen vor der Notwendigkeit, die bisherige Beurteilung zu überprüfen; sie erkannten, daß die Drohung mit einer Handlung nicht von dem ethischen Urteil ausgenommen werden kann, das dieser Handlung selbst gegenüber auszusprechen ist. Deshalb konvergiert die ökumenische Friedensethik heute in der Überzeugung, daß das Abschreckungssystem ethisch nicht gerechtfertigt werden kann.

b) Der Kairos der Friedens

Besonders deutlich wurde diese Folgerung in dem Abschlußbericht über das Hearing ausgesprochen, zu dem der Ökumenische Rat der Kirchen 1981 in Amsterdam eingeladen hatte:

"Wir glauben, daß für die Kirchen die Zeit gekommen ist, klar und eindeutig zu erklären, daß sowohl die Herstellung und Stationierung als auch der Einsatz von Atomwaffen ein Verbrechen gegen die Menschheit darstellen und daß ein solches Vorgehen aus ethischer und theologischer Sicht verurteilt werden muß. Die Frage der Atomwaffen ist aufgrund ihrer Tragweite und der drohenden Gefahren, die sie für die Menschheit mit sich bringt, eine Frage christlichen Gehorsams und christlicher Treue zum Evangelium" (KuF 228).

Mit dieser Begründung forderte das Hearing die Kirchen auf, einer Politik, die auf dem Besitz und dem Einsatz solcher Waffen beruht, die Unterstützung und Legitimation zu entziehen und sich für wirksame Abrüstungsschritte einzusetzen.

Die Vollversammlung des Ökumenischen Rats der Kirchen in Vancouver 1983 wiederholte der Sache nach die Aussage von Amsterdam. Auch in vielen Friedensdokumenten aus evangelischen Kirchen ist sie in den letzten Jahren aufgenommen worden. Daß das christliche "Nein" nicht nur dem Einsatz, sondern auch der Herstellung und Stationierung von Massenvernichtungsmitteln gilt, ist eine Aussage, über die sich ein Konsens zwischen den unterschiedlichen friedensethischen Positionen in den Kirchen anbahnt. Die ökumenische Urteilsbildung zur Frage des Friedens mündet also seit Beginn der achtziger Jahre in die These, die Zeit sei reif für eine eindeutige und verbindliche Äußerung der Kirchen zur Produktion und Stationierung wie zum Einsatz von Massenvernichtungsmitteln. In der gegenwärtigen Krise des Friedens, so läßt sich folgern, liegt zugleich ein Kairos des Friedens, die Möglichkeit für eine einmütige Äußerung der Kirchen, die in vergleichbarer Weise zu früheren Zeiten nicht möglich war. Die Gefährdung des Friedens enthält zugleich die Chance, daß die Kirchen durch eine klare Selbstverpflichtung etwas zur Bewahrung und Förderung des Friedens beitragen. Deshalb ist es nicht unbegründet, die durch das Abschreckungssystem herbeigeführte Situation als einen *Kairos des Friedens* zu bezeichnen.

Diese Bezeichnung bedarf der Verdeutlichung; für sie ist ein Rückgriff auf den ursprünglichen Sinn des Wortes *kairos* nötig. Allgemein bezeichnet das Wort das angemessene Maß, die zutreffende Proportion. In diesem Sinn wird das Wort gelegentlich für den passenden *Ort,* in aller Regel aber für die angemessene *Zeit* verwendet. Es kann sowohl die richtige Jahreszeit als auch die zur Entscheidung nötigende Zeit bezeichnen. In diesem letzten Sinn ist das griechische Wort im Neuen Testament aufgenommen und dadurch für seine weitere Bedeutungsgeschichte entscheidend geprägt worden.

Im biblischen Zusammenhang hat das Wort eine doppelte Bedeutung. *Kairos* meint im Neuen Testament *zum einen* den Zeitpunkt, in dem sich *alles* entscheidet, den Zeitpunkt messianischer Gegenwart. In der Erfüllung alttestamentlicher Verheißungen verwirklicht sich dieser Zeitpunkt im Auftreten des Jesus von Nazareth. Deshalb heißt der Schlüsselsatz für die Verkündigung Jesu: "Die Zeit *(kairos)* ist erfüllt, und das Reich Gottes ist herbeigekommen. Tut Buße und glaubt an das Evangelium" (Markus 1,15). Dieser Kairos ist also durch die Nähe des Reiches Gottes in Jesus von Nazareth bestimmt. Der Kairos ist die Gegenwart des Messias und deshalb der Grund aller Hoffnung.

Kairos meint im Neuen Testament *zum andern* die Zeitpunkte, an denen Menschen durch Gottes Willen zur Entscheidung herausgefordert sind. Kairos in diesem Sinn ist die "Stunde der Wahrheit", in der Gott "uns zu entschiedenem Handeln herausfordert" (Kairos-Dokument, in: Christen im Widerstand 13). Das Neue Testament kennt viele Beispiele für diese Art, vom Kairos zu reden: Jesus weint über Jerusalem, weil es einen solchen Kairos verfehlt. Jerusalems Zerstörung steht bevor, "weil du die Zeit (den kairos) nicht erkannt hast, in der du heimgesucht worden bist" (Lukas 19,44). Aber auch das Leiden der Christen unter der Verfolgung kann als die Zeit (kairos) angesehen werden, "in der das Gericht anfängt an dem Hause Gottes" (1. Petrus 4,17).

Diese zweifache Bedeutung von Kairos hatte Paul Tillich im Blick, als er um 1920 den Begriff des Kairos in die theologische und philosophische Sprache einführte. Kairos ist zum einen ein einzigartiges, unwiederholbares, für den Glauben grundlegendes Geschehen; es ist der Kairos Jesu. Von ihm her bestimmen sich aber die Wendepunkte in der Geschichte, in denen Menschen zur Entscheidung und Verantwortung herausgefordert sind.

Den Zeitpunkt der Entscheidung nennen wir Krise. Eine große geschichtliche Krise ist ein Kairos in der zweiten der gerade genannten Bedeutungen. In diesem Sinn erlebt die Menschheit und in ihr die ökumenische Christenheit in diesen Jahrzehnten einen Kairos: eine Krise, die zu verbindlicher Entscheidung herausfordert. Die Bedrohung des Friedens durch die bereits angehäuften und weiter anwachsenden Mittel der Gewalt, die weltweite Ungerechtigkeit in der Verteilung von Gütern und Lebenschancen und die Gefährdung der außermenschlichen Natur durch die Eingriffe der Menschen bestimmen zusammen die Krise der Gegenwart. Wer diese Krise im Licht der jüdisch-christlichen Tradition betrachtet, stellt fest, daß diese Herausforderungen im Begriff des *schalom* zusammengeschlossen sind. Denn der schalom umfaßt die Beziehung des Menschen zu Gott, zum Mitmenschen wie zur außermenschlichen Natur. Schalom meint einen Frieden, der die Frucht der Gerechtigkeit ist. Die Krise der Gegenwart verlangt von den Kirchen, daß sie sich zu diesem Frieden verbindlich bekennen.

Den Ort, an dem die Kirche zu einer verbindlichen Entscheidung kommt, nennt die kirchliche Tradition ein Konzil. Daran erinnerte Dietrich Bonhoeffer, als er 1934 die gemeinsame Konferenz des Weltbunds für Freundschaftsarbeit der Kirchen und des *Universal Christian Council for Life and Work* in Fanø aufforderte, sich als ökumenisches Konzil zu verstehen (s. oben I.4.4). Damit sprach er eine Hoffnung aus, die noch heute lebendig ist. Sie wurde bei der Vollversammlung des Ökumenischen Rats der Kirchen in Vancouver 1983 aufgenommen, als Delegierte des Bundes der Evangelischen Kirchen in der DDR an Bonhoeffers Aufruf anknüpften; diese Hoffnung hat Eingang gefunden in den konziliaren Prozeß der Ökumene für Gerechtigkeit, Frieden und die Bewahrung der Schöpfung. Der Aufruf des Deutschen Evangelischen Kirchentages in Düsseldorf 1985 für ein Konzil des Friedens sollte diese Hoffnung bekräftigen. Eine konziliare Versammlung für den Frieden wäre eine angemessene Antwort der Kirchen auf die Krise, auf den Kairos der Gegenwart.

Eine Diagnose der Gegenwart führt zu der Einsicht, daß die Krise des Friedens eine gemeinsame und entschiedene Antwort der Kirchen *erfordert.* Die Frage schließt sich an, ob diese gegenwärtige Krise auch darin ein Kairos ist, daß sie eine gemeinsame und entschiedene Antwort der Kirchen *ermöglicht.* Im Rahmen dieses II. Hauptteils unserer Darstellung ist die Frage nur insoweit aufzunehmen, als wir fragen: Können die Kirchen zum Problem militärischer Gewalt einhellig Stellung nehmen? Können sie zu den ethischen Problemen von militärischer Rüstung und Abrüstung, von Kriegsdienst und Kriegsdienstverweigerung mit einer Stimme sprechen? Ergeben sich aus den voranstehenden Analysen Ansatzpunkte für einen friedensethischen Konsens, der nicht nur hinsichtlich der Probleme, sondern auch hinsichtlich möglicher Antworten dazu berechtigen würde, von einem "Kairos des Friedens" zu sprechen?

Können die Kirchen weiter kommen als bis zu einer *Ethik der Integration,* wie sie repräsentativ von der Denkschrift der Evangelischen Kirche in Deutschland 'Frieden wahren, fördern und erneuern' von 1981 vertreten wird? Können sie mehr erreichen, als den Dialog zwischen den gegensätzlichen friedensethischen Optionen offenzuhalten? In dieser Funktion wurde seit den Heidelberger Thesen von 1959 die These von der "Komplementarität" von Waffengebrauch und Waffenverzicht eingesetzt. Zwar stellte auch die Friedensdenkschrift der EKD von 1981 diese Komplementaritätsformel unter den Vorbehalt, daß der Zustand einer Kriegsverhütung durch die Drohung mit unterschiedloser Zerstörung nicht dauern darf. Die interimistische Anerkennung des Abschreckungssystems wurde also mit der Forderung nach effektiver Abrüstung und neuen politischen Instrumenten des Austrags internationaler Konflikte verbunden. Doch die daraus gewonnenen Kriterien wurden nicht auf aktuelle rüstungs- und friedenspolitische Sachfragen angewandt; denn derartige Folgerungen würden die Integrationsfunktion sprengen, der sich die Denkschrift der EKD wie viele andere kirchliche Dokumente verpflichtet weiß.

Könnte eine gemeinsame Äußerung der Kirchen darin über eine Ethik der Integration hinausgehen, daß sie Schritte zu einer *Ethik der Umkehr* unternimmt? Dazu müßte sie freilich die Orientierung an der Aufgabe, Vertreter entgegengesetzter Gewissensentscheidungen miteinander im Dialog zu halten, überschreiten. Die Ethik der Integration sieht ihr vorrangiges Ziel nicht darin, den einzelnen in einem Konflikt zwischen zwei entgegengesetzten Gewissensentscheidungen zu beraten, sondern zielt darauf, daß bereits getroffene gegensätzliche Gewissensentscheidungen in ein und derselben Kirche vertreten werden können. Eine Ethik der Umkehr dagegen ist nicht vorrangig von der Frage nach der Legitimität der individuell getroffenen Gewissensentscheidung bestimmt; sie orientiert sich vielmehr vorrangig an der Frage, was die Kirche als Gemeinschaft der Glaubenden für den Frieden tun kann.

Diese Fragestellung hat in exemplarischer Weise die Urteilsbildung der evangelischen Kirchen in der Deutschen Demokratischen Republik geprägt. Bestimmend wurde hier jene Einsicht, die mit voller Klarheit zum ersten Mal von der Synode des Bundes der evangelischen Kirchen in der DDR im Herbst 1982 formuliert wurde: Die stillschweigende Hinnahme der Lebensbedrohung durch übersteigerte Rüstung steht, so stellte diese Synode fest, im Widerspruch zum Bekenntnis zu Gott als dem Schöpfer, dessen Auftrag zur Bewahrung der Schöpfung verpflichtet und deren Zerstörung ausschließt. Aus dieser theologischen Grundüberzeugung wird die "Absage an Geist, Logik und Praxis der Abschreckung" abgeleitet.

Das Wort "Absage" *(abrenuntiatio)* gehört in die Sprache des Glaubens, in die Bewegung der Umkehr. Sie ist die Folge der *affirmatio,* in der Menschen sich zur Treue Gottes gegenüber seiner Schöpfung bekennen. Sie ist deshalb die Kehrseite des Eintretens für Frieden, Gerechtigkeit und die Zukunft des Lebens. Die Umkehr zum Frieden, die im Glauben eröffnet und geboten ist, schließt einen Prozeß der Befreiung ein; der Befreiung von der Herrschaft jener Denk- und Verhaltensweisen, die im System der Abschreckung zum Ausdruck kommen. Zu ihnen zählen insbesondere eine Denkweise, die die eigene Sicherheit auf Kosten der Sicherheit und des Lebens anderer meint gewährleisten zu können, die psychologischen Zwänge des Freund-Feind-Denkens, die Mißachtung der Menschen, als wären sie Dinge, das worst-case-Denken, das in der Absicht, sich auf den schlimmsten aller denkbaren Fälle vorzubereiten, die konkreten Möglichkeiten zur Gestaltung des Friedens, zur Bekämpfung des Hungers und zur Bewahrung der außermenschlichen Natur versperrt. Solchen Denkformen stellten die evangelischen Kirchen in der DDR das Konzept der gemeinsamen Sicherheit entgegen. In ihm verbindet sich die christliche Einsicht in den politischen Sinn der Feindesliebe mit der Erkenntnis, daß im Atomzeitalter die Risikoerhöhung für den Gegner unweigerlich in eine Erhöhung des eigenen Risikos umschlägt. In diesem Sinn vermittelt das Konzept der gemeinsamen Sicherheit zwischen theologischer Erkenntnis und weltlicher Einsicht. Das zeigt, daß gerade eine Ethik der Umkehr Erwägungen der politischen Vernunft in sich aufnehmen kann. Sie übersetzt die *Absage* an Geist, Logik und Praxis der Abschreckung in *Schritte der Abkehr* von der Herrschaft des Abschreckungssystems.

Freilich ist eine solche Abkehr nur mit dem Kontrahenten gemeinsam möglich. Abrüstungsforderungen, wie sie in vielen kirchlichen Stellungnahmen erhoben werden, enthalten immer das Moment einer *Ethik der Reziprozität.* Auch wenn sie einseitige Schritte zur Abrüstung vorschlagen, so verstehen sie diese als Initialzündungen zu einem weiterreichenden, wechselseitigen Abrüstungsprozeß. Eine Ethik der Reziprozität trägt der Tatsache Rechnung, daß eine Absage an das System der Abschreckung allein an der faktischen Existenz dieses Systems noch nichts ändert. Die Nuklearstaaten müssen vielmehr in vereinbarten Schritten ihre Nuklearwaffen abbauen und schließlich ganz entfernen; alle Staaten müssen ihre Rüstungen reduzieren und stattdessen politische Instrumente der Konfliktregelung entwickeln.

Freilich erschöpft sich eine *Ethik der Umkehr* nicht in einer *Ethik der Reziprozität.* Denn zu ihren unaufgebbaren Themen gehören die einseitigen Schritte der Feindesliebe und des Gewaltverzichts (s. unten III.2.1 und III.2.2). Doch eine Ethik der Umkehr, die die Einsicht des Glaubens in Erkenntnisse der politischen Vernunft umsetzen will, wird gerade darauf aus sein, die einseitigen Schritte der Feindesliebe und des Gewaltverzichts als Anstöße zu wechselseitigem Abbau von Drohung und Gewaltsamkeit zur Geltung zu bringen.

Ist es, so fragen wir noch einmal, denkbar, daß die Kirchen gemeinsam den Weg von einer Ethik der Integration zu einer Ethik der Umkehr gehen und dadurch einen Anstoß geben, der über ihre eigenen Grenzen hinaus Gehör findet? Wir wollen eine Antwort auf diese Frage im Anschluß an den Hirtenbrief der katholischen Bischöfe in den USA suchen. Er erinnert daran, daß sich über Jahrtausende hinweg in der Christenheit zwei gegensätzliche Stellungnahmen zur Frage staatlicher Gewaltanwendung gegenüberstanden. Die eine sprach eine unbedingte Option für die Gewaltfreiheit aus; ihre Anhänger verweigerten sich der Mitwirkung an tötender Gewalt des Staates. Dieser Tradition der Gewaltfreiheit, der die amerikanischen Bischöfe, das Votum des II. Vatikanischen Konzils verstärkend, ihre nachdrückliche Anerkennung aussprechen, steht die Lehre vom gerechten Krieg gegenüber. Sie räumt ein, daß der Staat im Rahmen seiner Verantwortung für Recht und Frieden mit Gewalt drohen und diese als letztes Mittel auch anwenden darf. Sie versucht, die Bedingungen zu formulieren, unter denen der Staat um des Friedens willen zum Einsatz kriegerischer Gewalt berechtigt ist und innerhalb der Grenzen legitimer Gewaltanwendung bleibt. Unter den traditionellen Kriterien rückt der Hirtenbrief, wie wir sahen, drei in den Vordergrund: die auf den Frieden gerichtete rechte Absicht *(recta intentio),* den

Verzicht auf die Schädigung von Nichtkombattanten und nichtmilitärischen Zielen *(Unterscheidungskriterium)* und die Verhältnismäßigkeit der Mittel im Blick auf das Ziel des Friedens *(Proportionalitätskriterium)*.

Die beiden friedensethischen Grundpositionen schließen einander aus und sind doch zugleich auf dasselbe Ziel gerichtet; sie wollen beide dem Gemeinwohl dienen. In einer überraschenden Wendung behauptet der Hirtenbrief unter Aufnahme der Heidelberger Thesen, die katholische Lehre betrachte diese beiden unterschiedlichen ethischen Entscheidungen als "komplementär" (Pastoralbrief 40). Vor allem aber stellt er fest, daß die beiden gegensätzlichen ethischen Haltungen unter den Bedingungen der "neuen Lage" zu übereinstimmenden Ergebnissen kommen. Sie treffen sich nämlich in der Ablehnung von "Methoden der Kriegführung ..., die sich faktisch nicht vom totalen Krieg unterscheiden lassen" (Pastoralbrief 54). Mit dem Grundsatz des Gewaltverzichts ist der Einsatz von Massenvernichtungsmitteln ebenso unvereinbar wie jeder Einsatz tötender Gewalt. Die Lehre vom gerechten Krieg aber muß feststellen, daß der Einsatz von Massenvernichtungsmitteln gegenüber jedem denkbaren Ziel disproportional ist, und daß er die Unterscheidung von Kombattanten und Nichtkombattanten sowie von militärischen und nichtmilitärischen Zielen ignoriert. Ihr muß dann aber nicht nur jede Kriegshandlung als unerlaubt gelten, die den Einsatz von Massenvernichtungsmitteln einschließt, sondern auch jede politische Handlung, die auf der Möglichkeit und gegebenenfalls der Absicht dieses Einsatzes beruht. Ebenso wie die pazifistische Position mündet auch die Lehre vom gerechten Krieg in eine Verweigerung nicht nur gegenüber dem Einsatz, sondern auch gegenüber der Drohung mit Massenvernichtungsmitteln. Deshalb enthält der amerikanische Hirtenbrief der Sache nach - auch wenn er diese Konsequenz aus kirchenpolitischen Rücksichten nur zurückhaltend formuliert - eine Entlegitimierung nicht nur der nuklearen Kriegführung, sondern auch des nuklearen Abschreckungssystems. Nicht nur in dieser Konsequenz trifft sich die von ihm vertretene Fassung der Lehre vom gerechten Krieg mit dem grundsätzlichen Gewaltverzicht, sondern auch in dem Plädoyer für den gewaltfreien Widerstand und die soziale Verteidigung als für beide Positionen mögliche Handlungsweisen. Im Blick auf die gemeinsame Orientierung am Gemeinwohl wie im Blick auf die Übereinstimmung im Ergebnis sieht der amerikanische Hirtenbrief in der Lehre vom gerechten Krieg und in der Gewaltlosigkeit "zwar unterschiedliche, aber aufeinander bezogene Methoden zur Beurteilung des Krieges" (Hirtenworte 190).

Die entscheidende Feststellung, die sich aus diesen Überlegungen des amerikanischen Hirtenbriefs ableiten läßt, heißt: Die Übereinstimmung der beiden großen Lehrtraditionen des Christentums in der Ächtung des Krieges angesichts der modernen Massenvernichtungsmittel bildet dasjenige Moment in der Krise der Gegenwart, das eine gemeinsame und entschiedene Stellungnahme der Kirchen ermöglicht. Diese Übereinstimmung hat sich nicht auf dem Weg eines Konvergenzprozesses ergeben; der Unterschied in den Prinzipien der beiden Lehrpositionen ist nicht überwunden. Vielmehr wird den Kirchen die Übereinstimmung in der Ächtung des Krieges bei Fortdauer des Gegensatzes in den friedensethischen Grundpositionen durch eine Situation abgenötigt, in der die angesammelten Gewaltmittel den Globus gleich mehrfach zu zerstören vermögen. In dieser Lage vollzieht sich - unbeschadet der bleibenden Gegensätze - ein Prozeß hin zu einem "Konsens ohne Konvergenz" (Reuter 140ff). Darin liegt dasjenige Moment im gegenwärtigen Kairos, das einen Prozeß kirchlicher Einigung in der Friedensfrage möglich macht.

Deshalb aber wird dieser Kairos nur dann mit der nötigen Entschlossenheit wahrgenommen, wenn inhaltliche Weite und thematische Konzentration sich in der richtigen Weise verbinden. Eine konziliare Versammlung für den Frieden kann von der Frage der weltweiten Gerechtigkeit so wenig absehen wie von der Versöhnung der Menschen mit der außermenschlichen Natur. Doch unter den Bedingungen der Gegenwart muß sie in bewußter Konzentration die Ächtung des Krieges und der Gewaltdrohung in den Mittelpunkt stellen. In einer solchen Konzentration würden sich nicht etwa die Interessen der nördlichen Hemisphäre gegenüber den Interessen des Südens durchsetzen, wie manchmal vermutet wird. Es würden vielmehr diejenigen Einsichten mit klarer Verbindlichkeit ausgesprochen, die die Kirchen heute gemeinsam vertreten können und die sie um des Überlebens der Menschheit willen gemeinsam auszusprechen verpflichtet sind.

### c) Das Modell des Konzils

Der Gedanke eines weltweiten ökumenischen Konzils des Friedens entstand in einer Situation, die mit der gegenwärtigen vergleichbar und unvergleichbar zugleich ist. Dietrich Bonhoeffer, der ihn bei der ökumenischen Konferenz in Fanø am 28. August 1934 zum ersten Mal formulierte, verstand die ökumenische Bewegung seiner Zeit als eine Friedensbewegung; er konfrontierte sie von Beginn an mit der Frage: "Wann wird die Zeit kommen, da die Christenheit das rechte Wort zur rechten Stunde spricht?" (Bonhoeffer I, 117). Gefragt war damit nach der dem Kairos angemessenen Antwort der Kirche.

Im August 1934 war für einen Deutschen, der in Opposition zum Regime Hitler stand, deutlich, daß die Ökumene den Kairos versäumt hatte. Der Geist der Revanche hatte in Deutschland gesiegt, Hitlers Macht war durch Reichstagswahlen bestätigt, der Austritt aus dem Völkerbund durch eine Volksabstimmung mit Nachdruck versehen worden. Der Kairos war versäumt. Gerade daraus erklärt sich der beschwörende und appellative, ja konfrontative Ton in Bonhoeffers Erklärung zum Konzil des Friedens. Bonhoeffer begründete seinen Appell unmittelbar aus dem reformatorischen Verständnis der Rechtfertigung. Nur daraus erklärt sich die schroffe Entgegensetzung von Frieden und Sicherheit, die im Zentrum des Aufrufs stand: "Es gibt keinen Weg zum Frieden auf dem Weg der Sicherheit. Denn Friede muß gewagt werden, ist das eine große Wagnis, und läßt sich nie und nimmer sichern" (Bonhoffer I, 218). Dieses eine große Wagnis aber ist ein Akt des einfältigen Gehorsams, der unmittelbaren Antwort auf Gottes Gebot. Wer aber kann diese Antwort so aussprechen, daß die Welt es hört? Dafür nahm Bonhoeffer das "eine große ökumenische Konzil der Heiligen Kirche Christi" in Anspruch.

Man muß also an die verbindlichste Äußerungsform anknüpfen, die in der Tradition der Kirche entwickelt worden ist, um dasjenige Verständnis des Friedens auszusagen, das der Zusage der Gnade Gottes, der Zusage der Rechtfertigung entspricht. "Friede heißt sich gänzlich ausliefern dem Gebot Gottes, keine Sicherung wollen". So kühn wie diese Fassung eines theologischen Begriffs vom weltlichen Frieden ist nun aber auch die Proklamation des Konzils selber. Die ökumenische Versammlung in Fanø hat auf diese Zumutung eher verlegen reagiert, ja sie mit Schweigen übergangen. Bei Bonhoeffer enthielt die Proklamation des Konzils vor allem anderen die prophetische Kritik daran, daß die Kirchen den Kairos versäumt hatten. In der Proklamation des Konzils äußerte sich die Enttäuschung darüber, daß die Christenheit das rechte Wort zur rechten Stunde nicht gesprochen hatte.

Wie verhält sich die gegenwärtige Situation zu dieser Erfahrung Dietrich Bonhoeffers? Der ökumenische Urteilsbildungsprozeß zur Frage der Nuklearwaffen antwortete seit den ausgehenden siebziger Jahren auf das Scheitern aller vorausgehenden Versuche der Rüstungsbegrenzung und Rüstungsminderung. Er verarbeitete das Faktum, daß es zu einem verstärkten Wettlauf der Rüstungen kam, die sich vor allem auf die Stationierung neuer regionalstrategischer Waffensysteme konzentrierte und in den Weltraum ausweitete. In exemplarischer Weise reagierte darauf das Hearing des Ökumenischen Rats der Kirchen in Amsterdam 1981. Kennzeichnenderweise wurden seine Ergebnisse unter dem Titel veröffentlicht: *Bevor es zu spät ist - before it's too late.* Bevor es zu spät ist, sollte die ökumenische Gemeinschaft in verbindlicher Form dem Gebrauch militärischer Gewalt in den internationalen Beziehungen die Legitimation entziehen und Geist, Logik und Praxis der Abschreckung eine Absage erteilen. Es ist konsequent, daß im Blick auf diese Aufgabe erneut an das Modell des Konzils angeknüpft wird.

Konzil meint dabei zunächst eine repräsentative Versammlung der Weltchristenheit, die in der Kraft des Geistes verbindlich die Wahrheit sagt. Wenn es gelingen würde, dem Ziel einer solchen Versammlung nahezukommen, wäre der Name sekundär. Vielmehr entspräche es dem Kairos, der sie nötig und möglich macht, wenn dafür eine neuer Name gefunden würde. Daß der vom Ökumenischen Rat der Kirchen angestoßene konziliare Prozeß für Gerechtigkeit, Frieden und die Bewahrung der Schöpfung in eine "Weltkonvokation" (1990) mündet, ist deshalb eine Perspektive, die mit dem Gedanken eines Friedenskonzils gut zu vereinen ist. Die Tatsache jedoch, daß die römisch-katholische Kirche der Bitte, sich in voller Mitverantwortung an der Einladung zu dieser Weltkonvokation zu beteiligen, nicht nachkam, mindert den repräsentativen Charakter der geplanten Versammlung erheblich.

Denn soll eine solche Versammlung ökumenisch im umfassenden Sinn sein, muß sie die römisch-katholische Kirche einschließen. Im katholischen Verständnis ist der Begriff des "Ökumenischen Konzils" freilich kirchenrechtlich festgelegt. Er bezeichnet die Versammlung des Gesamtepiskopats der römisch-katholischen Weltkirche unter dem Primat des Papstes. Die Spannung ist nicht zu übersehen: Gegenüber der juristischen Fixierung in diesem Modell des Konzils kann das charismatisch-innovative Moment, das in dem Vorschlag eines Friedenskonzils enthalten ist, nur schwer zur Geltung kommen.

Vergleichbare Schwierigkeiten ergeben sich im Verhältnis zum Konzilsverständnis der orthodoxen Kirchen. Für sie ist angesichts der Kirchenspaltung die Reihe der ökumenischen Konzile mit der Synode von Konstantinopel 869/70 zu Ende gegangen. Ökumenische Konzile sind seitdem *per definitionem* ausgeschlossen, weil die Durchführung eines Konzils volle Kirchengemeinschaft voraussetzt. Die Verwirklichung eucharistischer Gemeinschaft bildet die Voraussetzung für das Zusammenkommen in einem Konzil. Deshalb stellt ein Panorthodoxes Konzil gegenwärtig die höchste erreichbare Stufe eines Konzils für das Verständnis der orthodoxen Kirchen dar. Die Vorbereitung eines solchen Konzils wurde zu Beginn dieses Jahrhunderts angebahnt; mit Beginn der sechziger Jahre wurden die unterbrochenen Vorbereitungen wieder aufgenommen. Ein Termin für dieses Konzil ist noch nicht bekannt. Eines der dafür vorgesehenen Themen schließt die Frage nach der Friedensverantwortung der orthodoxen Kirchen ein. Doch unabhängig von der genauen Bestimmung des Konzilsbegriffs durch die orthodoxe Theologie haben insbesondere Sprecher der russisch-orthodoxen Kirche den Gedanken eines Friedenskonzils der Weltchristenheit positiv aufgenommen und in der Sache begrüßt.

Der römisch-katholischen und der orthodoxen Prägung des Konzilsverständnisses kommt im ökumenischen Dialog eine herausragende Bedeutung zu. Doch aus der Rücksicht auf sie allein läßt sich die Frage nicht beantworten, ob um des Friedens willen eine ökumenische Zusammenkunft vorbereitet werden kann, die sich am Modell des Konzils orientiert. Denn das ökumenische Verständnis des Konzils läßt sich nicht auf die beiden genannten Konzeptionen begrenzen. Vielmehr ist die Geschichte des christlichen Konzilverständnisses reicher, als es die katholische und die orthodoxe Konzeption allein erkennen lassen (vgl. Huber 128ff). Außer dem frühkirchlichen und dem mittelalterlichen Konzilsgedanken sowie dem Konzilsverständnis der Reformation ist insbesondere das Konzept der *Konziliarität* hervorzuheben, das seit 1968 eine zentrale Rolle in der Theologie des Ökumenischen Rats der Kirchen (ÖRK) spielt.

Die Studie der ÖRK über 'Die Bedeutung des konziliaren Vorgangs in der alten Kirche' von 1968 hat die Bedeutung von Konziliarität als "Existential der Kirche" herausgearbeitet.

Konziliarität bezeichnet die besondere Form, in welcher in der christlichen Kirche der Streit um die Wahrheit ausgetragen wird. Es ist der Inbegriff der Formen von Verständigung im Konflikt, die für die Kirche kennzeichnend sind. Charakteristisch ist für sie aber vor allem, daß die Gemeinschaft der Verschiedenen in der Kirche ihren Grund im Gottesdienst - genauer: in der Eucharistie, im Herrenmahl - hat. Verständigung in strittigen Fragen zielt deshalb immer auf die Erneuerung der gottesdienstlichen Gemeinschaft. Da die Erneuerung und Verwirklichung gottesdienstlicher Gemeinschaft durch allen Konflikt hindurch zur Grundbestimmung der Kirche gehört, bildet die Konziliarität eine grundlegende Struktur kirchlichen Lebens in all seinen Formen.

Im Rahmen eines solchen Konzepts der grundsätzlichen Konziliarität der Kirche stellt ein *Konzil* eine außerordentliche Versammlung auf der Ebene der Gesamtkirche dar. Sie wird durch den konziliaren Prozeß in Gemeinden und Initiativgruppen vorbereitet und wirkt auf ihn zurück. Vorbereitung und Rezeption des Konzils sind ebenso wichtig wie das Ereignis selbst.

Der Begriff der Konziliarität beschreibt die Kirche also als eine Verständigungsgemeinschaft, die sich immer wieder neu auf der Suche nach der für sie verbindlichen Wahrheit befindet. Das Konzil ist ein Ereignis, bei dem gemeinsam erkannte Wahrheit verbindlich bekannt und den Gemeinden mit der Bitte um Aufnahme und Vertiefung weitergegeben wird. Im Rahmen der grundsätzlichen Konziliarität der Kirche ist das Konzil nicht nur öffentliche Darstellung schon gefundener Einheit; es steht vielmehr im Dienst der zu findenden kirchlichen Einheit. Antizipierend vertraut es dabei auf diejenige Gemeinschaft im Gottesdienst, die der Kirche Jesu Christi zugesagt ist, auch wenn sie diese Gemeinschaft noch nicht vollständig zu realisieren vermag. Die Studie von 1968 bringt dieses Verständnis des Konzils mit folgenden Worten zum Ausdruck:

"Ein Konzil kann dadurch, daß es eine brennende Frage stellt, Kirchen zusammenführen ..., wenn es aus einer zumindest potentiell vorhandenen eucharistischen Gemeinschaft redet und handelt" (Konzile und die ökumenische Bewegung 19).

Ein ökumenisches Konzil, das um des Friedens willen einberufen würde, wäre ein Instrument im Dienst an der Einheit der Kirche und gerade so ein Instrument im Dienst an der Einheit der Menschheit. Es würde der Welt den Frieden Gottes bezeugen und gerade so am Frieden der Welt mitwirken. Es würde antizipierend auf die gottesdienstliche Gemeinschaft vertrauen, die im Wort Jesu zugesagt ist, und gerade so zur Verwirklichung umfassender Gemeinschaft im Gottesdienst beitragen. Das Verständnis des Konzils, wie es in Aufnahme der kirchengeschichtlichen Entwicklung in der ökumenischen Diskussion der letzten Jahrzehnte formuliert wurde, bildet ein geeignetes Modell für diejenige Zusammenkunft der weltweiten Christenheit, die um des Friedens willen nötig ist. Dem Kairos des Friedens entspricht das Modell des Konzils. Freilich sind die kirchenpolitischen Hemmnisse, die der Verwirklichung dieses Modells entgegenstehen, erheblich und die für dieses Vorhaben eingesetzten Kräfte einstweilen sehr begrenzt. Deshalb ist nicht auszuschließen, daß auch am Ende des 20. Jahrhunderts die Frage Dietrich Bonhoeffers wiederholt werden muß: "Wann wird die Zeit kommen, da die Christenheit das rechte Wort zur rechten Stunde spricht?"

### d) Selbstverpflichtung zum Frieden

Der Aufruf zu einem Konzil des Friedens, der von Dietrich Bonhoeffer zuerst formuliert wurde und in der ökumenischen Christenheit unserer Gegenwart in unterschiedlichen

Formen aufgenommen wurde, entstammt der Hoffnung, daß die Kirchen in der Krise des Friedens zu einer Äußerung fähig sind, die politisch Gehör findet und eine Umkehr bewirkt. Denn in der Abkehr vom Abschreckungssystem und der Hinwendung zur politischen Gestaltung des Friedens in den internationalen Beziehungen läge ein tiefer Einschnitt in die politische Struktur der Weltgesellschaft. Sie kann nicht durch die politischen Akteure allein herbeigeführt werden. Zu ihr müssen auch nichtgouvernementale Organisationen beitragen. Das gilt in besonderem Maß für die Religionen - und unter ihnen nicht zuletzt für die christlichen Kirchen. Doch nicht nur für die Kirchen ist die Frage von Bedeutung, welche Konsequenzen aus der Entlegitimierung des Abschreckungssystems und der Suche nach einer neuen politischen Gestalt des Friedens in Gerechtigkeit zu ziehen sind. Für die Kirchen zeigt sich nur in besonderer Zuspitzung, was auch sonst gilt: Friedensethisch begründete Forderungen gewinnen nur daraus eine allgemeine Glaubwürdigkeit, daß sie mit einer Selbstverpflichtung zum Frieden verbunden sind. Für die Kirchen heißt das: Das zentrale Thema eines Friedenskonzils ist die Selbstverpflichtung der Kirchen zum Frieden; in ihr liegt der wichtigste Beitrag der Kirchen zum politischen Frieden.

Doch Vergleichbares gilt auch für andere Gruppen und Organisationen, die für die politische Umsetzung friedensethischer Einsichten eintreten wollen. Auch sie sind nach den Selbstverpflichtungen gefragt, in denen solche politischen Forderungen ihr spezifisches Gewicht gewinnen. In solchen Selbstverpflichtungen zeigt sich die Richtung friedensfördernder Prozesse jenseits der Abschreckung. Zu ihrer Kennzeichnung verwenden wir eine Denk- und Sprachform, die von der Theologie der Befreiung entwickelt worden ist. Sie ging von der Beobachtung aus, daß das Alte wie das Neue Testament in unterschiedlicher Weise, aber gleichbleibender Intensität von der Parteinahme Gottes für die Armen sprechen. Daraus leitete sie eine "vorrangige Option für die Armen" als Grundzug des politischen Handelns der Kirche ab. Eine solche "vorrangige Option" schließt andere Optionen nicht prinzipiell aus, gibt ihnen jedoch eine nachgeordnete Priorität. An diese Denk- und Sprachform knüpfen wir an, wenn wir *drei friedensethische Optionen* hervorheben, die in einer Friedensethik jenseits der Abschreckung mit einem solchen Vorrang ausgestattet sein sollten.

Friedensethik jenseits der Abschreckung ist durch eine *vorrangige Option für die Gewaltfreiheit* bestimmt. Im Zeitalter der Massenvernichtungsmittel stimmen eine Ethik des prinzipiellen Gewaltverzichts und eine Ethik des staatlichen Gewaltmonopols in dieser Option überein. Wer für den Vorrang der Gewaltfreiheit vor allen Formen der Gewalt eintritt, muß sich zunächst selbst fragen, was er dazu beitragen kann, daß Situationen krasser Ungerechtigkeit (wie etwa die Fortdauer des Apartheidregimes in Südafrika) mit gewaltfreien Mitteln überwunden werden können. Er muß Wege zur Ächtung des Krieges als Mittel des internationalen Konfliktaustrags suchen und für sich selbst die Absage an Geist, Logik und Praxis der Abschreckung vollziehen. Friedenserziehung, die Rechtsstellung von Kriegsdienstverweigerern und der Ausbau alternativer Friedensdienste sind Felder, auf denen sich praktische Konsequenzen dieser Option zeigen. Die Entwicklung einer strikt defensiven Verteidigungspolitik und die Arbeit an Strukturen gemeinsamer Sicherheit sind politische Konkretisierungen einer solchen Option.

Eine Friedensethik jenseits der Abschreckung ist durch die *vorrangige Option für die Armen* bestimmt. Wer von der Ächtung des Krieges als Mittel des internationalen Konfliktaustrags ausgeht, muß sich mit den ungerechten Strukturen auseinandersetzen, in denen der größte Teil der seit 1945 ausgebrochenen Kriege seine Ursache hat. Der Widerspruch gegen wirtschaftliche Entwicklungen, die zu einer weiteren Verschärfung der herrschenden sozioökonomischen Disparität führen, bildet einen unauslöslichen Teil dieser Auseinandersetzung. Die Unterstützung von Basisbewegungen, die eine selbstbestimmte Entwicklung in Ländern Asiens, Afrikas und Lateinamerikas vorantreiben wollen, und die Vorwegnahme von gerechten Austauschbedingungen zwischen Ländern der Armutszone und des Industriegürtels der Welt durch eigenes wirtschaftliches Verhalten sind konkrete Folgerungen aus der vorrangigen Option für die Armen.

Eine Friedensethik jenseits der Abschreckung ist durch die *vorrangige Option für die Bewahrung der Natur* bestimmt. Denn die Anhäufung von Gewaltmitteln im Verhältnis der Staaten zueinander findet in dem systematischen Einsatz menschlicher Gewalt gegenüber der außermenschlichen Natur ihre präzise Entsprechung. In beidem zeigt sich die Entschlossenheit, eigenes Leben auf Kosten anderer zu sichern und zu steigern; in beidem zeigt sich zugleich, daß diese Entschlossenheit leicht in Selbstzerstörung umschlagen kann. Die Anerkennung der außermenschlichen Natur als Mitwelt, die mit eigener Würde ausgestattet und dem Menschen nicht zu beliebiger Nutzung ausgeliefert ist, gehört zu den heute notwendigen friedensethischen Einsichten. Daraus ergibt sich der Grundsatz, daß dem ökologischen Erhaltungsinteresse der Vorrang vor dem ökonomischen Steigerungsinteresse zukommt. Die Selbstverpflichtung zum Frieden schließt die Bereitschaft ein, im eigenen Handlungsbereich dem Frieden mit der Natur ebenso Gestalt zu geben wie dem Frieden unter den Menschen. Ressourcenschonung und Naturbewahrung, Energiesparen und Artenschutz sind als Schritte der Minderung menschlicher Gewaltsamkeit gegenüber der Natur Bestandteile einer Selbstverpflichtung zum Frieden.

LITERATUR: *M. Bogdahn* (Hg.), Konzil des Friedens. Aufruf und Echo, München 1986 - *D. Bonhoeffer*, Gesammelte Schriften, Bd. I, 2. Aufl. München 1965 - Christen im Widerstand. Die Diskussion um das südafrikanische KAIROS-Dokument, Stuttgart 1987 - Concilium 24, 1988, Heft 1: Eine ökumenische Versammlung für den Frieden - Das Ende der Geduld. Carl Friedrich von Weizsäckers 'Die Zeit drängt' in der Diskussion, München 1987 - Die Friedensgebete von Assisi, Freiburg 1987 - Die Herausforderung des Friedens - Gottes Verheißung und unsere Antwort. Pastoralbrief der Katholischen Bischofskonferenz der USA über Krieg und Frieden, in: Bischöfe zum Frieden, Stimmen der Weltkirche 19, Bonn 1983, 5-129 (zit.: *Pastoralbrief*) - *W. Huber*, Ein ökumenisches Konzil des Friedens - Hoffnungen und Hemmnisse, in: W. Huber/D.Ritschl/Th. Sundermeier, Ökumenische Existenz heute 1, München 1986, 101-147 - Kirche und Frieden. Kundgebungen und Erklärungen aus den deutschen Kirchen und der Ökumene, EKD-Texte 3, Hannover 1983 (zit.: *KuF*) - Rahmen des ökumenischen Prozesses zur gegenseitigen Verpflichtung (Bund) für Gerechtigkeit, Frieden und Bewahrung der Schöpfung, in: Junge Kirche 47, 1986, Beilage zu Heft 4 - *H.-R. Reuter* (Hg.), Konzil des Friedens. Beiträge zur ökumenischen Diskussion I, Texte und Materialien der FEST A 24, Heidelberg 1987 - *F. Solms/M. Reuver*, Welchen Frieden wollen die Kirchen? Beiträge zur ökumenischen Diskussion II, Texte und Materialien der FEST A 28, Heidelberg 1988 - *C. F. v. Weizsäcker*, Die Zeit drängt. Eine Weltversammlung der Christen für Gerechtigkeit, Frieden und Bewahrung der Schöpfung, München 1986 - *J. E. Will* (Hg.), The Moral Rejection of Nuclear Deterrence. The Contemporary Peace Witness of Churches in Eastern and Western Europe, New York 1985.

# III. Verantwortung für die Zukunft des Friedens

Friedensethik kommt ohne historische Erinnerung nicht aus. Für eine theologische Ethik, die dem Erbe und der Wirkungsgeschichte der jüdisch-christlichen Tradition verpflichtet ist, gilt das in besonderer Weise. Doch handelt es sich dabei nicht um eine Sonderwahrheit der Theologie. Alle Vernunft ist geschichtlich - um wieviel mehr die praktische Vernunft, die sich als Ethik auf den historischen und sozialen Wandel einlassen muß. Darum haben wir im I. Hauptteil dieses Buches nach Modellen des Friedens in der Geschichte gefragt und damit ein differenzierteres Verständnis des Zusammenhangs von Friedensbegriffen und historischer Realität, der Beziehung von Friedenstheorien und politischer Praxis zu erwerben versucht. Aus demselben Grund haben wir uns im II. Hauptteil in einer zunächst zeitgeschichtlichen und komparativen Darstellung die Entwicklung friedensethischer Urteilsbildung im Atomzeitalter vergegenwärtigt und deutlich gemacht, an welche Traditionselemente wir heute konstruktiv anknüpfen können und müssen. Damit ist aber noch nicht die Aufgabe erledigt, die systematischen Grundlagen und anwendungsbezogenen Konkretionen einer heute zu vertretenden Friedensethik im Zusammenhang zu entfalten. Ihr stellen wir uns in den folgenen Kapiteln.

Zunächst wollen wir die zentralen Perspektiven aufdecken, die für eine Ethik des christlichen Glaubens in der Wahrnehmung der menschlichen Friedensaufgabe leitend sein müssen (1.). Die wirkungsmächtigen Texte des Neuen Testaments, die wir im Überblick bereits gestreift haben, bedürfen über das historische Referat hinaus einer systematisch interessierten Auslegung, die sie für das Selbst- und Weltverständnis heute lebender Menschen erschließt. Die Wahrnehmung der Welt als Gottes Schöpfung, die Erfüllung der Gerechtigkeit in der Feindesliebe und das Zutrauen in die Kraft der Versöhnung geben eine handlungsorientierende Richtung und Linie vor, die auch im Christentum immer wieder verraten worden ist. Dennoch gibt es bis heute innerhalb und außerhalb der verfaßten Kirchen Menschen, die sich der provozierenden Macht dieser biblischen Motive nicht entziehen. Nun gilt allerdings seit dem Ende des Dreißigjährigen Krieges gerade die religiöse Neutralität des neuzeitlichen Territorialstaats als das Fundament jeder politischen Friedensordnung. Und seitdem verzeichnen wir auch so etwas wie eine Emanzipation der Ethik von der Theologie, weil die für eine politische Friedensordnung erforderliche Geltung ethischer Verbindlichkeiten auf eine umfassendere, allgemeinere Grundlage gestellt werden mußte, als sie die Lehren der getrennten Kirchen und die Glaubensmotive der einzelnen Menschen bereitstellen konnten. Weder eine übereilte Re-Theologisierung der politischen Vernunft noch ein vorschneller 'Abschied vom Prinzipiellen' ist in dieser Lage angezeigt. Deshalb diskutieren wir in einem zweiten Schritt einige Elemente ethischer Theorie, die an die theologische Grundlegung zwar anschließen und auf sie bezogen sind, die Zustimmung zu theologischen Prämissen aber nicht voraussetzen (2.). Damit wollen wir zugleich einige Grundsätze, Kriterien und Regeln erarbeiten, die es erlauben, friedensethische Handlungsorientierungen in einer überzeugungspluralistischen Öffentlichkeit und gegenüber den Institutionen des demokratischen Rechtsstaats zu vertreten; der Durchführung dieser Aufgabe dient das abschließende Kapitel über 'Ethische Konkretionen' (3.).

## 1. Theologische Perspektiven

In den folgenden Kapiteln wenden wir uns zunächst drei Motivzusammenhängen der biblischen Überlieferung zu, die für die Grundlegung einer Friedensethik in der Perspektive des christlichen Glaubens von zentraler Relevanz sind: dem Ethos der Bergpredigt, dem Versöhnungsglauben und dem Schöpfungsgedanken. Die Frage nach der Bedeutung der in der *Bergpredigt* angesagten Erfüllung der Gerechtigkeit (1.1) für die Sphäre des Politischen hat die Geschichte der Christenheit seit ihren Anfängen begleitet. Deshalb sind wir schon in den vorangegangenen Kapiteln immer wieder auf das Problem der Bergpredigt als ein klassisches Kontroversthema theologischer Ethik gestoßen. Die ethische Dimension des christlichen *Versöhnungsglaubens* (1.2) ist dagegen erst im Zuge des Rationalisierungsschubs der modernen Welt und der damit einhergehenden Verschärfung sozialer Dissoziationsprozesse und Entfremdungserfahrungen ins Blickfeld getreten. In biblischer, zumal neutestamentlicher Perspektive ist Versöhnung von Anfang an der andere Name für Frieden; doch erst die politische Geschichte des 20. Jahrhunderts und die in ihm entfesselten Gewalt- und Unrechtspotentiale ließen die Bedeutung des theologischen Versöhnungsbegriffs für Vorgänge der Verständigung und Aussöhnung zwischen Menschen, Gruppen und Völkern hervortreten. Die ethische Relevanz des biblischen *Schöpfungsgedankens* (1.3) schließlich war lange durch seine Verbindung mit strukturkonservativem Denken verstellt; heute gibt die Einsicht in die globale Dimension der Gefährdung des Ökosystems durch technische Eingriffe in die Natur Anlaß zu einer neuen Rückfrage an die biblische Überlieferung.

### *1.1. Die Erfüllung der Gerechtigkeit*

Im Streit um die politische Relevanz der Bergpredigt (Matthäus 5-7) treten alte Kontroversen in immer neuen Variationen auf. Die einen sagen: Mit der Bergpredigt kann man die Welt nicht regieren. Sie enthalte - so heißt es dann - keine politische Handlungsanweisung, auch nicht für Christen in der Politik, denn sie rede ja aus einer Zeit heraus, in der an eine politische Verantwortung von Christen nicht einmal im Traum zu denken war; Politik mit der Bergpredigt entspringe einer Gesinnungsethik, welche die Handlungsfolgen ignoriert; schließlich sei die Bergpredigt ja schon damals - so behauptet man weiter - nur zu einem kleinen Kreis radikaler Nachfolger Jesu gesprochen worden. Die anderen wollen gerade dies im positiven Sinne ganz ernst nehmen: Christlicher Glaube ist radikale Jesusnachfolge im Sinn des Buchstabens der Bergpredigt oder er ist gar nichts; diese Position wird dann vielfach so empfunden, als fordere sie in der Politik einzelne Gebote der Bergpredigt unmittelbar als moralisches Gesetz ab.

Beide Seiten bestärken sich so in einem jahrhundertealten Gegensatz, zu dessen Verarbeitung die theologischen Überlieferungen der großen christlichen Kirchen verschiedene wirkungsmächtige Denkformen ausgebildet haben: Im Katholizismus wurde die Bergpredigt in eine Zwei-Stände-Ethik eingebaut. Für das Gros der Gläubigen galten die in ihr enthaltenen Forderungen als gute Ratschläge des Evangeliums *(consilia evangelica)*, durch die man sich zusätzliche Verdienste erwerben konnte. Den verbindlichen Rang von Vorschriften *(praecepta)* für den besonderen Stand der Vollkommenen gewannen sie hingegen als Gelübde für die Ordensleute. Der Protest, den Martin Luther gegen dieses monastisch-elitäre Verständnis der Bergpredigt eingelegt hat, richtete sich allerdings nicht nur gegen die alte Mönchsethik, sondern auch gegen die sozialrevolutionäre Inanspruchnahme der Botschaft Jesu durch Gruppen des sogenannten linken Flügels der Reformation

(s. oben I.2.4). Genau dies jedoch hatte zur Folge, daß auf die Dauer auch im Protestantismus ein verhängnisvoller Dualismus Platz greifen konnte, nämlich eine mißverstandene Zwei-Reiche- und Regimenten-Lehre, gefolgt von einer doppelten Moral, die das konsequent dem Glauben gemäße Handeln auf die Privatsphäre des einzelnen Christen beschränkte und den gesamten Bereich der öffentlichen Angelegenheiten deren eigenen Gesetzen überließ.

Um aus diesem Dilemma herauszukommen, müssen wir von einer grundlegenden Einsicht ausgehen: Die Worte Jesu, die in der Bergpredigt gesammelt sind, dienten ursprünglich keineswegs - wie es die Evangelisten Matthäus und Lukas stilisiert haben - nur der exklusiven Jüngerbelehrung. Jede Auslegung der Bergpredigt, die sie als *magna charta* einer elitären Sondermoral in Anspruch nimmt, verschließt sich schon im ersten Schritt der authentischen Intention der Worte Jesu, Verkündigung, also lebendige Anrede zu sein. Die hermeneutische Grundregel, von der her wir uns der Auslegung der Bergpredigt zuwenden, lautet darum: *Jünger und Nachfolger Jesu zu sein, dies ist nicht die Voraussetzung, sondern die Folge des Hörens der Bergpredigt.* Adressaten dieser Worte Jesu waren und sind deshalb alle Menschen, und zwar alle Menschen in ihrer ganzen, nicht nur in ihrer privaten Existenz. Deshalb kann auch heute jeder - den Kontext politischen Handelns und die Rolle des politisch Verantwortlichen einbegriffen - die Worte der Bergpredigt vernehmen und muß gefragt werden dürfen, ob er sich darauf ansprechen lassen will. Wir wollen uns die Bedeutung der Verkündigung Jesu für eine Friedensethik des christlichen Glaubens anhand der in der Bergpredigt überlieferten Schlüsselaussagen in vier Schritten vergegenwärtigen.

### a) Gottesherrschaft und Friedenshandeln

Am Anfang der Bergpredigt steht der Zuspruch der *Makarismen,* der "Seligpreisungen" oder - wie wir hier lieber sagen wollen - der Glücklichpreisungen (Matthäus 5, 3-12). Schlüsselworte für eine biblisch begründete Friedensethik sind diese Sprüche schon deshalb, weil sich unter ihnen der Makarismus der Friedensstifter, der *eirenopoioi,* findet (Matthäus 5,9), die die lateinische Fassung des Neuen Testaments mit dem Wort *pacifici,* "Pazifisten" übersetzt: "Glücklich die Friedensstifter, denn sie werden Söhne Gottes genannt werden" (eigene Übersetzung). Nun hat allerdings die Wissenschaft vom Neuen Testament wahrscheinlich gemacht, daß im ursprünglichen Bestand dieser Worte, das heißt in der Form, in der sie auf Jesu eigene Verkündigung zurückgehen mögen, gar nicht von den besonders Tugendhaften, also den Barmherzigen und Sanftmütigen, ja nicht einmal von den Friedensstiftern die Rede gewesen ist. Wenn wir im folgenden diese Einsicht festhalten, dann keineswegs, um die jeder Bibellektüre ins Auge springende Hervorhebung der Friedensstifter zu relativieren, sondern um ihren Sinnhorizont genauer zu erschließen. Vor aller Sittlichkeit und Moral, vor jeder Frage nach dem Gutsein oder Rechttun von Menschen geht es, so zeigt der Kernbestand der Makarismen mit eindringlicher Klarheit, um etwas Fundamentaleres. Arme, Hungernde, Trauernde - nicht Tugendhafte, sondern Not- und Mangelleidende werden glücklich gepriesen: "Glücklich die Armen, ihnen gehört die Gottesherrschaft. Glücklich die Hungernden, sie werden gesättigt werden. Glücklich die Trauernden, sie werden getröstet werden" (eigene Übersetzung).

Aber glücklich gepriesen werden sie ja nicht etwa deshalb, weil ihr Befinden das Urteil "gut" verdient, sondern weil sie gerade in ihrer ganzen Bedürftigkeit geöffnet sind für die Gottesherrschaft, die ihnen zum Recht verhilft. Bewußt stellen die Evangelien Jesu Armenpredigt in die prophetische Tradition des endzeitlichen Boten aus Jesaja 61,1f: "Er hat mich gesandt, den Elenden gute Botschaft zu bringen, die zerbrochenen Herzen zu verbinden, zu verkündigen den Gefangenen die Freiheit, den Gebundenen, daß sie frei und ledig sein sollen; zu verkündigen ein gnädiges Jahr Jahwes und einen Tag der Vergeltung unsres Gottes, zu trösten alle Trauernden ...". Es ist die mit der Eschatologie des Judentums, der Endzeiterwartung Israels verbundene charismatisch-prophetische Tradition, in die auch die Makarismen Jesu hineingehören. Sie proklamieren die Aufhebung der ökonomisch-materiellen Armut und des leib-seelischen Leids. Und doch besteht das grundlegend Neue in der Verkündigung Jesu in dreierlei:

*Zunächst*: Sie verbindet in eigenartiger Weise Aussagen über die Zukunft der Gottesherrschaft mit der *Gegenwart* ihres Wirkens. Das Kommen der Herrschaft Gottes, der *basileia tou theou*, ist nicht nur nahe (vgl. Markus 1,15), sondern sie ist schon da (vgl. Matthäus 12,28/ Lukas 11,20). Das Symbol des Reiches Gottes steht in Jesu Verkündigung weder für den apokalyptischen Abbruch der menschlichen Geschichte durch einen künftigen Äon, noch für die evolutionäre Vervollkommnung des sittlichen Bewußtseins der Menschheit, noch ist darunter ein von der Realität dieser Welt räumlich unterschiedenes Jenseits zu verstehen. Gegenwart der immer noch kommenden Gottesherrschaft bedeutet die grundlegende Öffnung der Geschichte der Welt und der Menschen für eine absolute, unverrechenbare und darum nur Gott verfügbare Zukunft, die von der bedrückenden Erfahrung des Festgelegtseins durch die Mächte der Vergangenheit befreit. Die sittliche Verkündigung Jesu ist deshalb nicht Interimsethik für die kurze Zeitspanne bis zum Abbruch der Geschichte, sie ist Folge des Einbruchs von unableitbar Neuem *in* die Geschichte.

*Weiter*: Jesus proklamiert die Gegenwart der Gottesherrschaft nicht im Stil prophetischer Gerichtspredigt oder eines moralischen Gesetzes, sondern als *Ansage der zuvorkommenden Güte Gottes*. Die Zusage der Gegenwart der basileia bedeutet, daß der Mensch durch die zuvorkommende Vergebung Gottes von der Forderung der Selbstrechtfertigung befreit ist (Lukas 18,10-14) und sich darum auch in seinen Sozialbeziehungen eines letzten moralischen Urteils über andere enthalten soll (Matthäus 7,1-5). Die traditionellen Zukunftsbilder des Gerichts und der gerechten Vergeltung werden von der befreienden Erfahrung der Gegenwart der basileia her neu interpretiert: Das zukünftige Gericht gilt nicht dem, der Handlungsnormen nicht erfüllt, sondern es trifft den, der sich der gegenwärtigen Macht der Liebe Gottes verweigert (vgl. Matthäus 25,35ff). Das neue Zeitverständnis Jesu hat darum auch für den Sinnhorizont seiner ethischen Verkündigung Konsequenzen. Sie kennt keinen Anspruch ohne den vorangehenden Zuspruch, kein normatives "Du sollst" ohne ein befreiendes "Du kannst".

*Schließlich* unterscheidet sich Jesus von der vorausgegangenen prophetischen Tradition durch seine Vollmacht. Wie seine Botschaft insgesamt, so sieht er auch die ethische Seite seiner Verkündigung, wie sie in der Bergpredigt gesammelt ist, unmittelbar durch die Gegenwart der basileia selbst autorisiert; wie keiner vor ihm nimmt er das Kommen der Gottesherrschaft für sein eigenes Reden und Wirken in Anspruch. In der Praxis Jesu manifestiert sich die Gottesherrschaft in *Zeichenhandlungen* der Befreiung von Krankheit und Not (vgl. Matthäus 11,5), Unterdrückung und sozialem Zwang (z.B. Matthäus 12,1-8), sowie in *Sprachhandlungen* wie Gleichnissen, paradoxen Wendungen, Kontrastvergleichen und Metaphern, die allesamt gerade für das Verständnis der Bergpredigt von grundlegender Bedeutung sind. So sind die Makarismen der Bergpredigt in der Sprachform des Paradoxes formuliert. Sie reden ursprünglich nicht von tugendhaften Konditionen, ohne die man nicht in das Reich Gottes kommt, sondern von der *conditio humana* in ihrer konkreten Bedürftigkeit, der das Reich Gottes als Macht der göttlichen Liebe entgegenkommt.

Deshalb ist auch der Makarismus der Friedensstifter, der "Pazifisten", im Kontext der Verkündigung Jesu nicht als Bedingung, wohl aber als Folge der ankommenden Gottesherrschaft zu verstehen. Gemeint ist nicht bloß gesinnungsmäßige Friedfertigkeit, sondern aktives Friedenshandeln, angefangen bei den kommunikativen Handlungen des Zum-

Frieden-Rufens, des Schlichtens, des Sich-Verständigens. Dabei gilt: Nie sind Handlungen des *pacem facere* von zeitloser Eindeutigkeit, so daß sie zum Gegenstand menschlicher Selbstgerechtigkeit werden könnten, sondern immer bedeutet die Aktualität des Zuspruchs der Gottesherrschaft von Fall zu Fall die Konfrontation mit einem konkreten Anspruch. So wie der Makarismus der "Pazifisten" nicht Bedingung, sondern Folge der Gottesherrschaft ist, so ist das *pacem facere* nicht zeitlose Norm, sondern Entsprechung, geschichtliches Zeichen der kommenden basileia. Die Hoffnung auf das kommende Reich drückt der Titel der "Söhne Gottes" aus, der den Friedensstiftern zugesprochen wird. Die "Sohnschaft Gottes", die den Friedensstiftern verheißen wird, bezeichnet in der Tradition der hebräischen Bibel und im Neuen Testament immer auch einen Rechtsstatus. Dem Sohn gebührt die Anwartschaft auf den Besitz des Vaters; doch dieser gilt nicht als väterliches Privateigentum, sondern als unveräußerliches Familienerbe, für dessen Identität durch die Zeiten weniger der biologische Zeugungszusammenhang als die Kontinuität des Namens und der Bestand des Eigentums entscheidend war. So sind Väter und Söhne prinzipiell Subjekte im gleichen Recht, lediglich dem Zeitsinn nach harren die Söhne der Aktualisierung ihrer potentiellen Verfügungsgewalt. Den "Söhnen Gottes" gilt die Verheißung, in die Teilhabe am Besitz der Erde eingesetzt zu werden. In diesem Motiv ist die Haltung der Gewaltlosigkeit mit dem Verhalten des *pacem facere* verbunden: der dritte Makarismus verspricht den Sanftmütigen (Gewaltlosen), daß sie die Erde besitzen werden (Matthäus 5,5); der siebte verheißt den Friedensstiftern, daß sie Söhne Gottes heißen werden (Matthäus 5,7). Nur noch in der thematisch eng verwandten Weisung der Feindesliebe wird in dieser für die Evangelien singulären Weise die Verheißung der Sohnschaft Gottes unmittelbar mit einem gegenwärtigen Handeln von Menschen verknüpft (Matthäus 5,45).

b) Liebe und Gerechtigkeit

"Ihr sollt nicht meinen, daß ich gekommen bin, das Gesetz oder die Propheten aufzulösen; ich bin nicht gekommen, aufzulösen, sondern zu erfüllen", und: "Wenn eure Gerechtigkeit nicht besser ist als die der Schriftgelehrten und Pharisäer, so werdet ihr nicht in das Himmelreich kommen" (Matthäus 5,17.20). Die bessere *Gerechtigkeit* ist das zentrale Stichwort in der Präambel, unter die Jesus im Matthäus-Evangelium seine radikalen Forderungen stellt. Beschlossen wird der so eröffnete Hauptteil der Bergpredigt mit einem Wort, das die in den sittlichen Weisungen Jesu thematisierte bessere Gerechtigkeit in einer einzigen Regel zusammenfaßt. Es ist die sogenannte *Goldene Regel* (Matthäus 7,12), in der sich seit alters eine weit verbreitete, elementare Gerechtigkeitsintuition der Menschen ausgesprochen hat: "Alles nun, was ihr wollt, daß euch die Leute tun sollen, das tut ihnen auch!" Das Matthäus-Evangelium bezeichnet die Goldene Regel als Angelpunkt des Gesetzes und der Propheten; bei Lukas taucht sie inmitten desjenigen Textzusammenhangs auf, in dem die Worte von der Feindesliebe überliefert sind (Lukas 6,31).

Bei der Goldenen Regel handelt es sich um ein Wort, das an eine zuerst im griechischen Altertum oft ausgesprochene Weisheit anknüpft. Ursprünglich ist sie auf dem Prinzip gerechter Vergeltung aufgebaut. Sie faßt in konzentrierter Weise ein Erfahrungswissen zusammen, das der Primärerfahrung des alltäglichen Lebens geläufig ist: Es ist klug, mein eigenes Verhalten dem anderen gegenüber an derjenigen Erwartung zu orientieren, die ich an das Verhalten des anderen herantrage. Dabei kann die Regel entweder negativ oder positiv formuliert werden. Negativ reimen wir ja noch heute: "Was du nicht willst, das man dir tu, das füg auch keinem andern zu". Positiv formuliert kann etwa einem Machthaber um 100 v. Chr. geraten werden: "Wenn du alles Gute erfahren willst, dann tue dasselbe deinen Untertanen" (Belege bei Dihle, Hoche). In beiden Fällen, im negativen wie im positiven

Fall, wird ganz unverfänglich an die menschliche Klugheit und Schläue appelliert: 'Wenn du willst (nicht willst), daß der andere dir das und das tut, dann tue Entsprechendes (tue Entsprechendes nicht'. Die Regel knüpft daran an, daß wir unsere Interaktionen über wechselseitige Erwartungen aufbauen. Man konnte die Goldene Regel deshalb die 'Goldene' nennen und als normatives Prinzip, als Metanorm oder Grundnorm verwenden, weil sie das Zustandekommen von normativen Forderungen überhaupt verständlich macht. Der Sollenscharakter von einzelnen Normen ergibt sich nämlich allererst daraus, daß wir einander mit wechselseitigen (ausgesprochenen oder unausgesprochenen) Erwartungen begegnen. Unsere Erwartungen sind die Normenproduzenten. Die Regel gründet sich auf die Beobachtung, daß wir im Umgang miteinander gegenseitig Erwartungen aneinander herantragen, und formuliert es als Grund-Gesetz aller Gesetze, das eigene Verhalten von derjenigen Erwartung abhängig zu machen, die ich im Blick auf das Verhalten des anderen hege. Die Goldene Regel knüpft an das Prinzip der Gegenseitigkeit als eine allen menschlichen Interaktionen inhärente Kernstruktur an.

Dabei zeigt sich jedoch: Reziprozität ist als empirische Kernstruktur menschlicher Interaktion - ebenso wie als daraus abgeleitete Norm - unterschiedlicher Auslegungen fähig. Für sich genommen ist das Gegenseitigkeitsprinzip der Goldenen Regel in einer Weise mehrdeutig, die sich vielleicht sogar in der unterschiedlichen Form widerspiegelt, in der sie im Evangelium des Lukas auf der einen und in dem des Matthäus auf der anderen Seite überliefert ist. Manche Ausleger vermuten für Lukas 6,31 einen indikativischen Sinn der Goldenen Regel, so daß sie für Lukas nicht die Grundnorm selbst, sondern das allgemeinmenschliche Verhalten im Gegensatz zum spezifisch christlichen Gebot der Feindesliebe bedeuten würde. Wir wollen *drei Stufen des Reziprozitätsprinzips* unterscheiden, die zugleich drei Auslegungsmöglichkeiten der Goldenen Regel repräsentieren.

Auf der *ersten* und *untersten Stufe* setzt die auf dem Prinzip gerechter Vergeltung aufgebaute Goldene Regel die in naturwüchsiger Gegenseitigkeit freiwerdende Gewalt voraus, die laut 1. Mose 4 die Vernichtung des anderen, den Brudermord, zur Folge hat. Aber ihren normativen Charakter bezieht die Regel gerade daraus, daß sie solchen archaischen Formen negativer Gegenseitigkeit limitierend entgegentritt, indem sie sie reflexiv werden läßt, das heißt auf den Handelnden zurückbezieht. Sie lautet dann etwa so: "Was du nicht willst, das man dir tu, das füg auch keinem andern zu". Sie formuliert also *bedingt negativ;* in dieser Fassung erscheint sie als *negative strategische Gegenseitigkeit.* Sofern ihr Blick dabei ursprünglich auf den gewalttätigen Streit gerichtet ist, repräsentiert die Regel in ihrer bedingt negativen Formulierung den Grundsatz einer Kampfmoral: ihr Ziel ist die wechselseitige Beschränkung der Sanktionspotentiale.

Eine *zweite Stufe* der Goldenen Regel kann man in der Talionsformel aus 2. Mose 21,23ff(vgl. Matthäus 5,38) sehen. Das alttestamentliche 'Auge um Auge, Zahn um Zahn' wird zwar im landläufigen Verständnis immer wieder als Ausdruck eines archaischen Vergeltungsprinzips genommen. In Wirklichkeit handelt es sich bei jener alttestamentlichen Talionsformel bereits um eine Kultivierung der ersten Stufe der Goldenen Regel. Die Talionsformel gibt nämlich nicht, wie man üblicherweise meint, ein für den Vergeltenden bestimmtes Kriterium der Schadensbegrenzung an. Sondern sie bestimmt das Maß der Schadensersatzleistung, das der Schädiger erstatten soll - im Sinne der Aufforderung: 'Gib Auge um Auge, Zahn um Zahn'. Und damit gleitet die Regel bereits auf eine zweite, höhere Stufe hinauf, auf der sie das Prinzip dessen angibt, was wir den gerechten Austausch nennen. Die Regel formuliert hier *bedingt positiv*: 'Wenn du mir dies gibst, gebe ich dir Entsprechendes' - *do ut des.* Das der Regel entsprechende Verhalten setzt ein Klugheitskalkül voraus, Gegenseitigkeit wird auf dieser Stufe als *positive strategische Gegenseitigkeit* ausgelegt. Das Reziprozitätsprinzip zweiter Stufe repräsentiert - so kann man sagen - die *Marktmoral* des Äquivalententausches.

Einer *dritten Stufe* begegnen wir in dem Zusammenhang und in der Formulierung, in denen uns die Regel in der Bergpredigt überliefert ist. Im Kontext des neutestamentlichen Evangeliums überbietet sie die Marktmoral, und zwar so, daß sie auch die reflexiv gewordene Gegenseitigkeit zur Einseitigkeit einer Vorgabe hin übersteigt. Ihr Thema ist sehr wohl ein Austausch - deshalb lehnt sie sich auch an die Sprache der Marktmoral an - aber sie lehrt vom Tauschen anders zu denken. Sie appelliert unmittelbar an unser Sein. Sie sagt nicht: '*Wenn ihr wollt,* daß euch die Menschen das und das tun, dann tut Entsprechendes.' Sondern sie formuliert *unbedingt positiv: 'Alles wovon ihr wollt,* daß es euch die Menschen tun, das tut auch ihr ihnen.' Und damit appelliert sie eigentlich gar nicht an den kalkulierenden Willen und nicht an die Reflexion, die die Reaktion des anderen antizipiert. Vielmehr appelliert sie durch den bewußten Willen und die reflektierende Vernunft hindurch an die Kraft des Wünschens, die aus der menschlichen Bedürftigkeit aufsteigt. Der Psychoanalytiker Erik H. Erikson hat zuerst auf diese Möglichkeit der Interpretation der Goldenen Regel hingewiesen. Zu beachten ist dabei allerdings: Im Kontext des Evangeliums appelliert die Goldene Regel nicht an das menschliche Selbstinteresse im Sinne dieses oder jenes zufälligen Bedürfnisses, sondern an den authentischen Wunsch nach individuellem Selbstsein, der jeder Kreatur eigen ist, und setzt ihn in Beziehung zum Sein des anderen, der - was diesen Wunsch angeht - so ist wie ich. Die Goldene Regel ist deshalb im Evangelium, das heißt im Kontext des Wirkens und der Verkündigung Jesu eine *indirekte Mitteilung* des Gebotes der *Liebe.* Während sie als sittliche Klugheitsregel durchaus offenläßt, ob das, was als das Gute erscheint, auch das wirklich Gute ist, setzt die Goldene Regel im Rahmen der Bergpredigt das mit Jesus gekommene Reich Gottes als die Wirklichkeit des Guten voraus. Als indirekte Mitteilung der Liebe wird die Goldene Regel zum Ursprung einer zuvorkommenden Initiative, indem sie bei mir diejenigen Taten unbedingter produktiver Zuwendung zum anderen hervorruft, die den anderen in seinem Selbstsein steigern und durch ihn hindurch bereichernd zu mir zurückkehren. Die Einseitigkeit der Vorgabe, zu der die Regel provoziert, hebt freilich Gegenseitigkeit nicht auf, sondern ist eröffnendes Moment im Zug einer Bewegung, die auf *positive, kommunikative Gegenseitigkeit* zielt. Daß die Goldene Regel auf dieser Stufe auch für historisch-politische Prozesse bedeutungsvoll ist, hat Erikson wie folgt umschrieben: "Die einzige Alternative zum bewaffneten Wettstreit scheint die Anstrengung zu sein, im historischen Partner das zu aktivieren, was ihn in seiner historischen Entwicklung stärkt, ebenso wie es den Aktivierenden in seiner eigenen Entwicklung bestärkt - nämlich in der Entwicklung auf eine gemeinschaftliche künftige Identität zu" (Erikson 221).

Gerechtigkeit - das war der Sinn dieser Überlegung, in der wir die Stufen des Gegenseitigkeitsprinzips verfolgt haben - erweist sich als gleichnisfähig und gleichnisbedürftig für die Liebe. Sie ist *gleichnisbedürftig,* denn sie muß im Evangelium - alle übrigen Reziprozitätsniveaus überbietend - bis zur Gegenseitigkeit der Liebe gesteigert werden. Die Gerechtigkeit entwickelt sich nicht von selbst zur Liebe, als wäre diese nur eine höhere Stufe ihrer Selbsterfüllung. Gerechtigkeit bedarf ihrerseits der Liebe, um ihr entsprechen zu können. Diese Sicht hält aber auch den umgekehrten Weg offen: sie erlaubt es, dieser Welt *Gleichnisfähigkeit* zum Reich Gottes zuzutrauen und von daher auch die Klugheit des Tauschens und die Disziplin des Kämpfens in die Wahrheit der Liebe zu stellen. Deshalb wird es auch eine Ethik des Politischen aus Gründen der Bergpredigt geben können, die allerdings nicht als Ethik zeitloser Normen und Werte, sondern als kreative Ethik der Entsprechungen zu entwerfen ist.

c) Anerkennung und Rechtswahrung

"Ihr habt gehört, daß zu den Alten gesagt ist: 'Du sollst nicht töten'; wer aber tötet, der soll des Gerichts schuldig sein. Ich aber sage euch: Wer mit seinem Bruder zürnt, der ist des Gerichts schuldig" (Matthäus 5,21.22a). Man nennt die Reihe der sechs Gebote, die mit dieser Verschärfung des Tötungsverbots beginnen und mit den Zumutungen des Gewaltverzichts (Matthäus 5,38-42) und der Feindesliebe (Matthäus 5,43-48) enden, die *Antithesen*, weil Jesus hier seine Weisung mit Vollmacht der alttestamentlich-jüdischen Gesetzesüberlieferung entgegenstellt. Die Antithesen vor allem sind es, welche in der Geschichte der Christenheit immer wieder jene Provokation ausgelöst haben, die sich mit der Bergpredigt verbindet. Wie haben wir ihre Bedeutung für eine theologische Ethik des Friedens zu verstehen?

Zunächst einmal atmet ja der Rigorismus dieser Sätze den Geist der großen Utopie einer Absage an alle Gewalt. Doch zugleich hat ein kritischer Diagnostiker der Kultur wie Sigmund Freud das jesuanische Ethos der die Feindesliebe einschließenden Nächstenliebe als "ausgezeichnetes Beispiel für das unpsychologische Vorgehen des Kultur-Über-Ichs" bezeichnet, welches die menschliche Aggressivität gerade fördere, indem es illusorischerweise auch schon deren geringste Regungen verbiete: "eine so großartige Inflation der Liebe kann nur deren Wert herabsetzen, nicht die Not beseitigen" (Freud 268). Es ist darum wichtig, sich vorab klarzumachen, daß der ursprüngliche Grundzug der Antithesen Jesu nicht darauf hinausläuft, neue, noch strengere Gesetze zu formulieren. Ihre wahre Radikalität besteht zunächst darin, daß sie die destruktiven Antriebe unserer Existenz beschreiben und aufdecken. Sie beschreiben und decouvrieren diejenigen Antriebe unseres Seins, die uns in Konflikt mit Gottes lebensförderndem Gebot geraten lassen.

Betrachten wir die Gruppe von Antithesen, die die neutestamentliche Wissenschaft für die ursprünglichen hält, nämlich die Sprüche vom Töten (Matthäus 5,21f), vom Ehebrechen (Matthäus 5,27f) und vom Schwören (Matthäus 5,33f): Gerade diese Sprüche, die Aggression, Sexualität und Sprache als elementare anthropologische Phänomene thematisieren, verfahren nicht etwa so, daß sie eine vorgegebene Norm (etwa: 'Du sollst deinen Nächsten lieben!') durch eine andere, schärfere positive Norm überbieten (etwa: 'Liebet eure Feinde!'). Sondern sie erweitern die Tatbestandsbestimmung, indem sie die durchs Gesetz verbotenen Taten auf ihre inneren Wurzeln zurückführen. Die Antithesen sind infolgedessen ursprünglich gar keine Normen, sie sind eigentlich auch keine Normverschärfungen. Sie bewirken Konfliktverschärfungen; sie sprechen menschliches Sein als in sich widersprüchlich, als mit sich selbst im Konflikt befindlich an. Ihrer sprachlichen Form nach stellen sie einen Grenzausdruck dar, der dem Paradox des Makarismus verwandt ist und den die Sprachwissenschaft Hyperbole, "Übertreibung" nennt (vgl. Ricoeur 67). Die in den ursprünglichen Antithesen erkennbaren Konfliktverschärfungen Jesu sind - so kann man in einer vielleicht gewagten Formulierung sagen - sinnvolle Übertreibungen. Übertreibungen sind sie, weil sie - in allgemeine Gesetze, in abstrakte Normen umformuliert - maßlose Übersteigerungen des Menschenmöglichen sind. Sinnvoll jedoch sind sie, weil sie gerade dadurch neue Einsichten in uns entstehen lassen. Indem sie uns desorientieren, orientieren sie uns neu. Sie bewirken Aufbruch durch Einbruch. Sie provozieren zu einem Leben, das der kommenden Gottesherrschaft entspricht. Wer durch die Erweiterung der Tatbestandsbestimmung so unerbittlich als Sünder entdeckt wird, der ist ganz auf Gnade angewiesen; aber eben so wird die Gnade zur alles bestimmenden Grundlage der Lebensführung. Historisch dürfte sich mit diesem Umschlagen von radikalisierter Gesetzesverschärfung in radikalisiertes Gnadenbewußtsein der entscheidende Schritt von der Bewegung Johannes des Täufers zur Jesusbewegung verbinden.

In der Theologie ist die zweiseitige Dialektik dieses Vorganges meist übersehen worden. So kommt es, daß immer wieder zwei Auslegungstypen der Bergpredigt miteinander im Streit gelegen haben: Der *eine* versteht die Weisungen des "Ich aber sage euch" als ein neues Gesetz für die Wiedergeborenen *(usus legis in renatis)*; der *andere* behauptet, Jesus wolle uns in seinen radikalen Forderungen lediglich einen Spiegel unserer Sünde vorhalten *(usus elenchticus legis)*. Beide Verständnisweisen sind in ihrer Verselbständigung deshalb falsch, weil sie Sprecher und Hörer der Weisungen nicht in einer lebendigen Beziehung zusammensehen. Tut man dies, denkt man also den Bergprediger konstitutiv zu seiner Weisung hinzu, so wird deutlich: Die Einsicht in die Verfehlung *und* das Freigesetztwerden zur Überwindung der Folgen unserer Verfehlung sind zwei Seiten ein und derselben Bewegung. Die Konfliktverschärfungen Jesu sprechen uns auf ein dem Sprecher des 'Ich aber sage euch' analoges 'Ich' hin an, das - durch Phantasie eher als durch Gehorsam - Interaktionsformen findet und entwickelt, die der Gottesherrschaft entsprechen.

So wie die Bergpredigt den Menschen auf verschiedene konfliktträchtige Bereiche seiner Existenz hin anspricht, so spricht sie ihn auch auf die unterschiedlichen Lebenskontexte hin an, die wir als *Institutionen*, das heißt als auf Dauer gestellte Verhaltensregelmäßigkeiten bezeichnen können. Wo die Bergpredigt inmitten des diesseitigen Lebens vernommen wird, da entzieht sie sich dem abstrakten Gegensatz von Person- und Institutionenethik. Die Bergpredigt begründet nicht, aber sie thematisiert die Faktizität jener institutionalisierten Kontexte, die sie vorfindet: in Matthäus 6 den Kultus und das Eigentum, in den Antithesen von Matthäus 5 die Ehe und die Sprache.

In vergleichbarer Weise konstatiert sie im *Spruch vom Töten* das Vorhandensein einer *Rechtsinstanz*, die der Gewalttat entgegentritt (Matthäus 5,21f). Die Antithese begnügt sich dem Kernbestand ihres Wortlauts nach damit, die manifeste Gewalt auf die aggressiven Affekte zurückzuführen, die das Lebensrecht des anderen bereits im Ansatz negieren. Sie spricht ursprünglich gar kein direktes Verbot der Aggressivität aus und unterdrückt sie nicht einfach durch eine moralische Forderung. Während das Verbot die Aggressivität entweder steigern, oder aber zu ihrer Verleugnung und damit zur Projektion auf den Gegner verleiten würde, deckt das Wort Jesu die mit der Triebnatur des Menschen gegebene Gefährdung auf, nicht um sie moralisch zu qualifizieren, sondern um sie zu transformieren in die Fähigkeit zur freien *Anerkennung* des anderen. Freie Anerkennung meint ein Verhältnis, in dem die wilde Selbsterhaltung ebenso überwunden ist wie die blinde Selbstaufgabe.

Die Antithesen - und zwar namentlich die Sprüche vom Töten und von der Feindesliebe mitsamt den in ihnen thematisierten Formen von Intersubjektivität - verweisen uns damit in der Tat in das "Feld der Psychoanalyse in deren wünschenswerter Verbindung mit einer 'Phänomenologie des Geistes' als der Geschichte der Beziehungen gegenseitiger Anerkennung, wie sie sich im Bereich der Primärgruppen bis hin zu dem Bereich weltgesellschaftlicher und völkerrechtlicher Regelungen ausgebildet haben" (Bayer 63). Denn empirisch nähern sich Anerkennungsverhältnisse der Wahrheit der Liebe nicht ohne Spuren des Kampfes um Anerkennung. Eben weil sich Anerkennungsgegenseitigkeit nie und nimmer unmittelbar, sondern nur vermittels einer Macht konstituiert, deren weder der eine noch der andere der Partner mächtig ist, bleibt das Wort der Bergpredigt, das auf Anerkennungsfähigkeit ansprechen und sie zusprechen möchte, anschlußfähig für eine Ethik des Politischen. Die auf Dauer gestellte Gewährung von Anerkennungsverhältnissen ist der Ursprung des *Rechts* und spätestens dann, wenn sich Menschen ihr Lebensrecht bestreiten, müssen Anerkennungsverhältnisse notfalls erzwungen werden. Dem dient das ans Recht gebundene Monopol der Gewalt, das der neuzeitliche Territorialstaat nach innen, seinen eigenen Bürgern gegenüber besitzt.

Das die Rechtsinstanzen voraussetzende und an das Tötungsverbot bindende Wort Jesu erfordert es also, im Recht nicht nur eine Gewalt gegen die Gewalt zu sehen, sondern es auch als eine zerbrechliche Einheit von Gewalt und Liebe zu verstehen. Nur aufgrund dieser unanschaulichen Einheit von Gewalt und Liebe im Recht sah sich der Apostel Paulus in der Lage, mitten in seine Ermahnungen zur kommunikativen Gegenseitigkeit, in die er auch die Paränese der Bergpredigt aufgenommen hat (Römer 12,9-13,10), einen Abschnitt über die den Justizbehörden des Staates geschuldete Anerkennung einzurücken. Daß auch das Verhältnis der Herrschaftsunterworfenen zur politischen Herrschaft nicht nur als Subordinations-, sondern als Anerkennungsverhältnis zu verstehen ist, hat Paulus aufs deutlichste ausgedrückt, wenn er einschärft, es sei zwar notwendig, sich der Staatsgewalt zu "unterziehen", aber nicht allein um des dem Bürger strafend entgegentretenden Zornes willen, sondern auch um des "Gewissens" willen. Denn das Gewissen hat an dem Wissen teil, daß jene Strafgewalt ihm "zugut" existiert. Nur um dieser ans Recht und so in verborgener Weise an die Liebe gebundenen Gewalt willen ist der Staat von seiten seiner Bürger der freien Anerkennung fähig und bedürftig. Die Anerkennung des Staates ist lediglich eine Konkretisierung dessen, was nicht nur dem Staat, sondern *allen* Menschen gegenüber recht und billig ist (vgl. 1. Petrus 2,13ff, Titus 3,1f). Den innersten Nerv dessen aber, was Recht und Billigkeit im Umgang der Menschen untereinander überhaupt bestimmen soll, nennt Paulus die gegenseitige Liebe (Römer 13,8), zu der uns auch die Bergpredigt provoziert. Von daher gilt es, den bloß äußerlichen Gegensatz von 'Bergpredigt' und 'Römer 13' hinter sich zu lassen. Sich den staatlichen Gewalten zu "unterziehen" bedeutet nicht mehr und nicht weniger als die Anerkennung einer ambivalenten Macht der Allgemeinheit, die einerseits aus dem Kampf der besonderen Interessen hervorgegangen ist, andererseits aber daran gemessen werden muß, daß sie "Dienerin" des in Jesu Wort offenbarten Gottes, das heißt der göttlichen Liebe sein soll.

### d) Feindesliebe und Gewaltverzicht

Die Gebote des Gewaltverzichts (Matthäus 5,38-42) und der Feindesliebe (Matthäus 5,43-48) als wirkungsmächtige Spitzenaussagen des jesuanischen Ethos beschließen innerhalb der Bergpredigt des Matthäusevangeliums die Reihe der sechs Antithesen, die mit der Radikalisierung des Tötungsverbots begonnen haben. Das Feindesliebe-Wort jedoch ist wohl erst durch Matthäus in die Form einer Antithese gebracht worden. Wahrscheinlich handelte es sich zunächst um einen selbständig überlieferten Spruch Jesu, dessen ursprüngliche Fassung lautete: "Liebet eure Feinde und betet für die, die euch verfolgen, damit ihr Söhne eures Vaters im Himmel werdet. Denn er läßt seine Sonne aufgehen über Böse und Gute und läßt regnen über Gerechte und Ungerechte" (eigene Übersetzung, vgl. Matthäus 5,44f). Diese zweigliedrige Fassung enthält ansatzweise eine Beschreibung des Handlungsvollzugs, eine Angabe des Handlungsziels und seiner Begründung. Das Feindesliebe-Gebot als solches ist kein christliches Sondergut; es ist auch sonst in der Antike belegt. Darum ist es keineswegs müßig, genau darauf zu achten, wie in Jesu Wort von der Feindesliebe von Grund und Ziel dieser Weisung gesprochen wird und wie sie als Handlungsvollzug konkret wird. Sie *gründet* ihrem Wortlaut nach in dem "Vater im Himmel", der seine Sonne aufgehen läßt über Böse und Gute und regnen läßt über Gerechte und Ungerechte. Und sie *zielt* zuletzt darauf, daß wir "Söhne" werden unseres "Vaters im Himmel".

Nun ist allerdings der *gründende* Gedanke eines "Vaters im Himmel", der so wie die Mutter Natur den Unterschied von Gut und Böse ignoriert, als solcher für menschliches Handeln keineswegs hinreichend motivfähig. Der gegenüber dem Ethischen irrationale

Verlauf der Weltgeschichte könnte ja eher zu Resignation Anlaß geben (vgl. Prediger Salomo 1,13; 2,11.18.22; 9,2f) - genauso wie der Blick auf die von der Mühsal des Kampfes ums Überleben freigesetzten Vögel und Lilien (Matthäus 6,25ff) den Menschen auch pessimistisch stimmen kann, weil er im Vergleich dazu seine eigene Lebensführung als mühselig und beladen empfinden muß. Können diese Worte also sinnvoll nur von ohnedies entwurzelten, nichtseßhaften, vogelfreien Charismatikern gehört werden, von Wanderradikalen also, die von Feindesliebe schon deshalb gut reden haben, weil sie dem Gegner und dem Ort ihrer Demütigung nicht mehr begegnen werden? Daß auch die handlungsorientierende Kraft des Feindesliebe-Gebots verfehlt wäre, wollte man sie als abstrakte Norm verstehen, läßt sich daran zeigen, daß es mit einem Stilmittel arbeitet, das der paradoxalen und hyperbolischen Redeform verwandt ist: dem Kontrastvergleich. Zur konkreten Weisung "Liebet eure Feinde" kann das Wort Jesu deshalb werden, weil es zwei entgegengesetzte Erfahrungen aneinanderhält: Zum einen die soziale Erfahrung unüberwindbarer Grenzen zwischen Menschen, die dadurch zustandekommen, daß Menschen die Definitionsvormacht über Gut und Böse, über gerecht und ungerecht beanspruchen; zum anderen die Naturerfahrung der über alle menschlichen Grenzen und Gegensätze hinweg in gleicher Weise aufgehenden Sonne und des unterschiedslos auf alle Menschen fallenden Regens. Nicht schon diese Naturerfahrung der Schrankenlosigkeit als solche, sondern erst sie im Kontrast zu jener Beschränktheit menschlicher Beziehungen gibt zu verstehen, was der ermöglichende Grund der Weisung zur Feindesliebe ist, nämlich der von Natur und Gesellschaft noch einmal unterschiedene und so Freiheit eröffnende "Vater im Himmel": Aus diesem Gegensatz heraus erfährt die ursprünglich resignative Naturerfahrung ihre Umkehr zur Hoffnung.

Das letzte, das eschatologische *Ziel* der Feindesliebe ist der gewaltlose, gerecht geteilte Besitz der Erde durch die Menschen als "Söhne Gottes", die auf diese Weise "das Erbe des Vaters im Himmel" antreten. Das vorletzte, das ethische Ziel der Feindesliebe als einer menschlichen Handlung aber ist: der Feind. Das Gebot der Feindesliebe leugnet nicht, daß es Feinde gibt, sondern wem die Möglichkeit der Feindesliebe zugemutet wird, dem wird ja im Gegenteil zu verstehen gegeben, daß er Feinde hat. Feindesliebe bedeutet eine Intensivierung der von Natur aus immer begrenzten Liebe. Indem wir die Feindesliebe konsequent als *Intensivierung* der Liebe auffassen, widersprechen wir einer Auslegung, die sie als Forderung einer abstrakten Selbstüberwindung mißversteht.

In diesem Mißverständnis bleibt *R. Bultmanns* existentiale Interpretation des Liebesgebots befangen. Bultmann möchte zwar der Verkehrung des Liebesgebots in eine Norm allgemeiner Menschenliebe programmatisch widersprechen und es als Einweisung in die je "konkrete Lebenssituation" lesen, "in der der Mensch dem anderen Menschen gegenübersteht". Darum stellt Bultmann dem antiken Tugendideal der "Charakterstärke und persönlichen Würde" den "Gedanken des Gehorsams, des Verzichts auf den eigenen Anspruch" entgegen. Im Evangelium komme es nicht auf das sittliche Ideal der Selbstzwecklichkeit des Menschen für den Menschen an, sondern auf die "Bedürftigkeit" des anderen "in der konkreten Situation". Bultmann versteht Jesu Forderung der Feindesliebe jedoch gerade nicht als Näherbestimmung des Handlungsadressaten im Sinne des bedürftigen anderen in seinem konkreten Lebenskontext. Feindesliebe ist für Bultmann bloß "Höhepunkt der Selbstüberwindung" des einen, nicht jedoch Extremfall der Konfrontation des einen mit dem anderen (Bultmann 97). Bultmann bleibt in der neuzeitlich-subjektivistischen Variante der Humanitätsethik befangen, wenn er Gehorsam und Anspruchsverzicht im Gedanken einer *Selbst*überwindung des Willens auslegt. Denn damit verflüchtigt sich der als "konkret" behauptete Lebenskontext schon nach wenigen Sätzen zu einer Lage, in der nur noch "Mensch mit Mensch" verbunden ist, während sich die Selbstüberwindung des Willens auf der Seite des Handelnden zum totalen Selbstopfer steigert. So heißt es bei Bultmann: "... als

Gott Gehorsamer, der seinen selbstischen Willen überwindet, auf die Ansprüche seines Selbst verzichtet, stehe ich dem Nächsten gegenüber, zum Opfer bereit wie für Gott, so für den Nächsten" (Bultmann 99). Jede Interpretation, die die Weisung der Feindesliebe vorschnell als Prinzip einer Ethik der Widerstandslosigkeit und des Opfers versteht, überspielt jedoch den transmoralischen Charakter der ethischen Verkündigung Jesu. Die Weisung der Feindesliebe gebietet weder, sich durch die Eigenmächtigkeit eines restlosen Selbstopfers der Schrankenlosigkeit der Natur gleichsam zurückzuerstatten, noch fordert sie dazu auf, die Endlichkeit und Begrenztheit der Sozialbeziehungen einfach zu überspringen. Deshalb haben wir zunächst nicht von der Erweiterung oder Entschränkung der (Nächsten-)Liebe durch die Feindesliebe, sondern von ihrer *Intensivierung* gesprochen. Wir werden dies zu bewähren haben, wenn wir fragen, wie Feindesliebe und Gewaltverzicht als Handlungen konkret werden. Doch zuvor ist zu prüfen, ob das Gebot der Feindesliebe denn überhaupt orientierende Relevanz für das Politische besitzt, oder ob es sich nur auf den Nahbereich personaler Interaktion bezieht.

Das deutsche Wort "*Feind*" bedeutet von seinem Ursprung her: "der aus Haß Verfolgende". Diese Weite des Bedeutungsfeldes, das tief in den emotionalen Bereich hineinreicht, hat das Wort bis heute behalten. Dabei liegen in den meisten Sprachen persönliche und kollektive Feindschaft nahe beieinander; eine grundsätzliche Unterscheidung von persönlicher und kollektiver Feindschaft wird erst im römischen Rechtsdenken durchgeführt. Im römischen Recht gilt derjenige als Feind *(hostis)*, der sich im förmlichen Kriegszustand mit dem römischen Volk befindet. Der *hostis* ist vom persönlichen Gegner, dem *inimicus*, ebenso zu unterscheiden wie vom Räuber oder Banditen. Im Begriff der Feindschaft liegt also beides: Zum einen bedeutet Feindschaft eine subjektiv-emotionale Beziehungsqualität - auf dieser Ebene verstand schon die griechische Tragödie das Durchleben von Feindschaft als notwendige Stufe der menschlichen Biographie; und daß das Wahrnehmen von Feindschaft eine Erkenntnisquelle sein kann, diese Einsicht hat in unserer Gegenwart die Psychoanalyse wieder aufgegriffen. Zum anderen besitzt Feindschaft eine öffentlich-politische Dimension - sie ist klassisch von Immanuel Kant definiert worden: Feind ist "derjenige, dessen öffentlicher (es sei wörtlich oder tätlich) geäußerter Wille eine Maxime verrät, nach welcher, wenn sie zur allgemeinen Regel gemacht würde, kein Friedenszustand unter Völkern möglich, sondern der Naturzustand verewigt werden müßte" (zit. n. Huber 1986, 1278). Um den politisch-ethischen Sinn des Feindesliebe-Gebots zu präzisieren, gilt es, von zwei einseitigen Fehlinterpretationen Abstand zu nehmen: Der Privatisierungs- und der Entschränkungsthese.

Zu den prominentesten Vertretern der *Privatisierungsthese* gehört der Staatsrechtslehrer Carl Schmitt. In seiner 1932 verfaßten Schrift 'Der Begriff des Politischen' hat er die These vertreten, das Gebot der Feindesliebe gelte nur dem persönlichen Gegner, nicht dem öffentlichen Feind. Es habe nur den *inimicus* (nicht den *hostis)*, nur den *echthros* (nicht den *polemios)* im Sinn; die Feindesliebe sei also - wie die Verwendung der entsprechenden Vokabeln des griechischen und lateinischen Neuen Testaments beweise - nur das Gegenbild zum persönlichen Haß (Schmitt 29f). Diese Auslegung scheitert jedoch bereits am Sprachgebrauch des Neuen Testaments. Zunächst ist festzuhalten, daß das Neue Testament das Wort *polemios* für den Feind nie verwendet. Deshalb deckt *echthros* in der griechischen Bibel (ebenso wie *ojeb* in der hebräischen) die gesamte Breite möglicher Feindschaft ab. Im Neuen Testament bezeichnet *echthros* sowohl den persönlichen Gegner (z.B. Römer 12,20), als auch die Feinde Israels (Lukas 1,71) und die der neutestamentlichen Gemeinde (Offenbarung 11,5.12). Schließlich steht *echthros* auch für denjenigen, der Gott und Christus gegenüber feindlich ist (z.B. Lukas 19,27). In dem Zusammenhang, in den Matthäus das Wort von der Feindesliebe rückt, erhält der *echthros* durch die Parallelisierung mit dem Verfolger und durch die Unterscheidung vom *plesion*, das heißt dem

Nächsten als dem Volksgenossen, sogar eindeutig eine politisch-nationale und zugleich religiöse Färbung.

Setzt die Feindesliebe schon vom Wortsinn her gerade an der öffentlichen Feindschaft an, so wird die politische Reichweite des Gebots erst recht dann deutlich, wenn man mit derjenigen Fassung des Begriffs des Politischen arbeitet, die Carl Schmitt in seiner gleichnamigen Schrift zugrundegelegt hat. Ihm zufolge ist nämlich die Dissoziation von Freund und Feind die "spezifisch politische Unterscheidung, auf welche sich die politischen Handlungen und Motive zurückführen lassen". Der Gegensatz Freund/Feind soll demnach ein ebenso konstitutives Kriterium für das Politische sein wie der Gegensatz schön/häßlich für das Ästhetische. Den äußersten Identitätsgrad der zwischen Feinden waltenden Differenz sah Schmitt darin gegeben, daß sie durch kein gemeinsames Drittes, keinen Allgemeinbegriff, auch keinen Rechtsbegriff zu bändigen und zu relativieren ist, sondern aus einer existentiellen Grundentscheidung des einen über den fremden anderen erst hervorgeht (Schmitt 26f). Man kann durchaus fragen, ob ein solcher existentiell radikalisierter Begriff des Politischen nicht im Zeitalter der nuklearen Vernichtungsdrohung seine diagnostische Schärfe erweist. Umso eindringlicher zeigt sich jedoch, daß es dann der - nicht selber aus einem Allgemeinbegriff ableitbaren - Zumutung der Feindesliebe bedarf, um die Diagnose nicht in eine Option umschlagen zu lassen. Gerade in einer Lage, in der politisch-ideologische Gegensätze nur schwer durch gemeinsam anerkannte Normen übergriffen und gebändigt werden können, tritt also die politisch-ethische Aktualität der Feindesliebe hervor.

Die *Entschränkungsthese* geht zum Zweck der politischen Neutralisierung des Feindesliebe-Gebots von der Beobachtung aus, daß es in Matthäus 5,43 das alttestamentliche Gebot der Nächstenliebe voraussetzt. 3. Mose 19,18 heißt es: "Du sollst dich nicht rächen, auch nicht deinen Volksgenossen etwas nachtragen, sondern du sollst deinen Nächsten lieben wie dich selbst; ich bin Jahwe" (eigene Übersetzung). Dieses Gebot hat schon im hellenistischen Judentum eine universalistische, über den Bereich der Volks- und Religionsgenossen hinausweisende Deutung erfahren, aber die palästinensisch-rabbinische Auslegung hat es vorrangig auf den Volks- und Glaubensgenossen hin ausgelegt. Wenn Jesus an die Stelle des Nächsten den Feind setzt, so liegt darin zwar eine radikale Neufassung des Gebotes der Nächstenliebe; doch besteht ihr Sinn keineswegs einfach darin, daß einfach der Kreis derer, denen die Liebe gelten soll, endlos erweitert wird bis zum Feind.

Die Unangemessenheit einer rein quantitativen Entschränkungsthese zur Deutung des Gebotes muß gegenüber einer institutionen-ethischen Kritik des christlichen Liebesgebotes betont werden, wie sie der Sozialphilosoph *Arnold Gehlen* in seinem Entwurf einer pluralistischen Ethik unter dem Titel "Moral und Hypermoral" vorgetragen hat. Gehlen zitiert Friedrich Hebbel: "Religion ist erweiterte Freundschaft" (Gehlen 80). Der Gedanke, es handle sich bei der religiösen und der aus ihr hervorgehenden humanitären Ethik um eine Entschränkung von Verhaltensweisen, die ihren verstehbaren Sinn allein im Nahbreich unmittelbarer Interaktion ihren Ort haben, bestimmt Gehlens Kritik der religiös-humanitären "Hypermoral". In der "Staatsmoral" habe der "Humanitarismus" eines überdehnten Familienethos nichts zu suchen. Doch hat Gehlen gegen das religiöse und humanitäre Ethos kein anderes Argument vorzubringen als eben die immer wieder variierte Behauptung, es handle sich dabei um eine "Ausdehnung und Entdifferenzierung des ursprünglichen Sippen-Ethos" (Gehlen 83). Das als Intensivierung der Liebe verstandene Gebot der Feindesliebe ist aber nicht als Überdehnung des Sippenethos oder des Ethos der Freundschaft interpretierbar. Es unterstellt keineswegs, man könne mit Feinden so umgehen, als wären sie Freunde, womit zu einer Verharmlosung von Feindschaft aufgefordert würde; seine Radikalität liegt vielmehr darin, daß gerade der Feind als der zu Liebende bestimmt wird.

Das Gebot der Feindesliebe leugnet also nicht, daß es Feinde gibt. Vielmehr registriert es die Existenz von Feindschaftsverhältnissen als Faktum. Die Zumutungen des *Gewaltverzichts* - dem Bösen nicht widerstehen; nicht vergelten; dem Schläger auch die linke Wange hinhalten; zum Rock noch den Mantel geben; den doppelten Weg mitgehen, den zu gehen man gezwungen wird - dies sind die bekannten praktischen Beispiele im Umkreis der Feindesliebe. Um den Sinn solcher konkreter Handlungsvollzüge zu verstehen, kommt es auch für eine systematisch-ethische Reflexion darauf an, sich von der sozialgeschichtlichen Exegese der neutestamentlichen Texte (vgl. Schottroff, Theißen) den Blick auf die jeweilige soziale Position schärfen zu lassen, die die Akteure in dem als Feindschaft erfahrenen Konfliktverhältnis einnehmen. Man kann solche Konfliktverhältnisse danach unterscheiden, ob es sich um einen symmetrischen oder um einen asymmetrischen Konflikt handelt.

In einem *asymmetrischen* Verhältnis kann Gewaltverzicht oder zuvorkommendes Verhalten gegenüber Feinden wenigstens dreierlei bedeuten: Es kann erstens das passive Gewährenlassen eines Unterlegenen sein; er verhält sich aus Klugheit so, damit es ihm nicht noch schlimmer geht. Es kann sich zweitens um den großmütigen Racheverzicht eines Siegers handeln, der die Unterworfenen schont. Und es kann sich darin drittens die innere Souveränität und Stärke eines Unrecht Leidenden ausdrücken, die sich letztlich der Einordnung in ein äußerliches Überordnungs- und Unterordnungsverhältnis entzieht. Fragen wir, was sich über den sozialen Ort von Feindesliebe und Gewaltverzicht in der neutestamentlichen Überlieferung ausmachen läßt, so zeigt sich folgendes:

*Matthäus* hat die Überlieferung am stärksten dem Typus 'Gewaltverzicht als passives Gewährenlassen des Unterlegenen' angenähert. Seine fünfte Antithese leitet er mit den Worten ein: "Ihr sollt dem Übel nicht widerstehen" (Matthäus 5,39a). Die Matthäusüberlieferung läßt erkennen, daß für die hinter ihr stehenden Gemeinden Zwangsverpflichtungen der Zivilbevölkerung durch römisches Militär ein akutes Problem waren; man bewältigte durch die Feindesliebe-Tradition vermutlich die politische Situation des unterworfenen jüdischen Volkes um 70 n. Chr. Natürlich konnte der Typus 'Feindesliebe des Siegers' in Anbetracht der sozialen Stellung der frühen Christen in den neutestamentlichen Texten keinen Ort haben. Aber hinter den Worten des matthäischen Jesus steht doch auch die Erfahrung, daß Unterworfene ihre äußere Niederlage im Sinne des dritten Typus kraft innerer Überlegenheit verarbeiten können. Blicken wir auf die matthäischen Antithesen im ganzen, so ist es, als beschriebe Matthäus den Weg einer zunehmenden Sublimierung, einer fortschreitenden Umformung menschlicher Destruktivität: Diese Umformung setzt an bei der Konfrontation mit Eigenaggression (Matthäus 5,21-26) und wird bis zu jener inneren Stärke gesteigert, die in der gewaltfreien Reaktion auf Fremdaggression den höchsten Punkt der Vollkommenheit erreicht. Deshalb zielt das Wort von der Feindesliebe keineswegs auf eine bloß passive Duldung fremder Aggression. Es fordert nicht Selbstaufgabe um ihrer selbst willen. Feindesliebe ist wie alle Liebe nicht passiv, sondern aktiv und produktiv. Denn Liebe meint in der Bibel nicht ein bloß subjektives Gefühl, sondern erweist sich in einem Tun (oder auch Unterlassen), das in jedem Fall auf den anderen einwirkt. Der Gewaltverzicht, den Jesus meint, ist provokative Kommunikation mit dem Gegner. Sie hofft, bei ihm eine Verhaltensänderung auszulösen; sie setzt auf den Überraschungseffekt, der entsteht, wenn der Teufelskreis der Vergeltung durchbrochen wird. Mit dieser Praxis des Gewaltverzichts verbindet sich der gewiß riskante Versuch, beim Gegner eine der menschlichen Natur allenfalls unstabil eigene Tötungshemmung zu etablieren, indem sich der Angegriffene in provozierender Schutzlosigkeit darbietet. Insofern hat Paulus das in Matthäus 5,39a negativ formulierte Gebot ("Ihr sollt dem Übel *nicht* widerstehen") wohl zutreffender überliefert, wenn es bei ihm heißt: "*Überwinde* das Böse mit dem Guten!" (Römer 12,21). Feindesliebe dieser Art setzt bei den einzelnen oder Gruppen von Menschen, die sie üben, gerade nicht Schwäche voraus, sondern ein hohes Maß an innerer Souveränität und Stärke. Wir wissen heute, daß im Palästina zur Zeit Jesu diese Strategie der produktiven Feindesliebe in unterschiedlichen, aber jeweils ganz konkreten Situationen gewaltfreien Widerstands und provokativer Regelverletzungen gegen die römische Besatzungsmacht geübt worden ist. In unserem Jahrhundert war es im Raum der christlichen Kirchen vor allem Martin Luther King, der - angeregt durch Gandhi - diesen aktiven Sinn der Feindesliebe wieder herausgestellt und das damit gemeinte Handlungsmodell praktiziert hat.

Eher auf *symmetrische* Konflikte wird die Feindesliebe-Tradition im *Lukas-Evangelium* bezogen. Bei Lukas stehen offenbar vor allem ökonomische Probleme des Geldverleihens und Geldzurückforderns, also Probleme des gerechten Austausches im Mittelpunkt des Interesses (Lukas 6,30.34). Lukas behandelt deutlicher als Matthäus die Goldene Regel als Brückenprinzip zwischen Liebe und Gerechtigkeit; auch dies weist darauf hin, daß der bei Lukas vorausgesetzte Konflikt mit dem Feind stärker symmetrische Züge trägt als bei Matthäus. In symmetrischen politischen Konflikten käme es darauf an, die strategische Gegenseitigkeit für die kommunikative Gegenseitigkeit zu öffnen. Strategische Gegenseitigkeit betrachtet den anderen nur als Mittel zum Zweck. Für kommunikative Gegenseitigkeit ist der andere Zweck an sich selbst. Beides zu verbinden heißt, mit Kant gesprochen, den anderen nie nur als Mittel zum Zweck, sondern immer auch als Zweck an sich selbst zu betrachten. Beide Konkretionen der Feindesliebe, die im symmetrischen und die im asymmetrischen Konflikt, haben eines gemeinsam: Sie unterscheiden die Person des Feindes von seinen feindlichen Handlungen, sie unterscheiden den Täter von seinen Taten. Feindesliebe ist die konkrete Praxis des Offenhaltens einer gemeinsamen Zukunft für beide Konfliktpartner.

LITERATUR: O. *Bayer*, Sprachbewegung und Weltveränderung. Ein systematischer Versuch als Auslegung von Matthäus 5,43-48, in: Ders., Zugesagte Freiheit, Gütersloh 1980, 60-76 - *R. Bultmann*, Jesus (1926), Nachdruck Tübingen 1964 - *A. Dihle*, Die Goldene Regel. Eine Einführung in die Geschichte der antiken und frühchristlichen Vulgärethik, Göttingen 1962 - *E. H. Erikson*, Die Goldene Regel im Licht neuer Einsicht, in: Ders., Einsicht und Verantwortung. Die Rolle des Ethischen in der Psychoanalyse, Stuttgart 1966, 198-222 - *S. Freud*, Das Unbehagen in der Kultur (1930), in: Freud-Studienausgabe IX, Frankfurt 1974, 191-270 - *A. Gehlen*, Moral und Hypermoral. Eine pluralistische Ethik, 2. Aufl., Frankfurt/Bonn 1970 - *H. U. Hoche*, Die Goldene Regel. Neue Aspekte eines alten Moralprinzips, in: Zeitschrift für Philosophische Forschung 32, 1978, 355-375 - *P. Hoffmann/V. Eid*, Jesus von Nazareth und eine christliche Moral. Sittliche Perspektiven in der Verkündigung Jesu, Freiburg 1975 - *W. Huber*, Feindschaft und Feindesliebe. Notizen zum Problem des "Feindes" in der Theologie, in: Zeitschrift für Evangelische Ethik 26, 1982, 128-158 - *W. Huber*, Art. Feind, in: Evangelisches Kirchenlexikon 3. Aufl., Bd. 1, Göttingen 1986, 1278-1280 - *M. L. King*, Schöpferischer Widerstand. Reden - Aufsätze - Predigten. Gütersloh 1980 - *H.-R. Reuter*, Die Bergpredigt als Orientierung unseres Menschseins heute. Ein kritischer Diskurs in ethischer Absicht, in: Zeitschrift für Evangelische Ethik 23, 1979, 84-105 - *H.-R. Reuter*, Liebet Eure Feinde! Zur Aufgabe einer politischen Ethik im Licht der Bergpredigt, in: Zeitschrift für Evangelische Ethik 26, 1982, 159-187 - *P. Ricoeur*, Stellung und Funktion der Metapher in der biblischen Sprache, in: Ders./E. Jüngel, Metapher. Zur Hermeneutik religiöser Sprache, München 1974, 45-70 - *C. Schmitt*, Der Begriff des Politischen (1932), Nachdruck Berlin 1979 - *L. Schottroff*, Gewaltverzicht und Feindesliebe in der urchristlichen Jesustradition, in: Jesus Christus in Historie und Theologie (FS-Conzelmann), Tübingen 1975, 196-221 - *E. Schweizer*, Die Bergpredigt, Göttingen 1982 - *G. Theißen*, Gewaltverzicht und Feindesliebe (Matthäus 5, 38-48/ Lukas 6, 27-38) und deren sozialgeschichtlicher Hintergrund, in: Ders., Studien zur Soziologie des Urchristentums, Tübingen 1979, 160-200 - *G. Theißen*, Soziologie der Jesusbewegung, München 1977.

## *1.2. Der Prozeß der Versöhnung*

Stärker noch als "Frieden" berührt in der deutschen Sprache das Wort "Versöhnung" unmittelbar Tiefenschichten der menschlichen Erfahrung. Das Wort ruft Bilder wach, die

die Wiedervereinigung des Getrennten, die Heilung von Zerrissenem, die Aufhebung von Entfremdung, die Überwindung von Streit und Feindschaft zum Inhalt haben. Versöhnung ist ein sozialer Beziehungsbegriff. In ihm drückt sich die Hoffnung aus, daß Gemeinschaft trotz und in der Verschiedenheit, ja Gegensätzlichkeit von Menschen zustande kommen kann. Nicht nur für das Verhalten von einzelnen, von Ehepartnern, Freunden, Eltern und Kindern (vgl. Stierlin), auch für die Interaktion gesellschaftlicher Gruppen und politischer Einheiten (vgl. Raiser) ist Versöhnung zum Leitgedanken geworden. Auf das unermeßliche Leid, das der durch nationalsozialistische Gewaltherrschaft ausgelöste Zweite Weltkrieg über die Völker gebracht hatte, wurden in Deutschland Zeichen der Versöhnung zunächst gegenüber dem jüdischen und dem polnischen Volk gesucht; nach Schritten zur Versöhnung mit den Völkern der Sowjetunion wird heute gefragt.

Begriff und Sache der Versöhnung rühren an eine ursprünglich religiöse Dimension. Sie schwingt schon deshalb mit, weil der Versöhnungsgedanke die Vereinigung des Getrennten genauer als Wiederherstellung einer gebrochenen Einheit zu verstehen gibt. Allerdings wird nicht selten gerade dort, wo man sich der religiösen Dimension des Versöhnungsglaubens erinnert, in Zweifel gezogen, daß Versöhnung in diesem Sinn überhaupt auf das politische Feld der durch Gewaltmittel instrumentierten Machtantagonismen bezogen werden könne. Meint doch der genuin theologische Begriff der Versöhnung zuerst die Beendigung des durch Sünde und Schuld entstandenen Konflikts im Innersten, nämlich im Gottesverhältnis der Menschen.

Darüber hinaus muß die Verwendung des Versöhnungsbegriffs in politischen Zusammenhängen auch kritischen Rückfragen anderer Art gewärtig sein. Versöhnung ist ein mißbrauchbares und mißbrauchtes Wort. Wird es als politische Programmformel verwendet, so kann solchem Mißbrauch Tor und Tür geöffnet sein: Er reicht von der Verschleierung objektiver Interessengegensätze bis zur ideologischen Rechtfertigung eklatanter Unrechtsverhältnisse. So hält die Antiapartheidbewegung in Südafrika mit Recht daran fest, daß es Versöhnung mit den Unterdrückern nicht geben kann, solange sie Unterdrücker bleiben - andernfalls diente "Versöhnung" nur der Herrschaftsstabilisierung anstelle des Austrags realer Konflikte. Und darüber hinaus gilt: Wo immer Gruppen oder Gesellschaften Versöhnung als für sich selbst abgeschlossen und verwirklicht begreifen, da wird Versöhnung zum Instrument ihres Gegenteils, nämlich der Abgrenzung und des Ausschlusses des Fremden. Solche Gefahren falscher Versöhnung vor Augen wollen wir uns im folgenden das Angebot des jüdisch-christlichen Versöhnungsglaubens für den Umgang mit sozialen und politischen Konflikten vergegenwärtigen.

### a) Die Ambivalenz des Konflikts

Die Frage nach dem Verhältnis von Konflikt und Versöhnung wird in die Mitte der religiösen Thematik führen. Bemühen wir uns jedoch zunächst um eine Rezeption von Konfliktauffassungen und Konflikttheorien in den Wissenschaften von der Gesellschaft und vom Menschen, so stoßen wir auf ein auffälliges Phänomen. In die wissenschaftlichen Auffassungen vom Konflikt gehen vielfach von vornherein wertende Gesichtspunkte ein. Sie akzentuieren das konstruktive oder das destruktive Potential im Konflikt, sie betonen die Unausweichlichkeit des Konflikts oder plädieren gerade für dessen Vermeidung. In diesem Schwanken der Konflikttheorien drückt sich die Ambivalenz des Konflikts selbst aus. Im weitesten Sinn bezeichnet Konflikt einen Gegensatz zwischen Ideen, Werten, Interessen, Absichten oder Handlungen, der sich im Innern einer Person, zwischen Personen oder sozialen Gruppen, zwischen Staaten oder Bündnissystemen abspielen kann. Der Austrag solcher Konflikte kann der persönlichen Entwicklung dienen wie den sozialen

Wandel fördern; er kann aber auch Leben beschädigen und in vernichtende Gewalt umschlagen. Der Konflikt ist ein ambivalentes Phänomen, lebensfördernd und lebensschädigend zugleich.

Doch erst mit den Vernichtungsmitteln, die in unserem Jahrhundert zur Verfügung stehen, ist zum Bewußtsein gekommen, in welchem Ausmaß das Ausleben von Konflikten tödlich und zerstörend sein kann. Das Ausleben des globalen Hegemonialkonflikts jedenfalls könnte in eine kollektive Selbstvernichtung der Menschheit münden. In einer neuen Form stellt sich damit die Frage nach einem Umgang mit dem Konflikt, die seine produktiven Seiten nicht ignoriert, aber seine zerstörenden Folgen für einzelne Menschen wie für die Menschheit im ganzen vermeidet. So ambivalent wie die Erfahrung des Konflikts ist seine begriffliche Fassung. Drei Kontroverspunkte der neueren sozialwissenschaftlichen Debatte erscheinen dabei vor allem erwähnenswert.

Die *erste* betrifft das Verhältnis von manifestem und latentem Konflikt. Die gebräuchliche Begriffsbestimmung neigt dazu, den Antagonismus von Ideen, Interessen oder Werten als solchen als Konflikt zu bezeichnen, unabhängig davon, ob er sich bereits in manifesten Handlungen Ausdruck verschafft hat oder nicht. Von diesem verbreiteten Sprachgebrauch möchte sich *Niklas Luhmann* ausdrücklich abwenden. Er hält es für "eine falsche Begriffstechnik", "strukturelle Bedingungen für Konflikte (und insofern 'mögliche' Konflikte) und Konflikte auf der Verhaltensebene in einen Begriff zusammenzuziehen" (Luhmann 531). Nur den artikulierten oder operationalisierten Widerspruch betrachtet Luhmann demnach als Konflikt. Das führt zu folgender Definition: "Konflikte dienen ... der Fortsetzung der Kommunikation durch Benutzung einer der Möglichkeiten, die sie offen hält: durch Benutzung des Nein" - oder kürzer: "Konflikte sind operationalisierte, Kommunikation gewordene Widersprüche" (Luhmann 530.537). Das Interesse richtet sich dieser Begriffsstrategie zufolge weder auf die Gründe für das Entstehen noch auf die Chancen zur Beendigung eines Konflikts. Auch wird der Konflikt nicht primär als Auseinandersetzung, als Dissoziation verstanden; er erscheint vielmehr gerade als Integration, als intensive Verbindung von Ego und Alter in ein und demselben System.

Dabei versteht Luhmann den Konflikt wie jedes andere soziale System auch als "autopoietische", sich selbst reproduzierende Einheit. Die Zweiergegnerschaft hat eine naturwüchsige Tendenz zur Fortsetzung. Ein Ende erlangt sie allenfalls durch den Ausfall eines der Konfliktpartner - "etwa dadurch, daß einer der beiden Streitenden den anderen erschlägt" (Luhmann 538) - eine Lösung, die in vielen Fällen freilich eher die Fortsetzung als das Ende des Konflikts gewährleistet, wie das Beispiel der Familienfehde zeigt. Obwohl Luhmann zur Darstellung seines Konfliktverständnisses den Begriff der Kommunikation verwendet, begreift er - dies ist der *zweite* zu erwähnende Kontroverspunkt - den Konflikt gerade nicht unter der Perspektive der Kommunikation, sondern unter der Perspektive des Systems, dessen Glieder einander widersprechende Kommunikationshandlungen sind. Dabei sind die miteinander Streitenden nicht etwa Teil, sondern - als psychische Systeme - lediglich Umwelt des Systems.

Die Trennung zwischen latentem und manifestem Konflikt und die Vorordnung des Systemaspekts vor den der Kommunikation schneiden also bereits begriffsstrategisch zwei Fragehinsichten ab: einerseits die Frage nach der dem manifesten Konflikt vorauslaufenden Dynamik, die zu dessen Ausbruch und Verschärfung führt; und zum andern die Frage, ob es gelingende Kommunikation im Konflikt geben kann, ob also im gegenseitigen Widerspruch zugleich wechselseitige Wahrnehmung möglich ist. Damit werden jedoch entscheidende Dimensionen ausgeblendet. Denn zum Konflikt gehört seine zeitliche Struktur: Er verdankt seine Dynamik sehr häufig einer Vorgeschichte, die jenseits all seiner manifesten Gestalten liegt. Man versperrt sich - wie im politischen Feld etwa die jüngere deutsche Geschichte lehrt - den Zugang zum Verständnis des Konflikts, wenn man seine Vorgeschichte verdrängt. Und in Konflikten kann man nur leben, wenn man auf ihre Nachgeschichte hofft, wenn man - und sei es kontrafaktisch - an der Hoffnung festhält, daß auch im Konflikt gelingende Kommunikation möglich und deshalb die Suche nach einer Konfliktlösung sinnvoll bleibt.

Zu einer Betrachtung des Konflikts, die die Frage nach seiner möglichen Lösung gar nicht mehr zuläßt, gehört dann - *drittens* - als notwendige Kehrseite, daß auch die möglichen zerstörerischen Wirkungen nicht mehr in den Blick treten. Nicht als mögliche Zerstörung, sondern allein als Veränderung eines Systemzustands wird der Konflikt dann wahrgenommen. Demgegenüber nötigt die geschichtliche Verfassung unserer Gegenwart dazu, den Konflikt nicht nur als Veränderung, sondern als mögliche Zerstörung zu verstehen, und neben seinen konstruktiven auch seine destruktiven Potentiale nicht zu verkennen.

Am Beispiel des Konfliktbegriffs von Niklas Luhmann haben wir auf drei Kontroversen in der Fassung dieses Begriffs aufmerksam gemacht: Umstritten ist das Verhältnis von latentem und manifestem Konflikt; kontrovers ist ferner, ob der Konflikt als System oder als Kommunikation zu begreifen sei; Gegensätze melden sich schließlich in der Frage an, ob er allein als Veränderung oder zugleich als mögliche Zerstörung zu begreifen sei. In allen drei Hinsichten plädieren wir - abweichend von der systemtheoretischen Konzeption - für eine Fassung des Begriffs, die nicht bereits diejenigen Fragen ausschaltet, die für die ethische Reflexion wichtig sind: Für eine Einbeziehung des latenten Konflikts, für ein Verständnis des Konflikts als Kommunikation und schließlich für die Wahrnehmung des destruktiven Potentials von Konflikten.

### b) Dimensionen der Versöhnung

Im sogenannten Gleichnis vom verlorenen Sohn (Lukas 15,11-32) hat das Neue Testament dem menschlichen Bewußtsein ein unvergeßliches Bild der Versöhnung eingeprägt, das die latenten und die manifesten Seiten des Konflikts umfaßt. Auch wenn das Wort selbst in diesem Text gar nicht vorkommt, so stellt er doch ein denkbar dichtes Modell für die Beziehungsdynamik dar, die der griechische Ausdruck für Versöhnung *(katallage)* in sich enthält: Grundbedeutung von *allasso* und seiner Komposita ist "(ver)ändern", "sich ändern", "tauschen". Gemeint ist ein wechselseitiger Vorgang, bei dem ein tiefer Bruch von seiten beider Beteiligen überwunden wird durch eine Veränderung von innen her, die auch das gesamte äußere Beziehungsfeld verwandelt. So rät das Evangelium zur Versöhnung als dem besseren Weg zur Überwindung von Konflikten: einem Weg, der Vorrang hat vor der verordneten kultischen Feier, die Gott etwas zu schulden glaubt (Matthäus 5,23f), einem Weg schließlich, der offensteht auch über ein rechtskräftiges Zerwürfnis hinweg (1. Korinther 7,11). Das Gleichnis vom verlorenen Sohn beschreibt das Drama dieser inneren und äußeren Veränderungen paradigmatisch: Es schildert die plötzliche Trennung des jüngeren Sohnes vom Vater, wie er sein Erbteil durchbringt, um schließlich in Hoffnungs- und Ausweglosigkeit zu landen. Das Gleichnis schildert, wie er "in sich geht" und mit dem Bekenntnis seiner Verfehlung wieder aus sich herauskommt, das ihn zum Vater zurückführt. Es schildert aber auch den Vater, den der Anblick des Sohnes "jammerte", so daß er ihm verzeihend entgegenkommt, noch bevor dieser seine Schuld ausdrücklich bekannt hat. Und es schildert schließlich den älteren Sohn, bei dem das Drama der Versöhnung noch nicht angekommen ist. Versöhnung wird hier vorgestellt als Übergang vom Tod ins Leben, als umfassende Verwandlung: Es wandelt sich der jüngere Sohn, der, in die tiefste Verschuldung geraten, in sich geht, um gerade so wieder aus sich herauszukommen. Es wandelt sich der Vater, der sich aufs neue seinem Sohn zuwendet und ihm entgegen aller Konvention entgegenläuft. Es wandelt sich die Beziehung zwischen beiden, und dies findet seinen Ausdruck in einem Fest gelungener Versöhnung. Doch Versöhnung entläßt, wo sie gelingt, sogleich die nächste Aufgabe aus sich: Da ist noch der ältere Sohn, der in das Drama von Tod und Leben, von Trennung und Vereinigung noch nicht hineingekommen ist.

Versöhnung realisiert sich im Wechsel von Ablösung und Zusammengehen, im Rhythmus von Distanz und Nähe, in der Korrespondenz von Geständnis und Verzeihung - und das heißt in der Bewegung von Selbst und anderem zur gegenseitigen Anerkennung auf einer neuen, komplexeren Beziehungsebene. Versöhnung, wie sie im Gleichnis vom verlorenen Sohn dargestellt ist, reicht dicht an unsere Lebenserfahrung heran. Und wie diese sperren sich auch die neutestamentlichen Texte gegen eine Vereinnahmung von Versöhnung als Normbegriff. Denn Versöhnung läßt sich nicht verordnen. Wo es im tiefsten Sinn um Versöhnung geht, nämlich um die Wiederherstellung einer Beziehung über den Abgrund von Schuld hinweg, da setzt Versöhnung das unkalkulierbare Zusammentreffen von Geständnis und Vergebung voraus - und damit eine zweiseitige, freie, veränderte Einsicht. Dies mag uns den Zugang dazu erleichtern, daß es der neutestamentlichen Überlieferung vor allem darauf ankommt, von Grund und Wurzel der Versöhnung im Geschick Jesu von Nazareth zu sprechen, der das Gleichnis erzählte. Die gleiche Emotion, die den Vater im Gleichnis überkam, notieren die Evangelisten bei Jesus selbst in den Augenblicken, in denen er die Verlorenen seines Volkes vor sich sah: "es jammerte ihn" (Matthäus 9,36; 14,14; 15,32; 20,34). Damit beginnt der Sache nach das Geschehen der Versöhnung, auch wenn es hier noch nicht auf diesen Begriff gebracht ist. Denn um eine *katallage*, einen Austausch, eine Veränderung von Positionen und Situationen handelt es sich ja, wenn die Evangelien Jesus als die verkörperte Empathie Gottes beschreiben, der sich an die Stelle der Verlorenen versetzt und ihnen Gemeinschaft in einer ganz und gar veränderten Tischordnung gewährt, in der Friede und Versöhnung konkret erfahrbar werden (Lukas 14,11).

Explizit wird im Neuen Testament von Versöhnung aber erst anläßlich der Erinnerung an Jesu historische Versöhnungs- und Friedenspraxis gesprochen. Das eindrücklichste Summarium dieser Erinnerung findet sich bei Paulus (2. Korinther 5,17-21):

> "Darum: Ist jemand in Christus, so ist er eine neue Kreatur; das Alte ist vergangen, siehe, Neues ist geworden! Aber das alles von Gott, der uns mit sich selber versöhnt hat durch Christus und uns das Amt gegeben, das die Versöhnung predigt. Denn Gott war in Christus und versöhnte die Welt mit sich selber und rechnete ihnen ihre Sünden nicht zu und hat unter uns aufgerichtet das Wort von der Versöhnung. So sind wir nun Botschafter an Christi Statt, denn Gott ermahnt durch uns; so bitten wir nun an Christi Statt: Laßt euch versöhnen mit Gott. Denn er hat den, der von keiner Sünde wußte, für uns zur Sünde gemacht, damit wir in ihm die Gerechtigkeit würden, die vor Gott gilt."

Obwohl - oder vielmehr: gerade weil das "Wort von der Versöhnung", von dem Paulus hier spricht, an die Lebenspraxis Jesu erinnert und von ihr herkommt, zeichnet es sich durch eine unübersehbare Einseitigkeit aus. Denn der Gedanke an eine unter Menschen stattfindende wechselseitige Versöhnung tritt hier zunächst einmal weitgehend zurück. An den herausgehobenen Stellen des Neuen Testaments, an denen von Versöhnung die Rede ist, ist zunächst keine Aufgabe unter und zwischen Menschen gemeint, sondern ein Geschehen zwischen Gott und den Menschen, ein Geschehen von Gott her. Was zur Sprache gebracht werden soll, ist nichts anderes als das Geheimnis, das in Jesus, dem Versöhner, am Werk war. Doch jeder Versuch, dieses Geheimnis zu artikulieren, stand vor einer doppelten Herausforderung: Er mußte die bedingungslose Einseitigkeit interpretieren, in der Jesus der Anfänger des Versöhnungsgeschehens war; und jeder solche Versuch mußte das Leben Jesu im ganzen seines Geschicks (also auch und zuletzt seinen Tod) deutend verarbeiten.

Auf die erste Herausforderung, nämlich die zur Deutung des Ursprungs des Versöhnungsgeschehens im Wirken Jesu, antwortet Paulus mit dem lapidaren Satz: Gott war *in Christus.* Gott war in Christus, und hat so uns, ja die ganze (Menschen-)Welt mit sich selbst versöhnt. Nur der selber Unbedingte, Gott, kann ja das Geheimnis solcher bedingungsloser Liebe sein, die in Christus die Verlorenen heimgeholt hat. Nur das Geheimnis eines Dritten kann die Geständnisbereitschaft des einen mit der Vergebungsbereitschaft des anderen zur rechten Zeit zusammentreffen und Versöhnung wirklich werden lassen. Auf die zweite Herausforderung jedoch, nämlich die zur Verarbeitung des Todes Jesu, antwortet Paulus mit einer ebenso lapidaren, aber schwereren Formel: Gott hat sich mit uns selbst versöhnt *durch Christus.* Christus tritt hier als Mittel der Versöhnung auf, und das instrumentelle "durch" Christus duldet keinen Zweifel an seinem Sinn. Es heißt soviel wie: durch sein Blut, durch seinen Tod (Römer 5,9f, vgl. Kolosser 1,20).

Im Licht jener Versöhnung, die heimholt, was verloren ist, erscheint aber seit je das Wort vom Tode Christi als ein dunkles Wort: Die paulinische Formel gibt den Blick auf jene Schattenseite des Versöhnungsbegriffs frei, die für unser Sprachempfinden weitgehend verloren gegangen ist: Nicht etwa Ver-söhnung als Heimholen in die Sohnschaft bildet die etymologische Wurzel des Wortes, sondern die Sühne. Vor diesem Hintergrund gewinnt die Rede vom "Prozeß der Versöhnung" einen neuen Sinn: In der Sühne (von althochdeutsch suonen = richten) ergeht ein Gerichtsurteil, das gerechten Ausgleich und Wiedergutmachung von Schuld durch Bestimmung einer Ersatzleistung erwirkt. Dieses objektive Moment an der Versöhnung ist in der Sprachgeschichte zugunsten des intersubjektiven Beziehungsaspekts nahezu verschwunden; die personale Dimension innerer Veränderung hat den juridischen Bedeutungshorizont der äußeren Ersatzleistung zurückgedrängt. Unser Sprachgebrauch hat damit eine Differenz abgeschliffen, die etwa im Englischen zwischen *reconciliation* (Versöhnung als Wiedervereinigung) und *atonement* (Versöhnung als Sühnung) fortbesteht. Diese sprachliche Unterscheidung durchzieht aber auch das Neue Testament. Neben dem übergreifenden Versöhnungsgeschehen (katallage/katallassein) bringt es den speziellen Gedanken der Sühne (hilasterion/hilaskesthai) nachdrücklich dort zur Geltung, wo das Heilswerk Jesu Christi im juridisch-kultischen Vorstellungsmaterial der alttestamentlichen Opfer-Tradition vergegenwärtigt wird (Römer 3,25; Hebräer 2,17; 9,5; 1. Johannes 2,2; 4,10). In dem zitierten Text 2. Korinther 5,17ff treffen beide Motive zusammen. Aber - so kann man fragen - schließen sie einander nicht aus? Fördert nicht das archaische Sühne- und Opfermotiv auf Dauer eine Schuldkultur, die zutiefst unversöhnt bleiben muß?

### c) Das Ende der Gewalt

In der Tat legt das Neue Testament das Versöhnungsgeschehen nach seiner objektiven Seite als stellvertretendes Leiden und als Sühne aus. Der Gedanke des stellvertretenden Leidens spiegelt sich in der Formel "Christus - *für uns zur Sünde gemacht*" (2. Korinther 5,21); das Motiv der Sühne ist aufs deutlichste in der Wendung ausgedrückt "Christus - *in seinem Blut zur Sühne hingestellt*" (Römer 3,25). Beides konfrontiert uns mit einer tiefen Paradoxie, einem Selbstwiderspruch des Christentums.

Er läßt sich von außen gesehen so formulieren: Die Religion der Liebe, als die das Christentum angetreten ist, hat es in ihrem Einflußbereich nicht vermocht, jene historische Praxis der Versöhnung und Friedensfähigkeit zu begründen, die dem Leben ihres Stifters entsprochen hätte. Eher könnte man der Geschichte des Christentums und einem großen Teil seiner sozialen und kulturellen Verkörperungen die Diagnose stellen, in ihnen spiegele sich die Kehrseite einer Verkündigung, deren unendliche Liebesforderung zugleich Schuldgefühle und latente Aggressionsbereitschaft verstärkt. Innerster Kern dieses Grundwiderspruchs des Christentums scheint zu sein, daß die christologische Symbolik der christlichen Liebesreligion fest mit der Strafmentalität verknüpft ist. Denn: Was kann stellvertretende Sühne anderes bedeuten als justitiable Ersatzleistung oder Darbringung eines Gott versöhnlich stimmenden Opfers? Ist nicht das Zentralsymbol des christlichen Glaubens, das Kreuz Christi mit den Interpretamenten des stellvertretenden Leidens, des Opfers und der Sühne voll und ganz an die Metaphorik der Strafe gebunden, in der das 'Gott *durch* Christus' jenes andere 'Gott *in* Christus' auf verhängnisvolle Weise dementiert, so daß sich am Ende Gott und Christus wie Richter und Gerichteter gegenüberstehen?

Nicht Befreiung von Schuld, sondern Fixierung auf das Schuldbewußtsein war nicht selten Folge des christologischen Sühne- und Stellvertretungsgedankens. Daß das Kreuz Christi zur Projektion masochistischer Selbstquälung dienen kann, deren Kehrseite die sadistische Lust am Strafen darstellt, gehört zu den Grundeinsichten psychoanalytisch informierter Religionskritik. Die Skandalgeschichte des Christentums und die Verirrungen des Bellizismus (s. oben II.4.1, 4.3), der sich nur zu gern der Opferideologie bediente, sprechen eine deutliche Sprache. Und empirische Untersuchungen bei unterschiedlichen, aber kirchlich eng und konventionell gebundenen Gruppen in Nordamerika haben gezeigt: Bei Christen, die sich streng an ein Glaubensverständnis gebunden wissen, das auf Gericht und Sühne konzentriert ist, findet sich ein überdurchschnittliches Maß autoritärer Einstellungen, aggressiver politischer Verhaltensmuster und archaischer Feindbilder (vgl. Russell). Solche Korrelationen von autoritärer Strafmentalität und orthodox-lehrintensiver Christologie lassen erkennen, daß gerade die Mitte des Versöhnungsglaubens den Nährboden für die Verstärkung des Freund-Feind-Schematismus abgeben kann. Die Diagnose müßte dann lauten, der Kern der christlichen Verkündigung sei so beschaffen, daß er weder den innersten, noch den äußeren Frieden der Menschen gewähren könne, daß er vielmehr umgekehrt beide zu gefährden imstande sei.

Es würde zu kurz greifen, wollten wir der Herausforderung, die in dieser kritischen Tiefendiagnose liegt, durch eine schlichte Trennung der Versöhnungsaussagen von den objektiven Momenten der Stellvertretung und Sühne entgehen. Zu eng sind beide Motivzusammenhänge in den alten Texten der jüdisch-christlichen Überlieferung verbunden. Erforderlich ist eine Interpretation, die Sühne und Stellvertretung nicht aus dem Versöhnungsgeschehen ausklammert, sondern ihren verborgenen Gehalt ans Licht hebt und einem neuen Verständnis zugänglich macht. Ausgangspunkt für eine solche Neuinterpretation ist der lange verdrängte Zusammenhang von Versöhnung und menschheitlicher Gewalt (vgl. Girard, Schwager).

Die neutestamentlichen Versöhnungssaussagen gehen von der ungeheuerlichen These aus, das Kreuz Jesu Christi, eine tödliche Gewalttat bedeute die Versöhnung der Welt. Dies spricht aufs deutlichste dafür, daß Versöhnung das nach menschlichem Ermessen ganz und gar nicht Selbstverständliche ist. Die Formel, derzufolge Jesus, der von Haus aus die Sünde nicht kannte, "*für uns zur Sünde gemacht*" wurde, ist der Niederschlag dieser bitteren Erfahrung. Sie wurde gerade dem zuteil, der bedingungslos Versöhnung praktizierte. Jesu Praxis der Versöhnung war ja alles andere als die Aufrichtung einer Norm platter Versöhnlichkeit, sondern bedurfte des Einsatzes seines ganzen Lebens. Jesu "Heil den Armen" zog das "Wehe den Reichen" nach sich (Lukas 6,20-26); von ihm wird sogar gesagt, er sei nicht gekommen, Frieden zu bringen, sondern Entzweiung (Lukas 12,51). Die Gegensätzlichkeit solcher Aussagen rührt nicht daher, daß Jesus sich im Tenor seiner Verkündigung selbst widersprochen hätte und einmal die Liebe, ein andermal den Haß gepredigt hätte. Der Widerspruch ergibt sich vielmehr aus der Wirkung, die Jesus hervorrief. Seine Worte und Taten wirkten aufreizend. So wie im Gleichnis die verzeihende Liebe des Vaters den Neid und die untergründige Rivalität des älteren Sohnes auslöste, so begann das "Murren" der

Selbstgerechten (Lukas 15,2) bald den "Jammer" Jesu über die Verlorenen zu begleiten. Seine Solidarität mit Huren, Zöllnern und Unreinen mußte alles, was Sitte und Anstand hatte, provozieren, weil es allen den Schleier der Anständigkeit raubte. Vor allem: Jesus tabuisierte die Aggressivität keineswegs, sondern legte sie bloß. Der Stachel der sogenannten radikalen Forderungen der Bergpredigt liegt ja - wie wir gesehen haben - zunächst einmal in ihrer decouvrierenden, die Destruktivität der Begierden und die Neigung zur Gewalttat entlarvenden Kraft. Jesus machte nicht den Versuch, die rivalisierenden Begierden, die sich im Teufelskreis der Nachahmung, der Mimesis (Girard) fortzeugen, moralisch oder rituell zu bändigen. Indem er sie aufdeckte, lenkte er sie vielmehr auf sich selbst. Denn wer sollte auf die Dauer diese öffentliche Demaskierung der geheimsten Leidenschaften ertragen? Wenn an ihnen gerührt wird, heißt es: "Da rast der See und will sein Opfer haben". Die von ihren Leidenschaften gepackte Menge folgt dann dem uralten Mechanismus der Sündenbockprojektion, in der unschuldiges Leben plötzlich alle Gewalt auf sich zieht und mit sich wegträgt. Die zwischen den Rivalen latente Gewalt "er-löst" der Dritte, indem er sie an sich selbst manifest werden läßt.

Es handelt sich um ein Psycho- und Soziodrama, das - nun wiederum zur Zeremonie gebändigt - im sakralen Brauchtum vieler Völker auftritt. Seiner reinigenden, karthatischen Wirkung wegen wurde es auch in Israel als eher volkstümlicher Eliminationsritus am Rande des großen Versöhnungstages begangen: Einem Ziegenbock wurden die Sünden des Volkes aufgeladen, um ihn dann als Opfer für den Wüstengott Azazel in die Wüste zu schicken (vgl. 3. Mose 16). Dieses alte Motiv ist es, das Paulus für seine Deutung des Todes Jesu aufgenommen hat. "Für uns zur Sünde gemacht": recht verstanden, artikuliert diese Formel eine bestürzende Wahrheit, die tiefer reicht als die rationale Oberflächenlogik der Strafe und die zweiwertige moralische Schematisierung von Gut und Böse. Was hier thematisch wird, ist die durch das radikal Böse der blinden Leidenschaften freigesetzte Gewalt. Wir haben es mit einer Verarbeitung von Jesu gewaltsamen Tod zu tun, die auf die Allgegenwart des archaischen Dramas der Sündenbockprojektion anspielt. Bewußt läßt die Formel den Urheber des Geschehens offen. Gewiß: Im Sündenbockritus selbst ist es der Hohepriester, der die Sünde der Gemeinschaft auf das Opfer überträgt; doch dieser Symbolismus ritualisiert nur das ursprüngliche Drama der Gewalt, die des Opfers bedarf. Jede undurchschaute Ritualisierung des Opfers muß darum zu einer gefährlichen Sakralisierung der Gewalt führen.

Gerade indem die paulinische Formel die Stelle des Opferherrn nicht besetzt, sondern offenhält, sprengt sie den sakralen Instrumentalismus. Irreführend und für die Geschichte des christlichen Bewußtseins und der kirchlichen Praxis verhängnisvoll war deshalb auch der Versuch, die sakrale Opferlogik in das Verhältnis Gottes zu Jesus hineinzutragen, so als habe der Vater den Sohn opfern müssen, um sich selbst Genugtuung für die Sünde der Menschen zu erwirken. In Wahrheit ist der Tod Jesu Konsequenz einer nicht-sakrifiziellen, ursprünglicheren Opferproduktion: Sie hat ihren Ursprung im Verhängnis menschheitlicher Gewalt, deren Folgen sich Gott selbst in Jesus zugezogen hat.

In Israel wurde das Geschick der leidenden Gerechten im Schema des Sündenbockmechanismus reflektiert, auf dessen Höhepunkt das tragische "alle gegen einen" in das Ruhe und Gemeinschaft gewährende "einer für alle" umschlägt. So heißt es - wiederum verhüllt in die Strafmetaphorik - in Jesaja 53,5 von einem unbekannten "Knecht Gottes": "Die Strafe liegt auf ihm, auf daß wir Frieden hätten, und durch seine Wunden sind wir geheilt." In dieser Tradition jüdischer Theologie hat der christliche Versöhnungsglaube eine neue zusätzliche Dimension aufgedeckt: Der gewaltsame Tod Jesu muß in der Kette des Geschicks der verfolgten Propheten als der letzte und endgültige gelten: "alle gegen einen" - "einer für alle" - nun aber "ein für allemal" (Römer 6,10), denn dieser Tod hat Gott selbst getroffen. "Gott in Christus" ließ sich seine Aufopferung gefallen, ohne zurückzuschlagen.

Der "Richter" ist selbst der "Gerichtete" geworden. Das Drama dieses Rollentausches schafft Versöhnung für die ganze Menschenwelt - und nicht etwa ein Vater, der seinen Sohn hinrichten läßt. Daß Gott keines Menschenopfers bedarf, lehrt ja schon die Geschichte von der Fesselung Isaaks (1. Mose 22,1-19). Daß Jesus die tödliche Gewalt erleiden mußte, ist darum nicht Folge des strafenden, sondern des liebenden Willen Gottes: Einmal sollte sich die Mimesis fortzeugender Gewalt an dem unbedingt Liebenden selbst auswirken und so alle Gewalt *ad absurdum* führen.

Das Sündenbockmotiv deutet den Tod des Getöteten gleichsam von außen, im Kontext menschlicher Sozialität. Betrachten wir die andere Formel, die Paulus zur Deutung des Todes Jesu benutzt, so bestätigt sich unsere Interpretation gleichsam von der Innenseite dessen her, was im gewaltsamen Tod Jesu durch Menschenhand geschah. Diese Innenseite gibt nämlich Auskunft über das Gottesverhältnis Jesu in seinem Tod. Christus "*in seinem Blut zur Sühne hingestellt*" (Römer 3,25) - auch diese Formel sprengt den instrumentell-sakralen Verständnisrahmen. Das wird durch Übersetzungen verdunkelt, die es nahelegen, bei dem griechischen Wort *hilasterion* an ein Sühneopfer oder Sühnmittel zu denken, denn damit wäre die Bedeutung des Terminus im Neuen Testament keineswegs sachgemäß wiedergegeben (vgl. Stuhlmacher 117-135, Gese 102). *Hilasterion* steht vielmehr für das Sühnmal, die *kapporaet,* also die Platte auf der Bundeslade zwischen den Cheruben. Die kapporaet war der Ort der höchsten Sühnung am großen Versöhnungstag, dem Jom-Kippur, wenn der Hohepriester durch den Vorhang hindurch ins Allerheiligste trat, um das Blut des Opfertiers auf die Platte zu sprengen. Kapporaet/hilasterion also ist nicht das Opfer, sondern der Ort der Sühne. Als Leerstelle zwischen den Cheruben ist sie der Wohnsitz des unsagbaren Gottes, die Stätte seiner Präsenz, der Ort der intensivsten Begegnung mit ihm. Daran knüpft die judenchristliche Traditionslinie an, die Paulus in der Formel von Römer 3,25 zitiert.

Im Neuen Testament hat zumal der Hebräerbrief (9,24-28) alle Kraft darauf verwandt, das Priestertum Jesu Christi als Gegenbild zum Hohenpriestertum des alten Bundes auszulegen. Doch spricht die Formel nicht von einem Opfer als Ersatzleistung für einen ihm äußerlichen Zweck, sondern vom Selbsteinsatz Jesu ins Geheimnis Gottes. Während der Hohepriester stets eine Schüssel sühnenden Blutes in der Hand hielt, hatte Jesus, als er vor das Angesicht Gottes trat, nichts in der Hand, nicht einmal sich selber. Als er am Kreuz einen Schrei tiefer Verzweifelung und Gottverlassenheit ausstieß, zerriß der Vorhang im Tempel (Markus 15,34ff) und gab das Allerheiligste für die Welt frei. Im Augenblick dieses Schreis, im Moment dieses Risses hat Jesus die ihm feindliche Menschenwelt gegen Gott bei Gott vertreten und das Geheimnis Gottes veröffentlicht. Die Formel gibt zu verstehen, Jesus sei öffentlich zur Sühne hingestellt worden. Er ist an die Leerstelle des fernen Gottes getreten. Zum Zeitpunkt dieses Schreis und dieses Risses ist die ganze Welt geheiligt und ist das Heilige ganz weltlich geworden: Himmel und Erde sind versöhnt. In der Beziehung zu Gott ist Jesu Kreuz nicht Opfer, sondern Ort der Versöhnung - den Kult der Sühne und des Opfers ein für allemal entzaubernd.

So gewiß also die Texte mit den Motiven des Opfers und der Sühne arbeiten, um deren überschießenden Sinn zu entbinden, so wenig darf doch, nachdem dieser verstanden ist, mit dem verarbeiteten Vorstellungsmaterial einfach im alten Sinn weitergearbeitet werden. Wir fassen diesen neuen Sinn, auf den das alte Vorstellungsmaterial verweist, im Begriff der *Stellvertretung* zusammen. Stellvertretung legt personal aus, was in der juridisch-sakrifiziellen Metaphorik von Strafe, Opfer und Sühne instrumentell gedacht worden ist. Als der Versöhner ist Jesus Christus Stellvertreter in doppelter Hinsicht: Als Opfer mimetischer Gewalt vertritt Jesus Gott bei den Menschen; dieser eine wahre Gott läßt sich erschlagen ohne zurückzuschlagen, er zieht alle Gewalt auf sich, um ihre Macht zu brechen. In der Selbsthingabe vertritt Christus die Menschen bei Gott; dieser eine wahre Mensch macht sich zum reinen, gewaltlosen Mittel, das dem *circulus vitiosus* der Opferproduktion jede rechtfertigende Grundlage entzieht.

Jesus, der Stellvertreter, ist damit grundverschieden von allen Objekten sakraler und religiöser Verehrung, die letztlich der Perpetuierung des Sündenbockmechanismus entstammen. Weil sich die Gewaltspirale des nuklearen Rüstungswettlaufs nur um den Preis der Massenvernichtung entladen könnte, sind im Nuklearzeitalter die Mittel der Gewalt zum Gegenstand einer ebenso archaischen wie gigantischen Resakralisierung geworden. Darum geht die Herausforderung der Nuklearwaffen in der Tat über ein Problem der ethischen Urteilsbildung im engeren Sinn hinaus und wird zu einer religiösen Frage, zur Herausforderung des christlichen Bekenntnisses. Als Erinnerung an die Durchbrechung mimetischer Gewalt kann das Bekenntnis zu Jesus Christus darum nur die prinzipielle Absage an den Geist eines Systems organisierter Friedlosigkeit sein, das die Bombe zum Götzen, zum Symbol eines globalen *tremendum et fascinosum* gesteigert hat und sich auf das quasireligiöse Vertrauen stützen muß, gerade das drohende Gericht des atomaren Holocaust gereiche der Menschheit zum Segen.

### d) Die Zukunft der Versöhnung

Anders als das Wort "Frieden", bei dem erst hinzugefügt werden muß, er sei kein Zustand, sondern ein Prozeß, macht "Versöhnung" schon als *nomen actionis* klar, daß sie nur als zukunftsoffenes Geschehen gedacht werden kann. Wenn wir den tiefsten Grund von Versöhnung in der Vergebung zu sehen haben, die sogar die lastende Vergangenheit von Sünde und Schuld verwandelt, dann enthält wahre Versöhnung auch die immer noch größere Verheißung einer künftigen, alle Lebensverhältnisse umfassenden Verwandlung und Einigung, die durch menschliche Eigenmacht nicht mehr zerstört werden kann. Und wenn das christliche Bekenntnis zu Jesus Christus, dem Versöhner und Stellvertreter, einer prinzipiellen Absage an die Gewalt gleichkommt, so darf doch nicht aus dem Blick geraten, daß in der noch nicht erlösten Welt die anfängliche Versöhnung immer neu der Verwirklichung bedarf. Mit falscher Versöhnung haben wir es zu tun, wenn die Wirklichkeit der Versöhnung perfektisch wahrgenommen und als fertig, abgeschlossen und vorhanden behauptet wird.

Nun spricht das Neue Testament von Versöhnung nahezu durchweg in gehobenem, hymnischen Stil; außer dem schon erörterten Text 2. Korinther 5,17-21 sind vor allem Kolosser 1,15-20 und Epheser 2,14-17 als hohe Lieder der Versöhnung zu nennen. Sie feiern Versöhnung als vollzogenes Geschehen von kosmischer Universalität. Dichtung also und nicht Handlungsanweisung, Poetik und nicht Ethik regieren hier die Sprache der Versöhnung. Damit tritt in den alten christlichen Texten wiederum eine für den Versöhnungsgedanken überhaupt charakteristische Zweideutigkeit auf. Sie besteht darin, daß der Lobpreis und die Feier schon geschehener Versöhnung sowohl zur *Verklärung des status quo* als auch zum *selbstgewissen Besitz* werden können. Über eine unversöhnte Wirklichkeit legt sich dann der Schleier des Scheins. Das Christentum befindet sich - zumal als institutionalisierte Religion - immer in der Gefahr, dem Schein falscher Versöhnung zu erliegen. Daß dieser Gefahr schon früh begegnet werden mußte, wollen wir uns am Modell der beiden erwähnten Texte aus der Paulusschule klarmachen.

In einer seiner hymnischen Dichtungen feiert der Kolosserbrief (1,15-20) die *Versöhnung des Alls*:

"Er ist das Ebenbild des unsichtbaren Gottes, der Erstgeborne vor aller Schöpfung. Denn in ihm ist alles geschaffen, was im Himmel und auf Erden ist, das Sichtbare und Unsichtbare, es seien Throne oder Herrschaften oder Mächte oder Gewalten; es ist alles durch ihn und zu ihm geschaffen. Und er ist vor allem, und es besteht alles in ihm. Und er ist das Haupt des Leibes, nämlich der Gemeinde. Er ist der Anfang, der Erstgeborene von den Toten, damit er in allem der Erste sei. Denn es hat Gott wohlgefallen, daß in ihm alle Fülle wohnen sollte und er durch ihn alles mit sich versöhnte, es sei auf Erden oder im Himmel, indem er Frieden machte durch sein Blut am Kreuz."

Der historische Kontext des Liedes illustriert die Ideologieanfälligkeit der Religion. Das ursprüngliche Lied ist offenbar im Umkreis einer Irrlehre formuliert, mit der der Briefsteller sich auseinanderzusetzen hat. In Kolossae, einem Ort im südwestlichen Landesinneren Kleinasiens, gab es im 1. Jahrhundert nach Christus eine intellektuelle Bewegung, die die Grundstrukturen der Welt zum Gegenstand der Frömmigkeit machte. Die Stoffe, aus denen die Welt gewirkt war und die Elemente, aus denen sie sich zusammensetzte, wurden als Mächte und Gewalten gefürchtet und verehrt. Dieser Mythos bändigte die Angst, das gefügte System der kosmischen Elemente könne sich jederzeit auflösen. Eduard Schweizer hat die Stimmung der Zeit, die gerade heute wieder nachempfunden werden kann, beschrieben:

"Die Erde war nicht mehr der sichere Boden, auf dem man festen Stand gewinnen konnte. Sie war brüchig geworden. Alle Elemente waren in Aufruhr, und nur das prekäre Gleichgewicht im Kampf aller gegen alle hielt die Welt einigermaßen zusammen. Aber Naturkatastrophen ließen ahnen, was geschehen könnte, wenn eines der Elemente das Übergewicht bekäme, die Erde zur Dürre, das Wasser zur Flut, das Feuer zum Vulkanausbruch, die Luft zum Zyklon würde. Wer garantierte, daß sich die Elemente nicht völlig aus ihrer Ordnung lösten, so daß der gesamte Kosmos in einem fürchterlichen Weltenbrand oder einer alles vernichtenden Sturmflut auseinanderbrach?" (Schweizer 217).

Die kolossische Ideologie suchte nun Einheit und Zusammenhalt des Kosmos durch Demut (Kolosser 2,18.23), durch Ein- und Unterordnung unter die gegebene Verfassung der Welt zu gewährleisten. Nährboden dieser Propaganda der Fügsamkeit unters Bestehende dürfte die politisch-soziale Lebenswirklichkeit im römischen Imperium gewesen sein. Man kann ihre Vertreter unter den politisch einflußlosen, aber sozial privilegierten Angehörigen der Ober- und Mittelschichten vermuten. In der Hypostasierung der irdischen "Throne" und "Gewalten" zu himmlischen "Herrschaften" und "Reichen" verarbeiteten sie "ihre politische Ohnmacht gegenüber der zwingenden römischen Staatsmacht ..., aber auch deren Segnungen durch die Aufrechterhaltung der bestehenden Sozialordnung, von der sie profitierte" (Wengst 17). Die sakralisierte politische Herrschaft wurde als zugleich schrecklich und förderlich erfahren. Die Bewältigung dieser Ambivalenz durch Unterordnung unter die pax Romana forderte ihren Preis. Die Aufrechterhaltung des status quo scheint durch Unterdrückung der inneren Natur, durch Askese, Berührungstabus, Reinheitswahn und zwanghafte Strukturierung der Zeit erkauft worden zu sein (Kolosser 2,16.21.23).

Der christliche Glaube widersteht seinem Mißbrauch zur Ideologie falscher Versöhnung nicht schon dann erfolgreich, wenn er gegen den *horror vacui* vor der Selbstauflösung des Kosmos den solennen Lobpreis des Schöpfungsmittlers und Allversöhners anstimmt. Wenn die Anbetung des "Erstgebornen vor aller Schöpfung" die Erfahrung des Ausgeliefertseins an die kosmischen Mächte bloß kompensiert, dann ist sie nur Ausdruck des Elends unversöhnter Verhältnisse und dient der Anpassung an die Mächte und Gewalten der bestehenden Welt. Deshalb ist es von Interesse zu sehen, wie der Verfasser dieser Gefahr durch korrigierende Zusätze an dem von ihm übernommenen Hymnus entgegengetreten ist.

Zunächst hat er festgehalten, daß der Frieden und Versöhnung schaffende Sieg über die Mächte durch das reine Gegenteil, die Niederlage und Ohnmacht des Kreuzes hindurch erfolgt ist (Kolosser 1,20). Indem der Schreiber des Briefes die durch den gewaltsamen Tod

Jesu erwirkte Aufhebung der Sünde gerade gegen die in Kolossae eingedrungene Irrlehre geltend macht, wird deutlich: Die Wirklichkeit der Sünde sprengt den juridisch-moralischen Schuldbegriff, der auf den freien Willen des einzelnen abstellt. Sünde wird nämlich "manifest im Sichfügen in die Machtstrukturen einer vorgegebenen Weltordnung, um darin Lebenssicherung und Lebensgewinn zu erhalten" (Wengst 21). Sünde ist gehorsame Unterordnung unter die Mächte des Bestehenden, ängstliche Einordnung in die eigengesetzlichen Strukturen der vorhandenen Welt, nachahmende Anpassung an die "Satzungen" (Kolosser 2,14) der gewaltschürenden Gewalten. Sünde ist in Feindschaft gegen Gott verharrende Einordnung in einen vorgegebenen Gewaltzusammenhang, dessen Bann doch durch den Versöhner gelöst wurde, als er alle Gewalt auf sich gezogen hat. Versöhnung bedeutet von daher nicht Anpassung, sondern Befreiung vom Zwang zur Unterordnung.

Schließlich hat der Verfasser eine Weltanschauung korrigiert, die die zerbrechliche Einheit der Schöpfung unmittelbar auf Christus als die allmächtige Kraft zurückführt, die die Welt im Innersten zusammenhält. Denn wo Christus zum kosmischen Prinzip der Welt verdinglicht wird, da wird er selber in den vorhandenen Grundriß der Welt eingezeichnet und ihm unterworfen. Demgegenüber verweist der Verfasser auf die Gemeinde als den geschichtlich-sozialen Ort der Einwohnung Christi (Kolosser 1,27f). Die Gemeinde, eine Gruppe von Menschen und nicht irgendeine über- oder hinterweltliche Realität, ist der Ort, an dem das Zusammenstimmen widerstreitender Elemente soziale Wirklichkeit geworden ist.

Genau dieser Grundgedanke steht hinter dem dritten großen Versöhnungslied des Neuen Testaments, Epheser 2,14-17:

"Er ist unser Friede, der aus beiden eines gemacht hat und den Zaun abgebrochen hat, der dazwischen war, nämlich die Feindschaft. Durch das Opfer seines Leibes hat er abgetan das Gesetz mit seinen Geboten und Satzungen, damit er in sich selber aus den zweien einen neuen Menschen schaffe und Frieden mache und die beiden versöhne mit Gott in einem Leib durch das Kreuz, indem er die Feindschaft tötete durch sich selbst. Und er ist gekommen und hat im Evangelium Frieden verkündigt euch, die ihr fern wart, und Frieden denen, die nahe waren."

Dieser Text verkündet Christus als den neuen Menschen, der die Mauer zwischen bis aufs Blut verfeindeten Gruppen durchbrochen hat. Hier wird erstmals ausdrücklich die Versöhnung mit Gott zugleich als Aufhebung des *Antagonismus unter den Menschen* und als friedenstiftende Vereinigung von Fernen und Nahen gefeiert. Die christliche Gemeinde versteht sich hier selbst als das Abbild einer versöhnten Menschheit im kleinen. Dazu war sie durch das Verhältnis von Juden und Christen herausgefordert. In den Jahren 70 n.Chr. hatte sich in der kleinasiatischen und ägyptischen Diaspora trotz kaiserlicher Toleranzedikte ein Feindschaftsverhältnis zwischen Juden und einheimischer heidnischer Bevölkerung entwickelt, das sich in Pogromen zu entladen drohte. Zu dieser Zeit zielt der Ephesertext "hinein in die Welt des antiken Antisemitismus und der jüdischen Heidenverachtung und verkündet hier die Überwindung der Juden und Heiden bislang trennenden Feindschaft durch Christus den Versöhner" (Stuhlmacher 243).

Gleichwohl ist genauer zu fragen, was damit für das Verständnis von Versöhnung gesagt ist. Christus wird als "unser Friede" vorgestellt. Er gibt einer Menschheit Raum, in der Juden und Heiden zu einer neuen Lebensgemeinschaft versöhnt sind. In Christus haben die vormals fernen Völker Zugang gewonnen zur Hoffnung des Volkes Gottes. Der Zutritt der Heiden zu den Verheißungen Israels ist dadurch eröffnet worden, daß Christus in seinem leiblichen Tod das Gesetz als den trennenden "Zaun" zwischen Juden und Heiden abgebrochen hat. Der Verfasser spielt dabei wohl auf die besondere Rolle der rituellen Vorschriften im zeitgenössischen Diasporajudentum an. Die Tora wurde hier als undurchdringliche Mauer von kosmischen Dimensionen verstanden. Sie sollte Beschnittene und Unbeschnittene sozial trennen und so die reine Lebensordnung des Judentums schützen. Doch die Kehrseite dieses verabsolutierten Gesetzesverständnisses waren Selbstisolation und Kommunikationsabbruch, daraus folgend Anstachelung von Haß und Mißgunst der Umwelt. In dieser Situation wechselseitiger Feindseligkeit und Entfremdung verweist der Text auf die Juden- und Heidenchristen einende Kirche: Der Epheserbrief vertritt ein ekklesiologisches Integrationsmodell der Versöhnung.

Aber auch diese Auslegung von Versöhnung als Gruppenintegration durchzieht von Anfang an eine Zweideutigkeit. Sie ist in Gefahr, das friedliche Zusammenleben im Innern (vgl. Epheser 4,7; 5,27) zum Ersatz für die universale Weite der Versöhnung und die Mitwirkung an ihr werden zu lassen. Eine als Repräsentantin geschehener Versöhnung im kleinen verstandene Kirche verdrängt nur zu leicht die Welt als Schauplatz des unabgeschlossenen historischen Prozesses von Konflikt und Versöhnung. Versöhnung ist aber unteilbar und universal. Wo die Gegenwart der Versöhnung nicht als Gegenwart ihrer immer noch ausstehenden größeren Zukunft verstanden wird, da wird sie erneut zum Instrument des Ausschlusses. So kommt etwa der Epheserbrief der These eines christlichen Antijudaismus gefährlich nahe, wonach die Kirche die Verheißungen des alten Bundes beerbt, in Gestalt der Judenchristen den erwählten Rest Israels in sich aufgenommen und so selbst an die Stelle des alten Gottesvolkes der Juden getreten sei. Gerade das Thema des Verhältnisses von Juden und Christen nötigt nachdrücklich zu der Einsicht: "Versöhnung" wird nur dann nicht zum Mittel der Einvernahme oder des Ausschlusses des anderen denaturiert, wenn die Zukunft der Versöhnung offenbleibt. Dies hat Paulus selbst im Römerbrief gerade anläßlich seiner theologischen Deutung des Verhältnisses von Judentum und Christentum festgehalten. Am Ende der großen Kapitel Römer 9-11 hat er die Tatsache, daß Israel den Glauben an Jesus verweigert hat, als den geheimnisvollen Umweg bezeichnet, durch den die Versöhnung begonnen hat, auf die ganze Menschheit überzugreifen (Römer 11,15.25ff). Dieser Versöhnungsgedanke zielt auf ein weltgeschichtliches Konflikt- und Prozeßmodell der Versöhnung: Am Ende dieses Prozesses wird Israel hinzutreten und die Fülle der versöhnten Menschheit vollenden. In diesem Prozeß geht es nicht um Vereinnahmung, sondern um die Anerkennung des anderen in seiner Andersheit.

Zwei für den Versöhnungsgedanken exemplarische und miteinander zusammenhängende Ambivalenzen wollten wir uns anhand der Texte aus Kolosser 1 und Epheser 2 verdeutlichen: die Tendenz, durch Versöhnungsrhetorik den *status quo* zu verklären; und die Gefahr, Versöhnung zum Besitz und damit zum Mittel des Kommunikationsabbruchs, der Exkommunikation zu verkehren. Beide Gefährdungen begleiten das Christentum, wo es sich als Religion zum Sozialkitt mißbrauchen oder als Kirche zur Heilsanstalt verdinglichen läßt. Versöhnung als Vereinigung des Getrennten verlangt jedoch nicht Anpassung, sondern gründet in Befreiung. Versöhnung bedeutet nicht Einvernahme, sondern Anerkennung des Nicht-Integrierbaren. Versöhnung ist der Name für die konstruktive Zukunftsperspektive in Konflikten. Sie erfordert Formen der Kommunikation, die, indem sie der Opfer der Gewalt eingedenk bleibt, den Gewaltzirkel unterbricht. Wenn Paulus das Summarium seines Versöhnungszeugnisses "an Christi statt" mit der Bitte enden läßt "Laßt euch versöhnen mit Gott" (2. Korinther 5,20), so hat er mit der Sprachhandlung der Bitte den Kern aller Versöhnungsethik offengelegt. Denn die Bitte ist ein reines Mittel solidarisch-kommunikativen Handelns: Sie tritt in Beziehung, ohne zu vereinnahmen; sie kann gewinnen, ohne zu zwingen; sie setzt auf eine Antwort, über die sie nicht verfügen kann.

LITERATUR: *W. L. Bühl* (Hg.), Konflikt und Konfliktstrategie. Ansätze zu einer soziologischen Konflikttheorie, München 1972 - *H. Gese*, Die Sühne, in: Ders., Zur biblischen Theologie, München 1977, 85-106 - *R. Girard*, Das Ende der Gewalt. Analyse des Menschheitsverhängnisses, Freiburg/Basel/Wien 1983 - *W. Huber*, Versöhnung beginnt, wo Verdrängung endet, in: K. v. Bonin, (Hg.), Deutscher Evangelischer Kirchentag Frankfurt

1987. Dokumente, Stuttgart 1987, 655-667 - *W. Huber*, Konflikt und Versöhnung, in: J. Assmann/D. Harth, Kultur und Konflikt, Frankfurt 1989 - *N. Luhmann*, Soziale Systeme. Grundriß einer allgemeinen Theorie . Frankfurt 1984 - *L. Raiser*, Versöhnung, in: H. J. Schultz (Hg.), Politik für Nichtpolitiker, Stuttgart 1970, 236-242 - *H.-R. Reuter*, Versöhnung im Neuen Testament. Eine systematische Besinnung, in: Theologia Practica 18, 1983, 29-43 - *E. W. Russell*, Christentum und Militarismus, in: W. Huber/G. Liedke (Hg.), Christentum und Militarismus, Studien zur Friedensforschung 13, Stuttgart/München 1974, 21-109 - *R. Schwager*, Brauchen wir einen Sündenbock? Gewalt und Erlösung in den biblischen Schriften, München 1978 - *E. Schweizer*, Der Brief an die Kolosser, Neukirchen-Vluyn 1976 - *H. Stierlin*, Eltern und Kinder. Das Drama von Trennung und Versöhnung im Jugendalter, 2. Aufl., Frankfurt 1976 - *P. Stuhlmacher*, Versöhnung, Gesetz, Gerechtigkeit, Göttingen 1981 - Versöhnung und Frieden mit den Völkern der Sowjetunion. Herausforderungen zur Umkehr. Eine Thesenreihe, Gütersloh 1987 - *K. Wengst*, Versöhnung und Befreiung, in: Evangelische Theologie 36, 1976, 14-26.

### *1.3. Die Verheißung der Schöpfung*

Wie auch immer im einzelnen die Friedensbegriffe der europäischen Tradition untereinander variieren, ob sie den Frieden der Seele oder des Gemeinwesens, den innerstaatlichen oder den zwischenstaatlichen Frieden akzentuieren: einig sind sie sich darin, den Frieden auf die Menschen zu beziehen, ihn also als menschlichen Frieden aufzufassen. Der Frieden in der außermenschlichen Natur, der Frieden der Schöpfung in einem weitergespannten Sinn tritt in der Regel nicht in den Horizont der friedensethischen Reflexion. Die kosmische Weite des Friedensverständnisses, die uns in Frömmigkeit und Lebenspraxis des Franz von Assisi entgegentreten, bilden eine höchst seltene Ausnahme (s. oben I.2.3). In der Regel ist vom "Frieden der Natur" allenfalls metaphorisch oder in poetischem Überschwang die Rede. In der ethischen Reflexion wie in der organisierten gesellschaftlichen Praxis dagegen erscheint das Verhältnis der Menschen zur außermenschlichen Natur über Jahrhunderte hinweg nicht unter der Perspektive des Friedens, sondern der Herrschaft, nicht im Bild der Eintracht, sondern der Unterwerfung. Die außermenschliche Natur - die "Erde" - gilt als das Material, an dem die Menschen ihre Pflicht zur Eroberung und Veränderung der Welt erfüllen. Sie gilt als der Bereich, in dem die Menschen dem ihnen mit der Schöpfung gegebenen Auftrag zur Herrschaft - zum *dominium terrae* - nachkommen. Der *homo faber* verwirklicht sich selbst durch die systematische Bearbeitung der Natur. Die Ausweitung seiner Erdherrschaft gilt als wichtiges Maß des Fortschritts. Die Unterwerfung der Natur steht im Dienst des Friedens unter den Menschen.

Erst die gigantischen Erfolge dieses Programms haben seine Ambivalenz an den Tag gebracht. Vor allem haben sie gezeigt: Die Herrschaft der Menschen über die außermenschliche Natur bewirkt zwar einen Zuwachs an Verfügungs- und Gestaltungsmöglichkeiten; doch die Unterwerfung der Natur führt nicht zum Frieden unter den Menschen. Vielmehr vervielfacht sie die möglichen Anlässe des Konflikts, inbesondere des Streits um die Ressourcen der Erde. Und sie instrumentiert diesen Konflikt mit neuen Gewaltmitteln von zuvor unbekannter Grausamkeit. Erst angesichts dieser Zwiespältigkeit entsteht ein neues Bewußtsein dafür, daß der Kosmos nicht nur das Material menschlicher Herrschaftsentfaltung und Selbstverwirklichung bereitstellt, sondern daß ihm als Schöpfung eine eigene Würde zukommt. Die Welt existiert nicht nur als Material menschlicher Arbeit; sie hat ihren Sinn nicht darin, ununterbrochen zur menschlichen Bearbeitung zur Verfügung zu stehen. Vielmehr kennt auch die außermenschliche Natur einen "Sabbat", eine Zeit der Freiheit, in der ihre Selbstzwecklichkeit sich zu entfalten vermag. Auch die außermenschliche Natur hat ihre Geschichte nicht nur kraft ihrer Bearbeitung durch den Menschen; sondern ihr eignet eine Geschichte, die sie nicht dem Menschen verdankt. Und keineswegs führt die menschliche Bearbeitung der Natur von sich aus zu ihrer "Humanisierung", was doch ernstgenommen nur heißen könnte: zu ihrer Befreiung. Vielmehr äußert sich die menschliche Arbeit an der Natur als Gewalt: als gewaltsame Unterwerfung, als Knechtung der Schöpfung.

Die außermenschliche Natur ist ein Opfer menschlicher Gewalt. Dadurch gewinnt die Frage nach dem Frieden in der Schöpfung ihr spezifisches Gewicht. Die besondere Gestalt, welche die Gewalt der Menschen gegen die Natur in der Neuzeit angenommen hat, nötigt dazu, auch die Frage nach dem Frieden in der Schöpfung, nach der Versöhnung der Menschen mit der außermenschlichen Natur als ein eigenständiges Thema der Friedensethik anzuerkennen.

### a) Die Hoffnung der Kreatur

Für eine solche friedensethische Reflexion der Schöpfung bildet die Wahrnehmung der verletzten und beschädigten, der getöteten und ausgerotteten Kreatur den Ausgangspunkt. Die fortschreitende Vernichtung von Tier- und Pflanzenarten, die rücksichtslose Ausbeutung begrenzter Naturvorräte und Energiequellen, die egozentrische Zerstörung ökologischer Gleichgewichte und der an sie gebundenen Erneuerungsmöglichkeiten des Lebens, die Maximierung von Produktion und Konsum auf Kosten der außermenschlichen Natur und der Lebensmöglichkeiten künftiger Generationen bilden diejenigen Felder, auf denen die Kreatur unter den Herrschaftsansprüchen der Menschen besonders offensichtlich zu leiden hat. Es ist nicht übertrieben, wenn man dieses Leiden als die Wirkung direkter, physischer Gewalt beschreibt.

Nun bildet die Gewalt in der Schöpfung und die Gewalt gegen die Schöpfung eines der wichtigen Themen des jüdisch-christlichen Schöpfungsdenkens, wenn auch eines, das über Jahrhunderte hinweg in den Hintergrund gedrängt war. Der Zugang zur Wahrnehmung der Welt als Schöpfung erschließt sich dieser Tradition geradezu in dem Aufmerken auf das angstvolle Seufzen der geknechteten Kreatur. In keinem anderen biblischen Text kommt diese Aufmerksamkeit eindringlicher zum Ausdruck als in einem Abschnitt des paulinischen Römerbriefs (Römer 8, 18-24):

> "Ich bin überzeugt, daß die Leiden der gegenwärtigen Zeit nichts bedeuten im Vergleich zu der Herrlichkeit, die an uns offenbar werden soll. Denn die ganze Schöpfung wartet sehnsüchtig auf das Offenbarwerden der Söhne Gottes. Die Schöpfung ist der Vergänglichkeit unterworfen, nicht aus eigenem Willen, sondern durch den, der sie unterworfen hat; aber zugleich gab er ihr Hoffnung. Auch die Schöpfung soll von der Sklaverei und Verlorenheit befreit werden zur Freiheit und Herrlichkeit der Kinder Gottes. Denn wir wissen, daß die gesamte Schöpfung bis zum heutigen Tag seufzt und in Geburtswehen liegt. Aber auch wir, obwohl wir als Erstlingsgabe den Geist haben, seufzen in unseren Herzen und warten darauf, daß wir mit der Erlösung unseres Leibes als Söhne offenbar werden. Denn wir sind gerettet, doch in der Hoffnung."

Die Aussage, daß die Kreatur seufzt und Schmerz empfindet, ist unserem neuzeitlichen, durch die Naturwissenschaften geprägten Denken äußerst ungewohnt. Die Vorstellung, daß die Natur leidet und sehnsüchtig, in "ängstlichem Harren" (so Luthers Übersetzung) auf ein Ende des Leidens wartet, hat in diesem Denken keinen Platz. Es schreibt Leidensfähigkeit allein dem Menschen zu; denn im Bewußtsein, über das allein der Mensch verfügt, sieht es eine unumgängliche Veraussetzung dafür, Leid zu empfinden. Gemäß der scharfen Trennung zwischen Mensch und Natur, von der das naturwissenschaftliche Weltbild seit Francis Bacon und René Descartes bestimmt ist, sind Gefühle ebenso wie das Denken dem Menschen reserviert. Als *res cogitans* steht er der Natur als der Welt der *res extensae* gegenüber. Alle nicht-menschlichen Lebewesen erscheinen als ausgedehnte Körper, die den Naturgesetzen gehorchen und der Herrschaft des Menschen ausgesetzt sind. Denn eine in sich eigenständige Würde kommt allein dem Menschen, dem geistbegabten Wesen, zu. Die

Würde aller anderen Lebewesen und Naturgegenstände bemißt sich allein nach ihrem (materiellen oder ästhetischen) Gebrauchswert für den Menschen.

Es ist leicht zu sehen, daß diese Trennung zwischen Mensch und Natur einen der Faktoren bildet, die zur ökologischen Krise der Gegenwart unmittelbar beigetragen haben. Die in Jahrmillionen aufgebauten ökologischen Gleichgewichte wurden zur beliebigen Disposition menschlicher Nutzungsinteressen gestellt. Am Gebrauch der natürlichen Rohstoffe und Energiequellen läßt sich das am einfachsten erkennen. Der menschliche Herrschaftsanspruch hat Gewalten entbunden, die die ökologische Selbstregulierung natürlicher Systeme außer Kraft setzen. Durch Desorganisation schlägt die Natur gegen ihre Vergewaltigung zurück. Erst seitdem dadurch die Grundlagen menschlichen Lebens selbst unmittelbar gefährdet sind, beginnt ein Prozeß des Umdenkens. Auch noch die Umkehr bleibt freilich oft von der anthropozentrischen Verengung geprägt, die die Wahrnehmung der Natur in der Neuzeit bestimmt hat. Doch die Einsicht gewinnt an Boden, daß jenes Umdenken auch die Revision des Dualismus von Mensch und Natur einschließen muß. Auf der theoretischen Ebene hat sich die Erkenntnis weithin durchgesetzt, daß Geist und Materie nicht voneinander getrennt gedacht werden können. Zu den Folgerungen aus dieser Erkenntnis gehört aber, daß in der "Objektwelt" der außermenschlichen Natur Empfindungsfähigkeit vorausgesetzt werden muß, und daß die Würde der außermenschlichen Natur nicht auf ihren Wert für den erkennenden und benutzenden Menschen reduziert werden kann. Doch die Technikentwicklung und deren industrieller Gebrauch folgen in weiten und besonders durchsetzungsstarken Teilen noch immer dem Schema der Spaltung zwischen Mensch und Natur. Die wissenschaftliche Einsicht in das Wechselverhältnis zwischen Mensch und Natur und die ökonomische Organisation eines Herrschaftsverhältnisses des Menschen über die Natur liegen im Konflikt miteinander. Angesichts dieses Konflikts entfaltet jener Zug des jüdisch-christlichen Schöpfungsdenkens, der die Wahrnehmung der Schöpfung beim Leiden der Kreatur beginnen läßt, einen unmittelbar praktischen Sinn.

Die Schöpfung ist der Vergänglichkeit *(mataiotes)* unterworfen, sagt Paulus. Eine solche Aussage mußte neuzeitlichem Denken so lange als unverständlich erscheinen, solange es, einer schon in der griechischen Philosophie entwickelten Vorstellung folgend, von der Ewigkeit des Kosmos ausging. Erst die physikalische Kosmologie unseres Jahrhunderts hat diese Vorstellung revidiert. Sie versteht den Kosmos als eine geschichtliche Größe, die in der Zeit ihren Anfang genommen hat. Die Sonnensysteme innerhalb des Kosmos haben, so lehrt die Physik des Makrokosmos, eine unterschiedliche Lebensdauer; ihre Existenz ist zeitlich begrenzt, durch Anfang und Ende bestimmt. Aber auch der Kosmos im ganzen läuft auf ein Ende zu. Im Prozeß seiner Expansion wird er einen maximalen Durchmesser erreichen, um alsdann in sich zusammenzustürzen. Astrophysiker mutmaßen, daß auf diese Kontraktion eine neue Explosion, die Entstehung eines neuen Kosmos folgen könne. Nicht nur im Blick auf einzelne Lebewesen oder einzelne Arten, sondern auch im Blick auf den Kosmos im ganzen hat die Rede von der Vergänglichkeit der Schöpfung einen neuen Sinn gewonnen.

Die Schöpfung leidet, so sagt Paulus, unter "Sklaverei und Verlorenheit" (so die Einheitsübersetzung), unter der "Knechtschaft der Vergänglichkeit" (so Luther). Was hier mit "Verlorenheit" oder "Vergänglichkeit" wiedergegeben wird, bezeichnet Paulus, wörtlich genommen, schärfer; er spricht von "Verderben" *(phthora)*. In die Schöpfung, so setzt er damit voraus, ist ein Verderben hineingekommen, das die Kreatur versklavt, ihr also die Freiheit raubt. Damit, so läßt sich vermuten, bezieht er sich absichtsvoll auf die biblische Urgeschichte zurück. Denn sie spricht schon von dem Verderben, das über die Schöpfung gekommen ist: von dem Verderben der Gewalt. Der Zusammenstoß von Schöpfung und Gewalt zählt zu den Schlüsselthemen in den ersten Kapiteln der hebräischen Bibel.

Die biblische Urgeschichte (1. Mose 1-11) schildert insgesamt in einem dramatischen Modell die Diskontinuität in der Schöpfung, die Unterbrechung des Schöpfungszusammenhangs durch die Gewalt. Die Erzählungen der Urgeschichte spiegeln die Erfahrung, daß dem Menschen der unmittelbare Zugang zu einer ungebrochenen Schöpfungswirklichkeit, zu einer kontinuierlichen Geschichte der Schöpfung verschlossen ist. Sie spiegeln das Faktum, daß die Menschen mit der Schöpfung nicht im Einklang, nicht im Frieden leben. Zum Erwachsenwerden der Menschheit wie der einzelnen, so lehren diese Erzählungen, gehört die Erfahrung der Diskontinuität. Fall und Sintflut sind deren Symbole. Es handelt sich um eine Diskontinuität, die vor allem durch Auflehnung und Gewalt bestimmt ist. Die Auflehnung gegen Gott ist der Gegenstand der Sündenfallgeschichte; die soziale Gewalt wird in der Erzählung von Kain und Abel geschildert; die ökologische Gewalt aber wird in der Sintflutgeschichte zum Thema, an deren Anfang es heißt (1. Mose 6,11-13):

"Die Erde aber war in Gottes Augen verdorben; sie war voller Gewalttat. Gott sah sich die Erde an: Sie war verdorben; denn alle Wesen aus Fleisch auf der Erde lebten verdorben. Da sprach Gott zu Noach: Ich sehe, das Ende aller Wesen aus Fleisch ist da; denn durch sie ist die Erde voller Gewalttat. Nun will ich sie zugleich mit der Erde verderben."

Das Urteil Gottes, aus dessen Schöpferperspektive die Schöpfung "sehr gut" war (1.Mose 1,31), besagt, daß das Verderben, das von der Gewalt der Menschen ausging, die Erde im ganzen in seinen Bann zog. Auf diese Diagnose folgt ein Urteil, welches das Schicksal der Erde der Verfügungsgewalt der Menschen entzieht. Der Sintflut ist alles Lebende ausgeliefert; daß die Insassen der Arche überleben, verdanken sie allein der göttlichen Anweisung. Daß die Wassermassen zurückweichen und neuem Leben Raum geben, liegt allein in einem göttlichen Ratschluß begründet. Das Zutrauen zu einer trotz menschlicher Auflehnung und Gewalttat gegebenen Verläßlichkeit gründet nicht in der Kontinuität des Geschaffenen selbst; es gründet auch nicht in der Kontinuität des dem Menschen gegebenen Auftrags zur Herrschaft über die Erde. Es gründet vielmehr allein in der trotz aller menschlichen Untreue gegebenen Zusage der Treue Gottes. Die Versöhnung Gottes nach dem dramatischen Zerwürfnis, dessen Ausdruck die Sintflut ist, bildet den Ausgangspunkt dafür, daß Menschen sich auf die begrenzte Beständigkeit der Schöpfung verlassen können. Es handelt sich um eine trotz der Bosheit der Menschen und trotz der Ambivalenz der Natur gegebene Selbstverpflichtung Gottes (1. Mose 8,22):

"Solange die Erde steht, soll nicht aufhören Saat und Ernte, Frost und Hitze, Sommer und Winter, Tag und Nacht."

Die Treue Gottes, so soll aus dieser Erzählung deutlich werden, bändigt den Konflikt, der die Schöpfung durchzieht, und ermöglicht es dem Menschen, die Gewalt zu vermindern, mit der er der Schöpfung entgegentritt. Die Selbstverpflichtung Gottes entläßt eine Verpflichtung der Menschen aus sich: die Verantwortung, das Ihre zur Bewahrung der Natur beizutragen.

Daß sich aus der Treue des Schöpfers zu seiner Schöpfung der Auftrag an die Menschen zur Gewaltbegrenzung und Gewaltminderung ergibt, läßt sich an einem Detail illustrieren. Der biblische Schöpfungsbericht nennt nur die samentragenden Pflanzen als Nahrungsmittel der Menschen (1. Mose 1,29). Nach der Sintflut wird dagegen auch die Fleischnahrung für die Menschen freigegeben (1. Mose 9,3) - aber auch sie unter dem bleibenden Vorbehalt, daß ihre Inanspruchnahme an dem orientiert bleibt, was die Menschen notwendigerweise zum Leben brauchen. Vor allem aber schärft das Verbot des Blutgenusses (1. Mose 9,4) ein, daß auch mit der Erlaubnis, sich vom Fleisch der Tiere zu nähren, kein Verfügungsrecht über das außermenschliche Leben im ganzen verbunden ist. Der Konflikt zwischen menschlichem und nichtmenschlichem Leben wird in einem Sinn gelöst, der die Konkurrenz um knappe Güter des Lebens und die Eindämmung der Gewalt miteinander zu verbinden sucht.

So tritt schon in der biblischen Urgeschichte der Faktizität der Gewalt das Gebot entgegen, die Gewalt zu mindern. Diese Regel der Gewalteindämmung ist eine Konfliktregel, die die Gegensätze und den Kampf in der Natur nicht leugnet. Sie steht nicht beziehungslos neben naturwissenschaftlichen Einsichten, die den Überlebenskampf und die Konkurrenz um knappe Güter als wesentliche Elemente in der Evolution der Natur identifizieren. Sie widerspricht auch nicht der Einsicht, daß in der Geschichte der Natur Sterben eine Bedingung des Lebens bildet. Doch sie fordert den Menschen dazu auf, unter solchen Bedingungen die eigene Würde der außermenschlichen Natur anzuerkennen und vermeidbare Gewalt abzubauen, statt sie zu steigern.

Nun geht die biblische Überlieferung, an der wir uns in dieser Überlegung orientieren, noch einen Schritt weiter. Die Lebenspraxis Jesu und seine Verkündigung werden im Neuen Testament ohne jedes Schwanken als Parteinahme für die Schwachen dargestellt. Diese Parteinahme findet darin ihre unüberbietbare Bestätigung, daß Jesus um ihretwillen den Tod auf sich nimmt. Daß er auf die Seite derer tritt, die zu kurz gekommen und ausgestoßen sind, die als lebensuntüchtig gelten, weil ihnen alle Durchsetzungskraft im Kampf ums Dasein fehlt: darin liegt ein prophetischer Einspruch gegen die Eigengesetzlichkeit der Natur wie gegen die Herrschaft der Gewalt. Indem Christen sich zu diesem gekreuzigten Jesus als dem Auferweckten bekennen, vertrauen sie darauf, daß aus dem Tod neues Leben, aus der Gewalt neue Gemeinschaft, aus dem Kampf ums Dasein neuer Frieden entstehen kann. Sie bekennen sich zu der Verheißung der Schöpfung. Sie hoffen auf die Zukunft Gottes, in der Tod und Gewalt überwunden sein werden. Sie unterstellen sich der Zusage, daß der Riß in der Schöpfung geheilt und ihre Diskontinuität überwunden wird. So verhelfen sie dem sehnsüchtigen Warten aller Kreatur auf das Ende der Gewalt und die unverkürzte Wirklichkeit des Friedens zur Sprache. Damit aber sind sie zugleich nach der Antwort gefragt, die sie auf die Verheißung der Schöpfung in ihrer eigenen Gegenwart geben: nach ihrer Verantwortung für die Schöpfung.

### b) Der Gedanke der Schöpfung

Der Einwand gegen diese Überlegungen ist naheliegend und verbreitet zugleich: "In der säkularen Welt, in der wir leben, geht der Appell an die Verantwortung gegenüber dem Schöpfer, der dem Menschen ein Mandat über die Erde verliehen hat, weitgehend ins Leere" (Mohr 170). Die Verantwortung für die Schöpfung, so sagt dieser Einwand, kann nicht zur Grundlage einer allgemein verbindlichen Ethik erklärt werden. Die theologische Reflexion über die Verheißung der Schöpfung läßt sich mit den Verstehensbedingungen einer "säkularen Welt" nicht mehr verbinden. Ein solcher Einwand beruht freilich auf einer wichtigen Voraussetzung: er weist den Schöpfungsgedanken einer abgesonderten Form der Wirklichkeitswahrnehmung zu, die er Glauben nennt.

Dem neuzeitlichen Denken erschien es über lange Zeit hinweg als selbstverständlich, daß von der "Schöpfung" nur in Kategorien eines so verstandenen "Glaubens" die Rede sein könne. In der vorneuzeitlichen Welt dagegen war die Rede von der Schöpfung ein selbstverständlicher Bestandteil jeder Wahrnehmung der Wirklichkeit. Denn über lange Zeiten und für weite Räume der Menschheitsgeschichte gab es keinen Zweifel daran, daß Welt und Menschheit als geschaffen zu denken seien; eine alternative Weise, sich die Entstehung der Welt und der Menschen in ihr vorzustellen, stand nicht zur Verfügung. Für die jüdisch-christliche Überlieferungsgeschichte jedenfalls ist es eher irreführend, von einem Schöpfungs*glauben* zu sprechen. Daß die Welt und die Menschen ihr Dasein einem schöpferischen Akt Gottes verdanken, war unstrittig. Der Schöpfungsgedanke bildete eine Voraussetzung der Wirklichkeitswahrnehmung, die jenseits der Alternative von Glauben oder Nicht-Glauben stand. Über Jahrtausende hinweg war der Schöpfungsgedanke kein Gegenstand des Glaubens allein, sondern zuallererst ein Thema des Wissens: ein zugleich selbstverständlicher und grundlegender Bestandteil menschlichen Wissens von der Welt.

Das Selbstbewußtsein des Menschen, das diesem Gedanken korrespondiert, läßt sich in zwei Richtungen auslegen. Zum einen erscheint der Mensch, der die Schöpfung zu denken vermag, als deren Gipfelpunkt; er ist es nach den biblischen Schöpfungserzählungen deshalb auch, der die anderen Geschöpfe mit Namen versehen darf. Doch zum andern besteht seine herausgehobene Würde gerade in seiner Entsprechung zum Schöpfer; er bewahrt seine Würde nur, wenn er die Relation zum Schöpfer nicht ignoriert.

Der Begriff der Schöpfung ist demnach ein Relationsbegriff. Diesseits aller mythischen Ausgestaltung sagt er: Die Menschlichkeit des Menschen besteht gerade darin, daß er dem Schöpfer gegenübersteht und sich von ihm begrenzen läßt. Seine Würde zeigt sich darin, daß er die Schöpfung denken kann; doch diese Würde bewahrt er gerade so, daß er sich selbst als Teil der Schöpfung versteht.

Nicht Herrschaft über die Natur, sondern Lebensbewahrung in der Schöpfung erscheint deshalb als der Sinn menschlicher Naturbearbeitung, also menschlicher Kultur. Daß das heute so grenzenlos gewordene Wort "Kultur" ursprünglich den Ackerbau bezeichnet, ist charakteristisch genug. Menschliche Kultur bildet sich in der Bearbeitung der Natur. Der Umgang mit der Natur prägt die Kultur der Menschen, wie er umgekehrt von ihr Zeugnis ablegt. Welche Naturbearbeitung als Kultur bezeichnet werden kann, beschreibt die hebräische Bibel durch die eindrückliche Doppelformel vom "Bebauen und Bewahren" des Gartens Eden (1. Mose 2,15). Eindrücklich ist die Formel, weil sie Fortschritt und Erhaltung, *progressio* und *conservatio* unmittelbar verbindet. Bewahrung meint das Einstehen für die Fortdauer dessen, was gegeben ist. Bebauen enthält den Imperativ zur Gestaltung von etwas Neuem. Fügen sich beide Momente zusammen, so heißt die Aufforderung: Bebauen, um das Anvertraute zu bewahren; bewahren, um einen Ort des Bauens zu behalten. Der Imperativ des Bebauens und Bewahrens ruht auf der Einsicht auf, daß wir Menschen die Voraussetzungen nicht selbst hervorbringen, aus denen unsere eigene Kreativität entsteht. Er enthält die Einladung dazu, vorgegebene Bedingungen unseres Lebens zu bewahren, weil sich aus ihnen der Spielraum des Neuen ergibt. Er enthält die Behauptung, daß die schöpferischen Potenzen des Menschen nur dann zur Geltung kommen, wenn er sich nicht an die Stelle des Schöpfers, sondern an die Seite der anderen Geschöpfe stellt.

Für unser neuzeitliches Bewußtsein ist es verblüffend, mit welcher Selbstverständlichkeit der Gedanke der Schöpfung für eine lang andauernde Tradition nicht ein Thema des Glaubens, sondern des Wissens darstellt. Als noch verblüffender mag es erscheinen, daß der Gedanke, der Mensch, als Gipfelpunkt der Schöpfung, sei das dem Schöpfer entsprechende Wesen, den Menschen gerade in seine Grenzen, in seine besondere Verantwortung als Teil der Schöpfung einweist. Am meisten jedoch verblüfft wohl die Beobachtung, in welchen Zusammenhängen der Rückgriff auf den Gedanken der Schöpfung seinen ursprünglichen Ort hat. Fragen wir so, dann zeigt sich noch einmal von einer anderen Seite der enge Zusammenhang zwischen dem Schöpfungsgedanken und der Erfahrung der Gewalt. Denn in den Texten der hebräischen Bibel, des Alten Testaments der Christen, taucht der Schöpfungsgedanke insbesondere dort auf, wo darüber nachgedacht wird, daß zwischen die gute Schöpfung Gottes und die geschichtliche Erfahrung der Menschen das Faktum der Gewalt, des Nichtigen, des Todes getreten ist. Das Alte Testament spricht gerade dann mit besonderem Nachdruck von der Schöpfung, wenn es darum geht, die Erfahrung des

Negativen, des Lebenszerstörenden, des Sinnlosen in der Geschichte zu verarbeiten. Die grundlegende Aussage heißt: Die Wahrheit der Schöpfung reicht weiter als die Erfahrung von Sinnlosigkeit und Gewalt. Der Mensch hat deshalb kein Recht, wegen der Gewalt, die er erleidet oder verübt, diese Wahrheit der Schöpfung in Frage zu stellen. Wenn er Gewalt erleidet, muß er sich ebenso der Wahrheit der Schöpfung unterordnen, wie wenn er Gewalt ausübt.

Es gehört zu den besonders eindrucksvollen Zügen an der Bibel der Juden, wie dieser Grundgedanke entfaltet wird. Sowohl auf die Gewalterfahrungen des einzelnen als auch auf entsprechende Erfahrungen des Volkes Israel im ganzen antwortet der Hinweis auf die Überlegenheit des Schöpfers. Das Buch Hiob und der zweite Teil des Jesajabuchs (Kap. 40ff) belegen das eindrücklich. Auf die Empörung Hiobs wie auf die Klage der vertriebenen jüdischen Exulanten in Babylon antwortet das Bekenntnis zur Schöpfung.

Die Differenz zur heutigen Problemwahrnehmung ist unübersehbar. Da wir den Gedanken der Schöpfung verdrängt haben, antworten wir auf die Erfahrung der Gewalt mit dem Aufbau überlegener Gegengewalt. Die Tradition des Schöpfungsgedankens eröffnet einen anderen Weg: den Weg des Aufbegehrens, der Klage, der Rebellion. Jene alten Texte enthalten eine verdrängte Wahrheit über den Menschen. Sie heißt: Der Mensch ist das Wesen, das klagen kann. Er ist das Wesen, das gegen die Erfahrung der Gewalt aufbegehren kann. Das gehört zur Sonderstellung des Menschen inmitten der Schöpfung. Diese Sonderstellung läßt sich auch so kennzeichnen: Alle Lebewesen müssen sterben; der Mensch weiß, daß er sterben muß. Gerade deshalb kann er gegen die Gewalt des Todes wie gegen die tötende Gewalt aufbegehren.

Über Jahrhunderte wurde die Aktualität des Schöpfungsgedankens vor allem darin gesehen, daß er den Menschen zu umfassender Herrschaft über die Natur ermächtigt und ihm damit einen Gott vergleichbaren Rang einräumt. Erst in der Krise des menschlichen Naturverhältnisses entdecken wir, daß ein weit wichtigerer Zug des Schöpfungsgedankens an anderer Stelle zu suchen ist: nicht in der Gleichheit zwischen dem Schöpfergott und dem Menschen, sondern in ihrer Differenz. Die schöpferische Fähigkeit des Menschen ist zwiespältig: sie kann Leben fördern oder zerstören, Zukunft erschließen oder versperren. Die zwiespältige Herrschaft des Menschen kann allenfalls dann gebändigt werden, wenn ihr die Unantastbarkeit des Lebendigen als Grenze entgegentritt. Angesichts der Gefahr, die von menschlicher Herrschaft über die Natur ausgeht, öffnet sich ein neuer Zugang zu dem, was Kultur anfänglich hieß und aufs neue heißen könnte: bebauen, um zu bewahren; bewahren, um zu bebauen. Daß der Mensch ein Kulturwesen ist, zeigt sich gewiß in seiner Fähigkeit zum Neuen: zur wissenschaftlichen Entdeckung, zur technischen Innovation oder zur künstlerischen Invention. Doch zugleich steht und fällt menschliche Kultur mit der Fähigkeit zur Selbstbegrenzung. Sie hängt an dem Gleichgewicht zwischen Gestalten und Gewährenlassen, an der Unterscheidung zwischen dem Möglichen und dem Erlaubten, an der bewußten Differenz zwischen dem, was der Mensch tun kann, und dem, was er tut.

Der Einwand, wie gesagt, ist naheliegend und verbreitet zugleich, daß ein solcher Schöpfungsgedanke nicht mehr allgemein verbindlich gemacht werden kann. Auf ihn zurückzugreifen, widerspricht dem weltanschaulichen Pluralismus der Gegenwart; eine Rückkehr zum Prinzipiellen liegt darin, dem wir doch - nach einer geläufigen Formulierung - gerade den Abschied geben (Marquard). Der Appell an eine Verantwortung des Menschen gegenüber dem Schöpfer, so wird eingewandt, geht in der säkularen Welt ins Leere.

Doch vielleicht ist die Verabschiedung des Schöpfungsgedankens voreilig. Vielleicht ist die Erinnerung an ihn gerade in einer Zeit nötig, in welcher der Mensch sich vom Subjekt der Erkenntnis zum Subjekt der Evolution aufschwingt. Gerade angesichts der Möglichkeiten, die Kernspaltung und Gentechnologie eröffnet haben, gilt: Der Mensch bleibt nur menschlich, solange er zur Selbstbegrenzung fähig ist. Selbstbegrenzung aus Einsicht nennen wir Kultur. Die Frage heißt schlicht: ob der Mensch, der sich zum Subjekt der Evolution macht, noch ein Kulturwesen bleibt. Die Antwort des Schöpfungsgedankens besagt: Wir bleiben keine Kulturwesen, wenn wir nicht neu lernen, zwischen dem Schöpfer und dem Geschöpf zu unterscheiden, und uns mit neuer Entschiedenheit auf die Seite des Geschöpfes zu stellen.

### c) Die Ethik der Selbstbegrenzung

Von dem Konflikt zwischen Schöpfung und Gewalt aus haben wir uns den Zugang zum Gedanken der Schöpfung erschlossen. Drei Folgerungen aus diesem Gedankengang sind ausdrücklich festzuhalten:

*Zunächst* lehrt ein solcher Zugang, zwischen Schöpfung und Natur zu unterscheiden, ohne ihren Zusammenhang zu ignorieren. Der Begriff der Schöpfung meint die Bestimmung des Kosmos im ganzen wie jedes einzelnen Geschöpfes in ihm zu ihrer eigenen Würde. Der Begriff der Natur meint die Einheit von guter Schöpfung und Nichtigkeit in der Wirklichkeit der Welt sowie die Einheit von Gottebenbildlichkeit und Sündhaftigkeit in der Wirklichkeit des Menschen. Im Begriff der Natur kommt die Einheit wie die Differenz zwischen der gegenwärtigen Wirklichkeit der Welt und ihrer Bestimmung zur Sprache. Der Begriff der Natur bezeichnet theologisch die noch nicht erlöste Welt, die von Gott zur Erlösung bestimmt und bewahrt ist. Menschliches Handeln an der Natur ist damit als Mitwirkung an dieser Bestimmung und Bewahrung zu begreifen.

*Sodann* verdeutlicht der gewählte Zugang, warum im Gedanken der Versöhnung der Zugang zum Begreifen der Schöpfung zu suchen ist. Die Erfahrung der Schöpfung ist gerade nicht durch ungebrochene Kontinuität, sondern durch Diskontinuität gekennzeichnet. Die Verläßlichkeit der Schöpfung gründet nicht in ihrer Verfaßtheit selbst, sondern in der Treue des Schöpfers, der sich versöhnend seiner Welt zuwendet und ihr die Treue hält. Die Versöhnungstat des in Freiheit liebenden Gottes ermöglicht es dem Menschen, in der Natur die Schöpfung zu erblicken. In der Versöhnung des liebenden Gottes hat unsere Liebe zur Schöpfung ihren Grund.

*Schließlich* verdeutlicht unsere Überlegung, warum die Ebenbildlichkeit des Menschen mit Gott nicht im Sinn einer schöpfungstheologischen Gleichstellung zwischen Mensch und Gott mißverstanden werden darf. Der Beitrag theologischer Schöpfungslehre zum Frieden mit der Natur liegt gerade darin, daß sie die Unterscheidung zwischen Schöpfer und Geschöpf zur Geltung bringt. Sie schärft ein, daß auch im technischen Zeitalter die Handlungsmöglichkeiten des Menschen begrenzt sind. Sie verpflichtet dazu, nicht in der Stellung des Menschen als Mitschöpfer, sondern in seiner Mitgeschöpflichkeit den Ausgangspunkt für eine Schöpfungsethik zu sehen, die sich als Ethik des Friedens zwischen Mensch und Natur begreifen will. Die Versöhnung mit der Natur ist der Ausgangspunkt einer Ethik der Verantwortung für die Natur.

Von diesen Klärungen aus lassen sich einige Perspektiven für eine Ethik der Verantwortung für die Natur entwickeln, die im folgenden knapp skizziert werden sollen. Noch einmal kehren wir dafür zu einigen Beobachtungen an den biblischen Schöpfungsberichten zurück.

Zu den hervorstechenden Merkmalen des Schöpfungsberichts in 1. Mose 1 gehört die göttliche Bestätigung der guten Schöpfung, die Karl Barth provozierend als die "Rechtfertigung der Schöpfung" bezeichnet hat (Barth 418ff). Von ihrem Ursprung her ist die Natur, zu welcher der Mensch gehört, sehr gut. In ihrer Schönheit und Vollkommenheit ist sie Selbstzweck, also nicht Quelle der Nutzung, sondern der Freude. Der Mensch als Teil dieser guten Schöpfung ist das Wesen, das sich wundern kann. Er vermag das Maß zu entdecken, das der Natur ihre Schönheit und ihren Bestand zugleich verleiht. Er kann der Natur als guter Schöpfung nichts hinzufügen; indem er staunt, erfährt er sich in Einheit mit der Natur als guter Schöpfung. Verantwortung für die Natur beginnt mit der *Wahrnehmung des ihr innewohnenden Maßes.*

Schon der biblische Schöpfungsbericht beschreibt die außermenschliche Natur freilich nicht nur als Gegenstand der Wahrnehmung, sondern zugleich als Quelle für die Erneuerung des Lebens. Die Natur stellt die Mittel bereit, aus denen die Lebewesen ihre Nahrung beziehen und ihren Fortbestand sichern können. Darin liegt ein Konflikt begründet, den die Selektionstheorie mit ihren Mitteln im einzelnen beschrieben hat. Schon die Nahrungszuweisungen in den biblischen Schöpfungs- und Noah-Erzählungen sind Konfliktregeln. Sie sollen das Zusammenleben, die Konvivenz, von Lebewesen ermöglichen, die sich in Konkurrenz um die Güter der Erde befinden. Nicht als Herr mit unumschränktem Nutzungsrecht, sondern als Haushalter wird der Mensch ausersehen. Sein Interesse an der Steigerung seiner Lebensmöglichkeiten findet am Eigenwert der außermenschlichen Natur seine Grenze. Das Interesse des Menschen an der Befriedigung seiner Bedürfnisse rechtfertigt nicht jeden Eingriff in die Natur. Vielmehr läßt sich das Verhältnis des Menschen zur Natur unter der Perspektive der Lebensfristung als ein Konflikt beschreiben, in dem der Mensch aus Einsicht in eben dem Maß die eigenen Lebensinteressen der Natur achten muß, in dem er über die Mittel verfügt, die Natur seinen eigenen Lebensinteressen dienstbar zu machen. Daraus ergibt sich die ethische Vorzugsregel, daß im Konfliktfall dem *ökologischen Erhaltungsinteresse der Vorrang vor dem ökonomischen Steigerungsinteresse* zukommt.

Die Natur ist keine Idylle. In leidenschaftlichem Protest gegen die Idyllisierung der Natur schreibt der junge Goethe 1772: "Sind die wütenden Stürme, Wasserfluten, Feuerregen, unterirdische Glut und Tod in allen Elementen nicht ebenso wahre Zeugen ihres ewigen Lebens als die herrlich aufgehende Sonne über volle Weinberge und duftende Orangenhaine?" (Goethe 17f). In der Natur bildet Sterben die Bedingung für den Fortbestand von Leben. In ihr herrscht nicht nur Symbiose, sondern auch Kampf, nicht nur Konvivenz, sondern auch Konkurrenz. Sie ist dem Nichtigen ausgesetzte, gefallene Schöpfung. Doch eben darin ist sie für die Erlösung bestimmt und bewahrt. Die Verheißung vollkommener Freiheit - und das heißt hier nicht: der Verwirklichung sittlicher Autonomie, sondern: der Überwindung von Gewalt und Tod - gilt nach der Aussage des Paulus nicht nur den Menschen, sondern der gesamten Kreatur. Die Nichtigkeit, der sie unterworfen ist, rückt in das Licht der Hoffnung auf Freiheit. Doch eben deshalb hat menschliches Handeln an der Natur schon jetzt seinen entscheidenden Maßstab daran, ob es dem Leiden der Natur Zeichen dieser Freiheit entgegensetzt. Nicht die Herrschaft über die Natur, sondern die *Verminderung der Gewalt gegenüber der Natur* ist in christlicher Perspektive der entscheidende Maßstab des menschlichen Naturverhältnisses.

Es gibt keine Humanität ohne Versöhnung mit der Natur. Damit ist folgendes gemeint: Von einem Lebensrecht der Menschen kann nur gesprochen werden, wenn auch das Lebensrecht der außermenschlichen Natur Anerkennung findet. Weil der Mensch das eine Naturwesen ist, das seine Umwelt systematisch *umgestalten* kann, kommt ihm *Verantwortung* für die Bewahrung der Natur zu. Da er seine technischen Verfügungsmöglichkeiten zu *erweitern* vermag, muß er seine Verantwortung in der Form der *Selbstbegrenzung* wahrnehmen. Aus der Fähigkeit zur Umgestaltung der Natur auf die Verantwortung für ihre Bewahrung und aus der Erweiterung technischer Möglichkeiten auf die Pflicht zur Selbstbegrenzung zu schließen, ist ein Schritt menschlicher Einsicht, der heute lebensnotwendig geworden ist.

Die Tradition der Religionen hat solche Selbstbegrenzung dadurch bewirkt, daß sie Naturzusammenhänge mit einem Tabu belegte und sie dadurch menschlichem Eingriff entzog. Die Naturreligionen bewahren eine tiefe ökologische Weisheit darin auf, daß sie die Heiligkeit der Umwelt einschärfen, in der eine Gemeinschaft von Menschen lebt. Die Wurzel solcher Taburegeln liegt in der religiösen Einsicht, daß das Leben des einzelnen sich einem größeren Daseinszusammenhang verdankt. Albert Schweitzers berühmten Satz: "Ich bin Leben, das leben will, inmitten von Leben, das leben will" (Schweitzer 111) muß man um dieser Einsicht willen verschärfen: "Ich bin nur Leben, solange ich inmitten von Leben bin, das leben kann".

Die Isolierung von anderem Leben ist Tod. In der Anerkennung des anderen Lebens liegt der Ausgangspunkt einer Verantwortungsethik, die heute die Form einer *Ethik der Selbstbegrenzung* annehmen muß. Es sind zumeist einzelne und kleine Gruppen, die mit solcher Selbstbegrenzung den Anfang machen. Doch wie läßt sich die Selbstbegrenzung aus Einsicht auf Institutionen übertragen? Die neuzeitliche Antwort heißt: Die Übertragung von Vernunfteinsichten auf Institutionen geschieht durch die Mittel des Rechts. Für das Leben einer Gesellschaft gewinnt eine Ethik der Selbstbegrenzung bestimmende Kraft nur durch politische Einigungsprozesse, in denen rechtliche Mittel der Selbstbegrenzung entwickelt und durchgesetzt werden. Für diese politischen Einigungsprozesse ist eine ethische Einsicht geltend zu machen, die sich zusammenfassend so formulieren läßt: Menschliche Selbstbestimmung zeigt sich nicht in der bewußtlosen Steigerung menschlicher Verfügungsmöglichkeiten, sondern in der *bewußten Unterscheidung zwischen dem, was der Mensch kann, und dem, was er wollen darf.*

Hans Jonas hat die Struktur einer Verantwortungsethik auf die Formel eines Kategorischen Imperativs gebracht: "Handle so, daß die Wirkungen deines Handelns verträglich sind mit der Permanenz echten menschlichen Lebens auf der Erde" (Jonas, 1979, 36; s. dazu auch unten III.3.2). Negativ und vielleicht bescheidener formuliert kann man daraus eine Unterlassungsregel ableiten: Unterlasse Handlungen, von denen du befürchten mußt, daß ihre Wirkungen unvereinbar sind mit der Permanenz echten menschlichen Lebens auf der Erde.

In diesem Imperativ lassen sich, so scheint es, die Einsichten bündeln, die wir aus unseren Überlegungen zur Verantwortung für die Bewahrung der Natur als Teilperspektive einer Friedensethik gewonnen haben. Doch zuvor müssen zwei Einwände erwogen werden, die gegen diesen Imperativ geltend gemacht werden können.

Der erste Einwand richtet sich gegen die Anthropozentrik seiner Formulierung. Die Einsicht, daß nicht nur dem Menschen, sondern auch der außermenschlichen Natur eine spezifische Würde eignet, kommt in ihm nicht ausdrücklich zur Sprache. Die außermenschliche Natur ist aber nicht einfach ein Mittel für den Menschen, sondern hat ihren eigenen Sinn, ihren eigenen Zweck, ihre eigene Schönheit. Den Horizont der heute gebotenen Verantwortungsethik bildet nicht nur die Permanenz menschlichen Lebens, sondern der Fortbestand des Lebens in seiner Vielfalt und Fülle. Der von Jonas formulierte Imperativ bedarf also der Erweiterung. Doch innerhalb der Verantwortung für das Leben in seiner Vielfalt und Fülle wird dann auch von der Verantwortung für die Permanenz echten menschlichen Lebens die Rede sein dürfen.

Damit tritt der zweite Einwand gegen den von Hans Jonas formulierten Kategorischen Imperativ in den Blick. Was ist echtes menschliches Leben - nie wird man auf diese Frage eine einverständige Antwort finden. Oder schärfer noch: Wie können wir uns anmaßen, für künftige Generationen zu entscheiden, was für sie echtes menschliches Leben sein wird? Dieser Einwand beruht jedoch auf einem Mißverständnis. Daß wir nicht wissen, was künftige Generationen für echtes menschliches Leben halten werden, entlastet uns gerade nicht von der Verantwortung für die Entscheidungen, die wir heute treffen, deren langfristige Wirkungen aber die Lebensmöglichkeiten künftiger Generationen beeinflussen werden. Gerade weil wir die Ziele künftiger Generationen nicht kennen, haben wir kein Recht, von ihrer Würde geringer zu denken als von unserer eigenen und ihren Entscheidungsspielraum stärker einzuschränken, als wir dies für uns selbst akzeptieren würden.

Die einfachste Formel für die Würde des Menschen besagt, er dürfe niemals als bloßes Mittel betrachtet, sondern müsse immer als Zweck an sich selbst gesehen werden. Diese Würde ist unteilbar; sie kann nicht abgestuft gewährt werden. Sie kann nicht "Präembryonen" vorenthalten und erst "Embryonen" zuerkannt werden. Das geht so wenig, wie sie Ausländern vorenthalten und nur Staatsangehörigen zuerkannt werden kann. Sie kann aber auch nicht für die Angehörigen der jetzt lebenden Generation reserviert werden. Der Würde des Menschen wird nur gerecht, wer bereit ist, seine heutigen Entscheidungen vor der Würde künftiger Generationen zu verantworten.

Der Gedanke menschlicher Würde hat zur Folge, daß wir den Gliedern künftiger Generationen mindestens die Freiheit einräumen müssen, die wir für uns selbst in Anspruch nehmen. Ihr Freiheitsraum darf durch unsere Entscheidungen nicht kleiner werden als der Freiheitsraum, der uns selbst zukommen soll. Wir dürfen ihr Leben nicht determinieren. Darin muß der leitende Grundsatz für die Abschätzung von Risiken liegen, die mit den langfristigen Auswirkungen wissenschaftlich-technischer Innovationen verbunden sind. Auch in der Mitte der Friedensethik muß ein Kategorischer Imperativ stehen, den wir - den Vorschlag von Hans Jonas abwandelnd - so formulieren: Handle so, daß die Wirkungen deines Handelns verträglich sind mit der fortdauernden Vielfalt von Leben und der Permanenz menschlicher Freiheit. Oder in der negativen Fassung: Unterlasse Handlungen, von denen du befürchten mußt, daß ihre Wirkungen unvereinbar sind mit der fortdauernden Vielfalt von Leben und der Permanenz menschlicher Freiheit.

LITERATUR: *G. Altner,* Die Überlebenskrise in der Gegenwart, Darmstadt 1987 - *A. Auer,* Umweltethik. Ein theologischer Beitrag zur ökologischen Diskussion, Düsseldorf 1984 - *K. Barth,* Die Kirchliche Dogmatik, III/1: Die Lehre von der Schöpfung, Zollikon-Zürich 1945 - *U. Duchrow/G. Liedke,* Schalom. Der Schöpfung Befreiung, den Menschen Gerechtigkeit, den Völkern Frieden, Stuttgart 1987 - *C. Eisenbart* (Hg.), Humanökologie und Frieden, Stuttgart 1979 - *A. Ganoczy,* Schöpfungslehre, Düsseldorf 1983 - *J. W. v. Goethe,* Werke. Hamburger Ausgabe, Bd. XII, Hamburg 1953 - *H. v. Hentig,* Bibelarbeit. Verheißung und Verantwortung für unsere Welt, München 1988 - *W. Huber,* Fortschrittsglaube und Schöpfungsgedanke. Überlegungen zur Verantwortung der Wissenschaft, in: Gießener Universitätsblätter 2/1988, 25-34 - *H. Jonas,* Das Prinzip Verantwortung, Frankfurt 1979 - *H. Jonas,* Technik, Medizin und Ethik. Zur Praxis des Prinzips Verantwortung, Frankfurt 1985 - *G. Liedke,* Im Bauch des Fisches. Ökologische Theologie, Stuttgart 1979 - *O. Marquard,* Abschied vom Prinzipiellen. Philosophische Studien, Stuttgart 1981 - *K. M. Meyer-Abich,* Wege zum Frieden mit der Natur. Praktische Naturphilosophie für die Umweltpolitik, München 1984 - *H. Mohr,* Natur und Moral. Ethik in der Biologie, Darmstadt 1987 - *J. Moltmann,* Gott in der Schöpfung. Ökologische Schöpfungslehre, München 1985 - *G. Picht,* Die Wertordnung einer humanen Umwelt, in: Ders., Hier und Jetzt. Philosophieren nach Auschwitz und Hiroshima, Bd. II, Stuttgart 1981, 383-392 - *G. Rau/ A. M. Ritter/ H. Timm* (Hg.), Frieden in der Schöpfung. Das Naturverständnis protestantischer Theologie, Gütersloh 1987 - *A. Schweitzer,* Die Ehrfurcht vor dem Leben. Grundtexte aus fünf Jahrzehnten, 3. Aufl. München 1982 - *Th. Sundermeier,* Konvivenz als Grundstruktur ökumenischer Existenz heute, in: W. Huber/D. Ritschl/Th. Sundermeier, Ökumenische Existenz heute 1, München 1986, 49-100.

## 2. Ethische Grundlagen

'Frieden' bezeichneten wir als eine gelingende Form menschlichen Zusammenlebens, insbesondere als gelingende politische Ordnung. 'Ethik' ist die Reflexion über die Bedingungen des gelingenden Zusammenlebens von Menschen. In den letzten Kapiteln haben wir bereits zentrale biblische Überlieferungsgehalte für friedensethisch relevante Optionen erschlossen. Aber die Hervorhebung der handlungsorientierenden Bedeutung einer besonderen kulturell-religiösen Tradition (hier: der christlichen) ist - wie immer es um sie sonst bestellt sein mag - gerade für das Feld der politischen Ethik nicht unproblematisch. Für ethische Verbindlichkeiten gilt heute im Weltmaßstab, was Hugo Grotius von den Grundsätzen des Naturrechts am Beginn des europäischen Völkerrechts der Neuzeit gesagt hat: Sie müssen eingesehen werden können, auch wenn es Gott nicht gäbe (s. oben I.3.2). Ethische Verbindlichkeiten können nicht mehr exklusiv auf eine *nur* im Glauben zugängliche Wahrheit gegründet werden, denn es ist keine politische Friedensordnung denkbar, die sich mit dem Wahrheitsanspruch *einer* Glaubensweise identifiziert. Deshalb machen wir jetzt den gegenläufigen Versuch zum voranstehenden Kapitel: Hatten wir dort zentrale Motive der Glaubensüberlieferung im Blick auf ihre friedensethischen Konsequenzen interpretiert, so soll es jetzt um Elemente einer ethischen Grundlegung innerhalb der Grenzen der Vernunft gehen, die für theologische Perspektiven offen ist.

Die Differenz zwischen dem Wahrheitsanspruch des Glaubens und dem der Vernunft ist nur *ein* Element der Entzweiung, die das aufgeklärte Zeitalter kennzeichnet. In der modernen Gesellschaft ist es darüber hinaus weder möglich noch wünschbar, daß persönliche Lebensführung und organisierte Herrschaftsordnung einfach ineins fallen. Darum gehört es zur Signatur jeder Ethik, die das Projekt der Moderne nicht widerrufen möchte, daß sie die Frage nach dem (für mich) Guten von der Frage nach dem (für alle) Gerechten zu differenzieren versteht. Wir wollen dieser Differenz Rechnung tragen, indem wir im Blick auf die ethische Grundfrage nach den Bedingungen des gelingenden Zusammenlebens von Menschen zwischen der Bedeutung unterscheiden, die meine Handlungen für mich, und der, die sie für andere haben. Unter dem Aspekt des *Gewissens* thematisieren wir die Relevanz, die jemandes Handlungen für ihn selbst haben (2.1); unter dem Gesichtspunkt der *Verantwortung* steht die Bedeutung von jemandes Handlungen für andere zur Debatte (2.2). Weder Gewissen noch Verantwortung sind jedoch in sich selbst begründet. Darum werden wir vorschlagen, die fundierende ethische Struktur, die das Gute mit dem Gerechten vermittelt und damit auch die Grundlage einer sozialen Verantwortungsethik darstellt, aus dem Gedanken der *Stellvertretung* zu entwickeln (2.3).

Natürlich kann die folgenden Skizze nicht eine ausgeführte Theorie der Ethik ersetzen und beansprucht dies auch nicht. Dennoch ist sie notwendig, denn gerade eine Abhandlung zur Friedensethik kann auf eine Rechenschaft über theoretische und begriffliche Grundlagen ethischer Argumentationen keinesfalls verzichten. Nicht die Verbreitung von Meinungen, sondern die Angabe von Gründen ist ja die Aufgabe der Ethik; und eine Friedensethik hat umso mehr Anlaß, in den bloßen Meinungsstreit Gründe hineinzutragen, als gerade der Streit über den Frieden jederzeit in den Meinungskampf übergehen kann. Am Leitfaden von Gewissen, Verantwortung und Stellvertretung lassen sich im übrigen nicht nur die heute neu und kontrovers diskutierten Begründungsprobleme der Ethik behandeln. Vielmehr ergibt sich die Notwendigkeit zur Reflexion gerade dieser Grundbegriffe nicht zuletzt aus einer genuin friedensethischen Aufgabe. Die Frage nach den Bedingungen des Friedens als gelingender Form des Zusammenlebens von Menschen setzt immer auch die Klärung der Grundfrage voraus, wie Individualität und Sozialität vermittelt werden können: Wie kann die Freiheit des einzelnen innerhalb einer politischen Sozietät erhalten und geschützt werden - und wie kann umgekehrt die politische Sozietät als Form der Verwirklichung der Freiheit aller gestaltet werden? Wie lassen sich allgemeine Grundsätze begründen, die für alle verbindlich sind - und wie läßt sich zugleich das Recht des einzelnen zur Dissidenz festhalten?

### 2.1. *Die Freiheit des Gewissens*

Zu den Errungenschaften demokratischer Verfassungen der Neuzeit gehört das Recht der "Gewissensfreiheit". Auch und gerade im Blick auf die Friedensaufgabe sprechen wir davon, daß in der Kollision verschiedener Anforderungen, Normen und Pflichten "Gewissensfragen" entstehen. Der Widerstreit unterschiedlicher Loyalitäten erfordert eine - "Gewissensentscheidung". Für sie kann oder soll man "Gewissensgründe" geltend machen. Mit Redeweisen wie diesen ist jeder vertraut - doch der Begriff des Gewissens bezeichnet ein mehrdeutiges Phänomen. Man nennt einen Menschen "gewissenhaft", der sich durch pünktliche, vielleicht sogar peinliche Erfüllung der ihm auferlegten Pflichten auszeichnet; aber man spricht auch vom "Aufstand des Gewissens", wenn sich einzelne oder Gruppen gegen eine ungerechte Ordnung erheben und Widerstand leisten. Rechtsstaaten respektieren die Gewissensfreiheit ebenso wie die Religionsfreiheit als elementares, dem Eingriff des Staates entzogenes Grundrecht; aber "Gewissenstäter", die gegen die Rechtsordnung verstoßen, sind natürlich keineswegs vor Strafen geschützt. Entsprechend widersprüchlich sind auch die Deutungsangebote für das Gewissen: Für manche gilt es als Stimme Gottes im Menschen, für andere erklärt es sich als Rückwendung eines vitalen menschlichen Aggressionstriebes gegen sich selbst (Nietzsche) oder als Verinnerlichung gesellschaftlicher Normen zur Zensurinstanz des "Über-Ich" (Freud).

Aber weder die im 19. und 20. Jahrhundert aufgekommene empirisch-wissenschaftliche Kritik des Gewissens, noch die Mehrdeutigkeit des Begriffs haben die Berufung auf das Gewissen zum Verschwinden gebracht. Gerade dort, wo Individuen die Friedensaufgabe als Teil ihrer persönlichen Verantwortung entdecken, wird das Gewissen als Begründung für eine selbstbewußte Auflehnung gegen Entscheidungen der Mehrheit in Anspruch genommen. Nach wie vor gilt das Gewissen als Quelle der je eigenen, höchstpersönlichen Erfahrung dessen, was "gut" ist.

Die Mehrdeutigkeit des Gewissensbegriffs hängt mit einem elementaren Sachverhalt zusammen: Nur der einzelne, das Individuum, kann ein Gewissen haben. Und doch gehen wir davon aus, daß der einzelne, wenn wir ihm ein Gewissen zusprechen, "irgendwie" den Bannkreis seiner bloßen Individualität übersteigt und an einer Wahrheit teilhat, die alle verbindet. Gerade in diesem "irgendwie" der Präsenz eines Allgemeinen im Individuellen, eines Objektiven im Subjektiven besteht aber für eine politische Ethik das Grundproblem der Berufung auf das Gewissen. Denn: Wie kann die subjektive Form des Gewissensspruchs eines einzelnen mit einem objektiven Inhalt vermittelt werden, der auch dem Wissen der anderen zugänglich ist? Ist das Gewissen eine Instanz im einzelnen, die *eo ipso* die Gegenwart einer allgemeinen Wahrheit verbürgt, etwa in dem Sinn, daß es die Stimme Gottes als der alles bestimmenden Wirklichkeit im einzelnen repräsentiert, so daß es gar nicht irren kann? Wenn das Gewissen aber irren kann und insofern nichts als die Stimme eines einzelnen ist, muß dann nicht die Gemeinschaft aller anderen (als empirische Allgemeinheit) dem Gewissen des einzelnen spätestens dann, wenn es sich über seine innere Gefühls- und Gedankenwelt hinaus in Handlungen manifestiert, mit äußerstem Mißtrauen und der Auferlegung enger Schranken begegnen?

In dem prekären Verhältnis von Selbstbezug und Wahrheitsbezug, von Individualität und Allgemeinheit liegt die von Hegel scharf herausgestellte "Zweideutigkeit in Ansehung des Gewissens" (Rechtsphilosophie § 137). Das damit bezeichnete Problem ist alles andere als theoretisch und abstrakt: Es gibt eben nicht nur den Kriegsdienstverweigerer aus Gewissensgründen, sondern auch den gewalttätigen Terroristen als Gewissenstäter. Offenbar entscheidet der *Wahrheitsbezug* des Gewissens darüber, welcher Spielraum dem einzelnen im Fall des Konflikts zwischen Gemeinschaftspflichten und Gewissensgebot begründeterweise zuzubilligen ist. Im folgenden Durchgang ist natürlich keine Diskussion von Gewissenstheorien um ihrer selbst willen beabsichtigt. Vielmehr wollen wir uns mit solchen Interpretationen des Gewissensphänomens auseinandersetzen, die für die politische und rechtliche Konkretion der Friedensaufgabe von Bedeutung sind. Wir tun dies am Leitfaden von *Normativität, Reflexivität* und *Kommunikabilität* als Strukturelementen des Gewissens.

### a) Die Normativität des Gewissens

Zwei historisch prominente Versuche, den Wahrheitsbezug des Gewissens näher zu bestimmen und einzugrenzen, sind im hier interessierenden Zusammenhang von besonderer Bedeutung. Beide kommen zugleich dem, was wir gemeinhin und umgangssprachlich Gewissen nennen, sehr entgegen, denn sie verstehen unter Gewissen primär die Normativität des sittlichen bzw. moralischen Bewußtseins. Von der Scholastik bis zu Immanuel Kant orientieren sich die philosophisch-theologischen Gewissenstheorien an einer grundlegenden Unterscheidung: Das Gewissen ist in irgendeiner Weise bezogen erstens auf die Instanz eines *Urwissens* um Gut und Böse, das den Wahrheitsbezug des Gewissens verbürgt; zweitens auf das Element eines *sittlichen Urteils*, einer Entscheidung über falsches oder richtiges Verhalten hier und jetzt, die den Situationsbezug des Gewissens herstellt.

Die *katholische Philosophie des Mittelalters* kennzeichnete diese beiden unterschiedenen Elemente des Gewissens jeweils durch das griechische und lateinische Übersetzungswort: *Synderesis* (aus einem Abschreibfehler für syneidesis) nannte sie das ursprüngliche Wissen und Können des Guten; als *conscientia* bezeichnete sie dagegen den Akt des Gewissensurteils als Anwendung des sittlichen Prinzipienwissens auf den konkreten Einzelfall, auf das Verhalten unter bestimmten Umständen (Belege bei Reiner, Honnefelder). In dieser Version repräsentiert die Gewissensinstanz der Synderesis die durch den Sündenfall unversehrte Moralfähigkeit des Menschen und damit eine allgemeine, irrtumsfreie Wahrheit, die - jedenfalls in der thomistischen Tradition - in Gestalt der Prinzipien des Naturrechts dem objektiven, für alle verbindlichen Wissen zugänglich ist. Die conscientia dagegen stellt dasjenige Element des Gewissens und jeder Gewissensentscheidung dar, in dem der einzelne bei der subjektiven Anwendung der allgemeingültigen Moralprinzipien irren kann. Beide, das Urwissen und der Urteilsvollzug, gelten hier wohlgemerkt als Elemente des Gewissens; das Gewissen des einzelnen ist in dieser Konzeption immer wahrheitsbezogen und situationsbezogen zugleich.

Die Konsequenz dieses Ansatzes ist eine doppelte. Weil das Gewissen unmittelbar an eine *objektive* Wahrheit gebunden ist, können Gewissensurteile als objektiv richtig oder falsch qualifiziert werden: Die normativen Prinzipien des Naturrechts sind der Maßstab für richtige und irrige Gewissensentscheidungen. Sofern das Gewissen aber den *subjektiven* "Rest" einer göttlichen Wahrheit repräsentiert, ist der einzelne verpflichtet, seinem Gewissensurteil auch dann zu folgen, wenn es im Irrtum sein sollte: denn wider das eigene Gewissen zu handeln wäre auch dann sittlich falsch, wenn man objektiv irrt. Daraus erklärt sich auch die klassische naturrechtliche Bewertung der Kriegsdienstverweigerung aus Gewissensgründen. Ihr zufolge muß die Verweigerung des Waffendienstes als subjektive Gewissensentscheidung toleriert werden, auch wenn sie objektiv im Irrtum ist - jedenfalls solange den Staaten das Naturrecht auf Selbstverteidigung verbleibt. Unsere Analyse der neueren Entwicklungen in der lehramtlichen Friedensethik der römisch-katholischen Kirche (s. oben II.2.1 und 3.4) hat allerdings gezeigt, welchen Modifikationen das naturrechtliche Prinzip der Selbstverteidigung souveräner Staaten im Atomzeitalter unterzogen worden ist: aus der Verteidigungspflicht der Staaten ist in den Verlautbarungen des

Lehramtes ein - unter den gegebenen empirischen Umständen - immer fiktiver werdendes Verteidigungsrecht der Völker geworden.

Im jetzigen Zusammenhang ist jedoch entscheidend, daß unter den Bedingungen eines religiösen und weltanschaulichen Pluralismus auch die Prämissen des naturrechtlich gefaßten Gewissensbegriffs brüchig geworden sind. Das Urwissen der Synderesis sollte die Gegenwart des Allgemeinen, der für alle verbindlichen Wahrheit verbürgen; doch eben diese allgemeine Wahrheit erweist sich als umstritten. Die in der Neuzeit nicht zu umgehende Einsicht, zu der auch die Reformation das Ihre beigetragen hat, lautet: Das Urwissen des Gewissens kann nicht mehr als quasi-naturgemäßes Innehaben normativer sittlicher Prinzipien gedacht werden. Fundament des Urwissens kann nur das sein, was im Gewissen auf jeden Fall gewiß ist, nämlich das Sich-Wissen dessen, der Gewissen hat. Das *Kantische Modell* eines spezifisch neuzeitlichen Gewissensverständnisses geht von dieser Einsicht aus. Kant arbeitet zwar mit derselben Differenz von Urwissen und praktischem Urteil, doch werden beide Elemente einschneidend modifiziert. Denn das praktische Urteil, durch das ich mich situationsbezogen entscheide, ob eine Handlung pflichtgemäß ist oder nicht, ist für Kant nicht mehr Sache des Gewissens, sondern Aufgabe pragmatischer Klugheit. Gewissen beschränkt sich auf das Element des moralischen "Urwissens", aber als solches wird es nun rein formal gefaßt als Reflexion der Vernunft. Die Vernunft kann nicht mehr inhaltlich über die Pflichtgemäßheit einer Handlung urteilen, sondern nur formal darüber, ob die Beurteilung einer Handlung auf ihre Pflichtgemäßheit (das heißt ihre Übereinstimmung mit dem allgemeinen Sittengesetz) hin erfolgt ist:

"Das Gewissen richtet nicht die Handlungen als Kasus, die unter dem Gesetz stehen; denn das tut die Vernunft, so fern sie subjektiv-praktisch ist ...: sondern hier richtet die Vernunft sich selbst, ob sie auch wirklich jene Beurteilung der Handlungen mit aller Behutsamkeit (ob sie recht oder unrecht sind) übernommen habe, und stellt den Menschen, wider oder für sich selbst, zum Zeugen auf, daß dieses geschehen, oder nicht geschehen sei" (Kant 860).

Weil Kant die Selbstreflexion der Vernunft im Gewissen von der Normenanwendung im praktischen Klugheitsurteil (der "Vernunft, so fern sie subjektiv-praktisch ist") abhebt, kann und muß er gegen die naturrechtliche Tradition die Konsequenz ziehen, daß "ein irrendes Gewissen ein Unding" ist:

"Denn in dem objektiven Urteile, ob etwas Pflicht sei oder nicht, kann man wohl bisweilen irren; aber im subjektiven, ob ich es mit meiner praktischen (hier richtenden) Vernunft zum Behuf jenes Urteils verglichen habe, kann ich nicht irren, weil ich alsdann praktisch gar nicht geurteilt haben würde; in welchem Fall weder Irrtum noch Wahrheit statt hat" (Kant 532).

Indem Kant keinen anderen Maßstab der Wahrheit anerkennt, als die Subjektivität des Gewissensträgers selbst, hat er zwar das Gewissen aus der Bindung an eine objektive Sittlichkeit gelöst. Doch dies wird erkauft durch die Spaltung des Menschen in die "zwiefache Persönlichkeit" (Kant 574) eines moralisch-gesetzgebenden Subjekts und eines empirischen Sinnenwesens, die sich wie Kläger und Angeklagter gegenüberstehen. An die Stelle allgemeingültiger sittlicher Normen ist die Form des für alle geltenden Sittengesetzes als Grund-Norm getreten. Das Gewissen ist dann in dem Sinn die Gegenwart des Allgemeinen im einzelnen, als es das "Bewußtsein eines inneren Gerichtshofes im Menschen" repräsentiert, vor welchem sich - wie Kant den Apostel Paulus (Römer 2,15) zitiert - "seine Gedanken einander verklagen oder entschuldigen" (Kant 573). Auch wer diese Grundentscheidung Kants in der ethischen Theorie zugrundelegt, stellt damit Weichen für eine rechtspolitische Praxis mit erheblichen Folgen. Mit der auf ihre Weise klaren Lösung Kants verbindet sich die traditionelle rechtsstaatliche Beschränkung des Gewissens auf das *forum internum*: Die Konsequenz ist die, daß der Schutz, den die Gesellschaft dem Gewissen einzuräumen auf jeden Fall und unbedingt verpflichtet ist, sich nur auf die Freiheit zu beziehen braucht, ein Gewissen zu haben, nicht aber, ihm gemäß situationsbezogen zu urteilen und zu handeln - gilt doch das sittliche Urteil selbst gar nicht mehr als integrales Element des Gewissens.

Nun ist aber der Gedanke des Gewissens als *forum internum* ganz und gar unzureichend, um die Erfahrung auszudrücken, daß das Gewissen nicht nur als handlungsbeschränkender, sondern auch als handlungsbestimmender Kern menschlichen Selbstseins anzusprechen ist. Das als normatives Bewußtsein gedeutete Gewissen führt in einen Selbstwiderspruch der sich verklagenden Gedanken, manifestiert sich in skrupulösen Selbstzweifeln und endet als zerrissenes, unglückliches Bewußtsein. Wäre das Gewissen als *forum internum* vollständig erfaßt, so könnte man sinnvoll eigentlich nur noch von Gewissenserforschung, Gewissensbedenken und Gewissensprüfung sprechen; dagegen wird es ganz undeutlich, inwiefern auch von der Freiheit des Gewissens und gewissensbestimmtem Handeln die Rede sein kann.

### b) Die Reflexivität des Gewissens

Daß das Gewissen durch die Normativität des moralischen Bewußtseins nicht voll verständlich zu machen ist, zeigt sich schon an folgendem: Der Selbstwiderspruch, in den das Gewissen als *forum internum* der sich verklagenden Gedanken gerät, setzt eine Einheit voraus, ohne die der Selbstwiderspruch gar nicht *als* Selbstwiderspruch erfaßt werden könnte. Von der ursprünglichen Bedeutung der Worte syneidesis und conscientia her ist nun allerdings genau diese Einheit im Blick gewesen: Im Gewissen geht es eigentlich um ein *transnormatives Mit-Wissen um sich selbst*. Auch und gerade im Neuen Testament bezeichnen *syneidesis* und seine Derivate in umfassender Weise das "erkennende und handelnde Selbstbewußtsein" (Maurer 913). Dem Gewissen geht es vital um die "Identität", oder - wie wir lieber sagen wollen - um das Einigsein des Individuums mit sich selbst. Die Funktion des Gewissens besteht darin, das Einigsein des Selbst mit sich zu bewahren und vor Selbstwidersprüchen zu schützen.

Im 8. und 10. Kapitel des ersten Korintherbriefes leitet sich der Rat, den der Apostel Paulus zum Umgang mit Gewissenskonflikten gibt, aus der selbstbewahrenden Funktion des Gewissens her. Die Auseinandersetzung in der Gemeinde zu Korinth drehte sich um die Frage, wie sich Christen in heidnischer Umwelt verhalten sollen, wenn sie bei öffentlichen Kultmahlen oder bei privaten Mahlzeiten mit dem Verzehr von Götzenopfer-Fleisch konfrontiert werden. Den "Schwachen", die sich in ihrem normativen Gewissen verpflichtet fühlten, diese Gesetze zu beachten, standen die "Starken" gegenüber, die sich solcher Vorschriften in der Freiheit ihres Gewissens enthoben wußten. Paulus rät in dieser Situation dazu, die Gewissen der "Schwachen" nicht zu belasten, sondern ihnen ihr schlechtes Gewissen zu ersparen. Er rät dazu, das Selbstsein der Schwachen, die Kontinuität und Einheitlichkeit ihrer Selbstauffassung zu schützen und sie nicht dadurch in Konflikte zu bringen, daß man ihnen bei privaten Einladungen Einblick in die rituelle Herkunft und religiöse Abzweckung von bestimmten Nahrungsmitteln verschafft. Für Paulus fand dieser Rat seine Begründung darin, daß der einzelne seine Einigkeit mit sich letztlich nicht durch eigenes Handeln erwirken kann, sondern sie "gratis" - geschenkt - bekommt.

Deshalb liegt seit Luther der evangelischen Theologie die Anknüpfung an einen transnormativen Gewissensbegriff nahe. So bezeichnet etwa Dietrich Bonhoeffer - in Verarbeitung der philosophischen Kritik des normativen Gewissens durch Nietzsche und Heidegger - das Gewissen als den "aus einer Tiefe jenseits des eigenen Willens und der eigenen

Vernunft sich zu Gehör bringende(n) Ruf der menschlichen Existenz zur Einheit mit sich selbst" (Bonhoeffer 257, vgl. auch Tillich). In Konfliktlagen meldet sich das Gewissen deshalb, weil in ihnen das Einigsein eines Menschen mit sich auf dem Spiel steht. Im Gewissen möchte ich mir selbst treu bleiben. Wer sich seinem Gewissen gemäß verhält, will sich selbst entsprechen. In seiner reflexiven, selbstbewahrenden Funktion kann das Gewissen darum nur je meines sein; nur Individuen haben Gewissen, und jedes im Gewissen erfahrene Sollen, jedes Gewissensgebot ist zunächst immer ein Gebot für mich. Im Ruf zur Einheit mit sich selbst erfährt das Individuum ein unbedingtes Gebot, das es sagen läßt: Hier stehe ich, ich kann nicht anders, mein Tun und Lassen steht unter einer unbedingten Verbindlichkeit - und gerade indem ich ihr folge, bin ich unbedingt frei. Die vom einzelnen im Gewissen erfahrene unbedingte Verbindlichkeit bedeutet gegenüber allen anderen, ja gegenüber "aller Welt" unbedingte Freiheit. Freiheit und Verbindlichkeit sind eins; sie sind nur durch sich selbst und nicht etwa in einer allgemeinen Norm begründet. Jeder kann sich als mit sich einig oder uneinig erfahren; und es gibt Situationen, in denen er unbedingt einig mit sich bleiben muß. Das Gewissen ruft zur Selbstentsprechung - unter Umständen zur letzten Konsequenz: auch der Tod kann es nicht schrecken.

Der Ansatz bei der selbstbewahrenden Funktion des Gewissens ermöglicht einen hinreichend allgemeinen und formalen Gewissensbegriff, wie man ihn für eine politische Ethik unter Bedingungen des modernen Überzeugungspluralismus benötigt. Ein solches funktionales Verständnis läßt nämlich einerseits offen, wodurch und auf welche Weise Gewissensurteile zustandegekommen sind. Klar ist nur, daß sich Gewissensüberzeugungen immer der Bildung durch soziale Kommunikationsprozesse, der Übernahme sozialer Normen und der Formung durch eigene freie Einsicht in Handlungssituationen verdanken. Andererseits erschließt sich aus der einheitswahrenden Funktion des Gewissens der im Gewissensgebot erfahrene Zusammenhang von innerer Verbindlichkeit und äußerem Verhalten. Dabei läßt sich die mögliche Gewissensrelevanz von Handlungen bzw. Unterlassungen nicht gegenständlich eingrenzen; welche Materien gewissensrelevant werden, hängt einzig und allein von der individuellen Verfassung der Person ab: von ihrer jeweiligen Situationseinsicht und -deutung, von dem für ihr Selbstverständnis tragenden Normbewußtsein und auch von ihren physischen und psychischen Kapazitäten. Das funktionale Verständnis zerlegt das Gewissen nicht substantial in Teile und Instanzen, was im modernen Gemeinwesen unweigerlich dazu führen würde, daß das Gewissen als moralisches "Urwissen" dem Pluralismus unterschiedlicher sittlicher Standards verfällt und als praktisches Urteil vom Kernbereich des Gewissens abgespalten wird - letzteres mit der Folge, daß situationsbezogene Urteile nicht als Gewissensentscheidungen gelten könnten.

Behält man die funktionalistische Perspektive einmal probeweise bei, so besteht die Leistung des Rechtsinstituts der Gewissensfreiheit für politische Systeme nicht darin, gewissensbestimmte Handlungen (die nach unserem Sprachgebrauch stets Unterlassungshandlungen einschließen können) zu *stimulieren.* Die Funktion des Rechts der Gewissensfreiheit bestünde vielmehr darin, das Gewissen dadurch zu entlasten, daß durch Bereitstellung von Alternativen ausweglose Konfliktsituationen und unzumutbare Konsequenzen *vermieden* werden. Der Rechtsbegriff der Gewissensfreiheit würde insoweit - so Niklas Luhmann - "die Orientierung des Handelns am individuellen Gewissen nicht ermöglichen, sondern ersparen" (Luhmann 1965, 341). Weil das Gewissen das Individuum zur Selbstentsprechung ruft, schützt - so lautet diese These - die Rechtsgemeinschaft die Gewissen vor Verstörungen, die ihrerseits zu Störungen der Rechtsordnung führen könnten. In der Tat ist die Geschichte des Rechts der Gewissensfreiheit auch eine Geschichte der Erfindung und Bereitstellung von systemfunktionalen Handlungsalternativen: Unter den Bedingungen des konfessionellen Zeitalters, in dem der Landesherr das religiöse Bekenntnis der Untertanen bestimmte, war die Gewährleistung des "Ventilrechts der Auswanderung" eine bescheidene Vorstufe. Doch auf Dauer konnte der im *ius emigrandi* zugestandene Ausweg keine akzeptable Handlungsalternative für bedrängte Gewissen bleiben: Der einzelne darf "weder in den Tod noch in ein neues Leben gezwungen werden" (Luhmann 1965, 355f). Heute bietet der religionsneutrale Staat beispielsweise außer der religiösen auch eine weltliche Eidesformel an, Verfassungen sehen neben der gesetzlichen Wehrpflicht einen waffenlosen Dienst vor. Mit der Bereitstellung von Alternativen für gewissensbestimmte Handlungen erkennen Rechtsordnungen nicht nur die Freiheit an, ein Gewissen zu haben, sondern immer auch diejenige, ihm gemäß zu handeln; fraglich kann nur sein, welcher Mittel sich dieses Handeln bedienen darf.

Dennoch muß man bestreiten, daß die funktionale Deutung ausreicht, um die Gewissenserfahrung selber gehaltvoll zu beschreiben. Sicherlich, das Gewissen wacht über die Kontinuität *meiner* Selbstauffassung, die Kohärenz *meiner* Biographie zwischen Vergangenheit und Zukunft; darin besteht seine selbstbewahrende Funktion. Dabei zeigt sich jedoch: Das Gewissen *bewahrt* nicht nur die Einheit meiner selbst, es muß sie auch stets aufs Neue *stiften*. Dem Gewissen obliegt nicht nur die Fortsetzung meiner Vergangenheit in die Zukunft. Ihm ist auch die Zusammenfassung dessen, was ich geworden bin, mit dem, was ich in Zukunft sein will, aufgegeben. Meine Gewissensentscheidung kann ja durchaus in Kontinuität mit allem fallen, was ich bisher entschieden habe. Sie kann aber angesichts neuer Erfahrungen auch mein bisheriges Selbstverständnis in Frage stellen, so daß ich nun ein anderes Leben führen will. Auch eine solche Entscheidung pflegen wir auf unser Gewissen zurückzuführen: das Gewissen ist auch der Ort von Reue, Wandel und Umkehr. Eine Theorie, die dem Rechnung tragen will, kann nicht - wie diejenige Luhmanns - das Gewissen ohne jeden Wahrheitsbezug ansetzen. Die Deutung des Gewissens als wahrheitsindifferente Selbststeuerung der Persönlichkeit (vgl. Luhmann 1973) verfängt sich vielmehr in einem radikalen Selbstwiderspruch. Luhmann zieht nämlich aus der Möglichkeit des Gewissens, die eigene Vergangenheit zu negieren, die Konsequenz:

"Gewissen kann nur haben, wer sich selbst töten kann ... Man kann ... den Symbolwert des Todes benutzen, um die eigene Vergangenheit radikal zu diskreditieren und sie als *eigene* Vergangenheit aufzuheben. Die Möglichkeit, den eigenen Tod zu wählen, macht schließlich den Menschen in einem radikalen Sinne von seiner Umwelt unabhängig und auch insofern frei. Sie ist die Bedingung dafür, daß all sein Handeln und Unterlassen ihm zugerechnet werden kann, ihn identifiziert. Vor dem Gewissen gibt es keine Entschuldigungen" (Luhmann 1965, 340).

Wenn es aber vor dem Gewissen keine Entschuldigungen gibt und wenn Gewissen nur haben kann, wer *sich selbst* töten kann, um so *sein eigenes* Urteil über sich zu sprechen, dann schlägt die selbstbewahrende Funktion des Gewissens in Selbstvernichtung um. Ich gerate dann in die Lage, genau das Gegenteil von dem zu tun, was mein Gewissen eigentlich fordert. Paulus hat diesen äußersten Widerspruch des Selbst mit sich in Römer 7,19f auf den Begriff gebracht: "Das Gute, das ich will, das tue ich nicht; sondern das Böse, das ich nicht will, das tue ich. Wenn ich aber tue, was ich nicht will, so tue nicht ich es, sondern die Sünde, die in mir wohnt." Dieser Selbstwiderspruch ist - so zeigt sich - unvermeidlich, wenn sich das Gewissen in seiner Reflexivität selbst begründen möchte. Seine einheitsstiftende und selbstbewahrende Funktion kann das Gewissen nur ausüben, wenn es sich nicht zur letzten Urteilsinstanz macht. Es widerspricht sich selbst, wenn es - sei es über sich, sei es über andere - zum *Richter* wird; es entspricht sich nur, wenn es *Zeuge* bleibt und sich mitteilt: Die Reflexivität des Gewissens ist ohne seine Kommunikabilität nicht zu denken.

c) Die Kommunikabilität des Gewissens

Keine Gewissensentscheidung kann also - wenn sie sich nicht selbst widersprechen will - den Sinn eines letztinstanzlich richtenden Gewissensurteils haben. Der Vorläufigkeit einer Gewissensentscheidung entspricht die notwendig kommunikative Form des Gewissenszeugnisses, das heißt der Bezeugung eines Gewissensgebotes. Nicht nur die Bildung, auch der Ausdruck des Gewissens ist an soziale Kommunikationsprozesse gebunden; und die Bezeugung von Gewissensgeboten ist an die Mittel der Sprache und sprachanaloger zeichenhafter Handlungen (Gesten, Symbole, Rituale) gewiesen. Bezeugendes Sprechen und zeichenhaftes Handeln sind die elementaren, leibhaften Ausdrucksformen des Gewissens. Jedes Gewissensgebot ist, insofern es bezeugt werden kann und muß, kommunikationsfähig und -bedürftig: Das Gewissenszeugnis ist als Frage vernehmbar, die nach Antwort ruft.

Allerdings gibt es hier und jetzt keine Gewähr dafür, daß diese Frage vom anderen "verstanden" oder gar mit "einverstanden" beantwortet werden wird; sie ist auf die Hoffnung eines künftigen Einverständnisses aller verwiesen. Gerade die Erfahrung der Unbedingtheit des Gewissensgebotes ist ja unhintergehbar die jedes einzelnen und ändert gar nichts an seiner Irrtumsfähigkeit. Ein Gewissen, das sich allein von sich aus sagen könnte, was das objektiv Gute ist, könnte es nur im Augenblick der Vollendung der Geschichte geben, weil es dann zum Einverständnis aller keiner Verständigung mehr bedürfte. In theologischer Perspektive hat darum Karl Barth mit Recht betont, daß das Gewissen streng genommen gar nicht unter die anthropologischen, sondern unter die eschatologischen Begriffe gehört (Barth, Ethik II, 384ff; KD II/2,744). Das will sagen: Das gute, das freie Gewissen kann niemals die mitgewußte Gegenwart eines zeitlos geltenden Allgemeinen im einzelnen sein. Sondern jedes gute, freie Gewissen ist - wo es *wirklich* ist - ein Vorschein der Zukunft, nämlich (theologisch gesprochen) der Freiheit der erlösten Kreatur, nach der wir uns sehnen. Weil aber hier und jetzt das Gewissen nicht wissen kann, ob es die Wahrheit auf seiner Seite hat, muß an die Stelle eines Wahrheitsanspruchs einer Gewissensentscheidung die *Wahrhaftigkeit* des Gewissenszeugnisses treten. In der Wahrhaftigkeit des Gewissenszeugnisses bleibt der Bezug auf eine Wahrheit erhalten, die wir noch nicht wissen.

Kommunikationen, die der Mitteilung von Wahrhaftigkeit dienen, nennen wir *Dialoge.* Wer sich auf einen Dialog zur Mitteilung von Wahrhaftigkeit einläßt, macht die durch nichts zu sichernde Unterstellung, daß sich der andere ebenso wahrhaftig äußert wie er selbst, auch wenn die Handlungen beider gegeneinander stehen. Dem "Bezeugen" von Wahrhaftigkeit entspricht das "Bezeigen" von Respekt. Der *Dignitätsgrundsatz* ist deshalb eine mit dem Faktum des Gewissens mitgegebene Verbindlichkeit: *Der Würde der menschlichen Person, der Freiheit ihres Gewissens und dessen leibhaftem symbolischen Selbstausdruck gebührt unbedingte Achtung.* Dialoge orientieren sich unmittelbar am Dignitätsgrundsatz, also daran, daß der personale Selbstausdruck des anderen konstitutiv zu seiner Würde gehört und keiner Rechtfertigungsforderung unterworfen werden darf, auch wenn seine Handlungen rechtfertigungsbedürftig sein mögen.

Das Gewissensgebot ist zunächst je meines und bindet mich hier und jetzt und unter diesen Umständen. Wenn nun mit der Würde jeder Einzelperson auch ihre Gewissensentscheidung geachtet werden muß, das Einzelgewissen aber als ganzes fehlbar und irrtumsfähig ist, sind wir dann nicht genötigt, uns der Meinung anzuschließen, daß noch so gegensätzliche Gewissensentscheidungen einfach nebeneinander toleriert werden müssen? Diese Konsequenz verbietet sich deshalb, weil die Achtung der Würde des anderen eine Gleichgültigkeitsbeziehung gerade ausschließt: Den Handelnden von seiner Handlung zu unterscheiden bedeutet durchaus, ihn *als* Handelnden ernst zu nehmen, das heißt einander gegebenenfalls auf die Gegensätzlichkeit der jeweiligen Handlungen und der ihnen zugrundeliegenden Selbstverständnisse und Situationsdeutungen anzusprechen. Die Freiheit des Gewissens schließt den Dialog über konfligierende Situations- und Selbstinterpretationen nicht aus, sondern ein; und im Unterschied zum Urteil über die Person des Handelnden, das als Urteil über "Gut" und "Böse" eine offene Frage bleiben muß, sind die Handlungen von Personen unter Beachtung des Dignitätsgrundsatzes der Frage unterworfen, ob sie unter gegebenen Umständen "besser" oder "schlechter" sind: Sie unterliegen *Kriterien.*

An dieser Stelle erhebt sich die Frage nach dem Sinn der gängigen Forderung nach Verallgemeinerungsfähigkeit, ja nach dem Stellenwert des ethischen Verallgemeinerungsprinzips für Gewissensentscheidungen überhaupt. Dabei muß zunächst genauer präzisiert werden, was mit "Verallgemeinerung" als ethischem Prinzip genau gemeint sein soll - soweit darin mehr impliziert ist, als der mit der Kommunikabilität, ja Kommunikationsbedürftigkeit von Gewissensentscheidungen gegebene Allgemeinheits*bezug* als solcher. Natürlich kann ich wünschen, daß die von mir erfahrene unbedingte Verbindlichkeit auch von anderen geteilt und damit allgemein *wird*; doch ist die Unbedingtheit eines Gewissensgebots keineswegs mit der Allgemeinheit einer für alle geltenden *Norm* identisch. Wir wollen deshalb im folgenden das Generalisierbarkeitskriterium als Verallgemeinerungsprinzip erster Stufe vom Universalisierbarkeitskriterium als Verallgemeinerungsprinzip zweiter Stufe unterscheiden. Was soll diese normalerweise vernachlässigte Unterscheidung besagen?

Marcus George Singer z.B. hat dem *Generalisierbarkeitskriterium* die Fassung gegeben, "daß das, was für eine Person richtig (oder nicht richtig) ist, für jede andere Person mit ähnlichen individuellen Voraussetzungen und unter ähnlichen Umständen richtig (oder nicht richtig) sein muß" (Singer 25). Da der Generalisierbarkeitstest gerade nicht von den jeweils relevanten individuellen Überzeugungen und Eigenschaften, konkreten Kontexten und Handlungssituationen abstrahiert, kommt für ihn "jede andere Person" nur unter der einschränkenden Voraussetzung "ähnlicher" individueller Vorgaben und "ähnlicher" Umstände in Betracht. Verhält es sich aber so, dann kann "jede andere Person" auf keinen Fall "alle anderen" bedeuten. Gewiß bedeutet *mir mein* Gewissensgebot, daß *ich jetzt* der Überzeugung bin, an *meiner* Stelle und unter - gemessen an den meinen - *ähnlichen* Umständen müßte *jede(r)* so handeln wie ich. Doch handelt es sich dabei um ein Kriterium der Selbstprüfung, das keinen Maßstab dafür an die Hand gibt, worin in einem gegebenen Fall die relevanten Ähnlichkeiten und die irrelevanten Verschiedenheiten bestehen. Deshalb bleibt es prinzipiell immer möglich, daß eine im Gewissen erfahrene Verbindlichkeit für gar keine andere Person richtig ist - denn Individualität ist letztlich unhintergehbar: Jeder und jede ist ja jetzt und hier einmalig! Die implizite Allgemeinheit, die im Gewissen in Anspruch genommen wird, bezieht sich im Kern lediglich auf die Regelmäßigkeit, mit der meine Entscheidung *immer dann* richtig sein soll, *wenn* - gemessen an meinen jetzigen - ähnliche Rahmenbedingungen gegeben sind. Wenn ich also einer Situation ausgesetzt bin, in der *andere* prüfen wollen, ob ich für eine Entscheidung Gewissensgründe geltend machen kann, so kann die einzige widerspruchsfreie Antwort nur in der formal tautologischen Auskunft bestehen: Ich will immer dann meinem Gewissensgebot entsprechend handeln, wenn ich nicht anders handeln kann.

Die Verallgemeinerung zu einem für alle geltenden Gesetz müßte im Unterschied dazu gerade von allen besonderen individuellen und kontextuellen Vorgaben abstrahieren. Ein solches Verallgemeinerungskriterium zweiter Stufe wollen wir zum Zweck besserer terminologischer Unterscheidbarkeit *Universalisierbarkeitskriterium* nennen. Anders als das Generalisierbarkeitskriterium bezieht sich das Universalisierbarkeitskriterium nicht auf eine immer wiederkehrende Regelmäßigkeit meiner subjektiven Entscheidung unter ähnlichen Bedingungen, sondern auf die Gründe, mit denen intersubjektiv geltende *Normen* rational gerechtfertigt werden können. Das Universalisierbarkeitskriterium prüft nicht, ob jede(r) andere an *meiner* konkreten Stelle so handeln müßte wie ich; es prüft, ob dies jede(r) von uns auch an *seiner/ihrer* Stelle tun sollte. Universalisierbarkeit ist kein Kriterium für die Frage nach dem Guten, das auf jeden Fall das für mich Gute sein muß, es ist ein Test zur Ermittlung des für alle Gerechten; dem wenden wir uns jetzt am Leitfaden des Begriffs der Verantwortung zu.

LITERATUR: *K. Barth*, Kirchliche Dogmatik II/2: Die Lehre von Gott, 5. Aufl. Zürich 1974 (zit: KD) - *K. Barth*, Ethik II, hg. von D. Braun, Zürich 1978 - *D. Bonhoeffer*, Ethik, hg. von E. Bethge, 7. Aufl. München 1966 - *S. Freud*, Das Unbehagen in der Kultur (1930), in: Studienausgabe Bd. IX, Frankfurt 1974, 191-270 - *W. Härle*, Art. Gewissen, in: Evangelisches Staatslexikon, Bd. I, 3. Aufl. Stuttgart/Berlin 1987, 1143-1150 - *G. W. F. Hegel*, Grundlinien der Philosophie des Rechts, Theorie-Werkausgabe, Bd. 7, Frankfurt 1970 - *L. Honnefelder*, Praktische Vernunft und Gewissen, in: Handbuch der christlichen Ethik, Bd. 3, Freiburg/Basel/Wien 1982, 19-42 - *W. Huber/W. Nikolaus*, Art. Gewissen, in: Evangelisches Kirchenlexikon, Bd. I, 3. Aufl. Göttingen 1986, 174-181 - *I. Kant*, Werke, hg. von W. Weischedel, Bd. IV, Darmstadt 1956 - *N. Luhmann*, Die Gewissensfreiheit und das Gewissen (1965), in: Ders., Ausdifferenzierung des Rechts. Beiträge zur Rechtssoziologie und Rechtstheorie, Frankfurt 1981, 326-358 - *N. Luhmann*, Das Phänomen des Gewissens und die normative Selbstbestimmung der Persönlichkeit, in: F. Böckle/E.-W. Böckenförde (Hg.), Naturrecht in der Kritik, Mainz 1973 - *Chr. Maurer*, Art. synoida/syneidesis, in: Theologisches Wörterbuch zum Neuen Testament, Bd. VII, Stuttgart 1964, 897-918 - *F. Nietzsche*, Zur Genealogie der Moral (1887), in: Werke. Kritische Gesamtausgabe, hg. v. G. Colli/M. Montinari, VI. Abt., 2. Bd., Berlin 1968, 257-430 - *H. Reiner*, Art. Gewissen, in: Historisches Wörterbuch der Philosophie, Bd. 3, Darmstadt 1974, 574-592 - *M. G. Singer*, Verallgemeinerung in der Ethik. Zur Logik moralischen Argumentierens, Frankfurt 1975 - *P. Tillich*, Das transmoralische Gewissen, in: Ders., Der Protestantismus. Prinzip und Wirklichkeit, Stuttgart 1950, 181-195.

### *2.2. Der Bereich der Verantwortung*

Das Einzelgewissen kann, so sahen wir, seinen Allgemeinheitsbezug nur dadurch finden, daß es im Dialog und insofern: in der Ver-Antwortung auf die gemeinsame Suche nach der Wahrheit ausgerichtet bleibt. Deshalb wäre es ganz verfehlt, die notwendige Unterscheidung zwischen Gewissens- und Verantwortungsorientierung des Handelns zum Anlaß zu nehmen, um zwei verschiedene Ethiken zu etablieren. Wohl aber thematisieren wir unter den Aspekten von Gewissen und Verantwortung die Bedeutung von Handlungen in einer jeweils anderen Relation. Unter dem Aspekt des Gewissens geht es zuletzt um die Bedeutung meiner Handlungen für mich; in der Perspektive der Verantwortung geht es zuerst um die Bedeutung meiner Handlungen für andere. Eben deshalb ist Ver-Antwortung nicht nur eine personale, sondern auch eine institutionelle Kategorie; sie erlaubt es, die Frage nach dem *Gerechten* und nach der Begründung des *Rechts* als der Form des Zusammenlebens der einzelnen zu stellen; darin liegt die besondere Bedeutung des Begriffs der Verantwortung für die Friedensethik.

Dabei ist freilich zunächst ebensowenig, ja noch weniger als beim Gewissen klar, was mit dem Begriff der Verantwortung in ethischer Absicht genau gesagt werden soll. Zwar hat das Reden von "Verantwortung" in der säkularisierten Gesellschaft allgemeine Konjunktur. Das Wort appelliert an ein Einverständnis, das nicht wie andere ethische Grundbegriffe durch Tradition und Herkommen befrachtet scheint. Es kommt bedeutungsschwer daher, ist aber oft nicht mehr als ein verbales Klischee. Auch wir haben bisher mehr oder weniger voraussetzungslos von "Verantwortung", "Friedensverantwortung", "politischer Verantwortung" usw. gesprochen; wir müssen die Implikationen dieser Redeweise jetzt präzisieren und damit über die Bedeutung des Verantwortungsbegriffs für die Ethik überhaupt Auskunft geben.

Am klarsten scheint die Rede von Verantwortung noch zu sein, wo sie sich auf rechtlich geordnete Kompetenzen beziehen läßt. So wurde vor einigen Jahren der französische Staatspräsident mit den selbstbewußten Worten zitiert: "Der zentrale Teil der Strategie der

Abschreckung ist der Staatschef, das bin ich", und unter Anspielung auf die Vollmachten seines Amtes fügte er hinzu: "ich übernehme die volle Verantwortung" (zit. nach Preuß 145). Doch wem gegenüber könnte sich der Präsident verantworten, wenn die Abschrekkung versagt? Ein weiteres Beispiel: In friedenspolitischer Absicht wird von einer historischen Verantwortungsgemeinschaft von Staaten gesprochen. Aber es bricht schnell Ratlosigkeit aus, wenn man nur die einfache Frage stellt, ob die Subjekte solcher Verantwortung *vor* der Geschichte oder aber *für* die Geschichte Verantwortung haben. Schließlich: Da sagt jemand einem anderen, er fühle sich *für* ihn verantwortlich - genau dies jedoch läßt auch Widerstände aufkommen, weil solche Inobhutnahme ja allzuleicht die Selbstverantwortung, zu der der andere fähig sein könnte, zu bevormunden droht. Diese Beispiele mögen immerhin illustrieren, daß von Verantwortung sinnvoll nur gesprochen werden kann, wenn präzisiert wird, *wer wofür* und *vor wem* verantwortlich ist.

Nun scheint aber seit Max Weber in der politisch-ethischen Debatte über Verantwortung etwas ganz anderes im Vordergrund zu stehen, nämlich der unversöhnliche Gegensatz von Gesinnungsethik und Verantwortungsethik. Weber vertrat die bekannte These: Im Unterschied zur gesinnungsethischen Maxime, die "religiös geredet" laute, "der Christ tut recht und stellt den Erfolg Gott anheim", besage die verantwortungsethische Maxime, "daß man für die (voraussehbaren) *Folgen* seines Handelns aufzukommen hat" (Weber 539f). Gesinnungsethisch handelt, wer sich seines eigenen Rechttuns gewiß ist; verantwortungsethisch handelt, wer berücksichtigt, daß er für die voraussehbaren Folgen seines Handelns aufkommen muß.

In dieser schlichten Version hat die Webersche Unterscheidung Schule gemacht. Und in dieser Gestalt wird sie nicht selten bemüht, wenn Fragen der öffentlichen Politik zu Themen der ethischen Stellungnahme werden. In der Friedensdebatte der 80er Jahre wurde Webers Formel einmal mehr zu einer polemischen Formel von eher denunziatorischer als aufklärender Kraft. Die Politiker im Amt sprachen sich selbst Verantwortungsethik, der Friedensbewegung Gesinnungsethik zu; die opponierenden Rüstungskritiker dagegen stimmten im allgemeinen in den abwertenden Gebrauch des Begriffs Gesinnungsethik ein, insistierten jedoch darauf, in einem anderen Sinn die besseren Verantwortungsethiker zu sein. Dies scheint schon darauf hinzudeuten, daß das eigentliche Problem weniger in der Unterscheidung von Gesinnungsorientierung oder Folgenorientierung liegt, sondern zunächst einmal in dem differierenden Verständnis des Handlungsbereiches, in dem jemand seine Verantwortung sieht.

Dann wären wir also nach wie vor berechtigt, das Grundproblem einer Verantwortungsethik in der Frage aufzusuchen: Wer ist wofür vor wem verantwortlich? In der Tat. Denn an dem Gesichtspunkt der Folgenorientierung des Handelns als solchem ist zunächst einmal überhaupt nichts "ethisch": Solange die Richtigkeit von Handlungen davon abhängen soll, ob durch sie die Gesamtqualität der Zustände in einem Handlungskontext verbessert oder verschlechtert wird, haben wir es mit einem reinen Kosten-Nutzen-Kalkül zu tun, das die Maßstäbe für das, was als Nutzen gelten soll, von woanders her nehmen muß. Darum bleiben in Webers Verständnis von Verantwortungsethik auch alle interessanten Fragen offen, nämlich die, welche Folgen *voraussehbar* sind, ob wirklich jeder nur für die Folgen *seines* Handelns einstehen muß und für *welche* Folgen er gegebenenfalls nur mit unakzeptablen Konsequenzen für sich selbst aufkommen kann.

Es bleibt also dabei: Im Blick auf Verantwortung als sozialen Vorgang müssen das Subjekt (wer?), der Bereich (wofür?) und die Instanz (vor wem?) der Verantwortung unterschieden werden. Verantwortung ist - so stellt sich diesselbe Struktur in soziologischer Sprechweise dar - in das Schema Rolle-Norm-Sanktion eingelassen (Schmidt-Relenberg): Verantwortung setzt die Vorgabe einer Rolle und damit einen Spielraum der eigenverantwortlichen Selbstbestimmung voraus; sie setzt einen strukturierten Bereich voraus, nach dessen Maßstäben man zur Verantwortung gezogen werden kann; und sie setzt eine Bezugsinstanz voraus, die für verantwortungsloses Handeln Rechenschaft fordert. *Selbstbestimmung, Fürsorge* und *Rechenschaft* sind demnach die unverzichtbaren Strukturelemente des Verantwortungsbegriffs; wir nehmen sie im folgenden als Leitfaden zur Auseinandersetzung mit aktuell wirksamen ethischen Konzeptionen, dabei geben wir drei ethische Verbindlichkeitsgrundsätze an, die aus der Struktur von Verantwortung selbst folgen.

a) Verantwortung als Fürsorge

*Hans Jonas* gilt gegenwärtig weithin als der Philosoph, der "Verantwortung" zum Grundbegriff der ethischen Theorie gemacht hat. In seinem Buch 'Das Prinzip Verantwortung' will er darlegen, inwiefern nur von der Verantwortungskategorie her eine Ethik begründet werden kann, die dem Gefährdungspotential der wissenschaftlich-technischen Welt angemessen ist. Gewiß ist Verantwortung immer auch Folgenverantwortung. Aber, so fragt Jonas, was bedeutet dies angesichts jenes Machtzuwachses des Menschen, der die Fähigkeit zur nuklearen Selbstvernichtung ebenso impliziert wie die Möglichkeit zur biotechnischen Selbstmanipulation der Gattung? Die Kernspaltung und die Entschlüsselung des genetischen Codes sind die herausragenden Belege dafür, daß die Menschheit wissenschaftlich-technische Mittel besitzt, die die definitive, irreversible Selbstverfügung der Gattung über ihre eigene Zukunft möglich machen. Weil menschliches Handeln heute darüber verfügen kann, ob es in Zukunft überhaupt noch menschliches Handeln gibt, muß der ethische Imperativ nach Jonas ein Verantwortungsimperativ sein: Das Sollen ist zum Implikat des Könnens geworden; die Pflicht folgt unmittelbar aus der Macht.

Jonas' Verantwortungsbegriff setzt bei der Verantwortung *für* ..., und zwar nunmehr im Sinn der *Sachwaltung*, der *Fürsorge* an. "Das erste ist das Seinsollen des Objekts, das zweite das Tunsollen des zur Sachwaltung berufenen Subjekts. ... *Diese* Art Verantwortung und Verantwortungsgefühl, nicht die formal-leere 'Verantwortlichkeit' jedes Täters für seine Tat, meinen wir, wenn wir von der heute fälligen Ethik der Zukunftsverantwortung sprechen" (Jonas 175). Mit diesem Ansatz bei der Verantwortung als Fürsorge möchte Jonas den Verantwortlichen für etwas öffnen, was er nicht selbst ist: nämlich das "Objekt" der Verantwortung. Damit soll der Selbstbezug der Folgenverantwortung überwunden und Verantwortung allererst von dem Bereich her gedacht werden, auf den sie verweist. Für eine zureichende Erfassung und Explikation von Verantwortung als friedensethischem Grundbegriff ist es jedoch von Interesse, näher zuzusehen, welchen Preis Jonas für seine Version des 'Prinzips Verantwortung' zu zahlen hat und wieweit sie für eine politische Ethik trägt.

Die Konsequenzen der Beschränkung von Verantwortung auf den Fürsorgeaspekt sind erheblich. Sie schließt nämlich ein, daß Verantwortung im strikten Sinn nur als einseitiges, nicht-reziprokes Verhältnis, das heißt als Herrschaftsverhältnis gefaßt werden kann: "Das Wohlergehen, das Interesse, das Schicksal Anderer ist, durch Umstände oder Vereinbarung, in meine Hut gekommen, was heißt, daß meine Kontrolle dar*über* zugleich meine Verpflichtung da*für* einschließt. Die Ausübung der Macht ohne die Beobachtung der Pflicht ist dann 'unverantwortlich', das heißt ein Bruch des Treueverhältnisses der Verantwortung. Eine deutliche Unebenbürtigkeit der Macht oder Befugnis gehört zu diesem Verhältnis" (Jonas 176). Nicht zufällig erläutert Jonas seinen Verantwortungsbegriff an den "eminenten Paradigmen" der Eltern und des "Staatsmannes" (Jonas 184). Das bedeutet aber: Verantwortung wird immer schon im Anschluß an bestimmte Verantwortungs*rollen* definiert, nicht an sich selbst als dialogisches Geschehen verstanden. Nicht Gegenseitigkeitsbeziehungen bilden die Grundlage von Verantwortung, von der aus sich dann auch nicht-reziproke Formen entfalten, sondern die Nicht-Reziprozität bleibt der Rahmen aller Verantwortung. Darin liegt der Keim für eine elitäre, tendenziell undemokratische Gestalt der Verantwortung. Dies zeigt sich aufs deutlichste, wenn Jonas von der "Totalität" der Verantwortungen in der Eltern- und Politikerrolle spricht und erklärt: "Damit meinen wir, daß diese Verantwortungen das totale Sein ihrer Objekte umspannen, das heißt, alle Aspekte desselben, von der nackten Existenz zu den höchsten Interessen" (Jonas 189). Jonas' 'Prinzip Verantwortung' versteht sich als Gegenentwurf zu Ernst Blochs 'Prinzip Hoffnung' - und es läuft Gefahr, der emanzipatorischen Utopie allseitiger Entfaltung der Menschengattung die paternalistische Ideologie einer elitär-autoritären Verantwortung weniger entgegenzusetzen.

Nun würde man Jonas allerdings Unrecht tun, wollte man ihm nicht zugestehen, daß er die (im Modell gegebener Rollen gedachte) Struktur der Totalverantwortung gerade deshalb herausarbeitet, weil er die Verantwortlichen umso nachhaltiger an die Pflicht zur Selbstbegrenzung ihrer Macht gegenüber den von ihnen abhängigen "Objekten" erinnern will. Denn, so sagt er, "gerade das, was der Verantwortliche selber in seinen *Wirkungen* nicht mehr verantworten kann: die Eigenursächlichkeit der betreuten Existenz, ist ein letzthinniger Gegenstand seiner Betreuungspflicht" (Jonas 198). Doch hat er damit wirklich - wie er meint - den "Archetyp aller Verantwortung" erfaßt? *Nolens volens* macht Jonas selbst deutlich, daß die Analogie von naturwüchsiger Elternrolle und sozialer Staatsmannrolle längst nicht so weit reicht, wie es erforderlich wäre, um die Fürsorgeverantwortung zu einem tragfähigen Prinzip der politischen Ethik zu machen. Das Ur-Paradigma der Elternrolle soll ja zeigen, daß die Fürsorge der Verantwortlichen nur um willen des Heranwachsens der Verantworteten zur eigenen Mündigkeit stattfindet und an dieser ihre Grenze hat, so daß aus der Für-Sorge ein Sein-Lassen werden kann. Insofern erscheint die Verantwortung der Eltern gegenüber dem Neugeborenen geeignet, die Verankerung des Verantwortungsgefühls in einer teleologischen Ontologie zu demonstrieren: Jonas möchte zeigen, daß das Objekt der Verantwortung seinen eigenen Zweck realisiert und gerade, indem es dies tut, an das Verantwortungsgefühl des Subjekts appelliert. Alles, was ist, hat, Jonas' teleologischer Ontologie zufolge, sein Wesen darin, zweckhaft zu sein. Alles Lebendige, auch die außermenschliche Natur hat einen seinsollenden Zweck an sich selbst und richtet - erst recht als menschliches Lebewesen - "unwidersprechlich ein Soll an die Umwelt", "sich seiner anzunehmen" (Jonas 235). Im "Sein" allen selbstzwecklichen Lebens ist bereits das "Sollen" enthalten, das es "*gemäß* dem Sittengesetz" zu befolgen gilt (Jonas 162).

Mit dieser Konzeption mag Jonas das Verantwortungs*gefühl* als intuitive Ansprechbarkeit des Menschen auf die Schutzwürdigkeit zweckhaften Lebens und seiner Entfaltung aufgewiesen haben; aber läßt sich daraus schon ein Verantwortungs*prinzip* gewinnen? Denn: Soll Verantwortung ein Prinzip sein, dann muß dieses Prinzip ja nicht nur für die Stellungnahme zur *natürlichen* Welt lebender Organismen bis hin zum bewußtseinsbegabten Organismus gelten, sondern muß auch die soziale Welt einbegreifen. Die *soziale* Welt aber ist dadurch gekennzeichnet, daß die Menschen sich als vernunftbegabte Lebewesen selbst Zwecke setzen, die, weil sie *frei* gesetzt sind, miteinander konkurrieren können und darum ausgeglichen werden müssen. Ein "Prinzip" Verantwortung kann nicht nur für das Verhältnis zur *Natur*, es muß auch für die Stellungnahme zur menschlichen *Geschichte* und das heißt: zur sozialen Welt interagierender, konkurrierender Individuen, Gruppen, Gesellschaften und Staaten gelten. Auch Jonas weiß das natürlich und unterscheidet durchaus das appellierende Sein-Sollen des Lebendigen, das sich unmittelbar an unser Verantwortungs*gefühl* richtet, vom *Sittengesetz* als dem Verantwortungsprinzip, welches das appellative Sollen seinerseits erst legitimiert. Doch wie lautet das Sittengesetz?

Jonas faßt es in einer negativen Version in die Formel: "Gefährde nicht die Bedingungen für den indefiniten Fortbestand der Menschheit auf Erden" (Jonas 36; s. auch oben III.1.3). Dieser Formulierung ist ihre Herkunft aus dem Entdeckungszusammenhang der Elternverantwortung deutlich anzumerken: So wie dieser "Archetyp der Verantwortung" letztlich auf ein Ethos des Sein-Lassens hin tendiert, so begründet der verantwortungsethische Imperativ in seiner negativen Form lediglich eine äußerste Unterlassungspflicht. Nun kann aber eine *politische* Verantwortungsethik nicht in einer äußersten Unterlassungspflicht aufgehen. Jonas sucht dem durch die positiven Formulierungen seines Imperativs gerecht zu werden: "Handle so, daß die Wirkungen deiner Handlung verträglich sind mit der Permanenz echten menschlichen Lebens auf Erden"; und: "Schließe in deine gegenwärtige Wahl die zukünftige Integrität des Menschen als Mit-Gegenstand deines Wollens ein" (Jonas 36). Diesen positiven Formulierungen des Sittengesetzes ist allerdings nicht zu entnehmen, welches die Kriterien der "Echtheit" menschlichen Lebens sind. Darum sagen sie uns auch nicht, worin denn die zukünftige "Integrität" des Menschen bestehen soll - und dies ist auch ganz konsequent: Jonas' ganzes antimarxistisches Pathos rührt ja daher, daß wir für den Gang der Geschichte gerade nicht jene teleologische Ausrichtung auf einen Endzweck annehmen dürfen, die wir für die Entwicklung natürlicher Organismen durchaus unterstellen können!

"Die Geschichte der Gesellschaften, Nationen oder Staaten - kurz: 'die Geschichte' - hat kein vorgezeichnetes Ziel, dem sie zustrebte oder entgegengeführt werden sollte; von Kindheit, Reife und Greisenalter kann bei ihnen in keinem legitimen Sinn die Rede sein; alle organischen Vergleiche, besonders die des Wachstums, so groß die Versuchung dazu, sind hier fehl am Platze und letztlich irreführend" (Jonas 200).

Das bedeutet aber, daß der am teleologischen Wachstum des Lebens gewonnene Jonas'sche Imperativ nur soweit reicht, wie der Bereich der Natur. Da er die Geschichte gar nicht mitthematisieren kann, erlaubt er auch gar nicht erst, die Frage nach der Gerechtigkeit von geschichtlich umkämpften Zwecken und der Rechtmäßigkeit von konfligierenden Ansprüchen zu stellen.

Gewiß appelliert Jonas' 'Prinzip Verantwortung' an eine äußerste Pflicht zur Unterlassung. Die ethischen Imperative, die er formuliert, machen deutlich, daß verantwortliche Politik mindestens die unentbehrlichen Bedingungen für die Erhaltung der Menschengattung zur Voraussetzung hat. Demgemäß sprachen auch wir vom Überleben als der Grundbedingung des Friedens und von der ethisch geforderten bewußten Unterscheidung zwischen dem, was der Mensch kann, und dem, was er wollen darf. Aus der Struktur von Verantwortung selbst folgt als *erste* Verbindlichkeit der *Integritätsgrundsatz*: *Die natürlichen Grundlagen für das Überleben der Menschheit müssen erhalten werden,* weil es ohne sie keine Verantwortung gibt. Verantwortung ist nur möglich, wenn der Bestand von Subjekten und Objekten von Verantwortung gewährleistet ist.

Der Integritätsgrundsatz, der als solcher nur auf das pure Überleben der Gattung abstellt, schließt nun allerdings gar nicht aus, daß das Naturgesetz des *survival of the fittest* auch für Gesellschaften gelten soll. Er ließe etwa für den Bereich der Weltgesellschaft auch eine sozial-darwinistische "Lösung" des Nord-Süd-Konfliktes zu, derzufolge die Reichen das Überleben der Menschheit auf Kosten der Armen sichern. Ein Frieden ohne Gerechtigkeit verdient aber nicht, Frieden zu heißen. Für eine Friedensethik kann darum der Integritätsgrundsatz, der bei Jonas im Zentrum steht, nur die Bedeutung einer Minimalbedingung haben; schon die Einsicht, daß eine Ethik der Selbstbegrenzung der Mittel des Rechts bedarf, wenn sie für das Leben einer Gesellschaft bestimmende Kraft gewinnen soll, vermag er nicht einzuholen und der pure Rekurs auf das Ziel des Überlebens bleibt politisch ohnmächtig.

Die Einsicht, zu der wir mit Jonas geführt worden sind, lautete: In der Erhaltung der natürlichen Grundlagen der Gattung besteht eine fundamentale *Verbindlichkeit* für alles verantwortliche Handeln von Menschen. Doch in seiner *Begründung* ist das Jonas'sche Verantwortungsprinzip unzureichend: In ihr droht die Öffnung des Subjekts der Verantwortung für das, was es nicht selbst ist, in der bloßen Selbsterhaltung des Natursubjekts leerzulaufen. Dies zeigt: Eine Ethik der Verantwortung läßt sich nicht allein aus der Struktur der Selbsterhaltung begründen, die der Mensch mit allen Lebewesen teilt; sie müßte bei einer Eigenschaft des Menschen ansetzen, die ihn zugleich von allem übrigen Leben unterscheidet. Darum müssen mindestens zwei bisher abgeblendete Elemente im Verantwortungsbegriff zur Geltung gebracht werden. Zunächst: In der Dimension der Verantwortung *für* kann Verantwortung nicht auf die Natur beschränkt, sondern muß auf den gesamten Bereich der Geschichte bezogen werden. Sodann: Zum Phänomen der Verantwortung gehört untilgbar die Dimension der Verantwortung vor, die Rechenschaft gegenüber einem anderen hinzu.

b) Verantwortung als Rechenschaft

*Georg Picht* hat - lange vor Jonas - den Grundriß einer geschichtlichen Verantwortungsethik entworfen, die auf dieser doppelten Verweisung aufgebaut ist. Der Terminus Verantwortung hat, so vermerkt Picht, seiner mittelhochdeutschen Herkunft nach seinen ursprünglichen Sitz in der geschichtlich-sozialen Welt, nämlich im Rechtsleben (vgl. Picht 1969, 317, ders. 1980, 202). "Verantworten" bedeutet demnach: für eine Sache oder Person vor Gericht eintreten, sie verteidigen; oder auch - soweit man selbst betroffen ist - sich selbst vor einer Rechenschaft fordernden Instanz rechtfertigen. Picht zeigt zutreffend, daß der Grundsinn der Verantwortung *für* verfehlt wird, wenn die Frage nach der Verantwortung *vor* ausgeklammert bleibt.

Dazu entwickelt er zunächst den Aspekt der Verantwortung *für* (und damit den *Inhalt* der Verantwortung) nicht aus dem Instinkt der Fürsorge, sondern aus dem Vermögen der *Vorsorge.* Nicht einfach auf gegebene Objekte in quasi-natürlichen Verantwortungsrollen bezieht sich menschliche Verantwortung. Verantwortlich ist der Mensch für die *Zukunft* eines Bereichs. Die Fähigkeit, die den Menschen vom Tier unterscheidet und seine Verantwortung begründet, ist - so Picht - die "Fähigkeit, reale Möglichkeiten der Zukunft zu antizipieren" (Picht 1980, 101). In der Tat kommen sowohl die Folgenverantwortung als auch die Fürsorgeverantwortung darin überein, daß in ihnen Verantwortung auf Zukunft und damit auf Zeit bezogen ist: Auch die Bereitschaft, für die Folgen nur meiner Handlung einzustehen, verlangt ja den fundamentaleren Akt der Voraussicht solcher künftigen Folgen. Und auch Fürsorge schlägt nur dann nicht in Bevormundung um, wenn sie vorauszusehen vermag, was im Licht der künftigen Entwicklung des Betreuten jeweils an der Zeit ist. "Im Umkreis von Verantwortung ist Fürsorge nur als Vorsorge möglich" (Picht 1980, 101).

Mit Picht können wir sagen: Auch derjenige Verantwortungsbegriff, der die fürsorgliche Herrschaft *über* Menschen, Lebewesen und Sachen meint, ist noch im Modell eines Subjekts gedacht, das über Objekte verfügt. *Vorsorge* hingegen ist Wahrnehmung von Verantwortung *innerhalb* eines Bereichs, dem der Verantwortliche selber zugehört. Dieser Bereich liegt nicht ein für allemal fest, sondern ist als Spielraum offener Möglichkeiten zu verstehen. Nicht der autonome Wille eines moralischen Subjekts konstituiert also die Verantwortung, sondern das jeweilige Feld des Verantwortungsbereichs, die in ihm möglichen Geschehnisse und die sich daraus ergebenden Aufgaben konstituieren die Subjekte als Träger von Verantwortung. Verantwortlich können Menschen demnach für alles *werden*, was in dem Bereich offener Möglichkeiten, dem sie zugehören, geschehen kann. Lediglich Vorgänge, die naturgesetzlich determiniert sind, lassen keine Rückverweisung auf menschliche Verantwortlichkeit zu. Abgesehen davon aber schließt die Tatsache, daß jemand an der Auslösung eines Geschehens selbst nicht ursächlich beteiligt war, seine Verantwortlichkeit keineswegs aus: Das Geschehen eines entgleisenden Zuges - so ein von Picht verwendetes Beispiel - provoziert die Suche nach einem Verantwortlichen; und wenn es niemand gibt, der das Unglück absichtlich herbeigeführt hat, dann ist der verantwortlich, der in seinem Bereich keine ausreichende Vorsorge dagegen getroffen hat, daß es passieren konnte. In Demokratien - so könnte man hinzufügen - ist gerade die politische Verantwortung etwa in Gestalt der Ministerverantwortlichkeit so gefaßt, daß sie alles einschließen kann, was in einem Amtsbereich vorfällt.

Anhand dieser Beispiele läßt sich mit Picht zeigen: Menschliche Gesellschaften reagieren auf die Notwendigkeit zur Wahrnehmung von Verantwortung mit der Institutionalisierung von Ämtern, der Erteilung von Befugnissen und der Setzung von Recht. Damit wird der offene Spielraum der Verantwortung in abgegrenzten Zuständigkeiten strukturiert. Gerade weil prinzipiell jeder in die Lage kommen kann, daß die Verantwortung für ein Geschehen auf ihn zurückverweist, muß Verantwortung, um konkret wahrgenommen werden zu können, in Zuständigkeiten überführt werden, das heißt durch normative Vorgaben abgegrenzt, in Rollen zugeschrieben und durch sanktionsbewehrte Bezugsinstanzen einforderbar sein.

Nun gehört es aber zum Zukunftsbezug von Verantwortung, daß Institutionen und Normen die Reichweite von Verantwortung nie abschließend definieren können. Das ist deshalb nicht der Fall, weil Verantwortung zwar Zuständigkeit begründet, in ihr aber nicht aufgeht. Gemessen an der Vorsorge, die sich auf künftige mögliche Geschehnisse richtet, sind gegenwärtige Institutionen und Normenordnungen nicht schon aus sich selbst gerechtfertigt. Falls ein Amtsträger die Grenzen seiner Zuständigkeit verletzt, erfordert es die Verantwortung, ihn in seine Grenzen zu verweisen, und in Rechtsstaaten sind auch dafür jeweils besondere Instanzen zuständig. Falls Institutionen und Normenordnungen die ihnen zugedachten Aufgaben in einer veränderten Wirklichkeit nicht mehr erfüllen, dann können Zuständigkeit und Verantwortung, das Recht und das Gerechte auseinandertreten. Doch wenn Verantwortung Zuständigkeit, Zuständigkeit aber nicht Verantwortung begründet, was begründet dann Verantwortung?

Der Sinnüberschuß von Verantwortung besteht - wie Picht mit Klarheit zeigt - darin, daß Vorsorge wie Rechenschaft letztlich auf die Einheit der Zeit, auf die Totalität der Geschichte verweisen. Die Fähigkeit zur vorsorglichen Antizipation von Zukunft, die den Menschen vom Tier unterscheidet, sieht er darin begründet, daß der Mensch dasjenige Lebewesen ist, das weiß, daß es sterben muß. Weil der Mensch das Ende seiner Lebenszeit antizipieren kann, kann er sich von seiner Gegenwart distanzieren (vgl. Picht 1980, 94f). Daß der Begriff der Verantwortung in unserem Kulturkreis vom Recht auf die gesamte Ethik übertragen werden konnte, erscheint nur vor dem wirkungsgeschichtlichen Hintergrund des christlichen Gedankens einer letzten Rechenschaft vor dem göttlichen Richter am Ende der Zeiten verständlich (Picht 1969, 319, ders. 1980, 97). Beide Motive verweisen auf die Universalgeschichte als Totalhorizont aller offenen Möglichkeiten; vor diesem Horizont findet Picht die *Begründung* von Verantwortung nicht wie Jonas in einer totalen Rolle, sondern in einer totalen Sanktion:

"Die Kriterien für diese Verantwortung bestimmen sich nach den Maßstäben, die die Geschichte selbst in ihrem bisherigen Gang hervorgebracht hat, und nach den Folgen, die ein Handeln, das diesen Maßstäben gerecht wird oder vor ihnen versagt, für die künftige Geschichte hat. Deshalb fungiert die Geschichte zugleich als Gerichtshof. Sie bringt die Folgen der Handlung an den Tag und enthält die Maßstäbe, nach denen sie zu beurteilen ist. Aber sie tritt nicht an die Stelle des Richters, sondern bezeichnet nur den Horizont, innerhalb dessen die Verantwortung definiert werden kann" (Picht 1969, 329).

Doch hier müssen wir kritisch zurückfragen: Wie kann Verantwortung konkrete Zuständigkeiten begründen, solange wir nicht am Ende der Geschichte stehen? Ein transnormativer Verantwortungsbegriff, wie Picht ihn vertritt, ist ja - im Unterschied zum Gewissen - sehr viel schwerer durchführbar, weil bei "Verantwortung" immer schon der andere mitgedacht ist, der einen Anspruch an mich erhebt, so daß die Frage entsteht, was für uns gemeinsam gelten soll. Wie also sind *universalisierbare, allgemeingültige Normen* möglich, wenn wir die Universalität der Geschichte nur im Ausblick auf den je eigenen Tod antizipieren können? Pichts klare Antwort lautet: Sie sind gar nicht möglich. Eben weil der Verantwortungsbereich der Gattung Mensch ihre Universalgeschichte ist, kann es keine ein für allemal feststehenden Normen (etwa in Gestalt universal geltender Menschenrechte oder Standards des Völkerrechts) geben, die die geschichtliche und kulturelle Vielfalt der Lebensverhältnisse auf dem Globus unter einheitliche Prinzipien zwingen. "Verantwortung ist durch und durch geschichtlich. Es gilt, sie immer neu zu entdecken" (Picht 1980, 114). Allgemeingültige Normen lassen sich nicht formulieren, nur eine höchste "Norm", die aus der formalen Struktur von Verantwortung folgt: Der "Mensch muß als Lebewesen in der Natur die Erhaltung seiner Gattung erstreben; er bleibt aber nur solange Mensch, als es ihm eine offene Frage ist, ob die Erhaltung seiner Gattung gerechtfertigt werden kann" (Picht 1980, 115).

Dieser Grundnorm Pichts müssen wir widersprechen. Picht bringt die für das neuzeitliche Bewußtsein provozierende Erinnerung ins Spiel, daß der Begriff der Verantwortung seiner Herkunft nach ein eschatologischer Begriff ist. Deshalb stellt er den Imperativ der Gattungserhaltung unter den Vorbehalt der offenen Frage des Menschen nach der Rechtfertigungsfähigkeit seiner Existenz; diese Frage soll es sein, die die Distanz des Menschen zu sich als Naturwesen ermöglicht. Gewiß bezeichnet auch für Picht der eschatologische Horizont des Denkens für die Philosophie eine "absolute Grenze" (Picht 1969, 319). Trotzdem (oder besser: gerade deshalb) setzt Picht als das Jenseits dieser Grenze einen allgemein-religiösen - bzw. christlichen, aber nicht näher interpretierten - Gerichtsmythos an. Die Konsequenzen dieser Setzung sind aber problematisch. Wir sehen hier davon ab, daß das Denken damit relativ schutzlos der Gefahr ausgesetzt wird, etwa durch religiöse Gerichtsmythologeme unterschiedlichster Herkunft die philosophisch offene Frage nach der Rechtfertigungsfähigkeit der menschlichen Existenz negativ beantwortet zu bekommen. Fundamentalistische christliche Gruppen in den USA etwa vermochten durchaus die nukleare Vernichtung der Menschheit mit der Vorstellung eines letzten Gerichts zu rechtfertigen.

Solche Folgerungen sind natürlich Pichts Intentionen diametral entgegengesetzt. In seinem eigenen Sinne liegt es jedoch, daß die Konzentration auf das Jenseitsgericht auf die innerweltliche Bestimmbarkeit von Verantwortung zurückstrahlt. Denn die Verabsolutierung des Gerichtsgedankens ist die Ursache dafür, daß für Picht soziale und rechtliche Normen nur unter dem Aspekt des Zerbrechens und der Vergänglichkeit und gerade nicht unter dem Kriterium ihrer Universalisierbarkeit in den Blick kommen. Das Gericht bedeutet ja Abbruch der Zeit, nicht Neuanfang in der Zeit. Doch über dieser Radikalisierung von Verantwortung drohen sich alle konkreten Verantwortlichkeiten, ja überhaupt Verantwortung als diesseitiger, sozialer Vorgang zu verflüchtigen. Daß die *Menschheit* universale Verantwortung trägt, ändert nämlich gar nichts daran, daß wir als *einzelne* nur begrenzte Zuständigkeiten mit bestimmten Rechten und Pflichten übernehmen können, und daß wir für Gesellschaften konkrete Verantwortlichkeiten definieren und institutionalisieren müssen.

Pichts Grundnorm kennt aber als einziges Legitimationskriterium für bestehende Normen und Institutionen wiederum nur den Integritätsgrundsatz: nämlich die Frage, ob sie so gebaut sind, daß sie die Erhaltung der Gattung gewährleisten. Zugleich aber soll sich die Menschengattung in der Erwartung eines künftigen Gerichts hinsichtlich der Rechtfertigungsfähigkeit ihrer Existenz stets im Zweifel befinden. Wenn Verantwortung immer auch Rechenschaft vor einem anderen bedeutet, dann ist es zwar konsequent, daß im Fluchtpunkt der Verantwortungsfrage die Idee einer letzten Rechtfertigungsinstanz entsteht. Doch ein wenig genauer muß auch die Philosophie die religiöse Vorstellung eines Weltgerichts bestimmen, wenn es nicht dahin kommen soll, daß das Denken dem Aberglauben Platz macht. Pichts Formulierung, der Mensch bleibe nur solange Mensch, "als es ihm eine offene Frage ist, ob die Existenz seiner Gattung gerechtfertigt werden kann", leistet diese Näherbestimmung nicht. Sie ist im Gegenteil mindestens mißverständlich: Nicht die Rechtfertigungsfähigkeit des Menschen als Gattungswesen kann die stets offene Frage sein, denn der Mensch "als Mensch" ist grundlos gerechtfertigt. Nicht der Mensch als *singulare tantum* (als Menschengattung) ist ja auch das Problem, sondern der Mensch im *Plural* (als Individuum in Sozialität). In ihrer Rechtfertigungsfähigkeit stets fraglich sind die Gattungsindividuen in der Weise ihres konkreten gesellschaftlichen Zusammenseins. Rechtfertigungsbedürftig ist das Verhalten sozialer Einheiten zueinander. Rechtfertigungsbedürftig sind soziale und wirtschaftliche Ungleichheiten. Offen ist also immer die Frage, ob die *Handlungen* jedes einzelnen Handlungssubjekts gerecht, das heißt den Lebensbedingungen und Lebensäußerungen aller anderen angemessen sind.

Es ist der Horizont *dieser* Rechtfertigungsfrage, der in der jüdisch-christlichen Tradition am eindrücklichsten durch das Gleichnis vom Weltgericht (Matthäus 25, 31-46) vorgestellt worden ist: Der "Menschensohn" wird am Ende der Zeiten kommen, alle Völker versammeln und die Gerechten von den Ungerechten nach dem Maß ihrer Handlungen scheiden. Das Bild des Gerichts verweist einerseits in der Tat an das Ende der Geschichte, weil die Handlungen jeder Einzelperson erst im Licht der Handlungen aller anderen ihre endgültige Bedeutung gewinnen. Doch andererseits entscheidet sich - so lehrt das Gleichnis - die Rechtfertigungsfähigkeit unserer Handlungen schon jetzt, und zwar an den Lebensbedürfnissen der Schwachen und Unterdrückten, am Wohl und Wehe der Mühseligen und Beladenen, am Lebensinteresse der "geringsten Brüder": der Hungrigen und Durstigen, der Fremden und unter die Räuber Gefallenen, der Kranken und Gefangenen. Über die Rechtfertigungsfähigkeit unserer Handlungen wird in allen unseren Interaktionen mit denen entschieden, die schwächer sind als wir. Aber - und das ist das Überraschende: Die endgültige Rechtfertigungsfrage wird in einer Lage gestellt, in der paradoxerweise gar keine (Selbst-)Rechtfertigung mehr möglich ist. Denn die Gerechten und die Ungerechten *wußten ja gar nicht,* was sie taten, als sie gerecht oder ungerecht handelten. Keine Einzelperson, die sich am Ende für ihre Handlungen zu rechtfertigen hat, konnte wissen, daß ihr - verborgen in allen schwachen anderen - schon während ihres Lebens der ganz Andere als der letzte Richter begegnet ist: "Was ihr (nicht) getan habt, einem von diesen meinen geringsten Brüdern, das habt ihr mir (nicht) getan." Die Gerichteten haben sich - so oder so - längst selbst gerichtet.

*Wir wissen* zwar jetzt, daß das Wohl der Schwachen Richtschnur gerechter Handlungen sein soll (unter anderem deshalb, weil uns Texte wie das Gleichnis vom Weltgericht überliefert worden sind). Aber wir wissen dies nur *als Gleichnis,* das heißt: Wir müßten selber der letzte Richter sein, die Verkettung aller Handlungen müßte uns vollständig transparent sein, wenn wir beanspruchen wollten, über Gerechtigkeit als Maßstab für die Angemessenheit der Handlungen aller an die Lebensbedingungen aller zu verfügen. An die Stelle des endgültigen Maßstabs der Gerechtigkeit tritt darum das Bewußtsein, daß das Geschick jedes anderen - und zwar gerade des *schwachen* anderen - mir zum Gericht werden kann. Die Frage nach der Gerechtigkeit von Handlungen verweist letztlich auf ein Reich der Zwecke, das wir nicht kennen. Nicht nur den Ausgang der Geschichte im ganzen, sondern auch den unserer je eigenen Biographien können wir nicht wissen. Jede(r) von uns kann selbst in die Lage des schwachen anderen kommen. Wenn wir schon die Gerechtigkeit selbst nicht kennen, dann wäre die Institutionalisierung von Gegenseitigkeitsverhältnissen zum wechselseitigen Vorteil aller die Voraussetzung für die relative Gerechtigkeit von Handlungen.

Wie der doppelte Ausgang der Gerichtsszene zeigt (den einen die "ewige Strafe" - den anderen das "ewige Leben"), gibt die Frage nach der Rechtfertigungsfähigkeit von Handlungen keinen Ausblick auf eine letzte Versöhnung frei. Im Unterschied zu den paulinischen und nachpaulinischen Texten des Neuen Testaments, die von Versöhnung als dem Ereignis personaler Stellvertretung ausgehen (s. oben III.1.2) legt das im Gleichnis aufgedeckte Nichtwissen des Ausgangs der Geschichte ohne weiteres eine Klugheitsregel nahe, zu der man gar nicht auf metaphysische Annahmen oder religiöse Überzeugungen rekurrieren muß. Insofern hatte der Verweis auf das Gleichnis vom Weltgericht im gegenwärtigen Zusammenhang, in dem wir uns um eine Aufdeckung ethischer Verbindlichkeiten in den Grenzen der Vernunft bemühen, nur eine illustrierende Funktion für einen *zweiten*, mit der formalen Struktur von Verantwortung als Verantwortung *vor* gegebenen Grundsatz: *Der Fairneßgrundsatz fordert die Institutionalisierung von Gegenseitigkeitsverhältnissen zum allseitigen Vorteil.*

Der Fairneßgrundsatz ist der fundierende Gerechtigkeitsgrundsatz - nicht deshalb, weil er bestimmt, was Gerechtigkeit "ist", sondern weil er verständlich macht, wie es zu Gerechtigkeitsprinzipien kommt, die dem Aufbau von konkreten Normenordnungen vorausliegen. Fairneß ist das Maß für Interaktionen, in denen frei handelnde Individuen die grundlegenden Bedingungen ihres Zusammenlebens festlegen. Wir verstehen Fairneß als Disposition über Handlungsfreiheiten zum Vorteil aller Betroffenen. Fairneß beginnt - negativ - bei der Selbstbeschränkung der Freiheit durch Anerkennung des Tötungsverbots, durch die der Tötungsverzicht des einzelnen zum Lebensrecht aller wird (Höffe 382ff). Fairneß schließt aber ebenso - positiv - Selbstbeteiligungen aus Freiheit ein, durch die die Leistungen der einzelnen zu Teilhaberechten aller werden. Die unterschiedlichen Stufen der Gegenseitigkeit, auf denen der Fairneßgrundsatz der Verwirklichung von je "besserer Gerechtigkeit" dient, haben wir schon im Zusammenhang der Auslegung der Goldenen Regel besprochen: Sie reichen von der negativen strategischen Gegenseitigkeit der paritätischen Beschränkung der Droh- und Sanktionspotentiale über die positive strategische Gegenseitigkeit (den Abschluß fairer Kompromisse) bis zur positiven kommunikativen Gegenseitigkeit, die offen ist für die "Erfüllung der Gerechtigkeit" (s. oben III.1.1.b).

### c) Verantwortung als Selbstbestimmung

Aus einem sanktionsorientierten Verantwortungsbegriff kann man, so haben wir gesehen, allenfalls Kriterien für den Abbruch, nicht aber für den Aufbau von Normen-(Rechts-) Ordnungen gewinnen. Die Subjekte der Verantwortung werden dann zu mehr oder weniger stummen Empfängern geschichtlicher Aufgaben. Aber wer bestimmt die Aufgaben, die sich in der Geschichte stellen? Die Geschichte selbst? Doch wer oder was ist "die" Geschichte? Es zeigt sich: Ohne Subjekte der Verantwortung löst sich der Begriff der Verantwortung auf. Es ist schlechterdings sinnlos, zu sagen, jemand trage Verantwortung, wenn er nicht zur *Selbstbestimmung* fähig ist. Soll Verantwortung Zuständigkeiten und damit konkrete Normenordnungen begründen, dann ist es unerläßlich, die Frage nach den Subjekten der Verantwortung zu stellen, welche die Normen allererst konstituierten, innerhalb deren dann Zuständigkeiten identifizierbar sind. Die konstitutive Bedeutung von Verantwortung für soziale Normen läßt sich nicht am Leitfaden des Vorlaufens zum Tode thematisieren, durch das der einzelne doch wieder auf sich selbst zurückgeworfen wird; sie erschließt sich erst durch die wechselseitige *sprachliche Verständigung* über das, was gemäß der Selbstbestimmung aller Beteiligten gelten soll.

Sprachliche Verständigungen über den Aufbau von Normenordnungen nennen wir im Unterschied zu Dialogen *Diskurse*. So wie die Frage nach dem Guten auf gewissensorientierte Verständigungen im Dialog verweist, so kann auch das relativ Gerechte nur in Verständigungsprozessen ermittelt werden. Nun geht es aber unter dem Aspekt der Konstitution von Normenordnungen nicht nur - wie beim gewissensorientierten Dialog - um zwangfreie sprachliche beziehungsweise sprachanaloge symbolische Kommunikation schlechthin, *sondern um rationale Argumentation. Sich* verantworten heißt ja: sich *rechtfertigen*. In Diskursen herrscht der - wenn auch gewaltfreie - *Zwang* des besseren Arguments. Mit dem Diskursgedanken nehmen wir die neuere moralphilosophische Debatte auf, die sich um eine kommunikationstheoretische Öffnung des Kantischen Moralprinzips bemüht (Habermas, Apel). Für Diskurse genügt das Generalisierbarkeitskriterium (Verallgemeinerung erster Stufe) keineswegs: Getestet soll jetzt nicht nur werden, ob *ich* (unter vergleichbaren Umständen) immer dem folgen will, was *mir* mein Gewissen gebietet, und ob demgemäß jede(r) andere an *meiner* Stelle so handeln müßte wie ich. Wie wir gesehen haben, schützt dieser Grundsatz das Gewissen nicht vor Irrtum, deshalb muß das Gewissen sich in realen Dialogen unter Einsatz rein kommunikativer Mittel auf die Allgemeinheit der anderen beziehen. Unter dem verantwortungsethischen Gesichtspunkt muß aber die *Universalisierbarkeit* (Verallgemeinerung zweiter Stufe) von *Normen* geprüft werden: ob nämlich gerechtfertigt werden kann, daß *jede(r) von uns* auch an jeweils *seiner/ihrer* Stelle so handeln müßte, wie es eine bestimmte Norm fordert. In Frage steht, ob eine Norm für Sozietäten (Gruppen, Verbände, Staaten) als allgemeingültig zu rechtfertigen ist, so daß sie die Form eines allgemeinen Gesetzes annehmen kann.

Denn selbst, wenn jeder an *meiner* Stelle so handeln müßte wie ich, besagt das gar nichts darüber, wie *wir* gemeinsam *einverständig* handeln können: Die Möglichkeit dieses Einverständnisses ist es aber gerade, an dem sich die Rechtfertigungsfähigkeit von Normen für Sozietäten entscheidet. Die Grundintuition der Diskursethik, wie sie *Jürgen Habermas* skizziert hat, besteht darin, das in sich zweideutige Verallgemeinerungsprinzip als "Universalisierungsgrundsatz" und diesen wieder als "Argumentationsregel" für die gemeinsame Normenfindung zu interpretieren (Habermas 67). Demgemäß formuliert Habermas einen diskursethischen Grundsatz und einen Universalisierungsgrundsatz. Der diskursethische Grundsatz besagt,

> "daß nur die Normen Geltung beanspruchen dürfen, die die Zustimmung aller Betroffenen als Teilnehmer eines praktischen Diskurses finden (oder finden könnten)" (Habermas 103, vgl. 76).

Der Universalisierungsgrundsatz besagt,

> "daß eine strittige Norm unter den Teilnehmern eines praktischen Diskurses Zustimmung nur finden kann, ... wenn die Folgen und Nebenwirkungen, die sich aus einer *allgemeinen* Befolgung der strittigen Norm für die Befriedigung der Interessen eines *jeden Einzelnen* voraussichtlich ergeben, von allen *zwanglos* akzeptiert werden können" (Habermas 103, vgl. 75f).

Nun scheint es keineswegs zufällig zu sein, daß Habermas die von uns für notwendig gehaltene Unterscheidung von "Grundsatz" und "Kriterium" vernachlässigt. Zwar werden der Universalisierungsgrundsatz und der diskursethische Grundsatz unterschieden, doch werden beide als "Grundsätze" bezeichnet, was sie ihres unterschiedlichen Status wegen eigentlich nicht sind. Die terminologische Unschärfe ist aber - so wollen wir unterstellen - nicht pure Nachlässigkeit. Habermas will die kriteriale Argumentationsregel für kommunikative Normenbegründungen einerseits und die diskursethische "Grundvorstellung"

(Habermas 103) einer kommunikativen Normenbegründungspraxis andererseits so nahe wie möglich aneinander rücken. Schon das Universalisierbarkeitskriterium ist ja in der Habermas'schen Version so formuliert, daß es nicht den einzelnen dazu auffordert, von seinen Interessen zu abstrahieren, indem er sich an die Stelle aller anderen und so im einsamen Gedankenexperiment in eine Position der Unparteilichkeit versetzt. Der Universalisierungsgrundsatz soll vielmehr die einzelnen dazu bringen, ihre individuellen Interessen in *realen* Kommunikationen in eine Gemeinsamkeit zu überführen.

Wenn der Universalisierungsgrundsatz nicht - quasi Kantisch - von vornherein dazu nötigt, von allen empirischen Bestimmungen unserer Individualität zu abstrahieren, sondern sie erst im Diskurs mit anderen gewissermaßen einem sozialexperimentellen Test auszusetzen, dann verlagert sich jedoch das moralische Grundproblem in die Frage, was die einzelnen denn dazu veranlassen kann, sich in eine Diskurssituation überhaupt zu begeben, in der sie ihre partikularen Interessen gegenüber anderen, die diese bestreiten könnten, rechtfertigen müssen. Der Diskurs stellt ja das idealisierte Verfahren dar, in dem alle Teilnehmer dem Universalisierungsgrundsatz gegenüberstehen, der einen "universellen Rollentausch" "erzwingen" soll (Habermas 75). Freie einzelne werden sich aber nur dann freiwillig einem Zwang aussetzen, wenn ihnen zuvor einsichtig gemacht werden kann, daß sie damit nichts anderes tun, als sich aus Freiheit selbst zu zwingen.

Es läuft deshalb für die Diskursethik alles auf die Frage nach dem gemeinsamen Grund von Verbindlichkeit und Kriterium, von diskursethischem Grundsatz und Universalisierungs"grundsatz", von argumentativer Kommunikation und Argumentationsregel, kurz: von Sein und Sollen hinaus. Habermas findet diesen Grund in den Strukturen der Argumentation selbst. Er möchte zeigen, "daß die Idee der Unparteilichkeit in den Strukturen der Argumentation selbst *verwurzelt* ist und nicht als ein zusätzlicher normativer Gehalt in sie *hineingetragen* zu werden braucht" (Habermas 86). Wenn sich nämlich herausstellen sollte, daß jeder Versuch, einen rationalen Konsens über Normen zu erzielen, immer schon die Verwendung formaler Regeln rationaler Argumentation voraussetzen muß, die ihrerseits die Gültigkeit des Universalisierungsgrundsatzes implizieren, dann wäre erwiesen, daß jeder, der sich überhaupt auf eine rationale Argumentation einläßt, auch schon den Universalisierungsgrundsatz als einziges "Moralprinzip" (Habermas 103) anerkannt hat. Die Allgemeingültigkeit des Universalisierungsgrundsatzes würde dann sogar noch gegenüber dem ethischen Relativisten, der die Universalisierbarkeit von Normen bestreitet, gelten, denn auch er müßte, sofern er argumentiert, von dem Gebrauch machen, was er bestreitet. Die Differenz von Kriterium und Grundsatz wäre in einem (Moral-)Prinzip aufgehoben, das der Wirklichkeit nicht bloß als abstraktes Sollen gegenübertritt.

Im Anschluß an Habermas gehen wir davon aus, daß damit in der Tat eine *dritte* grundlegende Verbindlichkeit aufgedeckt ist, die zur normativen Kernstruktur von Verantwortung selbst gehört: der *Legitimationsgrundsatz der chancengleichen, repressionsfreien Beteiligung aller Betroffenen bei der Entscheidung über den Aufbau von Normenordnungen*. Es handelt sich um einen Grundsatz, weil die Gleichheit, Freiheit und Beteiligung aller mit dem Gedanken argumentativer sprachlicher Verständigung immer schon mitgegeben, zugleich aber auch immer noch (als Kriterium) aufgegeben ist. Zu bestreiten ist jedoch die weitergehende Behauptung von Habermas, damit sei zugleich das eine und letztgültige "Moralprinzip" gefunden. Das diskursethische Programm unterliegt nämlich einer doppelten Beschränkung (vgl. auch Wellmer).

Die *erste* Beschränkung ist die: Diskurse binden die Wahrheit eines rationalen Konsenses über ethische Fragen an das formale Verfahren einer gleichen und freien Sprechsituation für alle Betroffenen. Nun stellen aber Konsense - selbst wenn sie unter solchen idealen Bedingungen zustandekommen - noch keine Wahrheitsgarantie dar. Einen Konsens, dessen Wahrheit aus dem idealen Verfahren der Konsensbildung folgt, kann man sich nur unter zwei Bedingungen vorstellen. Entweder setzt ein solcher Konsens den Vorgriff auf eine nicht nur räumlich, sondern auch zeitlich unbegrenzte Kommunikationsgemeinschaft voraus. Eine solche Begründung der Diskursethik in einer letzten Versöhnung beansprucht Habermas (im Unterschied zu Apel) nicht. Um die Wahrheitsfähigkeit eines formalen Verfahrens zu sichern, bleibt der Diskursethik dann aber nur die Begrenzung der teilnahmeberechtigten Betroffenen nach einem Minimalkriterium der Urteilsfähigkeit und Kompetenz. Deshalb bleibt der Kreis der potentiell Diskursberechtigten auf sprach- und handlungsfähige Subjekte beschränkt, "die über die Fähigkeit verfügen, an Argumentationen teilzunehmen" (Habermas 99). Für die Diskursethik rechnen diejenigen, die nicht im Medium rationaler Argumentation kommunizieren wollen oder können, die in ihrer Artikulation Behinderten oder durch Unterdrückung stumm Gehaltenen, die als Opfer der Geschichte Verstummten, die Unmündigen oder die künftigen Generationen, die noch gar keine eigene Stimme haben, nicht zum Teilnehmerkreis eines Normenbegründungsdiskurses.

Die *zweite*, damit zusammenhängende Grenze der Diskursethik ist die folgende: Das Universalisierbarkeitskriterium sagt gar nichts darüber, ob mein Handeln für mich gut ist, es gibt nur die Bedingungen an, unter denen soziale Normen und Normenordnungen gerechtfertigt werden können. Der Universalisierungsgrundsatz gibt eine *Begründung* für das, was *wir gemeinsam* tun *sollen*. Deshalb reicht das Programm der Diskursethik nur soweit, wie es um die Begründung von menschlichen Rechtsverhältnissen geht. Denn eine Rechtsnorm, die mit der Befugnis zu zwingen ausgestattet ist, muß in der Tat als Ausdruck der einverständigen Selbstbestimmung (und das heißt auch: des Selbstzwangs) aller interpretiert werden können, um mit dem Gedanken der Freiheit vereinbar zu sein. Insoweit haben wir es bei dem Universalisierungsgrundsatz eigentlich mit einem demokratischen Legitimationsgrundsatz für positive Rechtsordnungen und bei der Diskursethik mit einer der Tendenz nach menschheitlichen Rechtsethik zu tun (s. unten III.3.3). Darin liegt ihre Bedeutung, aber auch ihre Begrenzung. Da Habermas für die Diskursethik keinen Letztbegründungsanspruch erhebt, gesteht er ihre Grenzen selbst ein:

> "Der Universalisierungsgrundsatz funktioniert wie ein Messer, das einen Schnitt legt zwischen 'das Gute' und 'das Gerechte', zwischen evaluative und streng normative Aussagen. Kulturelle Werte führen zwar einen Anspruch auf intersubjektive Geltung mit sich, aber sie sind so sehr mit der Totalität einer besonderen Lebensform verwoben, daß sie nicht von Haus aus normative Geltung im strikten Sinne beanspruchen können - sie *kandidieren* allenfalls für eine Verkörperung in Normen, die ein allgemeines Interesse zum Ausdruck bringen sollen" (Habermas 113f).

Nimmt man diese Grenze des diskursethischen Begründungsanspruchs ernst, so folgt: Der *einzelne* muß sich als einzelner den Rechtfertigungs- und Begründungsforderungen von Diskursen nicht notwendigerweise stellen; denn das Gewissen ist - unableitbar - frei und kann nicht gezwungen werden, in einen Rechtfertigungsdiskurs einzutreten, auch dann nicht, wenn es dort nur den - immerhin gewaltfreien - Zwang des besseren Arguments antreffen sollte. Der einzelne wird gewiß *freiwillig* in Diskurse eintreten, wenn er von sich aus darauf Wert legt, sein Gewissensgebot als Gebot auch für andere, für Sozietäten (gesellschaftliche Gruppen, politische Verbände, Staaten) zu behaupten. Individuen sind jedoch immer dann zum Eintritt in ethische Diskurse *verpflichtet*, wenn sie Handlungsabsichten verfolgen, die sich nicht auf sprachliche, kommunikative Mittel beschränken. Anders gesagt: Einzelpersonen sind nie als solche diskurspflichtig, denn als personales Selbst sind sie Zweck an sich selbst und dürfen keinem Rechtfertigungszwang ausgesetzt werden. Diskurs- bzw. legitimationspflichtig werden einzelne aber dann, wenn sie ihrerseits den anderen nicht nur als Zweck an sich selbst, sondern auch als Mittel behandeln. Wenn sie Geltungsansprüche erheben, die sich auch auf andere beziehen, oder wenn sie zu anderen als kommunikativen Mitteln (etwa solchen der Gewalt) greifen, nehmen auch einzelne Legitimationspflichten auf sich.

*Politische Verbände, Staaten,* sind aber immer legitimationspflichtig; sie müssen sich der Rechtfertigungs- und Gerechtigkeitsfrage in jedem Fall stellen. Denn obwohl sie selbst im Unterschied zu Einzelpersonen gar kein Gewissen und kein persönliches Willenszentrum haben, beanspruchen sie immer schon, den vereinigten Willen der einzelnen zu repräsentieren. Dialoge können also, müssen aber nicht in Diskurse übergehen. Denn die Bereitschaft, in einen Diskurs zu treten, das heißt die universale Geltung von Normen zu rechtfertigen, also zu zeigen, daß jede Einzelperson an *ihrer* Stelle so handeln sollte wie ich, kann niemals eine unabdingbare Forderung an das Zeugnis des Gewissens sein, aufgrund dessen ich ja zunächst nur genötigt bin zu fragen, ob jede(r) an *meiner* Stelle so handeln müßte wie ich. Dagegen ist von Diskursen zu fordern, daß aus ihnen jederzeit der Rückgang auf Dialoge möglich sein muß, denn nur so denaturieren Diskurse nicht zu moralischen (oder auch politisch-rechtlichen) Tribunalen, die am Ende nicht nur die Handlungen, sondern auch das Selbstsein der Diskursteilnehmer Rechtfertigungszwängen unterwerfen.

Die Strukturen von Verantwortung implizieren - so haben wir gesehen - die Grundsätze der Integrität, der Fairneß und der Legitimation als fundamentale Verbindlichkeiten. In einem dritten Schritt müssen wir überlegen, wie diese Verantwortungsgrundsätze untereinander und wie sie zum Dignitätsgrundsatz in Beziehung zu setzen sind.

LITERATUR: *K.-O. Apel,* Das Apriori der Kommunikationsgemeinschaft und die Grundlagen der Ethik, in: Ders., Transformation der Philosophie, Bd. 2, Frankfurt 1973, 358-435 - *D. Bonhoeffer,* Ethik, hg. v. E. Bethge, 7. Aufl. München 1966 - *J. Habermas,* Diskursethik - Notizen zu einem Begründungsprogramm, in: Ders., Moralbewußtsein und kommunikatives Handeln, Frankfurt 1983, 53-126 - *O. Höffe,* Politische Gerechtigkeit. Grundlegung einer kritischen Philosophie von Recht und Staat, Frankfurt 1987 - *W. Huber,* Sozialethik als Verantwortungsethik, in: A. Bondolfi/W. Heierle/D. Mieth (Hg.), Ethik des Alltags. Festgabe für Stephan H. Pfürtner zum 60. Geburtstag, Zürich/Köln 1983, 55-76 - *H. Jonas,* Das Prinzip Verantwortung. Versuch einer Ethik für die technologische Zivilisation, Frankfurt 1979 - *G. Picht,* Der Begriff der Verantwortung, in: Ders., Wahrheit, Vernunft, Verantwortung. Philosophische Studien, Stuttgart 1969, 318-342 - *G. Picht,* Hier und Jetzt. Philosophieren nach Auschwitz und Hiroshima, Bd. I, Stuttgart 1980 - *U. K. Preuß,* Politische Verantwortung und Bürgerloyalität. Von den Grenzen der Verfassung und des Gehorsams in der Demokratie, Frankfurt 1984 - *N. Schmidt-Relenberg,* Über Verantwortung. Ein Beitrag zur Soziologie der Alltags-Klischees, in: Kölner Zeitschrift für Soziologie und Sozialpsychologie 22, 1970, 251-264 - *R. Spaemann,* Über die Unmöglichkeit einer universalteleologischen Ethik, in: Philosophisches Jahrbuch 89, 1982, 70-89 - *M. Weber,* Gesammelte politische Schriften,2. Aufl. Tübingen 1958 - *A. Wellmer,* Ethik und Dialog. Elemente des moralischen Urteils bei Kant und in der Diskursethik, Frankfurt 1986.

### *2.3. Die Grenzen der Stellvertretung*

Gewissen und Verantwortung bleiben in einer theoretisch "nie aufhebbaren Spannung einander gegenüber" (Bonhoeffer, Ethik, 261): Zwar verweist das Gewissen auf Verantwortung, nämlich auf das, was ich den anderen schulde; aber Verantwortung findet ihre Grenze am Gewissen, nämlich dem, was ich selbst tragen kann. Darum ist es auch nicht verwunderlich, daß wir weder unter dem Aspekt des Gewissens (der Bedeutung meiner Handlungen für mich) noch unter dem der Verantwortung (der Bedeutung meiner Handlungen für andere) ein einheitliches "Moralprinzip" gewonnen haben, vermittels dessen wir uns des *moral point of view* schlechthin vergewissern könnten. Das gewissensorientierte Kriterium der Generalisierbarkeit prüft nur, ob *ich* unter vergleichbaren Umständen immer dem folgen will, was mir *jetzt* mein Gewissen gebietet, und ob demgemäß auch jede(r) andere an *meiner* Stelle so handeln müßte wie ich. Aber das heißt nichts anderes als formal zu prüfen, *ob* eine Handlungsentscheidung wirklich die Folge eines im Gewissen erfahrenen Gebotes ist. Das verantwortungsorientierte Kriterium der Universalisierbarkeit testet im Unterschied dazu nicht individuelle Gewissensgebote, sondern die soziale Geltung von Normen: Ob nämlich *jedem/jeder von uns* auch an *seiner/ihrer* Stelle zugemutet werden kann, der betreffenden Norm gemäß zu handeln.

Eine vollständige Kongruenz beider Aspekte würde eine absolute Perspektive voraussetzen, die man nur mit den Augen Gottes sehen könnte. Die angestrengte Suche aller Vernunftethiken nach dem *moral point of view* würde nicht weniger als einen zeitenthobenen metaphysischen Standpunkt voraussetzen. Ich müßte meine Position inmitten der Positionen aller anderen in idealer Gleichzeitigkeit erblicken können. Für endliche Menschen gibt es aber keinen "Standpunkt", von dem aus sie die Bedeutung ihres Handelns für sich selbst und die Bedeutung ihres Handelns für andere zusammenschauen können. Dieser höchste "Standpunkt" der Moral ist nicht einmal gedankenexperimentell erschwinglich, sondern zerlegt sich sogleich in zwei Kriterien: das der Generalisierbarkeit und das der Universalisierbarkeit.

Man kann nun durchaus sagen, daß das Moralprinzip Kants mit nach wie vor unübertroffener Präzision dazu auffordert, genau jenen höchsten Standpunkt einzunehmen. Wenn Kant zufolge der Kategorische Imperativ fordert: "handle nur nach derjenigen Maxime, durch die du zugleich wollen kannst, daß sie ein allgemeines Gesetz werde" (Kant 51), dann bedeutet das: Nicht konkrete Gewissensgebote und nicht konkrete Handlungsnormen werden der Prüfung durch das Moralprinzip unterworfen, sondern Maximen, das heißt subjektive Handlungs*regeln*. Der Kategorische Imperativ gibt als Kriterium für Maximen die Frage an, ob ich *wollen* kann, daß die durch meine Handlungsregel ausgedrückte Handlungsweise allgemein wird. Theoretisch ist damit in der Tat die Differenz zwischen dem Generalisierbarkeitskriterium und dem Universalisierbarkeitskriterium in einer Verallgemeinerung dritter Stufe aufgehoben. Doch praktisch bleibt es dabei, daß es sich um eine jeweils andere Perspektive der Prüfung handelt: Selbst wenn man das Generalisierbarkeitskriterium so formuliert, daß ich prüfen muß, ob ich *wollen* kann, daß jede(r) an *meiner* Stelle meine Handlungsweise übernimmt, und wenn man das Universalisierbarkeitskriterium so faßt, daß es fordert zu prüfen, ob ich *wollen* kann, daß jede(r) an *seiner/ihrer* Stelle meine Handlungsweise übernimmt, ändert sich nichts daran, daß wir es dabei unter realen Verhältnissen mit einer jeweils anderen Fragehinsicht zu tun haben. Die Unterscheidung beider Aspekte wird lediglich durch den idealisierenden Bezug auf einen einheitlichen Willen verschleiert. Gewiß sagt der Kategorische Imperativ selbst, daß zum *Wollen* des Allgemeinwerdens einer Handlungsabsicht das Wollen-*Können* gehört; aber gerade über die Bedingungen des Wollen-*Könnens* und damit über die Anwendungsverhältnisse des Sittengesetzes unter besonderen Umständen gibt der Kategorische Imperativ keine Auskunft. Fehlt jedoch die Reflexion auf die Umstände, unter denen der Kategorische Imperativ angewendet werden soll, so kann als Ergebnis der bekannte Kantische Rigorismus herauskommen, der mich verpflichtet, auch noch einem Mörder die zutreffende Auskunft zu geben, der sich nach dem Aufenthaltsort seines Opfers erkundigt (Kant 637ff).

Würde ich in einem solchen Fall pflichtgemäß im Kantischen Sinn handeln, so handelte ich in der Tat - um mit Max Weber zu sprechen - "gesinnungsethisch", und zwar in dem präzisen Sinn, daß ich es versäumt hätte zu prüfen, wem gegenüber, das heißt in welchem Handlungskontext ich im Begriff bin, meine Handlungsregel (nämlich immer wahrhaftig zu sein) in die Tat umzusetzen. Zu den besonderen Umständen, unter denen wir in der uns bekannten Welt leben müssen, gehört das Faktum der Gewalt. Das Beispiel des Mörders illustriert dies mit aller Brutalität. Als vernünftige Wesen wissen wir nichts über den Ursprung der *Gewalt*. Aber wir müssen uns unter peinlich genauer Beachtung des Faktums, daß es Gewalt gibt, im Handeln zu orientieren versuchen. Wenn Ethik nicht umhin kann, die Frage nach den Bedingungen des gelingenden Zusammenlebens von Menschen unter besonderen Umständen zu stellen, dann kann sich die Friedensethik schon gar nicht von der

Aufgabe dispensieren, um der Bändigung der Gewalt willen Regeln für das Leben und Handeln in Gewaltverhältnissen zu formulieren.

Damit nehmen wir im folgenden noch einmal die 'Max-Weber-Frage' auf. Den Vortrag über 'Politik als Beruf', durch den die schroffe Entgegensetzung von 'Gesinnungsethik' und 'Verantwortungsethik' populär geworden ist, hielt Weber im Revolutionswinter 1918/19. In den Wirren nach dem Ende des Ersten Weltkrieges wollte er die ethische Problematik des modernen politischen Amtsträgers behandeln, der wie nie zuvor damit konfrontiert ist, über die im Staat monopolisierten Gewaltmittel verfügen zu müssen. Weber erkannte ja: Das spezifische Mittel "der *legitimen Gewaltsamkeit* rein als solches in der Hand menschlicher Verbände ist es, was die Besonderheit aller ethischen Probleme in der Politik bedingt" (Weber 544). Gegen populäre Mißverständnisse ist immerhin festzuhalten: Max Webers eigene Auffassung ging keineswegs dahin, Gesinnungsethik und Verantwortungsethik seien ein kontradiktorischer Gegensatz. Gegen Ende seines Vortrags führt er aus, daß

"es unermeßlich erschütternd ist, wenn ein *reifer* Mensch - einerlei ob alt oder jung an Jahren -, der diese Verantwortung für die Folgen real und mit voller Seele empfindet und verantwortungsethisch handelt, an irgendeinem Punkte sagt: 'Ich kann nicht anders, hier stehe ich.' Das ist etwas, was menschlich echt ist und ergreift. Denn diese Lage muß freilich für *jeden* von uns, der nicht innerlich tot ist, irgendwann eintreten *können*. Insofern sind Gesinnungsethik und Verantwortungsethik nicht absolute Gegensätze, sondern Ergänzungen, die zusammen erst den echten Menschen ausmachen, den, der den 'Beruf zur Politik' haben *kann*" (Weber 547).

Obwohl - so interpretieren wir Weber - im Handlungskontext des staatlichen Amtsträgers wegen des spezifischen Mittels der Gewalt normalerweise die Orientierung an den Handlungsfolgen Vorrang hat, so gilt doch zugleich, daß nur der zum Politiker taugt, der sich darüber klar ist, daß er in eine Situation kommen *kann*, in der seine "Gesinnung", das heißt die rechte Absicht den Ausschlag geben *muß*. Alle Bereitschaft, für die Folgen des eigenen Handelns einzustehen, findet ihre Grenze an dem prinzipiell jederzeit möglichen "Ich kann nicht anders, hier stehe ich" - jenen Worten, in denen Luther seine unbedingte Gewissensbindung bezeugt hat. Bei Weber stehen "Gesinnungsethik" und "Verantwortungsethik" zwar als *Ethiktypen* in Gegensatz, bezogen auf die Perspektive des *Handelnden* aber fügt Weber sofort hinzu: "Nicht daß Gesinnungsethik mit Verantwortungslosigkeit und Verantwortungsethik mit Gesinnungslosigkeit identisch wäre. Davon ist natürlich keine Rede" (Weber 539). Doch hat Weber selbst diesem Mißverständnis Vorschub geleistet, weil auch er keine Vermittlungsregeln angegeben hat, die deutlich machen, inwiefern es sich in Wirklichkeit um "Ergänzungen" handelt; denn, so meint er: "Ob man ... als Gesinnungsethiker oder als Verantwortungsethiker handeln soll, und wann das eine oder das andere, darüber kann man niemandem Vorschriften machen" (Weber 546f).

Dennoch hatten wir eingangs dieses Kapitels angekündigt, die mit der Gewissens- und der Verantwortungsorientierung des Handelns gegebene Perspektivendifferenz in einem dritten Schritt zu vermitteln. Erweist sich dies nun doch als undurchführbar? Allerdings, wenn man darunter die Konstruktion eines höchsten Standpunktes der Moral und in *diesem* Sinn eines "Moralprinzips" versteht. Die Aufgabe, die sich aus der Kant-Weber-Reminiszenz ergibt, ist die folgende: Wir suchen nach *Regeln,* die es erlauben, zwischen gewissensorientiertem und verantwortungsorientiertem Handeln zu vermitteln und allgemeine ethische Grundsätze handlungsleitend zu konkretisieren. Solche Anwendungsregeln können aber, so haben wir gesehen, nicht von einem höchsten moralischen Standort herab abgeleitet werden; in diesem Sinn können sie auch niemandem "Vorschriften" machen. Wie soll die Aufgabe, die damit beschrieben ist, einlösbar sein?

Nun, wenn alle Vernunftethik darin an ihre Grenze stößt, daß ich mich nicht *gleichzeitig* fragen kann: ob jede andere Person an meiner Stelle so handeln müßte wie ich, *und*: ob jede andere Person auch an ihrer Stelle so handeln sollte wie ich - dann liegt es nahe, die Regeln für die Anwendung ethischer Grundsätze aus dem *sozialen* Vorgang "Stellvertretung" als solchem zu entwickeln. Da wir diese Regeln nicht von einem absoluten Standort, sondern von einem sozialen Vorgang ableiten, wird es sich dabei lediglich um *Grenz*regeln handeln. Das ist aber kein Schade. Wenn die Ethik schon keine "Vollendung des Sinns" leisten kann, dann ist es bereits viel, wenn sie unter Angabe von Gründen zur "Eliminierung des Unsinns" beiträgt (Wellmer 124). Für die Friedensethik müssen solche Grenzregeln von der Art sein, daß sie es erlauben, den Gewaltgebrauch unter einschränkende Kriterien zu stellen. Wir sind in den historischen und analytischen Teilen dieses Buches am Beispiel der bellum-iustum-Lehre zwar immer wieder auf solche Kriterien gestoßen, aber der theoretische Rahmen, innerhalb dessen solche und ähnliche Regeln allenfalls gelten können, ist noch unklar.

Nun ist die These, die Ethik im ganzen müsse im Gedanken der Stellvertretung fundiert werden, nicht gerade üblich. Sie verweist letztlich auf den christologischen Gedanken eines Eintretens des Einen für alle als einer Wirklichkeit, die der Vernunft vorgegeben ist (s. oben III.1.2). Dietrich Bonhoeffer, der als Theologe in dieser Richtung vorgedacht hat, beging allerdings den Fehler, die formale Struktur von Stellvertretung vorschnell mit konkreten sittlichen Verhältnissen zu identifizieren; damit lief er Gefahr, doch wieder in konventionelle Ordnungsethiken zurückzufallen (Bonhoeffer, Ethik, 238ff). Wir binden Stellvertretung nicht an bestimmte sittliche Verhältnisse, sondern sagen: Stellvertretung überhaupt, also *jede* Form sozialer Stellvertretung - gleich in welchem Bereich - hat drei Elemente: *Rollenübernahme, Selbstbehauptung* und *Platzhalterschaft.* Als Rollenwahl ist alle Stellvertretung frei, als Selbstbehauptung ist sie abhängig und als Platzhalterschaft ist sie vorläufig.

### a) Rollenübernahme und Menschenwürde

Stellvertretung bedeutet, daß sich einer an die Stelle eines anderen versetzt. Jede soziale Stellvertretung setzt Rollenübernahme voraus. Wenn wir von einem Stellvertreter sagen: Er versetzt *sich* an die Stelle eines anderen, so geben wir zu verstehen, daß er seine Rolle wählt. Die Freiheit, die sich in seiner Wahl ausdrückt, kommt im Vollzug seiner Stellvertreter-Rolle nicht zum Erliegen. Der Stellvertreter erschöpft sich nicht in der Rolle, die er übernimmt. In einem bestimmten Sinn "spielt" er seine Rolle nur. Alle soziale Stellvertretung ist hypothetische Rollenübernahme. In ihr verhält man sich überlegend zu sich selbst; darin besteht ihre *Freiheit.*

Darin, daß sie eine hypothetische Rollenübernahme voraussetzen, haben das Generalisierbarkeits- und das Universalisierbarkeitskriterium ihr gemeinsames Merkmal. Beide bedeuten ja, daß ich - gleichgültig, ob ich anschließend nur auf mich oder auf uns alle blicke - jedenfalls die Perspektive anderer einnehmen soll. Dies soll ich tun, um zu überlegen, ob meine Handlungsabsicht auf das gemeinsame Leben der Verschiedenen ausgerichtet ist. Dieses "Soll" ist aber gar kein abstraktes Sollen, das im Diskurs oder sonstwie erzwungen werden müßte, sondern es ist immer schon im sozialen Zusammenleben von Individuen verwurzelt. Es ist im Gesellschaftsprozeß mitgegeben als Bildungsprozeß, in dem die Individuen nach und nach die Übernahme der Rollen anderer lernen und so überhaupt erst Selbstbewußtsein erwerben. Nur wer durch *role taking* die Standorte anderer einnimmt, gewinnt die Perspektive, durch die er sich selbst identifizieren kann. *George Herbert Mead* (1863-1931) hat aus diesem Grundgedanken seine sozialpsychologische Theorie der Genese des Selbst entwickelt: Das Selbst bildet sich in einem sozialen Interaktionsprozeß, in dessen Verlauf das Individuum zunächst im Spiel Rollenangebote seiner sozialen Umwelt übernimmt, sich auf diese Weise mit den Augen anderer sehen lernt und damit die

Gesamtheit der organisierten Gruppe als "generalisierten anderen" in sich hineinnimmt. Je ausgreifender die Akte der Rollenübernahme, je umfassender der Bereich, den sich der einzelne im Rollenspiel vergegenwärtigt, umso mehr kann er die gegebenen gesellschaftlichen Formen übersteigen auf universalere Gestalten des Zusammenlebens hin. Auf diese Weise erwirbt das Individuum ein Selbstverständnis, das es über die Konformität an partikulare Gruppenidentitäten hinaushebt und es befähigt, sein Verhalten innerhalb partikularer Sozietäten selbst zu bestimmen.

Meads Theorie der sozialen Genese des Selbst läßt sich gewiß für eine Entwicklungstheorie des moralischen Bewußtseins und der Gewissensbildung fruchtbar machen (vgl. Habermas). Wendet man nämlich ihren Grundgedanken auf das bisher Erarbeitete an, so kann man sagen: Die Normativität des Gewissens bildet sich zunächst durch die Internalisierung konkreter Verhaltenserwartungen und Normen im Rahmen vorhandener Sozietäten von der Familie bis zum politischen Verband. Auf abstrakteren Stufen des Selbstverständnisses jedoch ist das Individuum immer weniger durch die generalisierten anderen konkreter Gruppen gebunden. Es handelt nicht mehr sanktionsorientiert in der Furcht vor dem Entzug physischer Belohnungen oder sozialer Anerkennung und bleibt nicht auf primäre Bezugsgruppen oder partikulare soziale Verbände fixiert. Ein aus universaler Rollenübernahme gewonnenes Selbstverständnis und ein daran reflektiertes Gewissen, ein, mit Max Weber zu sprechen, "reifer Mensch - einerlei, ob jung oder alt an Jahren - " läßt sich im Fall des Konflikts mit partikularen Sozietäten von Verantwortungsgrundsätzen leiten: Er prüft konkrete Normen im Licht der Grundsätze der Integrität, der Fairneß und der Legitimation und bezieht sie auf sich selbst in einer konkreten Situation zurück.

Eine Entwicklungstheorie des moralischen Bewußtseins, wie sie Habermas im Anschluß an Mead und andere (am Leitfaden des "Identitäts"-Begriffs) skizziert hat, kann aber keine *Ethik* begründen oder ersetzen. Sie ist zwar in der Lage, rückblickend den gesellschaftlichen und historischen Zusammenhang von Persönlichkeitsform, Sozialform und Ethiktypen zu rekonstruieren. Sie erklärt aber nicht den zugrundeliegenden Akt der Rollenübernahme selbst. Darauf käme jedoch alles an. Wären nämlich die einzelnen in ihren Akten hypothetischer Rollenübernahme restlos durch den Gesellschaftsprozeß bedingt, so wäre gar nicht verständlich, wie sie von sich aus partikulare Perspektiven transzendieren könnten. Alle individuellen Akte wären ja dann wiederum nur Reproduktionen vorhandener gesellschaftlicher Haltungen, Erwartungen und Normen, denen gegenüber es gar keine eigene Initiative gäbe.

Von dem sozialen Selbst als dem Produkt des Verhaltens anderer zu mir muß man deshalb das initiierende, intentionale Selbst unterscheiden, das die Rolle des anderen frei wählen kann. Mead hat die Notwendigkeit dieser Unterscheidung durchaus gesehen; er nannte das intentionale Selbst "I" ("Ich") und das immer schon gesellschaftlich produzierte, soziale Selbst "Me" ("ICH"). Als das Geheimnis der Differenz zwischen "I" und "Me" im Selbst entdeckte er die Zeit:

"Das 'Ich' dieses Moments ist im 'ICH' des nächsten Moments präsent. Auch hier wieder kann ich mich nicht schnell genug umdrehen, um mich noch selbst zu erfassen. Ich werde insofern zu einem 'ICH', als ich mich an meine Worte erinnere ... Auf das 'Ich' ist es zurückzuführen, daß wir uns niemals ganz unserer selbst bewußt sind, daß wir uns durch unsere eigenen Aktionen überraschen ... Selbst wenn man sagt, man wisse, was man im nächsten Moment tun werde, kann man sich täuschen. Man beginnt mit einer Tätigkeit, doch kommt irgend etwas dazwischen. Die sich daraus ergebende Handlung ist immer ein wenig verschieden von dem, was man voraussetzen konnte ... Diese Bewegung in die Zukunft ist sozusagen der Schritt des 'Ich', sie ist im 'ICH' nicht präsent" (Mead 217.220).

Mead entwarf seine gesamte Sozialphilosophie jedoch als Sozialbehaviorismus; deshalb ist es ihm nicht mit voller Klarheit gelungen, dem notwendigen Gedanken des vom "Me" unterschiedenen "I" eine andere Bedeutung zu verleihen als die eines (zwar nicht vorhersehbaren, aber doch) durch den Gesellschaftsprozeß bedingten re-agierenden Verhaltens. Im sozialbehavioristischen Bezugsrahmen besteht die Individualität und Spontaneität des "I" letztlich doch nur in der besonderen Re-Kombination von gesellschaftlich vorgegebenem Verhalten.

Bei Mead bleibt das initiierende Moment des "I" unterbestimmt, weil er übersehen hat, daß es sich bei der vollen Struktur der Rollenübernahme um ein Sich-zu-sich-Verhalten handelt (vgl. Tugendhat 1979, 245ff). In der Übernahme der Rolle des generalisierten anderen verhalte ich mich nicht nur zu anderen, die sich zu mir verhalten, sondern ich verhalte mich auf dem Umweg dieser Überlegung wiederum zu mir selbst, um mich so aufs neue zu anderen zu verhalten.

Nur so ist das doppelte verständlich: Einerseits ist jede Handlungsabsicht vom Verhalten der anderen zu mir mit hervorgebracht und setzt damit die soziale Welt der anderen fort. Andererseits aber verhalte ich mich in jeder Rollenwahl durch das Verhalten der anderen hindurch zu mir selbst: Ich wähle, wer und wie ich sein will, und bin nicht restlos an vorhandene Verhaltensformen gebunden. Zwar wird dabei nie die Intention auf Sozialität überhaupt aufgelöst, denn auch jedes Sich-zu-sich-Verhalten setzt das Dasein anderer voraus und ist ohne es nicht denkbar. Wohl aber kann ich mit meiner Handlung eine andere, neue Sicht der Sozialität verbinden, die in keiner jetzt vorhandenen Gesellschaft, erst recht nicht in Teil-Gesellschaften bzw. partikularen Sozietäten wie politischen Verbänden, Staaten etc. aufgeht. Eine Person kann - so formuliert es Mead - "den Punkt erreichen, wo sie sich der ganzen Umwelt in den Weg stellt, sie kann sich ihr allein entgegenstellen". Doch die "einzige Methode, durch die wir die Mißbilligung der ganzen Gemeinschaft umgehen können, liegt darin, daß wir eine höhere Gemeinschaft errichten, die in gewissem Sinn die von uns vorgefundene Gemeinschaft überstimmt" (Mead 210).

Daß der andere so wie ich zur Rollenübernahme fähig ist und sich auf diese Weise zu sich selbst verhalten kann; daß er sich nicht in der Rolle erschöpft, in der er auftritt; daß er sich von sich distanzieren kann und ihm deshalb nie endgültig die Freiheit abgesprochen werden kann und darf, seine Rolle auch anders zu wählen: in diesem Element seiner Personwürde ist der Mensch von allen anderen Lebewesen unterschieden. Mit diesem Faktum der Freiheit, das wir sozial, nämlich als Fähigkeit zur hypothetischen Rollenübernahme interpretieren, ist eine Verbindlichkeit mitgegeben, die - will man sie in eine Regel fassen - wiederum am klarsten von Kant formuliert worden ist: "Handle so, daß du die Menschheit, sowohl in deiner Person als in der Person eines jeden andern, jederzeit zugleich als Zweck, niemals bloß als Mittel brauchest" (Kant 61). Diese Formulierung bringt zum Ausdruck, daß der *Dignitätsgrundsatz* in *jedem* Handlungskontext vorausgesetzt werden muß: *Die Personwürde des Menschen muß immer und unter allen Umständen respektiert werden.* Die Weise des Sich-Verhaltens zu sich und anderen, die auf die Unbedingtheit der Würde jedes Menschen beruht, nannten wir *Achtung*. Die Menschenwürde muß demnach nicht erst hergestellt oder gesteigert oder verwirklicht werden - das kann sie gar nicht -, sondern sie muß geachtet werden. Sie kann nur geachtet oder mißachtet werden; sie kann nicht vermehrt oder vermindert, sie kann nur verwirkt werden. Verwirken könnte sie nur der, der sie hat - doch wiederum ohne daß einem menschlichen Wesen ein Urteil über das Verwirkthaben der Würde eines anderen zusteht.

Worin besteht die Relevanz dieser Einsicht in den Charakter dessen, was wir Menschenwürde nennen, für konkrete Probleme der Friedensethik? In gewisser Weise entscheidet sich an dieser Stelle alles. Ob die Würde jeder menschlichen Person *vor* allen ihren Handlungen gegeben ist, oder aber, ob die Personwürde irgendwie das Handeln und Wirken der Person zur notwendigen Bedingung hat, ist eine Kernfrage nicht nur der Ethik überhaupt, sondern gerade auch der Friedensethik: Wäre die Menschenwürde durch menschliche Handlungen zu erwirken, dann könnte sie auch durch menschliche Handlungen in ihrem "Wert" gesteigert und erhalten werden, ja: erkämpft werden; es könnte dann auch geboten sein, sie zu "verteidigen". Nun kann zwar gewiß das Menschen*recht* erkämpft werden und man kann die Menschenrechte durchsetzen wollen, aber man kann nicht die Menschen*würde* erkämpfen und durchsetzen, denn sie liegt jedem menschlichen Anspruch, der ein Recht begründen könnte, schon voraus. Man kann - wenn man kann - die Legitimationsprinzipien der kollektiven Selbstbestimmung (und in diesem eingeschränkten Sinn: die "Freiheit") verteidigen. Die Menschenwürde kann man nur hinsichtlich der Integrität ihrer leibhaften Voraussetzungen schützen; sie selbst muß nicht verteidigt werden, denn sie hängt nicht von uns ab.

Wer eine soziale Rolle übernimmt, durch die ihn eine Sozietät ermächtigt oder verpflichtet, zu ihrem eigenen Schutz Gewaltmittel zu gebrauchen, sollte wissen: Gesellschaftliche Güter sind verteidigungsfähig, weil sie gesellschaftlich produziert sind. Die Würde der Person ist aber kein Produkt der Gesellschaft. Weil sie weder verbesserungs- noch rechtfertigungsfähig ist, kann sie nie selbst zum Gegenstand aktiver Mitwirkung des einzelnen oder kollektiver Optimierungsprogramme werden. Sie bleibt einschränkende Bedingung für menschliches Handeln, der unter allen Umständen entsprochen werden muß. In diesem Sinn ist die Achtung der Menschenwürde Voraussetzung und Grenze jeder sozialen Stellvertretung und damit auch der Friedensverantwortung.

### b) Selbstbehauptung und Interessenvertretung

Stellvertretung bedeutet, daß einer an die Stelle des anderen tritt. Jede soziale Stellvertretung setzt zwei verschiedene, einen Vertreter und einen Vertretenen voraus. Indem wir von einem Stellvertreter sagen: *Er tritt* für einen anderen *ein,* ist deutlich, daß Rollenübernahme nicht gleichbedeutend ist mit Selbstaufgabe. Gäbe der Stellvertreter sich selbst auf, könnte er gar nichts mehr vertreten. Auf einen Stellvertreter, der sich nicht selbst behaupten könnte, kann man verzichten, denn er könnte auch keinen anderen vertreten. Ein Stellvertreter ist aber auch kein Unparteiischer; alle soziale Stellvertretung vertritt jemanden und etwas - darin bleibt sie *abhängig.*

Die Fähigkeit zur hypothetischen Rollenübernahme und damit die Möglichkeit, ein Selbstverhältnis zu haben, stellt - so sagten wir - die Voraussetzung aller sittlichen Selbstbestimmung und damit den Kern der Würde des Menschen dar. Niemandem kann und darf die Freiheit abgesprochen werden, seine Rolle auch anders zu wählen, als er sie gewählt hat. Deshalb muß er immer als der geachtet werden, der er - abgesehen von der Rolle, die er spielt - ist. Das ist der Sinn der Selbstzweckformel des Kategorischen Imperativs. Das ändert aber nichts daran, daß wir in realen Handlungskontexten selbst dann, wenn wir einander als Zweck achten, uns *immer zugleich auch* als Mittel brauchen. Dies ist notwendig schon wegen der Leibhaftigkeit unseres Lebens: Weil keiner seinen Selbstzweck vollziehen kann ohne seine leibliche Existenz, "brauchen" wir einander. Es ist auch unvermeidlich wegen der Endlichkeit unserer Sozialverhältnisse: Weil zwar jeder die 'Menschheit', Sozialität überhaupt intendieren, aber kein einzelner sie realisieren kann, bleiben wir in Gegenseitigkeitsverhältnisse eingebunden; diese stellen aber in der empirischen Welt niemals ideale Anwendungsbedingungen für den Dignitätsgrundsatz oder die Selbstzweckformel dar. Während das Selbstverhältnis des Menschen, seine Würde - gleichviel in welchem Handlungskontext - *immer* geachtet werden muß, erfordert die Rolle, das heißt die Weise, wie und als was mir der andere gegenübertritt, immer *auch* die situationsgerechte strategische Abstimmung meiner Handlungen auf seine Handlungen. Deshalb traf der Hugenotte Benjamin Henri Constant de Rebecque (1767-1830) etwas Richtiges, als er gegen die Kantische These von der moralischen Pflicht zur Wahrhaftigkeit sogar gegen den Mörder einwandte:

"Der Begriff von Pflicht ist unzertrennbar von dem Begriff des Rechts. Eine Pflicht ist, was bei einem Wesen den Rechten eines anderen entspricht. Da, wo es keine Rechte gibt, gibt es keine Pflichten. Die Wahrheit zu sagen, ist also eine Pflicht; aber nur gegen denjenigen, welcher ein Recht auf die Wahrheit hat" (zit. n. Kant 637).

Constants Argument geht zu Recht davon aus, daß der Dignitätsgrundsatz nicht an den existierenden Reziprozitätsstrukturen vorbei, sondern nur durch sie hindurch befolgt werden kann. Reziprozität ist die Kernstruktur von Sozialität, die die Entstehung von sozialen Normen überhaupt erst verständlich macht. Deshalb haben wir den Fairneßgrundsatz als den grundlegenden Gerechtigkeitsgrundsatz bezeichnet, denn er begründet die Gerechtigkeit von Normen aus dem wechselseitigen Vorteil (s. oben III.2.2.b). Normen gehen aus gegenseitigen Anspruchserhebungen hervor, sie sind - so können wir auch sagen - Ausdruck der Anerkennungsverhältnisse zwischen Selbstbehauptungssubjekten.

Soziale Subjekte sind immer auch Selbstbehauptungssubjekte. Denn mit der Fähigkeit, durch Rollenübernahme ein Selbstverhältnis zu haben, sich von anderen zu unterscheiden und selbst jemand zu sein, ist unweigerlich die Möglichkeit verknüpft, einen eigenen Anspruch gegenüber anderen zu behaupten. Ohne Selbstbehauptung gäbe es nicht das Vermögen, "Nein" zu sagen; ohne Selbstbehauptung könnten wir nichts verweigern, niemandem widerstehen und auch nicht für die Rechte der Schwachen eintreten. Wenn Selbstbehauptung immer schon auf Strukturen wechselseitiger Anerkennung bezogen ist, dann entspricht dem die allgemeine Regel, daß es ein Recht auf Selbstbehauptung insoweit gibt, als sie dem Schutz vorhandener oder aber der Einübung neuer Anerkennungsverhältnisse dient. In der Rollenübernahme empfängt das Subjekt der Selbstbehauptung sein Recht nicht nur aus sich selbst; es tritt immer auch für das Recht anderer ein und bleibt auf ein erweitertes Anerkennungsverhältnis bezogen. In einer sozialen Ethik der Stellvertretung muß darum der Integritätsgrundsatz auch auf die Bewahrung der Konventionen und Institutionen bezogen werden, die Ausdruck bestehender Gegenseitigkeitsstrukturen sind.

Gewiß: Als allerletztes Mittel und unter Wahrung der Verhältnismäßigkeit kann Selbstbehauptung auch den Griff zur Gewalt einschließen. Doch dann dient die Gewalt entweder als rechtserhaltende Gewalt dem Schutz vor rechtswidriger Gewalt oder sie dient als rechtssetzende Gewalt der revolutionären Befreiung von entrechtenden Strukturen der Unterdrückung und Ausbeutung. Auch wenn das Recht auf Selbstbehauptung, das wir im Rahmen einer sozialen Ethik als elementares menschliches Recht statuieren müssen, "Selbstverteidigung" einschließen kann, ist es mit dem gleichnamigen "Naturrecht" keineswegs identisch. Denn einen "Naturzustand" des Menschen, der es erlauben würde, ihm ein Selbstverteidigungsrecht - noch dazu mit der zeitlosen Geltung einer Wesensbestimmung oder eines Naturgesetzes - zuzusprechen, kennen wir nicht; menschliches Leben ist von Anfang an Leben in Sozialität. Der Naturzustand des Menschen ist eine Fiktion, und dementsprechend ist die These von der Existenz eines natürlichen Selbstverteidigungsrechts nichts anderes als eine Projektion der ungeselligen Geselligkeit der Menschen. Selbstbehauptung ist keineswegs auf den Gebrauch physischer Gewalt angewiesen, sie ist überhaupt nicht an die Verwendung instrumenteller Mittel gebunden. Zur Selbstbehauptung ist auch der Waffenlose fähig; sie bleibt immer möglich, solange es menschliches Leben gibt. Auch und gerade im Widerstehen, im Nein-Sagen ist Selbstbehauptung stets Bejahung des menschlichen Lebens, sonst brauchte sie nicht zu sein. "Recht auf Selbstbehauptung heißt Recht auf Leben" (Bonhoeffer, GS III, 264); Selbstbehauptung kann nie die Vernichtung des Lebens wollen.

Nun verweist bekanntlich das am meisten verbreitete Argument für die ethische Tolerierung der Abschreckung darauf, daß sich gerade die Nuklearstrategie in erster Linie als

Selbstbehauptungsstrategie versteht, und allenfalls, wenn die Abschreckung versagt, auch als "Verteidigungs"strategie. *Ad bonam partem* genommen verfolgt Abschreckung *direkt* die Absicht, durch Androhung unkalkulierbarer Übel Krieg zu verhüten und so die eigene soziale Lebensform zu schützen; nur *indirekt* impliziert sie die Bereitschaft, das angedrohte Übel auch herbeizuführen. Muß dies nicht in der ethischen Beurteilung berücksichtigt werden?

Die Unterscheidung zwischen Einsatzabsicht und Ausführung dieser Absicht wäre jedoch nur dann von ethischer Relevanz, wenn auf sie das schon erwähnte Prinzip der Doppelwirkung anwendbar wäre, das besagt: die Inkaufnahme einer schlechten Handlungsfolge kann als unbeabsichtigte Nebenwirkung einer ethisch gerechtfertigten Handlungsabsicht erlaubt sein (s. oben II.2.1.b und II.3.4.b). Gerade in der neueren katholischen Moraltheologie, aus deren Tradition dieses Prinzip stammt, ist aber gezeigt worden, daß es in Fällen der aktiven Verursachung von physischen Übeln gar nicht greift. Denn hier erweist sich das, was als zugelassene Nebenwirkung ausgegeben wird, in Wirklichkeit selbst als etwas Gewolltes und absichtlich Gewähltes; seine "Indirektheit" besteht nur darin, daß es um eines anderen Zieles willen gewollt wird (vgl. Scholz 125, Böckle 312ff). Ist aber die Verursachung eines physischen Übels ein angemessenes Mittel zur Verwirklichung eines gerechtfertigten Ziels (etwa im Fall einer Operation zur Wiederherstellung der Gesundheit), dann darf das physische Übel (der Eingriff in die leibliche Integrität) auch "direkt" intendiert werden; ist die Angemessenheit des Mittels zum Handlungsziel nicht gegeben, dann ist auch die "indirekt" gewollte Verursachung eines Übels nicht zu rechtfertigen. Die Unterscheidung zwischen intendiertem Einsatz und faktischem Einsatz von Massenvernichtungsmitteln ist darum für die ethische Beurteilung unerheblich.

Damit spitzt sich die Frage, inwieweit der Politiker (zur ethischen Problematik des Soldaten s. unten III.3.1.1.b) seine Rolle als Vertreter eines auf nukleare Abschreckung gestützten kollektiven Selbstbehauptungssubjekts spielen darf, zu einem Problem der Güterabwägung zu: Um der Erhaltung welcher Güter willen dürfen welche physischen Übel herbeigeführt werden? Nun ist Güterabwägung gewiß ein notwendiges und unverzichtbares, aber kein hinreichendes Element ethischer Urteilsbildung; auf keinen Fall jedoch darf sie als deren grundlegendes Prinzip betrachtet werden. Der katholische Moraltheologe Franz Böckle bestimmt den Stellenwert der Güterabwägung in einer handlungsorientierenden Ethik wie folgt:

"Zwar ist der Mensch vom absoluten Grund des Sittlichen unbedingt gefordert, doch als kontingentes Wesen in einer kontingenten Welt kann er das ihn absolut anfordernde 'bonum' immer nur an und in den 'bona' verwirklichen, die als kontingente Güter oder Werte eben 'relative' Werte sind und als solche niemals a priori als der je größte Wert, der überhaupt nicht mit einem höheren konkurrieren könnte, ausgewiesen sind. Im Hinblick auf die bona bleibt daher je nur die Frage nach dem vorzugswürdigeren bonum möglich, und das heißt, jede konkrete kategoriale Entscheidung *muß* - um nicht fälschlich Kontingentes zu verabsolutieren - letztlich auf einer Vorzugswahl beruhen, in der nach Güter- und Wertprioritäten entschieden werden muß" (Böckle 307).

Gegenüber einer verbreiteten Identifizierung von "Gütern" und "Werten" führt die hier vorgeschlagene Begrifflichkeit eine notwendige Differenzierung ein: "Güter" sind demnach "reale Gegebenheiten, die unabhängig vom persönlichen Denken und Wollen existieren", die unserem Handeln vorgegeben und zur Verantwortung aufgegeben sind (Leben, leibliche Integrität, Eigentum, soziale Institutionen). Als "Werte" gelten dagegen "bestimmte stereotype Werthaltungen (Tugenden), die nur als Qualitäten des Willens als real existent angesehen werden können", wie Gerechtigkeit, Treue, Solidarität (Böckle 259f).

Die Frage ist aber, wonach sich die für die Abwägung entscheidenden Güter- und Wert-*Prioritäten* bemessen, wenn wir den vorneuzeitlichen Gedanken eines *ordo bonorum* nicht mehr vollziehen können, der (sofern er auf ein *summum bonum* hingeordnet war) immer zugleich als Spiegel einer allgemeinen Wertordnung gelten konnte. Schon die von Böckle gesehene Notwendigkeit, überhaupt zwischen Gütern und Werten zu unterscheiden, ist ja Konsequenz des Zerbrechens eines letztlich metaphysisch verankerten *ordo bonorum*; mit ihm ist uns auch die allgemeingültige Werthierarchie abhanden gekommen, die damit einst verbunden war. Eine prioritätenbegründende Hierarchie muß deshalb in gewisser Weise erst hergestellt werden; und wir stießen bereits darauf, daß der Aufbau einer solchen Rangordnung entweder nach dem *Fundamentalprinzip* des grundlegenderen Gutes oder aber nach dem *Optimalprinzip* des höchsten Wertes erfolgen kann (s. oben II.3.4).

Wenn sich aber die Werthaftigkeit von Gütern nicht mehr aus dem einheitlichen Bezugspunkt eines höchsten Gutes ergibt, wenn zudem die Behauptung, Werte seien Objekte einer unmittelbaren Schau und Einfühlung, der Kritik verfallen muß, dann enthüllen sich Werte als das, was sie sind: rein subjektive Reflexe auf das objektive Gegebensein von Gütern. Werte sind stets subjektiv gesetzte Bewertungen. Wenn die Güter- und Übelabwägung unter die Herrschaft des Optimalprinzips des höchsten Wertes gestellt wird, dann droht die ganze Welt zum Kaufladen zu werden; denn die Logik des Wertes zieht unweigerlich die Konsequenz nach sich, alles habe seinen Preis. Wert ist der Bestimmungsgrund des Preises, darum impliziert die Setzung eines höchsten Wertes den Gedanken, daß für ihn der höchste Preis gezahlt werden muß. Mit der Vorstellung einer Hierarchie der Werte geht es ohne weiteres konform, daß der niedere Wert gegenüber dem höheren minderwertig ist. Wo alles in Werte umgesetzt wird, da verwandelt sich selbst die Menschenwürde in einen Wert, und zwar im Zweifelsfall in den höchsten Wert, für den aber dann auch kein Preis zu hoch ist. Dies führt zu der Absurdität, daß man, um die Menschenwürde zu retten, verpflichtet ist, Leib und Leben als ihre physischen Voraussetzungen aufs Spiel zu setzen.

Wir haben bereits die Position Gustav Gundlachs, des Beraters von Pius XII. (s. oben II.2.1.a), als Beispiel für die krasse Konsequenz einer Argumentation kennengelernt, die auf drei gedanklichen Kurzschlüssen beruht: erstens wird der Dignitätsgrundsatz der Personwürde mit dem Legitimationsgrundsatz der kollektiven Selbstbestimmung identifiziert, zweitens wird das so zusammengesetzte 'Freiheits'prinzip werttheoretisch verabsolutiert und drittens wird der in Grenzen berechtigte Gedanke der Güterabwägung nach Analogie einer Wert-Preis-Relation verstanden. Man könnte geneigt sein, darüber die Akten zu schließen; doch noch in der Version eines nihilistischen Existentialismus klingt diese Denkfigur nach: André Glucksmann, der französische Philosoph jüdischer Abstammung, rechtfertigt die nukleare Vernichtungsdrohung als Schutz vor dem Totalitarismus einer kommunistischen Weltherrschaft. Einmal abgesehen von dieser empirischen Situationsdeutung, die wir im jetzigen Zusammenhang nicht diskutieren, bleibt Glucksmann auf das Phantasma einer Werte-Hierarchie noch in ihrer Leugnung fixiert, wenn er gegen den Pastoralbrief der amerikanischen Bischöfe schreibt:

> "Ehrwürdige Herren, der Preis des Lebens ist manchmal der Tod. Dies ist keine neue Wahrheit. Sie haben Ihre Märtyrer, ich die meinen. Es gibt nichts Unrealistischeres, als zu schwören, daß ein Mensch unter allen Umständen und ungeachtet seiner Zuneigungen seine Haut retten würde. Warum sollte Ihre Menschheit denn so handeln? Verlangen Sie nicht von mir, daß ich Ihnen jenen höchsten Wert nenne, dieses Etwas, das besser-als-das-Leben-ist, im Namen dessen die 'Menschheit' sich aufopfern sollte ... Etwas 'Besseres als das Leben finden', ist eine so elementare und weitverbreitete Tätigkeit, daß ich von mir aus nichts hinzuzufügen brauche" (Glucksmann 248).

Wie das von Glucksmann bemühte Beispiel des Martyriums zeigt, kann Recht auf Selbstbehauptung in der Tat auch Freiheit zum Tod bedeuten. Aber: Selbstbehauptung im Martyrium ist nie Freiheit zur Selbstvernichtung, sondern immer Freiheit zum Selbsteinsatz und zur Selbsthingabe für andere; und Selbsthingabe um anderer willen kann immer nur der freie Entschluß eines einzelnen, nie der von Kollektiven sein. Um hingegen den freien Entschluß von Sozietäten, sich selbst und den Gegner zu vernichten, als Selbsthingabe um eines anderen willen interpretieren zu können, müßte man sich schon zur monströsen Metaphysik Gundlachs versteigen, der darin eine Manifestation der Majestät Gottes und seiner Ordnung sah. Sieht man sich dazu außerstande, weil wir von einem welt- und menschenlosen Gott nichts wissen, und weil es Menschenwürde ohne leibhaftes menschliches Leben nicht gibt, dann folgt: Nicht nur der Einsatz, sondern auch die Absicht zum Einsatz von Massenvernichtungsmitteln ist jeder Güterabwägung entzogen; jede Einsatzabsicht partizipiert demnach an der unbedingten Verwerflichkeit des Einsatzes selber.

Doch inwieweit ist dann unter den gegebenen (das heißt: historisch gewordenen) Bedingungen Stellvertretung für das gemeinsame menschliche Leben durch staatliche Amtsträger überhaupt noch möglich? Um keine Mißverständnisse aufkommen zu lassen: Nach den soeben angestellten Überlegungen bleibt es erst recht und umso klarer bei dem Urteil, daß das System nuklearer Abschreckung ethisch verworfen und politisch so schnell wie möglich überwunden werden muß. Da eine handlungsorientierende Ethik die Welt nicht vom Nullpunkt aus neu konstruieren kann, muß sie sich jedoch auf die Frage einlassen: In welchen Grenzen kann ein mit entsprechenden Zuständigkeiten ausgestatteter Politiker sich überhaupt noch als Vertreter eines kollektiven Selbstbehauptungssubjekts verstehen, das Teil eines bilateralen Drohsystems ist? Auch die schnellstmögliche Überwindung der Abschreckung kann ja nur durch politisches Handeln vollzogen werden, das heißt durch ein Handeln, das immer auch auf die Handlungen des Gegners strategisch abgestimmt sein und die faktische Existenz der Abschreckungspotentiale ins Kalkül ziehen muß.

Die übliche Auskunft lautet hier, der Besitz von nuklearen Abschreckungspotentialen - und sei es auch in der reduzierten Größenordnung von *minimum deterrence* - impliziere unabdingbar die Einsatzabsicht, denn die zur Abschreckungswirkung notwendige Einsatzdrohung sei ohne Einsatzintention nicht glaubwürdig. Diese Annahme ergibt sich jedoch keineswegs zwingend aus dem Interaktionsmechanismus von Drohungen. Wer die Bereitschaft zum Wahrmachen einer Drohung zur *conditio sine qua non* der Glaubwürdigkeit und damit der Effektivität der Drohung erklärt, verwechselt Glaubwürdigkeit und Wahrhaftigkeit. Im Unterschied zu Wahrhaftigkeit, die allerdings unauflöslich an der Intention haftet, ist Glaubwürdigkeit nämlich ein Interaktionseffekt. "Ob eine Drohung geglaubt wird oder nicht, hängt weniger davon ab, ob der Drohende an seine eigene Konsequenz glaubt, als vielmehr davon, ob er diese dem anderen glaubhaft zu machen versteht" (Paris/Sofsky 18, vgl. Goffman 91ff). Gesetzt, B bedroht A, so hat A keineswegs die ethische Pflicht, B gegenüber wahrhaftig zu sein - und zwar weder in dem Sinn, daß sich A grundsätzlich und in einem Nu aller Mittel der Selbstbehauptung zu entledigen hätte, noch in dem Sinn, daß A in der Androhung des Gebrauchs von Mitteln wahrhaftig (das heißt wirklich zu ihrem Einsatz bereit) sein müßte. Im Gegenteil, wer eine Rolle übernimmt, durch die ihm die Sozietät die Verfügungsgewalt über nukleare Vernichtungsmittel verleiht, muß wissen: In der Androhung ihres Gebrauchs darf man nie wahrhaftig sein, das heißt, man darf - gleichgültig ob als erster oder als zweiter - ihren Einsatz nie *intendieren*; auch unter strategischen Bedingungen von *minimum deterrence* könnte allenfalls die Drohwirkung toleriert werden, die mit dem bloßen *Besitz* der Drohpotentiale als solchem verbunden ist (vgl. dazu Hare, sowie die oben II.3.4 besprochene Position der US-Bischöfe).

Soziale Stellvertretung gibt es, weil das Selbstbehauptungsrecht eines jeden immer davon abhängig ist, daß es auch von anderen vertreten wird, und weil es Inhalte gibt, die vertreten werden müssen. Trotz des gegenteiligen Anscheins, den landauf landab die politische

Rhetorik erweckt, handelt es sich bei der Annahme, die Inhalte, die es in diesem Sinn zu vertreten gelte, seien "Werte" - wenn mit ihr ernst gemacht wird - um eine der inhumansten Vorstellungen, die man sich denken kann. Denn dem Gedanken eines "lebenswerten" Lebens folgt der eines "lebensunwerten" auf dem Fuße. Die Vorstellung, die im Namen von kollektiven Selbstbehauptungssubjekten zu vertretenden Inhalte seien "Werte", ist außerdem in hohem Maß friedensgefährdend. Mit Recht schreibt Georg Picht:

Werte "wechseln von Gruppe zu Gruppe, von Klasse zu Klasse, von Zivilisation zu Zivilisation; sie verwandeln sich bei jeder Veränderung in den ökonomischen, gesellschaftlichen und politischen Bedingungen, unter denen menschliches Bewußtsein sich gestaltet. Allgemeine Werte zu fordern, die von sämtlichen politischen Systemen ... anerkannt werden könnten, wäre ... ein absurdes und zum Scheitern verurteiltes Unterfangen" (Picht 193).

Die Fixierung auf jeweils selbstgesetzte Werte ist friedensgefährdend, weil sie es bei konfrontativen Selbstbehauptungssubjekten unmöglich macht, strategische Gegenseitigkeit für kommunikative Gegenseitigkeit zu öffnen. Eine Konfrontation, in der die Selbstbehauptung von A gegen die von B steht, ohne daß beide über eine übergeordnete gemeinsame Wahrheit verfügen, ist der Ernstfall für eine kommunikative Ethik, denn mindestens hier ist die reale Kommunikation durch kein Gedankenexperiment zu ersetzen (vgl. Tugendhat 1984, 108ff): Das ethische Kriterium darf hier keineswegs lauten, ob B an der Stelle von A genauso handeln *müßte* wie A, denn im Namen von Kollektiven kann es ein gewissensanaloges 'Müssen' oder 'Nicht-anders-Können' sowieso nicht geben. Das Kriterium kann in Fällen wie dem angenommenen auch nicht unmittelbar in der Überlegung bestehen, was A und B begründeterweise gemeinsam tun *sollen*, denn diese Frage setzt schon einen quasi unparteilichen Standpunkt voraus. Unter solchen Umständen muß das Kriterium für die Koordinierung von Handlungsabsichten zunächst in der Frage bestehen, was A und B gemeinsam wollen *können.*

Die Frage nach dem gemeinsamen Wollen-*Können* erfordert die kommunikative Ermittlung der wechselseitig geteilten *Interessen* der Beteiligten. Da keine Instanz vorhanden ist, die es erlaubt, über die Berechtigung der im Spiel befindlichen Interessen zu urteilen, ist denjenigen Interessen der Vorzug zu geben, die Aussicht haben, von allen Beteiligten (unabhängig vom Stand ihrer gesellschaftlichen Entwicklung und der Art ihres kulturellen und ideologischen Selbstverständnisses) zugestanden zu werden. Das Materialprinzip sozialer Stellvertretung sind nicht Werte und Normen, sondern Interessen; und gemeinsame Interessen können nur nach dem Fundamentalprinzip (des Interesses an den jeweils grundlegenderen Gütern) definiert werden. *Im Konflikt zwischen konfrontativen Selbstbehauptungsubjekten gebührt darum dem Integritäts- und dem Fairneßgrundsatz der Vorzug vor dem Legitimationsgrundsatz*: Das Interesse an der Bewahrung der natürlichen Lebensgrundlagen muß Vorrang haben vor dem Interesse an der Durchsetzung kollektiver Selbstbestimmung; strategische Gegenseitigkeit muß für kommunikative Gegenseitigkeit geöffnet werden. Der friedenspolitische Ansatz 'gemeinsamer Sicherheit' und sicherheitspolitische Konzepte 'wechselseitiger Verantwortlichkeit' (s. unten III.3.2) entsprechen den Imperativen praktischer Vernunft.

c) Platzhalterschaft und Mehrheitsentscheidung

Stellvertretung bedeutet, daß einer die Stelle eines anderen *vertritt.* Jede soziale Stellvertretung setzt die faktische oder mögliche Abwesenheit des Vertretenen voraus. Wenn wir von einem Stellvertreter sagen: er vertritt einen anderen, dann wollen wir zugleich zum Ausdruck bringen, daß er ihn nicht ersetzt. Ein Stellvertreter ist kein Ersatzmann, sondern ein Platzhalter. Ein Platzhalter wiederum ist kein Platzanweiser. Es gehört nicht zum Begriff des Stellvertreters, daß er die Übersicht über alle zur Verfügung stehenden Plätze besitzt. Stellvertretung ist die Sache aller, nicht bloß die weniger mit Überblick. Der Stellvertreter vertritt die Stelle, die er übernommen hat. Aber er vertritt sie nicht endgültig und für immer, sondern nur solange, bis sie der Vertretene selbst einnehmen kann. Alle Stellvertretung ist *vorläufig*.

Ohne die Institutionalisierung eines Systems von Stellvertretung auf Zeit kann der Legitimationsgrundsatz der chancengleichen und repressionsfreien Beteiligung an kollektiver Selbstbestimmung keine soziale Realität gewinnen. Bei dem Gedanken einer diskursgebundenen konsensualen Rechtfertigung von Normen hat offenkundig das Demokratiemodell parlamentarischer Beratung, genauer noch: der Beratung einer verfassunggebenden Versammlung Pate gestanden. Die Vertreter ("Repräsentanten") aller vergewissern sich in öffentlicher Debatte der Zustimmungsfähigkeit von Normen, so daß am Ende des Beratungsverfahrens der Beschluß eines (Grund-)Gesetzes steht, das für alle gilt und gelten kann, weil es durch die Repräsentanten aller verabschiedet worden ist. Diese keineswegs zufällige Analogie von verfassunggebendem Verfahren und diskursethischer Normenbegründung unterstreicht noch einmal, daß es sich bei dem Universalisierbarkeitskriterium in der Fassung von Habermas eigentlich um einen demokratischen Legitimationsgrundsatz für positive Rechtsordnungen und bei der Diskursethik um eine Rechtsethik handelt.

Aber selbst wenn über die den Normenfindungsprozeß begründenden Prinzipien der chancengleichen und repressionsfreien Verständigung Einverständnis herrscht, ist das im Legitimationsgrundsatz enthaltene Kriterium des Konsenses aller Betroffenen unter konkreten Anwendungsverhältnissen stets durch die Knappheit an Zeit und Information eingeschränkt. Wo immer politische Willensbildung organisiert und konkrete Normen beschlossen werden müssen, kann das reale Einverständnis aller nicht abgewartet werden. So unverzichtbar die kontrafaktische Konsensutopie als regulative Idee bleibt, so sind doch politische Entscheidungen davon abhängig, daß der Punkt kommt, "an welchem Argumente nicht mehr gewogen, sondern Stimmen gezählt werden" (Lübbe 175).

Für politische Entscheidungen unter Zeit- und Informationsknappheit stellt die Mehrheitsregel eine angemessene, in vielen Fällen die relativ beste pragmatische Technik der politischen Willensbildung dar: Sie verknüpft ein Maximum an Gewißheit, daß überhaupt entschieden werden kann, mit dem Vorzug, eine durch die Verschiedenheit der beteiligten Individuen repräsentierte Pluralität von inhaltlichen Entscheidungskriterien ins Spiel zu bringen. Die Mehrheitsregel stellt aber weder ein voraussetzungsloses politisches Formprinzip dar, noch ist sie das Grundprinzip der Demokratie schlechthin; sie ist vielmehr an Bedingungen gebunden. Wir nennen drei Bedingungen, denen Mehrheitsentscheidungen genügen müssen; dabei geht es uns nicht um eine erschöpfende Aufzählung der empirischen Funktionsvoraussetzungen der Mehrheitsregel (vgl. Guggenberger/Offe), sondern um die elementaren Bedingungen ihrer ethischen Rechtfertigungsfähigkeit.

*Erstens*: Der Mehrheitsregel zufolge ist die numerische Mehrheit berechtigt, der numerischen Minderheit ihren Willen aufzuzwingen. Dieses Recht kann der Mehrheitswille jedoch nur beanspruchen, solange er sich als Stellvertretung für den aktuell (noch) nicht erzielbaren Konsens aller bei der Ausübung kollektiver Selbstbestimmung versteht. Der Wille der numerischen Mehrheit vertritt die in großen sozialen Verbänden kaum je realisierbare Einheitlichkeit des Gesamtwillens. Die Technik der Willensbildung durch Mehrheit muß subsidiär auf die Konsensidee bezogen bleiben. Wenn jede Mehrheitsentscheidung nur eine pragmatische Technik im Dienst des Grundsatzes der Legitimation durch Konsens ist, dann kann der Geltungs- und Anwendungsbereich der Mehrheitsregel auf keinen Fall weiter sein, als der des Legitimationsgrundsatzes, der ihr zugrundeliegt. Mit anderen Worten: Mit Mehrheit kann nie über das Gute, nur über das Gerechte, nie über

Wahrheits- und Wahrhaftigkeitsfragen, sondern nur über Handlungsnormen und Rechtsgesetze entschieden werden. Die Mehrheitsregel ist auf den Bereich der öffentlichen Angelegenheiten beschränkt und im staatsbürgerlichen Gleichheitsprinzip verankert. Das Gewissen des einzelnen und seine Ausdrucksfreiheit sind eine äußerste Grenze für Mehrheitsentscheidungen; nur insoweit, als die Mehrheit den Dignitätsgrundsatz achtet, hat sie ein Recht, die Minderheit ihren Beschlüssen zu unterwerfen.

*Zweitens*: Mehrheitsentscheidungen vertreten nicht nur einen Konsens, für den noch keine Aussicht auf Einstimmigkeit besteht, sie setzen auch einen Minimalkonsens voraus, der dem politischen Streit entzogen ist. Man pflegt diesen Grundkonsens nicht selten als gesellschaftliche "Homogenität" (Schmitt 1928, 228ff) zu bezeichnen. Daran ist soviel richtig, daß Mehrheiten nur dann an Stelle von Wahrheiten herrschen können, "wenn zuvor die Wahrheit des Mehrheitsprinzips normativ auch bei der Minderheit verankert worden ist" (Preuß 106). Es liefe aber auf den Ausschluß alles Fremden hinaus, wollte man die kulturelle, ethnische oder nationale Homogenität der Bevölkerung zur notwendigen Bedingung der Mehrheitsregel machen. Hier kommen zwar empirische Akzeptanzvoraussetzungen ins Spiel, die wir aber nicht mit ethischen Rechtfertigungskriterien verwechseln dürfen; und im Unterschied zur Konvention des Üblichen muß für eine universalistisch orientierte Ethik jeder Ausschluß des Fremden als begründungspflichtig gelten. Ebensowenig darf die geschriebene Verfassung eines Staatswesens als unhintergehbare Grundlage politischer Homogenität gedeutet werden - die Grundrechte der Verfassung verwandeln sich sonst im Handumdrehen in "Grundwerte", zu denen man sich "bekennen" muß: Das Organisationsstatut eines politischen Verbandes wird auf diese Weise zum Religionsersatz. Nein, die Rechtfertigung der Verpflichtungskraft von Mehrheitsbeschlüssen für die Minderheit ist nicht in einer "Homogenität" zu suchen, die stets obskur bleibt; maßgebend für die Rechtfertigungsfähigkeit des Majoritätsprinzips ist vielmehr der Fairneßgrundsatz: Der Vorrang der Mehrheitsregel gilt nur, wenn Mehrheit und Minderheit gleichermaßen an den Vor- und Nachteilen des Verfahrens partizipieren. Das Verfahren muß deshalb die chancengleiche und repressionsfreie Beteiligung aller gewährleisten, das heißt jeder muß die Chance haben, zur Mehrheit zu gehören. Es darf keine geborenen und strukturellen Minderheiten geben, und die aktuelle Minderheit muß in periodischen Abständen die Chance haben, zur künftigen Mehrheit zu werden.

*Drittens*: Der für die Rechtfertigungsfähigkeit der Mehrheitsregel tragende Fairneßgrundsatz hat über die eben genannte prozedurale Bedeutung hinaus auch Folgen für die Inhalte, die majoritären Entscheidungsverfahren unterworfen werden können. Es war schon davon die Rede, daß die Respektierung des Dignitätsgrundsatzes eine äußerste Grenze für Mehrheitsentscheidungen darstellt; dabei handelt es sich um eine inhaltliche Grenze auf der subjektiven Seite der betroffenen Individuen. Darum mutet der demokratische Rechtsstaat seinen Bürgern das Risiko, sich nach Wahlen und Abstimmungen auf der Seite der unterlegenen Minderheit wiederzufinden, nur unter der Bedingung zu, daß es einen Bereich des Unabstimmbaren gibt, der politischer Verfügung entzogen ist. Der durch die Offenheit des Verfahrens ermöglichte periodische Wechsel jedoch erfüllt nur dann seinen Sinn, wenn die Handlungsspielräume Späterer nicht durch unrevidierbare Entscheidungen der Heutigen festgelegt werden. Gewiß setzt jede heutige Entscheidung Fakten, durch die die Handlungen Späterer mitbestimmt werden. Der hier mögliche Ermessensspielraum wird aber dann überschritten, wenn menschliches Handeln in irreversibler Weise in Naturprozesse eingreift. Nach der objektiven Seite hin findet die Mehrheitsregel deshalb ihre unbedingte Grenze am Integritätsgrundsatz. Eingriffe in die natürlichen Lebensgrundlagen, die durch menschliches Handeln nicht revidierbar sind, und die nicht dem alternativlos lebensnotwendigen Verbrauch von Gütern dienen, die spätere Generationen ebenfalls zu verbrauchen gezwungen wären, sind auch durch demokratisch zustandegekommene Mehrheiten nicht zu rechtfertigen.

Es zeigt sich: *Nur zusammen mit dem im Dignitätsgrundsatz verankerten Minderheitenschutz und bei Beachtung der vom Fairneßgrundsatz gebotenen Revidierbarkeit von Entscheidungen läßt sich die Mehrheitsregel als Technik politischer Willensbildung im Dienst kollektiver Selbstbestimmung rechtfertigen.* Verfassungstheoretisch findet der Gedanke kollektiver Selbstbestimmung seinen Ausdruck im Prinzip der Souveränität des Volkes, von dem alle rechtssetzende Gewalt ausgeht. Von daher mag es so scheinen, als sei auch soziale Stellvertretung nur eine pragmatische Technik, weil sich in zahlenmäßig großen Verbänden der Souverän eben nicht direkt, sondern nur indirekt, durch demokratische "Repräsentation", artikulieren kann. Stellvertretung ist aber mehr als eine Sozialtechnik im Dienst der Selbstbestimmung; vielmehr ist das Umgekehrte der Fall: Im Vorgang von Stellvertretung ist es begründet, daß alle Selbstbestimmung nur vorläufig sein kann und darf. Gewiß: Als Kampfbegriff im Prozeß der Emanzipation von traditional legitimierten, heteronomen Herrschaftsstrukturen bleibt Volkssouveränität ein unverzichtbarer normativer Kern der bürgerlichen Verfassungen der Neuzeit, solange es partikulare Staaten gibt. Doch im Gedanken eines souveränen Volkes steckt auch ein fiktives Element, nämlich die Vorstellung, das Subjekt der Selbstbestimmung existiere als ein empirisches Kollektiv, das sich ohne Verbindlichkeiten nach rückwärts und vorwärts nur für sich selbst sein Gesetz gibt.

Konsequent zuende gedacht scheitert dieser Gedanke jedoch daran, daß schon jede jetzt existierende menschliche Sozietät die Generationen übergreift, so daß die Rechte der Unmündigen und das Geschick der Sterbenden von den Mündigen, die leben und entscheiden dürfen, mit vertreten werden müssen. Der Gedanke unumschränkter souveräner Selbstbestimmung muß als letztes Rechtfertigungsprinzip vollends zerbrechen, wenn die Folgen und Nebenfolgen politischer Entscheidungen künftige Generationen treffen werden, die noch gar nicht geboren sind. Rechte, die künftige Generationen an die heutige haben, lassen sich in der Sprache des positiven Rechts schwer ausdrücken, denn Rechte und Pflichten setzen eine Reziprozität der Beziehungen voraus, die im Blick auf noch gar nicht existierende Menschen rechtlich nicht gegeben ist. Gleichwohl ist die Einsicht zwingend: Eine aktuelle Selbstbestimmung, die jede künftige ersetzt, wäre das Ende von Selbstbestimmung überhaupt. Die Selbstbestimmung der heute Lebenden darf die der Kommenden niemals ersetzen, sie muß sie vertreten. Jede lebende Generation ist Platzhalterin für künftige Generationen; jede soziale Stellvertretung hat die Aufgabe, die Stelle der Vertretenen offenzuhalten. Darum gilt der Fairneßgrundsatz auch für das Verhältnis zwischen den Generationen: Die Freiheit der nach uns Lebenden zur Selbstbestimmung darf keinen größeren Einschränkungen unterliegen als solchen, die wir als mit unserer eigenen Freiheit zur Selbstbestimmung vereinbar anerkennen können.

LITERATUR: *F. Böckle,* Fundamentalmoral, München 1977 - *D. Bonhoeffer,* Ethik, hg. von E. Bethge, 7. Aufl. München 1966 - *D. Bonhoeffer,* Gesammelte Schriften, Bd. III, 2. Aufl. München 1966 - *A. Glucksmann,* Philosophie der Abschreckung, Stuttgart 1984 - *E. Goffman,* Strategische Interaktion, München /Wien 1981 - *B. Guggenberger/C. Offe* (Hg.), An den Grenzen der Mehrheitsdemokratie. Politik und Soziologie der Mehrheitsregel, Opladen 1984 - *J. Habermas,* Moralentwicklung und Ich-Identität, in: Ders., Zur Rekonstruktion des Historischen Materialismus, Frankfurt 1976, 63-91 - *J. Hare,* Credibility and Bluff, in: A. Cohen/St. Lee (Eds.), Nuclear Weapons and the Future of Humanity, Totowa 1986, 191-199 - *I. Kant,* Werke, hg. von W. Weischedel, Bd. IV, Darmstadt 1956 - *H. Lübbe,* Philosophie nach der Aufklärung. Von der Notwendigkeit pragmatischer Vernunft, Düsseldorf/Wien 1980 - *G. H. Mead,* Geist, Identität und Gesellschaft, Frankfurt 1973 - *R. Paris/W. Sofsky,* Drohungen. Über eine Methode der Interaktionsmacht, in: Kölner Zeitschrift für Soziologie und Sozialpsychologie 39, 1987, 15-39 - *G. Picht,* Wertsysteme und Abrüstung, in: Ders., Hier und Jetzt. Philosophieren nach Auschwitz und Hiroshima, Bd. II, Stuttgart 1981, 191-197 - *U. K. Preuß,* Politische Verantwortung und Bürgerloyalität. Von den Grenzen der Verfassung und des Gehorsams in der Demokratie, Frankfurt 1984 - *J. Rawls,* Eine Theorie der Gerechtigkeit, Frankfurt 1975 - *C. Schmitt,* Verfassungslehre, 1. Aufl.

Berlin 1928 (= Nachdruck Berlin 1965) - *F. Scholz,* Wege, Umwege und Auswege der Moraltheologie. Ein Plädoyer für begründete Ausnahmen, München 1976 - *R. Spaemann,* Technische Eingriffe in die Natur als Problem der politischen Ethik, in: Scheidewege 9, 1979, 476-497 (auch in: Guggenberger/Offe 240-253) - *R. Spaemann,* Über den Begriff der Menschenwürde, in: E.-W. Böckenförde/R. Spaemann (Hg.), Menschenrechte und Menschenwürde, Stuttgart 1987, 295-316 - *E. Tugendhat,* Selbstbewußtsein und Selbstbestimmung. Sprachanalytische Interpretationen, Frankfurt 1979 - *E. Tugendhat,* Probleme der Ethik, Stuttgart 1984 - *M. Weber,* Gesammelte politische Schriften, 2. Aufl. Tübingen 1958 - *A. Wellmer,* Ethik und Dialog. Elemente des moralischen Urteils bei Kant und in der Diskursethik, Frankfurt 1986.

## 3. Ethische Konkretionen

Unsere exemplarische Auswahl friedensethischer Konkretionen orientiert sich schwerpunktmäßig an den drei Indikatoren des Friedens: Verwirklichung der Freiheit, Bändigung der Gewalt und Abbau von Not. Diese Indikatoren bezeichnen, so sagten wir, Momente eines prozessual verstandenen Friedens, die durch keine Definition eingeholt werden können. Denn definieren läßt sich nur, was keine Geschichte hat; der Frieden ist aber durch und durch geschichtlich. Am Ausgang des 20. Jahrhunderts, das vom Grauen zweier Weltkriege gezeichnet ist, verbindet sich die Einsicht in die Geschichtlichkeit des Friedens mit einer grundlegenden Erkenntnis. Sie besagt, daß die partikularen Staaten den Anspruch verwirkt haben, den Völkerfrieden kraft eigener Souveränität garantieren zu können. Zwar hat der neuzeitliche Staat besonders dort, wo er sich als rechts- und sozialstaatliche Demokratie entfaltet hat, Fortschritte in der Gewährung gleicher Freiheiten, in der Zivilisierung von Gewalt im Innern und im Abbau sozialer Ungerechtigkeiten gebracht. Doch das Ziel des Friedens erfordert spätestens heute auf allen Handlungsebenen Akteure, die den gemeinsamen Interessen der Menschheit Vorrang vor dem Selbsterhaltungsinteresse der Staaten einräumen. Weniger denn je kann eine Ethik des Friedens im beschränkten Denkhorizont des traditionellen Staatsethos entworfen werden; friedensgefährdender denn je ist auch die mit Exklusivanspruch auftretende Verabsolutierung der eigenen kulturellen oder politischen Identität. Die Konsequenzen einer politischen Verantwortungsethik, die in der Stellvertretung für das gemeinsame Leben begründet ist, wollen wir unter drei Aspekten erörtern: dem Spannungsverhältnis zwischen staatsbürgerlicher Freiheit und Rechtspflicht (3.1); dem Abbau militärischer Gewaltpotentiale durch eine Politik gemeinsamer Sicherheit (3.2); der Bedeutung der Menschenrechtsidee für die globale Verteilungsgerechtigkeit (3.3).

### *3.1. Frieden und Gewissensfreiheit*

Die Unterscheidung zwischen dem, was als Aufgabe der politisch verfaßten Sozietät anzuerkennen ist, und dem, was ihrer Verfügungsgewalt entzogen bleiben muß, gehört zu den Fundamenten der ethischen Überlieferung des Abendlands (s. oben I.1). In der Gestalt der Antigone, die dem Gesetz des Kreon die ungeschriebenen Satzungen des Himmels entgegenstellte und nach hergebrachter Sitte ihren Bruder unter Einsatz ihres Lebens bestattete, begegnet ein Urbild des Konflikts der Einzelperson mit einer politischen Gewalt, die ihre Grenzen überschreitet. Sokrates, des Frevels gegen die alten Götter der polis angeklagt, hielt seinen Richtern entgegen: "Ich werde dem Gott mehr gehorchen als euch" (Platon, Apologie 29 d). Im Neuen Testament finden wir die Umformung dieser persönlichen Aussage in eine allgemeine Regel: "Man muß Gott mehr gehorchen als den

Menschen" (Apostelgeschichte 5,29). Die politische Ethik, die auf die Griechen zurückgeht, trifft sich mit der christlichen Überlieferung in der Einschärfung einer äußersten Grenze, innerhalb deren die Loyalität gegenüber der politischen Gewalt allein einen verantwortbaren Sinn hat.

Mitbeeinflußt durch reformatorische Impulse hat sich diese Tradition in der neuzeitlichen Forderung nach Gewissensfreiheit niedergeschlagen. Wird schon in den antiken Texten die Grenze des Zugriffs kollektiver Normenordnungen auf den einzelnen durch den Gottesbezug markiert, so tritt auch der Gedanke der Gewissensfreiheit in den Staatsverfassungen der Neuzeit zunächst noch in religiöser Bindung auf. Gewissensfreiheit als Rechtsbegriff entstammt den konfessionellen und politischen Auseinandersetzungen des 16. und 17. Jahrhunderts; in ihrem ursprünglichen Kontext hatte sie den Sinn eines Abwehrrechts des Individuums gegen Glaubens- und Bekenntniszwang. Die im Westfälischen Frieden von 1648 gewährte *conscientia libera* blieb auf das Recht der einfachen Hausandacht und das Auswanderungsrecht um der Religionsausübung willen beschränkt und galt nur für die großen christlichen Konfessionen, nicht für Sekten und andere religiöse Minderheiten. Die Begrenzung der Gewissensfreiheit auf religiöse Überzeugungen spiegelt noch die ins Preußische Allgemeine Landrecht (1794) eingegangene Zwillingsformel von der "Glaubens- und Gewissensfreiheit" wider, auch wenn diese nun auf andere Religionsgemeinschaften ausgedehnt wurde. Das rechtlich relevante Gewissen blieb so auf Inhalte beschränkt, die durch die Lehren der Kirchen und Religionsgemeinschaften vorgegeben waren. Die durch organisierte Religion und damit durch soziale Konvention definierte Gewissensfreiheit wurde jedoch in dem Maße funktionslos, in dem sich die Staaten dazu verstanden, die allgemeine Religionsfreiheit nun auch als Freiheit des öffentlichen Kultus für alle zu gewährleisten und die religiöse Vereinigungsfreiheit zu garantieren. Die Freigabe des religiösen Lebens und der Rückzug des Staates in die weltanschauliche Neutralität ließ die Gewissensfreiheit als Abwehrrecht für religiöse Minderheiten obsolet werden.

Einmal von sozial definierten Glaubensbeständen entkoppelt, bedeutete Gewissensfreiheit fortan nicht mehr nur die Freiheit *zum* eigenen Glauben, sondern auch die Freiheit *vom* Glauben, ja sie avancierte zur Freiheit überhaupt als Selbstbestimmung vernünftiger Wesen. In das Grundrecht der Gewissensfreiheit wanderte mit dem Kantischen Gewissensbegriff die Autonomie der sittlichen Persönlichkeit ein; die im Gewissen verankerte freie Einstimmung der Bürger wurde zur Existenzbedingung des demokratischen Rechtsstaats. Zweifellos kann es sich für den Staat als Sprengsatz erweisen, wenn sich die Gewissensfreiheit aus einem durch das Recht des Staates gewährten Toleranzbereich in die Freiheit des Gewissens als fundierende Voraussetzung der demokratischen Rechtsordnung verwandelt. Dies gilt auch, ja gerade dann, wenn jene Einheit der Vernunft, auf die der idealistische Gewissensbegriff gegründet war, zerfallen ist und deshalb von Prozessen dialogischer Verständigung vertreten werden muß, aber nicht voll eingeholt werden kann. Es ist so gesehen kein Wunder, daß die von konventionellen Bindungen gelöste, säkularisierte Gewissensfreiheit in allen Verfassungen, in denen sie überhaupt eigene Erwähnung findet, unter dem Vorbehalt der Staatsräson, des Gesetzes oder anderer Schrankenregelungen steht (Tiedemann 367). In einzigartiger Weise, nämlich ohne jeden Schrankenvorbehalt, erklärt dagegen das Grundgesetz der Bundesrepublik Deutschland im Art. 4 Abs. 1 die Freiheit des Gewissens für unverletzlich. Damit antworteten die Väter und Mütter des Grundgesetzes auf den beispiellosen Exzeß des staatlich organisierten Terrors und Völkermords, den der "Massenschlaf des Gewissens" in Deutschland - so Fritz Eberhardt im Parlamentarischen Rat (zit. n. Eckertz 117) - erst möglich gemacht hatte. Daß der Mißbrauch staatlicher Machtmittel eine größere Gefahr darstellt als das Risiko der Anarchie, das mit einer unbeschränkt gewährleisteten Gewissensfreiheit verbunden sein kann, bleibt eine unvergeßliche Erfahrung. Ihr verdankt sich der beispiellose Rang, der der Gewissensfreiheit im Grundgesetz eingeräumt worden ist.

Seitdem erscheint die Gewissensfreiheit in juristischer Perspektive mehr denn je als ein Grundrecht, das seinen Tatbestand sucht. Gewissensfreiheit ist zwar nach wie vor ein staatsrechtlicher Begriff, doch entzieht er sich in eigentümlicher Weise der rechtlichen Normierung, denn vor der Freiheit des Gewissens hört das Recht des Staates auf. Gewissensfreiheit ist die Grenze des staatlichen Rechts; sie verweist auf die ethischen Voraussetzungen der Rechtsordnung, deren äußere Bedingungen der Staat garantieren, deren Substanz er aber nicht selbst hervorbringen kann (vgl. Böckenförde 284). Das hat weitreichende Folgen: Das Grundrecht der Gewissensfreiheit schützt die Verantwortungsfähigkeit des Bürgers im Konflikt zwischen der Rechtsordnung und der im Gewissen erfahrenen Verbindlichkeit. Mit der Gewährung von Gewissensfreiheit institutionalisiert die Rechtsordnung den Widerspruch gegen sich selbst. Der Staat, der die Freiheit des Gewissens als seine ihm selber entzogene Grundlage anerkennt, kann nicht mehr unbedingten, sondern nur noch qualifizierten Rechtsgehorsam fordern. Der stets mögliche Konflikt zwischen Gewissensfreiheit und Staatsräson kann nicht theoretisch aufgelöst, sondern muß in gegenseitiger Stellvertretung ausgehalten und gestaltet werden: Indem der Staat um der Achtung der Gewissen willen bis an die Grenzen seiner Selbstbehauptung geht, vergewissert er sich seines eigenen Fundaments; indem sich umgekehrt die Bürger, soweit sie den Rechtsgehorsam verweigern, an Verantwortungsgrundsätzen orientieren und glaubwürdig für das bessere Recht eintreten, unterstellen sie sich einer Allgemeinheit des gemeinsamen Lebens, die die Partikularität vorhandener Lebens- und Herrschaftsformen übersteigt.

Die *Verweigerung aus Gewissensgründen* einerseits und der *Widerstand gegen staatliches Unrecht* andererseits sind die Grundformen ethischer Dissidenz, in denen sich einzelne gegen den Staat und Minderheiten gegen den politischen Willen der Mehrheiten behaupten. Auch wenn beide Dissidenzformen Überschneidungen aufweisen, unterscheiden sie sich doch in folgendem: Während sich die Verweigerung aus Gewissensgründen primär gegen einen dem Individuum auferlegten Zwang zum direkten *Selber-Tun* richtet, muß, um den Widerstandsfall auszulösen, nicht unbedingt die eigenhändige Ausführung unrechtmäßiger Handlungen gefordert sein. Zwar kann sich, wer selbst zu gewissenswidrigem Tun gezwungen wird, über die Verweigerung dieses Tuns hinaus zu aktiver Resistenz veranlaßt sehen - besonders dann, wenn ihm keine legale Alternative bleibt. Widerstandshandlungen setzen jedoch nicht notwendig die Abwehr eines unmittelbaren Selber-Tun-Müssens voraus; für sie genügt vielmehr schon die indirekte *Beteiligung* an (oder die Kenntnis von) gravierenden Verletzungen der für das gemeinsame Leben fundamentalen Grundsätze. Sowenig sich gewissensbedingte Verweigerung und verantwortungsorientiertes Widerstehen trennen lassen, so notwendig ist doch ihre Unterscheidung, wenn es darum geht, die ethische Rechtfertigungsfähigkeit politischer Dissidenz zu klären. In diesem Sinn wenden wir uns jetzt den ethischen Problemen von Wehrdienst und Kriegsdienstverweigerung (3.1.1) sowie von Widerstand und zivilem Ungehorsam (3.1.2) zu.

### *3.1.1. Waffenverzicht und Militärdienst*

In allen Epochen, die ein organisiertes Militärwesen kennen, gab es immer auch die Weigerung, den aufgrund faktischer Machtverhältnisse oder staatlicher Gesetze geforderten Militärdienst zu leisten. In der Neuzeit haben vor allem diejenigen christlichen Gruppen und Kirchen, die dem Täufertum der Reformationszeit oder spirituellen Erneuerungsbewegungen entstammen und die prinzipielle Kriegsdienstverweigerung zu den Kennzeichen ihrer Mitgliedschaft zählen (insbesondere Mennoniten, Quäker, Brethren), dieses Bewußtsein wachgehalten. Den Mennoniten wurde 1575 in der Provinz Holland, 1780 in Preußen die Befreiung vom Militärdienst zugesichert. Unter dem Einfluß des Quäkertums erklärt die Verfassungsurkunde Cromwells, das *Agreement of the People* von 1647, jeden Zwang zum Kriegsdienst als eine Verletzung der natürlichen Rechte des Menschen und sieht dies in der Freiheit begründet, Gott nach dem "Gewissensdiktat" zu dienen. In den folgenden Jahrhunderten wurde die Kriegsdienstverweigerung in verschiedenen Ländern als Sonderprivileg für die Angehörigen der Friedenskirchen sowie für die Zeugen Jehovas, die Adventisten und andere gewährt. Kriegsdienstverweigerung als bewußte Gewissensentscheidung gegen die zwangsweise Heranziehung zum Militär wurde jedoch in größerem Umfang erst nach der Ablösung der Standes- und Freiwilligenheere durch die allgemeine Wehrpflicht im 19. Jahrhundert zum Problem.

### a) Wehrpflicht und Kriegsdienstverweigerungsrecht

Mit der Feststellung, daß "alle Einwohner des Landes für die Waffen geboren" sind, gehört das Kantonsreglement Friedrich Wilhelms I. von Preußen von 1733 neben den Aushebungsgesetzen Friedrichs des Großen zu den Vorläufern der allgemeinen Wehrpflicht. Ihre Durchsetzung jedoch verdankt sie der Französischen Revolution. Sie sollte nach außen dem Selbstbehauptungskampf der jungen französischen Republik gegen die Koalitionsheere Preußens und Österreichs dienen; nach innen sollte sie das Spannungsverhältnis zwischen Militär und bürgerlicher Gesellschaft überwinden, indem sie das bis dahin dem Adel zukommende Waffenmonopol in die Hände des Volkes legte. Wehrpflicht wurde als Wehrrecht des Volkssouveräns begriffen (s. oben I.4.1).

Seither vermochten weder konservative noch liberale Widerstände die Ausbreitung der allgemeinen Wehrpflicht zu verhindern. Länder mit langer Wehrpflichttradition finden sich in West- und Osteuropa, in Nordamerika und Südafrika. Die USA, Großbritannien, Australien und Neuseeland haben sie in den vergangenen beiden Jahrzehnten abgeschafft. Am rigidesten durchgesetzt wird sie in China, in verschiedenen Ländern Lateinamerikas und Afrikas sowie in einigen islamischen Ländern Asiens (Eide 61). Gesetzlicher Rechtsschutz für Kriegsdienstverweigerer wurde erstmals unter dem Eindruck des Ersten Weltkriegs gewährt: so in den USA, den Niederlanden, den angelsächsischen und skandinavischen Staaten; vorübergehend auch in der Sowjetunion. Heute sind die sozialistischen Staaten in der Mehrzahl nur bereit, in Ausnahmefällen waffenlosen Militärdienst zu tolerieren, hart bestraft wird die Verweigerung in der CSSR und in Rumänien, doch setzt sich in jüngster Zeit auch in osteuropäischen Volksdemokratien (Polen, Ungarn) das Verweigerungsrecht mit der Alternative einer zivilen Ersatzdienstpflicht durch. Dagegen tut sich die Schweiz noch immer mit einer Revision ihres Militärstrafgesetzes schwer, das Kriegsdienstverweigerer bis heute kriminalisiert oder in die Psychiatrisierung treibt.

Gerade in den entwickelten Industriestaaten hat sich die aufklärerische Hoffnung, durch die Wehrpflicht könne die Inkompatibilität, also die Unvereinbarkeit von Militär und Gesellschaft überwunden werden, nicht erfüllt. Die sogenannte Inkompatibilitätsthese erwies sich in der Fassung, in der sie von der frühen Soziologie um die Wende vom 18. zum 19. Jahrhundert vertreten wurde, als falsch. Der expandierende Industrialismus hatte keineswegs - wie Claude Henri de Saint-Simon und Auguste Comte meinten - die Marginalisierung militärischer Gewalt und die Auflösung des Militärs als unproduktiver, parasitärer Klasse zur Folge. Vielmehr führte die militärische Nutzung des technisch-industriellen Fortschritts zur Totalisierung des Krieges. Im Zeitalter nuklearer Waffen und computergestützter Raketensysteme ist die Divergenz von militärischer Organisation und zivilem Leben radikal, aber auf andere Weise offenbar geworden, als es sich das alte, vom

Fortschrittsglauben getränkte Inkompatibilitätstheorem träumen ließ:

"Die Unvereinbarkeit industrieller Arbeit und militärischer Gewalt wurde Wirklichkeit, aber nicht durch die Vernunft, sondern durch den Schrecken - nicht indem eine vernünftige Einrichtung der Welt den durch die gesteigerte Arbeitsproduktivität für alle nutzlos gewordenen Krieg unmöglich machte, sondern indem die Menschen ihre ungeheuer gewachsene Herrschaft über die Natur und ihre Kräfte als Vernichtungspotential gegen sich selbst richten" (v. Friedeburg 20).

In dieser Lage kann es keine allgemeine ethische Präferenz für diese oder jene Form der Wehrverfassung geben. Zwar ist im Nuklearzeitalter die Dissoziation von bürgerlichem Leben und militärischem Sektor auf die Spitze getrieben worden. Doch kann man argumentieren, daß die Einführung einer Freiwilligen- oder Berufsarmee das ohnehin zu konstatierende Auseinanderdriften von zivilgesellschaftlichen und militärischen Plausibilitätsstrukturen noch zementieren würde. Der durch die Wehrpflicht immerhin gewährleistete personelle Austausch mit der Zivilgesellschaft wäre damit nämlich weitgehend abgeschnitten. Auf der anderen Seite ist es unübersehbar, daß bei bestehender allgemeiner Wehrpflicht und gleichzeitig anhaltender Legitimationskrise des Militärischen auch demokratische Staatsführungen der Neigung nachgeben, die Aufgabe militärisch gestützter Friedenssicherung ideologisch und propagandistisch zu überhöhen. Im übrigen läßt die These, bei der Wehrpflicht handele es sich um ein "legitimes Kind der Demokratie" (Theodor Heuß), in ihrer Pauschalität außer acht, daß die moderne Demokratie eine liberale und eine totalitäre Variante kennt. Helmut Gollwitzer hat darum mit Recht bemerkt: "Die Wehrpflicht ist ein Kind des Jakobinismus und von der parlamentarischen Demokratie so ablösbar, daß noch kein diktatorisches Regime der Moderne auf sie verzichtet hat" (Gollwitzer 1557). Das Geschick tausender Kriegsdienstverweigerer unter der nationalsozialistischen Gewaltherrschaft verleiht dieser Feststellung erschreckenden Nachdruck und gibt ihr das Gewicht einer unüberhörbaren Mahnung: Eine UN-Studie von 1983 nennt die Zahl von 24.559 Kriegsdienstverweigerern, die allein in Deutschland und Österreich ihrer Verweigerung wegen exekutiert wurden (vgl. Eide 61).

Aufgabe der Ethik ist es also nicht, über die Vorzugswürdigkeit einer bestimmten Struktur des Militärdienstes zu befinden. Die friedensethische Aufgabe besteht vielmehr darin, das Bewußtsein dafür zu schärfen, daß der Militärdienst in keinem Fall eine selbstverständliche Gemeinschaftspflicht ist. (Schon die grundlegende Bekenntnisschrift der protestantischen Großkirchen, die Confessio Augustana von 1530, *erlaubt* es zwar in ihrem Art. XVI, daß sich Christen dem politischen Gemeinwesen für den Dienst mit der Waffe zur Verfügung stellen - "quod ... christianis *liceat* ... iure bellare militare" -, sie formuliert dies jedoch nicht als sittliche Pflicht.) Das jeder Rechtsordnung vorausliegende Recht auf Selbstbehauptung (s. oben III.2.3) ist nicht dasselbe wie ein "Naturrecht" auf kollektive Selbstverteidigung. Maßnahmen und Mittel kollektiver Selbstverteidigung bedürfen, wenn sie gewollt werden, ausdrücklicher Vereinbarung. Dabei ist zunächst zu fordern, daß jede politische Entscheidung zur Aufstellung und Unterhaltung von Streitkräften durch die freie und gleiche Beteiligung an kollektiver Selbstbestimmungsfähigkeit gerechtfertigt sein muß. Auf der Ebene des *Legitimationsgrundsatzes* kann eine solche Rechtfertigung nur dann gegeben sein, wenn die Streitkräfte dem Primat der Politik unterstellt und dazu beauftragt und in der Lage sind, die Integrität der Strukturen freier und gleicher Selbstbestimmung zu erhalten.

Das genügt aber keineswegs. Denn der Staat, der das Selbstbehauptungsrecht des Volkes und die Handlungsfreiheiten seiner Bürger durch militärischen Gewaltgebrauch zu erhalten versucht, muß ja die Militärdienst leistenden Bürger von der Anerkennung des Tötungsverbots dispensieren. Nach alter Überlieferung ist aber das Gebot "Du sollst nicht töten" ein fundamentales ethisches Verbot. Und nach dem *Fairneßgrundsatz* ist es gerade der wechselseitige Tötungsverzicht der einzelnen, aus dem das Lebensrecht aller hervorgeht, das seinerseits die Grundlage jedes weiteren rechtlich geordneten Kooperationsverhältnisses darstellt. Wenn der Tötungsverzicht zur Voraussetzung jeder rechtmäßigen Ordnung gehört, dann kann der zur Erhaltung der rechtmäßigen Ordnung erteilte Dispens vom Tötungsverbot nur eine gesetzliche Ausnahmeregelung sein, aber keine ethische Pflicht begründen, die mit dem Recht zur Verweigerung des Tötens gleichrangig wäre. Auch die durch kollektive Selbstbestimmung legitimierte Bereitschaft zur militärischen Verteidigung kollektiver Selbstbestimmung kann niemals einen Zwang gegenüber dem einzelnen rechtfertigen, der sich weigert, das Tötungsverbot zu verletzen. So wenig der Wehrdienst eine selbstverständliche Gemeinschaftspflicht ist, so gewiß ist die Kriegsdienstverweigerung ein ursprüngliches individuelles Recht.

Zum Inventar politischer Rhetorik und juristischer Technik gehört in diesem Zusammenhang immer wieder die Behauptung, individuelle Rechte seien gegen das Interesse des Staates oder das Gemeinwohl der im Staat verfaßten Gesellschaft abzuwägen. Wenn dies zuträfe und konsequent durchgeführt würde, müßten gerade im Fall des Kriegsdienstverweigerungsrechts die Rechte des einzelnen zugunsten dessen aufgehoben werden, was (möglicherweise oder vermeintlich) der Gesellschaft nutzt - denn der Krieg ist jener Ausnahmefall, in dem die Existenz des Staates überhaupt auf dem Spiel steht. Die Redeweise von einer Abwägung von Individualrechten mit Rechten eines Kollektivs, des Staates oder der Gesellschaft ist aber irreführend. Die einzelnen und das Kollektiv lassen sich gar nicht auf zwei verschiedene Waagschalen verteilen, sondern jedes Kollektiv besteht nur durch die einzelnen. Die rechtliche Abwägung kann nicht zwischen Rechten des einzelnen und Rechten der Gesellschaft erfolgen, sondern nur zwischen konkurrierenden Rechten von Mitgliedern der Gesellschaft (Dworkin 213ff). Bei der Abwägung konkurrierender Individualrechte jedoch muß nach dem *Dignitätsgrundsatz* das Recht, vom Zwang zu gewissenswidrigem Selbertun *freizubleiben*, Vorrang haben vor dem Recht, in freier Selbstbestimmung über angemessene Mittel zur Selbstbehauptung zu *verfügen.*

Legt man die genannten rechtsethischen Kriterien zugrunde, so ist die Verfassungslage in der Bundesrepublik Deutschland als vorbildlich zu bezeichnen. Denn das Grundgesetz hat die Kriegsdienstverweigerung als ein *Grundrecht* ausgestaltet, das in Art. 4 Abs. 3 bestimmt: "Niemand darf gegen sein Gewissen zum Kriegsdienst mit der Waffe gezwungen werden". Mehr noch: Das Kriegsdienstverweigerungsrecht ist hier als eine Konkretisierung des Grundrechts der *Gewissensfreiheit* gefaßt, das seinerseits nicht unter dem Vorbehalt gesetzlicher Schranken steht. Das Grundgesetz verzichtet auf die Rechtsfigur der "Grundpflicht" als Gegenüber zu den Grundrechten; die Dienstverpflichtung zum Wehrdienst ist nur als Kann-Bestimmung (Art. 12a Abs. 1) eingefügt worden. Nach den Maßstäben konventioneller Staatsethik muß dies als "staatsbegriffswidrig" erscheinen; in Wahrheit jedoch zeigt sich darin die moralische Substanz einer Verfassung, die auf universalistischen Verantwortungsgrundsätzen beruht. Obwohl der Krieg jener Grenzfall ist, in dem die Existenz des Staates überhaupt auf dem Spiel steht, ist hier eine staatliche Rechtsordnung eher bereit, sich selbst aufs Spiel zu setzen als die Integrität des Gewissens ihrer Bürger. Oder - um es mit den Worten des Juristen und Rechtspolitikers Adolf Arndt zu sagen:

> "Sogar dann, wenn das Dasein des Gemeinwesens durch Krieg in Frage gestellt wird, soll es bei der Grundwertentscheidung bleiben, daß dieser unser Staat seine Kraft aus der Freiheitlichkeit seiner Ordnung schöpfen will und seine Lebensberechtigung gerade darauf gründet, ein Staat zu sein, der niemand gegen sein Gewissen zwingt" (zit. n. Böckenförde 313).

Zweifellos folgt die so charakterisierte Grundentscheidung des Verfassungsgebers nicht dem normativen Sog des Üblichen. Stellt sie aber nicht den angemessenen Ausdruck jenes

Bewußtseinswandels dar, der nicht nur vor dem Hintergrund der deutschen Geschichte im 20. Jahrhundert, sondern auch im Licht der rüstungstechnologischen Entwicklung des Nuklearzeitalters zur gebieterischen Pflicht geworden ist? Gewiß nimmt der Kriegsdienstverweigerer das Risiko auf sich, daß er die Existenz seiner Staatsordnung gefährdet; doch eine nuklear gerüstete Armee muß, wenn sie den Staat mit militärischer Gewalt erhalten will, nicht nur die Existenz des Staates, sondern auch die der Bevölkerung aufs Spiel setzen.

Trotz der beispielhaften Bestimmungen des Grundgesetzes hat allerdings das Bundesverfassungsgericht in ständiger Judikatur dafür gesorgt, daß auch unter dem Grundgesetz die Gewissensfreiheit nur in den Grenzen rechtlich anerkannt wird, die ihr die Staatsräson einzuräumen bereit ist. Diese Tendenz hat ihren vorläufigen Höhepunkt im Urteil des Zweiten Senats vom 24. April 1985 gefunden. Immerhin wurde ihm eine vernichtende Kritik durch das Minderheitenvotum zweier Richter zuteil (vgl. BVerfGE 69, 1-92). Für die Domestizierung des lästigen Grundrechts der Kriegsdienstverweigerung sind im wesentlichen zwei Kunstgriffe erforderlich; indem er sich ihrer bedient, verzehrt der oberste Interpret der Verfassung deren rechtsethische Substanz (zur Kritik vgl. Eckertz):

Der *eine* Ansatzpunkt zur Aushebelung der Gewissensfreiheit besteht darin, der rechtsethisch unzulässigen *Abwägung* von Individualrechten gegen Gemeinschaftspflichten nachträglich durch Verfassungsauslegung eine fragwürdige positiv-rechtliche Basis zu verschaffen. Dies geschieht, indem bloße Ermächtigungsnormen wie die Zulässigkeit militärischer Dienstverpflichtung (Art. 12a Grundgesetz), Kompetenznormen wie die Zuständigkeit des Bundes für die Verteidigungspolitik (Art. 73 Nr. 1) oder Organisationsregelungen wie die der Kommandogewalt (Art. 115b) zu einer angeblichen "verfassungsrechtliche(n) Grundentscheidung für eine wirksame militärische Landesverteidigung" hochaddiert werden (BVerfGE 69, 1.21). Auf diese Weise wird die verfassungsrechtliche Ermächtigung zur Regelung wehrpolitischer Materien unter der Hand zum Verfassungsrang der Streitkräfte um- und aufgewertet. Die einfache normenlogische Unterscheidung zwischen 'gebieten' und 'erlauben' bleibt außer acht. Die höchstrichterliche Auslegung der Verfassung als einheitlicher Wertordnung überantwortet das Recht der Kriegsdienstverweigerung der politischen Opportunität. Interessenkollisionen zwischen Kriegsdienstverweigerung und militärischer Existenzsicherung des Staates können unter solchen Prämissen lageabhängig abgewogen werden; die Einrichtung und Funktionsfähigkeit der Bundeswehr wird zum "Rechtswert", für den ein Grundrecht seinen Preis zahlen muß: "Individueller grundrechtlicher Schutzanspruch und gemeinschaftsbezogene Pflicht des Bürgers eines demokratisch verfaßten Staates, zur Sicherung der Verfassungsordnung beizutragen, entsprechen einander" (BVerfGE 48, 161).

Die *andere* hauptsächliche Argumentationslinie, durch die das Grundrecht der Kriegsdienstverweigerung beschnitten wird, besteht darin, daß der Staat den Tatbestand der Verweigerung aus Gewissensgründen einzig und allein am *Normbezug* des Gewissens festmacht. Die Beschränkung der Gewissensfreiheit läuft über eine Definition des Inhalts, den die Gewissensentscheidung eines Kriegsdienstverweigerers besitzen muß, um die rechtlichen Voraussetzungen einer Anerkennung zu erfüllen. In der Bundesrepublik Deutschland geht die einfachgesetzliche Regelung des Wehrpflichtrechts seit langem davon aus, Kriegsdienstverweigerer aus Gewissensgründen sei nur derjenige, der sich "der Beteiligung an *jeder* Waffenanwendung zwischen den Staaten widersetzt" (zuletzt § 1 Kriegsdienstverweigerungs-Neuordnungsgesetz vom 28. Februar 1983). Mit dieser Formulierung wird nur die Dienstverweigerung aus Gründen des prinzipiellen Gewaltverzichts geschützt; ausgeschlossen wird dagegen die Anerkennung des situationsbezogenen und des selektiven Verweigerers, der sich nur unter bestimmten Umständen dem Waffendienst widersetzt. Ursprünglich mochte auch die Rechtsprechung des Bundesverfassungsgerichts nicht leugnen, daß eine Gewissensentscheidung gegen den Kriegsdienst aus konkreten

Lagen erwachsen kann. Um jedoch die durch einfaches Gesetz vorgenommene Beschränkung der Kriegsdienstverweigerung auf die Position des prinzipiellen Gewaltverzichts nicht für verfassungswidrig erklären zu müssen, suchte man zunächst den Ausweg in der These: Zwar dürfe die Gewissensentscheidung gegen den Kriegsdienst in ihren Motiven "situationsbezogen" sein; doch ihrem Inhalt nach müsse sie sich "gegen den Waffendienst schlechthin" richten (vgl. BVerfGE 12, 45.55-57). Der Kriegsdienstverweigerer mag also aufgrund von biographischen Erfahrungen oder anderen aus einer bestimmten historischen Situation gewonnenen Überlegungen zu seiner Entscheidung gelangt sein; er muß sie aber in der Weise zeitlich generalisieren, daß er für sich und *als Bürger seines Staates* für alle Zukunft und unter allen Umständen eine Entscheidung gegen die Teilnahme am Krieg fällt. Lautete die Forderung zunächst nur, "daß der Kriegsdienstverweigerer seine eigene Beteiligung an jedem ... Krieg zwischen der Bundesrepublik Deutschland und irgendeinem anderen Staat" ablehnen müsse (BVerfGE 12, 60), so ist sie inzwischen auf die generelle Anerkennung des Tötungsverbots *zwischen Menschen überhaupt* ausgedehnt worden. Das Gewissen muß nun dem Kriegsdienstverweigerer "eine Tötung grundsätzlich und ausnahmslos zwingend" verbieten (BVerfGE 48, 128.164). Die Forderung, eine Gewissensentscheidung gegen den Waffendienst müsse eine "generelle, 'absolute' Entscheidung" (BVerfGE 12, 56) sein, ignoriert jedoch den grundsätzlichen Unterschied zwischen der Unbedingtheit eines Gewissensgebots und der ausnahmslosen Geltung einer Norm. Zwar ist es richtig, daß in jede Gewissensentscheidung neben dem Situationsbezug ein Normbezug eingeht, doch die subjektive Verbindlichkeit des Gewissens selbst gründet - so ist gegen die herrschende Rechtssprechung einzuwenden - nicht in der Absolutheit einer abstrakten Norm, sondern in der Unbedingtheit eines konkreten Gebots (s. oben III.2.1).

Eine Rechtsordnung, die Gewissensfreiheit gewährt, muß mit der Schwierigkeit leben, daß sie das Gewissen der Bürger als ein Faktum anzuerkennen hat, das sich objektivierender Nachprüfung entzieht. Auf keinen Fall darf ein weltanschaulich neutraler Staat die *Richtigkeit* einer Gewissensentscheidung beurteilen wollen. Würde er zum Beispiel nur der Anerkennung des Tötungsverbots als genereller Norm Gewissensrang zumessen, so liefe dies auf die bekannte Konsequenz hinaus, daß, wer den Dispens vom Militärdienst beantragt, in Testfragen verwickelt wird, die mit der Frage des Tötens im Krieg nichts mehr zu tun haben, sondern Situationen der Notwehr oder Nothilfe betreffen.

Daran schließt sich die Frage an, ob es möglich ist, statt der Richtigkeit die "*Echtheit*" (Böckenförde 281) einer Gewissensentscheidung zu testen. Kann durch ein staatlich organisiertes Verfahren festgestellt werden, ob wirklich ein Gewissensgebot vorliegt? Es ist in der Reflexivität des Gewissens begründet, daß diese Frage letztlich nur der *Selbst*prüfung des einzelnen zugänglich ist. Das Kriterium der Echtheit einer Gewissensentscheidung kann darum nur bei der Funktion des Gewissens anknüpfen: Sie besteht, so sagten wir, darin, das Einigsein des Menschen mit sich zu bewahren und gegen von außen aufgezwungene Bedrohungen seines Selbstverständnisses zu schützen. Wollte der Staat aber zur Bedingung machen, daß der Antragsteller die Freistellung vom Wehrdienst wegen eines sonst drohenden Zerbrechens seiner Persönlichkeit begehrt, so würde er vom einzelnen verlangen, sich als psychiatrischen Fall darzustellen - zum Schutz der psychischen Integrität jedoch bedürfte es unter rechtsstaatlichen Verhältnissen keines eigenen Grundrechts der Kriegsdienstverweigerung aus Gewissensgründen. Von Vertretern der system-funktionalistischen Interpretation wird darum vorgeschlagen, die dem Verweigerer einzuräumende Handlungsalternative als Auferlegung einer "lästigen Alternative" (Böckenförde 277) zu verstehen. Doch widerspricht es bereits dem Gerechtigkeitsgrundsatz der Pflichtengleichheit, wenn die dem Verweigerer auferlegte zivile Dienstpflicht nach Aufgaben und Dauer belastender ausgestaltet wird als die militärische, und wenn der Zivildienst auf diese Weise zur "einzige(n) Probe auf die Gewissensentscheidung" wird (BVerfGE 48, 170).

Wenn weder die Richtigkeit einer Gewissensentscheidung noch ihre Echtheit von Staats wegen geprüft und zum Ansatzpunkt rechtlicher Regelungen gemacht werden können, so bleibt zu fragen: Ergeben sich nicht aus einem dialogischen Gewissensbegriff, wie wir ihn oben entwickelt haben, Indizien für die *Wahrhaftigkeit* des Kriegsdienstverweigerers? In der Tat gehört auch zu einem dialogischen Gewissensbegriff die Bereitschaft des Gewissensträgers zur Konsequenz - doch in einem anderen Sinn, als dies die system-funktionalistische Deutung nahelegt. Gewiß: Bereitschaft zur Konsequenz bedeutet, "bei der getroffenen Entscheidung zu bleiben, sie sich nicht abhandeln zu lassen und dafür auch Nachteile in Kauf zu nehmen" (Böckenförde 277). Wenn jedoch der Staat in Gewissensfragen die Bereitschaft zur Konsequenz fordert, dann muß er vom Verweigerer vorrangig die Bereitschaft zur Selbstentsprechung, das heißt zum folgerichtigen Handeln im Sinn seiner (des Verweigerers) eigenen gewissensbestimmten Ziele erwarten. Indizien für Wahrhaftigkeit als Übereinstimmung von Reden und Tun dürften dabei weit eher an dem gesellschaftlichen Engagement des Dissidenten erkennbar sein, als daß sie durch ein staatlich organisiertes Verfahren zutage gefördert werden könnten. Solange die allgemeine Wehrpflicht vom erklärten Gemeinwillen getragen wird, sind die Kriegsdienstverweigerer ohnehin in der Minderheit und tragen schon deshalb das Risiko, sozialen Benachteiligungen ausgesetzt zu sein; zusätzliche Belastungselemente gegenüber dem Wehrdienst sind von daher nicht begründbar. Wenn es richtig ist, daß dem Staat für das Gewissen kein anderer Anknüpfungspunkt zur Verfügung steht als die Bereitschaft des Verweigerers zur konsequenten Selbstentsprechung, dann zeugt nicht zuletzt dasjenige Verhalten für die Wahrhaftigkeit einer Gewissensentscheidung, das der politischen Mehrheit widerspricht und ihre Stabilität in Frage stellt. Ist in diesem Sinn Wahrhaftigkeit die einzige Anknüpfungsmöglichkeit für rechtliche Regelungen im Umkreis der Kriegsdienstverweigerung, so ergeben sich daraus die folgenden Grundforderungen:

*Erstens*: Der Kriegsdienstverweigerer muß sich im Anerkennungsverfahren auf seine Beteiligung am öffentlichen Dialog über Frieden und Abrüstung sowie seine praktizierte Zivilcourage im Eintreten für diese Ziele berufen können. *Zweitens*: Insbesondere dann, wenn der Gesetzgeber zivile Handlungsalternativen zur allgemeinen Wehrpflicht nicht nur erlaubt, sondern zur *Pflicht* macht, muß die Ausgestaltung der zivilen Dienstpflicht über ihren "Ersatzdienst"-Charakter hinaus von den Verweigerern des Militärdienstes als Chance für einen sozialen Friedensdienst wahrgenommen und bejaht werden können. Dazu ist es erforderlich, möglichst viele Bereiche für den Zivildienst zu öffnen, die dem staatsbürgerlichen Engagement für Frieden und Völkerverständigung, für soziale Gerechtigkeit und Bewahrung der natürlichen Lebensgrundlagen Raum bieten. *Drittens*: Gesetzliche Regelungen, die die Ableistung des Zivildienstes lediglich als eine andere Form der Erfüllung der *Wehr*pflicht ausgestalten, sind geeignet, gerade den wahrhaftigen Kriegsdienstverweigerer in der Integrität seiner Gewissensentscheidung zu tangieren. Wenn es etwa im Wehrpflichtgesetz der Bundesrepublik Deutschland heißt: "Die Wehrpflicht wird durch den Wehrdienst oder ... durch den Zivildienst erfüllt" (§ 3 Abs. 1), so bleibt auch der Zivildienst auf die Aufgabe der militärischen Landesverteidigung bezogen, der sich zu unterziehen dem Verweigerer durch sein Gewissen doch verboten ist. Die Totalverweigerung von Militär- und Zivildienst kann darum solange Ausdruck einer wahrhaftigen Gewissensentscheidung gegen den Krieg sein, als zivile Friedensdienste nicht rechtlich, organisatorisch und funktional von Vorbereitungen und Maßnahmen zur Verteidigung mit Waffengewalt getrennt sind.

b) Gewissensentscheidungen für den Frieden

Mit dem Rechtsbegriff der Kriegsdienstverweigerung aus Gewissensgründen ist ein Phänomen der Sittlichkeit zum Tatbestandsmerkmal einer positiven Rechtsnorm geworden. Wir müssen deshalb die rechtsethische Begründung für die Pflicht des Staates zur Einräumung eines individuellen Verweigerungsrechts ergänzen durch die individualethische Frage nach den im Einsatz für den Frieden möglichen Gewissensentscheidungen. Dabei muß klar sein: So wenig der Staat eine bestimmte ethische Interpretation sittlicher Grundbegriffe allgemeinverbindlich machen darf, so wenig darf er andere Interpretationen ausschließen, indem er Gewissensentscheidungen auf bestimmte Inhalte beschränkt. Gewissensgründe für den Pazifismus und gegen den Krieg können niemals weniger differenziert sein, als das komplexe sittliche Phänomen des Gewissens selber. Die Abkehr von aller Gewalt und der Versuch, mit Hilfe einer Lehre vom *bellum iustum* den Gewaltgebrauch unter Kriterien zu stellen, waren in der friedensethischen Tradition die beiden grundlegenden Ausgangspunkte der Urteilsbildung. Entsprechend geben heute das pazifistische Ethos (1) einerseits und eine Ethik der Rechtsbefolgung (2) andererseits die Gesichtspunkte vor, die für die Gewissensentscheidung des einzelnen relevant sind; innerhalb beider sind jedoch wiederum modifizierte Optionen möglich. Deshalb unterscheiden wir innerhalb des pazifistischen Ethos die Positionen des prinzipiellen und des praktischen Pazifismus; innerhalb einer Ethik der Rechtsbefolgung dagegen sind Argumentationen möglich, die sich auf Kriterien des Selbstverteidigungsrechts berufen, und solche, die bei der Frage der rechtmäßigen Mittel ansetzen.

(1) *Pazifismus* bezeichnet im üblichen Sprachgebrauch - und fälschlicherweise nicht selten exklusiv - diejenige Absage an den Krieg, die sich auf das Verständnis des Tötungsverbots als ausnahmslos geltender Norm stützt. Wie erwähnt, ist diese Engführung im Blick auf die Entstehung des Begriffs und das Selbstverständnis des organisatorischen Pazifismus am Beginn des 20. Jahrhunderts ganz unangemessen (s. oben I.4.2). Aber es gibt natürlich die Position des *prinzipiellen Pazifisten,* der grundsätzlich und immer auf Gewalt verzichtet. Prinzipieller Pazifismus ist eine gewissensbestimmte Haltung, die in jedem Fall geachtet werden muß - und zwar keineswegs nur als Entscheidung eines irrigen, aber subjektiv unüberwindlichen Gewissens. Wer das Gebot "Du sollst nicht töten" für sich generalisiert, braucht keineswegs vor dem Argument zu kapitulieren, davon müsse es schon deshalb Ausnahmen geben, weil ein Angegriffener evidentermaßen berechtigt sei, die Bedrohung seines Lebens dadurch abzuwehren, daß er den Angreifer tötet. In der naturrechtlichen Tradition der Ethik pflegt man zwar zu sagen, ein "Unschuldiger" sei gegenüber einem "ungerechten" Angreifer moralisch im Vorrecht. Es steht aber keinem Menschen ein Urteil darüber zu Gebote, welcher Mensch moralisch schuldig und welcher moralisch gerecht ist. Selbst in dem äußersten Fall, in dem das Leben des einen gegen das Leben des anderen steht, gibt es - abgesehen von dem *natürlichen* Hang zur Selbsterhaltung - kein *ethisches* Kriterium dafür, wer von beiden berechtigt sein könnte, sein eigenes Leben gegenüber dem Leben des anderen vorzuziehen. Deshalb muß sich der einzelne nicht nur die Tötung unschuldigen menschlichen Lebens, sondern die Tötung jedes menschlichen Lebens verboten sein lassen. Der prinzipielle Pazifist erinnert daran, daß jede Rechtsordnung das Tötungsverbot zur Voraussetzung hat. Darum sind gegenüber der Haltung des prinzipiellen Pazifisten immer diejenigen rechenschaftspflichtig, die unter bestimmten Umständen das Mittel tötender Gewalt für unverzichtbar halten.

Allerdings verdient der Einwand Beachtung, daß der einzelne nie nur *als* einzelner existiert. Handlungen des einzelnen haben, sobald sie öffentlich stattfinden, nie nur für ihn selbst, sondern immer auch für andere Bedeutung. Der prinzipielle Pazifist klammert diesen Gesichtspunkt aus. Er kann dies damit begründen, daß letztlich kein einzelner wissen kann, welche Bedeutung seine Handlungen für alle anderen haben. In einer Welt der Gewaltverhältnisse bedeutet das jedoch, daß sich der, der so argumentiert, jeder Mitverantwortung für den Weltlauf enthält - jedenfalls soweit dieser durch das Faktum der Gewalt bestimmt ist. Als ethische Haltung setzt der prinzipielle Pazifismus, wenn er konsequent durchdacht ist, eine Weltsicht voraus, die darauf hofft, daß der gerechte Ausgleich gegenüber dem Angreifer eines Tages durch eine göttliche Instanz ohne jede menschliche Mitwirkung vollzogen wird.

Gewiß ist diese Haltung immer dann geboten, wenn sich der einzelne in der Fähigkeit zur Verantwortung seiner Taten durch das Gewissen begrenzt erfährt. Die pazifistische Haltung muß sich aber nicht auf diese passive Abstandnahme von der Welt beschränken, und sie steht und fällt keineswegs mit der weltanschaulichen Prämisse, wonach sich die Verwirklichung des Gerechten grundsätzlich und ausschließlich ohne jede menschliche Mitwirkung vollzieht. Gerade die genuin (ur-)christliche, jesuanisch inspirierte Friedenspraxis der Feindesliebe und der Versöhnung ist nicht als prinzipieller, sondern als *praktischer Pazifismus* zu verstehen (s. oben III.1.1). Diese Version der pazifistischen Haltung lebt von der Entdeckung, daß die Norm des Tötungsverbots aus einem Vorgang reziproker Anerkennung hervorgeht, der seinerseits praktizierten Gewaltverzicht zur Voraussetzung hat. Praktischer Pazifismus gründet sich auf die Einsicht, daß ethische Grundgebote den Richtungssinn von Handlungsregeln haben, aber nicht mit konkreten Normen zu verwechseln sind. Die praktisch-pazifistische Haltung versteht sich durchaus nicht als die weltlose, passive Attitüde eines einzelnen, der den Gang der Geschichte seinem Selbstlauf überläßt. Sie fügt sich nicht der Alternative: passive Weltflucht oder aktive Weltoptimierung; sie ist eine Praxis nicht-instrumenteller Weltgestaltung im Vertrauen auf die Wirklichkeit des Prozesses der Versöhnung.

Praktischer Pazifismus geht methodisch gerade davon aus, daß öffentliche Handlungen (auch Unterlassungshandlungen) Elemente von Interaktionsprozessen sind und insoweit immer Bedeutung für andere haben. Die Praxis der Feindesliebe ist, so sagten wir, eine Form provokativer Kommunikation mit dem Gegner; sie hofft auf den Überraschungseffekt, der entsteht, wenn der Teufelskreis der Vergeltung unterbrochen wird. Nicht daß solcher Gewaltverzicht bloß taktisch wäre - er ist bedingungslos und riskant. Gleichwohl ist hier nicht die Gewaltlosigkeit um ihrer selbst willen, nicht die von jedem sozialen Kontext gelöste Übereinstimmung von Norm und Handlung als solche im Blick. Gemeint ist Gewaltfreiheit als Weg zur Befreiung von Gewalt; gemeint ist also nicht die Übereinstimmung von Norm und Handlung, sondern die Entsprechung von Mittel und Ziel. Gandhi beschrieb das spirituelle Fundament des praktischen Pazifismus - im Unterschied zur *non-violence of the weak* - als *non-violence of the brave* (s. oben I.4.4).

Der prinzipielle Pazifist erinnert durch seine (Unterlassungs-)Handlung daran, daß jede Rechtsordnung den Tötungsverzicht zur Voraussetzung hat. Der praktische Pazifist verweist schon durch die Mittel seines Handelns auf das Ziel, dem auch derjenige verpflichtet ist, der sich zur Minimierung von Gewalt des Mittels der Gewalt bedient. Insofern ist die pazifistische Handlungsweise immer das deutlichere Zeichen für die Zukunft des Friedens, auf die jedes Handeln bezogen sein muß.

(2) Daß der einzelne nie nur als einzelner handelt, bedeutet allerdings auch, daß er stellvertretend für andere handeln und Verantwortung für sie übernehmen *kann*. In der Rollenübernahme ist Selbstbehauptung nie nur die des isolierten einzelnen, sondern bedeutet immer auch das Eintreten für das Recht anderer und den Schutz sozialer Anerkennungsverhältnisse. Unter diesem Gesichtspunkt wird es zur Gewissensfrage jedes einzelnen, ob nicht unter bestimmten Umständen und als letztes Mittel Ausnahmen vom Tötungsverbot als allgemeiner Handlungsregel erlaubt sein können, wenn es darum geht, dem Mörder zuvorzukommen, den Tyrannen zu beseitigen, dem Folterer das Handwerk

zu legen oder eben: einen bewaffneten Angriff mit Waffengewalt abzuwehren. Wer die Rolle des Soldaten übernimmt, muß prüfen, inwieweit er sich nicht nur an der Einübung, sondern im Ausnahmefall auch am Einsatz rechtserhaltender militärischer Gewalt beteiligen kann. Im Unterschied zum persönlichen Gewaltverzicht ist Gewaltgebrauch - auch der im Namen anderer - immer rechtfertigungsbedürftig; die Kriterien, die dafür in Anschlag zu bringen sind, müssen heute einer "Ethik der Rechtsbefolgung" (Delbrück 1984a, 61) entnommen werden. Von der Notwendigkeit einer *Ethik der Rechtsbefolgung* sprechen wir, weil sich ethische Kriterien für die Beteiligung an rechtserhaltender Gewalt heute weder durch einfachen Rückgriff auf die naturrechtliche Tradition des *bellum iustum* gewinnen noch durch die fraglose Geltung positiv-rechtlicher Normen ersetzen lassen.

In der friedensethischen Tradition sind bekanntlich zur Prüfung der sittlichen Rechtfertigungsfähigkeit militärischer Gewalt zunächst die Kriterien des *gerechten Krieges* entwickelt worden (s. oben I.2.1.b, 2.3.c): Es muß ein gerechter Grund (*causa iusta*) nachweisbar sein, zur Kriegsführung ist nur die oberste autorisierte politische Gewalt (*legitima potestas / auctoritas principis*) berechtigt, Ziel muß die Wiederherstellung der gebrochenen Rechts- und Friedensordnung sein (*intentio recta*), der Krieg muß mit verhältnismäßigen Mitteln geführt werden (*debitus modus*). Doch kann die eher additive Form, in der diese Kriterien bis heute vor allem in Handbüchern der katholischen Moraltheologie und Naturrechtslehre versatzstückweise zusammengestellt werden (vgl. Mausbach/Ermecke 303ff, Messner 880ff) nicht befriedigen. Der ethische Bezugsrahmen der bellum-iustum-Theorie bleibt dabei im allgemeinen ebenso undeutlich wie ihr geschichtlicher Funktionswandel. Die klassische Lehre vom gerechten Krieg wandte sich in der Form einer Fürstenspiegelmoral in erster Linie an die Adresse christlicher Obrigkeiten; nicht selten wird darum in dieser Traditionslinie bis heute dem "Durchschnittsbürger" geraten, auf ein selbständiges Prüfungsrecht zugunsten des Vertrauens in die politische Führung zu verzichten (vgl. Messner 882). Ferner ist die Lehre vom gerechten Krieg traditionell von der Frage des *ius ad bellum* her entworfen; sie ist damit unmittelbar mit der Problematik des gerechten Grundes verknüpft. Im klassischen naturrechtlichen Begründungshorizont galt als *causa iusta* die Vergeltung gegenüber erlittener Ungerechtigkeit. Erschien das durch den Krieg in Kauf zu nehmende Übel nicht größer als das durch ihn zu erreichende Gut, so schloß das Recht zum Krieg auch den Angriffskrieg um der Durchsetzung materialer Gerechtigkeitsprinzipien willen (einschließlich solcher der wahren Religion) ein. Dem Recht zu folgen bedeutete hier, unmittelbar der Gerechtigkeit zu folgen. Der naturrechtliche Ansatz stellt den Versuch dar, die Mittel kriegerischer Gewalt von der Gerechtigkeit der Zwecke, nämlich der Erhaltung der gerechten Ordnung her einzuschränken. Dieser Versuch mußte historisch scheitern, weil gerechte Zwecke nur auf der Grundlage einer geschlossenen, von der gesamten Völkergemeinschaft anerkannten Ordnungskonzeption definiert werden können; er muß auch systematisch scheitern, weil Menschen über keinen absoluten Maßstab der Gerechtigkeit verfügen, der die Ausübung tötender Gewalt rechtfertigen würde: Es gibt keinen gerechten Krieg.

Nun arbeitete die bellum-iustum-Lehre von ihrer kriegsbegrenzenden Zielsetzung her gewiß nicht nur mit der Definition gerechter Kriegsgründe. Sie enthielt schon früh den Gedanken des *debitus modus*, der auf Kriterien für die sittlich erlaubten *Mittel* der Kriegsführung abzielte. Wie wir oben (I.3.2.b) dargestellt haben, ist es aber erst das mit der frühen Neuzeit aufkommende *Völkerrecht* gewesen, das sich vorrangig der Aufgabe gewidmet hat, eine Begrenzung des Kriegsgeschehens über die Normierung der Mittel militärischer Gewalt zu erreichen. Im Unterschied zu der am *ius ad bellum* orientierten naturrechtlichen Kriegsethik setzen die völkerrechtlichen Versuche zur Hegung des Krieges bei der Frage nach dem *ius in bello* an. Dieser Ansatz hat den Zerfall des *corpus christianum* zur Voraussetzung. Das Aufkommen der modernen Staaten führte zur Entheologisierung der Kriegsgründe und zum nichtdiskriminierenden Kriegsbegriff; der *iustus hostis* trat an die Stelle der *causa iusta.* Unter diesen Bedingungen lassen sich nicht mehr für die materiale Gerechtigkeit des Krieges, sondern lediglich für die Rechtmäßigkeit der Kriegsführung Kriterien benennen. Während das Naturrecht danach strebt, "durch die Gerechtigkeit der Zwecke die Mittel zu rechtfertigen", sucht nun "das positive Recht durch die Berechtigung der Mittel die Gerechtigkeit der Zwecke zu garantieren" (Benjamin 180). Dem Recht zu folgen bedeutet unter diesen Bedingungen die Verpflichtung des Militärs auf die Regeln rechtmäßiger Kriegsführung: Neben das gewohnheitsrechtliche Prinzip der Verhältnismäßigkeit der Mittel treten vor allem in der Genfer Konvention von 1864, der Haager Landkriegsordnung von 1899/1907 und dem Genfer Giftgas-Protokoll von 1925 (das den Einsatz von bakteriologischen und chemischen Waffen verbietet) positiv-rechtliche Bestimmungen zum Schutz der Zivilbevölkerung. Diese Normen verfolgen die Tendenz, Waffen zu verbieten, die - um es mit der zusammenfassenden Formulierung einer UN-Resolution zu sagen - "unnötige Leiden verursachen oder unterschiedslos wirken" (Fahl 385).

Im Unterschied zur Lehre vom gerechten Krieg, im Unterschied auch zu den Bemühungen um Hegung des Krieges unter den Bedingungen des *ius publicum Europaeum* muß sich heute eine *Ethik der Rechtsbefolgung* an den Standards des modernen Völkerrechts orientieren, wie sie insbesondere in den Beschlüssen der Vereinten Nationen sowie in internationalen Verträgen und Abkommen ihren Ausdruck finden. Nach 1945 ist das internationale Recht nicht bei der im 19. Jahrhundert begonnenen Einschränkung der Mittel im Kriege geblieben; es hat vielmehr das Mittel der Gewalt als solches unter ein allgemeines Verbot gestellt und damit dem freien Kriegsführungsrecht der Staaten die Grundlage entzogen. Das partielle Kriegsverbot der Völkerbundsatzung von 1919 und das generelle Verbot des Angriffkriegs im Briand-Kellogg-Pakt von 1928 wurde in Art. 2 Abs. 4 der UN-Charta zu einem allgemeinen Gewaltverbot erweitert, durch das alle Staaten direkt oder indirekt gebunden sind:

"Alle Mitglieder unterlassen in ihren internationalen Beziehungen jede gegen die territoriale Unversehrtheit oder die politische Unabhängigkeit eines Staates gerichtete oder sonst mit den Zielen der Vereinten Nationen unvereinbare Androhung oder Anwendung von Gewalt"(Delbrück 1984b, Dok. Nr. 9).

Die Illegalisierung der Mittel des Krieges ist zur Illegalisierung des Krieges als Mittel geworden: Es gibt kein Ziel und keinen Zweck, zu dem Krieg ein verhältnismäßiges Mittel wäre. Das naturrechtliche *ius ad bellum*, das in der Periode des klassischen Völkerrechts in das souveränitätsrechtliche *liberum ius ad bellum* verwandelt worden war, ist prinzipiell aufgehoben. Dennoch haben wir es mit dem widersprüchlichen Sachverhalt zu tun, daß Art. 51 der UN-Charta "im Falle eines bewaffneten Angriffs ... das naturgegebene Recht zur individuellen oder kollektiven Selbstverteidigung" bestehen läßt. Während im allgemeinen Gewaltverbot Recht und Ethik koinzidieren, sofern Art. 2 Abs. 4 der UN-Charta auch für das Verhältnis zwischen den Staaten den ethischen Grundsatz positiviert, daß Gewalt kein Mittel des Konfliktaustrags sein darf, bleibt die Spannung zwischen ethisch begründetem Gewaltverbot und "naturgegebenem" Selbstverteidigungsrecht der Staaten so lange unaufgelöst, als der Völkergemeinschaft eine wirksame gemeinsame Sanktionsmacht zur Durchsetzung ihres Rechts fehlt.

Eine Ethik der Rechtsbefolgung muß in diesem Zusammenhang zunächst daran erinnern, daß die Anerkennung einer auf das Gewalt- und Tötungsverbot fundierten rechtlichen Normenordnung selbst ein ethisches Gebot ist. Wir erinnern uns: Schon Luther hatte die Mittel militärischer Gewalt, soweit sie dem *debitus modus* entsprachen, strikt auf Maßnahmen zur Verteidigung zugunsten übergeordneter, wenngleich noch schwach ausgebildeter reichsrechtlicher Strukturen eingeschränkt (s. oben I.2.4). In gewisser Entsprechung zur politisch-rechtlichen Lage in der Umbruchszeit des Reformationsjahrhunderts ist nach der Grundkonzeption des modernen internationalen Rechts militärische Gewalt nur zum Schutz des Völkerfriedens gegen Aggression und nur unter Beachtung der Bestimmungen des Kriegsvölkerrechts zu rechtfertigen. Das Recht zu befolgen bedeutet jetzt, die Standards des Völkerrechts gerade in den Bereichen strikt zu beachten, in denen rechtliche Normen (noch) unvollkommen positiviert oder durch Auslegungsspielräume dem politischen Ermessen ausgeliefert sind. Unter dem Gesichtspunkt friedensethischer Orientierung sind dabei insbesondere die Interpretation des Selbstverteidigungsrechts einerseits und die Grenzen rechtmäßiger militärischer Mittel andererseits von Interesse.

Das völkerrechtlich erlaubte *Selbstverteidigungsrecht* ist im innerstaatlichen Bereich dem strafrechtlichen Institut der Notwehr und der Nothilfe vergleichbar (vgl. Kimminich 217, Verdross/Simma 242). Notwehr und Nothilfe eröffnen die Aussicht auf Straffreiheit für an sich strafbare Handlungen, wenn diese zur gewaltsamen Abwehr eines gegenwärtigen rechtswidrigen Angriffs notwendig sind. Allerdings kommt es unter ethischen Gesichtspunkten darauf an, wie bei jeder Analogie so auch bei dem Vergleich des staatlichen Selbstverteidigungsrechts mit dem innerstaatlichen Notwehrrecht nicht nur die Elemente der Übereinstimmung, sondern auch die der Differenz herauszustellen. Die Differenz zwischen individueller Notwehr und kollektivem Selbstverteidigungsrecht besteht zunächst darin, daß die strategischen Planungen und Absichten sowie die technischen Mittel und Fähigkeiten, die von Staaten oder Bündnissen zur Verteidigung vorgehalten werden, die Analogie der Notwehr insofern sprengen, als diese von ihrem individualethischen Bezug her eher die Vorstellung einer unmittelbaren, reflexartigen Abwehr nahelegt. Probleme ergeben sich auch aus der Definition des Angriffs (Aggression) als des Tatbestands, der allein geeignet ist, ein Selbstverteidigungsrecht auszulösen. Dem hier einschlägigen Beschluß der UN-Generalversammlung von 1974 zufolge macht sich derjenige einer völkerrechtswidrigen Aggression schuldig, der als erster Waffengewalt anwendet; er gilt aber nur *prima facie* als Aggressor, solange nämlich nicht die Würdigung der konkreten Umstände eine andere Einschätzung nahelegt. Damit steht jedoch das Selbstverteidigungsrecht erneut für Theorien des gerechten Präventivkriegs bzw. der gerechtfertigten "antizipierten" Verteidigung offen (vgl. Walzer 120ff, bes. 134f). Eine Ethik der Rechtsbefolgung muß dagegen aus der Notwehranalogie die folgenden restriktiven Kriterien gewinnen:

*Erstens*: Die Notwehranalogie hebt den grundsätzlichen Deliktcharakter zwischenstaatlicher Gewalt nicht auf, sondern unterstreicht ihn: Das Selbstverteidigungsrecht bedeutet so wenig eine positive Berechtigung der Staaten zum Krieg wie das Notwehrrecht eine Berechtigung des Bürgers zum Mord bedeutet. *Zweitens*: Von der Notwehranalogie her kann allenfalls der Zweiteinsatz militärischer Gewalt zur Abwehr eines gegenwärtigen bewaffneten Angriffs zugelassen werden. *Drittens*: Die bereitgehaltenen Mittel dürfen nicht von der Art sein, daß sie von der Gegenseite als offensiv wahrgenommen werden müssen. *Viertens*: Kein einzelner Staat und kein einzelnes Staatenbündnis kann den Rang der obersten Autorität zur Ausübung militärischer Gewalt in Anspruch nehmen; vielmehr darf rechtserhaltende Gewalt nur derjenige ausüben, der über die Sicherung seines eigenen Bestandes hinaus dem Schutz und der Wiederherstellung des Völkerfriedens dient und damit stellvertretend im Namen der internationalen Staatengemeinschaft handelt. Art. 51 der UN-Charta beläßt darum den Staaten das Selbstverteidigungsrecht auch nur solange, "bis der Sicherheitsrat die zur Wahrung des Weltfriedens und der internationalen Sicherheit erforderlichen Maßnahmen getroffen hat". Daß das System der Vereinten Nationen bislang "in seiner friedenssichernden Gestaltungsfunktion, in der Herbeiführung friedlichen Wandels eklatant versagt" hat (Delbrück 1984a, 60), darf kein Freibrief dafür sein, durch die Neuauflage gerechter Gründe zum Krieg den Damm des Gewaltverbots zu untergraben:

Das allgemeine Gewaltverbot ist die völkerrechtliche Positivierung der ethischen Einsicht, daß niemand befugt ist, sich zum Richter in eigener Sache zu machen. Auch wer militärische Selbstverteidigung als letztes Mittel der kollektiven Selbstbehauptung nicht prinzipiell in Frage stellt, kann sich zur Konsequenz eines *situationsbezogenen Pazifismus* genötigt sehen, wenn seine Urteilsbildung zu dem Ergebnis führt, daß die Kriterien der Notwehranalogie unter den gegebenen Umständen nicht erfüllt sind.

Wem dagegen die Ausübung rechtserhaltender Gewalt nach den genannten Kriterien als *ultima ratio* zulässig erscheint, der muß die Frage prüfen, ob der Einsatz militärischer *Mittel* in den Grenzen des Kriegsvölkerrechts gehalten werden kann. Zu den fundamentalen gewohnheitsrechtlichen Prinzipien des *ius in bello* gehören das Proportionalitäts- und das Unterscheidungskriterium. Kern des Unterscheidungskriteriums, wonach militärische Gewalt nicht gegen Zivilisten und zivile Ziele ausgeübt werden darf, ist die ethische Regel, daß Waffengewalt nur gegen den erlaubt sein kann, der seinerseits in der Rolle des gewaltbereiten Waffenträgers auftritt. Nach den Flächenbombardements des Zweiten Weltkriegs und der Entwicklung der Massenvernichtungsmittel ist das Unterscheidungskriterium über die bisherigen Positivierungsansätze hinaus erstmals im Jahr 1977 in detaillierteren Verbotsnormen zum Schutz der Zivilbevölkerung kodifiziert worden, die die veränderten militärstrategischen und waffentechnischen Gegebenheiten im Nuklearzeitalter in Rechnung stellen. Das I. Zusatzprotokoll (=ZP) zu den Genfer Konventionen von 1949 stellt nämlich in Art. 51 Abs. 4 "unterschiedslose Angriffe" (*indiscriminate attacks*) unter ein uneingeschränktes Verbot (zur Interpretation vgl. Fischer). Mit dem Begriff des *indiscriminate attack* wird auf Waffeneinsätze abgehoben, die militärische Ziele und Zivilpersonen gleichermaßen treffen - sei es, weil der Einsetzende absichtlich auf eine Beschränkung auf militärische Ziele verzichtet, sei es, weil das Waffensystem von seiner technischen Beschaffenheit her nicht zielgenau auf militärische Objekte gesteuert werden kann, sei es, weil es sich um Waffen handelt, deren Wirkung durch den Einsetzenden nicht kontrollierbar ist (englischer Text bei Fischer 81f, deutscher Text bei Fahl 307).

Damit ist erstmals das Kriterium der Kontrollierbarkeit von Schadenswirkungen rechtlich kodifiziert worden: Die Verwendung von Kampfmitteln, die Radioaktivität freisetzen und deren Folgen weder zeitlich noch räumlich kontrollierbar sind, ist demnach auf jeden Fall völkerrechtswidrig. Obwohl das Protokoll nicht nach Waffenarten unterscheidet, sondern von Waffenwirkungen ausgeht, ist durch die Bestimmungen des Art. 51 der Einsatz von Nuklearwaffen bereits rechtlich weitestgehend verboten. Grauzonen ergeben sich jedoch aus dem Umstand, daß die nukleargerüsteten NATO-Staaten die Kernwaffen durch Interpretationsvorbehalte vom Anwendungsbereich des Art. 51 ausschließen wollen; ferner fragt sich, inwieweit der begrenzte Einsatz von Kernwaffen niedriger Sprengkraft gegen militärische Ziele erlaubt sein kann; darüber hinaus wird vielfach die Ansicht vertreten, Nuklearwaffen dürften als Repressalie eingesetzt werden (vgl. Rauschning). Dabei steht der Stellenwert des Proportionalitäts- bzw. Verhältnismäßigkeitskriteriums zur Debatte. Im Rahmen einer Ethik der Rechtsbefolgung ist dazu wie folgt Stellung zu nehmen:

*Erstens*: Eine *Repressalie* ist ein "Rechtseingriff eines in seinen völkerrechtlichen Rechten verletzten Staates in *einzelne* Rechtsgüter jenes Staates, der ihm gegenüber den Unrechtstatbestand gesetzt hat, um ihn zur Wiedergutmachung des Unrechts zu bewegen" (Verdross/Simma 907). Repressalien müssen der Minimalbedingung genügen, daß es sich um äquivalente Mittel handelt, die geeignet sind, einen Aggressor im Gegenschlag zum Ausgleich oder zum Unterlassen von Unrechtshandlungen zu bewegen. Nuklearwaffen könnten insoweit als Repressalie allenfalls dann Verwendung finden, wenn sie gegen einen Angreifer geführt würden, der als erster Kernwaffen eingesetzt hat. Der Ersteinsatz von Nuklearwaffen als Antwort auf eine mit konventionellen Mitteln geführte Aggression ist damit nicht zu rechtfertigen. Der gewohnheitsrechtliche Gedanke der Repressalie erlaubt demnach nicht den *first use* von Nuklearwaffen, der Bestandteil der NATO-Strategie ist. Aber auch ein atomarer Zweitschlag kann niemals als geeignete Maßnahme zur Wiedergutmachung begangenen Unrechts verstanden werden; abgesehen davon sind Angriffe gegen die Zivilbevölkerung auch als Repressalie verboten (ZP Art. 51 Abs. 6). Das Repressalien-Argument dient in seiner Anwendung auf die Nuklearwaffen lediglich dazu, die kriegsrechtlichen Regeln unter Berufung auf militärische Notwendigkeiten zu durchbrechen (vgl. auch Lackey).

*Zweitens*: Der Einsatz von taktischen Nuklearwaffen mit geringerer Sprengkraft ist - mindestens in dichtbesiedelten Gebieten - vom Verbot des nichtkontrollierbaren Waffeneinsatzes erfaßt. Von besonderer Bedeutung ist dabei, daß die neuen Regeln des Kriegsvölkerrechts ein Waffenwirkungsverbot als deontologisch begründete Norm voranstellen; das utilitaristische Proportionalitätskriterium hat demgegenüber nur eine nachgeordnete Bedeutung für Einzelfallentscheidungen, die für die normative Bewertung einer Militärstrategie *ex ante* keine Rolle spielen können. Für den unkontrollierbaren Waffeneinsatz gilt nunmehr auch rechtlich eine absolute Verbotsnorm, die nicht durch subjektive Bewertungsmaßstäbe relativierbar ist. "Die Abkoppelung des Proportionalitätsprinzips vom Begriff des 'indiscriminate attack' ist eine neue und wesentliche Entwicklung im humanitären Völkerrecht" (Fischer 202). Soweit also der Tatbestand des unterschiedslosen Angriffs erfüllt ist, kann sein Verbot nicht etwa dadurch aufgehoben werden, daß man etwaige Verluste unter der Zivilbevölkerung gegen militärische Erfolgsaussichten abwägt (zum Ausschluß der Doppelwirkung s. oben III.2.3.b). Im Unterschied zur klassischen bellum-iustum-Lehre muß in der Ethik der Rechtsbefolgung das Unterscheidungskriterium Vorrang vor dem Proportionalitätskriterium haben und nicht umgekehrt.

*Drittens*: Der Versuch, Nuklearwaffen aus dem Anwendungsbereich der weiterentwikkelten Regeln des Kriegsvölkerrechts auszuschließen, der auf politischer Ebene aus durchsichtigen Gründen verfolgt wird, verstößt eklatant gegen den Grundgedanken einer Ethik der Rechtsbefolgung und kann niemals zum Ausgangspunkt der ethischen Urteilsbildung des einzelnen werden. Auch und gerade wer militärische Verteidigungsfähigkeit nicht nur prinzipiell bejaht, sondern selbst Miltärdienst leistet, kann die Rolle des Soldaten nur solange ausüben, wie er sicher sein kann, daß sich militärische Operationen in den eng verstandenen Grenzen des humanitären Völkerrechts halten. Unter dem Grundgesetz der Bundesrepublik Deutschland ist der einzelne dazu sogar nicht nur ethisch, sondern auch rechtlich verpflichtet: "Die allgemeinen Regeln des Völkerrechtes sind Bestandteil des Bundesrechtes. Sie gehen den Gesetzen vor und erzeugen Rechte und Pflichten unmittelbar für die Bewohner des Bundesgebietes" (Art. 25 Grundgesetz). In der Konfrontation der atomaren Supermächte ist es dem Soldaten unter den gegebenen Umständen aufgebürdet, die aporetische Paradoxie des Abschreckungssystems in sich selbst auszutragen: Er soll gewaltbereit erscheinen, um Krieg zu verhüten - und er muß sich zugleich der Konsequenz stellen, daß, wenn die Abschreckung versagt, sein Auftrag zum militärischen Schutz von Recht und Frieden keine sittliche Grundlage mehr hat. Sicherlich muß dies jeder einzelne in die Selbstprüfung seines Gewissens einbeziehen, *bevor* er sich für den Militärdienst entscheidet. Auf diese Weise kann auch eine ethische Reflexion der Mittel in die Position des situationsbezogenen Pazifismus münden, für den heute der Nuklearpazifismus das wichtigste Beispiel ist. Hat jedoch jemand mit der Absicht der Kriegsverhütung eine militärische Rolle übernommen, so kann dies keineswegs die von den Heidelberger Thesen insinuierte Automatik des "A- und B-Sagens" rechtfertigen (s. oben II.2.3.b). Vielmehr gilt: Wenn ein militärischer Konflikt nicht mit rechtmäßigen Mitteln geführt werden kann, so ist eine Lage gegeben, in der der Soldat die Gewissenspflicht zur *selektiven Dienstverweigerung* über jeden militärischen Befehl stellen muß.

Das pazifistische Ethos und die Ethik der Rechtsbefolgung stellen verschiedene Ausgangspunkte für die Gewissensentscheidung des einzelnen dar. Dennoch sind sie, wie wir gesehen haben, in ihren Grundlagen für gegenseitige Verständigungsprozesse offen und müssen überdies keineswegs zu gegensätzlichen Ergebnissen führen. Gerade wer die Rechtsbefolgungskriterien konsequent anwendet, kann sich zum Gewaltverzicht genötigt sehen, so daß er sich mit der Haltung dessen trifft, der von der Verweigerung des Waffendienstes als dem gebotenen Friedenszeugnis ausgeht; umgekehrt muß das allgemeine Gewaltverbot auch das ethische Fundament desjenigen sein, der bereit ist, sich an rechtserhaltender Gewalt zu beteiligen. In diesem Sinn gilt: Nicht jeder muß dasselbe tun, aber jeder muß das, was er tut, stellvertretend für den anderen tun können. Deshalb sind der prinzipielle, der praktische und der situationsbezogene Pazifismus ebenso als Gewissensentscheidungen zu achten und anzuerkennen wie die Haltung desjenigen, der zum Militärdienst nach den Kriterien einer Ethik der Rechtsbefolgung bereit ist - freilich mit dem (für Christen immer geltenden) Gewissensvorbehalt, der zum Ungehorsam verpflichtet, wenn die Grenzen der Rechtmäßigkeit überschritten werden.

LITERATUR: *W. Benjamin,* Zur Kritik der Gewalt, in: Gesammelte Schriften, Bd. II/1, Frankfurt 1977, 179-203 - *E.-W. Böckenförde,* Das Grundrecht der Gewissensfreiheit, in: Ders., Staat, Gesellschaft, Freiheit. Studien zur Staatstheorie und zum Verfassungsrecht, Frankfurt 1976, 253-317 - Entscheidungen des Bundesverfassungsgerichts: 12. Bd., Tübingen 1962; 48. Bd., Tübingen 1979; 69. Bd., Tübingen 1985 (zitiert: *BVerfGE*) - *J. Delbrück,* Christliche Friedensethik und die Lehre vom gerechten Krieg - in völkerrechtlicher Sicht, in: E. Lohse/U. Wilckens (Hg.), Gottes Friede den Völkern, Hannover 1984, 49-62 (1984a) - *J. Delbrück* (Hg.), Friedensdokumente aus fünf Jahrhunderten. Abrüstung, Kriegsverhütung, Rüstungskontrolle, 2 Bde., Kehl u.a. 1984 (1984b) - *R. Dworkin,* Bürgerrechte ernstgenommen, Frankfurt 1984 - *A. Eide,* Gewissen und Gewalt. Das Recht auf Militärdienstverweigerung aus Gewissensgründen in der internationalen Diskussion, in: Vereinte Nationen, 34. Jg., 1986, 60-64 - *R. Eckertz,* Die Kriegsdienstverweigerung aus Gewissensgründen als Grenzproblem des Rechts. Zur Überwindung des Dezisionismus im demokratischen Rechtsstaat, Baden-Baden 1986 - *G. Fahl* (Hg.), Humanitäres Völkerrecht, Berlin 1983 - *H. Fischer,* Der Einsatz von Nuklearwaffen nach Art. 51 des I. Zusatzprotokolls zu den Genfer Konventionen von 1949. Völkerrecht zwischen humanitärem Anspruch und militärpolitischer Notwendigkeit, Berlin 1985 - *L. v. Friedeburg,* Zum Verhältnis von Militär und Gesellschaft in der Bundesrepublik, in: G. Picht (Hg.), Studien zur politischen und gesellschaftlichen Situation der Bundeswehr, 2. Folge, Witten/Berlin 1966, 10-65 - *H. Gollwitzer,* Art. Wehrpflicht und Kriegsdienst, in: Die Religion in Geschichte und Gegenwart, 3. Aufl., Bd. VI, Tübingen 1962, 1556-1558 - *T. Holm,* Allgemeine Wehrpflicht. Entstehung, Brauch und Mißbrauch, München 1953 - *W. Huber,* Art. Krieg, Kriegsdienst, Kriegsdienstverweigerung, in: Evangelisches Staatslexikon, 3. Aufl., Bd. I, Stuttgart 1987, 1871-1879 - *O. Kimminich,* Der gerechte Krieg im Spiegel des Völkerrechts, in: R. Steinweg (Hg.), Der gerechte Krieg: Christentum, Islam, Marxismus, Frankfurt 1980, 206-223 - *D. P. Lackey,* Moral Principles and Nuclear Weapons, Totowa 1984 - *J. Mausbach/G. Ermecke,* Katholische Moraltheologie, 3. Bd., 10. Aufl. Münster 1961 - *J. Messner,* Das Naturrecht. Handbuch der Gesellschaftsethik, Staatsethik und Wirtschaftsethik, 7. Aufl. Innsbruck/Wien 1984 - *W. V. O'Brien,* The Conduct of Just and Limited War, New York 1981 - *D. Rauschning,* Völkerrechtliche Schranken und Einsatz von Nuklearwaffen, in: G. Brunner u.a. (Hg.), Sowjetsystem und Ostrecht. FS für B. Meissner zum 70. Geburtstag, Berlin 1985, 581-600 - *P. Tiedemann,* Gewissensfreiheit und Demokratie, in: Der Staat 26, 1987, 371-396 - *E. Tugendhat,* Rationalität und Moral in der Friedensbewegung. Formen des Pazifismus, in: Ders., Nachdenken über die Atomkriegsgefahr und warum man sie nicht sieht, Berlin 1986, 59-81 - *A. Verdross/B. Simma,* Universelles Völkerrecht. Theorie und Praxis, Berlin 1976 - *M. Walzer,* Gibt es den gerechten Krieg? Stuttgart 1982.

### *3.1.2. Widerstandsrecht und ziviler Ungehorsam*

Im Unterschied zur Verweigerung aus Gewissensgründen richtet sich Widerstand nicht notwendig gegen den Zwang zu unmittelbar eigenen gewissenswidrigen Handlungen. Widerstand richtet sich auch gegen staatliche Institutionen oder Anordnungen, die den Bürger mittelbar zur Beteiligung an ungerechten Handlungen zwingen. Während die Verweigerung bei der *Eigenhändigkeit* geforderter Handlungen ansetzt, kann dem Widerstand bereits die erzwungene *Handlangerschaft* genügen. Kurz: "Wo Recht zu Unrecht wird, wird Widerstand zur Pflicht" - dieses Motto, das vor einigen Jahren in einer Broschüre des 'Bundes für Umwelt- und Naturschutz Deutschlands' zu lesen war, bringt auf eine einprägsame Formel, was das auslösende Moment politischen Widerstands ist: die Verkehrung von Recht in Unrecht.

Doch die Probleme der ethischen Urteilsbildung fangen mit dieser einfachen Feststellung erst an. "Widerstand" ist ein vieldeutiges Wort. Nehmen wir einige Beispiele aus der öffentlichen Diskussion in der Bundesrepublik Deutschland der achtziger Jahre: "Ich widerstehe täglich. Widerstand ist eine existentielle Selbstverständlichkeit des menschlichen Lebens", hat Heinrich Böll einmal gesagt. "Den Widerstand lernen" - unter diesem Leitgedanken veranstalteten Schriftsteller Mitte Dezember 1983 ihre Heilbronner Begegnung, um Wehrpflichtige und Reservisten zur Kriegsdienstverweigerung aufzurufen. Einen Monat zuvor hatten Gruppen der Friedensbewegung zu "Widerstandstagen der Christen" eingeladen, um ihren Protest gegen die Stationierung amerikanischer Mittelstreckenraketen auf bundesdeutschem Territorium öffentlich zu machen. "Widerstand" nannten viele auch die organisierte Boykott-Bewegung gegen die Volkszählung, die Verweigerung also gegenüber einem Gesetz - eine Verweigerung allerdings, deren Protestziel kurz vor der Durchführung des Gesetzes im April 1982 durch das Bundesverfassungsgericht auch juristisch ins Recht gesetzt wurde. Derselbe Begriff des Widerstands wird jedoch auch in Anspruch genommen für militante Aktionen gegen technologische Großprojekte. "Widerstand braucht Phantasie" - so stand es auf einem Aufkleber, der an der Baustelle einer atomaren Wiederaufbereitungsanlage verteilt wurde. Abgebildet sind darauf ein bärtiger Mensch mit Präzisionsschleuder und ein umgestürzter Polizeiwagen.

Es zeigt sich: in den genannten Beispielen deckt das Wort "Widerstand" ganz unterschiedliche Verhaltensweisen und Aktionsformen. Sie reichen von einer Alltagstugend über die Wahrnehmung eines in der Verfassung verbrieften Grundrechts bis zu rechtswidrigen Handlungen; sie umfassen den geplanten Boykott eines - wie sich herausstellte - verfassungswidrigen Gesetzes, aber auch militante Gewalttaten. Ganz verschiedene Phänomene und Handlungsweisen also; aber alle nicht selten verbunden mit der Berufung auf ein Recht des Bürgers zum Widerstand gegen den Staat.

Schon deshalb löst diese Redeweise hochgradig kontroverse Diskussionen aus. Die einen sagen: Ein Widerstandsrecht kann es nur in Diktaturen, im totalen Staat geben, aber nicht im Rechtsstaat (vgl. Streithofen). Aber: Sind eigentlich Rechtsstaaten davor geschützt, daß durch sie schwerwiegendes Unrecht hervorgerufen wird? Deshalb halten andere Widerstehen geradezu für ein Lebenselixier der Demokratie (vgl. Glotz). Aber: Könnte sich da nicht jeder sein privates Recht zurechtzimmern und nach Belieben gegen das verstoßen, worauf sich die Allgemeinheit geeinigt hat? Das sind schwierige Fragen, die das Problem des Widerstands gegen die Staatsgewalt zu einem klassischen Thema politischer Ethik machen. Wir wollen in ethischer Hinsicht zwei Formen der Resistenz gegen staatliche Gewalt unterscheiden: das Recht zum Widerstand (a) und den zivilen Ungehorsam (b).

### a) Das Recht zum Widerstand

Die politische Herrschaft ist begrenzt durch die überlegene Macht Gottes. Der Christ anerkennt die politische Herrschaft, soweit sie das Recht fördert, in nonkonformistischer Loyalität. Wo sie aber die Gewissen bedrängt, da besteht für jeden einzelnen die Christenpflicht zum Ungehorsam. Die Palette der Erscheinungsformen dieses Ungehorsams reicht je nach gegebenen Umständen von der zeichenhaften Verweigerung über das gewaltfreie Widerstehen bis zum leidenden Martyrium. In der alten Kirche erschienen diese Grundsätze als das Maximum dessen, was unter den Bedingungen einer christlichen Minderheitenexistenz in heidnischer Umgebung möglich war (s. oben I.1.4; III.1.1). Aber: Was ist zu tun, wenn eine *christliche* Obrigkeit nicht dem Guten, sondern dem Bösen, wenn sie nicht dem Recht, sondern dem Unrecht dient? Eine Antwort für diesen Fall brauchte und konnte die frühe Christenheit als Minderheit im römischen Reich nicht geben.

Was also ist zu tun, wenn der Herrscher die gemeinsamen, für alle geltenden Grundsätze des Rechts und der Gerechtigkeit aufkündigt? An dieser Stelle kam das Recht auf Widerstand im starken Sinn des Wortes in die Ethik und Staatslehre. Die mittelalterliche Kirche hat die frühchristliche Haltung gegenüber den politischen Gewalten mit Prinzipien aus der germanischen Gefolgschaftsidee verbunden (vgl. Delfos, Spörl, in: Kaufmann/Backmann). Dieser lag der Gedanke eines gegenseitigen Treueverhältnisses zwischen König und Volk zugrunde. Brach der Lehnsherr das gegenseitige Treueverhältnis, so konnte jeder Lehnsmann seinerseits die Treuepflicht aufkündigen, den schlechten König absetzen und ihn ohne allzuviel Federlesens "wie einen Schweinehirten" davonjagen. Als Maßstab genügte die Erinnerung an das gute alte Recht. Das Widerstandsrecht ist von seinem Anfang an ein ausgesprochen konservatives Recht, es ist ein erhaltendes Notrecht, nämlich das Recht zur Wiederherstellung der vom Herrscher einseitig mißachteten und gebrochenen Rechtsordnung. In diesem Grundsinn ist der staatsrechtliche Begriff des Widerstands unterschieden vom Begriff der Revolution, die eine neue Ordnung an die Stelle der alten setzen möchte. Das Widerstandsrecht stellt nicht etwa einen Hebel des gesellschaftlichen Fortschritts bereit, sondern eine Notbremse zur Erhaltung des *status quo.*

Das Widerstandsrecht ermächtigt zur Gewaltanwendung, es liegt in seiner Konsequenz, daß es im Extremfall zur Tötung des Machthabers führen kann. Jeder Griff zu Gewaltmitteln ist aber - auch wenn er sich als Anwendung von Gegengewalt versteht - ethisch rechtfertigungsbedürftig. Darin ist der Widerstandsfall, der die Frage nach der Legitimität von Gewaltanwendung *innerhalb* des politischen Verbands aufwirft, in nichts vom Kriegsfall unterschieden, in dem sich das Problem der Rechtfertigungsfähigkeit *zwischenstaatlicher* Gewaltanwendung stellt. Ebenso wie Kriegshandlungen müssen Widerstandshandlungen strengen Kriterien unterworfen werden. Versucht man, die wichtigsten Kriterien zu resümieren, die von der naturrechtlichen Widerstandslehre in der scholastischen Tradition entwickelt worden sind, so lassen sich die folgenden nennen (vgl. Spörl, Pribilla, Meinhold, in: Kaufmann/Backmann; sowie Mausbach/Ermecke 145 ff, Messner 796 ff, Rock):

*Erstens*: Widerstand ist gerechtfertigt zur Abwehr eines Tyrannen, das heißt entweder gegenüber einem Usurpator, der sich illegal in den Besitz der Macht zu bringen sucht (*tyrannus usurpationis / tyrannus ex defectu tituli*), oder gegenüber der Spitze eines Regimes, das seine Macht exzessiv mißbraucht, indem es das private Wohl des Machthabers vor das Gemeinwohl stellt (*tyrannus regiminis / tyrannus ex parte exercitii*). *Zweitens*: Nur gegenüber einem Usurpationsversuch ist jeder Private zum Widerstand berechtigt, sonst aber steht das Widerstandsrecht nicht Privatpersonen, sondern Amtsinhabern, also Vertretern einer öffentlichen Autorität zu. *Drittens*: Widerstand gegen schwerwiegende Verletzungen des Gemeinwohls muß der Wiederherstellung des Gemeinwohls dienen und darf nicht selbst private Interessen verfolgen. *Viertens*: Alle friedlich-rechtlichen Mittel müssen erschöpft sein. *Fünftens*: Tötende Gewalt ist nur gegen den Usurpator unmittelbar erlaubt; gegen den *tyrannus regiminis* setzt sie ein öffentliches Gerichtsverfahren voraus - darüber hinaus kann die Überlegung eine Rolle spielen, ob er nicht als Gericht Gottes ertragen werden muß. *Sechstens*: Durch die Ausübung des Widerstandsrechts darf nicht noch größerer Schaden entstehen, als durch das tyrannische Regime bereits eingetreten ist. Deshalb muß die Widerstandshandlung eine hinreichende Wahrscheinlichkeit des Erfolgs bieten.

Die naturrechtliche Widerstandslehre formuliert Kriterien gerechter Gewaltanwendung zur Erhaltung einer vorgegebenen Rechts- und Wertordnung. Nicht zufällig haben wir es auch hier, wie bei der bellum-iustum-Lehre, mit den kriterialen Elementen der *causa iusta*, der *legitima potestas*, der *intentio recta*, der *ultima ratio*, der Unterscheidung und der Verhältnismäßigkeit zu tun. Die Widerstandslehre ist ebenso wie die bellum-iustum-Theorie unter den vormodernen Bedingungen der konkreten Sittlichkeit überschaubarer politischer Verbände entwickelt worden. Sie entstammt gesellschaftlichen Verhältnissen, in denen es zum einen ein gemeinsames Verständnis dessen gab, was das *bonum commune* ist; in denen zum anderen feste institutionelle Kontrollen zur Begrenzung der Herrschermacht fehlten, so daß das Widerstandsrecht entweder dem Volk im ganzen oder bestimmten, durch Amt und Stand herausgehobenen Gruppen zufiel.

Je mehr aber die bindende Kraft gemeinsamer Auffassungen vom guten Leben schwindet, je mehr sich Moral und Recht ausdifferenzieren, je strikter mit dem fortschreitenden Prozeß der Individualisierung das Streben nach dem Guten von Fragen des Gerechten unterschieden werden muß, desto mehr müssen auch die Kriterien des *ius resistendi* auf formale, universalisierbare Prinzipien einer relativ gerechten Ordnung bezogen werden. Das Gemeinwohl kann heute weder über die rückwärts gewandte Idee eines guten alten Rechts, noch durch das sittliche Lehramt einer Kirche ermittelt werden; an seine Stelle treten die abstrakteren Teilprinzipien des Legitimationsgrundsatzes, wie sie sich auch in der Grundfigur der Menschenrechte verkörpern (s. unten III.3.3). Insbesondere systematische und anhaltende Verletzungen der gleichen Freiheitsrechte durch politische Regime, die Menschen aufgrund von Rasse, Geschlecht, Hautfarbe, Herkunft oder Religion diskriminieren, stellen heute die Fälle dar, die ein Widerstandsrecht auslösen können, wenn die Betroffenen nach Prüfung aller weiteren Kriterien zu diesem Ergebnis kommen.

Für demokratische Rechtsstaaten ist jedoch konstitutiv, daß sie nicht nur die universalen Menschenrechte als Legitimationsprinzipien anerkennen, sondern daß sie außerdem durch Aufbau institutioneller Kontrollmechanismen den politischen Prozeß für die je bessere Verwirklichung des Gerechten offen halten. Der demokratische Rechtsstaat hat Vorkehrungen getroffen, damit sich die Widerstandsfrage möglichst erst gar nicht stellt. Der Rechtsstaat hat sich selbst an Recht und Gesetz gebunden, er schützt seine Bürger durch Freiheitsgewährung, Gewaltenteilung und Rechtsweggarantie gegen staatliche Übergriffe. Der demokratische Rechtsstaat hat an die Stelle des Ausnahmefalles des Widerstandsrechts viele Möglichkeiten zum alltäglichen und rechtzeitigen Widerspruch gesetzt. Weil wir über einen absoluten Maßstab der Gerechtigkeit nicht verfügen, kann die Verwirklichung von Gerechtigkeit nur durch relativ gerechte Institutionen des Rechts gewährleistet werden; deshalb ist es in der Tat fraglich, ob es innerhalb der gewaltenteiligen, freiheitsgewährenden Organisation des Rechtsstaats ein Widerstandsrecht geben kann.

Bemerkenswerterweise kennen in der Bundesrepublik Deutschland nicht nur - als Reflex auf die Erfahrung des Nationalsozialismus - einige Länderverfassungen, sondern auch das Grundgesetz ein positiv-rechtlich geregeltes Widerstandsrecht (vgl. dazu Herzog, Isensee, Ridder). Ins Grundgesetz wurde im Zuge der Notstandsgesetzgebung 1968 der Art. 20 Abs. 4 aufgenommen. Dieses *konstitutionalisierte Widerstandsrecht* hat folgenden Wortlaut: "Gegen jeden, der es unternimmt, diese Ordnung zu beseitigen, haben alle Deutschen das Recht zum Widerstand, wenn andere Abhilfe nicht möglich ist." Mit dieser Formulierung ragt das große Widerstandsrecht zu einem Teil in die Verfassung hinein. Auch hier tritt seine erhaltende Funktion klar hervor: Es soll dem Schutz der Verfassung dienen in einer Situation, in der sich die zuständigen Instanzen des Staates als zu schwach erweisen, verfassungsfeindliche Bestrebungen abzuwehren, oder selbst in Vorhaben verwickelt sind, die darauf abzielen, die Verfassungsordnung zu beseitigen. Für diesen Ausnahmefall räumt das Grundgesetz "allen" Staatsbürgern ein Widerstandsrecht als subsidiäres Nothilferecht ein. In der Demokratie ist das Widerstandsrecht Ausfluß des Legitimationsgrundsatzes der Volkssouveränität: Wenn die Repräsentanten des Volkes ihre Aufgaben nicht mehr wahrnehmen können, tritt das souveräne Volk selbst, von dem alle Staatsgewalt ausgeht, wieder in seine Rechte ein. Auch in dieser demokratietheoretischen Begründung des Widerstandsrechts ist klar, daß das im Ausnahmefall jedem zufallende Recht nicht den Bürger als Privatperson meint, sondern als Teil der unmittelbar über sich selbst bestimmenden Allgemeinheit des Volkes.

Das Beispiel des im Grundgesetz legalisierten Widerstandsrechts zeigt allerdings mit besonderer Deutlichkeit, daß eine Legalordnung ein Recht zum Widerstand nur gegenüber Versuchen zum Umsturz ihrer selbst einräumen kann. Das Widerstandsrecht dient der Selbsterhaltung, nicht der Selbstnegation des demokratischen Rechtsstaats als einer Ordnung, innerhalb deren der Streit über die Verwirklichung von Zwecken und Zielen möglich ist. Deshalb kann Schutzobjekt eines legalisierten Widerstandsrechts nur "diese Ordnung" sein: nämlich die elementaren Rechtsgrundsätze und das institutionelle Gefüge der repräsentativen Demokratie. In der Demokratie können durch das Widerstandsrecht nur die Funktionsfähigkeit der rechtsstaatlichen Institutionen und der formalisierten Verfahren zur politischen und rechtlichen Entscheidungsfindung geschützt, nicht bestimmte inhaltliche Entscheidungen herbeigeführt werden. Betrachtet man das konstitutionalisierte Widerstandsrecht auf seine Konsequenzen hin, so erweist es sich als hölzernes Eisen:

*Zunächst* könnte man meinen, ein konstitutionalisiertes Widerstandsrecht sei darum sinnvoll, weil es den Widerständler in einem späteren Gerichtsverfahren vor rechtlichen Sanktionen schützt. Aber dieses Argument sticht nur, wenn man voraussetzt, daß die Widerstandshandlung erfolgreich ist. Unterliegt der Widerständler jedoch, dann entscheiden die Sieger, und die Rechtsnorm einer beseitigten Verfassung ist Makulatur. Darum kann auch die Scheinlegalität des Widerstands der Ausnahmesituation nichts von ihrem existentiellen Ernst nehmen: Widerstand bleibt ein riskantes Wagnis.

Man könnte *des weiteren* argumentieren, ein verfassungsmäßig verbrieftes Widerstandsrecht appelliere an die politische Mitverantwortung jeder Bürgerin und jedes Bürgers zur Erhaltung der demokratischen Verfassungsordnung; es ermuntere sie, ständig darauf zu achten, ob die Verfassungsordnung gefährdet ist. Doch wie sollen die Bürger erkennen, wann nun wirklich der Widerstandsfall gegeben ist? Denn einerseits ermächtigt sie Art. 20 Abs. 4 erst dann zum Widerstand, "*wenn andere Abhilfe nicht möglich ist*", das heißt wenn die zu schützende Ordnung *de facto* schon beseitigt ist. Andererseits aber soll sich der Widerstand gegen jeden richten, "der es *unternimmt,* diese Ordnung zu beseitigen"; er müßte also möglichst frühzeitig einsetzen, jedenfalls, bevor das Unternehmen ans Ziel gelangt ist. Das Widerstandsrecht läuft auf ein zusätzliches Staats- und Verfassungsschutzinstrument gegen einen Staatsstreich von oben und von unten hinaus - der Ausnahmefall des Widerstands wäre eine bürgerkriegsähnliche Situation, ein Rückfall in den 'Naturzustand', in dem letztlich die Entscheidungsmacht denjenigen zufiele, die über die stärkeren physischen Gewaltmittel verfügen.

Die demokratische Verfassung regelt nur die Verfahren, damit in ihrem Rahmen friedlich über die Wege der Verwirklichung politischer Ziele und Inhalte gestritten werden kann. Sie legt das Resultat, soweit es sich um Mehrheitsentscheidungen handelt, nicht inhaltlich fest. Sie ermöglicht den friedlichen Austrag politischer Kontroversen nach formalen Regeln, die alle Bürger anerkennen können. Darin liegt ihre Stärke, aber auch ihre Schwäche. Die Verfassung ist von sich aus ziemlich blind gegenüber qualitativ neuen politischen Herausforderungen. Der demokratische Rechtsstaat ist für fehlbare Menschen gebaut; deshalb sieht er vor, daß sich verschiedene Instanzen wechselseitig kontrollieren. Technologien, die die menschlichen Handlungsmöglichkeiten ins Grenzenlose steigern und zugleich den unfehlbaren Menschen voraussetzen, beschwören jedoch Grenzsituationen herauf, die sich rechtlich nicht mehr bändigen lassen. Der demokratische Rechtsstaat will das Recht auf Leben und körperliche Unversehrtheit schützen. Aber dies schließt von Verfassungs wegen nicht aus, daß jemand aufgrund seiner politischen Lagebeurteilung zu der Überzeugung kommt, gerade die Drohung mit Massenvernichtungsmitteln schütze durch das System der Abschreckung Leben und Freiheit der Bevölkerung. Der Aufstand der technischen Mittel über die politischen Zwecke, mit dem wir es im Fall der Hochrüstung zu tun haben, führt an die Grenzen der verfassungsrechtlichen "Konstitutionalisierbarkeit politischer Ethik" (Preuß 196f). Darum führt das konstitutionalisierte Widerstandsrecht gerade in den Überlebensfragen der Atomkriegsgefahr und der ökologischen Krise zu Wahrnehmungsverzerrungen auf beiden Seiten. Die Vertreter des Staates bestärkt es in der Fiktion einer Selbstlegitimation des Rechts. Den Opponenten verschleiert es die *ethische* Natur des Konflikts, in dem sie sich befinden: hier eine unhintergehbare Gewissensbindung, die prinzipiell irrtumsfähig ist und dennoch im Ernstfall Freiheit gegenüber allen Rechtspflichten bedeuten muß - dort das hohe Gut einer Rechtsordnung, die Gewissensfreiheit ermöglicht und darum nicht vorschnell aufs Spiel gesetzt werden darf.

### b) Die Pflicht zum Ungehorsam

Weder die naturrechtliche Begründung des großen Widerstandsrechts noch der in sich widersprüchliche Versuch, einen Grenzfall der Legalordnung mit den Mitteln des positiven Rechts zu regeln, können die klare Einsicht verschleiern, daß aktiver Widerstand zuletzt ein existentielles Wagnis ist, das in der Gewissensentscheidung jedes einzelnen aus Freiheit übernommen werden muß und nie in ein allgemeines Gesetz gefaßt werden kann. Insofern bleibt die in heidnischer Umgebung entstandene frühchristliche Perspektive auf unser Thema überraschend aktuell: Sie enthielt keine Lehre vom Widerstandsrecht im allgemeinen, sondern sie kannte im besonderen Konfliktfall die Pflicht zum Ungehorsam, in der ein jeder durch den Ruf seines Gewissens gebunden ist, zwar den Staat im ganzen anzuerkennen, aber sich bestimmten staatlichen Anordnungen zu verweigern. Bezugspunkt des Widerstandsproblems war hier nicht zuerst die *Erhaltung* einer vorgegebenen Ordnung, sondern vor allem die durch die unverfügbare Macht Gottes aufgerichtete *Schranke und Grenze* aller politischen Gewalt.

Darum gehört es auch zum Grundzug der evangelischen Ethik seit Martin Luther, daß sie die Widerstandsfrage von jener äußersten Grenze aus diskutiert, die dem Rechtsgehorsam durch das Gewissen gezogen ist (s. oben I.2.4). Luthers Perspektive auf unser Problem ist auch darin modern, daß sie im Unterschied zum traditionellen Naturrecht bereits die Erfahrung des Zerbrechens einer einheitlichen christlichen Gesellschaftsordnung reflektiert. Luther ging deshalb von einer Legitimitätsvermutung zugunsten der faktisch geltenden Rechtsordnung und einem Verbot der Auflehnung gegen sie aus. Doch eine prinzipielle Grenze fand auch dieses Verbot an dem in Gottes Wort gebunden Gewissen; und im Fall des Konflikts konnte Luther zur Beratung der Gewissen hinsichtlich der dann gebotenen oder erlaubten Handlungen auf natur- oder positivrechtliche Kriterien zurückgreifen. Mit dem Neuen Testament stellte Luther den Grundsatz in den Mittelpunkt, daß auch im äußersten Fall des Gewissenskonflikts die Dissidenten darauf verzichten müssen, sich zu Richtern in eigener Sache zu machen. Von dieser Fassung des Problems her gesehen ist es in der Tradition evangelischer Ethik kein neuer Gedanke, daß es auch in einer relativ gerechten Ordnung eine Pflicht zum Ungehorsam geben kann, auch wenn es dabei weder um Widerstand gegen einen Unrechtsstaat noch um Widerstand gegen einen Umsturz des Rechtsstaats geht.

Gleichwohl sind der deutschen politischen Kultur bis vor einigen Jahren Theorie und Praxis des *civil disobedience* fremd gewesen. Er hat seine erste programmatische Formulierung im angelsächsischen Sprachraum gefunden (vgl. Bedau, Rawls). *Civil disobedience* - wir übernehmen im folgenden die übliche deutsche Übersetzung 'ziviler Ungehorsam' - bedeutet seinem allgemeinen Begriff nach den ethisch begründeten Verstoß gegen rechtlich geltende Normen; wobei das Attribut 'civil' die beabsichtigte Mehrfachbedeutung von 'diszipliniert', 'nicht-militant' und 'staatsbürgerlich' besitzt. Ziviler Ungehorsam, so wie er uns von seinen Ursprüngen her bis in die Gegenwart begegnet, ist auf drei Stufen anzusetzen (vgl. Dworkin, in: Meyer/Miller/Strasser 24ff).

*Zunächst*: Der Amerikaner Henry David Thoreau (1817-1862) propagierte und praktizierte 1846 aus Protest gegen den Mexikanischen Krieg, gegen die Sklaverei und die Ausrottung der Indianer die Steuerverweigerung. Bei Thoreau blieb die Nichtbefolgung staatlicher Gesetze primär auf das gewissenswidrige Selber-Tun-Müssen und insofern auf den *Dignitätsgrundsatz* bezogen. Als er seine Gefängnisstrafe verbüßt hatte, schrieb er in seinem Essay *On the Relation of the Individual to the State* (1849):

"Wenn die Ungerechtigkeit nur eine unvermeidliche Folge der Trägheit der Regierungsmaschine ist, dann laß es in Gottes Namen dabei: Irgendwann wird sich das einlaufen - auf jeden Fall wird sich die Maschine ausleiern. Wenn die Ungerechtigkeit einen Ursprung hat, ein Zahnrad oder einen Übertragungsriemen oder eine Kurbel, wovon sie ausschließlich herstammt, dann kannst du vielleicht erwägen, ob die Kur womöglich schlimmer wäre als das Übel. Wenn aber das Gesetz so beschaffen ist, daß es notwendigerweise aus dir den Arm des Unrechts an einem anderen macht, dann sage ich, brich das Gesetz. Mach dein Leben zu einem Gegengewicht, um die Maschine aufzuhalten. Jedenfalls muß ich zusehen, daß ich mich nicht zu dem Unrecht hergebe, das ich verdamme" (Thoreau, in: Bedau 35).

Thoreau, bei dem sich der Begriff des zivilen Ungehorsams selbst noch nicht findet, hat der so bezeichneten Handlungsweise das Merkmal eingestiftet, daß ziviler Ungehorsam eine politisch-ethische Motivgrundlage haben muß und nicht eigennützigen Interessen entspringen darf. Das Selber-einem-anderen-Unrecht-Tun-Müssen ist hier der Ansatzpunkt der Resistenz.

*Weiter*: Schon historisch ist jedoch der zivile Ungehorsam nicht auf die Abwehr des gewissenswidrigen Zwangs zu eigenem Tun beschränkt geblieben. Er wurde zum Instrument der Emanzipation von Fremdherrschaft und der Durchsetzung von Minderheitenrechten, fand also seine Begründung in den *Legitimationsprinzipien* der freien und gleichen Selbstbestimmung: Mahatma Gandhi (s. oben I.4.4) erreichte durch selektive gewaltlose Gesetzesverstöße den Rückzug der britischen Kolonialherren aus Indien. Martin Luther King kämpfte mit gezielten Regelverstößen für die Bürgerrechte der Schwarzen in den USA. Ziviler Ungehorsam geht insoweit einen Schritt über die bloß defensive Aufrichtung einer äußersten Grenze gegenüber staatlicher Machtausübung hinaus; erst recht transzendiert er die bloße Erhaltung des staatsrechtlichen *status quo* im Widerstandsrecht. Ziviler Ungehorsam zielt auf die Realisierung der Freiheit und den Ausbau ihres Schutzes durch rechtsstaatliche Institutionen. Doch diese Ausweitung der Ziele ging mit einer Beschränkung der Mittel einher: Während sich Thoreau gegenüber der Gewaltfrage indifferent zeigte, gehört seit Gandhi Gewaltfreiheit zum Begriff des zivilen Ungehorsams untrennbar hinzu.

*Schließlich*: Von seinem historischen Ursprung her diente ziviler Ungehorsam der Achtung des Dignitätsgrundsatzes und der Durchsetzung des Legitimationsgrundsatzes; angesichts der globalen Gefährdung des Überlebens setzt er heute neu und auf einer dritten Stufe beim *Integritätsgrundsatz* als elementarer Verbindlichkeit verantwortlicher Politik an. Demokratische Verfassungen sind Ausdruck einer historisch erkämpften Verringerung von Übeln: Der neuzeitliche Staat war angetreten, das Leben der Bürger vor dem Kampf aller gegen alle zu sichern; doch hat er diese Bändigung der Gewalt nur in seinem eigenen Territorium durchgesetzt. Der Rechtsstaat gewährte grundlegende Freiheiten gegen totale Willkürherrschaft; aber zunächst nur für wenige. Der demokratische Rechtsstaat erkennt die gleiche Freiheit aller und die Souveränität des Volkes als rechtssetzende Gewalt an; doch auch die Verfassung, die sich das souveräne Volk selbst gibt, ist das Recht des heute lebenden Volkes für seine eigene Lebenszeit. Rechte, die künftige Generationen an die heutige haben, sprengen den Gedanken der Souveränität als Selbstbestimmung der jetzt Lebenden.

Gerade weil der zivile Ungehorsam heute über seine historischen Vorläufer hinaus beim Vorrang des Integritätsprinzips ansetzt, muß er sich vor fundamentalistischen Kurzschlußhandlungen hüten. Darum fragen wir: Welche Kriterien sind zu beachten, wenn Handlungen zivilen Ungehorsams im demokratischen Rechtsstaat sollen ethisch gerechtfertigt werden können? Wir nennen *sechs Kriterien* und versuchen, sie möglichst klar von den Kriterien des großen Widerstandsrechts abzugrenzen.

*Erstens*: Für das Eintreten des großen Widerstandsrechts galt als Voraussetzung der exzessive Machtmißbrauch. Wir setzen aber voraus, daß Aktionen zivilen Ungehorsams ihren Ort in einer Gesellschaft haben, die relativ gerechte Verfahren zur Ausübung politischer Herrschaft entwickelt hat. Zu diesen Verfahren politischer Willensbildung gehört die Mehrheitsregel: Bei Wahlen und Abstimmungen entscheidet - nach dem Legitimationsgrundsatz freier und gleicher Beteiligung - die quantitative Mehrheit aller mündigen Bürgerinnen und Bürger. Auch in einer relativ gerechten Gesellschaft kann jeder einzelne in die Lage kommen, in der er aus Gewissensgründen gegen staatliche Anordnungen verstoßen muß: Wer zu einem gewissenswidrigen Selber-Tun gezwungen wird, muß sich immer verweigern, gleichgültig durch wen und welche Staatsform der Gewissenszwang ausgelöst worden ist. Deshalb kann auch jede gewissensbestimmte Unterlassungshandlung, wenn ihr keine legale Alternative offensteht, zu einem Akt zivilen Ungehorsams werden; die Totalverweigerung von Militär- und Zivildienst ist das bekannteste Beispiel, das auch in Rechtsstaaten akut werden kann. Der zivile Ungehorsam schließt jedoch darüber hinaus gewissensbestimmte Tathandlungen ein. Er umfaßt insoweit Protesthandlungen einer Minderheit gegen die Mehrheit. Darum kann ziviler Ungehorsam in genau den Fällen ethisch gerechtfertigt sein, in denen die normativen Voraussetzungen für die Geltung der Mehrheitsregel überschritten werden, die wir oben (III.2.3) erläutert haben. Als erstes Kriterium ergibt sich daraus: *Die Aufkündigung des Gesetzesgehorsams kann ethisch geboten sein, wenn politische Entscheidungen die Geltungsbedingungen der Mehrheitsregel verletzen.*

*Zweitens*: Das große Widerstandsrecht legte den Widerstand in der Regel in die Hände von Amtsinhabern, nicht in die von Privatpersonen. Demgegenüber haben wir vorausgesetzt, daß ziviler Ungehorsam in der Demokratie eine Handlung jeder einzelnen Bürgerin und jedes einzelnen Bürgers sein kann. Sie macht, so haben wir gesagt, auf die Legitimationsgrenzen von Mehrheitsentscheidungen aufmerksam. Damit rechtfertigen sich entsprechende Handlungen im Kern aus dem Schutz, den der Staat der individuellen Freiheit und den persönlichen Überzeugungen seiner Bürger schuldet. Im zivilen Ungehorsam möchte jedoch der einzelne nicht nur seine individuelle Freiheit gegenüber der Allgemeinheit der anderen bewahren. Er möchte vielmehr die Relevanz seiner eigenen Motive auch für andere unterstreichen. Die vielberufene persönliche "Betroffenheit" allein reicht dafür keineswegs aus. Denn zu den individuellen Merkmalen der Bürger können auch Eigentum und ökonomische Macht gehören. Persönliche Vorteile oder die Durchsetzung von wirtschaftlichen Gruppeninteressen müssen aber als Motive ausscheiden. Nicht der Besitzbürger, sondern der Staatsbürger, nicht der *bourgeois*, sondern der *citoyen* muß als Subjekt des zivilen Ungehorsams auftreten. Deshalb muß sich der Regelverletzer, auch wenn er gerade nicht *beanspruchen* kann, als Repräsentant der Institutionen der Mehrheit aufzutreten, doch als Vertreter eines Gesamtinteresses *empfehlen* können. Er muß sich als Platzhalter eines veränderten Mehrheitswillens verstehen. Ziviler Ungehorsam muß sich an die Öffentlichkeit und die politischen Repräsentanten richten, um Lernprozesse auszulösen und Einstellungsveränderungen zu bewirken. Er muß als Dialogelement verstanden werden können; Akte subversiver Verweigerung, anonymer Sabotage oder ähnliches sind nicht als ziviler Ungehorsam legitimierbar. Als zweites Kriterium nennen wir deshalb: *Handlungen zivilen Ungehorsams sind ethisch rechtfertigungsfähig, wenn sie als öffentlicher Appell an die aktuelle Mehrheit vollzogen werden.*

Ziviler Ungehorsam muß sich als Platzhalter eines veränderten Mehrheitswillens verstehen. Wir haben mit Bedacht diese, unter dem Gesichtspunkt einer Ethik der Stellvertretung naheliegende Formulierung gewählt, denn eine Aussage wie die von Habermas (in: Glotz 41), im zivilen Ungehorsam trete "das Volk in Gestalt seiner Bürger ... in die originären Rechte des Souveräns" ein, geht einen Schritt zu weit: Sie tendiert zu einer Überlegitimierung, die den Sachverhalt überspielt, daß die Struktur der globalen Überlebensprobleme die klassische Denkfigur der Souveränität auch in ihrer demokratietheoretischen Variante sprengt. Im zivilen Ungehorsam ist der Bürger nicht selbst Souverän, sondern Platzhalter des Souveräns, der an die Grundsätze der Integrität des Lebens und der Fairneß gegenüber künftigen Generationen erinnert.

*Drittens*: Das große Widerstandsrecht suchte das Privatinteresse der Resistierenden auszuschließen durch das Ziel der Wiederherstellung des Gemeinwohls. Unter Bedingungen der modernen Gesellschaft läßt sich die Gemeinwohlorientierung aber nicht mehr unter Rückgriff auf konkrete Ordnungsvorstellungen fixieren. Und auch als gewissensbestimmte Handlung kann ziviler Ungehorsam keinen höheren Wahrheitsanspruch erheben; er muß sich und anderen wahrhaftigerweise eingestehen, daß er auch auf einem irrenden Gewissen beruhen könnte. Ziviler Ungehorsam ist deshalb selbst durch den Dignitätsgrundsatz der Achtung vor der Gewissensfreiheit der Andersdenkenden gebunden. Dies schließt allerdings Beeinträchtigungen der Bewegungsfreiheit anderer um der eigenen Gewissensnot willen nicht aus. Doch je mehr Praktiken des *civil disobedience* - etwa durch verkehrsbehindernde Menschenketten oder Sitzblockaden - in die Bewegungsfreiheit anderer eingreifen, je mehr sie andere nicht nur als Zweck an sich selbst, sondern auch als Mittel, nämlich als Mittel zur Weckung öffentlicher Aufmerksamkeit behandeln, desto mehr werden Handlungen zivilen Ungehorsams über die bloße Berufung auf Gewissensbedenken hinaus begründungsspflichtig. Für diesen Fall nennen wir als drittes Kriterium: *Sie sollten* nicht nur die Uneigennützigkeit ihrer persönlichen Motive glaubhaft machen, sondern auch *argumentativ zeigen, daß ihre politischen Ziele universalisierbar sind; eine Kontrollfrage dafür kann sein, ob sie in Übereinstimmung mit den intersubjektiv anerkannten Prinzipien stehen, die als Grundlage demokratischer Verfassungen gelten können.*

*Viertens*: Das große Widerstandsrecht setzte erst als *ultima ratio*, nach Ausschöpfung aller legalen Mittel ein. Die Prüfung dieser Frage ist gewiß auch für den zivilen Ungehorsam wichtig. Doch die umstandslose Übertragung dieses Kriteriums wäre nicht sachgemäß. In einer relativ gerechten, freien Gesellschaft könnten die Kritiker der Regelverletzer ja immer argumentieren, *ein* legales Mittel sei ja nie erschöpft: die Opposition durch Wort und Schrift. Ziviler Ungehorsam will aber ethisch begründeten Protest auf nachdrücklichere Weise zu Gehör bringen als nur in den Grenzen der normalen Presse- und Meinungsfreiheit. Deshalb schließt er begriffsnotwendig illegale Handlungen ein: Ungehorsam, der erlaubt wäre, wäre kein Ungehorsam mehr. Andererseits aber stellt er nicht die bestehende Rechtsordnung im ganzen zur Disposition, denn die universalistischen ethischen Prinzipien, auf die er sich beruft, sind ja die gleichen, auf die auch die demokratischen Verfassungen aufgebaut sind. Ziviler Ungehorsam ist qualifizierter Rechtsgehorsam. Die Illegalität der Handlungen muß sich darum auf Verstöße gegen einzelne gesetzliche Normen in

Teilbereichen der Rechtsordnung beschränken, die im Rang unter der Verfassung stehen (z.B. die Straßenverkehrsordnung). Wer zivilen Ungehorsam leistet, muß deutlich machen, daß er nicht Richter in eigener Sache sein will. Dazu gehört neben der Selektivität des Regelverstoßes die grundsätzliche Bereitschaft, die zu erwartenden rechtlichen Sanktionen zu tragen. Viertes Kriterium für die ethische Rechtfertigungsfähigkeit des zivilen Ungehorsams ist *die Bereitschaft, für die rechtlichen Folgen illegaler Handlungen einzustehen.*

Eine *juristische* Rechtfertigung des zivilen Ungehorsams (Dreier) wäre demgegenüber eine Unterbestimmung seiner ethischen Grundlagen. Der zunächst sympathisch erscheinende Versuch, Gesetzesverstöße des zivilen Ungehorsams unter Rückgriff auf die verfassungsmäßigen Grundrechte der Gewissens-, Meinungs-, Presse- und Versammlungsfreiheit rechtlich zu rechtfertigen, ist unter rechtsethischen Gesichtspunkten fragwürdig. Auf den ersten Blick sieht es so aus, als würde damit den Gerichten zum Vorteil der Regelverletzer ein größerer Spielraum bei der Sanktionszumessung eröffnet. Doch bei näherer Betrachtung erweisen sich die möglichen Fälle rechtlich gerechtfertigten zivilen Ungehorsams als denkbar beschränkt (vgl. Laker 304ff). Vor allem aber ebnet die Verrechtlichung des zivilen Ungehorsams die Differenz von Recht und Ethik gerade ein, auf die die Akteure aufmerksam machen möchten. Damit raubt sie - um es im Bild zu sagen - dem Trommler die Pauke. Wer den zivilen Ungehorsam nicht "zwischen Legitimität und Legalität in der Schwebe" läßt (Habermas, in: Glotz 43), nimmt dem Regelverletzer den Anstoß, durch den er auf seine Sache aufmerksam machen will, und zwingt ihm indirekt schärfere Protestmittel auf. Der 'Kampf ums Recht' darf nicht an den Ermessensopportunismus der Gerichte abgetreten werden, sondern muß Sache der Gesellschaft bleiben. Die Beseitigung von Rechtsunsicherheiten, die durch unbestimmte Rechtsbegriffe entstehen, ist Aufgabe des demokratisch legitimierten Gesetzgebers. Ihm obliegt es, dafür Sorge zu tragen, daß Tatbestandsbestimmtheit besteht: Wer sich zum zivilen Ungehorsam entschließt, muß voraussehen können, gegen welche rechtlichen Normen er mit welchen voraussehbaren rechtlichen Folgen verstößt. Solidarische Hilfe bis hin zur Einrichtung von Rechtshilfefonds zur Verringerung materieller Belastungen der Dissidenten kann zur Aufgabe von Kirchen und anderen gewissensbestimmten Gruppen, Gemeinschaften und Organisationen werden. Wer wegen ethisch rechtfertigungsfähigen zivilen Ungehorsams Prozeßrisiken zu tragen hat, muß die Erfahrung machen können, daß Gesellschaft und Staat nicht identisch sind.

*Fünftens*: Auch das große Widerstandsrecht ist dem Kriterium der Verhältnismäßigkeit der Mittel unterworfen, aber es schließt selbstverständlich die Anwendung von Gewalt ein. Ja, es ist vollkommen klar, daß es als letztes und äußerstes Mittel zur tötenden Gewalt ermächtigt. Ganz abgesehen davon, daß schon die naturrechtliche Widerstandslehre hinsichtlich der ethisch gerechtfertigten Gewaltanwendung gegen den Tyrannen zusätzliche Unterscheidungen getroffen hat, bricht an dieser Stelle die schärfste Differenz zwischen Widerstand im strikten Sinn und zivilem Ungehorsam auf: Ziviler Ungehorsam im Rechtsstaat ist nur als gewaltfreie Aktion ethisch zu rechtfertigen. Auch angesichts der lebensbedrohenden Seiten der wissenschaftlich-technischen Welt kann es nicht um eine Alternative zu den Institutionen des demokratischen Rechtsstaates, sondern nur um ihre Verbesserung gehen. Hinter dem Postulat der Gewaltfreiheit lauern freilich diffizile Einzelprobleme. Sie hängen allesamt mit der Definition des Gewaltbegriffs zusammen - und im Rechtssinne entscheidet über Definitionsfragen der, der die Definitionsmacht hat. In der Bundesrepublik Deutschland legt die herrschende Rechtsprechung im Bereich des Strafrechts seit geraumer Zeit einen denkbar weiten Gewaltbegriff zugrunde, dem auch das Patt-Urteil des Bundesverfassungsgerichts vom November 1986 keinen endgültigen Einhalt geboten hat (vgl. BVerfGE 73, 206-261). Diesem "vergeistigten" Gewaltbegriff zufolge gelten auch Elemente des psychischen Drucks oder die Behinderung der Bewegungsfreiheit Dritter als

"Gewalt". Eine solche Entschränkung des Gewaltbegriffs macht es jedoch unmöglich, mit ihm überhaupt noch einen präzisen Sinn zu verbinden - es gäbe dann in der Sinnenwelt kaum noch eine Kommunikation leibhafter Wesen, die nicht "Gewalt" wäre. Wir bezeichnen als fünftes Kriterium für die ethische Rechtfertigungsfähigkeit des zivilen Ungehorsams *Gewaltfreiheit in dem Sinn, daß nur solche Handlungen erlaubt sind, die keinen tätlichen Angriff auf die physische Integrität und die persönliche Würde anderer intendieren.*

*Sechstens*: Unter dem Gesichtspunkt der Verhältnismäßigkeit der Mittel hatte das große Widerstandsrecht die größtmögliche Aussicht auf Erfolg zum ethischen Kriterium für Widerstandshandlungen gemacht. Da aber das Ziel des zivilen Ungehorsams nicht die Beseitigung eines Unrechtsregimes ist, läßt sich hier die Proportionalität der Mittel nicht durch ein einfaches Erfolgskriterium bestimmen. Beim zivilen Ungehorsam müssen unmittelbare (Nah-)Ziele und mittelbare (Fern-)Ziele unterschieden werden. Nahziel des zivilen Ungehorsams ist der Appell an die Mehrheit und die politischen Repräsentanten, sie mögen ihre Handlungsweise überdenken. Civil-disobedience-Aktionen können aber nicht davon abhängig gemacht werden, ob sie geeignet sind, die Ausführung politischer Entscheidungen unmittelbar zu verhindern. Die effektive Veränderung einer als ethisch unverantwortbar gehaltenen Politik muß ein mittel- bis langfristiges Fernziel des zivilen Ungehorsams bleiben. So konnten ja auch die Sitzblockaden vor Stationierungsorten, die die Friedensbewegung seit Herbst 1983 organisiert hat, die Raketenaufstellung nicht erfolgreich verhindern wollen. Sie hatten symbolische Qualität. Ein Erfolgskriterium wäre im zivilen Ungehorsam ein brisanter Eskalationsfaktor: Es würde die Akteure mit Illusionen belasten, die sie entweder über kurz oder lang in die Resignation oder aber in den militanten Widerstand treiben müßten. Ziviler Ungehorsam in der Demokratie ist primär Ausdruckshandlung; er dient dazu, politischen Protest öffentlich zu inszenieren und zu dramatisieren. Zur ethischen Rechtfertigungsfähigkeit entsprechender Aktionen gehört darum in der Regel - sechstes Kriterium - *ihr zeichenhafter, symbolischer Charakter.*

Wir fassen zusammen: Als gewissensbestimmte, öffentliche, gewaltfreie symbolische Protesthandlung, die universalisierbare politische Ziele verfolgt und die Bereitschaft einschließt, für die rechtlichen Folgen solchen Tuns einzustehen, ist ziviler Ungehorsam ethisch zu rechtfertigen. Wenn er sich an die genannten sechs Kriterien hält, gehört er zur politischen Kultur im demokratischen Rechtsstaat. Die Demokratie-Denkschrift der Evangelischen Kirche in Deutschland hat 1985 zutreffend ausgeführt:

> "Zum freiheitlichen Charakter einer Demokratie gehört es, daß die Gewissensbedenken und Gewissensentscheidungen der Bürgerinnen und Bürger gewürdigt und geachtet werden. Auch wenn sie rechtswidrig sind und den dafür vorgesehenen Sanktionen unterliegen, müssen sie als Anfragen an Inhalt und Form demokratischer Entscheidungen ernstgenommen werden" (22).

LITERATUR: *H. A. Bedau* (Ed.), Civil Disobedience. Theory and Practice, Indianapolis 1969 - Entscheidungen des Bundesverfassungsgerichts, 73. Bd., Tübingen 1987 (zitiert: *BVerfGE*) - *R. Dreier*, Widerstandsrecht im Rechtsstaat? Bemerkungen zum zivilen Ungehorsam, in: N. Achterberg/W. Krawietz/D. Wyduckel (Hg.), Recht und Staat im sozialen Wandel (Festschrift Scupin), Berlin 1983 - *Th. Ebert*, Ziviler Ungehorsam. Von der APO zur Friedensbewegung, Waldkirch 1984 - *G. Frankenberg*, Ziviler Ungehorsam und Rechtsstaatliche Demokratie, in: Juristen-Zeitung 39, 1984, 266-275 - *P. Glotz* (Hg.), Ziviler Ungehorsam im Rechtsstaat, Frankfurt 1983 - *R. Herzog*, Kommentar zu Art. 20 Abs. 4, in: Maunz-Dürig-Herzog-Scholz, Kommentar zum Grundgesetz, 18. Lfg., München, 1980 - *W. Huber*, Protestantismus und Protest. Zum Verhältnis von Ethik und Politik, Reinbek 1987 - *J. Isensee*, Das legalisierte Widerstandsrecht. Eine staatsrechtliche Analyse des Art. 20 Abs. 4 Grundgesetz, Bad Homburg/Berlin/Zürich 1969 - *A. Kaufmann/L. Backmann* (Hg.), Widerstandsrecht, Wege der Forschung Bd. CLXXIII, Darmstadt 1972 - *Kirchenkanzlei der EKD* (Hg.), Evangelische Kirche und freiheitliche Demokratie. Der Staat des Grundgesetzes als Angebot und Aufgabe. Eine Denkschrift, Gütersloh 1985 - *Th. Laker*, Ziviler Ungehorsam. Geschichte - Begriff - Rechtfertigung, Baden-Baden 1986 - *J. Mausbach/ G. Ermecke*, Katholische Moraltheologie 3. Bd., 10. Aufl. Münster 1961 - *J. Messner*, Das Naturrecht. Handbuch der Gesellschaftsethik, Staatsethik und Wirtschaftsethik, 7. Aufl. Innsbruck/Wien 1984 - *Th. Meyer/S. Miller/*

*J. Strasser* (Hg.), Widerstandsrecht in der Demokratie. Pro und Contra, Köln 1984 - *J. Moltmann* (Hg.), Annahme und Widerstand, München 1984 - *U. K. Preuß*, Politische Verantwortung und Bürgerloyalität. Von den Grenzen der Verfassung und des Gehorsams in der Demokratie, Frankfurt 1984 - *J. Rawls*, Eine Theorie der Gerechtigkeit, Frankfurt 1975 - *H. Ridder*, Kommentar zu Art. 20 Abs. 4, in: Kommentar zum Grundgesetz für die Bundesrepublik Deutschland, Bd. 2, Frankfurt 1984, 1486-1494 - *M. Rock*, Widerstand gegen die Staatsgewalt. Sozialethische Erörterung, Münster 1966 - *B. Streithofen*, Frieden im Lande. Vom Recht auf Widerstand, Bergisch-Gladbach 1983.

## *3.2. Frieden und gemeinsame Sicherheit*

Die wissenschaftlich-technische Revolution der Moderne hat die Lebensformen auf der Erde im ganzen verändert. Sie hat die Praxis menschlichen Zusammenlebens in allen Kontinenten aus traditionalen Bindungen gelöst und eine globale Weltzivilisation herbeigeführt. Deren Ambivalenz tritt den gegenwärtig lebenden Generationen immer deutlicher vor Augen. Die wissenschaftlich-technische Zivilisation führt neue Lebensmöglichkeiten herauf und gefährdet zugleich die Voraussetzungen menschlichen Lebens; sie löst das traditional eingelebte Ethos auf, vermag aber keine neuen normativen Bindungen zu vermitteln. Auch wer - mit guten Gründen - einen kulturellen Hegemonialanspruch Europas und Nordamerikas ablehnt und vor einem falschen Universalitätsanspruch der europäischen Zivilisation warnt, kann sich doch der Aufgabe nicht entziehen, die sich mit der globalen Ausbreitung der von Europa ausgelösten wissenschaftlich-technischen Revolution stellt. Diese Aufgabe besteht darin, zur Klärung der Minimalbestimmungen für eine globale Ethik beizutragen. Angesichts der Auswirkungen, die sich aus Wissenschaft und Technik für die Lebensbedingungen auf der Erde ergeben, müssen auch ethische Regeln von gleicher Reichweite formuliert werden. Die verschiedenen Kulturen müssen in freiem und gleichberechtigtem Zusammenwirken ihren Beitrag zu einer "universalistischen Makroethik der Menschheit" (Apel 12) leisten.

Diese Ethik steht vordringlich vor zwei Fragen. Die eine Frage richtet sich auf die Voraussetzungen für eine freie und gleichberechtigte Koexistenz der verschiedenen individuellen und soziokulturellen Lebensformen in ein und demselben Lebensraum. Die andere Frage zielt auf die kollektive Verantwortung für die Folgen der durch Wissenschaft und Technik eröffneten neuen Handlungsmöglichkeiten. Die erste Frage veranlaßt dazu, nach denjenigen Bestimmungen für die Rechtsstellung des einzelnen Menschen zu suchen, kraft deren sie sich in ihrer Verschiedenheit wechselseitig als Gleiche anzuerkennen verpflichtet sind. Diese Bestimmungen wurden neuzeitlich im Gedanken der *Menschenrechte* formuliert. Die andere Frage nötigt zu neuen Überlegungen darüber, welche Vorstellung von Sicherheit der modernen wissenschaftlich-technischen Zivilisation und dem Gedanken wechselseitiger Anerkennung angemessen ist. Diese Vorstellung ist in dem Konzept *gemeinsamer Sicherheit* zu finden. Wir erörtern zuerst dieses Konzept und wenden uns dann der Idee der Menschenrechte zu. Einige begriffliche Klärungen zum Verständnis von Sicherheit sollen unsere Überlegungen vorbereiten.

### a) Der Begriff der Sicherheit

Die Verknüpfung von Frieden und Sicherheit ist alt und vertraut. Schon in biblischen Texten findet sich das Begriffspaar - teils als umfassende Kennzeichnung eines dauerhaften (Jesaja 32,17), teils als Warnung vor einem trügerischen Frieden (2. Könige 20,19; Jesaja 39,8; 1. Thessalonicher 5,3). Wenn die lateinische Bibelübersetzung die entsprechenden Äquivalente mit *securitas* übersetzt, verwendet sie ein Wort, das seit dem ersten nachchristlichen

Jahrhundert einen festen Platz in der politischen Sprache erobert hat. *Se-curitas*, also ein Leben "ohne Sorge", meint vor allem den Zustand der dauerhaft gesicherten *pax Romana* (s. oben I.1.2). Daneben bezeichnet das Wort in der Rechtssprache die Bürgschaft für eine Schuld. Beide Verwendungsweisen haben sich auch in dem deutschen Wort "Sicherheit" erhalten, das sich ebenso wie die französischen oder englischen Entsprechungen aus dem lateinischen Wort entwickelt hat.

In Anknüpfung an den in der Ära der *pax Romana* geprägten Wortgebrauch gelten Sicherheit und Schutz vor Not und willkürlicher Gewalt seit alters als wichtige Merkmale des Friedens. Vor allem die spätmittelalterlichen Bemühungen um eine Reichsreform und die Überwindung des Fehderechts wurden ausdrücklich am Ziel des "Sicherseins" orientiert (Conze 837; s. oben I.2.2). Mit dem Beginn der Neuzeit, programmatisch bereits bei *Machiavelli*, wird die Sicherheit als oberster Staatszweck anerkannt. Dabei fließen die Sicherung der politischen Herrschaft und die Sicherheit der Bürger in der Beschreibung dieses Staatszwecks oft ineinander. Die Theoretiker des Gesellschaftsvertrags, insbesondere *Hobbes* (s. oben I.3.3) entfalten den Gedanken, daß die Sicherheit der Bürger den entscheidenden Legitimitätsgrund jeder politischen Herrschaft abgebe. Die Schreckenserfahrungen des Dreißigjährigen Krieges verstärken die Sehnsucht nach Sicherheit und damit auch die Bedeutung des Wortes für die politische Sprache. Es ist kein Zufall, daß das Abstraktum "Sicherheit" gerade im 17. Jahrhundert, also in der Durchsetzungsphase des zentralistischen Flächenstaats, in der deutschen Sprache heimisch wird. Seit den Friedensschlüssen von 1648 ist Sicherheit einer der Schlüsselbegriffe nicht nur für die Rechtfertigung des staatlichen Gewaltmonopols nach innen, sondern zugleich für das europäische Staatensystem und sein Völkerrecht. Alsbald wird auch terminologisch scharf zwischen der inneren und der äußeren Staatssicherheit, der *securitas publica interna et externa* unterschieden (so Leibniz 1670, vgl. Conze 843). Die vernunftrechtliche Tradition des 18. Jahrhunderts knüpft an diesen Sprachgebrauch an; dabei verbindet sie den Begriff der Sicherheit häufig mit Zielvorstellungen für das gemeinsame Leben, die aus der antiken, durch Aristoteles geprägten Tradition übernommen werden - insbesondere mit den Zielen des Gemeinwohls und der Glückseligkeit.

Diese Hochschätzung der Sicherheit in der Tradition des Vernunftrechts findet auch in die Menschenrechtserklärungen der Aufklärungszeit Eingang. Dabei nennen die Dokumente der Amerikanischen Revolution das Streben nach Glück und Sicherheit, *happiness* und *safety* neben Leben, Freiheit und Eigentum als unveräußerliche Menschenrechte (s. Heidelmeyer 54). Ganz ähnlich stellen die Dokumente der Französischen Revolution vier grundlegende Menschenrechte heraus: Freiheit, Eigentum, Sicherheit und den Widerstand gegen Unterdrückung (Heidelmeyer 57). Damit wird der Begriff der Sicherheit der Tendenz nach auf diejenigen Bedingungen festgelegt, zugleich aber auch eingegrenzt, die um der Freiheit der einzelnen Bürger willen notwendig sind. Eine vergleichbare Reduktion des Staatszwecks auf diejenige Sicherheit, die um der Freiheit der einzelnen willen unerläßlich ist, findet sich zur gleichen Zeit auch im Staatsdenken des deutschen Idealismus. So nennt Wilhelm von Humboldt in seiner (erst 1851 postum veröffentlichten) Abhandlung über die 'Gränzen der Wirksamkeit des Staats' von 1792 die Bürger in einem Staat dann sicher, "wenn sie in der Ausübung der ihnen zustehenden Rechte, dieselben mögen nun ihre Person oder ihr Eigenthum betreffen, nicht durch fremde Eingriffe gestört werden". Er versteht Sicherheit also als die "Gewißheit der gesetzmäßigen Freiheit" (Humboldt 179f). Sicherheit wird nun als *Rechtssicherheit*, der Staat als *Rechtsstaat* aufgefaßt.

Daß diese liberale Betrachtungsweise von der staatlichen Realität im ausgehenden 18. und beginnenden 19. Jahrhundert oft weit entfernt war, ist offensichtlich. Mit der beginnenden Industrialisierung zeigte sich zugleich, daß dieses Konzept der Ergänzung bedurfte. Die ökonomische und soziale Unsicherheit der Industriearbeiterschaft machte zusätzliche

Maßnahmen notwendig, die schließlich in die Sozialgesetzgebung der Bismarckschen Ära mündeten. Die damit eingeleiteten Maßnahmen fanden schließlich zu Beginn des 20. Jahrhunderts eine zusammenfassende Kennzeichnung. Seit dem Jahr 1911 werden die Vorsorgeeinrichtungen für die abhängig Beschäftigten in dem Begriff der *Sozialversicherung* zusammengefaßt (Kaufmann 92.128).

Erst im Zuge der industriellen Revolution ist der Begriff der Sicherheit in den Rang eines zentralen "gesellschaftlichen Werts" (Kaufmann 32ff) aufgerückt. Dem Wort ist eine wachsende Appellqualität zugewachsen; es vermag gerade deshalb das Ziel individuellen wie gesellschaftlichen und politischen Handelns zu symbolisieren, weil es sich einer präzisen Definition entzieht. Doch der Bedeutungszusammenhang, in dem es vor allem Verwendung findet, läßt sich mit hinreichender Klarheit kennzeichnen. Es bezieht sich vor allem anderen auf die Freiheit von äußerer Not und Gewalt. Darin liegt ein Lebensziel jeder einzelnen menschlichen Person, von dem sie doch zugleich weiß, daß es sich nur in organisiertem Zusammenwirken mit anderen verwirklichen läßt. Die Sicherheit der Bürger gilt deshalb in der Neuzeit als die entscheidende Legitimationsbasis der staatlichen Ordnung.

Menschen fühlen sich sicher, wenn sie ihr Leben frei von Furcht vor Not und Gewalt planen können. In diesem Sinn hat zunächst der amerikanische Präsident *Franklin Delano Roosevelt* mit seiner Kongreßbotschaft vom 8. Juni 1934 den Begriff der *social security*, der *sozialen Sicherheit* zum Leitbegriff einer Gesellschaftspolitik erhoben, die auf die Überwindung materieller Notlagen zielt (Kaufmann 108ff); dem trat seit dem *National Security Act* von 1947 der Begriff der *national security*, der *nationalen Sicherheit* als Leitbegriff einer Außenpolitik zur Seite, die auf die Freiheit von äußerer Gewalt gerichtet ist (Kaufmann 71). Freilich ist der Begriff der nationalen Sicherheit, wie gleich noch zu erläutern ist, durch eine besondere Ambivalenz bestimmt. Deshalb ziehen wir es, einem verbreiteten Sprachgebrauch folgend, vor, die Freiheit von Not als *soziale Sicherheit*, die Freiheit von Gewalt aber als *politische Sicherheit* zu bezeichnen. Dabei umfaßt der Begriff der politischen Sicherheit die Garantie des gewaltfreien Zusammenlebens der Bürger durch die Mittel des staatlichen Gewaltmonopols ebenso wie den Schutz des Staates vor fremder Gewalt. Die politische Sicherheit schließt also die Aspekte der *inneren* und der *äußeren* Sicherheit ein. Politische Sicherheit als Freiheit von Gewalt bildet den Rahmen, innerhalb dessen die Frage nach *militärischer Sicherheit* allein angemessen gestellt werden kann. Denn nur aus dem Ziel politischer Sicherheit können die Kriterien für die Entscheidung über Notwendigkeit und Legitimität von Maßnahmen einer *militärgestützten Sicherheitspolitik* entwickelt werden.

Der Begriff der Sicherheit ist auf die äußeren Bedingungen des Lebens bezogen. Darin unterscheidet er sich vom Begriff der Gewißheit, der den inneren Sinn bezeichnet, den ein Mensch mit seinem Leben verbindet. Im Blick auf die neuzeitliche, mit Luther einerseits und Descartes andererseits anhebende Denktradition hat man die Gewißheit des glaubenden Vertrauens und die Sicherheit des vorstellenden Denkens, in seinem Gefolge auch des herstellenden Handelns scharf kontrastiert (vgl. Jüngel 227ff). Diese Unterscheidung zwischen Gewißheit und Sicherheit, zwischen *certitudo* und *securitas*, weist auf die Grenzen hin, innerhalb deren das Bemühen um Sicherheit allein legitim sein kann. Es bleibt nur legitim, wenn es nicht an die Stelle der inneren Gewißheit tritt, in der es um Grund und Ziel des Lebens geht. Alles Bemühen um die Herstellung von Sicherheit, das diese Grenze überschreitet, verwandelt dagegen die äußere Sicherheit in einen Fetisch, dem das Leben einzelner oder auch ganzer Völker geopfert wird. Diese Verkehrung hatte Dietrich Bonhoeffer im Blick, als er apodiktisch erklärte: "Es gibt keinen Weg zum Frieden auf dem Weg der Sicherheit" (Bonhoeffer 218; s. oben I.4.4.c).

Das Bemühen um Sicherheit hat seinen Ort im Rahmen der politischen Aufgabe, ein Zusammenleben der Menschen in freier Selbstbestimmung möglich zu machen; sein Zweck wird dagegen verfehlt, wenn das Selbstbewußtsein der einzelnen oder ganzer Gesellschaften an die Demonstration von Sicherheitsmaßnahmen, also an die Entfaltung militärischer Stärke gebunden wird. Das zeigt sich überall dort besonders deutlich, wo militärische Rüstung und die Militarisierung von Gesellschaften mit den Erfordernissen der *nationalen Sicherheit* begründet werden; in aller Regel dient eine solche Ideologie der nationalen Sicherheit dazu, die brüchige Legitimitätsgrundlage eines politischen Systems durch die Abgrenzung von äußeren und inneren Feinden sowie durch die Manifestation von militärischer Macht auszugleichen. Aber auch dort, wo Sicherheit mit absoluter *Unverwundbarkeit* gleichgesetzt wird, werden die Grenzen ignoriert, innerhalb deren allein politische Sicherheit gesucht und gewährleistet werden kann. Denn auch Sicherheitspolitik behält nur dann ein menschliches Maß, wenn sie auf die Begrenztheit menschlicher Handlungsmöglichkeiten und auf die Verletzlichkeit des Menschen bezogen bleibt. In der Vorstellung einer absoluten Unverwundbarkeit dagegen drückt sich der Traum aus, die Grenzen der menschlichen Endlichkeit zu übersteigen.

Die politische Ethik hat den staatlichen Gewaltgebrauch, soweit sie ihn nicht generell abgelehnt hat (wie in der Position des prinzipiellen Gewaltverzichts), stets an die Aufgabe der politischen Sicherheit gebunden. Und sie hat zugleich nach der Verhältnismäßigkeit zwischen den eingesetzten Mitteln und den angestrebten Zielen gefragt. Im Zeitalter der Massenvernichtungsmittel hat diese Frage eine neue Aktualität gewonnen. Schärfer noch muß man sagen: In eben dem Zeitalter, das die Sicherheit zu einem zentralen "gesellschaftlichen Wert" erklärt hat, ist sie durch eben die Mittel aufs äußerste gefährdet, die sie gewährleisten sollen. In der Zeit des nationalsozialistischen Terrorregimes hat Stefan Zweig rückblickend die Epoche vor 1918 als das "goldene Zeitalter der Sicherheit" bezeichnet und hinzugefügt, die Zeitgenossen hätten das Wort "Sicherheit" längst aus ihrem Vokabular gestrichen; denn sie hätten sich bereits daran gewöhnt, "ohne Boden unter unseren Füßen zu leben" (Zweig 16.19). Für diejenigen, die den sinnlosen Einsatz von militärischer Gewalt jenseits aller Verhältnismäßigkeit und darüber hinaus die Verleugnung aller Maßstäbe der Rechtssicherheit erlebt hatten, drängte sich dieser Schluß auf. Nach der Entfesselung des "totalen Krieges" und der Entwicklung militärischer Massenvernichtungswaffen atomarer und anderer Art stellt sich erst recht die Frage, ob von "Sicherheit" noch verantwortlich geredet werden kann. Denn diese Mittel haben auch das Ziel ins Zwielicht gebracht, dem sie dienen sollen.

Dennoch wurde - gegen Stefan Zweigs Behauptung - das Wort "Sicherheit" weder aus dem politischen Sprachgebrauch noch aus den Hoffnungen der Menschen getilgt. Soll dessen Weiterverwendung jedoch einen vertretbaren Sinn haben, so bedarf das Verständnis von Sicherheit, an dem sich der Umgang mit den verfügbaren militärischen Mitteln orientiert, einer kritischen Überprüfung.

Die militärischen Doktrinen der Vergangenheit waren über weite Strecken von der Auffassung geprägt, daß die Unsicherheit des Gegners die entscheidende Voraussetzung der eigenen Sicherheit bildet. Das Konzept der nuklearen Abschreckung beruht im Kern auf der Vorstellung, der Gegner werde dadurch vom Einsatz militärischer Mittel abgehalten, daß er widrigenfalls das Risiko vollständiger Vernichtung auf sich zieht. Es war jedoch die Rüstungsdynamik selbst, die zu der Einsicht nötigte, daß die Unsicherheit des andern auch das eigene Risiko erhöht.

Dieser Einsicht entstammt der Begriff der *gemeinsamen Sicherheit.* Bewußt oder unbewußt knüpfen seine Vertreter an ein altes Element im Nachdenken über Sicherheit an. Es besagt, daß Sicherheit auf einem Verhältnis der Gegenseitigkeit beruht. Der Aufklärungsphilosoph Christian Wolff sprach deshalb bereits von der "gemeinen Sicherheit", in der "die meisten Menschen glückselig miteinander leben" (Conze 847). Präziser noch hat Johann Gottlieb Fichte in seiner Schrift über die 'Grundlage des Naturrechts' von 1796

Sicherheit als ein Verhältnis der Gegenseitigkeit beschrieben, in dem die Menschen im gemeinsamen Interesse auf unrechtmäßige Handlungen verzichten und in die Bestrafung solcher Handlungen einwilligen. Die dadurch entstehende Verläßlichkeit der politischen Ordnung hat Fichte als "gegenseitige Sicherheit" bezeichnet (Fichte 144). Diese Einsicht in die Gegenseitigkeit von Verhältnissen, die den Namen der Sicherheit verdienen, ist unter den politischen und militärischen Bedingungen des Atomzeitalters neu entdeckt worden. Sie nötigen dazu, daß nicht nur in den einzelnen Staaten, sondern auch zwischen ihnen Beziehungen institutionalisiert werden, die dem Fairneßgrundsatz genügen, also Gegenseitigkeitsverhältnisse zum allseitigen Vorteil auf Dauer stellen (s. oben III.2.2.b). Diesen Grundgedanken bringt Fichtes Begriff der "gegenseitigen Sicherheit" noch präziser zum Ausdruck als der geläufig gewordene Begriff der "gemeinsamen Sicherheit". Dennoch halten wir uns in diesem Kapitel an den inzwischen üblich gewordenen Sprachgebrauch.

Im Gedanken der gemeinsamen Sicherheit drückt sich die Einsicht aus, daß politische Sicherheit im Atomzeitalter nur durch Kooperation mit dem Gegner, nicht durch dessen Gefährdung oder Überwältigung gewährleistet werden kann. Deshalb wird Sicherheit nicht durch fortgesetzte Steigerung der Rüstungen, sondern durch deren Abbau gefördert. *Abrüstung* wird deshalb auf eine neue Weise zu einem Schlüsselthema der Friedensethik. Für den Abbau von Rüstungen und den Aufbau gemeinsamer Sicherheit ist nichts hinderlicher als die verzerrte Realitätswahrnehmung, die sich in der Ausbildung von *Feindbildern* ausdrückt. Die Aufklärung der Mechanismen, die zu Feindbildern führen, und die Kritik des mit ihnen verbundenen Abschreckungsdenkens bilden deshalb notwendige Voraussetzung für eine Konzeption gemeinsamer Sicherheit.

Aus diesem Ansatz ergibt sich der Gang der weiteren Überlegungen. Sie wenden sich zunächst der Spannung zwischen Abrüstung und Abschreckung zu (b). Sie fragen dann nach denjenigen Mechanismen, die dem Übergang zu gemeinsamer Sicherheit und effektiver Abrüstung im Wege stehen, und nach deren möglicher Überwindung (c). Anschließend werden die ethischen Gründe für die Absage an das Abschreckungssystem zusammengefaßt (d). Diese Klärungen münden in die genauere Bestimmung eines Konzepts gemeinsamer Sicherheit (e).

### b) Abschreckung und Abrüstung als ethisches Problem

An kaum einem Wort der politischen Sprache zeigen sich die Aporien des Atomzeitalters schärfer als an dem Wort "Abrüstung". Im Grundsatz wird sie von allen bejaht; doch kaum jemand hält für wahrscheinlich, was als Ziel wieder und wieder bekräftigt wird. Alle militärischen Planungen der Regierungen weisen langfristig Steigerungen, nicht Reduktionen aus. Kein Staat der nördlichen Hemisphäre bezieht in seine militärischen Planungen ein, was als Absicht der Verhandlungen in Wien, Genf, Stockholm oder andernorts proklamiert wird: eine wirksame Reduktion der Rüstungen. "Frieden schaffen ohne Waffen" hieß eine der Parolen der Friedensbewegung während der Auseinandersetzungen um die neuen eurostrategischen Rüstungen der NATO, die durch den "Doppelbeschluß" von 1979 ausgelöst wurden. Ihr wurde entgegengehalten, eine solche Hoffnung sei haltlose Utopie. "Frieden schaffen mit immer weniger Waffen" hieß die regierungsamtliche Formel, die solchen Hoffnungen entgegentrat. Wiederum liegt der Einwand auf der Hand, daß nicht erkennbar ist, wie dieses Ziel in die Tat umgesetzt werden soll. Obwohl eine Reduktion der strategischen Nuklearwaffen teils vereinbart, teils angekündigt ist, läßt sich im ganzen aus den militärischen Planungen beider Paktsysteme eine dauerhafte Abrüstungsabsicht bisher nicht ablesen. Sie aber geben über das, was bevorsteht, meist genauere Auskunft als die auf

Abrüstung gerichteten Absichtserklärungen. Sie haben, so fürchten viele, auch einen größeren Realitätsgehalt als erste Teilabkommen zur Rüstungsbegrenzung.

Trotz erster Abrüstungschritte im Verhältnis der Supermächte zueinander gilt der Durchbruch zu wirksamer und dauerhafter Abrüstung noch immer als unwahrscheinlich; denn die bisherigen Abrüstungsschritte enthalten noch keine Garantie in sich, daß sie nicht wieder von neuen Phasen des Wettrüstens neutralisiert werden. Abschreckung unter Einschluß atomarer Massenvernichtungsmittel vermag den Krieg jedoch wenn überhaupt, dann allenfalls auf Zeit zu verhüten. Darüber, wie lange diese Zeit dauern kann, sind die Vermutungen unterschiedlich. Doch darauf, daß das System der Abschreckung dauerhaft funktioniert, kann sich niemand verlassen. Sein Versagen aber hätte für Europa verheerende, tödliche Folgen. Auch wenn die atomare Abschreckung in den vergangenen Jahrzehnten für die nördliche Hemisphäre zur Kriegsverhütung beigetragen hat, müssen alle denkbaren Anstrengungen unternommen werden, um von ihr loszukommen. Die Forderung nach Abrüstung ist zunächst in diesem Zusammenhang zu sehen.

Bisher ist ein verläßlicher Durchbruch zur Abrüstung noch nicht gelungen. Das Konzept des ausgehandelten Gleichgewichts oder auch des Verhandelns Zug um Zug hat allenfalls eine kooperative Steuerung des Wettrüstens zustande gebracht. Rüstungskontrolle heißt bisher im günstigsten Fall Kontrolle des Wettrüstens. Rüstungsbegrenzung hat es bisher fast nur bei Waffen gegeben, die beide Seiten ohnehin im Übermaß besitzen. Rüstungsverzichte haben sich zumeist auf Waffensysteme bezogen, die technisch bereits überholt waren. Als Ausnahmen kann man allenfalls den Nichtverbreitungsvertrag von 1968, das ABM-Abkommen von 1972, das INF-Abkommen von 1987 und die angekündigte Reduktion der strategischen Waffensysteme ansehen. Doch der Nichtverbreitungsvertrag war für die kernwaffenbesitzenden Staaten mit der Selbstverpflichtung verbunden, selbst nuklear abzurüsten. Je länger diese Selbstverpflichtung uneingelöst bleibt, desto mehr gewinnt dieser Vertrag den Charakter eines Diskriminierungsabkommens; er wird von innen heraus ausgehöhlt. Das Abkommen über den Verzicht auf Antiraketen-Raketen aber, das die Stabilität der Abschreckung auf der Basis der Zweitschlagskapazität sichern sollte, wurde durch spätere waffentechnische Entwicklungen - und insbesondere durch die Ankündigung der 'Strategischen Verteidigungs-Initiative' (SDI) - in seiner Funktion und Bedeutung in Frage gestellt und teilweise außer Kraft gesetzt.

Abrüstung ist bisher noch nicht dauerhaft durchgesetzt worden, obwohl beide Seiten den großen Atomkrieg vermeiden wollen. Zugleich ist jedoch immer fraglicher geworden, ob die Verhütung des Krieges bei Fortdauer des Abschreckungssystems gelingen kann. Der Übergang von der Vergeltungsabschreckung zur Kriegführungsabschreckung (s. oben II.1.b) hat die Zuversicht erschüttert, daß die Drohung mit militärischer Gewalt die Anwendung dieser Gewalt auf Dauer verhüten kann. Die Entwicklung von taktischen und strategischen Nuklearwaffen mit erhöhter Treffgenauigkeit und Eindringfähigkeit hat die Wahrscheinlichkeit erhöht, daß auch regional begrenzte Konflikte in einen nuklearen Krieg eskalieren können. Je kürzer die Vorwarnzeiten sind, desto höher wird auch die Gefahr eines "Atomkriegs aus Versehen".

Die Einsicht in das damit gegebene Dilemma ist verbreitet. Und dennoch stehen den Versuchen zu effektiver Abrüstung massive Widerstände entgegen. Widerstand leisten nicht nur die, die sich von einer Fortsetzung des Wettrüstens wirtschaftlichen Gewinn versprechen können. Es leisten ihn auch nicht nur diejenigen, deren Denken von militärischen Kategorien beherrscht wird. Effektive Abrüstung stößt auch bei denen auf Gegenwehr, die über politische Macht verfügen. Denn der Verzicht auf militärische Rüstung ist zugleich ein Verzicht auf Macht; der freiwillige Machtverzicht aber gehört nicht zu den üblichen Mechanismen der Politik. Dem Bemühen um Abrüstung werden deshalb immer wieder die Argumente entgegengehalten, die die Fortsetzung militärischer Hochrüstung als unvermeidlich erscheinen lassen. Begründet wird sie vor allem mit dem Mißtrauen gegenüber dem Gegner. Solches Mißtrauen aber ist nicht nur ein Ausdruck nüchterner politischer Analyse; es ist vor allem in seelischen Antrieben der Menschen verwurzelt. Abrüstung und Abschreckung stellen nicht nur ein Problem der politischen Urteilsbildung dar. Tiefer reicht die Frage nach denjenigen Antrieben, die das Mißtrauen gegenüber dem Gegner zum dominierenden Handlungsmotiv machen, die modernsten Mittel der Technologie in den Dienst dieses Mißtrauens stellen und effektive Abrüstung als illusionär erscheinen lassen. Betrachten wir Abrüstung und Abschreckung als ethisches Problem, müssen wir uns diesen Antrieben zuwenden.

### c) Die Logik des Ausschlusses und die Logik der Anerkennung

Je mehr wir uns an das System der Abschreckung gewöhnen, desto mehr vereiteln wir durch diese Gewöhnung selbst wirksame Abrüstung. Die Kritik der Abschreckung bildet einen notwendigen Schritt auf dem Weg zur Abrüstung: zu jenem unwahrscheinlichen Ziel, an dem wir doch festhalten müssen, wenn wir der Gefahr noch rechtzeitig entrinnen wollen, daß die Abschreckung versagt. Das Konzept der Abschreckung aber hat sich deshalb so tief in unseren Köpfen eingenistet, weil sich in ihm eine traditionelle Denkform mit modernen technischen Mitteln verbunden hat.

Als Abschreckung läßt sich jede Drohung verstehen, durch die ein Mensch von der Übertretung eines Gebotes abgehalten werden soll. Näherhin bezeichnet das Wort die allgemeine militärpolitische Doktrin, nach welcher ein potentieller Gegner durch die Präsenz starker militärischer Mittel vom Angriff zurückgeschreckt werden soll. Im Nuklearzeitalter meint das Wort ein System, in welchem durch die wechselseitige Vernichtungsdrohung der Krieg verhindert werden soll.

Schon Friedrich Nietzsche hat darauf aufmerksam gemacht, daß militärische Abschrekkung auf einer inhumanen Voraussetzung aufbaut: auf jener Denkweise nämlich, die dem Gegner allein böse, der eigenen Seite allein gute Absichten unterstellt, die die gegnerische Rüstung nur mit offensiven, die eigene dagegen nur mit defensiven Zielen verbindet (s. oben I.4.2). Das Abschreckungssystem trägt Züge einer kollektiven Psychose, in der jeder den anderen nur als Aggressor und sich selbst allein in der Situation des Verteidigers sieht.

Wie nah uns eine solche Inhumanität liegt, kann man beispielhaft der Klage entnehmen, mit der *George Kennan* - der Nestor der amerikanischen Experten für die Entwicklung in der Sowjetunion und frühere amerikanische Botschafter in Moskau - auf das Bild des sowjetischen Gegners reagiert hat, das über Jahre hinweg von der amerikanischen Regierung propagiert wurde. In einem langen, machtvollen Satz hat Kennan diese falsche Beschreibung der Sowjetunion als "des Feindes" angeprangert:

"This endless series of distortions and oversimplifications; this systematic dehumanization of the leadership of another great country; this routine exaggeration of Moscow's military capabilities and of the supposed iniquity of Soviet intentions; this monotonous misrepresentation of the nature and the attitudes of another great people - and a long-suffering people at that, sorely tried by the vicissitudes of this past century; this ignoring of their pride, their hopes - yes, even of their illusions (for they have their illusions, just as we have ours; and illusions, too, deserve respect); this reckless application of the double standard to the judgement of Soviet conduct and our own; this failure to recognize, finally, the communality of many of their problems and ours as we both move inexorably into the modern technological age; and this corresponding tendency to view all aspects of the relationship in terms of a supposed total and irreconcilable conflict of concerns and of aims: these, believe me, are not the marks of the maturity and discrimination one expects of the diplomacy of a great power; they are the marks of an intellectual primitivism and naivety unpardonable in a great government" (Kennan 197).

Eine solche Beschreibung, die sich in vergleichbarer Weise für bestimmte Phasen der Wahrnehmung der USA oder der westlichen Ländern insgesamt aus der Perspektive der Sowjetunion und des Warschauer Pakts wiederholen ließe, zeigt mehr als nur die zufälligen Zuspitzungen der politischen Konfrontation zwischen den beiden Supermächten in den achtziger Jahren. Sie illustriert die Konfliktdynamik, die in großen politischen Auseinandersetzungen ebenso wirksam werden kann wie in Konflikten zwischen einzelnen oder kleinen Gruppen. Der Durchbruch zu wirksamer Abrüstung hängt von mehr ab als nur von Machtkonstellationen, so wichtig sie sind. Er kann nur gelingen, wenn die Kontrahenten zu einer veränderten Wahrnehmung des jeweiligen Gegners gelangen.

Die Konflikttheorie hat besonderen Wert darauf gelegt, zwischen symmetrischen und asymmetrischen Konflikten zu unterscheiden. Als Kriterium wählte sie die Frage eines gleichen oder ungleichen Zugangs zu Machtressourcen. Doch dieser Fragestellung noch vorgelagert ist das Faktum, daß Konfliktpartner jeden Konflikt in der Regel in asymmetrischem Sinn wahrnehmen. Jeder begreift den Streitgegenstand aus einer Perspektive, in der er selbst im Recht, der Kontrahent dagegen im Unrecht ist. Die ethische Tradition hat eine Denkform ausgebildet, die zwar zunächst als kritisches Instrumentarium gemeint war, jedoch immer wieder in den Dienst einer solchen asymmetrischen Konfliktwahrnehmung gestellt wurde: die Denkform des gerechten Krieges (s. oben I.2.3.c, II.3.4.b, III.3.1.1 und öfter). In bestimmten Fällen kann diese asymmetrische Konfliktwahrnehmung durchaus berechtigt, ja unausweichlich sein. Doch zugleich enthält sie große Gefahren; vermag doch die Vorstellung, daß die eigene Seite für die gerechte Sache kämpft, während der Gegner eine ungerechte Sache auf seine Fahne geschrieben hat, im Kleinen wie im Großen viele Grausamkeiten zu rechtfertigen. Denn sie legitimiert oft den Haß auf den Gegner, nicht nur die Verurteilung seiner Taten.

Ein "objektiver" Konflikt ist nie für sich zu haben; er verbindet sich immer mit subjektiven Deutungen und Wertungen zu einer unauflöslichen Einheit. In ihnen aber wirken sich starke Kräfte der Konfliktverschärfung aus, die mit dem Aufbau von Beziehungen gegenseitiger Sicherheit unvereinbar sind. Im Anschluß an die psychoanalytische Konflikttheorie (Carl Nedelmann, Paul Parin, Horst Eberhard Richter und andere) sollen sie kurz skizziert werden.

Die erste auf den Konflikt einwirkende Kraft ist die Verdrängung der Angst. Auf die psychische Unmöglichkeit, dem Ausmaß der ökologischen und nuklearen Gefährdungen, vor denen die Menschheit heute steht, in vollem Umfang standzuhalten, reagieren viele Menschen nicht mit der Arbeit an den Ursachen der Angst, sondern mit der Verdrängung der ängstigenden Vorstellungen ins Unbewußte. Beseitigt wird die Angst dadurch nicht; vielmehr taucht sie, verschoben auf begrenztere Angstursachen, wieder auf. Nicht mehr der Raubbau an den natürlichen Ressourcen und nicht mehr die Anhäufung nuklearer Gewaltpotentiale ist gefährlich, sondern der Gegner, der Kommunismus, die Sowjetunion. Gerade weil er als Angstersatz und Verschiebungsobjekt fungiert, muß der Gegner auf seine Rolle fixiert, in seinen Einstellungen als unveränderlich gedacht werden. Damit aber wird der Gegner zum Empfänger einer Projektion.

Dieses psychische Interesse am Gegner hat nun unmittelbar mit der Abwehr verinnerlichter Aggression zu tun. Unser Interesse, das Böse in uns selbst auf ein äußeres Objekt zu projizieren, führt zum Vorgang der *Feindsuche.* Wir projizieren die eigenen abgelehnten seelischen Anteile auf den Fremden, den Feind, den Juden, den Kommunisten; wir behalten die für gut gehaltenen Anteile für uns selbst. Jener Mechanismus kommt in Gang, der im andern nur das Böse und das Böse nur im andern sieht.

So führt die Projektion zu einer klaren Spaltung. Wo in ihr Gut und Böse zu suchen sind, ist nicht zweifelhaft. Diese Spaltung kann ebenso Ausdruck der Unfähigkeit zum Erinnern sein, wie sie umgekehrt eine erinnernde Annäherung an die Wahrheit versperrt. Das eindrücklichste Beispiel dafür liegt in der Einstellung vieler Deutscher zu den Völkern der Sowjetunion. Zwar kann kein Zweifel daran bestehen, daß der deutsche Krieg gegen die Sowjetunion, der grausamste planmäßige Vernichtungskrieg der Geschichte, von Deutschland aus als Angriffskrieg vorbereitet und durchgeführt wurde. Das Leid, das er hervorgerufen hat, ist unvorstellbar und unermeßlich. Und doch zeigt die Entwicklung in den Jahrzehnten nach 1945, wie schwer es für viele Deutsche war, diese Fakten in ihrem Bewußtsein zuzulassen (vgl. Goldschmidt). Denn möglich wäre das nur dann gewesen, wenn die Projektion auf "die Russen" aufgegeben worden wäre. Doch diese Projektion fand in vielen Vorgängen der Ära Stalins wie der Folgezeit immer wieder neue Nahrung; die berechtigte Kritik am "real existierenden Sozialismus" in der Sowjetunion und ihren Satellitenstaaten konnte sich immer wieder zur Feindsuche steigern.

Für Menschen, die in der Bundesrepublik lebten, war diese Versuchung besonders groß. Denn demokratisches und kommunistisches Herrschaftssystem stießen im geteilten Deutschland unmittelbar aufeinander. Zugleich bildete die Benutzung des kommunistischen Herrschaftssystems als Projektionsobjekt ein wichtiges Kontinuum zwischen der Hitlerdiktatur und der Demokratie im westlichen Deutschland; nichts verband diese beiden gegensätzlichen politischen Ordnungen mehr als der Antikommunismus. Eben deshalb brauchte die Erinnerung an die Verbrechen der Nazi-Zeit nicht in vollem Umfang zugelassen zu werden. Vielmehr wurde diese Vergangenheit, wie Hermann Lübbe 1983 vielsagend erläuterte, durch kommunikatives Beschweigen, durch eine "gewisse Stille" behandelt; darin lag nach Lübbe "das sozialpsychologisch und politisch nötige Medium der Verwandlung unserer Nachkriegsbevölkerung in die Bürgerschaft der Bundesrepublik Deutschland" (Lübbe 334).

Fragen wir nun, wie die genannten psychischen Antriebe sich auf das Verhalten von Gruppen auswirken, so heißt die nächstliegende Antwort: durch symbolische Vermittlung. In Rassenhaß und Religionsfeindschaft, in der Proklamation und Pflege von Feindbildern werden solche Antriebe verallgemeinert und in Gruppenaggressivität umgesetzt. Dadurch stabilisieren sie einen Konflikt und werden umgekehrt durch ihn verstärkt. Sie führen zu einem Wahrnehmungsmuster, das sich als *perfektische Wahrnehmung* bezeichnen läßt.

Experten haben achtundzwanzig Einzelkennzeichen für das Wahrnehmungsmuster beschrieben, das mit dem Freund-Feind-Denken verbunden ist (vgl. Frei 110 ff). Wir wollen diese Kennzeichen hier nicht aufzählen, sondern auf den sie strukturierenden Kern reduzieren. Er besteht in der Überzeugung, daß über den Feind schon alles bekannt sei. Seine Wahrnehmung ist prinzipiell abgeschlossen. Sie trägt perfektischen Charakter. Das Grundmuster der Wahrnehmung im Konflikt heißt: Ich kenne den anderen bereits genau. Ich durchschaue seine Motive, selbst wenn er sie verbirgt. Weichen seine Handlungsweisen von meinen Erwartungen ab, so liegt darin täuschende Absicht.

Unter den Bedingungen eines kompakten Feindbildes unterliegt die Informationsbeschaffung und -verarbeitung häufig folgenden Regeln: Neue Informationen werden in den vorhandenen Wissensrahmen eingefügt, aber nicht zu dessen Überprüfung genutzt. Das Gleichbleibende wird betont; Anzeichen des Wandels werden vernachlässigt oder unterschätzt - oder auch in selektiver Wahrnehmung gar nicht zur Kenntnis genommen. Alle Handlungen des Gegners unterliegen der Annahme des schlimmsten denkbaren Falles (worst-case-Vermutung); alle Einzelereignisse gelten als Ausdruck einer zentral gelenkten, zielstrebigen, von bösen Absichten gesteuerten Strategie. Identische Verhaltensweisen werden beim Gegner anders gewertet und interpretiert als auf der eigenen Seite (seine Rüstung gilt offensiven, die eigene dagegen allein defensiven Zwecken). Obstruktives Verhalten ist bei ihm die Regel, auf der eigenen Seite dagegen nur umständebedingte Ausnahme; konstruktives Verhalten dagegen gilt beim Gegner als umständebedingte Ausnahme, auf der eigenen Seite dagegen als Regel.

Die Chancen, ein solches perfektisches Wahrnehmungsmuster zu durchbrechen, sind begrenzt. Sie werden zusätzlich dadurch eingeschränkt, daß das Freund-Feind-Denken von der Nullsummen-Vorstellung geprägt wird: Jeder Gewinn für den Gegner gilt als Verlust für einen selbst und umgekehrt. Die Vorstellung, daß ein Wandel der Konfliktkonstellation für beide Seiten von Vorteil sei, läßt sich mit dem Freund-Feind-Schematismus nicht vereinbaren.

Die Denkform, die sich in diesem Schematismus zeigt, nennen wir zusammenfassend die *Logik des Ausschlusses.* Sie beruht auf der Vorstellung, daß positive Werte nur dann zu verwirklichen sind, wenn sie gegen den andern so durchgesetzt werden, daß er gerade nicht an ihnen partizipiert. Der eigene Frieden beruht nach dieser Vorstellung auf der Friedlosigkeit des andern; die eigene Sicherheit hat die Unsicherheit des andern zur Voraussetzung; Freiheit setzt die Herrschaft über andere und damit deren Unfreiheit voraus.

Die Chance, die perfektische Wahrnehmungsform des Freund-Feind-Denkens aufzulösen oder zu durchbrechen, ist an die Bereitschaft zu einseitigen Schritten der *Entfeindung* gebunden. Wie die Feindsuche so hat auch die Entfeindung nicht nur in personalen Beziehungen, sondern auch in politischen Verhältnissen ihren Ort. Daß die jahrhundertealte Feindschaft zwischen Deutschland und Frankreich überwunden werden konnte, ist dafür ein vielzitiertes Beispiel. Aber auch in den Vorstößen der Bundesrepublik Deutschland zu einer neuen Ostpolitik in der Phase der Entspannung am Ende der sechziger und zu Beginn der siebziger Jahre kann man solche Schritte der Entfeindung sehen; der Kniefall von Willy Brandt als damaligem Bundeskanzler vor dem Mahnmal des Warschauer Gettos am 7. Dezember 1970 gab dem symbolischen Ausdruck. Nach einer Zeit verstärkter Konfrontation zwischen Ost und West liegt in dem Neuansatz der sowjetischen Außenpolitik unter Gorbatschow eine erneute Chance zur Überwindung überlieferter Freund-Feind-Schematismen. Wo solche Schritte gelingen, setzen sie an die Stelle der Logik des Auschlusses eine *Logik der Anerkennung*, die in der Bereitschaft zur Versöhnung begründet ist. Ebenso wie die Logik des Ausschlusses wollen wir uns auch die Logik der Anerkennung und ihre Begründung im Gedanken der Versöhnung deutlich machen.

Nicht nur der Konflikt, sondern auch die Versöhnung ist tief in der sozialen Lebenswirklichkeit verankert. Die Konflikterfahrungen, von denen Menschen betroffen werden, sind von der Hoffnung begleitet, daß die erfahrene Trennung von Versöhnung überholt und überwunden wird. Die Erfahrung des Widerspruchs führt die Hoffnung mit sich, daß die Elemente, die jetzt einander ausschließen, wieder in eine spannungsvolle Balance zueinander treten können.

Versöhnung, so haben wir oben (III.1.2) entfaltet, ist ein Beziehungsbegriff, in dem sich die Hoffnung ausdrückt, daß Gemeinschaft trotz und in der Verschiedenheit, ja Gegensätzlichkeit von Menschen zustande kommt. Nicht nur für das Verhältnis von einzelnen zueinander, sondern auch für die Interaktion zwischen gesellschaftlichen Gruppen hat man den Begriff der Versöhnung als Leitbegriff gewählt. In der politischen Neuorientierung in Deutschland nach 1945 hat er für kurze Zeit eine bestimmende Rolle gespielt. Als die Evangelische Kirche in Deutschland durch ihre Ostdenkschrift von 1965 der neuen Ostpolitik den Boden bereitete, trat die politische Dimension der Versöhnung wieder ins Bewußtsein.

Überall dort tauchen Begriff oder Sache der Versöhnung auf, wo sich die Hoffnung artikuliert, daß Geschichte mehr sein kann als Kampf und Streit, als Krieg und Zerklüftung. Der Begriff signalisiert einen Widerspruch gegen die perfektische Wahrnehmungsform, gegen den Vorrang des Immer-schon. Wer ihn verwendet, rechnet mit der Möglichkeit des Neuen, mit einer noch nicht eingelösten Zukunft, mit einer vorauslaufenden Verheißung. Und eben deshalb kann er zugleich auf ein neues Verhältnis zur Vergangenheit ausgerichtet sein. Der Begriff der Versöhnung ist von dem Wissen begleitet, daß die Überwindung des

Streits das Bekenntnis der Schuld und die Vergebung der Schuld einschließt. Im Begriff der Versöhnung drückt sich die Hoffnung aus, daß menschliches Leben in den personalen Beziehungen wie in den politischen Verhältnissen den Charakter freien und gelingenden Zusammenlebens annehmen kann. Zerstört wird diese Hoffnung immer wieder durch menschliche Schuld. Erneuert wird sie durch Vergebung und Bekenntnis der Schuld. Erneuert wird sie durch die Fähigkeit, geschichtliche Schuld in die eigene Identität zu integrieren und aus ihr Konsequenzen zu ziehen.

In zwei Hinsichten also verweist der Begriff der Versöhnung auch in seiner politisch-sozialen Verwendung auf seinen theologischen Sinn unmittelbar zurück (dazu oben III.1.2). In seiner Zukunftsoffenheit enthält er die Frage nach einer Verheißung, deren Sinn nicht durch menschliche Schuld zerstört werden kann. In seiner Orientierung an der Vergebung von Schuld und dem Bekenntnis der Schuld fragt er nach der Erfahrung, in der die Zusage des Versöhntseins das Geschehen von Versöhnung eröffnet, und in der die zugesagte Vergebung von Schuld das Eingeständnis geschichtlicher Schuld erst möglich macht. Deshalb ist es nicht abwegig, danach zu fragen, welche Perspektiven sich aus dem biblischen Verständnis der Versöhnung für eine Ethik der Versöhnung ergeben.

Nun läßt sich das biblische Verständnis der Versöhnung durchaus auf der Ebene der Einsichten formulieren, die uns die Psychoanalyse zur Logik des Konflikts erschlossen hat. Konfliktverschärfung, so sahen wir, vollzieht sich vor allem durch Abspaltung der dunklen Anteile in uns selbst und durch deren Projektion auf den Gegner, auf den Sündenbock. Versöhnung aber, verstanden im Horizont der versöhnenden Güte Gottes, umschließt ebenfalls zweierlei: Sie eröffnet die Annahme unserer selbst; und sie vermittelt die Kraft zur Annahme des andern, des Fremden. Deshalb kann die Versöhnung der Logik des Ausschlusses eine andere Logik entgegensetzen: die Logik der Anerkennung. Die Logik der Exkommunikation wird überwunden durch die Logik der Kommunikation mit dem Fremden. Eben diese Logik ist das Thema des Gebots der Feindesliebe (s. oben III.1.1).

Dieses Gebot ist einfach und voraussetzungsreich zugleich. Es schließt die Befreiung von dem Zwang ein, die hassenswerten Anteile in mir selbst abspalten und auf den Feind projizieren zu müssen. Feindesliebe beginnt mit der Annahme des Dunklen in mir selbst. Sie gründet ineins damit in der Befreiung von dem Zwang, im andern nur das Böse und das Böse nur im andern sehen zu müssen. Der Übergang von der Schuldprojektion zu der Bereitschaft, Spannungen und Konflikte aus der Perspektive des andern wahrzunehmen, ist der entscheidende Schritt der Feindesliebe. Sie befähigt zu neuen Formen sozialer Phantasie und Sensibilität, die fixierte Konfliktfronten und Konfliktwahrnehmungen zu durchbrechen vermögen.

So verstandene Versöhnung meint freilich gerade nicht die billige Harmonisierung des Konflikts, sondern die Wahrnehmung des andern im Konflikt. Sie meint nicht, wie ein verbreitetes Mißverständnis sagt, Stabilisierung eines *status quo*, sondern Veränderung. Denn sie ist gerade nicht durch die perfektische Wahrnehmung des Immer-schon, sondern durch die Offenheit für die Zukunft bestimmt.

Die tödlichen Folgen der Logik des Ausschlusses sind uns bekannt. Keine Generation hat sie eindringlicher vor Augen als wir. Es scheint an der Zeit zu sein, ins Erbe der Versöhnung einzutreten und mitzuwirken an einer Logik der Anerkennung, an einer Logik der Kommunikation mit dem Fremden, und das heißt: an einer Praxis des Friedens. Denn Frieden ist ein Verhältnis wechselseitiger Anerkennung.

d) Die ethische Absage an das Abschreckungssystem

Das Abschreckungssystem, das sich der Drohung mit Massenvernichtungswaffen nuklearer, chemischer und konventioneller Art bedient, steht zu einem solchen Verhältnis wechselseitiger Anerkennung im Widerspruch. Deshalb kann es auch nicht die Grundlage einer dauerhaften Friedensordnung bilden. Mit ihm verträgt sich nur eine Form militärgestützter Sicherheitspolitik, in dem die Gegner sich wechselseitig die gleiche Sicherheit zuerkennen, die sie je für sich selbst beanspruchen. Die ethische Absage an das Abschreckungssystem und der Aufbau von Strukturen gemeinsamer Sicherheit gehören zusammen.

Der frühere General Gerd Schmückle hat einmal erklärt: "Möglicherweise scheint die Periode der Abschreckung, die eine lange Friedenszeit geschaffen hat, langsam ihrem Ende zuzugehen. Denn ihre Glaubwürdigkeit könnte abnehmen, je mehr Menschen an ihr zweifeln. Sie kann aber nur überzeugen, wenn sie von einem unbeirrbaren Willen bestimmt wird" (FAZ vom 16. April 1984). Mit unverhüllter Klarheit identifiziert diese Äußerung die Abschreckungstheorie als einen Glaubensgegenstand. So problematisch wie diese Qualifikation ist freilich auch die Annahme, die Krise des Abschreckungssystems sei einfach nur in einer Abnahme der Glaubensbereitschaft vieler Menschen begründet. Statt dessen liegt es näher, die Ursachen für den Rückgang in der gesellschaftlichen Akzeptanz des Abschreckungssystems in diesem System selbst und seinen Veränderungen zu suchen. Es ist wichtig, sich diese Veränderungen vor Augen zu stellen, um zu verstehen, warum die Forderung nach einer alternativen Sicherheitspolitik jenseits der Abschreckung so dringlich ist.

Die relative Stabilität des Abschreckungssystems beruhte darauf, daß das Risiko eines Angriffs für den Angreifer selbst unkalkulierbar war. Wer einen ersten atomaren Schlag riskieren wollte, mußte damit rechnen, als zweiter umzukommen. Die wechselseitig gesicherte Vernichtung durch einen zweiten Schlag war das entscheidende Prinzip. Doch beide Seiten haben sich einerseits auf das Funktionieren dieser Abschreckung verlassen, andererseits aber an ihrer Überwindung gearbeitet. Sie haben nämlich Optionen entwickelt, durch die auch ein atomarer Krieg als führbar oder sogar gewinnbar erscheint. Besonders planmäßig und von langer Hand ist dieser Übergang von der Vergeltungsabschreckung zur Kriegführungsabschreckung in den Vereinigten Staaten betrieben worden. Dadurch wurde die Abschreckung selbst instabil. Mit der Entwicklung von Kriegführungsoptionen aber wächst zugleich die "Geneigtheit zum Kriege" (G. Gaus).

Diese Entwicklung, die wir schon in früherem Zusammenhang beschrieben haben (s. oben II.1), nötigt zu einer Überprüfung des ethischen Urteils über Abschreckung und Abrüstung. Die bisher in Ost und West vorherrschende Einstellung sah in Rüstungskontrollmaßnahmen lediglich ein Instrument innerhalb einer nach wie vor am Abschreckungskonzept orientierten Politik militärischer Sicherheit. Rüstungskontrolle sollte strategische Stabilität bei reduzierten Rüstungsausgaben sicherstellen (vgl. Frei 98f). Eine solche Konzeption beruhte auf der Vorstellung, die Bedrohung des Friedens komme vom jeweiligen Gegner, dessen Absichten durch eine starke Abschreckungsstreitmacht durchkreuzt werden müßten. Diese Auffassung war einer doppelten Kritik ausgesetzt: Zum einen zeigte sich, daß das Konzept der Abschreckung aus militärischen Gründen an Glaubwürdigkeit verlor. Zum andern aber wurde die Bedrohungsvorstellung fragwürdig, von der die herrschende Strategie bestimmt war. Schon vor dem Amtsantritt Gorbatschows als Generalsekretär der KPdSU im Jahr 1985 führten nüchterne Analysen der Interessenlage und der Handlungsmöglichkeiten der Sowjetunion zu dem Ergebnis, daß eine Expansion des sowjetischen Herrschaftsbereichs nach Westeuropa mit militärischen Mitteln nicht zu erwarten sei. Weder wurde damit der Machtkonflikt zwischen den beiden Supermächten geleugnet, noch wurde der offensive Charakter der sowjetischen politischen Ideologie bestritten. Doch eine realistische Abschätzung der Machtpotentiale zeigt, daß die Sowjetunion sich von dem Versuch einer expansionistischen Politik gegenüber Westeuropa keine Vorteile versprechen kann.

Solche Analysen führen zu dem Ergebnis, daß die primäre Friedensbedrohung nicht in aggressiven Absichten einer Seite, sondern in dem Block- und Abschreckungssystem selbst zu sehen ist, das beide Seiten miteinander verbindet. "Nicht der Gegner ist die Hauptgefahr, sondern der Gegensatz" (Bender, in: Lutz 1982, 684). In einer solchen Perspektive mußten aber auch alle ethischen Argumentationsformen aufs äußerste problematisch werden, die - und sei es auch unter zeitlichem Vorbehalt - das Abschreckungssystem legitimierten und dadurch eben den Gegensatz rechtfertigten, der sich als die stärkste Bedrohung des Friedens erwies. Deshalb wurden diejenigen ethischen Argumentationsmuster kritisch überprüft, welche die Drohung mit Massenvernichtungsmitteln innerhalb des Systems der Abschreckung als eine für eine Übergangszeit sittlich noch vertretbare Entscheidung darstellten (vgl. ausführlich oben II.2). Denn die ethische Unterscheidung zwischen der Drohung mit Massenvernichtungsmitteln und ihrem Einsatz wurde als Beruhigungsmittel mißbraucht. Ihr tritt nun das Urteil entgegen, daß ebenso wie der Einsatz auch die Herstellung und Stationierung von Massenvernichtungsmitteln ethisch nicht gerechtfertigt werden kann. Für diesen Schritt, der in der ethischen Beurteilung die Drohung mit Massenvernichtungsmitteln und deren Einsatz gleichstellt, sprechen vor allem drei Gründe:

- Die allgemeine ethische Begründung besagt: Die Drohung mit einer ungerechtfertigten Handlung kann nicht gerechtfertigt werden; vielmehr hat sie an dem Unrecht Anteil, das in der Ausführung der Tat läge (s. oben II.2.3.b). Daß aber der Einsatz von Massenvernichtungsmitteln "unmoralisch" ist, wird inzwischen auch von Befürwortern des Abschreckungssystems eingeräumt.
- Eine weitere Begründung bezieht sich auf die Struktur des Abschreckungssystems: Die Behauptung, gerade die Drohung mit Massenvernichtungsmitteln könne deren Einsatz verhindern, läßt sich auf Dauer nicht aufrechterhalten. Denn die Abschreckungsinteraktion erlaubt keine sicheren Prognosen; einen "Nuklearkrieg aus Versehen" kann niemand ausschließen. Wer auf die Abschreckung baut, muß auch mit der Möglichkeit rechnen, daß sie versagt. Auf die Verläßlichkeit des Abschreckungssystems zu vertrauen, bedeutet, sich auf ein gigantisches historisches Experiment einzulassen, dessen Fehlschlag in einen atomaren Holocaust münden würde.
- Eine Begründung aus der politisch-militärischen Analyse schließlich heißt: Der Übergang von der Drohung mit Atomwaffen zu deren Einsatz ist technisch, strategisch und politisch so gleitend geworden, daß eine prinzipielle Trennung zwischen beiden nicht mehr möglich ist. Kriseneskalationen oder technisches wie menschliches Versagen können zu dem Einsatz der Mittel, mit denen zuvor gedrohnt wurde, führen, ohne daß diesem Übergang eine eigenständige und verantwortliche Entscheidung der dafür Zuständigen zugrunde liegt. Deshalb ist es nicht möglich, die Drohung mit derartigen Waffen ethisch anders zu beurteilen als ihren Einsatz.

#### e) Elemente gemeinsamer Sicherheit

Wenn Abschreckung nicht mehr als Weg zum Frieden anzuerkennen ist, muß nach alternativen Wegen gesucht werden, auf denen die gewaltfreie Koexistenz der Staaten und damit auch die politische Sicherheit gefördert werden kann. Dabei darf das Nachdenken über die Mittel politischer Sicherheit nicht auf den Bereich militärischer Gewalt beschränkt bleiben. Vielmehr muß jede zukunftsorientierte Sicherheitspolitik zumindest fünf Dimensionen berücksichtigen: die jeweilige innenpolitische Lage, die wechselseitige Wahrnehmung mitsamt ihren sozialpsychologischen Ursachen, die wirtschaftlichen Beziehungen, die außenpolitische Interaktion, die militärischen Optionen.

Alternativvorschläge zum gegenwärtig vorherrschenden Konzept des Abschreckungsgleichgewichts lassen sich zunächst danach unterscheiden, auf welche dieser fünf Dimensionen sie sich vorrangig beziehen. Viele Vorschläge konzentrieren sich in beunruhigender Einseitigkeit auf den *militärischen* Bereich; sie stehen - und sei es in der Form der Negation - ganz im Bann des Abschreckungsdenkens, das nicht nur die politische Wirklichkeit, sondern auch das Denken vieler Menschen der Vorherrschaft militärischer Kategorien ausgeliefert hat. *Neues Denken,* wie es Michail Gorbatschow für seinen Bereich vorgeschlagen hat, besteht zuallererst darin, daß die politische Dimension des Friedens zwischen Ost und West wieder an den ihr gebührenden Platz rückt.

Unter *politischer* Perspektive werden, vor allem in der Bundesrepublik Deutschland, bisweilen Vorschläge diskutiert, die auf eine möglichst schnelle Ablösung der gegenwärtigen Blockpolitik zielen. Darauf richtet sich die Idee einer politischen Neutralität der beiden deutschen Staaten ebenso wie der Gedanke eines Systems kollektiver Sicherheit, auf das sich die west- und osteurpäischen Staaten verständigen sollen. Gegen den Gedanken der Neutralität beider deutscher Staaten spricht jedoch schon die Tatsache, daß Deutschlands Nachbarn im Westen wie im Osten jedem deutschen Sonderweg mit historisch gut begründetem Mißtrauen begegnen würden. Der Vorschlag eines Systems kollektiver Sicherheit für Europa aber stößt auf das Bedenken, daß die beiden Großmächte USA und UdSSR kaum bereit sein werden, ihre europäischen Alliierten zwar aus den jeweiligen militärischen Bündnissen zu entlassen, gleichwohl aber eine Garantiefunktion für die Sicherheitsstabilität in Europa zu übernehmen. Zu bezweifeln ist ferner, ob die beteiligten europäischen Staaten auf absehbare Zeit zu denjenigen Souveränitätsverzichten bereit sind, die für die Funktionsfähigkeit eines Systems kollektiver Sicherheit unerläßlich sind.

Auch das Konzept der gemeinsamen Sicherheit geht von der *politischen* Dimension des Sicherheitsproblems aus; es schließt zugleich Vorschäge für den Umgang mit den anderen Dimensionen ein. Im Unterschied zur Idee der Neutralität beider deutscher Staaten oder dem Vorschlag eines Systems kollektiver Sicherheit für Europa knüpft es an die gegenwärtigen Strukturen der internationalen Politik an. Es geht davon aus, daß sich in Europa zwei Bündnissysteme unter der Vorherrschaft der USA beziehungsweise der UdSSR gegenüberstehen. Im Blick auf die *innenpolitische Lage* ist das Konzept der gemeinsamen Sicherheit an einem hohen Maß an innerer Reformfähigkeit und dadurch ermöglichter Stabilität der beteiligten Gesellschaften interessiert. In der Dimension der *wechselseitigen Wahrnehmung* geht es davon aus, daß die Kontrahenten sich gegenseitig Friedensfähigkeit zuerkennen und ihre eigenen Maßnahmen daraufhin überprüfen müssen, ob sie mit den Sicherheitsinteressen der anderen Seite vereinbar sind. In der Dimension der *wirtschaftlichen Beziehungen* plädiert das Konzept gemeinsamer Sicherheit für den Ausbau fairer wirtschaftlicher Zusammenarbeit, durch die sich zugleich der Bereich gemeinsamer Interessen ausdehnt. Die *außenpolitische Interaktion* der beiden Blocksysteme soll durch Entspannung, den Ausbau von diplomatischen Kontakten sowie von Instrumenten des gewaltfreien Konfliktaustrags, die Verstärkung kultureller und wissenschaftlicher Beziehungen und ähnliche Maßnahmen bestimmt sein.

In all diesen Hinsichten ist das Konzept der gemeinsamen Sicherheit von der Erwartung geprägt, daß die Ideologien und Leitvorstellungen der beteiligten Staaten auf Dauer, ja in wachsendem Maß friedensfähig sind oder werden. Das bedeutet nicht eine Selbstpreisgabe der Ideologien in ihrer Substanz; sondern damit ist gemeint, daß sie mit den Minimalbedingungen friedensfähigen Denkens vereinbar gehalten werden. Erhard Eppler hat sieben "Anforderungen an friedensadäquate Ideologien" genannt, die sich erfüllen lassen, "ohne daß die Identität der jeweiligen Ideologie Schaden nimmt". Die Offenheit der Geschichte, die Veränderbarkeit von Systemen, der globale Pluralismus, das Vorhandensein von Defiziten im eigenen Bereich, die Existenz gemeinsamer Aufgaben, die Friedensfähigkeit des andern sowie verbindliche Regeln für die Auseinandersetzung zwischen den Systemen können von beiden Seiten anerkannt werden, ohne daß dadurch die Unterschiede der ideologischen Ausgangspunkte und der politischen Ziele verleugnet werden müßten (Eppler 76ff). Wo diese Grundsätze anerkannt sind, ist auch Kooperation um des Friedens willen möglich.

Als durchführbar erscheinen dann aber auch Maßnahmen in der Dimension der *militärischen Optionen*, durch die der Konflikt zwischen Ost und West seinen bedrohlichen Charakter für das Überleben der Menschheit verlieren kann. Nur wenn das gelingt, ist ein Umgang mit den Möglichkeiten militärischer Gewaltanwendung eröffnet, der mit der kollektiven Verantwortung für die Folgen wissenschaftlich-technischer Entwicklungen vereinbar ist. Die dafür notwendigen Maßnahmen richten sich zum einen auf effektive Abrüstung, zum andern auf alternative Verteidigung. Auf diese beiden Bereiche werden sich die folgenden Überlegungen konzentrieren. Denn wir gehen von der Annahme aus, daß Veränderungen in diesen Bereichen unerläßliche Voraussetzungen dafür bilden, daß Methoden der gewaltfreien Konfliktbeilegung sich durchsetzen und staatlich organisierte Gewaltanwendung als Mittel des internationalen Konfliktaustrags obsolet wird. Deshalb können Vertreter eines prinzipiellen, eines praktischen und eines situationsbezogenen Pazifismus mit Anhängern eines kollektiven Verteidigungsrechts des Staates bei der Ausarbeitung und politischen Verwirklichung dieser Veränderungen zusammenwirken. Denn nicht nur diejenigen, für die eine vollständige Abschaffung der staatlichen Gewaltandrohung in der "noch nicht erlösten Welt" nicht vorstellbar ist, oder "Atompazifisten", die der Drohung und dem Einsatz von Massenvernichtungsmitteln die Legitimität entziehen wollen, sondern auch die Vertreter des prinzipiellen Gewaltverzichts, die aus Gründen ihres Gewissens allem Gewaltgebrauch die Legitimität bestreiten, müssen an Strategien des Übergangs interessiert sein, durch die Instrumente des gewaltfreien Konfliktaustrags allererst etabliert werden und die Gefahr des militärischen Konfliktaustrags gebannt wird. Dem sollen effektive Abrüstung und alternative Verteidigungsformen dienen.

Abrüstung und alternative Verteidigung bauen auf einer gemeinsamen Voraussetzung auf: nämlich auf einer Revision der gewohnten Auffassung von Sicherheit. Um das zu verdeutlichen, nehmen wir die Überlegungen zum Sicherheitsbegriff, die sich an früheren Stellen dieses Kapitels befinden, noch einmal auf.

Das Abschreckungssystem beruht auf einer Vorstellung von Sicherheit, die besagt: Meine eigene Sicherheit ist umso größer, je unkalkulierbarer das Risiko für den potentiellen Gegner ist. Doch wenn die Abschreckung versagt, schlägt das Risiko des andern unweigerlich in das eigene Risiko um. Deswegen läßt sich der faktische Zustand der Sicherheitspolitik eher durch den Satz kennzeichnen: Je höher das Risiko für den potentiellen Gegner, desto unkalkulierbarer ist das eigene Risiko. Auch die Entwicklung von Ersteinsatz- und Erstschlagsoptionen erhöht am Ende nur das eigene Risiko. Die Folgerung heißt: Es gibt nur gemeinsame Sicherheit. Oder in der einprägsamen Formel von Heino Falcke: "Wir müssen miteinander auskommen, wenn wir nicht miteinander umkommen wollen" (Falcke 297).

Die These von der gemeinsamen Sicherheit, die - ältere Überlegungen aufnehmend - von der Palme-Kommission 1982 in die sicherheitspolitische Diskussion eingeführt wurde, ist zuallererst nicht eine programmatische Forderung; sondern die Formel von der gemeinsamen Sicherheit enthält zunächst eine analytische Aussage. Mit der Feststellung, daß es in der heutigen Welt nur gemeinsame Sicherheit gibt oder keine, wird die vorfindliche Realität charakterisiert. Doch aus diesem analytischen Satz ergibt sich die Folgerung, daß nur eine Politik gemeinsamer Sicherheit eine sinnvolle Form von Sicherheitspolitik darstellt. Denn nur sie antwortet auf den Tatbestand, daß Sicherheit heute nicht mehr gegeneinander, sondern allenfalls miteinander zu erreichen ist. Allein eine Politik, die das so bestimmte Sicherheitsproblem konstruktiv zu lösen vermag, verdient also unter den Bedingungen der Gegenwart den Namen der "Realpolitik".

Doch die Umorientierung auf eine solche Politik fällt eben deshalb so schwer, weil sie an einschneidende ethische Voraussetzungen gebunden ist. Sie setzt die Bereitschaft zu der bitteren Wahrheit voraus, daß am Ende fortgesetzten Wettrüstens nicht ein überzeugendes politisches Ziel, sondern nur mit höherer Wahrscheinlichkeit die gemeinsame Katastrophe steht. Eine Politik gemeinsamer Sicherheit setzt ferner eine nüchterne Empathie für den Gegner, ein Entgegenkommen ohne Selbstaufgabe, voraus. Gemeint ist damit vor allem die Bereitschaft, die politische Lage mit den Augen des andern zu betrachten und seine Sicherheitsinteressen so ernst zu nehmen wie die eigenen. Für Christen bildet das Gebot der Feindesliebe den entscheidenden Impuls für ein solches empathisches Verhalten in der Politik. Deshalb ist dieses in der Bergpredigt überlieferte Gebot ein wichtiger Anstoß für ein Handeln, das "Realpolitik" genannt werden könnte. Eine solche Politik aber stellt eine unumgängliche Bedingung dafür dar, daß effektive Abrüstung dauerhaft möglich wird.

Wir haben uns schon deutlich gemacht: Bemühungen um gemeinsame Sicherheit sind vorrangig auf *politische Mittel* angewiesen. Nur politisch läßt sich gemeinsame Sicherheit zwischen potentiellen Gegnern gestalten. Zu ihren Mitteln gehört die Entwicklung gemeinsamer Interessen, der Ausbau von Instrumenten des friedlichen Konfliktaustrags und der Abbau von Kriegsursachen. Verabredete Zusammenarbeit, die gemeinsame Anerkennung von Normen des internationalen Rechts, die gemeinsame Unterordnung unter Instanzen der internationalen Gerichtsbarkeit sind mögliche Elemente einer Politik gemeinsamer Sicherheit. In all dem erfordert sie eine Veränderung überlieferter Vorstellungen von Souveränität.

Doch auch eine Politik gemeinsamer Sicherheit wird auf absehbare Zeit noch *militärische Mittel* einschließen. Denn beide Seiten fürchten bei dem Übergang zu einer neuen politischen Ordnung nichts so sehr wie ein Machtvakuum. Das Ansinnen, einseitig auf militärischen Schutz vollständig zu verzichten, würde jede der beiden Seiten von allen Plänen für eine neue Friedenspolitik abbringen. Vereinbarte Abrüstung aber ist nur über einen längeren Zeitraum hin durchzusetzen. Für die Übergangszeit, deren Dauer niemand kennt, ist mit militärischer Rüstung zu rechnen; entweder gelingt es, sie mit gemeinsamer Sicherheit kompatibel zu machen, oder das Konzept ist zum Scheitern verurteilt. Denn Waffen verschwinden nicht von einem Tag auf den andern aus der Welt. Und das Wissen, wie man Atomwaffen herstellt, wäre auch dann noch nicht beseitigt, wenn die letzte Atombombe verschrottet wäre. Solange jedoch Sicherheitspolitik auf militärische Mittel nicht verzichten kann, muß sie sich an vier elementaren Imperativen orientieren, wenn sie in den Dienst gemeinsamer Sicherheit treten soll:

- Rüste so, daß du, wenn dein potentieller Gegner ebenso rüsten würde, dich nicht bedroht fühlen würdest.
- Rüste so, daß der Einsatz von Waffen nicht mit hoher Wahrscheinlichkeit die sozialen Institutionen zerstört, deren Schutz durch sie bewirkt werden soll.
- Rüste so, daß die Folgen deiner Rüstung nicht die menschenwürdige Existenz deiner Nachkommen und der Nachkommen deines Gegners aufs Spiel setzen.
- Rüste so, daß du die Aufwendungen für deine Rüstung vor den Hungernden der Erde verantworten kannst.

Solche Imperative bezeichnen den Spielraum einer Politik mit militärischen Mitteln, die allenfalls als *friedensverträgliche Sicherheitspolitik* gelten kann. Deren Kriterien lassen sich mit anderen Begriffen auch folgendermaßen kennzeichnen:

- Militärische Rüstung muß *kriegsverhütungsfähig* sein. Der potentielle Gegner darf keinen Grund haben, aus der Art militärischer Rüstung auf die Vorbereitung eines Angriffs zu schließen; deshalb muß sie durch *strukturelle Nichtangriffsfähigkeit* (Müller 1984, 92) gekennzeichnet sein. Die nach diesem Kriterium erforderliche Rüstungsstruktur wird (mit einem pleonastisch klingenden Ausdruck) als *defensive Verteidigung* (Afheldt 1983) oder besser als *nicht-provokative Verteidigung* (Boeker, in: Lutz 1985, 285) bezeichnet. In die Art der Rüstung darf kein Eskalationszwang eingebaut sein; vielmehr muß sie die Möglichkeit offenhalten, daß auch in Krisensituationen eine nicht-militärische Beilegung des Konflikts gelingen kann; in diesem Sinn muß sie durch *Krisenstabiliät* gekennzeichnet sein.
- Militärische Rüstung muß *abhaltefähig* sein. Sie soll einen Gegner am Erreichen der Ziele hindern, die er mit einem eventuellen militärischen Angriff verfolgt. Militärische Verteidigung im grenznahen Bereich, wie sie von vielen alternativen Verteidigungskonzeptionen gefordert wird, muß dann jedoch mit Elementen *sozialer Verteidigung* gekoppelt sein. Soziale Verteidigung reagiert auf einen militärischen Angriff mit gewaltfreier Resistenz; sie versagt dem Aggressor die Mitarbeit im wirtschaftlichen und gesellschaftlichen Bereich und sucht ihn so davon zu überzeugen, daß er sich von einer militärischen Okkupation keine Vorteile versprechen kann. Elemente der sozialen Verteidigung können auch im Rahmen von Konzepten einer alternativen militärischen Verteidigung eine sinnvolle, ja notwendige Funktion erfüllen. Sie können insbesondere die Übernahme gesellschaftlicher Institutionen durch den Aggressor verhindern und diese Institutionen selbst funktionsfähig halten.
- Militärische Rüstung muß *schadensminimierend* sein. Sie muß nach Wegen der Abwehr suchen, die so wenig Opfer fordern und so wenig Zerstörung verursachen wie möglich. Verteidigungskonzepte, die den Ersteinsatz von Nuklearwaffen einschließen, sind mit diesem Kriterium in keinem Fall vereinbar. Militärische Planungen, die sich konzeptionell auf eine atomare Komponente stützen, sind also mit dem Gedanken gemeinsamer Sicherheit inkompatibel. Deshalb sind der Abbau nuklearer Rüstungen, die Einrichtung atomwaffenfreier Zonen, das Verbot chemischer und biologischer Waffen und andere Abrüstungsmaßnahmen angemessene Mittel einer Politik gemeinsamer Sicherheit.
- Militärische Rüstung muß schließlich *abrüstungsfähig* sein. Da sie nicht mehr auf der Vorstellung vom Rüstungsgleichgewicht beruht, sondern allein an der Verfügung über ausreichende Defensivpotentiale interessiert ist, eröffnet eine Politik gemeinsamer Sicherheit Spielräume für einseitige Abrüstungsschritte, die einen Prozeß gradueller Abrüstung in Gang setzen oder vorantreiben kann. Da sie nur bei Abbau aller offensiven Waffensysteme konsequent ist, enthält sie darüber hinaus eine Nötigung zu beschleunigten, ein- oder zweiseitigen Abrüstungsmaßnahmen.

Die gegenwärtige Rüstung und die strategischen Doktrinen auf beiden Seiten genügen diesen Kriterien nicht. Deshalb haben sich nicht nur Vertreter der prinzipiellen Gewaltlosigkeit den Protesten gegen eine Fortsetzung des Wettrüstens angeschlossen, sondern auch Menschen, die eine militärgestützte Sicherheitspolitik auf absehbare Zeit noch für unvermeidlich halten. Zu den praktischen Forderungen, die in diesem Zusammenhang vertreten werden, gehört,
- daß im konventionellen Bereich auf typisch defensive Mittel umgerüstet wird,
- daß im Bereich der Nuklearrüstung für eine Übergangszeit eine Rückkehr zum Konzept der Minimalabschreckung erfolgt,
- daß alle Konzepte für den Ersteinsatz von Atomwaffen oder gar einen präventiven nuklearen "Warnschuß" aus den strategischen Planungen ausgeschlossen werden,
- daß alle Rüstungsexporte in Länder außerhalb des eigenen Bündnisbereichs eingestellt werden.

Solche Forderungen illustrieren auf ihre Weise die Spielräume, innerhalb deren einseitige Abrüstungschritte politisch möglich und durchführbar sind. Denn wirksame Abrüstung kommt durch ausgehandelte gleichgewichtige Maßnahmen allein nicht zustande; sie bewirken in aller Regel nur eine kooperative Rüstungssteuerung, nicht aber eine wirksame Reduktion der Rüstungen. Diese bleibt auf nichtausgehandelte Initiativen angewiesen.

Von dieser Einsicht ist die gradualistische Abrüstungskonzeption geprägt. Vom Gedanken des *Unilateralismus* (einseitige Abrüstung) ist dieses Konzept des *Gradualismus* (Einleitung von Abrüstung durch nichtausgehandelte Initiativen) sorgfältig zu unterscheiden. Der Unilateralismus gilt deshalb als unrealistisch, weil im Verhältnis der Staaten zueinander niemand ein Machtvakuum wagt. Doch ebenso unrealistisch ist auch der Gedanke effektiver Abrüstung auf der Basis eines ausgehandelten Gleichgewichts; denn der Gleichgewichtsgedanke führt nach seiner inneren Logik zu immer neuen Schritten des Wettrüstens. Möglichkeiten zu einer dauerhaften Senkung des Rüstungsniveaus liegen nur in der Abfolge von Abrüstungsschritten, die mit einseitigen, nichtausgehandelten, aber auf die Reaktion der anderen Seite kalkulierten Initiativen beginnen. Auch einseitige Moratorien können solche Maßnahmen darstellen. Der Prozeß, der zu dem INF-Abkommen vom Dezember 1987 geführt hat, bestätigt diese Einsicht. Denn zu dessen Vorgeschichte gehört das einseitige Moratorium aller Kernwaffenversuche, durch das die Sowjetunion die Ernsthaftigkeit ihrer Abrüstungsabsichten gezeigt hatte. Für eine derartige gradualistische Abrüstungsstrategie sprechen viele Gründe der politischen Vernunft wie der ethischen Einsicht.

Der Vorschlag einer gradualistischen Abrüstungsstrategie geht von der Erfahrung aus, daß weder das isolierte Konzept gleichgewichtiger Verhandlungen noch das Programm des einseitigen Rüstungsverzichts Abrüstung herbeizuführen vermögen. Er verbindet Elemente aus beiden Konzepten, um so den Teufelskreis von Angst und Rüstung zu durchbrechen. Die gradualistische Abrüstungsstrategie verzichtet für die eigene Seite an bestimmten Punkten auf militärisches Gleichgewicht und beginnt mit genau durchdachten Abrüstungsschritten. Sie müssen so groß sein, daß sie den Willen zur Abrüstung glaubhaft machen; und sie müssen so klein sein, daß sie keine unkalkulierbaren *zusätzlichen* Risiken für die Sicherheit enthalten. Solche Schritte werden der anderen Seite im Vorhinein angekündigt und erläutert. Sie sind von der Erwartung bestimmt, daß sich auch die andere Seite einer erkennbar und glaubhaft veränderten Grundeinstellung nicht entziehen wird. Eine gradualistische Abrüstungsstrategie knüpft an das gemeinsame Interesse an Kriegsverhütung und an der Senkung der Rüstungsausgaben an. Sie bewirkt nicht eine Preisgabe eigener Interessen; sie eröffnet nicht ein Machtvakuum.

Der häufig verwandte Begriff der "Vorleistung" beschreibt nichtausgehandelte Abrüstungsinitiativen nicht zutreffend. Denn wer versucht, sich wirksam von der gegenwärtigen Überrüstung und den Gefahren weiteren Wettrüstens zu befreien, handelt im eigenen Interesse. Er hat nur erkannt, daß das eigene Interesse mit dem Interesse des anderen unlösbar verknüpft ist. Er erbringt also nicht eine "Vorleistung" im Interesse des andern, sondern verfolgt wohlerwogene gemeinsame Interessen.

Unzutreffend ist es auch, wenn einem solchen Konzept der Gedanke des militärischen Gleichgewichts entgegengehalten wird. Denn in diesem Einwand fungiert der Begriff des Gleichgewichts als machtpolitische, nicht mehr als sicherheitspolitische Kategorie. Angesichts eines bereits vielfachen "Overkill" können zusätzliche Rüstungsanstrengungen nicht mehr mit Sicherheitserfordernissen begründet werden, auch wenn für sie die Kategorie des Gleichgewichts in Anspruch genommen wird.

Deshalb entfällt auch das Gegenargument, einseitige Abrüstungsinitiativen schwächten die eigene Position in Rüstungskontroll- oder Abrüstungsverhandlungen. Denn wo bereits ein ungeheures Ausmaß an Vernichtungspotentialen angehäuft ist, stellt nicht weitere Rüstung, sondern allein die Fähigkeit zum Verzicht ein Zeichen von Stärke dar. Der im Jahr 1987 vereinbarte Abbau von regionalstrategischen Waffensystemen und die 1988 angekündigte Reduktion strategischer Potentiale bestätigen diese Überlegung. Denn bevor diese Abrüstungsschritte möglich wurden, mußte durch einseitige Signale eine Atmosphäre geschaffen werden, in der eine solche Verständigung möglich war. Wenn aus ihr ein kontinuierlicher Abrüstungsprozeß entstehen soll, wird er auch weiterhin aus einer Kombination von nichtausgehandelten Initiativen und vereinbarten Rüstungsreduktionen bestehen müssen.

Neben der Abrüstungsstrategie, die sich mit dem Konzept gemeinsamer Sicherheit verbindet, muß auch die *defensive Rüstungsstruktur*, die von diesem Konzept gefordert wird, in einer eigenen Überlegung erläutert werden. Ein verbreiteter Einwand besagt, es gebe keine typisch defensive Rüstung; allein die politischen Absichten entschieden über die defensive oder offensive Funktion der jeweiligen Rüstung. Zwar kann man einem solchen Einwand entgegenhalten, daß Panzerabwehrwaffen oder Luftabwehrraketen durchaus als typisch defensiv zu betrachten sind. Doch auch ihnen kann in offensiven Konzeptionen eine wichtige Funktion zukommen. Noch wichtiger als der typisch defensive Charakter des einzelnen Rüstungssystems ist also die *defensive "posture"* eines militärischen Konzepts im ganzen. Barnaby und Boeker haben diesen Gesichtspunkt folgendermaßen erläutert:

> "Eine Kombination von Indikatoren ist notwendig, um eine defensive oder offensive Haltung ('posture') beurteilen zu können: Mannschaftsstärke, Waffen, Schlachtordnung, Logistik, Doktrin und Ausbildung. Gegenwärtig genügen weder NATO noch Warschauer Pakt den Kriterien nicht-provokativer Verteidigung" (Barnaby/Boeker 32).

Die vor allem durch die Studien von Horst Afheldt angeregte Diskussion hat als Ergebnis Vorschläge zu einer militärischen Struktur erbracht, die mobile Verteidigung im grenznahen Bereich mit Elementen der Raumverteidigung ("Technokommandos") verknüpft. Das Ziel besteht darin, Wirksamkeit in der Verteidigung mit offenkundiger Nichteignung zur strategischen Offensive zu verknüpfen. Eine solche *posture* wäre nicht auf die "Spiegelung" im Verhalten des Rüstungskontrahenten angewiesen, könnte ihn aber gerade durch ihren nicht-provokativen Charakter zu einer vergleichbaren Umrüstung einladen. Dadurch käme eine Struktur wechselseitiger Anerkennung zustande, die Klaus von Schubert als *mutual responsibility* bezeichnet hat (v. Schubert 28f).

Eine präzisierende Erläuterung zu den Vorschlägen von Horst Afheldt kann die Struktur nicht-provokativer Verteidigung verdeutlichen. Afheldt schlägt vor, daß auf dem Gebiet der Bundesrepublik Deutschland ein Netz von selbständigen Kampfgruppen installiert wird, die über Panzer- und Flugabwehrraketen verfügen und durch eine zusätzliche, sehr treffgenaue Raketenartillerie unterstützt werden. Da diese Kampfgruppen im Gesamtgebiet der Bundesrepublik verteilt sind, brauchen sie im Krisenfall nicht disloziert zu werden; das Konzept erfordert also keine größeren Truppen- und Waffenbewegungen. Die Technokommandos müssen so effektiv ausgestattet sein, daß sie Panzertruppen des Warschauer Pakts glaubhaft abwehren und deshalb auch abhalten können, ohne daß die NATO dafür auf Kernwaffen angewiesen wäre. Diese Verteidigungsstruktur muß dezentral sein, damit der Warschauer Pakt nicht dazu verleitet werden kann, wichtige militärische Ziele durch den Einsatz von Kernwaffen auszuschalten. Da eine solche Streitkräftestruktur zum Angriff strukturell unfähig ist, bietet sie keine Herausforderung dazu, sich durch weitere Hochrüstung ihrer zu erwehren; es handelt sich also um eine abrüstungsverträgliche, ja die Abrüstung tendenziell fördernde militärische Struktur.

Nach Afheldts Vorstellungen soll dieses Konzept in zwei Schritten verwirklicht werden. In einer ersten Phase würden noch wesentliche Bestandteile der bisherigen Rüstungsstruktur beibehalten; die Technokommandos würden zunächst nur in einem grenznahen Streifen von 70 bis 100 Kilometern disloziert. In der zweiten Phase würde nicht mehr nur ein grenznaher Streifen, sondern das ganze Gebiet der Bundesrepublik Deutschland von einem Netz nichtmobiler Kampftruppen verteidigt. Die Panzer- und Luftwaffenverbände, die bis dahin noch ein massiertes Angriffsziel bieten, aber auch selbst zu Angriffen fähig sind, würden aufgelöst.

Andere Autoren haben statt eines solchen flächendeckenden Netzes von nicht-mobilen Technokommandos die Bildung von kleinen, hochmobilen Verteidigungstrupps vorgeschlagen. Die ***Studiengruppe Alternative Sicherheitspolitik*** hat beide Vorschläge in einem "pragmatischen Mischmodell" miteinander verbunden: Ein grenznahes Netz von Sperrbataillonen, die über Waffensysteme von eng begrenzter Reichweite verfügen, wird durch kleine, bewegliche Verbände ergänzt, deren Aufgabe darin besteht, gegnerischen Truppen den Weg zu versperren, ihr Vordringen zu verzögern oder ihren Angriff zurückzuweisen. Ausgeschlossen ist in diesem Konzept die Verteidigung durch einen *deep strike* in das gegnerische Hinterland; denn darin liegt eine auch offensiv nutzbare Option. Nur solche militärischen Elemente sollen miteinander verknüpft werden, deren defensive Absicht und Verwendbarkeit eindeutig sind.

Der Übergang auf eine solche Struktur vollzieht sich nicht in einem einmaligen Akt, sondern in Stufen, die ineinander verschränkt sind. Im Anschluß an Egon Bahr (in: Lutz, 1985, 105) lassen sich sechs Stufen eines solchen Prozesses unterscheiden:
- die wechselseitige Information über neue Rüstungsentwicklungen mit dem Ziel, die Einführung neuer Systeme zu verhindern,
- der vereinbarte Verzicht auf die Modernisierung vorhandener Rüstungssysteme,
- die Umrüstung auf eine nicht-provokative Verteidigungsstruktur,
- die quantitative Rüstungsbegrenzung,
- der Abbau vorhandener Potentiale,
- die Bildung atomwaffenfreier Zonen und die Durchsetzung eines generellen Verbots chemischer und bakteriologischer Waffen.

LITERATUR: *H. Afheldt,* Verteidigung und Frieden, München 1976 - *H. Afheldt,* Defensive Verteidigung, Reinbek 1983 - *K.-O. Apel,* Diskurs und Verantwortung. Das Problem des Übergangs zur postkonventionellen Moral, Frankfurt 1988 - *E. Bahr/D. S. Lutz,* Gemeinsame Sicherheit, Bd. 1: Idee und Konzept, Baden-Baden 1986 - *E. Bahr/D. S. Lutz,* Gemeinsame Sicherheit, Bd. 2: Dimensionen und Disziplinen, Baden-Baden 1987 - *F. Barnaby/E. Boeker,* Defence without Offence: Non-nuclear Defence for Europe (Peace Studies Papers No. 8), London 1982 - *H. Becker/C. Nedelmann,* Psychoanalyse und Politik, Frankfurt 1983 - *D. Bonhoeffer,* Gesammelte Schriften, Bd. I, 2. Aufl. München 1965 - *V. Böge/P. Willke,* Sicherheitspolitische Alternativen. Bestandsaufnahme und Vorschläge zur Diskussion, Baden-Baden 1984 - *W. Conze,* Sicherheit, Schutz, in: Geschichtliche Grundbegriffe 5, Stuttgart 1984, 831-862 - *Th. Ebert,* Gewaltfreier Aufstand, Frankfurt 1970 - *Th. Ebert,* Soziale Verteidigung, 2 Bde., Waldkirch 1981 - *E. Eppler,* Wie Feuer und Wasser. Sind Ost und West friedensfähig?, Reinbek 1988 - *H. Falcke,* Mit Gott Schritt halten. Reden und Aufsätze eines Theologen in der DDR, Berlin 1986 - *J. G. Fichte,* Sämtliche Werke, hg. von I. H. Fichte, Bd. III, Berlin 1845 (Nachdruck 1971) - *D. Frei,* Feindbilder und Abrüstung. Die gegenseitige Einschätzung der UdSSR und der USA, München 1985 - *J. Galtung,* Es gibt Alternativen. Vier Wege zu Frieden und Sicherheit, Opladen 1984 - *D. Goldschmidt* (Hg.), Frieden mit den Völkern der Sowjetunion - eine unerledigte Aufgabe, Gütersloh 1989 - *W. Heidelmeyer,* Die Menschenrechte. Erklärungen, Verfassungsartikel, internationale Abkommen, Paderborn 1972 - *W. Huber,* Abschreckung und Abrüstung als ethisches Problem, in: Gottes Zukunft - Zukunft der Welt. Festschrift für Jürgen Moltmann, München 1986, 423-433 - *W. Huber,* Konflikt und Versöhnung, in: J. Assmann/D. Harth (Hg.), Kultur und Konflikt, Frankfurt 1989 - *W. v. Humboldt,* Gesammelte Schriften, hg. von der Preußischen Akademie der Wissenschaften, Bd. 1, Berlin 1903 (Nachdruck 1967) - *K. Ipsen/H. Fischer* (Hg.), Chancen des Friedens, Baden-Baden 1986 - *E. Jüngel,* Gott als Geheimnis der Welt. Zur Begründung der Theologie des Gekreuzigten im Streit zwischen Theismus und Atheismus, Tübingen 1977 - *F.-X. Kaufmann,* Sicherheit als soziologisches und sozialpolitisches Problem, Stuttgart 1970 - *G. F. Kennan,* The Nuclear Delusion: Soviet-American Relations in the Atomic Age, New York 1983 - *A. Kenny,* The Logic of Deterrence, London 1985 - *E. Krippendorff/R. Stuckenbrock,* Zur Kritik des Palme-Berichts, Berlin 1983 - *H. Lübbe,* Der Nationalsozialismus im politischen Bewußtsein der Gegenwart, in: M. Broszat u.a. (Hg.), Deutschlands Weg in die Diktatur. Internationale Konferenz zur nationalsozialistischen Machtübernahme im Reichstagsgebäude zu Berlin, Berlin

1983, 329-349 - *D. S. Lutz* (Hg.), Sicherheitspolitik am Scheideweg?, Bonn 1982 - *D. S. Lutz* (Hg.), Kollektive Sicherheit in und für Europa - Eine Alternative?, Baden-Baden 1985 - *A. A. C. v. Müller*, Die Kunst des Friedens, München 1984 - *A. A. C. v. Müller*, Konventionelle Stabilität, Starnberg 1986 - Der Palme-Bericht. Bericht der Unabhängigen Kommission für Abrüstung und Sicherheit. 'Common Security', Berlin 1982 - *P. Parin/G. Parin-Matthèy*, Subjekt im Widerspruch, Frankfurt 1986 - *H. E. Richter*, Zur Psychologie des Friedens, Reinbek 1982 - *K. v. Schubert*, 'Mutual Responsibility'. Eine Strategie für West und Ost, Heidelberg 1987 - *D. Senghaas*, Die Zukunft Europas. Probleme der Friedensgestaltung, Frankfurt 1986 - *G. Sommer/J. M. Becker/K. Rehbein/R. Zimmermann* (Hg.), Feindbilder im Dienste der Aufrüstung. Beiträge aus Psychologie und anderen Humanwissenschaften, Marburg 1987 - *H. Stierlin*, Conflict and Reconciliation, New York 1969 - *Studiengruppe Alternative Sicherheitspolitik* (Hg.), Strukturwandel der Verteidigung. Entwürfe für eine konsequente Defensive, Opladen 1984 - *Studiengruppe Alternative Sicherheitspolitik* (Hg.), Vertrauensbildende Verteidigung. Reform deutscher Sicherheitspolitik, Gerlingen 1988 - *A. Theilmann*, Die Diskussion über militärische Defensivkonzepte, Hamburg 1986 - *Theologische Studienabteilung beim Bund der Evangelischen Kirchen in der DDR* (Hg..), Sicherheitspartnerschaft und Frieden in Europa. Aufgaben der deutschen Staaten - Verantwortung der deutschen Kirchen, Berlin 1983 - *O. Thränert*, Rüstungssteuerung und Gradualismus. Möglichkeiten und Grenzen einer alternativen Sicherheitspolitik, München 1986 - *C. F. v. Weizsäcker* (Hg.), Kriegsfolgen und Kriegsverhütung, München 1971 - *C. F. v. Weizsäcker*, Wege in der Gefahr, München 1976 - *C. F. v. Weizsäcker* (Hg.), Die Praxis der defensiven Verteidigung, Hameln 1984 - *S. Zweig*, Die Welt von gestern. Erinnerungen eines Europäers, o.O. 1947.

### *3.3. Frieden und Menschenrechte*

Die Erkenntnis friedensfördernder Prozesse haben wir in der Einleitung zu diesem Buch an drei Indikatoren gebunden: den Abbau von Not, die Bändigung der Gewalt und die Verminderung von Unfreiheit (s. oben Einleitung c). Der Abbau von Not umfaßt dabei, so sahen wir, zwei Momente: die Bewahrung der Natur und die Förderung sozialer Gerechtigkeit. In der Auswertung der neueren friedensethischen Diskussion haben wir drei friedensethische Optionen formuliert: die vorrangige Option für die Gewaltfreiheit, die vorrangige Option für die Armen und die vorrangige Option für die Bewahrung der Natur (s. oben II.4.d).

Beide Betrachtungsweisen hängen zusammen, sind aber nicht deckungsgleich. Vergleicht man sie miteinander, so zeigt sich, daß die neuere Entwicklung der Friedensethik den Indikator "Abbau von Not" stark betont hat, während die "Verminderung von Unfreiheit" in den Hintergrund trat. Darin spiegelt sich der Problemdruck, der von der ökologischen Krise einerseits, dem wachsenden Gegensatz zwischen reichen und armen Regionen der Erde andererseits ausgeht. Die Motive der Versöhnung mit der Natur und der sozialen Gerechtigkeit spielten deshalb in der Friedensethik und der Friedensforschung der letzten Jahrzehnte eine größere Rolle als die Frage nach den Menschenrechten. Demgegenüber sollen die Überlegungen dieses abschließenden Kapitels zeigen, daß die Frage nach sozialer Gerechtigkeit eng mit dem Thema der Menschenrechte verbunden ist. Um zu unterstreichen, daß zwischen der engen Verknüpfung von Frieden und Gerechtigkeit einerseits und der Zusammengehörigkeit von Frieden und Freiheit bei ernsthafter Betrachtung kein Gegensatz bestehen kann, beziehen wir im folgenden die vorrangige Option für die Armen auf das Thema der Menschenrechte. Wir wollen damit verdeutlichen, daß im Kampf um mehr soziale Gerechtigkeit im Weltmaßstab zugleich die Frage nach den Bedingungen der Freiheit auf dem Spiel steht. Zugleich gehen wir von der Annahme aus, daß Verminderung und Vermeidung von Gewalt gerade in Ländern der sogenannten "Dritten Welt" die Verbesserung der sozialen Lage und die Gewährleistung elementarer Freiheitsrechte zur Voraussetzung haben. Unter der Perspektive der Menschenrechte verknüpfen sich also noch einmal alle drei Indikatoren des Friedens miteinander: der Abbau von Not, die Bändigung der Gewalt und die Verminderung von Unfreiheit.

Die vorrangige Option für die Bewahrung der Natur haben wir in ihrer Begründung und in wichtigen Folgerungen an früherer Stelle entwickelt (s. oben III.1.3). Ihre ethische Konkretisierung bildet den Gegenstand einer Umweltethik; deren Darstellung würde den Rahmen dieses Bandes überschreiten. Die vorrangige Option für die Gewaltfreiheit haben wir in den letzten Kapiteln unter einer doppelten Perspektive betrachtet: unter der Perspektive derjenigen Entscheidungen, in denen die Gewissensfreiheit des einzelnen ihren Ort hat (III.3.1), wie in den Überlegungen zur Verantwortung für eine Sicherheitspolitik, die sich an den Zielen politischer Sicherheit, des Abbaus der Rüstungen und der Überwindung des Krieges als Institution orientiert (III.3.2). Wir erörtern zum Schluß ethische Konkretionen der vorrangigen Option für die Armen. Sie verpflichtet zu einer Perspektive, die an der Überwindung von Ungerechtigkeit und damit an der Ermöglichung gleicher Freiheit für alle orientiert ist.

Wir verfolgen diese Perspektive im Blick auf die Suche nach einer "universalistischen Makroethik der Menschheit"(s. oben die Einleitung zu III.3.2). In den Menschenrechten sehen wir universalisierbare Rechtsnormen für die eine Weltgesellschaft. Ihre Entwicklung ist von einem Motiv mitbestimmt, das schon Immanuel Kant in seinem Entwurf 'Zum ewigen Frieden' von 1795 auf eine einprägsame Formel brachte, als er erklärte, es sei nun mit der Gemeinschaft unter den Völkern so weit gekommen "daß die Rechtsverletzung an *einem* Ort der Erde an *allen* gefühlt" werde (Kant 216; s. oben I.3.4.b). Die Menschenrechte bilden deshalb eine wichtige Konkretisierung der Friedensethik, weil sie den Versuch darstellen, die rechtlichen Voraussetzungen für die freie und gleichberechtigte Koexistenz der verschiedenen individuellen und soziokulturellen Lebensformen auf der Erde als einem gemeinsamen Lebensraum zu formulieren.

Die Rechtsverletzungen unseres Jahrhunderts haben ein neues Nachdenken über den Maßstab der Gerechtigkeit hervorgerufen. Jenseits der Alternative zwischen einem ungeschichtlichen Naturrechtsdenken auf der einen und einem reinen Rechtspositivismus auf der anderen Seite hat sich in der Praxis des Völkerrechts wie in wichtigen Strömungen der Rechtstheorie die Überzeugung durchgesetzt, daß im geschichtlich gewachsenen Grundbestand der Menschenrechte eine Reihe von Prinzipien vorliegt, an denen sich der Kampf um die Wahrung des Rechts und die Überwindung von Ungerechtigkeit orientieren kann. Denn in den Menschenrechten drückt sich ein folgenreicher Grundsatz des Gerechtigkeitsdenkens aus. Er sagt: Die Freiheitseinschränkungen, die die einzelnen um der Rechtsgemeinschaft willen auf sich nehmen, müssen auch jedem einzelnen zugute kommen. An dieser Verknüpfung zwischen dem Begriff der Gerechtigkeit und dem Gedanken der Menschenrechte wollen wir uns im folgenden orientieren. Dabei ist es nützlich, mit einer begrifflichen Klärung zu beginnen und zudem zwischen verschiedenen Ebenen zu unterscheiden, auf denen von den Menschenrechten die Rede ist.

### a) Der Begriff der Menschenrechte

Am 12. Juni 1776 wurde mit der *Virginia Bill of Rights* zum ersten Mal ein Verfassungstext beschlossen, der unveräußerliche Menschenrechte als Grundlage und Schranke aller staatlichen Gewalt formulierte. Am 26. August 1798 folgte, nicht ohne amerikanischen Einfluß, die französische *Déclaration des droits de l'homme et du citoyen*. Gewiß waren auch vorher schon Freiheiten der Gewaltunterworfenen gegen Eingriffe der staatlichen Gewalt geschützt worden. Auf der Basis eines ständisch-korporativen Freiheitsbegriffs hatte bereits die englische *Magna Charta Libertatum* von 1215 die Rechte der Stände gegen die englische Krone gesichert. Als die niederländischen "Staaten" sich 1572 von Spanien lossagten, anerkannten sie in den Dordrechter Beschlüssen in aller Form das Recht eines jeden auf freie

Religionsausübung - ein für die Zeit der Konfessionskriege revolutionärer Vorgang, der freilich schon nach einem Jahr in Teilen widerrufen wurde. In der *Habeas-Corpus-Akte* von 1679 und der *Bill of Rights* von 1689 erkämpfte das englische Parlament den Schutz wichtiger politischer und individueller Rechte. Ihre Begründung fanden diese Rechte in der naturrechtlichen Vorstellung, daß alle Menschen von Natur aus frei seien, und daß ihnen diese Freiheit nicht ohne Grund genommen werden dürfe.

Dieser naturrechtliche Grundgedanke bestimmte auch die Rechteerklärungen der Amerikanischen Revolution. Das zeigt schon die Einleitungsformel der *Virginia Bill of Rights*, wenn sie sagt, alle Menschen seien "von Natur aus in gleicher Weise frei und unabhängig und im Besitz bestimmter angeborener Rechte". Derselbe Grundgedanke kehrt auch in der französischen Erklärung der Rechte des Menschen und Bürgers wieder, deren Artikel 1 heißt: "Die Menschen werden frei und gleich an Rechten geboren und bleiben es. Die gesellschaftlichen Unterschiede können nur auf den gemeinsamen Nutzen gegründet sein." In beiden Fällen wurde dem einzelnen Menschen eine Rechtsposition zuerkannt, die ihm unabhängig von seiner Stellung in der Rechtsgemeinschaft zukommt. Die Menschenrechte tragen nach dieser, im Aufklärungsjahrhundert entwickelten und in revolutionären Kämpfen durchgesetzten Auffassung vorstaatlichen Charakter. Die naturrechtliche Denkform diente dazu, diese nicht vom Staat gewährte, sondern ihm vorgegebene Rechtsstellung der Einzelperson zu begründen.

Aus dieser Entstehungsgeschichte ergeben sich bereits wichtige Kennzeichen dessen, was unter Menschenrechten zu verstehen ist. Der Begriff der *Menschenrechte im weiteren Sinn* bezeichnet alle diejenigen Rechte, die allen Menschen kraft ihres Menschseins und unabhängig von Hautfarbe oder Staatsangehörigkeit, politischer oder religiöser Überzeugung, sozialer Stellung oder wirtschaftlichem Einfluß, Geschlecht oder Alter zukommen. Diese Menschenrechte werden nicht vom Staat verliehen, sondern tragen vorstaatlichen Charakter. Sie sind unveräußerlich: weder darf der Staat sie verweigern oder entziehen, noch kann der einzelne freiwillig oder gezwungenermaßen auf sie verzichten. Einschränkungen der Menschenrechte sind deshalb allein dann legitim, wenn sie um der Gewährleistung gleich wichtiger Rechte willen unumgänglich sind. Träger der Menschenrechte sind immer die einzelnen menschlichen Personen; es handelt sich also durchweg um Statusrechte der einzelnen, nicht um Kollektivrechte.

Die deutsche Verfassungstradition des 19. Jahrhunderts hat den Begriff der Menschenrechte nicht aufgenommen. Die Zustimmung, auf welche die Ziele der Französischen Revolution in den ersten Jahren nach 1789 in Teilen des deutschen Publikums gestoßen war, wurde bald schon von der Ablehnung des Terrors überlagert, in den die Revolution mündete. Vor allem aber machten die Kämpfe mit dem napoleonischen Frankreich jede Anknüpfung an die Begrifflichkeit der Französischen Revolution in Deutschland unmöglich. Die frühkonstitutionellen Verfassungen, die in Deutschland nach 1815 erlassen wurden, sprachen von "Untertanenrechten", "Rechten der Staatsbürger", "Rechten der Landesangehörigen" und ähnlichem (Kleinheyer 1070f). Sie wurden nicht als vorstaatliche Rechtspositionen, sondern als vom Staat gewährte Rechte angesehen. Zudem traten nur solche Rechte in den Blick, die den Staatsbürgern zukommen; Rechte derjenigen Menschen, die sich im Staatsgebiet aufhielten, ohne Staatsbürger zu sein, wurden in den deutschen frühkonstitutionellen Verfassungen nicht kodifiziert. Die Bestimmungen über die Staatsangehörigkeit, die Gleichheit vor dem Gesetz, die Freiheit der Person, die Freiheit der Meinung sowie Eigentums- und Berufsfreiheit bildeten den Kern der Staatsbürgerrechte. Sie sicherten nicht nur die Rechtsstellung des einzelnen, sondern beförderten zugleich die Umgestaltung des Verhältnisses von Staat und bürgerlicher Gesellschaft. "Die Gewährleistung der Grundrechte hatte in der frühkonstitutionellen Epoche den institutionellen Sinn der Sozialgestaltung; sie war ein Stück der großen Staats- und Sozialreform" (Huber 351).

Der Name der *Grundrechte* setzte sich freilich erst mit den Beratungen der Frankfurter Nationalversammlung von 1848 durch. Das vorher auch literarisch nur selten nachzuweisende Wort erhielt eine Schlüsselstellung für das Verfassungswerk, das bürgerliche Freiheit und nationale Einheit zugleich sicherstellen sollte. Die *Grundrechte des deutschen Volkes* wurden, noch bevor die Verfassung im ganzen verabschiedungsreif war, am 20. Dezember 1848 in der Paulskirche feierlich beschlossen und kurz darauf amtlich verkündet. In einer Theodor Mommsen zugeschriebenen Erläuterung von 1849 wurde der Sinn des neuen Begriffs folgendermaßen unschrieben: Es handelt sich um "solche Rechte, welche notwendig erachtet sind zur Begründung einer freien Existenz für jeden einzelnen deutschen Bürger, eines fröhlichen Aufblühens all der großen und kleinen Gemeinschaften innerhalb der deutschen Grenzen" (Kleinheyer 1078). Inhaltlich setzten die Frankfurter Grundrechte die Linie des Frühkonstitutionalismus fort. Ihnen sollte bindende Wirkung für die Verfassunggebung und Gesetzgebung aller deutschen Staaten zukommen - eine Zielsetzung, die mit dem Scheitern der Revolution hinfällig wurde.

Zur Verabschiedung eines vergleichbaren Katalogs von Grundrechten kam es erst wieder im Rahmen der Weimarer Reichsverfassung von 1919. Nicht nur im Schutz der Bürger vor freiheitsbeschränkenden Eingriffen des Staates, sondern mehr noch in der Klärung der Grundlagen für ein neues Staatsverständnis lag die Aufgabe dieser Verfassungsbestimmungen; daraus wird begreiflich, warum sie neben den Grundrechten auch Grundpflichten der Deutschen umfaßten.

Auch noch die Weimarer Reichsverfassung beschränkte die grundrechtlichen Gewährleistungen auf die Staatsangehörigen. Das änderte sich erst mit dem Bonner Grundgesetz. Dessen Grundrechtsteil setzt mit dem Bekenntnis zur unantastbaren Würde des Menschen sowie zu unverletzlichen und unveräußerlichen Menschenrechten ein. Folgerichtigerweise umfassen die Grundrechte des Bonner Grundgesetzes deshalb auch nicht nur staatsbürgerliche Rechte, sondern zugleich Rechte, die allen Menschen zukommen. Dieser Befund sollte auch für das begriffliche Verständnis von Grundrechten leitend sein.

Als *Grundrechte* bezeichnen wir demnach solche grundlegenden Bestimmungen über die Rechtsstellung der Einzelperson, die innerhalb von einzelstaatlichen Verfassungen positiviert und mit unmittelbarer Verpflichtungskraft für das Handeln des jeweiligen Staates ausgestattet sind. Diese Grundrechte gelten zum Teil für alle Menschen, die sich innerhalb des Staatsgebiets aufhalten, zum Teil nur für Staatsangehörige; die Grundrechtskataloge umfassen also immer Menschen- und Bürgerrechte.

Nach dem Ende des Zweiten Weltkriegs fanden die Menschenrechte Eingang in das Völkerrecht. Nicht nur wie bisher die Staaten, sondern auch die einzelnen Menschen wurden nun als Völkerrechtssubjekte anerkannt. Dieser Schritt wurde mit der *Allgemeinen Erklärung der Menschenrechte* vom 10. Dezember 1948 feierlich vollzogen. Auch für den Begriff der Menschenrechte hatte dieses Ereignis epochale Bedeutung. Denn es nötigt dazu, dem Begriff der einzelstaatlich kodifizierten Grundrechte den Begriff der völkerrechtlich kodifizierten Menschenrechte zur Seite zu stellen. Demgemäß bezeichnen wir als *Menschenrechte im engeren Sinn* diejenigen Bestimmungen, die seit der Allgemeinen Erklärung der Menschenrechte von 1948 Gegenstand des Völkerrechts geworden sind. Die völkerrechtlichen Kodifikationen tragen entweder regionalen Charakter (ein Beispiel bildet die Europäische Menschenrechtskonvention von 1950) oder sind durch die Vereinten Nationen mit dem Ziel globaler Geltung verabschiedet worden.

Von der Ebene der rechtlichen Kodifikation ist diejenige Ebene zu unterscheiden, auf der nach der *Idee der Menschenrechte* gefragt wird. Denn auch wenn eine Übereinstimmung über die rechtliche Festlegung bestimmter Menschenrechte gelingt, ist dadurch nicht ausgeschlossen, daß über die Begründung und den Gehalt der Menschenrechte unterschiedliche Auffassungen bestehen.

Auf der einen Seite wird generell bestritten, daß den Menschenrechten universale Geltung zukommen könne; sie sind, so lautet der Einwand, an einen partikularen kulturellen Hintergrund gebunden, von dem allein her sie in ihrer Geltung einsichtig gemacht werden können. Die *Begründungsdiskussion* richtet sich also darauf, ob der Gedanke *universaler* Menschenrechte überhaupt einsichtig gemacht werden kann.

Auf der anderen Seite wird darauf aufmerksam gemacht, daß zwischen westlich-kapitalistischen Staaten, östlich-staatssozialistischen Staaten und schließlich den Staaten der "Dritten Welt" erhebliche Divergenzen im Verständnis der Menschenrechte zu beobachten sind. Die *Inhaltsdiskussion* richtet sich also darauf, ob ein einheitliches und hinreichend *bestimmtes* Konzept der Menschenrechte entwickelt werden kann.

Wer nach einer möglichen Universalität des Menschenrechtsgedankens hinter solchen Divergenzen fragt und damit eine solche Universalität jenseits des partikularen kulturellen Hintergrunds ihrer ursprünglichen Formulierung für möglich hält, der fragt nach der *Idee der Menschenrechte.* Er will prüfen, ob sich diese Idee begründen und in einheitliche und hinreichend bestimmte Kataloge von Menschenrechten umsetzen läßt. Wir wollen im folgenden versuchen, diese Menschenrechtsidee zu präzisieren, indem wir eine *Grundfigur der Menschenrechte* herausarbeiten, die scheinbar gegensätzliche Grundkonzepte und unterschiedlich akzentuierte Kodifikationen auf einen gemeinsamen Kern zurückführt.

Der Menschenrechtsgedanke hat durch Weltkriege und Diktaturen unseres Jahrhunderts eine besondere friedenspolitische und friedensethische Relevanz erlangt. Zusammen mit dem Gedanken des Gewaltverbots steht er seit 1945 im Zentrum der Friedenskonzeption der Vereinten Nationen. Mit dieser Beobachtung setzen die folgenden Überlegungen ein (b). Daran schließt sich der Versuch an, die Frage nach der Universalität der Menschenrechte zu klären (c) und ihre Grundfigur herauszuarbeiten (d). Ihre Bedeutung soll abschließend an demjenigen Themenfeld konkretisiert werden, an dem sich das Problem der Ungerechtigkeit mit der größten Massivität stellt: am Gegensatz zwischen den reichen und den armen Regionen der Erde (e).

### b) Gewaltverbot und Menschenrechte

Beide Weltkriege dieses Jahrhunderts haben Vorstöße zu einer neuen Theorie und Praxis des internationalen Friedens ausgelöst. Die Erfahrung des Ersten Weltkrieges veranlaßte zu einem Friedenskonzept, das der amerikanische Präsident Woodrow Wilson programmatisch in seinen vierzehn Punkten vom 8. Januar 1918 ankündigte (Ermacora I, 215). Dieses Konzept sollte die Gleichberechtigung der Staaten und ihre Zusammenarbeit im Völkerbund miteinander verknüpfen (s. oben I.4.4). Der angestrebte "Frieden der Gerechtigkeit" sollte wirtschaftliche Pressionen ebenso ausschließen wie militärische Gewalt. Doch gegen Nationalismus und Wirtschaftskrisen, Aufrüstung und Diktatur konnte der Völkerbund sich nicht durchsetzen.

Der Zweite Weltkrieg löste einen neuen Versuch aus, einen "gerechten und dauerhaften Frieden" aufzubauen. Die Grundstruktur der angestrebten internationalen Ordnung wurde bereits in der Atlantik-Charta vom 12. August 1941 entworfen: dem Gewaltverzicht aller Staaten sollte ein weltweites und dauerhaftes "System umfassender Sicherheit" korrespondieren, das in der Organisation der Vereinten Nationen Gestalt gewinnen sollte. Die Aufgabenstellung der Vereinten Nationen, in der Charta vom 26. Juni 1945 fixiert, verknüpft die Friedenssicherung durch weltweiten Gewaltverzicht und die Friedensförderung durch weltweite Anerkennung der Würde der menschlichen Person unmittelbar miteinander. Der Abbau der Gewalt und die Durchsetzung der Menschenrechte bilden die beiden Pfeiler, auf denen die Friedenskonzeption der Vereinten Nationen ruht. Das ergibt sich bereits aus den Formulierungen des Artikels 1 der UN-Charta:

"Die Vereinten Nationen setzen sich folgende Ziele:
1. den Weltfrieden und die internationale Sicherheit zu wahren und zu diesem Zweck wirksame Kollektivmaßnahmen zu treffen, um Bedrohungen des Friedens zu verhüten und zu beseitigen, Angriffshandlungen und andere Friedensbrüche zu unterdrücken und internationale Streitigkeiten oder Situationen, die zu einem Friedensbruch führen könnten, durch friedliche Mittel nach den Grundsätzen der Gerechtigkeit und des Völkerrechts zu bereinigen oder beizulegen;
2. freundschaftliche, auf der Achtung vor dem Grundsatz der Gleichberechtigung und Selbstbestimmung der Völker beruhende Beziehungen zwischen den Nationen zu entwickeln und andere geeignete Maßnahmen zur Festigung des Weltfriedens zu treffen;
3. eine internationale Zusammenarbeit herbeizuführen, um internationale Probleme wirtschaftlicher, sozialer, kultureller und humanitärer Art zu lösen und die Achtung vor den Menschenrechten und Grundfreiheiten für alle ohne Unterschied der Rasse, des Geschlechts, der Sprache oder der Religion zu fördern und zu festigen;
4. ein Mittelpunkt zu sein, in dem die Bemühungen der Nationen zur Verwirklichung dieser gemeinsamen Ziele aufeinander abgestimmt werden" (Delbrück I, 59).

Hinter dieser Verbindung von Gewaltverzicht und Menschenrechtsschutz steht die Überzeugung, daß dauerhafter Friede nur erreicht und gesichert werden kann, wenn Konflikte zwischen den Staaten auf gewaltfreiem Weg beigelegt werden, und wenn die Würde aller Menschen in gleicher Weise geachtet wird. Das Ausmaß der Gewalt, das die Menschheit im 20. Jahrhundert insbesondere in zwei Weltkriegen erlebt hat, verpflichtet dazu, alle zwischenstaatlichen Streitigkeiten nur durch "friedliche Mittel nach den Grundsätzen der Gerechtigkeit und des Völkerrechts" zu bereinigen. Verläßlich aber ist der Frieden nur, wenn er auf der umfassenden Achtung der Menschenrechte aufgebaut ist. Denn die Mißachtung der Menschenrechte hat innerstaatliche wie internationale Spannungen zur Folge; sie können leicht - wie die Präambel der Allgemeinen Erklärung der Menschenrechte vom 10. Dezember 1948 sagt - einen "Aufstand gegen Tyrannei und Unterdrückung" auslösen, der von den Machthabern gegebenenfalls nach außen gelenkt wird. Um dem vorzubeugen, wollen die Vereinten Nationen eine Zusammenarbeit der Staaten fördern, die zu sozialem Fortschritt und besserem Lebensstandard in größerer Freiheit und Gerechtigkeit beiträgt.

Die Charta der Vereinten Nationen beruht also auf einer Friedenskonzeption, für die das zwischenstaatliche Gewaltverbot und die Achtung der grundlegenden Menschenrechte die entscheidenden Pfeiler bilden. Beide sind in der Geschichte der Vereinten Nationen in unterschiedlicher Weise ausgestaltet worden.

Das *zwischenstaatliche Gewaltverbot* (s. auch oben III.3.1.1), das auf den Briand-Kellogg-Pakt von 1928 zurückgeht, wird in der Charta der Vereinten Nationen an verschiedenen Stellen verankert und in der *Declaration on Principles of International Law concerning Friendly Relations and Co-operating among States in Accordance with the Charta of the United Nations* vom 24. Oktober 1970 genauer entfaltet. Konsistent wäre dieses zwischenstaatliche Gewaltverbot erst dann, wenn es gelingen würde, einen "Weltgerichtshof" zu etablieren, vor den internationale Streitfälle gebracht werden müßten, und dessen Urteile für die streitenden Parteien verbindliche Kraft hätten (vgl. Kelsen). Jedoch ist es bis zum heutigen Tag nicht gelungen, den Internationalen Gerichtshof in Den Haag oder ein neu zu bildendes Gericht mit einer derart umfassenden Autorität auszustatten. Da die Vollversammung oder der Sicherheitsrat nur bestimmte Formen der Streitbeilegung *empfehlen* oder *vorschlagen* können, fehlt nach wie vor ein bindendes Verfahren der Streitentscheidung auf der Ebene der Vereinten Nationen. Dadurch aber wird das Gewicht des zwischenstaatlichen Gewaltverbots in erheblichem Umfang relativiert. Denn im Konfliktfall tritt an die Stelle eines die Parteien bindenden Schiedsverfahrens die Berufung auf das Recht der individuellen oder kollektiven Selbstverteidigung, das in Art. 51 der UN-Charta verankert ist.

Als Resultat ist deshalb festzuhalten: Der eine Pfeiler der Friedenskonzeption der Vereinten Nationen - das zwischenstaatliche Gewaltverbot - ist bisher nicht in ausreichendem Maß ausgebaut. Die Kompetenzen und Machtmittel, die der Organisation der Vereinten Nationen zugestanden sind, reichen nicht aus, um in ihrem Rahmen den Krieg als Institution des zwischenstaatlichen Konfliktaustrags überwinden zu können. Zwar wäre zu diesem Zweck nicht der Übergang zu einem *Weltstaat* erforderlich; denn diese Vorstellung überträgt lediglich überlieferte Vorstellungen von staatlicher Souveränität auf die Ebene der Weltgesellschaft. Wohl aber wäre es nötig, daß die in den Vereinten Nationen zusammengeschlossenen Staaten auf das Recht der Gewaltanwendung nach außen verzichten und einen internationalen Gerichtshof mit den notwendigen Vollmachten und Mitteln ausstatten, um zwischenstaatliche Konflikte friedlich beizulegen. Nicht ein *Weltstaat,* wohl aber ein *Weltgerichtshof* ist dafür erforderlich.

Wie steht es mit dem zweiten Pfeiler der seit 1945 von den Vereinten Nationen vertretenen Friedenskonzeption? Während das zwischenstaatliche Gewaltverbot im wesentlichen ein Programmsatz blieb, fanden die *Menschenrechte* Eingang in das internationale Recht. Mit der Allgemeinen Erklärung der Menschenrechte vom 10. Dezember 1948 vollzog sich der entscheidende Durchbruch. Sie entfaltete zwar keine unmittelbar bindende rechtliche Wirkung, formulierte aber, wie ihre Präambel sagt, das "von allen Völkern und Nationen zu erreichende gemeinsame Ideal" und entwickelte damit diejenigen Maßstäbe, an denen seitdem die Legitimität politischer Herrschaft geprüft werden kann. Diese Allgemeine Erklärung wurde von der Generalversammlung der Vereinten Nationen am 10. Dezember 1948 in Paris mit 48 Stimmen bei acht Enthaltungen angenommen; die Sowjetunion, Polen, die Tschechoslowakei, die Ukrainische Sowjetrepublik, die Weißrussische Sowjetrepublik, Jugoslawien, Südafrika und Saudiarabien enthielten sich der Stimme. Ein Teil dieser Staaten beteiligte sich gleichwohl aktiv an dem Versuch, aus den im Jahr 1948 verkündeten Grundsätzen bindende völkerrechtliche Vereinbarungen zu entwickeln; die später beitretenden Mitgliedsstaaten der Vereinten Nationen machten sich die Menschenrechtserklärung nahezu ausnahmslos zu eigen. Unter den späteren Kodifikationen kommt den beiden Menschenrechtspakten der Vereinten Nationen über bürgerliche und politische Rechte einerseits, wirtschaftliche, soziale und kulturelle Reche andererseits eine Schlüsselstellung zu. Beide wurden 1966 verabschiedet und traten 1976 in Kraft. Heute stehen sie für 85 beziehungsweise 88 Staaten in Geltung. Ihnen sind wichtige weitere Verträge zum weltweiten Menschenrechtsschutz zur Seite getreten: über Völkermord (1948), über Flüchtlinge (1951), über Sklaverei (1956), über Diskriminierung im Unterrichtswesen (1960), über Rassendiskriminierung (1966), über Geiselnahme (1979), über die Diskriminierung der Frau (1980) und über die Folter (1984). Zu den wichtigen Instrumenten des weltweiten Menschenrechtsschutzes zählen ferner die vier Genfer Rot-Kreuz-Konventionen von 1949 mit den beiden Zusatzprotokollen von 1977.

Neben die weltweit geltenden Menschenrechtsvereinbarungen sind regionale Instrumente des Menschenrechtsschutzes getreten. Zu nennen sind vor allem die Europäische Menschenrechtskonvention von 1950 sowie die Europäische Sozialcharta von 1965, die Amerikanische Menschenrechtskonvention von 1969 (seit 1978 in Kraft) und die Afrikanische Charta der Menschenrechte und Rechte der Völker von 1981 (seit 1986 in Kraft).

Besondere Bedeutung für die regionale Förderung der Menschenrechte hat die Schlußakte der Konferenz über Sicherheit und Zusammenarbeit in Europa (KSZE) vom 1. August 1975 erlangt, zu deren Signatarmächten neben den europäischen Staaten auch die USA und Kanada gehören. Sie enthält in ihrer einleitenden Prinzipienerklärung ("Korb I") einen eigenen Abschnitt (VII) über die "Achtung der Menschenrechte und Grundfreiheiten einschließlich der Gedanken-, Gewissens-, Religions- und Überzeugungsfreiheit". Außerdem ist der Teil der Schlußakte über die "Zusammenarbeit im humanitären Bereich"

("Korb III") für die Menschenrechtsfrage von großem Gewicht, wie die KSZE-Folgekonferenzen gezeigt haben. Obwohl die KSZE-Schlußakte eine Deklaration, nicht ein völkerrechtlich verbindlicher Vertrag ist, hat sie dem Menschenrechtsbewußtsein und der Menschenrechtspolitik wichtige Anstöße vermittelt; vor allem Bürgerrechtsbewegungen in osteuropäischen Staaten haben sich immer wieder auf sie berufen.

Nach all diesen Vorgängen sind die Menschenrechte aus dem internationalen Recht nicht mehr wegzudenken; sie sind, wie der Internationale Gerichtshof bereits im Jahr 1970 formulierte, zu Bestandteilen des zwingenden Völkerrechts geworden. Doch dem entsprechen bisher keine mit bindender Durchsetzungsmacht ausgestatteten Organe zum Schutz der Menschenrechte auf der Ebene der Vereinten Nationen. Diese Feststellung muß mit einigen Hinweisen verdeutlicht werden.

Verletzungen von Rechten aus dem Pakt über bürgerliche und politische Rechte werden von dem Ausschuß für Menschenrechte geprüft und festgestellt. Er besteht aus achtzehn Mitgliedern, die aufgrund ihrer persönlichen Kompetenz gewählt werden und an Regierungsweisungen nicht gebunden sind. Dabei *können* die Vertragsstaaten Mitteilungen anderer Staaten über Menschenrechtsverletzungen in ihrem Staatsgebiet anerkennen; sie sind dazu jedoch nicht verpflichtet. Einzelpersonen und nichtstaatliche Organisationen haben nur dann ein Recht, sich wegen Menschenrechtsverletzungen an den Menschenrechtsausschuß zu wenden, wenn der betroffene Staat dem Fakultativprotokoll zu dem Pakt über bürgerliche und politische Rechte beigetreten ist. Der Menschenrechtsausschuß hat dann die Aufgabe, solche Mitteilungen oder Individualbeschwerden zu prüfen und das Ergebnis seiner Prüfung dem betroffenen Staat sowie den Beschwerdeführern mitzuteilen. Die Bundesrepublik Deutschland hat dieses Fakultativprotokoll ebenso wie andere westeuropäische Staaten nicht unterzeichnet. Zur Begründung wird darauf hingewiesen, daß Individualbeschwerden gemäß der Europäischen Menschenrechtskonvention von den dafür zuständigen Instanzen erhoben werden können. Gleichwohl bleibt eine Lücke im Blick auf diejenigen Rechte, die zwar im Pakt der Vereinten Nationen über bürgerliche und politische Rechte, nicht aber in der Europäischen Menschenrechtskonvention enthalten sind. Konsequenter wäre es, auch auf der Ebene der Vereinten Nationen das Recht zur Individualbeschwerde anzuerkennen.

Der Pakt über wirtschaftliche, soziale und kulturelle Rechte kennt kein Beschwerderecht, sondern nur eine Berichtspflicht. Die Vertragsstaaten haben dem Generalsekretär sowie der Menschenrechtskommission des Wirtschafts- und Sozialrats der UN von den Maßnahmen zu berichten, die sie zur Förderung der wirtschaftlichen, sozialen und kulturellen Rechte ergriffen haben. Die Menschenrechtskommission, die in diesen Fällen tätig wird, ist mit dem oben erwähnten Ausschuß für Menschenrechte nicht identisch. Sie besteht nicht aus weisungsunabhängigen Einzelpersonen, sondern aus weisungsgebundenen Regierungsvertretern. Über den Inhalt der von den einzelnen Regierungen erstatteten Berichte und die Perspektiven, die sich aus ihnen ergeben, kann wiederum die Generalversammlung informiert werden. Der Wirtschafts- und Sozialrat hat darüber hinaus seine Menschenrechtskommission ermächtigt, sich mit Mitteilungen zu befassen, die von schweren Menschenrechtsverletzungen, insbesondere der Diskriminierung von Minderheiten, berichten. In solchen Fällen ist das Prüfungsrecht der Menschenrechtskommission also nicht auf die wirtschaftlichen, sozialen und kulturellen Rechte beschränkt, sondern erstreckt sich auch auf die bürgerlichen und politischen Rechte. Doch auch eine umfassende Prüfung der Menschenrechtslage in einem Land kann allenfalls die internationale Rechtsgemeinschaft auf Fälle von massiven Menschenrechtsverletzungen aufmerksam machen und so politisch-moralischen Druck auf das betreffende Land auslösen. Über eine Interventionsmöglichkeit verfügen die Vereinten Nationen nicht. Der von dem Friedensnobelpreisträger René Cassin bereits im Jahr 1947 formulierte Vorschlag, einen *Hochkommissar der Vereinten Nationen für die Menschenrechte* einzusetzen, hat sich bisher ebensowenig durchsetzen lassen wie der Plan für einen *Menschenrechtsgerichtshof* der Vereinten Nationen. Auch für den Schutz und die Förderung der Menschenrechte gilt, daß die Vereinten Nationen nicht über ein ausreichendes Instrumentarium verfügen, um der Verantwortung nachzukommen, die sie in ihrer Charta übernommen haben.

Diese knappe Analyse zeigt: Eine der praktischen Aufgaben heutiger Friedensverantwortung besteht darin, auf internationaler Ebene die Instrumente zu entwickeln und die Institutionen zu stärken, die zur Verwirklichung des zwischenstaatlichen Gewaltverbots und zur weltweiten Durchsetzung der Menschenrechte beizutragen vermögen. Doch darüber hinaus sind unmittelbare Initiativen auf den verschiedenen gesellschaftlichen Ebenen notwendig, die dem Gewaltabbau und der Förderung der Menschenrechte dienen können. In beiden Hinsichten ist die Rolle von Nicht-Regierungs-Organisationen ebenso wichtig wie die Rolle von Institutionen, in denen die Regierungen zusammenwirken.

Daß dabei der Menschenrechtsarbeit eine zentrale Bedeutung zukommt, ist in den letzten Jahrzehnten immer deutlicher geworden. Denn nach wie vor werden die Rechte von Millionen von Menschen mißachtet und zerstört: durch massenhaften Hunger ebenso wie durch politische Unterdrückung, durch den Mangel an Gesundheit und Bildung ebenso wie durch Folter und willkürliche Verhaftung. In alten und neuen Formen wird die Gewissens- und Religionsfreiheit beeinträchtigt - sei es im Namen atheistischer Regime oder im Namen der jeweils allein wahren Religion. Rassendiskriminierung wird fortgesetzt; in vielfachen Formen werden politische Rechte im Namen der nationalen Sicherheit suspendiert.

Zugleich ist die Zahl der Menschen gewachsen, die sich selbstlos und mit hohem persönlichem Risiko für den Schutz und die Verwirklichung der Menschenrechte einsetzen. Noch in keinem Jahrzehnt hat diese Arbeit für die Menschenrechte so viel öffentliche Aufmerksamkeit und Anerkennung gefunden wie zwischen der Mitte der siebziger und der Mitte der achtziger Jahre. Man kann die Entscheidungen über die Träger des Friedensnobelpreises dafür zum Beleg nehmen. Zu den Preisträgern dieses Jahrzehnts zählt *amnesty international,* die internationale Menschenrechtsbewegung, die nach dem Stand von 1986 mit 3430 Adoptionsgruppen in 55 Ländern arbeitet. Zu ihnen zählt Adolfo Perez Esquivel als Vertreter des *Servicio Paz y Justicia,* einer der Menschenrechtsgruppen, die für die Wiederherstellung der Demokratie, das Ende der Folter und den Abbau der Unterdrükkung in Lateinamerika arbeiten. Zu ihnen zählen Andrej Sacharow und Lech Walesa als Vorkämpfer der Menschen- und Bürgerrechte in osteuropäischen Staaten. Zu ihnen zählt Desmond Tutu als Symbol des Kampfes der schwarzen Mehrheit in Südafrika um politische Selbstbestimmung und Gleichberechtigung. Zu ihnen zählt das Amt des Hochkommissars der Vereinten Nationen für die Flüchtlinge, das die Hilfe für Millionen Opfer von politischer Verfolgung und Zwangsumsiedlung koordiniert, die oft unter unvorstellbaren Bedingungen in Elendslagern ihr Leben fristen müssen. Diese Beispiele zeigen: neben der Verhütung des Atomkriegs und dem Abbau der Rüstungen ist der Einsatz für die Menschenrechte zum wichtigsten Feld der Arbeit für den Frieden geworden.

"Frieden und Gerechtigkeit" hieß die klassische Formel der Friedensethik. Im Atomzeitalter kehrt sie in einer spezifischen Fassung wieder; sie konkretisiert sich in den Forderungen nach dem Verbot zwischenstaatlicher Gewalt und nach der Achtung grundlegender Menschenrechte. Der zweiten Forderung wollen wir in einigen weiteren Überlegungen nachgehen. Wir fragen nach der Universalität der Menschenrechte, nach ihrem Gehalt und nach Wegen zu ihrer Verwirklichung.

c) Die Universalität der Menschenrechte

Die Menschenrechte, so sahen wir, stellen heute einen Teil des internationalen Rechts dar. Seit der Allgemeinen Erklärung der Menschenrechte von 1948 eignet ihnen die Tendenz zu universaler Geltung. Damit bilden sie ein zentrales Thema für eine menschheitliche Rechtsethik, die für die Rechtfertigungsfähigkeit kollektiver Normenordnungen das Kriterium der Universalisierbarkeit zugrundelegt (s. oben III.2.2.c).

Gegen die Universalisierbarkeit der Menschenrechtsidee werden freilich schwerwiegende Einwände vorgebracht. Eingewandt wird zum einen, die Menschenrechte verdankten sich einer partikularen kulturellen Tradition und seien keiner *universalistischen Begründung* zugänglich. Zum andern wird geltend gemacht, der Begriff der Menschenrechte sei *inhaltlich unbestimmt;* es handle sich um eine Leerformel, die mit jedem Inhalt gefüllt werden könne.

Bevor wir uns im nächsten Abschnitt mit dem Einwand inhaltlicher Beliebigkeit auseinandersetzen, wenden wir uns zunächst der Frage einer *universalistischen Begründung* der Menschenrechte zu. In der Tat ist der Menschenrechtsgedanke auch in den Fassungen, die die Vereinten Nationen ihm gegeben haben, in seinen Begründungen durch die westliche Tradition geprägt. Das läßt sich schon an der Allgemeinen Erklärung der Menschenrechte von 1948 verdeutlichen. Deren erster Artikel kennzeichnet die anthropologischen Voraussetzungen der Menschenrechte so: "Alle Menschen sind frei und gleich an Würde und Rechten geboren. Sie sind mit Vernunft und Gewissen begabt und sollen einander im Geiste der Brüderlichkeit begegnen." Die christliche Aufklärung Amerikas, die die gleiche Würde aller Menschen aus der Gottebenbildlichkeit der Menschen ableitete, und die säkulare Aufklärung Frankreichs, die sich dafür auf die Vernunftnatur des Menschen berief, werden in dieser Begründung miteinander verknüpft. Mit dem Aufruf zur Brüderlichkeit aber wird ein Begriff gewählt, in dem die Französische Revolution und das Christentum sich treffen.

Die Dominanz, die in einer solchen Formulierung den Traditionen zuerkannt wird, die in der einen oder anderen Weise mit der Geschichte des Christentums verknüpft sind, ist unverkennbar. Zwar hat die UNESCO schon in einer sehr frühen Studie den Versuch unternommen, die Offenheit der Menschenrechte für Begründungen aus allen Religionen und Kulturkreisen nachzuweisen (vgl. UNESCO). Doch konnte auch diese Studie die Dominanz westlich-abendländischer Formulierungen im Begründungsartikel der Menschenrechtserklärung von 1948 nicht eliminieren. Noch vier Jahrzehnte später vermerkte ein orthodox-marxistischer Philosoph mit unverkennbarer Melancholie, diese Begründung der Menschenrechte könne "ihre christliche Herkunft nicht verleugnen" (Holz 45).

Den christlichen Hintergrund der Menschenrechte hat man zum Anlaß genommen, seine Universalität zu bestreiten. Besonders schroff hat Georg Picht erklärt, die Lehre von den Menschenrechten beruhe auf dem von der Stoa entwickelten Naturrechtsdenken sowie auf einem Personbegriff, der sich auf das Dogma von der Gottebenbildlichkeit des Menschen beruft; die ihnen zugrundeliegende Metaphysik sei sogar in ihrer europäischen Heimat zerbrochen und jedenfalls nicht in andere Kulturen exportierbar; die Utopie einer globalen Menschenrechtsordnung könne deshalb nur als leerer Wahn bezeichnet werden (Picht 127).

Doch eine solche Absage an eine globale Menschenrechtsordnung vernachlässigt den *Entstehungsort* der Forderung nach universal gültigen Menschenrechten. Dieser Entstehungsort liegt in der evidenten Globalität der Menschenrechtsverletzung. Wo immer Menschen verhungern oder gefoltert werden, wo immer ihnen die Freiheit des Glaubens und der Meinungsäußerung geraubt oder ein faires Verfahren vorenthalten wird, wo immer ihnen die Chance verweigert wird, mit eigener Arbeit für ihren Lebensunterhalt zu sorgen:

dort und in vielen vergleichbaren Situationen leuchtet die Universalität der Menschenrechte unmittelbar ein. Gegenüber solchen Erfahrungen erscheint eine historistische Relativierung dieses Gedankens als "Luxus für Etablierte" (Spaemann 709).

Von gleichem Gewicht ist der Hinweis darauf, aus welchem Grund gerade Europäer allen Grund haben, für die Universalität der Menschenrechte einzutreten, statt sich auf ihre Geltung für den eigenen Kulturkreis zurückzuziehen. Denn es kann nicht überzeugen, wenn Europäer und Amerikaner zwar die naturwissenschaftlich-technische Zivilisation mitsamt der Vergegenständlichung der Welt und der zweckrationalen Organisation des Lebens in alle Kontinente exportieren, die *Maßstäbe zur Eindämmung der Macht*, die dadurch entfesselt wurde, aber für sich behalten wollen. "In einer radikal zweckrational organisierten Welt hängt alles daran, daß der Charakter des Menschen als unbedingt zu achtender Selbstzweck ausdrücklich kodifiziert ist" (Spaemann 711).

Vor allem aber liegt in der These, aus der christlichen Begründung ergebe sich eine unaufhebbare Relativität der Menschenrechte, ein theologisches Mißverständnis. Denn wenn der Gedanke einer unantastbaren Menschenwürde mit dem Bekenntnis verbunden wird, daß Gott den Menschen nach seinem Bild geschaffen habe, so bezieht sich dieses Bekenntnis ja nicht auf eine partikulare und exklusive Sonderlehre von Juden und Christen. Sondern darin spricht sich die Überzeugung aus, daß *um der Wirklichkeit Gottes willen* die Würde keiner menschlichen Person - sie sei Jude oder Christ, Mohammedaner oder Hindu, religiös oder glaubenslos, Kommunist oder Liberaler, schwarz oder weiß, Frau oder Mann, jung oder alt - angetastet werden soll. Das ist eine Überzeugung, die aus der Erfahrung massiven Unrechts im 20. Jahrhundert ihre eindeutige Interpretation erfährt. Gerade diese theologische Begründung schließt es schlechterdings aus, daß ihre Folgerungen nur für diejenigen gelten sollen, die in der Begründung selbst übereinstimmen.

Die Folgerung aus den drei gerade vorgetragenen Argumenten lautet: Die Tatsache, daß sich der Gedanke der Menschenrechte einer spezifischen religiösen und kulturellen Tradition verdankt, ist nicht in sich selbst ein Einwand gegen die Universalisierbarkeit der Menschenrechte. Freilich muß die spezifische Begründung der Menschenrechte in den antiken, jüdischen und christlichen Traditionen Europas und Amerikas in einen Dialog eingebracht werden, der die Universalisierbarkeit der Menschenrechte als Angebot an alle religiösen und kulturellen Traditionen formuliert, den Menschenrechtsgedanken also für unterschiedliche Begründungen und Interpretationen offen hält. Im Interesse an einer derartigen *offenen Universalität* wird man gerade keine Letztbegründung für die Idee der Menschenrechte als verbindlich erklären, die auf eine Instanz außerhalb dieser Idee selbst verweist. Entscheidend ist vielmehr, daß die Idee der Menschenrechte in sich selbst Prinzipien enthält, die von niemandem, der sich mit Gründen an einem ethischen Diskurs beteiligen will, bestritten werden können (vgl. Apel 8). Sie enthält zum einen in sich selbst den *Dignitätsgrundsatz*, nach dem der Würde der menschlichen Person und der Freiheit ihres Gewissens unbedingte Achtung gebührt (s. oben III.2.1.c); wer diesen Grundsatz bestreiten würde, würde selbst auf die Instanz verzichten, die er bei jedem ethischen Argument voraussetzt: die gewissensbestimmte Freiheit der menschlichen Person. Die Idee der Menschenrechte enthält zum anderen in sich selbst den *Fairneßgrundsatz*, der mich dazu verpflichtet, dem jeweils anderen dieselbe Rechtsposition zuzuerkennen, die ich für mich selbst in Anspruch nehme (s. oben III.2.2.b). Die Verankerung der Menschenrechte in der Würde des Menschen sowie die Zuerkennung der gleichen Freiheit an alle Menschen bilden denjenigen Kern der Menschenrechtsidee, aus dem sich ihre Universalisierbarkeit ergibt.

Sieht man in den Menschenrechten universalisierbare Normen, so hat dies, wie sich aus den bisherigen Überlegungen bereits nahelegt, drei weitreichende Implikationen:

- Zunächst ist damit die Behauptung verbunden, daß mit den Mitteln eines freien und offenen Diskurses eine Verständigung über die grundlegenden Gehalte des Menschenrechtsgedankens möglich ist. Unbeschadet der Tatsache, daß für diesen Gedanken unterschiedliche Begründungen in Anspruch genommen werden, muß über seinen Gehalt ein Konsens möglich sein. Anhalt findet eine solche Behauptung zunächst an einer historischen Beobachtung. Das Faktum, daß die Allgemeine Erklärung der Menschenrechte von den Vereinten Nationen ohne Gegenstimme verabschiedet wurde und daß auch die beiden Menschenrechtspakte von 1966 in der UN-Generalversammlung einstimmig beschlossen wurden, zeigt, daß die Vertreter sehr unterschiedlicher Traditionen in der Formulierung grundlegender Menschenrechte übereinstimmen können. Anhalt hat diese Beobachtung auch an dem Faktum, daß die Menschenrechte Eindeutigkeit jedenfalls von ihrem Gegenbild her erhalten: von ihrer Leugnung. Wo Menschenrechte massiv verletzt werden, kommen über ihre Begründung so wenig Zweifel auf wie über ihren Inhalt.

- Nur dann hat der Begriff der Menschenrechte einen ausweisbaren Sinn, wenn sie für alle Menschen gelten können. Ihre Substanz hängt an der Überzeugung, daß niemand von ihrer Wirksamkeit ausgeschlossen werden darf. Alle Regelungen, die grundlegende Rechte in ihrer Geltung auf eine Gruppe oder einen Teil der Gesellschaft beschränken, bilden einen Angriff auf die Menschenrechte im ganzen. Menschenrechte, die auf einen Teil der Menschheit oder einer Gesellschaft begrenzt sind, werden dadurch zu Partikularrechten einer Gruppe. Die Menschenrechtsidee aber stellt gerade die Legitimität all der Gesellschaftsordnungen in Frage, die grundlegend zwischen den elementaren Rechten verschiedener Gruppen unterscheiden. Deshalb bildet der Status von marginalisierten Gruppen ein entscheidendes Kriterium für die Verwirklichung der Menschenrechte im ganzen. Solche marginalisierten Gruppen können Minderheiten, in bestimmten Fällen aber auch Bevölkerungsmehrheiten sein. In der westeuropäischen Situation muß dieses Kriterium vor allem auf die Situation von Frauen und ausländischen Mitbürgern angewandt werden. Im Blick auf die Republik Südafrika bilden die Menschenrechte die entscheidende Instanz für den Widerstand dagegen, daß die schwarze Bevölkerungsmehrheit noch immer von wirtschaftlicher und politischer Gleichberechtigung ausgeschlossen ist. Ihre kritische Funktion entfalten die Menschenrechte gerade dann, wenn sie als Prinzipien einer globalen Rechtsordnung ernstgenommen werden. Ihr ideologischer Mißbrauch, der darauf zielt, sie als Waffen im Kampf der Systeme einzusetzen und ihnen damit die selbstkritische Spitze abzubrechen, ist dann ausgeschlossen.
- Universalität der Menschrechte aber heißt nicht zuletzt: Rücksicht auf die Lebensrechte künftiger Generationen. Auch wenn juristisches Denken einwendet, daß noch nicht geborene Menschen nicht Träger von Rechten sein können, so ist unter der hier eingenommenen Perspektive doch plausibel, daß die Universalität der Menschenrechte auch die Angehörigen künftiger Generationen umfassen muß. Denn nichts verleiht uns heute Lebenden das Recht, von der Würde künftiger Generationen geringer zu denken als von unserer eigenen und ihnen einen geringeren Freiheitsspielraum einzuräumen, als wir ihn selbst in Anspruch nehmen (s. oben III.1.3.c und III.2.2.a). Die Universalität der Menschenrechte bildet denjenigen Maßstab, vor dem unsere Ausbeutung der außermenschlichen Natur wie unsere Schuldenpolitik gegenüber den ärmsten Ländern, aber auch die Lagerung radioaktiver Abfälle und der weitere Ausbau atomarer Rüstungen als unverantwortbar erscheinen.

d) Die Grundfigur der Menschenrechte

Nun ist die Einführung des Menschenrechtsgedankens in das Völkerrecht des Atomzeitalters keineswegs durchgängig als Beleg dafür anerkannt worden, daß es sich bei den Menschenrechten um universalisierbare Normen handelt. Im Gegenteil: aus der Tatsache, daß westlich-kapitalistische Staaten, östlich-staatssozialistische Staaten und Länder der "Dritten Welt" inhaltlich unterschiedliche Menschenrechtsforderungen in den Vordergrund gestellt haben, hat man den Schluß gezogen: "Die Vorstellungen von Inhalt und Funktion der Menschenrechte klaffen derart auseinander, daß die Idee, es gäbe universale Normen, die für die gesamte Menschheit gültig sind, sich als eine Hohlform erweist, deren deklamatorischer Wert darin besteht, daß sie sich mit beliebigen Inhalten aufladen läßt" (Picht 130).

Ein derartiger Einwand macht zu Recht darauf aufmerksam, daß der Gehalt des Menschenrechtsgedankens nicht in zeitloser Form zugänglich ist. Die Einsicht in den unveräußerlichen Kernbestand der Menschenrechte wie in ihre universale Gültigkeit ist vielmehr historisch gewachsen; sie gehört zum politischen Projekt der Moderne und ist auch künftigem Wandel nicht entzogen. Doch der Einwand greift zu weit, wenn er sich mit der Behauptung verbindet, die "Hohlform" der Menschenrechte könne mit beliebigem Inhalt gefüllt werden. Vielmehr zeigt sich, daß auch die völkerrechtlichen Kodifikationen sich auf eine Grundfigur der Menschenrechte zurückführen lassen, die mit der Trias von *Freiheit, Gleichheit und Teilhabe* umschrieben werden kann. Ein Blick auf die Kodifikation der Menschenrechte durch die Vereinten Nationen kann dies verdeutlichen. Er nötigt freilich auch zu einer kritischen Abgrenzung von aktuellen Tendenzen zur Weiterentwicklung der Menschenrechtspolitik in den Vereinten Nationen.

Sowohl die Allgemeine Erklärung der Menschenrechte von 1948 als auch der Internationale Pakt über bürgerliche und politische Rechte von 1966 gehen von dem Grundgedanken aus, daß jeder Mensch überall Anspruch auf Anerkennung als Rechtsperson hat. Die aus dieser Anerkennung folgenden persönlichen Freiheitsrechte müssen deshalb ohne Unterschied und ohne Rücksicht auf Rasse oder Geschlecht, Sprache oder Religion gewährt werden. Zu ihnen zählen insbesondere das Recht auf Leben und Freiheit, der Anspruch auf Rechtsschutz und faires Verfahren *(nullum crimen sine lege)*, der Anspruch auf eine gesicherte Freiheitssphäre und auf Freizügigkeit, die Meinungs- und Informationsfreiheit, die Minderheitenrechte und die politischen Mitwirkungsrechte der Staatsbürger.

Diesen persönlichen Freiheitsrechten, die unmittelbare Abwehrrechte wie Ansprüche der einzelnen gegenüber der staatlichen Gewalt begründen, treten in der Allgemeinen Erklärung der Menschenrechte wie in dem zweiten Menschenrechtspakt von 1966 wirtschaftliche, soziale und kulturelle Rechte zur Seite, in denen nicht einklagbare Ansprüche der einzelnen, wohl aber unmittelbar geltende Pflichten der Staaten begründet sind. Auch diese Pflichten der Staaten haben in der Rechtsposition der Einzelperson ihren Grund. In diesem Sinn handelt es sich auch bei den sozialen Rechten nicht um Kollektivrechte, sondern um Rechte des Individuums. Zu diesen sozialen Rechten gehören das Recht auf Arbeit, freie Berufswahl, Koalitionsfreiheit, angemessene Entlohnung, befriedigende Arbeitsbedingungen und soziale Schutzmaßnahmen, das Recht auf Erholung und Freizeit, das Recht auf soziale Sicherheit und Fürsorge, das Recht auf Erziehung, das Recht zur Teilnahme am gesellschaftlichen und kulturellen Leben.

Aus der Tatsache, daß der Katalog der bürgerlichen und politischen Rechte vor allem von den westlichen Staaten gefördert und die wirtschaftlichen, sozialen und kulturellen Rechte vorwiegend von den östlichen Staaten formuliert werden, kann man, wie dieser Überblick anschaulich macht, gerade nicht den Schluß ziehen, daß diese beiden Kataloge sich ausschließen. Sie bilden im Gegenteil eine "gedankliche Einheit" (Verdross/Simma 607).

Denn Freiheitsrechte sind für die einzelnen wertlos, wenn sie nicht unter wirtschaftlichen, sozialen und kulturellen Bedingungen leben, unter denen sie von solchen Rechten Gebrauch machen können. Wirtschaftliche, soziale und kulturelle Rechte aber dienen nicht der Entfaltung menschlicher Würde, wenn sie nicht mit der Gewährleistung von Freiheit und politischer Mitwirkung gekoppelt sind. Sollen jedoch die Staaten den Ansprüchen nachkommen, die in der Formulierung solcher Rechte an sie gestellt werden, dann müssen sie ihrerseits über das Recht der Selbstbestimmung verfügen. Deshalb ist es begreiflich, daß die beiden Menschenrechtspakte von 1966 mit einem Artikel über das Selbstbestimmungsrecht der Völker einsetzen.

Dennoch trat mit diesem Einleitungsartikel zu den beiden Menschenrechtspakten von 1966 ein Element in die Kodifikationen der Vereinten Nationen ein, das Begriff und Idee der Menschenrechte zu sprengen droht. Seit Beginn der siebziger Jahre wird in den Vereinten Nationen gefordert, daß über die politischen und bürgerlichen Rechte einerseits, die wirtschaftlichen, sozialen und kulturellen Rechte andererseits hinaus eine "dritte Generation" der Menschenrechte im Völkerrecht verankert werden soll. Die Forderung nach solchen "Solidaritätsrechten" ist begreiflich; in ihnen meldet sich die Forderung der Länder Asiens, Afrikas und Lateinamerikas nach politischer und ökonomischer Gleichberechtigung.

Es liegt jedoch keine Geringschätzung dieses Ziels vor, wenn man zu dem Ergebnis kommt, daß der hier eingeschlagene Weg untauglich ist. Zur Begründung für die "dritte Generation" der Menschenrechte wurde auf den geschichtlichen Charakter und die dynamische Qualität der Menschenrechtsidee verwiesen (Ph. Alston bei Kühnhardt 312). Doch dieses Argument, so richtig es ist, darf gerade nicht zur Rechtfertigung dafür verwendet werden, daß die Menschenrechtsidee mit jeglichem Inhalt gefüllt werden darf. Denn dann würde sie doch zur beliebig verwendbaren "Hohlform". Diejenigen, die den moralischen Kredit des Menschenrechtsgedankens nutzen wollen, würden ihn auf Dauer gerade verspielen.

Eine Aufhebung der Menschenrechtsidee liegt in der Forderung nach einer "dritten Generation" der Menschenrechte deshalb vor, weil die nun propagierten Inhalte nicht mehr an die Einzelperson als Rechtssubjekt gebunden sind. Unter den "Solidaritätsrechten" sind in der Diskussion der siebziger und achtziger Jahre vor allem drei in den Vordergrund getreten: das Menschenrecht auf Frieden, das Menschenrecht auf Entwicklung und das Menschenrecht auf eine natürliche Umwelt (vgl. Brock; Kühnhardt 313ff). Damit werden Staatszielbestimmungen in den Rang von Menschenrechten erhoben, die sich nicht mehr auf die individuell zurechenbaren Lebensbedingungen der einzelnen, sondern nur auf das gesellschaftliche Zusammenleben als solches beziehen lassen. Damit werden die Menschenrechte im Sinn kollektiver Rechte verstanden. Bei ihnen kann aber keine Rede mehr davon sein, daß sie vorstaatlichen Charakter tragen und dem verfügenden Zugriff des Staates entzogen sind. Was Frieden, Entwicklung oder natürliche Umwelt heißt und welche Maßnahmen sie zu fördern vermögen, ist vielmehr Thema des politischen Diskurses und der politischen Definition.

Nicht eine Erweiterung, sondern eine Transformation des Menschenrechtsbegriffs liegt demnach vor, wenn auch Kollektivrechte der politischen Gemeinschaft als Menschenrechte anerkannt werden sollen. Wenn grundlegende Staatszielbestimmungen wie Frieden, Entwicklung oder natürliche Umwelt als Menschenrechte bezeichnet werden, so soll diesen Zielen dadurch zweifellos eine zusätzliche Dignität und Autorität vermittelt werden. Doch die Wirkung einer solchen Strategie könnte kontraproduktiv sein; sie könnte gerade zu einer Schwächung des Menschenrechtsgedankens führen. Wer den Menschenrechtsgedanken in seiner Stärke bewahren und ihn auch weiterhin mit einigermaßen klaren Konturen versehen will, sollte also die Rede von einer "dritten Generation" der Menschenrechte *nicht* mitvollziehen. Denn die Menschenrechte sind an die Person gebunden; sie handeln davon, daß die Würde jedes menschlichen Wesens geachtet und daß seine Freiheit, seine Gleichheit und sein Recht auf aktive Teilhabe am gemeinsamen Leben gefördert werden. Darin stimmen die persönlichen Freiheitsrechte und die sozialen Menschenrechte überein; beide Gruppen von Rechten sind - im Unterschied zu den Solidaritätsrechten der "dritten Generation" - auf die einzelne menschliche Person als Trägerin dieser Rechte bezogen.

Interpretieren wir die modernen völkerrechtlichen Dokumente in kritischer Abgrenzung gegenüber der Vorstellung von einer "dritten Generation" von Menschenrechten, so führt die Analyse zu einem Ergebnis, das sich in vergleichbarer Weise auch den klassischen Menschenrechtstexten seit der *Virginia Bill of Rights* von 1776 und der *Déclaration des droits de l'homme et du citoyen* von 1789 entnehmen läßt. Dieses Ergebnis heißt: Die Menschenrechtstradition legt die unverfügbare Würde des Menschen unter drei Perspektiven aus, nämlich unter den Perspektiven der Freiheit, der Gleichheit und der Teilhabe. Dieser Befund konvergiert mit dem diskursethischen Grundsatz, nach dem diejenigen Normen legitimierbar sind, die unter der Voraussetzung *freier und gleicher Beteiligung* aller Betroffenen deren Zustimmung finden können (s. oben III.2.2.c). In historischer wie in rechtsethischer Betrachtung bilden die Menschenrechte den entscheidenden Maßstab für die Legitimationsfähigkeit politischer Ordnungen. Doch diese kritische Funktion kommt der Idee der Menschenrechte nur dann zu, wenn sie gegen verkürzende Interpretationen geschützt sind.

Von den drei Elementen in der Grundfigur der Menschenrechte tritt in der westlichen Auslegungstradition und Rechtspraxis zumeist allein der Aspekt der *Freiheit* in den Vordergrund. Darin wirkt der Entstehungszusammenhang des neuzeitlichen Menschenrechtsgedankens nach. Er bildet eine Appellationsinstanz der Bürger gegen die Verfügungsansprüche der politischen Macht, des absolutistischen Staates zumal. Die Befugnis des Staates, in die Freiheit seiner Bürger einzugreifen, sollte auf das Maß beschränkt werden, das unerläßlich war, damit die Freiheit des einen mit der Freiheit des anderen zusammen bestehen konnte. Doch gerade dort, wo der Kampf der Bürger um die Emanzipation von staatlicher Bevormundung erfolgreich war, zeigte sich, daß dies keineswegs der gleichen Freiheit aller zugute kam. Vielmehr bildeten sich neue Herrschaftsverhältnisse und Abhängigkeiten, die nicht minder gegen die Würde aller Menschen verstießen, als dies zuvor ein absoluter Anspruch staatlicher Herrschaft getan hatte. Solche Entwicklungen machten deutlich, daß in der Gleichheit eine Bedingung von Freiheit zu sehen ist. Es war deshalb folgerichtig, daß der Gleichheitsgrundsatz Eingang in die Kataloge der Menschen- und Bürgerrechte fand; in ihrer Auslegung und praktischen Anwendung trat er gerade in den westlich-kapitalistischen Staaten freilich weithin hinter dem Freiheitsaspekt zurück.

Das Sachmoment der *Gleichheit* verbindet den Gedanken der Menschenrechte unlöslich mit der Forderung der Gerechtigkeit. Sobald der Gleichheitssatz zu den grundlegenden Normen einer staatlichen Ordnung zählt, wird die politische Gerechtigkeit als entscheidender Maßstab für die Legitimität dieser Ordnung anerkannt. Während das Nützlichkeitsprinzip des Utilitarismus fordert, daß Entscheidungen *im Durchschnitt* für die Allgemeinheit nützlich sind ("das größtmögliche Glück der größtmöglichen Zahl") fordert das Prinzip der politischen Gerechtigkeit, daß Entscheidungen *für jeden einzelnen* vorteilhaft sind (Höffe 86). Wer sich am Prinzip der politischen Gerechtigkeit orientiert, vermag also gerade nicht schon darin eine zureichende gesellschaftliche Ordnung zu sehen, daß Strukturen oder Entscheidungen immerhin eine Majorität begünstigen und nur eine Minorität benachteiligen; er muß vielmehr fragen, wie die Benachteiligung dieser Minorität behoben werden kann. Eben darin liegt das revolutionäre Moment in der menschenrechtlichen Gleichheitsforderung, das der Jurist Ludwig Raiser im Jahr 1948 mit der Bemerkung kommentiert hat, daß "in der Gleichheitsforderung ein alle Positivierungen transzendierender, in seiner Radikalität revolutionärer Kern steckt, dem mit der Sicherung und Entfaltung bestehender Sozial- und Wirtschaftsverfassung nicht Genüge getan ist, der vielmehr das Rechtsgewissen aus allen einmal befestigten Positionen immer wieder hinaustreibt auf die Suche nach der eigentlichen ... Gerechtigkeit" (zit. n. Tödt 150). Der Menschenrechtsgedanke ist in der Würde jeder menschlichen Person begründet, die verbietet, einen Menschen nur als Mittel und nicht als Zweck an sich selbst zu verstehen; verboten ist damit aber auch, sie oder ihn in einer Weise zu behandeln, die mit der Stellung als vollwertiges und gleichberechtigtes Glied der Gesellschaft nicht vereinbar ist. Deshalb fordern die Menschenrechte von jeder Gesellschaft einen Mindeststandard an politischer Gerechtigkeit, der nicht unterschritten werden darf; und sie enthalten einen überschießenden Impuls, der auf eine Veränderung im Interesse wachsender Gerechtigkeit drängt.

Es ist freilich gerade dieses überschießende Moment der Gleichheitsforderung, dessentwegen viele Interpreten die wirtschaftlichen und sozialen Rechte aus den Katalogen der Grund- und Menschenrechte ausschließen möchten. Sie reduzieren den Menschenrechtsgedanken auf einen Kernbestand von Abwehr- und Anspruchsrechten des einzelnen gegenüber dem Staat, die im Fall ihrer Verletzung unmittelbar auf gerichtlichem Weg eingeklagt werden können; sie beschränken ihn damit auf die im Sinn von Abwehrrechten verstandenen Freiheitsrechte. Doch der Gedanke der Gleichheit gehört untilgbar zur Vorstellung elementarer Menschenrechte hinzu; auch er beschreibt einen unverzichtbaren Rechtsanspruch der einzelnen Person, nicht etwa ein Kollektivrecht, und gehört deshalb zu den Grundlagen der Menschenrechte. Ihn zu eliminieren, müßte als unvertretbare Einseitigkeit erscheinen.

Wenn jedoch dadurch die elementaren Forderungen politischer Gerechtigkeit unlösbar mit dem Menschenrechtsgedanken verbunden sind, bedürfen auch verbreitete Vorstellungen über Schutz und Verwirklichung der Menschenrechte einer kritischen Revision. Der Gedanke des gerichtlichen Rechtsschutzes ist eng mit dem Begriff der Menschenrechte verknüpft. Doch eine unstatthafte Verengung läge in der Vorstellung, der Rechtsschutz durch staatliche Gerichte sei das einzige Instrument zur Verwirklichung der Menschenrechte. Denn gefördert werden die Menschenrechte zuallererst durch politisches Handeln, wo nötig auch durch Protest und Widerstand der Betroffenen. In die damit gegebene Skala von Handlungsformen fügen sich die Instrumente des gerichtlichen Rechtsschutzes ein; isolieren lassen sie sich nicht.

Von Anbeginn an betonen die neuzeitlichen Menschenrechtskataloge die politischen Mitwirkungsrechte der Bürger; Volkssouveränität, Freiheit der Wahlen und die Entscheidungsrechte der politischen Repräsentation gehören zu ihrem Kernbestand. Neben Freiheit und Gleichheit tritt also als drittes Sachmoment in der Grundfigur der Menschenrechte die *Teilhabe,* die Partizipation der einzelnen am Leben des politischen Gemeinwesens. Das Menschenbild der frühen Grundrechtskataloge wird also verkürzt gezeichnet, wenn allein von dem besitzindividualistischen Bürger die Rede ist, der seinen Freiheitsraum gegenüber den Eingriffen des Staates abzusichern sucht. Diese nicht-kommunikative Vorstellung von Freiheit ist nur einer der Akzente, welche die Vorstellung von den Menschenrechten seit ihrer Ausbildung in der Epoche der bürgerlichen Gesellschaft geprägt haben. Das aktiv-partizipatorische Moment tritt von Anfang an hinzu. Nicht nur die Sicherheit des *bourgeois,* sondern auch die Verantwortungsfähigkeit des *citoyen* gehört zu den bestimmenden Themen der Menschenrechtstradition. Das gilt erst recht für das Verständnis der Menschenrechte im Völkerrecht der Gegenwart; auch in ihm ist die Volkssouveränität ebenso verankert wie das Recht jedes Menschen, an der Leitung der öffentlichen Angelegenheiten seines Landes unmittelbar oder durch frei gewählte Vertreter teilzunehmen (Art. 21 der Allgemeinen Erklärung der Menschenrechte). Dieser Möglichkeit aktiver Mitwirkung und

Mitgestaltung korrespondiert das Recht zur Teilhabe an den Gütern und der sozialen Sicherheit, die eine Gesellschaft zu gewähren vermag.

Diese Überlegung zum Gehalt des Menschenrechtsgedankens bestätigt, wie irreführend es ist, die Einzelmomente von Freiheit, Gleichheit und Teilhabe gegeneinander auszuspielen oder die bürgerlichen und politischen Rechte alternativ den wirtschaftlichen, sozialen und kulturellen Rechten gegenüberzustellen. Gerade wer in der Förderung der Menschenrechte eine der Grundformen der Verantwortung für den Frieden anerkennt, muß die Menschenrechtsidee in ihrem umfassenden Charakter ernst nehmen: in der Einheit von Freiheit, Gleichheit und Teilhabe. Auf dem Hintergrund dieser Einheit gewinnt freilich der Skandal weltweiter sozialer Ungerechtigkeit umso klarere Kontur. Wie der zwischenstaatliche Gewaltverzicht und die Förderung der Menschenrechte heute die wichtigsten Schritte der Friedensförderung bilden, so gefährdet und zerstört heute den Frieden nichts so sehr wie die fortdauernde Rüstungssteigerung auf der einen, die weltweite soziale Ungerechtigkeit auf der anderen Seite.

### e) Menschenrechte im Konflikt zwischen Arm und Reich

Das internationale System der Verteilung und Nutzung der Güter, die die Erde zur Verfügung stellt, ist durch ein analogieloses Maß an Ungerechtigkeit gekennzeichnet. Welche Indikatoren man auch wählt, welche Maßzahlen man auch für verläßlich oder für unzuverlässig hält: das Resultat besteht in jedem Fall darin, daß die Ungleichverteilung gerade in derjenigen Epoche dramatisch gewachsen ist, die als Zeit der "Entwicklungsdekaden" in die Geschichte eingehen sollte. Ausgangs der achtziger Jahre verbrauchen die Menschen in den relativ reichen Industrienationen, das heißt ein knappes Viertel der Erdbevölkerung, ungefähr vier Fünftel der materiellen Reichtümer der Erde; ihr Konsum verschlingt drei Viertel aller mineralischen Rohstoffe und vier Fünftel der auf der Erde eingesetzten Energie. Die Minorität von Menschen in den hochindustrialisierten Ländern trägt zum Raubbau an nichterneuerbaren Ressourcen ungleich viel mehr bei als die überwältigende Majorität der Menschen in den Ländern Asiens, Afrikas und Lateinamerikas. Umweltzerstörung und weltweite Ungerechtigkeit sind unmittelbar aneinander gekoppelt.

Der Gegensatz von Reich und Arm hat zur Folge, daß die Mittel zur Befriedigung von Grundbedürfnissen, soweit sie verfügbar sind, nicht denen zugute kommen, die am dringlichsten auf sie angewiesen wären: 47% der weltweiten Getreideernte werden als Viehfutter verwendet, während 700 Millionen Menschen unterernährt sind; ein Viertel des weltweiten Fischfangs wird als Futtermittel eingesetzt, während täglich 40 000 Kinder an Hunger und seinen Folgekrankheiten sterben. Vor allem zwei Faktoren sind es, die diese Situation fortlaufend weiter verschärfen: die Verschlechterung der *terms of trade* und die Schuldenabhängigkeit der "Dritten Welt".

Schon seit Jahrzehnten benachteiligen die *terms of trade* - also das Verhältnis von Export- und Importpreisen - die rohstoffexportierenden Länder der Dritten Welt massiv. Diese strukturelle Benachteiligung ergibt sich aus der klassischen Arbeitsteilung zwischen Industriegebieten und Rohstofflieferanten. Denn aus der Produktion industrieller Fertigprodukte entsteht eine höhere Wertschöpfung als aus der Förderung von Rohstoffen. Deshalb ist bei Fortdauer dieser Art von Arbeitsteilung mit fairen Tauschbedingungen nicht zu rechnen; vielmehr müssen die Rohstofflieferanten für die notwendigen Importe ungleich mehr aufwenden, als sie durch ihre Exporte erlösen werden. Deshalb sind sie darauf angewiesen, ihre Rohstoffe in stärkerem Umfang zu vermarkten und ihre Wälder in höherem Maß abzuholzen, als ökologisch verantwortet werden kann. Die internationale

Arbeitsteilung und die aus ihr folgende Verschlechterung der *terms of trade* zwingen die Länder der Dritten Welt auf diese Weise in eine Umweltkatastrophe. Unter solchen Voraussetzungen muß das Tempo als zusätzlich beängstigend erscheinen, in dem sich die *terms of trade* in den achtziger Jahren verschlechtert haben. In den Jahren zwischen 1980 und 1986 sanken die Preise für Rohstoffe real um 30%; das hatte für die Länder der Dritten Welt einen Erlösausfall von nahezu 100 Milliarden Dollar zur Folge.

In der gleichen Zeit wuchs die Schuldenlast der Länder der Dritten Welt in einem unvorstellbaren Tempo. Für 1980 wird die Zahl noch mit 456 Milliarden Dollar angegeben, für 1988 schätzt die Weltbank eine Gesamtschuldenlast von 1.245 Milliarden Dollar. Der dafür erforderliche Schuldendienst übersteigt den Umfang der finanziellen Zuflüsse aus den Industrieländern inzwischen um weit mehr als das Doppelte. Der Geldtransfer aus den "Entwicklungsländern" in die "entwickelten Länder" ist inzwischen ungleich höher als derjenige in umgekehrter Richtung. An diesem Umfang der Schuldenlast wirken mehrere Faktoren mit; zu ihnen gehören forcierte, mit Krediten finanzierte Industrialisierungsprogramme, Verluste durch Verteuerungen des Erdöls und durch die Verschlechterungen der *terms of trade* sowie der Anstieg von Kreditzinsen. In ihrem Ergebnis führt die Verschuldungskrise zu massenhafter Armut, zur verschärften Ausbeutung der Rohstoffe, der Ackerbaugebiete und der Wälder sowie zur erneuten Gefährdung demokratischer Mitwirkungsrechte in den Ländern der Dritten Welt. Das Schicksal einer ganzen Generation in diesen Ländern ist maßgeblich durch diese Schuldenabhängigkeit geprägt. Diese Abhängigkeit wird durch die Umschuldungsprogramme, mit denen die Gläubiger auf die Zahlungsunfähigkeit ihrer Schuldner reagieren, zumeist nicht gemildert, sondern eher noch verschärft. So sind die Umschuldungsprogramme, die über den Internationalen Währungsfonds gesteuert werden, mit harten Auflagen für innenpolitische Sparprogramme verbunden. Sie aber treffen die Ärmsten der Armen, die sich - da Subventionen für Grundnahrungsmittel gestrichen werden - nicht mehr das Notwendigste zum Leben leisten können. Die Folge sind "Brotaufstände": "Menschen aus den Slums gehen protestierend auf die Straße, wo sie dann allzu oft eine schußbereite Polizei erwartet. Hunderte sind so in Kairo und Lima, in Khartum und Tunis, auf Jamaika und in Liberia umgekommen" (Tetzlaff 682).

Die Erbarmungslosigkeit, mit der reiche Industriestaaten und die international tätigen Banken Länder der Dritten Welt in dieser Form von Schuldknechtschaft halten, wirkt noch bedrückender, wenn man sie zu der Verschwendung ins Verhältnis setzt, mit der das Weltrüstungssystem finanziert wird. Denn auch die Weltrüstungsausgaben haben inzwischen den Schwellenwert von 1000 Milliarden Dollar im Jahr erreicht. Zu Recht hat bereits der erste Bericht der Brandt-Kommission vom Jahr 1980 auf die grausame Diskrepanz zwischen der Höhe dieser Ausgaben und den Realitäten des Welthungers hingewiesen. Der Bericht hat diese Diskrepanz durch vier Vergleiche verdeutlicht:

"1. Die Militärausgaben allein eines halben Tages würden ausreichen, um das gesamte Programm der Weltgesundheitsorganisation zur Ausrottung der Malaria zu finanzieren. Noch weniger würde benötigt, um die Flußblindheit zu besiegen, die immer noch eine Geißel für Millionen Menschen darstellt.

2. Ein moderner Panzer kostet etwa eine Million Dollar. Mit diesem Geld könnte man die Lagermöglichkeiten von 100 000 Tonnen Reis so verbessern, daß der Verderb von jährlich 4000 Tonnen oder mehr ausgeschaltet würde. (Ein Mensch kann mit gut einem Pfund Reis am Tag leben.) Mit demselben Geld könnte man auch 1000 Klassenräume für 30 000 Schulkinder errichten.

3. Für den Preis eines Kampfflugzeuges (20 Millionen US-Dollar) könnte man etwa 40 000 Dorfapotheken errichten.

4. Mit der Hälfte von einem Prozent der jährlichen Rüstungsausgaben könnte man all die landwirtschaftlichen Geräte anschaffen, die erforderlich sind, um in den armen Ländern mit Nahrungsmitteldefizit die Agrarproduktion bis 1990 zu verbessern und sogar die Selbstversorgung zu erreichen" (Brandt 1980, 20f).

Für solche Beispiele müßten heute, nach einem knappen Jahrzehnt, andere, zum Teil weit drastischere Zahlen eingesetzt werden. Die Diskrepanz zwischen der Rüstungsverschwendung und dem Hungerelend auf dem Globus wurde nicht abgemildert; sie hat sich verschärft. Das Ausmaß, in dem das Zusammenspiel von Weltwirtschaftssystem und Weltrüstungssystem gegen die Grundsätze der Gerechtigkeit verstößt und elementare Menschenrechte verletzt, ist jedoch vielen Menschen in den reichen Industriestaaten nicht bewußt. Soweit sie sich überhaupt mit der Lebenssituation im Armutsgürtel der Erde beschäftigen, suchen sie diese häufig mit endogenen Ursachen zu erklären; instinktiv versuchen sie, die eigene Beteiligung an der Verarmung der Dritten Welt zu verdrängen. Die Aufklärung über die Wechselwirkungen zwischen externer Abhängigkeit und interner Verarmung, zwischen den Prioritätensetzungen der reichen Länder und ihren Auswirkungen im Armutsgürtel der Erde gehört deshalb zu den vorrangigen ethischen Pflichten im Horizont heutiger Friedensverantwortung. Aus dieser Aufklärung folgen dann Schritte der Veränderung im politischen und persönlichen Bereich.

Die Resultate der von den Vereinten Nationen ausgerufenen Entwicklungsdekaden zeigen: Das Modernisierungskonzept, das die Länder der Dritten Welt nach dem Modell der Industrieländer umgestalten sollte, ist gescheitert. Es orientierte sich am Vorbild der reichen Länder und diente im Resultat deren Interessen. Die Entwicklungsziele der Länder der Dritten Welt müssen also eigenständig definiert und von den Interessen der in ihnen lebenden Menschen aus bestimmt werden. Wirtschaftliche, politische oder kulturelle Interventionen der reichen Länder müssen ihren Maßstab an den eigenen Entwicklungszielen der jeweiligen Länder und an den Menschenrechten ihrer Bürgerinnen und Bürger haben. Ebenso wie der Begriff der Sicherheit ist auch der Begriff der Entwicklung friedensethisch neu zu definieren: Entwicklung kann nicht mehr verstanden werden als die Umgestaltung der "Entwicklungsländer" nach dem Maßstab der industrialisierten Länder; Entwicklung muß vielmehr bedeuten: die Selbstbestimmung der Staaten Asiens, Afrikas und Lateinamerikas hinsichtlich ihrer politischen und wirtschaftlichen Ziele.

Im Grundsatz besteht in der einschlägigen Literatur ein weitgehender Konsens über die globalen Zielsetzungen, die sich aus einer derartigen Neuorientierung für die wirtschaftlichen und politischen Beziehungen zwischen den Industrienationen und der Dritten Welt ergeben (vgl. zusammenfassend Ochel 19f).

Ein erstes Ziel liegt in der Verwirklichung *gerechter Einkommensverteilung.* Dieses Ziel umfaßt zum einen den Abbau des *internationalen Einkommensgefälles,* zum andern die Umverteilung der *Einkommen innerhalb der Länder der Dritten Welt.* Diese Doppelaufgabe ergibt sich aus der Orientierung an den elementaren Standards von Gleichheit und Verteilungsgerechtigkeit.

Ein zweites, vergleichbar elementares Ziel liegt in der *Befriedigung der Grundbedürfnisse.* Zu den *materiellen Grundbedürfnissen* zählen Nahrung, Kleidung, Wohnung und Gesundheit; unter den *immateriellen Bedürfnissen* stehen Erziehung und Ausbildung im Vordergrund.

Die Gewährleistung des *Rechts auf Arbeit* und der *Rechte aus der Arbeit* stellt ein drittes Ziel dar. Denn Arbeit bildet ein wichtiges Mittel, um Armut zu überwinden; die faire Entlohnung der Arbeit ist ein entscheidendes Instrument auf dem Weg zu einer gerechteren Einkommensverteilung. Der - nicht zuletzt von der katholischen Soziallehre mit Nachdruck vertretene - Grundsatz, daß der Arbeit der Vorrang vor dem Kapital zukommt, führt dabei unausweichlich zur Überprüfung der Rolle und der Verhaltensformen von transnationalen Konzernen in den Ländern der Dritten Welt.

Ein viertes Ziel liegt in der *Partizipation* der Bevölkerung an den politischen und wirtschaftlichen Entscheidungen. Die Teilhabe an den politischen Entscheidungen bildet mit guten Gründen einen der zentralen Bausteine der Menschenrechte; die Eröffnung von

Partizipationsmöglichkeiten gewährleistet am ehesten eine Entwicklung im Interesse der Menschen; aktive Partizipation ist schließlich eine wichtige Voraussetzung für die kollektive Selbstbestimmung nach außen.

*Staatliche Selbstbestimmung* oder nationale Unabhängigkeit ist als letztes Ziel und damit zugleich als Kriterium für politische und wirtschaftliche Interventionen der Industriestaaten in Ländern der Dritten Welt zu nennen. Diese sind wirtschaftlich in hohem Maß von transnationalen Konzernen und hochindustrialisierten Ländern abhängig - und zwar umso stärker, je mehr ihre eigene Wirtschaftsstruktur von wenigen Rohstoffen oder Produkten getragen wird. Interventionen im Interesse eigenständiger Entwicklung müssen also gerade auf die Lockerung solcher Abhängigkeiten, die Differenzierung der Produktionsstrukturen, die Entwicklung eigenständiger Technologien und die Stärkung des landwirtschaftlichen Sektors gerichtet sein. Derartige Prozesse würden den Entscheidungsspielraum der jeweiligen Länder erweitern und ihre Abhängigkeit von den Entscheidungen anderer verringern. Freilich ist gerade nicht davon auszugehen, daß eine solche *autozentrierte Entwicklung* durch die Abkopplung der Länder der Dritten Welt vom Weltmarkt herbeigeführt werden kann. Da sie unlöslich in den Weltmarkt einbezogen sind, haben die Länder Asiens, Afrikas und Lateinamerikas vielmehr nur dann eine Chance auf *autozentrierte Entwicklung*, wenn diese von den überlegenen Industrieländern als ein Handlungskriterium anerkannt wird, das für ihre eigenen Interventionen verbindlich ist. Das aber kann nur gelingen, wenn eine hinreichend aufgeklärte Öffentlichkeit darauf drängt; geschieht dies nicht, wird die Entwicklungspolitik als Instrument der Exportpolitik mißbraucht.

Innerhalb eines solchen Rahmens müssen Veränderungen angestrebt werden, die vor allem die Ungerechtigkeit der *terms of trade* mildern und die wachsende Verelendung von Ländern der Dritten Welt durch ihre Schuldenabhängigkeit stoppen.

Für die *terms of trade* haben die Länder der Dritten Welt im Rahmen der Welthandelskonferenzen drei Vorschläge gemacht, die noch immer auf ihre Verwirklichung warten:

"1. Ausgleich von Angebots-, Nachfrage- und Ernteschwankungen durch Errichtung von Vorratslagern ('buffer stocks');
2. internationale Vereinbarungen über Preisober- und -untergrenzen für die 18 wichtigsten Rohstoffe; und
3. Ausgleichszahlungen an Entwicklungsländer, die unter großen (nicht selbst verschuldeten) Einnahmeausfällen bei Preistürzen leiden" (Tetzlaff 677).

Im Blick auf die Schuldenabhängigkeit ist eine Reihe von Vorschlägen vorgebracht worden, die sich folgendermaßen zusammenfassen lassen:

"1. Aussetzung und teilweise Streichung der Tilgungs- und Zinsverpflichtungen aus öffentlichen Krediten an Entwicklungsländer;
2. Kapitalrückflüsse und Zinszahlungen an Industrieländer werden zukünftig automatisch in Entwicklungsfonds umgeleitet, um damit notwendige Programmhilfen finanzieren zu können;
3. nach dem Motto 'trade not aid' (Handel ist besser als Hilfe) sollte die Entwicklung der Preise für die wichtigsten Rohstoffe der Entwicklungsländer dem jeweiligen Preisniveau der Industriegüterexporte angeglichen werden ...;
4. Rücknahme der aggressiven Exportförderungspolitik seitens der Industriestaaten, wenn durch sie in Entwicklungsländern das Entstehen von Arbeitsplätzen und Einkommen behindert wird" (Tetzlaff 682f).

Wenn nach der Situation der Menschenrechte in der Dritten Welt gefragt wird, tritt oft die Verletzung persönlicher Freiheitsrechte durch Militärregimes oder Einparteienregierungen in den Vordergrund. Dies gehört unzweifelbar zu den wichtigen Feldern der *internationalen Verantwortung* für die Menschenrechte. Interventionen für Menschen, die in ihren elementaren Rechten bedroht sind, können deshalb auch nach den Maßstäben des Völkerrechts nicht als ungerechtfertigte Einmischungen in die Angelegenheiten anderer Länder gewertet werden, sondern bilden notwendige Schritte der Verantwortung für die Menschenrechte; glaubwürdig sind sie freilich am ehesten dann, wenn ihnen eine überzeugende Anerkennung und Praxis des Asylrechts korrespondiert. Doch die Frage nach Menschenrechten in der Dritten Welt verdient nicht nur unter dem Gesichtspunkt Aufmerksamkeit, daß das politische System in vielen Ländern der Dritten Welt persönliche Freiheitsrechte gefährdet und bedroht; ebenso wichtig ist die Einsicht, daß das gegenwärtige Weltwirtschaftssystem gegen elementare Grundsätze der Gleichheit und der Verteilungsgerechtigkeit verstößt und damit zugleich in die Würde und unveräußerliche Rechtsstellung der Menschen eingreift. Gerade für den Konflikt zwischen Nord und Süd bilden die Menschenrechte in der Einheit von Freiheit, Gleichheit und Teilhabe einen wichtigen Beurteilungsmaßstab.

Wer sich dem Gegensatz von Reich und Arm in der Weltgesellschaft der Gegenwart aussetzt, sieht eine Einsicht bestätigt, die sich schon in der Präambel der Allgemeinen Erklärung der Menschenrechte von 1948 findet. In ihr wird die Hoffnung auf eine Welt ausgedrückt, "in der den Menschen, frei von Furcht und Not, Rede- und Glaubensfreiheit zuteil wird". Mit der Freiheit von Furcht und Not zusammen sind Bedingungen eines gemeinsamen Lebens genannt, das den Namen des Friedens verdient.

LITERATUR: *E. Altvater/K. Hübner/J. Lorenzen/R. Rojas* (Hg.), Die Armut der Nationen. Handbuch zur Schuldenkrise von Argentinien bis Zaire, Berlin 1987 - *K.-O. Apel*, Diskurs und Verantwortung. Das Problem des Übergangs zur postkonventionellen Moral, Frankfurt 1988 - *E.-W. Böckenförde/R. Spaemann* (Hg.), Menschenrechte und Menschenwürde. Historische Voraussetzungen - säkulare Gestalt - christliches Verständnis, Stuttgart 1987 - *W. Brandt* (Hg.), Das Überleben sichern. Gemeinsame Interessen der Industrie- und Entwicklungsländer. Bericht der Nord-Süd-Kommission, Köln 1980 - *W. Brandt* (Hg.), Hilfe in der Weltkrise. Der 2. Bericht der Nord-Süd-Kommission, Reinbek 1983 - *W. Brandt*, Der organisierte Wahnsinn. Wettrüsten und Welthunger, Köln 1985 - *G. Braun*, Nord-Süd-Konflikt und Entwicklungspolitik. Eine Einführung, Opladen 1985 - *L. Brock*, Menschenrechte und Entwicklung, in: Aus Politik und Zeitgeschichte B 27, 1985, 1-16 - *E.-O. Czempiel*, Friedensstrategien. Systemwandel durch Internationale Organisationen, Demokratisierung und Wirtschaft, Paderborn u.a. 1986 - *J. Delbrück* (Hg.), Friedensdokumente aus 5 Jahrhunderten, 2 Bde., Kehl u.a. 1984 - *W. Eigel*, Entwicklung und Menschenrechte, Freiburg/Schweiz 1983 - *H. Elsenhans*, Nord-Süd-Beziehungen. Geschichte - Politik - Wirtschaft, Stuttgart u.a. 1984 - *F. Ermacora*, Menschenrechte in der sich wandelnden Welt, Bd. I u. II, Wien 1974, 1983 - *V. Hauff* (Hg.), Unsere gemeinsame Zukunft. Der Brundtland-Bericht der Weltkommission für Umwelt und Entwicklung, Greven 1987 - *W. S. Heinz*, Menschenrechte in der Dritten Welt, München 1986 - *F. Hengsbach*, Die Arbeit hat Vorrang. Eine Option katholischer Soziallehre, Mainz 1982 - *O. Höffe*, Politische Gerechtigkeit. Grundlegung einer kritischen Philosophie von Recht und Staat, Frankfurt 1987 - *A. Hollerbach/G. Luf/J. A. Frowein/W. Huber*, Menschenrechte, in: Staatslexikon der Görres-Gesellschaft, Bd. 3, 7. Aufl. Freiburg 1987, 1104-1118 - *H. H. Holz*, Vernünftigkeit und Geschichtlichkeit. Über theoretischen Status und Geltung der Menschenrechte, in: Dialektik 13. Die Rechte der Menschen, Köln 1987, 23-57 - *E. R. Huber*, Deutsche Verfassungsgeschichte seit 1789, Bd. I, Nachdruck der 2. Aufl. Stuttgart 1975 - *W. Huber/H. E. Tödt*, Menschenrechte - Perspektiven einer menschlichen Welt, 3. Aufl. München 1988 - *I. Kant*, Studienausgabe, hg. v. W. Weischedel, Bd. VI, Wiesbaden 1964 (=Werke in zehn Bänden, Bd. 9 u. 10, Darmstadt 1964) - *H. Kelsen*, The Strategy of Peace, in: The American Journal of Sociology 49, 1944, 381-389 - *G. Kleinheyer*, Grundrechte, Menschen- und Bürgerrechte, Volksrechte, in: Geschichtliche Grundbegriffe 2, Stuttgart 1975, 1047-1082 - *Kirchenamt der EKD* (Hg.), Bewältigung der Schuldenkrise - Prüfstein der Nord-Süd-Beziehungen. Eine Stellungnahme der Kammer der EKD für kirchlichen Entwicklungsdienst, Hannover 1988 - *P. Körner/G. Maaß/T. Siebold/R. Tetzlaff*, Im Teufelskreis der Verschuldung. Der IWF und die Dritte Welt, 2. Aufl. Hamburg 1985 - *L. Kühnhardt*, Die Universalität der Menschenrechte, München 1987 - *R. Leger Sivard*, World Military and Social Expenditures 1986, Washington 1986 - *U. Menzel/D. Senghaas*, Europas Entwicklung und die Dritte Welt - eine Bestandsaufnahme, Frankfurt 1986 - *K. Nürnberger*, Ethik des Nord-Süd-Konflikts, Gütersloh 1988 - *F. Nuscheler*, Lern- und Arbeitsbuch Entwicklungspolitik, 2. Aufl. Bonn-Bad Godesberg 1987 - *W. Ochel*, Die Entwicklungsländer in der Weltwirtschaft, Köln 1982 - *F. Pflüger*, Die Menschenrechtspolitik der USA. Amerikanische Außenpolitik zwischen Idealismus und Realismus 1972 - 1982, München 1983 - *G. Picht*, Zum geistesgeschichtlichen Hintergrund der Lehre von den Menschenrechten, in: Ders., Hier und Jetzt. Philosophieren nach Auschwitz und Hiroshima, Bd. I, Stuttgart 1980, 116-136 - *A. Schubert*, Die internationale Verschuldung, Frankfurt 1985 - *Sekretariat der Deutschen Bischofskonferenz* (Hg.), Die internationale Schuldenkrise - eine ethische Herausforderung, Bonn 1988 - *D. Senghaas*, Peripherer Kapitalismus. Analysen über Abhängigkeit und Unterentwicklung, Frankfurt 1974 - *D. Senghaas*, Weltwirtschaftsordnung und Entwicklungspolitik. Plädoyer für Dissoziation, Frankfurt 1977 - *R. Spaemann*, Universalismus oder Eurozentrismus, in: Merkur 474, August 1988, 706-712 - *R. H. Strahm*, Warum sie so arm sind. Arbeitsbuch zur Entwicklung der Unterentwicklung in der Dritten Welt, Wuppertal 1985 - *R. Tetzlaff*, Gerechtigkeit im Konflikt zwischen Arm und Reich, in: K. v. Bonin, Deutscher Evangelischer Kirchentag Frankfurt 1987. Dokumente, Stuttgart 1987, 668-683 - *H. E. Tödt*, Menschenrechte - Grundrechte, in: Ders., Perspektiven theologischer Ethik, München 1988, 135-176 - *Chr. Tomuschat*, Menschenrechtssicherung in der internationalen Praxis, Saarbrücken 1984 - *Chr. Tomuschat*, Zwischen Wunsch und Wirklichkeit. Menschenrechtspraxis der Vereinten Nationen, in: Evangelische Kommentare 21, 1988, 383-387 - *UNESCO* (ed.), Human Rights. Comments and Interpretation. A Symposion edited by UNESCO, with an Introduction by Jacques Maritain, New York 1949 (Nachdruck Westport 1973) - *A. Verdross/B. Simma*, Universelles Völkerrecht. Theorie und Praxis, Berlin 1976.

## Personenregister

Die kursivierten Seitenzahlen verweisen auf die Literaturblöcke. Herausgeber von Sammelwerken wurden nur aufgenommen, wenn sie in den Literaturblöcken kursiv gesetzt erscheinen.

# Sachregister

Sehr häufig vorkommende Begriffe wie "Christenheit", "Frieden", "Ethik", "Gott", "Kirche" etc. wurden nicht aufgenommen.